Lothar Semper
Bernhard Gress
Klaus Franke

DIE HANDWERKER-FIBEL

Dr. Lothar Semper
Dipl.-Kfm. Bernhard Gress
Ass. Klaus Franke

DIE HANDWERKER-FIBEL

für die praxisnahe Vorbereitung auf die Meisterprüfung Teil III/
Prüfung Technische/r Fachwirt/in (Hwk)

Band 2 Rechtliche und steuerliche Grundlagen

mit Übungs- und Prüfungsaufgaben

49., überarbeitete Auflage

Holzmann Medien | Buchverlag

Die Handwerker-Fibel enthält in der Regel Berufsbezeichnungen, Gruppenbezeichnungen usw. nur in der männlichen Form. Wir bitten diese sinngemäß als Doppelbezeichnungen, wie zum Beispiel Frau/Mann, Handwerksmeisterin/Handwerksmeister, Betriebsinhaberin/Betriebsinhaber usw. zu interpretieren und anzuwenden.

Impressum
49., überarbeitete Auflage 2010
Band 2: Best.-Nr. 1762.07 ISBN: 978-3-7783-0749-6
Band 1 bis 3: Best.-Nr. 1760.95 ISBN: 978-3-7783-0755-7

Umschlaggestaltung: Sprockamp Werbung und PR, Bad Wörishofen
Satz: abavo GmbH, Buchloe
Herstellung: Kessler Druck + Medien, Bobingen

Vorwort

Der „Meister der Zukunft“ muss sich aktuellen Herausforderungen erfolgreicher denn je stellen können. Die Markt- und Wettbewerbsverhältnisse verändern sich für das Handwerk wie für die übrige Wirtschaft mit zunehmender Geschwindigkeit. Die Ansprüche der Kunden an die Qualität der Produkte und Dienstleistungen steigen. Termintreue, Zuverlässigkeit, Service und Beratung, Preiswürdigkeit und Problemlösungskompetenz gehören zu den selbstverständlichen Erwartungen der Kunden.

Die dazu erforderliche Kompetenz wird durch die Vorbereitung auf die Meisterprüfung und das Bestehen der Prüfungen vermittelt. Eine unverzichtbare und bewährte Grundlage und Unterlage ist dafür das Lehrbuch „Die Handwerker-Fibel“. Sie entspricht der Verordnung über gemeinsame Anforderungen in der Meisterprüfung im Handwerk und in den handwerksähnlichen Gewerben (AMVO) und den neuen Rahmenstoffplänen für die Prüfungsteile III und IV der Meisterprüfung in vollem Umfang.

Der Gesamtstoff zur Vorbereitung auf diese Prüfungsteile ist dabei auf drei Bände aufgeteilt.

Band 1: Grundlagen des Rechnungswesens und Controllings, Grundlagen wirtschaftlichen Handelns im Betrieb

Band 2: Rechtliche und steuerliche Grundlagen

Band 3: Berufs- und Arbeitspädagogik

Die inhaltliche Ausrichtung der 49. Auflage von Band 1 und Band 2 basiert insbesondere

- auf Anregungen des Beirats „Unternehmensführung im Handwerk“ des Zentralverbandes des Deutschen Handwerks (Schrift „Der Meister der Zukunft“),
- auf Anregungen des Expertenkreises des Instituts für Handwerkswirtschaft (IHW) – Forschungsstelle im Deutschen Handwerksinstitut – (mittlerweile umbenannt in Ludwig-Fröhler-Institut für Handwerkswissenschaften, Abteilung für Handwerkswirtschaft) und wissenschaftlicher Arbeiten des Instituts selbst,
- auf Anregungen von Mitarbeitern in Handwerkskammern auf den Gebieten des Unterrichts-, Prüfungs- und Beratungswesens sowie Dozenten aus Meistervorbereitungslehrgängen bzw. Bildungszentren und Meisterschulen,
- auf der Verordnung über gemeinsame Anforderungen in der Meisterprüfung im Handwerk und in den handwerksähnlichen Gewerben (AMVO) und den dazu veröffentlichten Erläuterungen des Bundesministeriums für Wirtschaft und Technologie,
- auf dem neuen Rahmenlehrplan des Instituts für Handwerkswirtschaft (mittlerweile umbenannt in Ludwig-Fröhler-Institut für Handwerkswissenschaften, Abteilung für Handwerkswirtschaft) und des Deutschen Handwerkskammertages und

>>>

> auf den Erfahrungen der Autoren der Handwerker-Fibel in der Praxis von Handwerkswirtschaft, Handwerksorganisationen sowie im Unterrichts- und Prüfungswesen des Handwerks.

Gemäß den Anforderungen an den „Meister bzw. die Meisterin der Zukunft“ bilden Methoden und Instrumente der modernen Betriebsführung wie Kunden- und Dienstleistungsorientierung, Marketing, Personal- und Organisationsmanagement, Controlling, Existenzgründungs- und Betriebsübernahmemanagement, moderne Kommunikations- und Informationstechniken, Finanzierungsfragen und das Rechnungswesen als Führungsmittel im Sinne von wichtigen Chefdaten einen angemessenen Schwerpunkt.

Die zur selbstständigen Führung eines Handwerksbetriebes erforderlichen Kenntnisse sowie die zu erwerbende Handlungskompetenz werden entsprechend der Terminologie und Gliederung des Rahmenlehrplans dargestellt.

Der Schwerpunkt der Inhalte ist nicht auf Begriffswissen, sondern auf anwendungsbezogenes Handlungswissen ausgerichtet. Dazu enthält dieses Buch auch zahlreiche Handlungsanleitungen und Ablaufschemata.

Die Handwerker-Fibel versteht sich als elementare und unabdingbar notwendige Grundlage für ein erfolgreiches Lernen, für die Aneignung von Handlungs- und Problemlösungskompetenz und für das Bestehen der Meisterprüfung, sowohl in zulassungspflichtigen wie auch in zulassungsfreien Handwerken.

Darüber hinaus hat sich die Handwerker-Fibel als Handbuch und Nachschlagewerk für die wirtschaftliche Betriebs- und Unternehmensführung des Handwerksmeisters nach der Meisterprüfung, sei es als selbstständiger Unternehmer oder als angestellte Führungskraft, bewährt. Dabei hilft den Nutzern ein umfangreiches Stichwortverzeichnis.

Nach den Textteilen folgen überwiegend handlungsorientierte Übungs- und Prüfungsaufgaben bzw. handlungsorientierte fallbezogene Aufgaben. Dabei kommen folgende Aufgabentypen vor:

> Aufgaben mit programmierten Auswahlantworten bzw. Auswahllösungen
> Textaufgaben mit offenen Antworten bzw. Lösungen
> fallbezogene Aufgaben mit Leitfragen und offenen Lösungen
> fallbezogene Aufgaben mit frei formulierter Lösung
> fallbezogene Aufgaben mit Berechnungen.

Sie dienen dem handlungsorientierten Vorgehen im Unterricht oder beim Selbststudium, ermöglichen eine den Lernprozess begleitende Kontrolle und eine rationelle Vorbereitung auf die Prüfung. Diese Aufgabentypen werden so auch im Prüfungsteil III der Meisterprüfung eingesetzt.

Die Aufgaben mit programmierten Auswahllösungen sind durch Ankreuzen einer der fünf vorgegebenen Lösungen zu bearbei- >>>

ten. Die richtigen Lösungen sind am Schluss des Buches zur Kontrolle abgedruckt.

Bei allen Aufgaben erfolgt am Schluss der Aufgabenstellung ein Hinweis zum Textteil als Lösungshilfe und um bei festgestellten Lücken entsprechend nachlesen bzw. nacharbeiten zu können.

Im Rahmen der Aktualisierung der 49. Auflage dieses Bandes wurden wiederum die wesentlichen gesetzlichen Anforderungen und Neuregelungen berücksichtigt; so zum Beispiel die Anforderungen an Verbraucherdarlehensverträge, Änderungen beim Erbschaft- und Schenkungsteuerrecht sowie beim Erbrecht, bei den Meldepflichten der Arbeitgeber, das Verfahren des elektronischen Entgeltnachweises, Änderungen bei der Sofortabschreibung geringwertiger Wirtschaftsgüter, bei haushaltsnahen Dienstleistungen und Handwerkerleistungen.

Da die Prüfungsanforderungen und der Rahmenlehrplan für die Durchführung des Vorbereitungslehrgangs „Technische/r Fachwirt/in (Hwk)“ absolut mit der AMVO und dem Rahmenlehrplan zu Teil III der Meisterausbildung im Handwerk, die dem Inhalt der Bände 1 und 2 der Handwerker-Fibel zugrunde liegen, übereinstimmen, sind Band 1 und 2 auch für die Vorbereitung auf die Prüfung „Technische/r Fachwirt/in (Hwk)“ in vollem Umfang geeignet.

Die Bände 1 und 2 sind ferner ein geeignetes Lernmittel für die Vorbereitung auf die Prüfung „Kaufmännische/r Fachwirt/in (Hwk)“, weil trotz anderer Zuordnung und Gliederung auf Prüfungsteile und Handlungsfelder die stofflichen Inhalte sehr weitgehend übereinstimmen.

Schließlich sind alle drei Bände der Handwerker-Fibel für die Vorbereitung auf Fortbildungsprüfungen im Handwerk geeignet, in denen betriebswirtschaftliche, kaufmännische und rechtliche sowie berufs- und arbeitspädagogische Kenntnisse nach Maßgabe der Verordnung über gemeinsame Anforderungen in der Meisterprüfung im Handwerk und in den handwerksähnlichen Gewerben (AMVO) gefordert werden.

Sie zeichnen sich zudem aus durch eine lesefreundliche Schrifttype sowie farbliche Gestaltungselemente zur Hervorhebung von Texten und Randbemerkungen sowie der Gestaltung von Abbildungen. Damit hoffen wir, dass die Übersichtlichkeit, die Lesbarkeit und die Lernbarkeit der Inhalte heutigen Anforderungen bestens entsprechen.

An dieser Stelle gilt unser besonderer Dank Herrn Dipl.-Kfm. Werner Gress. Mit der vorliegenden Neuauflage scheidet Herr Gress aus dem Autorenteam der Handwerker-Fibel aus. Er hat dieses Lehrbuch über viele Jahre hinweg maßgeblich geprägt.

Juli 2010

Die Verfasser und
Holzmann Medien | Buchverlag

Mit den aktuellen Lehr- und Lernmitteln von Holzmann Medien erwerben Sie zusätzliche Sicherheit für die erfolgreiche Ablegung Ihrer Meisterprüfung:

> **Der MeisterTrainer** zur Handwerker-Fibel auf CD-ROM. Das moderne Trainingsprogramm mit über 1.000 offenen und programmierten Aufgaben zur gezielten Prüfungsvorbereitung.

> **Der MeisterTrainer online** (www.meistertrainer-online.de). Lernen Sie ab sofort, wann und wo Sie möchten. Prüfungsvorbereitung einfach, schnell und sicher. Jederzeit, an jedem Ort.

> **Übungspaket zu Teil III und IV der Meisterprüfung.** Mit der Bearbeitung der Übungsbögen stellen Sie Ihr vorhandenes Wissen auf den Prüfstand. Gleichzeitig legen Sie den Grundstein für eine erfolgreiche Prüfung.

> **Die Handwerker-Fibel auf CD-ROM.** Der gesamte Inhalt (Text und Abbildungen) per Mausklick sofort abrufbar. Einfache Bedienung, hoher Benutzerkomfort.

> **Lernordner mit Aufgabensammlung zum Handlungsfeld „Grundlagen des Rechnungswesens und Controllings“.** Mit den Aufgaben und Lösungen bereiten Sie sich sicher und zielgerichtet auf das betriebliche Rechnungswesen und Controlling im Teil III der Meisterprüfung vor.

Sämtliche Lehr- und Lernmittel können, sofern sie nicht vom Lehrgangsträger zur Verfügung gestellt werden, direkt beim Verlag bestellt werden.

Bestelladresse: **Holzmann Medien GmbH & Co. KG**
Buchverlag
Gewerbestraße 2
86825 Bad Wörishofen
Tel.: 0 82 47 / 35 41 24
Fax: 0 82 47 / 35 41 90
E-Mail: buch@holzmann-medien.de
www.holzmann-medienshop.de

3 Handlungsfeld: Rechtliche und steuerliche Grundlagen 11

3.1 Bürgerliches Recht, Mahn- und Klageverfahren, Zwangsvollstreckung, Insolvenzverfahren 11

3.1.1 Einteilung der Rechtsordnung 11
3.1.2 Allgemeiner Teil des Bürgerlichen Gesetzbuches 12
3.1.3 Vertragsrecht 19
3.1.4 Sachenrecht 52
3.1.5 Familien- und Erbrecht 59
3.1.6 Mahn- und Klageverfahren 67
3.1.7 Zwangsvollstreckung 74
3.1.8 Insolvenzverfahren 77
Übungs- und Prüfungsaufgaben 83

3.2 Handwerks- und Gewerberecht, Handels- und Gesellschaftsrecht, Wettbewerbsrecht 111

3.2.1 Handwerks- und Gewerberecht 111
3.2.2 Handels- und Gesellschaftsrecht 122
3.2.3 Wettbewerbsrecht 135
Übungs- und Prüfungsaufgaben 146

3.3 Arbeitsrecht 156

3.3.1 Abschluss des Arbeitsvertrages 156
3.3.2 Vertragspflichten und Rechte des Arbeitnehmers 161
3.3.3 Vertragspflichten des Arbeitgebers 163
3.3.4 Beendigung des Arbeitsverhältnisses 172
3.3.5 Kündigungsschutz 176
3.3.6 Tarifvertrag 183
3.3.7 Betriebsverfassung 184
3.3.8 Arbeitsschutz 190
3.3.9 Arbeitsgerichtsbarkeit 201
Übungs- und Prüfungsaufgaben 203

3.4 Sozial- und Privatversicherungen 215

3.4.1 Übersicht zum Sozialversicherungsrecht 215
3.4.2 Krankenversicherung 221
3.4.3 Soziale Pflegeversicherung 226
3.4.4 Arbeitslosenversicherung (Arbeitsförderung) 227
3.4.5 Grundsicherung für Arbeitsuchende 235
3.4.6 Rentenversicherung 238
3.4.7 Altersversorgung der selbstständigen Handwerker (Handwerkerversicherung) 250
3.4.8 Unfallversicherung 253
3.4.9 Sozialversicherungsdaten 2009 257
3.4.10 Sozialgerichtsbarkeit 258
3.4.11 Private Personen-, Sach- und Schadenversicherung 259
Übungs- und Prüfungsaufgaben 264

3.5 Steuern 276

3.5.1 Steuerarten und Steuergrundlagen 276
3.5.2 Umsatzsteuer (Mehrwertsteuer) 277
3.5.3 Gewerbesteuer 286
3.5.4 Einkommensteuer 288
3.5.5 Lohnsteuer 304
3.5.6 Körperschaftsteuer 309
3.5.7 Erbschaft- und Schenkungsteuer 313
3.5.8 Besteuerungsverfahren (Auszug aus der Abgabenordnung) 318
Übungs- und Prüfungsaufgaben 323

Lösungen zu den Übungs- und Prüfungsaufgaben 333

Stichwortverzeichnis 335

3 Handlungsfeld: Rechtliche und steuerliche Grundlagen

Vorbemerkung
Bei den in diesem Handlungsfeld gesteckten Lernzielen geht es nicht primär um die Beherrschung möglichst umfassender detaillierter Bestimmungen; hier geht es vielmehr um die Gewinnung der zur Führung eines Handwerksbetriebes unerlässlichen Grundkenntnisse unter Berücksichtigung der Möglichkeiten zur Nutzung der für den Handwerksbetrieb geeigneten Nachschlagequellen und Beratungsangebote.

3.1 Bürgerliches Recht, Mahn- und Klageverfahren, Zwangsvollstreckung, Insolvenzverfahren

3.1.1 Einteilung der Rechtsordnung

Allgemeines zur Rechtsordnung

Rechtsordnung

Jeder Mensch steht von der Geburt bis zum Tod in persönlichen und rechtlichen Beziehungen zu seiner Umwelt. Seine rechtlichen Beziehungen sind in der Rechtsordnung des Staates geregelt, in dem er lebt. Im Interesse eines geordneten Zusammenlebens regelt die Rechtsordnung die Rechte und Pflichten des Einzelnen gegenüber den Mitmenschen und dem Staat.

Begriff und Einteilung der Rechtsordnung

Unter Rechtsordnung verstehen wir die Gesamtheit aller Vorschriften, die das Rechtsleben in einem Staat regeln. Dies können Gesetze, Rechtsverordnungen, Erlasse oder auch Satzungen sein.

3.1.1.1 Privates und öffentliches Recht

In der Bundesrepublik Deutschland sind die geltenden Rechtsbestimmungen eingeteilt in zwei Bereiche:

> **Öffentliches Recht,** das die Rechtsbeziehungen des Einzelmenschen zum Staat bzw. öffentlicher Träger untereinander regelt.
> **Privates Recht,** das die Rechtsbeziehungen der Einzelmenschen untereinander ordnet.

3.1.1.2 Systematik des Bürgerlichen Gesetzbuches (BGB)

Allgemeines zum BGB

Die wichtigsten Gebiete des Privatrechts sind in den fünf Büchern des Bürgerlichen Gesetzbuchs (BGB) geregelt.

Bürgerliches Gesetzbuch (BGB)

1. **Allgemeiner Teil:** enthält Bestimmungen über grundlegende Rechtsbegriffe
2. **Recht der Schuldverhältnisse:** allgemeine und spezielle Regelung von Verträgen
3. **Sachenrecht:** Regelung der Rechte an Sachen, Immobilien und Rechten
4. **Familienrecht:** Regelung der Beziehung zwischen Familienangehörigen
5. **Erbrecht:** Regelungen zur gesetzlichen und gewillkürten Erbfolge.

Hierzu gibt es eine Reihe von Nebengesetzen, die das Zusammenleben zwischen den Einzelmenschen ordnen, wie zum Beispiel:

- das Handelsgesetzbuch, das spezielle Vorschriften für Kaufleute enthält
- die Arbeitsgesetzgebung, die die Rechtsbeziehungen zwischen Arbeitgebern und Arbeitnehmern bestimmt
- das Wechsel- und Scheckrecht, das für die am Wechsel- und Scheckverkehr Beteiligten Bestimmungen enthält.

Zu diesen Nebengesetzen gibt es weitere Spezialgesetze und -bestimmungen. Bei der Rechtsanwendung der gesamten Vorschriften gilt der Grundsatz: Spezialgesetze haben Vorrang vor allgemeinen Gesetzen. Lässt sich mit speziellen Gesetzen eine Rechtsfrage nicht lösen, wird auf das BGB als Grundgesetz des privaten Rechts zurückgegriffen.

3.1.2 Allgemeiner Teil des Bürgerlichen Gesetzbuches

3.1.2.1 Bestimmung der Begriffe Rechts-, Geschäftsfähigkeit

Rechtsfähigkeit

Handlungsfähigkeit

Im Rechtsverkehr zu unterscheiden sind die Rechtsfähigkeit (das heißt Rechte zu begründen) und die Handlungsfähigkeit (das heißt verantwortlich zu handeln). Die Handlungsfähigkeit unterteilt sich in die Geschäftsfähigkeit und Deliktsfähigkeit.

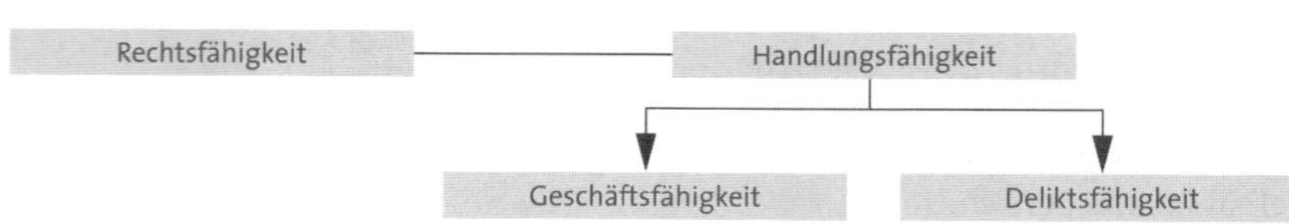

Rechtsfähigkeit

> Rechtsfähigkeit ist die Fähigkeit, Träger von Rechten und Pflichten zu sein.

Rechte und Pflichten in diesem Sinne sind die Summe aller Rechtsbestimmungen, die das Zusammenleben der Bürger regeln. Sie alle finden ihre Wurzeln in den Grundrechten des Grundgesetzes.

Beispiel:

Dem Recht, Eigentümer einer Immobilie zu sein, entspricht die Pflicht, hierfür Grundsteuern zu bezahlen.

Träger von Rechten und Pflichten

> **Träger** von Rechten und Pflichten sind:
- Menschen (natürliche Personen)
- Personenmehrheiten, Kapitalansammlungen oder Gebietskörperschaften, denen der Gesetzgeber eigene Rechtspersönlichkeit verliehen hat (z. B. juristische Personen des privaten und öffentlichen Rechts).

Beispiel:

GmbH, Aktiengesellschaft, eingetragener Verein, Stiftung, Gemeinde, Land, Staat, Handwerkskammer, Innung.

> **Nicht** Träger von Rechten und Pflichten sind:
- Sachen
- Tiere (sie genießen aber besonderen Rechtsschutz, zum Beispiel Tierschutzgesetz, Gesetz zur Verbesserung der Rechtsstellung des Tieres im BGB).

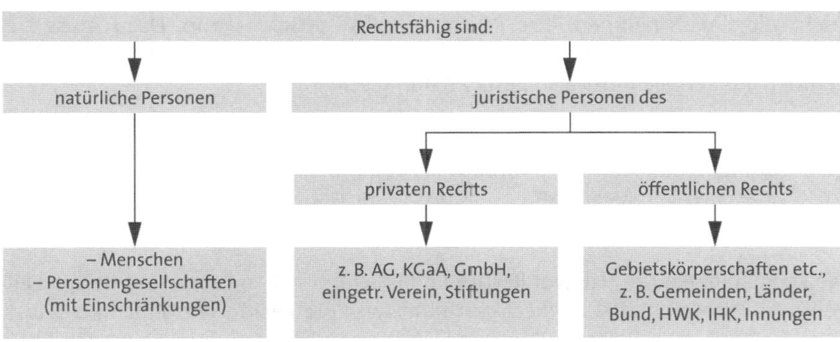

Beginn, Ende der Rechtsfähigkeit

> **Beginn und Ende** der Rechtsfähigkeit:
- Natürliche Personen sind von der Geburt bis zum Tod rechtsfähig.
- Juristische Personen sind rechtsfähig mit der Gründung bis zur Auflösung (zum Beispiel bei der GmbH mit der Eintragung im Handelsregister bis zur Beendigung der Liquidation).

Beispiel:

1) Die Eltern eines neugeborenen Kindes kommen bei einem Pkw-Unfall ums Leben. Erbt das Kind zum Beispiel das Haus, kann es dann im Grundbuch als Eigentümer eingetragen werden?
Das neugeborene Kind ist rechtsfähig und kann daher als Eigentümer im Grundbuch eingetragen werden.

2) Kann eine GmbH Eigentümerin eines Mietshauses werden?
Eine GmbH ist als juristische Person rechtsfähig und kann daher Eigentümerin eines Mietshauses werden.

3) Nach einem Zeitungsbericht erbt Dackel Waldi von seinem verstorbenen Besitzer eine Million!
Dackel Waldi ist nicht rechtsfähig; an seiner Stelle kann eventuell der örtliche Tierschutzverein (juristische Person) erben.

Bei allen Beispielen hängt die Antwort also davon ab, wer Rechte und Pflichten hat, wer also rechtsfähig ist.

Geschäftsfähigkeit

Wenn eine Person rechtsfähig ist, steht damit noch nicht fest, dass sie ihre Rechte auch selbst wahrnehmen, ihre Pflichten selbst erfüllen kann. Dazu muss sie rechtswirksam handeln, das heißt Rechtshandlungen oder Rechtsgeschäfte vornehmen können, sie muss also geschäftsfähig sein.

Geschäftsfähigkeit

Geschäftsfähigkeit ist die Fähigkeit, sich durch Rechtsgeschäfte (zum Beispiel Verträge, Willenserklärungen) verpflichten zu können.

Die Rechtsfähigkeit regelt, **wer** Rechte und Pflichten haben kann (zum Beispiel Eigentum). Die Geschäftsfähigkeit bestimmt, wer die Rechte und Pflichten **selbst** ausüben kann, zum Beispiel über sein Eigentum selbst verfügen kann. Nach Alter und freier Willensbestimmung unterscheidet man drei Stufen der Geschäftsfähigkeit:

> Geschäftsunfähigkeit
> beschränkte Geschäftsfähigkeit
> volle Geschäftsfähigkeit.

Geschäftsunfähigkeit

Geschäftsunfähig sind:

> Kinder bis zur Vollendung des 7. Lebensjahres
> Personen, die sich nicht nur vorübergehend in einem die freie Willensbestimmung ausschließenden Zustand krankhafter Störung der Geistestätigkeit befinden (natürliche Geschäftsunfähigkeit).

> **Rechtsfolgen:**

Ein Geschäftsunfähiger kann Rechtsgeschäfte selbst nicht abschließen. Er braucht dazu einen gesetzlichen Vertreter. Gesetzlicher Vertreter ehelicher Kinder sind die Eltern, des nichtehelichen Kindes die Mutter, eines vollwaisen Kindes der vom Betreuungsgericht bestellte Betreuer. Ein Rechtsgeschäft, das mit einem Geschäftsunfähigen abgeschlossen wird, ist nichtig.

- Volljährige, die aufgrund körperlicher, geistiger oder seelischer Krankheiten oder Behinderungen ihre Angelegenheit ganz oder teilweise nicht mehr selbst besorgen können, werden nicht mehr entmündigt, sondern erhalten seit 1.1.1992 einen Betreuer. Betreuer

  Die Bestellung eines Betreuers hat nur dann die Geschäftsunfähigkeit zur Folge, wenn im Einzelfall die Voraussetzungen der natürlichen Geschäftsunfähigkeit (>> oben) vorliegen.

  Zur Abwendung von erheblichen Gefahren für die Person oder das Vermögen des Betreuten kann gerichtlich seine rechtliche Handlungsfähigkeit eingeschränkt werden. Dies kommt einer Beschränkung der Geschäftsfähigkeit des Betreuten gleich. Die Vorschriften über die beschränkte Geschäftsfähigkeit gelten dann entsprechend.

Beschränkte Geschäftsfähigkeit

Beschränkt geschäftsfähig sind:

- Minderjährige zwischen dem vollendeten 7. und dem vollendeten 18. Lebensjahr
- betreute Volljährige, für die gerichtlich ein Einwilligungsvorbehalt des Betreuers für bestimmte Handlungsbereiche (zum Beispiel Vermögensverfügungen) angeordnet wurde.

> **Rechtsfolgen:**

Der beschränkt Geschäftsfähige kann Rechtsgeschäfte (zum Beispiel Verträge) selbst abschließen. Rechtlich wirksam sind diese Rechtsgeschäfte, von Ausnahmen abgesehen, aber nur, wenn der gesetzliche Vertreter oder Betreuer vorher (Einwilligung) oder nachträglich (Genehmigung) zustimmt.

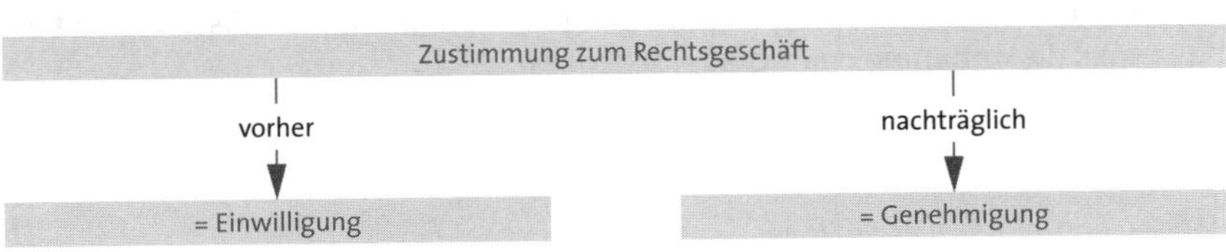

Stimmt der gesetzliche Vertreter dem Rechtsgeschäft zu (vorher oder nachträglich), ist das Rechtsgeschäft mit dem beschränkt Geschäftsfähigen rechtswirksam zustande gekommen.

Verweigert der gesetzliche Vertreter die Zustimmung, ist das Rechtsgeschäft unwirksam, das heißt nicht zustande gekommen.

Beispiel:

Ein 17-Jähriger kauft ohne Wissen seiner Eltern ein Mofa. Das Mofa muss nur dann bezahlt werden, wenn die Eltern nachträglich ihre Genehmigung zu dem Kaufvertrag erteilen. Verweigern sie die Genehmigung, muss der Händler das Mofa zurücknehmen und kann weder vom Minderjährigen noch von den Eltern Bezahlung verlangen.
Die Wirksamkeit des Rechtsgeschäfts hängt von der Genehmigung des gesetzlichen Vertreters ab. Der Geschäftspartner des beschränkt Geschäftsfähigen kann den gesetzlichen Vertreter auffordern, das Rechtsgeschäft zu genehmigen. Äußert sich der gesetzliche Vertreter hierzu binnen 14 Tagen nicht, gilt dies als Ablehnung der Genehmigung. Das Rechtsgeschäft mit dem beschränkt Geschäftsfähigen kommt dann nicht zustande, der Schwebezustand ist beendet.

Ausnahmen:
Eine strenge Anwendung der Vorschriften über die beschränkte Geschäftsfähigkeit würde den Bedürfnissen des praktischen Lebens nicht gerecht. Vorgesehen sind daher im Gesetz einige typische Rechtsgeschäfte des täglichen Lebens, zu denen die Zustimmung des gesetzlichen Vertreters nicht erforderlich ist. Dies gilt für:

Taschengeld

> **Taschengeldrechtsgeschäfte**

Beispiel:

Kauf einer HiFi-Anlage, wenn der gesetzliche Vertreter die Mittel hierzu dem Minderjährigen zur freien Verfügung überlassen hat (Taschengeld, Lohn des minderjährigen Gesellen). Voraussetzung ist, dass der Kaufgegenstand bar bezahlt wird.
Für Teil- oder Abzahlungskäufe braucht der beschränkt Geschäftsfähige jedoch immer die Zustimmung seines gesetzlichen Vertreters, auch wenn die Raten mit Taschengeld bezahlt werden könnten.

Vorteilhafte Rechtsgeschäfte

> **Vorteilhafte Rechtsgeschäfte**

Beispiel:

Der Minderjährige erlangt durch ein Rechtsgeschäft einen nur rechtlichen Vorteil, ohne gleichzeitig Verpflichtungen übernehmen zu müssen (zum Beispiel die Annahme eines Geldgeschenkes).

> **Genehmigte Arbeitsverhältnisse**

Genehmigte Arbeitsverhältnisse

Beispiel:

Der Minderjährige hat mit Zustimmung seiner Eltern ein Arbeitsverhältnis angetreten. Er ist damit voll geschäftsfähig für alle Rechtsgeschäfte, die mit dem Arbeitsverhältnis zusammenhängen. Das heißt, er kann den Lohn in Empfang nehmen, aber auch das Arbeitsverhältnis kündigen. Die Eltern können allerdings die mit der Zustimmung gegebene Vollmacht wieder zurücknehmen oder einschränken.

> **Genehmigte Erwerbsgeschäfte**

Genehmigte Erwerbsgeschäfte

Beispiel:

Ermächtigen die Eltern mit Genehmigung des Familiengerichts den Minderjährigen zum selbstständigen Betrieb eines Bodenlegergewerbes, darf er alle damit zusammenhängenden Liefer-, Werk-, Dienst- oder Mietverträge rechtswirksam selbst abschließen.

Volle Geschäftsfähigkeit

Volle Geschäftsfähigkeit

Voll geschäftsfähig sind alle volljährigen Personen. Deutsche Staatsangehörige sind mit Vollendung des 18. Lebensjahres volljährig. Für Ausländer, die sich in Deutschland aufhalten (zum Beispiel Gastarbeiter), gelten die Vorschriften über die Volljährigkeit ihres Heimatlandes.

> **Rechtsfolgen:**

Rechtsgeschäfte, die ein voll Geschäftsfähiger abschließt, sind rechtswirksam. Alle Rechte und Pflichten hieraus wirken für und gegen ihn.

Beispiel:

Ein voll Geschäftsfähiger

- kann alle Rechtsgeschäfte, das heißt auch alle Verträge, selbst abschließen,
- kann Beruf, Arbeitsplatz, Aufenthaltsort frei wählen,
- kann über sein Einkommen und Vermögen frei verfügen,
- kann wählen und gewählt werden (zum Beispiel Bundestag),
- muss aber auch alle Verpflichtungen aus seinen Rechtsgeschäften selbst erfüllen.

Die drei Stufen der Geschäftsfähigkeit

1. Geschäftsunfähigkeit	2. Beschränkte Geschäftsfähigkeit	3. Volle Geschäftsfähigkeit
Kinder (bis 7. Lj.) Ausschluss der freien Willensbestimmung infolge dauernder Störung der Geistesfähigkeit	Minderjährige (zwischen 7. und 18. Lj.) Betreute Volljährige, soweit gerichtlicher Einwilligungsvorbehalt angeordnet	Volljährige (ab 18. Lj.)
Willenserklärungen (WE) sind nichtig	Willenserklärungen sind schwebend wirksam; Einwilligung des gesetzlichen Vertreters, Betreuers ist erforderlich. Aber: Ausnahmen, z. B. Taschengeld	Willenserklärungen sind voll wirksam

3.1.2.2 Rechtsgeschäftliches Handeln

Willenserklärungen

Inhalt und Ziel

Der Mensch schließt zur Verwirklichung seiner vielfältigen Beziehungen Rechtsgeschäfte ab, zum Beispiel Verträge. Sie haben eine bestimmte Rechtsfolge zum Ziel. Rechtsgeschäfte bestehen daher aus einer oder mehreren Willenserklärungen, die die gewünschte Rechtsfolge herbeiführen.

> Die Willenserklärung ist Grundlage und notwendiger Bestandteil jedes Rechtsgeschäfts.

Wirksamkeit der Willenserklärung

Wirksamkeit

Für die Wirksamkeit einer Willenserklärung sind zwei Voraussetzungen erforderlich:

> **Der Wille, eine bestimmte Rechtsfolge herbeizuführen,** zum Beispiel Anschaffung eines Pkws.
> **Erklärung des Willens,** zum Beispiel: Ich will einen Pkw kaufen. Die Erklärung kann ausdrücklich oder durch schlüssiges Verhalten erfolgen.

Arten von Rechtsgeschäften

Je nach der Anzahl der beteiligten Willenserklärungen unterscheiden wir:

Einseitige Rechtsgeschäfte

> **Einseitige Rechtsgeschäfte,** das heißt, es genügt eine Willenserklärung zur Wirksamkeit des Rechtsgeschäfts, zum Beispiel Errichtung eines Testaments. In manchen Fällen ist der Empfang der Willenserklärung zu ihrer Wirksamkeit erforderlich, zum Beispiel Kündigung.

> **Mehrseitige Rechtsgeschäfte,** das heißt, zwei oder mehrere übereinstimmende Willenserklärungen machen das Rechtsgeschäft wirksam. Typisches Beispiel: Verträge.

Mehrseitige Rechtsgeschäfte

Vertretung und Vollmacht

In der Regel handelt der Mensch rechtsgeschäftlich in eigener Person (Ausnahmen: Geschäftsunfähige etc.). Bei den meisten Rechtsgeschäften kann man sich aber auch vertreten lassen. Der Vertreter gibt in diesem Fall die Willenserklärung für den Vertretenen ab oder nimmt diese entgegen. Die Rechtsfolgen treffen allein den Vertretenen.

Stellvertretung

Die Bestellung zum Vertreter erfolgt durch Erteilung einer mündlichen oder schriftlichen Vollmacht. Sie wirkt nur im erteilten Umfang und ist jederzeit widerruflich.

Bestellung zum Vertreter

Beispiel:

Das Zustandekommen eines Kaufvertrags durch Vollmacht.

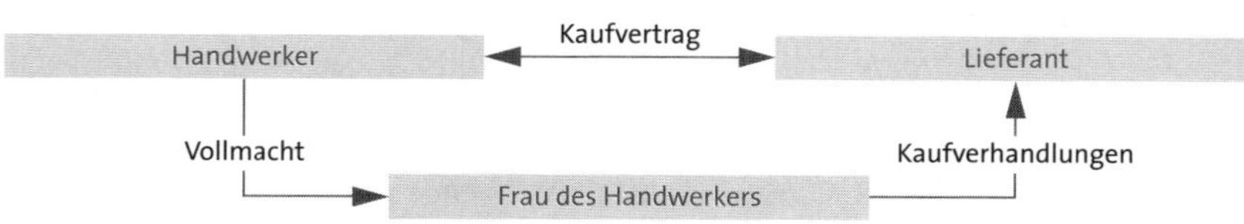

Der Vertreter wird aus dem Rechtsgeschäft selbst verpflichtet, wenn er nicht als Vertreter auftritt bzw. dies aus den Umständen nicht erkennbar wird. Gleiches gilt, wenn er ohne Vollmacht im Namen eines anderen einen Vertrag abschließt.

3.1.3 Vertragsrecht

3.1.3.1 Allgemeines Vertragsrecht

Vertragsfreiheiten

Das deutsche Vertragsrecht geht von drei grundsätzlichen Freiheiten aus:

> **Abschlussfreiheit,** das heißt, die Parteien bestimmen, mit wem sie einen Vertrag abschließen wollen.

Vertragliche Freiheiten

> **Inhaltsfreiheit,** das heißt, die Parteien legen, von wenigen Ausnahmen abgesehen, den Inhalt eines Vertrages nach ihren Vorstellungen fest.

> **Formfreiheit,** das heißt, die Parteien entscheiden, von gesetzlichen Formvorschriften (z. B. Schriftform bzw., wo gesetzlich zugelassen, elektronische Form Textform, notarielle Beglaubigung oder Beurkundung) abgesehen, frei über die Form des Vertragsabschlusses.

Die Vertragsfreiheit ist aber im Zivilrechtsverkehr bei Massengeschäften des täglichen Lebens weitgehend eingeschränkt. Dies gilt, wenn Menschen wegen ihre-

Rasse, ethnischen Herkunft, Religion oder Weltanschauung, Behinderung, sexuellen Identität, ihres Geschlechts oder Alters benachteiligt werden.
Massengeschäfte sind Verträge, bei denen es dem Vertragspartner nicht darauf ankommt, mit wem er den Vertrag schließt, zum Beispiel Verträge mit Hotels, Gaststätten oder Kaufhäusern. Individualverträge im gesamten privaten Lebensbereich unterliegen diesen Einschränkungen daher nicht. Benachteiligte können innerhalb von zwei Monaten u.a. Beseitigung der Beeinträchtigung, Unterlassung oder Schadenersatz fordern.

Allgemeine Geschäftsbedingungen

Treffen die Parteien bei Abschluss eines Vertrages, wie meist, keine Einzelabreden, gelten die Regeln des BGB, die die Interessen der Vertragspartner angemessen wahren. Will eine Partei davon abweichen, wird sie bestrebt sein, eigene Vertragsregeln (allgemeine Geschäftsbedingungen) zur Vertragsgrundlage zu machen.

Beispiel:

Der Verkäufer strebt günstigere Bedingungen zur Kaufpreiszahlung, zur Haftung oder zu den Lieferfristen an.

> AGB sind alle für eine Vielzahl von Verträgen vorformulierten Vertragsbedingungen, die eine Vertragspartei (Verwender) der anderen bei Abschluss eines Vertrages einseitig auferlegt.
> AGB liegen dann nicht vor, wenn die Vertragsbedingungen zwischen den Parteien im Einzelnen ausgehandelt werden.

> Voraussetzungen für die Gültigkeit von AGB:

Anwendungsvoraussetzungen

> Der Verwender muss den anderen Vertragsteil ausdrücklich oder ausnahmsweise durch deutlich sichtbaren Aushang auf die AGB hinweisen; AGB müssen klar und verständlich sein (Transparenzgebot).
> Der andere Vertragsteil muss die Möglichkeit haben, in zumutbarer Weise von den AGB Kenntnis zu nehmen.
> Der andere Vertragsteil muss mit den AGB erkennbar einverstanden sein, zum Beispiel durch Unterschrift.

Liegen alle drei Voraussetzungen für die Gültigkeit von AGB vor, werden die AGB Bestandteil des geschlossenen Vertrages.

> Schutzbestimmungen bei Anwendung von AGB:

Weil AGB in der Regel das Gleichgewicht zwischen den Vertragsparteien verändern, enthalten die im BGB integrierten Regelungen der AGB einige Bremsen und Verbote:

> **Überraschende Klauseln,** mit denen der andere Teil nicht rechnen muss, werden nicht Vertragsbestandteil.
> **Unklar abgefasste Klauseln** sind im Zweifel zugunsten des anderen Teils auszulegen.

> **Gegen Treu und Glauben benachteiligende Klauseln** sind unwirksam.

Verbotene AGB-Klauseln

> **Verboten** und damit unwirksam sind **ca. 20 Klauseln,** unter anderem folgende:
- der Vorbehalt des Verwenders, die Preise auch für solche Waren und Leistungen zu erhöhen, die binnen vier Monaten nach Vertragsabschluss geliefert oder erbracht werden sollen
- der Ausschluss oder die Begrenzung der Haftung bei Verletzung von Leben, Körper, Gesundheit und bei grobem Verschulden des Verwenders
- der Ausschluss des Rücktrittsrechts des Kunden bei vom Verwender zu vertretenden Pflichtverletzungen
- der Ausschluss von Mängelansprüchen bei Kaufverträgen über die Lieferung neuer Sachen und bei Werkverträgen sowie die Vereinbarung einer kürzeren als der gesetzlichen Mängelrügefrist und der gesetzlichen Mängelverjährungsfristen (Ausnahme: die Fristen der insgesamt vereinbarten VOB).

> **Schutzmaßnahmen gegen rechtswidrige AGB:**

> Verbraucherverbände, Handwerkskammern, Industrie- und Handelskammern oder Innungen können den Verwender auf Unterlassung und Widerruf verklagen.

Gerichtliche Schutzmaßnahmen

> Der Betroffene kann vor Gericht die Unwirksamkeit einer Klausel in seinem speziellen Fall klären lassen.

Einzeln ausgehandelte Verträge haben Vorrang vor AGB.

In **Einzel**verträgen kann grundsätzlich alles vereinbart werden, auch wenn es bei Verwendung als AGB rechtswidrig wäre. Grenzen sind in diesem Fall die allgemeinen gesetzlichen Verbote und die guten Sitten.

Ein Vertrag bleibt, auch wenn AGB ganz oder teilweise unwirksam sind, im Übrigen wirksam, es sei denn, das Festhalten am Vertrag ist für eine Partei unzumutbar (>> oben).

Zustandekommen eines Vertrages

Angebot und Annahme

Ein Vertrag kommt durch zwei Willenserklärungen zustande: Angebot (auch Antrag, Offerte) und Annahme. Voraussetzung ist, dass die Willenserklärungen inhaltlich übereinstimmen.

Erfolgt die Annahme unter Änderungen oder Einschränkungen, gilt das Angebot als abgelehnt, gleichzeitig verbunden mit einem neuen Angebot.

Zustandekommen eines Vertrages

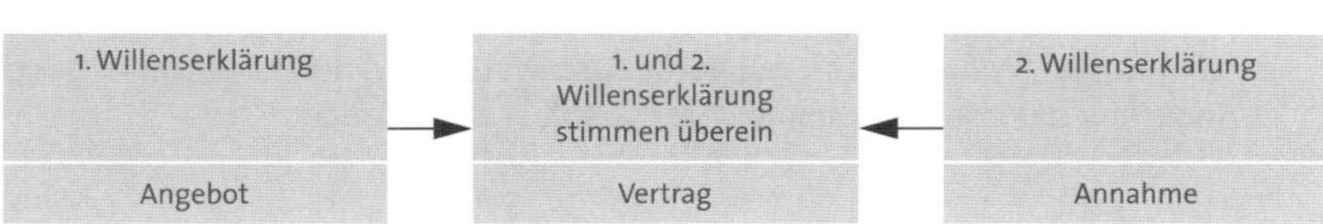

Kein Angebot im Sinne eines Vertragsabschlusses sind Werbung, Prospekte, Zeitungsanzeigen, Kataloge, Schaufensterauslagen etc.

Werbung

> Sie gelten im Rechtssinne als Aufforderung an einen unbestimmten Kundenkreis, seinerseits dem Anbietenden ein Angebot zum Beispiel zum Kauf des beworbenen Gegenstandes zu unterbreiten.

> Bindung an das Angebot

Hat der Anbieter sein Angebot zeitlich befristet, kann die Annahme nur innerhalb der Frist erfolgen. Danach erlischt das Angebot.

Bindungswirkung

Ist das Angebot zeitlich nicht befristet, kommt es für die Bindungswirkung auf den Adressaten an:

- Ein Angebot **unter Anwesenden** kann nur sofort angenommen werden. Als solches gilt auch ein telefonisches Angebot. Schweigen gilt als Ablehnung.
- Ein Angebot **unter Abwesenden** (zum Beispiel schriftlich) bindet den Anbieter so lange, wie er mit einer Antwort üblicherweise rechnen kann. Beförderungs- und Überlegungsfristen sind zu berücksichtigen. Eine zeitliche Befristung des Angebots vermeidet Differenzen.

Erlöschen der Bindungswirkung des Angebots

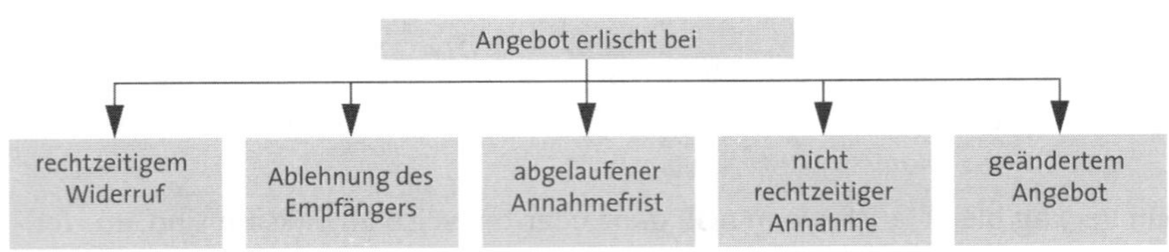

Besonderheiten beim kaufmännischen Bestätigungsschreiben:

Bestätigungsschreiben

Ausnahmsweise kommt ein Vertrag auch dann zustande, wenn Angebot und Annahme nicht übereinstimmen.

Beispiel:

Zwei Kaufleute stehen in Geschäftsbeziehungen zueinander. Einer bestellt (Angebot) mündlich eine Maschine zum Preis von 5.000,00 EUR, Zahlungsziel 3 Monate nach Lieferung. Der Lieferant bestätigt (Annahme) dem Besteller schriftlich die telefonische Absprache, lässt aber das Zahlungsziel weg (sogenanntes kaufmännisches Bestätigungsschreiben). Der Kaufpreis wird sofort nach Lieferung fällig.

> Die rechtliche Wirkung des inhaltlich abweichenden kaufmännischen Bestätigungsschreibens kann nur vermieden werden, wenn der Besteller der Änderung der telefonischen Absprache sofort widerspricht.

> Elektronischer Geschäftsverkehr (Informationspflichten)

> Dabei wird ein gewerblicher Vertrag über Waren und Dienstleistungen unter Einsatz elektronischer Kommunikationsmittel (z. B. Internet, nicht Telefon, Rundfunk und Telekommunikation) geschlossen.

- > Neben den **allgemeinen** Informationspflichten (Name, Anschrift, Kontaktadresse, Preise, Kosten usw.) hat der Unternehmer den Kunden (Verbraucher und Unternehmer) **vor** Abschluss des Vertrages zu **informieren** über
  - die technischen Mittel des Vertragsabschlusses (z. B. Ablauf, Speicherung, Korrektur, Sprache) und
  - die vom Anbieter verwendeten Verhaltensrichtlinien.
- > **Nach** Vertragsschluss hat er dem Kunden
  - die Vertragsbedingungen in abrufbarer und wiedergabefähiger Form zur Verfügung zu stellen (Vertragstext, AGB) und
  - den Eingang der Bestellung dem Kunden unverzüglich auf elektronischem Weg zu bestätigen. Sobald Bestellung und Bestätigung im Internet der jeweiligen Partei abruffähig sind, gelten sie als zugegangen, sind damit wirksam.
- > Von den Informationspflichten kann zu Lasten des Kunden nicht abgewichen werden.
- > Der Kunde kann bei Verletzung der Informationspflichten je nach Falllage Nachunterrichtung, Schadenersatz oder Unterlassung verlangen oder wegen Erklärungsirrtum den Vertrag anfechten.

Fehlerhafte Rechtsgeschäfte (Nichtigkeit und Anfechtbarkeit)

Fehlerhafte Rechtsgeschäfte

Rechtsgeschäfte, das heißt einseitige oder mehrseitige Willenserklärungen, werden in der Regel geschlossen, um rechtliche Wirkungen zu erzielen. Dabei können den Handelnden Fehler unterlaufen, die Nichtigkeit oder Anfechtbarkeit des Rechtsgeschäfts zur Folge haben.

> Nichtige Rechtsgeschäfte

> Ein nichtiges Rechtsgeschäft entwickelt keine Rechtswirksamkeit. Es ist von Anfang an unwirksam. Jeder kann sich darauf berufen. Die Berufung auf die Nichtigkeit ist an keine Frist gebunden.

Nichtigkeitsgründe bei Rechtsgeschäften

Beispiel:

zu 2.: Vertrag mit einem beschränkt Geschäftsfähigen, wenn kein Ausnahmefall, zum Beispiel Taschengeldprivileg, vorliegt oder die Zustimmung des gesetzlichen Vertreters fehlt.

zu 3.: Beurkundung eines Grundstückskaufvertrages mit einem niedrigeren Kaufpreis, als der Käufer tatsächlich bezahlt.

zu 4.: Der Kauf eines Grundstücks wird nicht notariell, sondern nur schriftlich abgeschlossen.

zu 5.: Vertrag zum illegalen Erwerb von Rauschgift.

zu 6.: Ein Unternehmer verkauft seinen Betrieb, tatsächlicher Wert 50.000,00 EUR, an einen unerfahrenen jungen Kollegen für 100.000,00 EUR.

> Anfechtbare Rechtsgeschäfte

Ein anfechtbares Rechtsgeschäft wird erst mit der Erklärung der Anfechtung nichtig. Nur der Berechtigte kann gegenüber dem Anfechtungsgegner anfechten. Die Anfechtung kann nur binnen der im Gesetz vorgesehenen Anfechtungsfrist erklärt werden.

Gründe und Fristen zur Anfechtung eines Rechtsgeschäfts

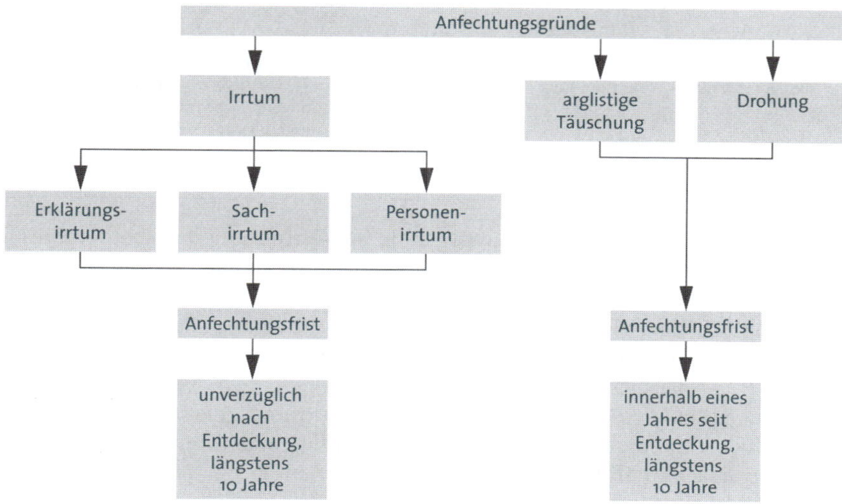

Beispiel:

> Erklärungsirrtum: Ein Bäcker bestellt monatlich 30 Sack Mehl. Er verschreibt sich und bestellt stattdessen 300 Sack Mehl. Er kann unverzüglich, das heißt ohne schuldhaftes Zögern, anfechten. Der Lieferant muss 270 Sack Mehl zurücknehmen, die unnötigen Transportkosten trägt der irrende Bäcker.

> Sachirrtum: Der Handwerker mietet einen Werkstattraum zum Lagern von empfindlichen Waren. Später stellt sich heraus, dass dies wegen Feuchtigkeit des Raumes nicht möglich ist. Er kann unverzüglich anfechten.

> Personenirrtum: Ein Fabrikant, der sich als zahlungsfähig ausgibt, erteilt einem Handwerker einen Auftrag, eine teure Maschine zu bauen. Tatsächlich ist der Fabrikant bereits zahlungsunfähig. Der Handwerker hat sich über eine wesentliche Eigenschaft seines Auftraggebers geirrt, er kann unverzüglich anfechten.

Der sogenannte Motivirrtum (Irrtum im Beweggrund), zum Beispiel Kalkulationsirrtum, berechtigt nicht zur Anfechtung.

Haftung für Erfüllungs- und Verrichtungsgehilfen

Meist setzt der Handwerker bei der Ausführung von vertraglich übernommenen Arbeiten (zum Beispiel Werkverträgen) seine Arbeitnehmer ein. Entsteht dabei ein Schaden, ist zwischen Erfüllungs- und Verrichtungsgehilfen zu unterscheiden:

Erfüllungsgehilfe ist	Verrichtungsgehilfe ist
↓	↓
wer mit Willen des Unternehmers bei der von diesem übernommenen Arbeit tätig ist	wer von einem Unternehmer zu einer Verrichtung bestellt ist, auch wenn diese nicht in Erfüllung einer Vertragsleistung besteht

> Für Schäden, die der Erfüllungsgehilfe **bei Ausführung der übernommenen Arbeit** verursacht, haftet der Unternehmer seinem Vertragspartner (Kunden) wie für eigenes Verschulden.
> Für Schäden, die der Erfüllungs- oder Verrichtungsgehilfe (zum Beispiel Geselle) **bei Arbeiten** verursacht, **die er auf eigene Faust ausführt,** haftet der Geselle, nicht der Unternehmer.
> Für Schäden, die der Erfüllungs- oder Verrichtungsgehilfe **infolge unerlaubter Handlungen** anlässlich der Ausführung übernommener Arbeiten verursacht, haftet der Unternehmer nur, wenn er bei der Auswahl des Mitarbeiters nicht die im Geschäftsverkehr erforderliche Sorgfalt beachtet hat.

Erfüllungsort, Erfüllungszeit, Verzug

Für die erfolgreiche Abwicklung eines Vertrages ist von grundlegender Bedeutung, wo (Ort) und wann (Zeit) die Lieferung oder Leistung zu erfolgen hat. Ist hierzu vertraglich nichts vereinbart, gilt die gesetzliche Regelung.

> **Erfüllungsort**

Erfüllungsort

Gesetzlicher Erfüllungsort ist der Ort, an dem der Schuldner seinen Wohnsitz oder seine gewerbliche Niederlassung hat. Das Gericht dieses Orts ist für Klagen gegen den Schuldner zuständig.

Im Übrigen gilt:

Holschulden

> **Sach-**(Waren-)**Schulden** sind Holschulden, das heißt, der Gläubiger muss sie beim Schuldner holen.

Bringschulden

> **Geldschulden** sind Bringschulden bzw. Schickschulden, das heißt, der Schuldner muss dem Gläubiger geschuldetes Geld bringen oder auf seine Kosten schicken.

Versendungskauf

> Ein **Versendungskauf** liegt vor, wenn der Sach-(Waren-)Schuldner die verkaufte Sache auf Verlangen des Gläubigers (Käufers) nach einem anderen Ort als dem Erfüllungsort (Wohnsitz des Schuldners) versendet.
> Mit Übergabe an den Spediteur (Bahn, Post etc.) hat der Schuldner seine Verpflichtung erfüllt, der Gläubiger trägt die Kosten und die Transportgefahr. Anweisungen des Gläubigers hat der Schuldner zu befolgen. Abweichende Vereinbarungen sind möglich, zum Beispiel „frei Haus“, das heißt, der Schuldner trägt die Versandkosten, der Gläubiger die Transportgefahr.

> Erfüllungszeit

Gesetzliche Erfüllungszeit:
Fehlt eine Vereinbarung, kann der Gläubiger die Lieferung/Leistung sofort verlangen, der Schuldner sie sofort bewirken.

Der Vertrag ist Zug um Zug, das heißt „hier Ware/Leistung – hier Geld", zu erfüllen. Jede Vertragspartei ist sowohl Gläubiger als auch Schuldner.

Beispiel:

Der Käufer einer Ware ist verpflichtet, diese abzunehmen (Gläubigerpflicht) und den Kaufpreis zu bezahlen (Schuldnerpflicht). Der Verkäufer einer Ware ist verpflichtet, diese zu übergeben (Schuldnerpflicht) und den Kaufpreis anzunehmen (Gläubigerpflicht).

Erfüllt eine Partei (Käufer/Verkäufer) eine Schuldnerpflicht nicht, kommt sie in Leistungsverzug des Schuldners.
Erfüllt eine Partei (Käufer/Verkäufer) eine Gläubigerpflicht nicht, kommt sie in Annahmeverzug des Gläubigers.
Beides hat für den, der sich in Verzug befindet, nachteilige Folgen.

> Verzug

Leistungsverzug

Leistungsverzug bei Schuldnerverpflichtung
Erfüllt der Schuldner seine Verpflichtung zur Leistung nicht oder nicht rechtzeitig, kommt er in Verzug.

3 Verzugsvoraussetzungen

- Fälligkeit der Verpflichtung
- schuldhafte Nichterfüllung
- Mahnung oder jeweils
  - Klage, Mahnbescheid
  - Kalenderfristablauf bzw. -berechnung
  - definitive Verweigerung
  - 30 Tage nach RE-Zugang (Verbraucher: Aufklärung erforderlich)

Beispiel:

Der Handwerker hat eine Maschine gekauft, die am 1.7. geliefert werden muss. Liefert der Verkäufer nicht spätestens am 1.7., ist er am 2.7. in Verzug Eine Mahnung ist nicht erforderlich. Üblich ist wiederholte Mahnung.

Variante:

War kein Kalendertermin für die Lieferung bestimmt, kommt der Verkäufer z. B. mit der ersten Mahnung des Handwerkers in Verzug. Aus Beweisgründen sollte die Mahnung schriftlich erfolgen.

> Rechtsfolgen bei Nichterfüllung einer Geldforderung

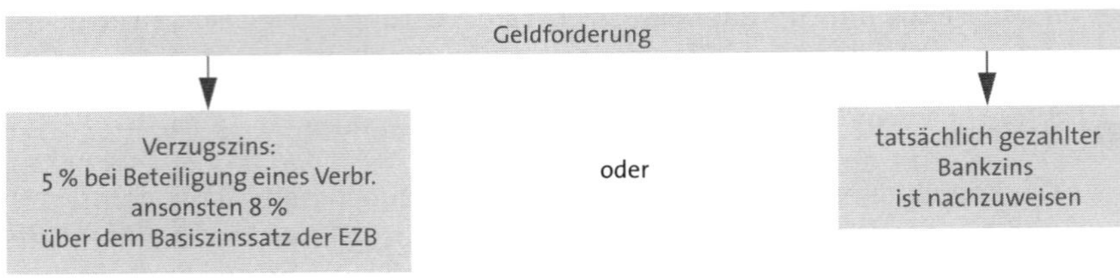

> Rechtsfolgen bei Nichterfüllung einer sonstigen Verpflichtung

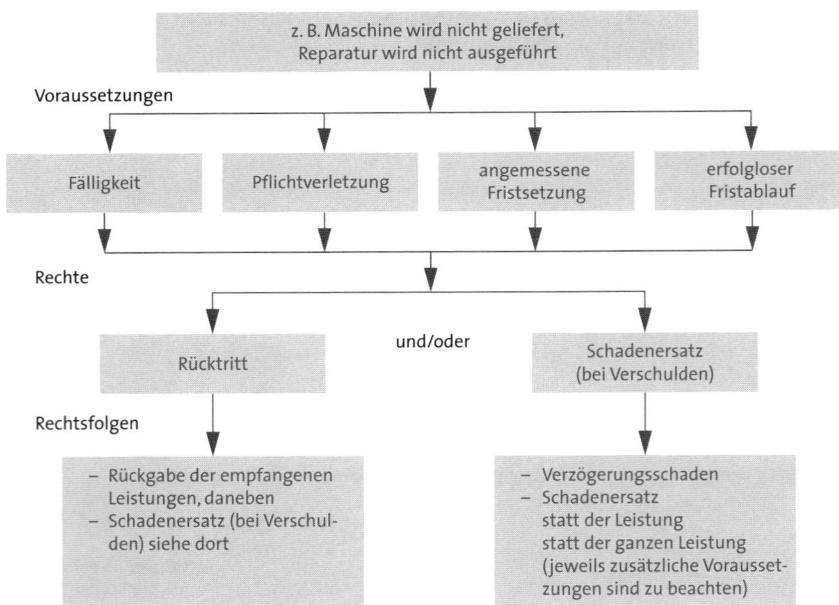

> Allgemein:

- Der Anspruch des Gläubigers auf Lieferung/Leistung muss fällig sein.
- Unter einer Pflichtverletzung ist jeder Verstoß gegen eine vertragliche oder gesetzliche Pflicht zu verstehen, auch Leistungsverzögerung.
- Der Erfüllungsanspruch hat Vorrang vor Rücktritt und Schadenersatz.
- Es ist daher zunächst grundsätzlich eine angemessene Frist zur Erfüllung der Leistung zu setzen. Entbehrlich ist die Fristsetzung bei einem Fixgeschäft, bei definitiver Leistungsverweigerung des Schuldners oder wegen besonderer Umstände unter Abwägung der Parteiinteressen.
- Erst mit der Erklärung des Rücktritts oder der Forderung von Schadenersatz erlischt der Anspruch auf Erfüllung der Leistung.

> **Rücktritt:**
- Nur erhebliche Pflichtverletzungen berechtigen zum Rücktritt.
- Die Parteien haben bereits empfangene Leistungen zurückzugeben. Ist dies nicht möglich, ist der jeweilige Wert zu ersetzen. In Ausnahmefällen entfällt der Wertersatz.
- Neben dem Rücktritt kann der Gläubiger auch einen vom Schuldner zu verantwortenden Verzögerungsschaden fordern (z.B. Ersatz vergeblicher Aufwendungen, entgangener Gewinn usw.).

> **Schadenersatz:**
- Schadenersatz kann auch bei unerheblichen Pflichtverletzungen gefordert werden.
- Die Schadenersatzpflicht trifft den Schuldner nur, wenn er für die Pflichtverletzung verantwortlich (Vorsatz und Fahrlässigkeit) ist. Beruft sich der Schuldner darauf, nicht verantwortlich zu sein, muss er dies im Streitfall beweisen.
- Bleibt die Lieferung (z.B. Maschine) oder Leistung (z.B. Reparatur) gänzlich aus, kann der Gläubiger statt der Leistung Schadenersatz fordern (z.B. Produktionsausfall, Ersatz einer Vertragsstrafe, fehlgeschlagenes Folgegeschäft, >> auch Rücktritt).
- Dies gilt grundsätzlich auch, wenn an Stelle der geschuldeten Leistung nur Teile davon erbracht werden. Schadenersatz kann dann nur für die ausgebliebenen Teile der Leistung gefordert werden, z.B. die gelieferte, funktionsfähige Maschine war nicht vollständig (kleiner Schadenersatz). Ist allerdings die Pflichtverletzung in diesem Fall erheblich und erfordert das Interesse des Gläubigers die Erfüllung der geschuldeten Leistung (komplette Maschine) durch den Schuldner, kann der Gläubiger im Ausnahmefall Schadenersatz statt der ganzen Leistung verlangen (großer Schadenersatz).

Zurückbehaltungsrecht

Zurückbehaltungsrecht

Es gibt Fälle, in denen jeder Partner eines Rechtsverhältnisses (zum Beispiel eines Vertrages) vom anderen etwas fordern kann, diesem aber zugleich etwas schuldet. Besondere Beispiele hierfür sind gegenseitige Verträge wie der Kaufvertrag, der Werkvertrag und der Mietvertrag. Aus einem gegenseitigen Vertrag sollen grundsätzlich beide Seiten gleichzeitig leisten. Es wäre unbillig, wenn ein Vertragspartner zur Leistung gezwungen werden könnte, obgleich der andere nicht zugleich auch leistet.

Schutz gegen eine einseitige Vorleistungspflicht bietet das gesetzliche Zurückbehaltungsrecht.
Das Zurückbehaltungsrecht ist an folgende Voraussetzungen geknüpft:

> Fälligkeit der Gegenleistung und
> ein innerer natürlicher wirtschaftlicher Zusammenhang der Ansprüche.

Liegen diese Voraussetzungen vor, ist der Schuldner berechtigt, die geschuldete Gegenleistung zu verweigern, bis die ihm gebührende Leistung bewirkt ist.

Beispiel:

Ein Hersteller beliefert einen Handwerker, mit dem er in ständiger Geschäftsverbindung steht, fortlaufend mit Waren. Hat der Handwerker bereits gelieferte Waren aus früheren Verträgen noch nicht bezahlt, kann der Hersteller die aus dem letzten Vertrag geschuldeten Warenlieferungen zurückbehalten.

Einrede

Das Zurückbehaltungsrecht gibt dem Schuldner nur eine Einrede, das heißt, es wird nur beachtet, wenn es der Schuldner geltend macht.

Wird die Einrede in einem Prozess erhoben, erfolgt die Verurteilung zur Leistung „Zug um Zug" gegen Empfang der Gegenleistung.

Ausschluss

Das Zurückbehaltungsrecht kann gesetzlich, durch Vereinbarung, aus der Natur des Schuldverhältnisses oder nach Treu und Glauben ausgeschlossen sein.

Beispiel:

Wer selbst vertragsuntreu oder vertraglich vorleistungspflichtig ist oder wer für seinen Gegenanspruch ausreichend Sicherheiten besitzt, hat kein Zurückbehaltungsrecht. Ausgeschlossen ist dieses auch bei Arbeitspapieren, Reisepässen, Führerscheinen, Krankenunterlagen.

Quittung

Die Quittung bestätigt die Bezahlung einer Schuld. Sie ist Beweismittel für die Erfüllung.

Anspruch auf Quittung

Auf Verlangen muss der Gläubiger eine schriftliche Quittung ausstellen. Die Bezahlung an den Überbringer einer Quittung befreit den Schuldner ebenso wie die Bezahlung an den Gläubiger.

Beispiel:

Der Meister schickt den Lehrling nach durchgeführtem Auftrag mit der Quittung zum Kunden. Der Kunde zahlt und erhält die Quittung. Der Lehrling veruntreut das Geld. Der Meister kann nur vom Lehrling, nicht erneut vom Kunden, Zahlung verlangen.

Forderungsabtretung

Forderungsabtretung

Eine Forderung kann vom Gläubiger an einen anderen abgetreten werden. Dieser ist dann neuer Gläubiger des Schuldners. Der Schuldner kann vom Zeitpunkt der Kenntnis der Abtretung eine Zahlung mit befreiender Wirkung nur noch an den neuen Gläubiger leisten.

> Eine Zustimmung des Schuldners zur Forderungsabtretung ist nicht erforderlich.
> Der Schuldner ist von der Abtretung vom alten oder neuen Gläubiger in Kenntnis zu setzen.
> Die dem Schuldner vom alten Gläubiger gewährten Erleichterungen (zum Beispiel Stundung etc.) gelten auch gegenüber dem neuen Gläubiger.

Verjährung

Zwischen Menschen können im Laufe der Zeit vielfältige Forderungen und Ansprüche entstehen. Solange diese nicht erfüllt sind, ist im Rechtssinn der Rechtsfriede zwischen ihnen gestört.

Das Institut der Verjährung gibt dem Schuldner unter bestimmten Voraussetzungen ein Leistungsverweigerungsrecht (sogenannte Einrede der Verjährung).

Die Verjährung hilft, die mit zunehmendem Zeitablauf entstehende Rechtsunsicherheit bei Durchsetzung von Ansprüchen zu vermeiden, und stellt den zwischen den Parteien gestörten Rechtsfrieden wieder her. Erreicht wird dies durch Bereitstellung einer Vielzahl von gesetzlichen Verjährungsfristen, auf die sich der Schuldner berufen kann.

Zweck und Wirkung der Verjährung

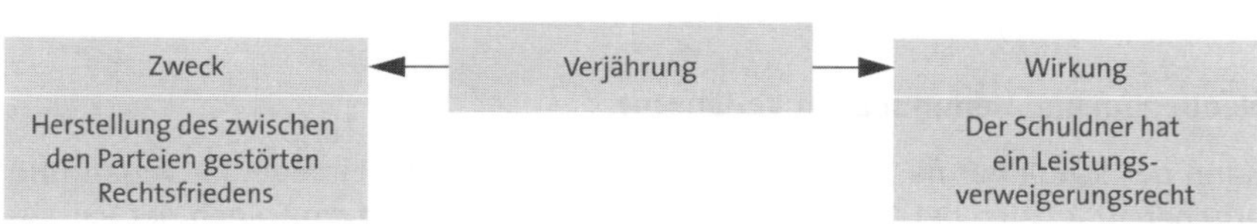

> Systematik der Verjährungsfristen

Die **Regelverjährung** beträgt grundsätzlich für alle Ansprüche **drei** Jahre. **Ausgenommen** hiervon sind bestimmte Mängelansprüche des Kauf- und Werkvertragsrechts, z.B. **zwei** Jahre für Mängel an **körperlichen Sachen, fünf** Jahre an **Bauwerken. Absolute** Verjährungsfristen von **zehn** Jahren gelten z.B. bei Ansprüchen aus Rechten an einem Grundstück. Nach **30** Jahren tritt absolute Verjährung ein z.B. bei Ansprüchen auf Herausgabe von Eigentum, aus rechtskräftig festgestellten Ansprüchen, aus vollstreckbaren Titeln (Urteil, Vergleich, Urkunden) und auf Schadenersatz wegen Verletzung des Lebens, Körpers, der Gesundheit oder Freiheit.

> Beginn und Ende der Verjährung

> Die **Regelverjährung** beginnt ab Ende des Jahres nach der Entstehung (Fälligkeit) des Anspruchs **und** Kenntnis bzw. Kennenmüssen (grob fahrlässige Unkenntnis) der Person des Schuldners und der Anspruchsgründe und endet nach drei Jahren

Beispiel:

Ein Kunde erhält seinen reparierten Pkw am 15.7. repariert zurück. Die Verjährung der Werklohnforderung des Kfz-Meisters beginnt am 31.12. um 0.00 Uhr dieses Jahres und endet drei Jahre später am 31.12. um 24.00 Uhr.

> Die **Ausnahmeverjährungsfrist** für körperliche Sach- bzw. Baumängel beginnt jeweils mit der Abnahme der Sache/des Bauwerks und läuft nach zwei bzw. fünf Jahren ab.

Beispiel:

Fertigstellung und Abnahme des reparierten Radios am 15.7. eines Jahres, damit Ende der Frist von zwei Jahren für Mängelansprüche am 15.7. des übernächsten Jahres.

> Die Verjährungsfristen können grundsätzlich durch Rechtsgeschäft verkürzt (nicht aber die Haftung für Vorsatz im Voraus) oder verlängert (nicht aber über 30 Jahre ab Beginn) werden. Besonderheiten sind bei Verbrauchsgüterkauf, AGB und Bauwerksmängeln zu beachten.

> Eine Forderung erlischt nicht mit Ablauf der Verjährungsfrist. Der Schuldner erhält lediglich das Recht, die Erfüllung der Forderung zu verweigern.
> Erfüllt der Schuldner eine bereits verjährte Forderung, kann die Zahlung nicht zurückgefordert werden, weil die Forderung und damit auch die Schuld noch bestand.
> Gerichte berücksichtigen die Verjährung einer Forderung nicht von Amts wegen. Erhebt der Schuldner allerdings die Einrede der Verjährung, muss das Gericht sie berücksichtigen.

Neubeginn und Hemmung der Verjährung

Kann der Schuldner nach Ablauf der Verjährungsfrist die Einrede der Verjährung erheben, fragt sich der Gläubiger, wie er die für ihn negativen Folgen der Verjährung, Verlust seiner Forderung, verhindern kann. Möglichkeiten hierzu bieten ihm der Neubeginn und die Hemmung.

> Neubeginn der Verjährung bedeutet Abbruch der noch laufenden Verjährungsfrist und völliger Neubeginn der ursprünglichen Verjährungsfrist mit dem Abbruchzeitpunkt.
> Hemmung der Verjährung hat zur Folge, dass der Zeitraum der Hemmung (zum Beispiel Stundung) in den Lauf der Verjährungsfrist nicht eingerechnet, sondern hintangehängt wird.

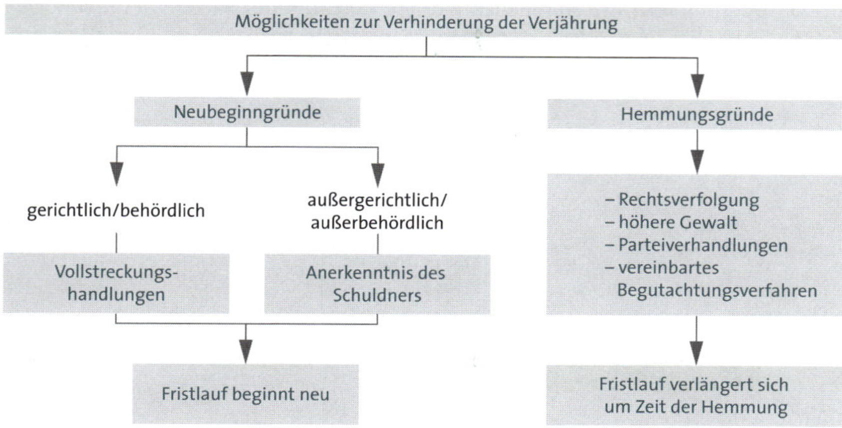

3.1.3.2 Kaufvertrag

Allgemeines zum Kaufvertrag

> Parteien

Die Parteien des Kaufvertrages heißen **Verkäufer und Käufer.** Der Kaufvertrag ist ein gegenseitiger Vertrag. Er kommt zustande, wenn die Erklärungen der Parteien, Angebot und Annahme, inhaltlich übereinstimmen.

> Ziel

Ziel des Kaufvertrages ist die **Übertragung (Austausch) eines Gegenstandes** gegen Geld. In erster Linie werden bewegliche und unbewegliche Sachen übertragen, es können aber auch Sachgesamtheiten (Unternehmen) und Rechte (Patente) sein.

Übertragung eines Gegenstandes

> Inhalt

Differenzen zwischen den Parteien bei Abwicklung des Kaufvertrages lassen sich vermeiden, wenn der Inhalt des Vertrages so klar und genau wie irgend möglich geregelt ist, zum Beispiel Gegenstand, Kaufpreis, Erfüllungsort und -zeit, Zahlungsmodalitäten, Vorbehalte, Bedingungen etc.

> Form

Ein Kaufvertrag kann **grundsätzlich in jeder beliebigen Form** geschlossen werden. Schreibt das Gesetz in besonderen Fällen eine bestimmte Form vor, ist diese einzuhalten.

Beispiel:

Der Kauf eines Grundstücks muss notariell beurkundet werden, um rechtswirksam zu sein.

Die Pflichten der Parteien beim Kaufvertrag

Aufgrund des Kaufvertrages ist der Verkäufer verpflichtet, dem Käufer den verkauften Gegenstand mangelfrei zu übergeben und zu übereignen (Hauptverpflichtung des Verkäufers). Der Käufer ist demgegenüber verpflichtet, den gekauften Gegenstand abzunehmen und zu bezahlen (Hauptverpflichtung des Käufers).

Übergabe und Übereignung

Abnahme und Bezahlung

Aus Gesetz und Vertrag können sich weitere Pflichten der Parteien ergeben. Der Abschluss des Kaufvertrages heißt Verpflichtungsgeschäft; die Erfüllung des Kaufvertrages ist das Erfüllungsgeschäft.

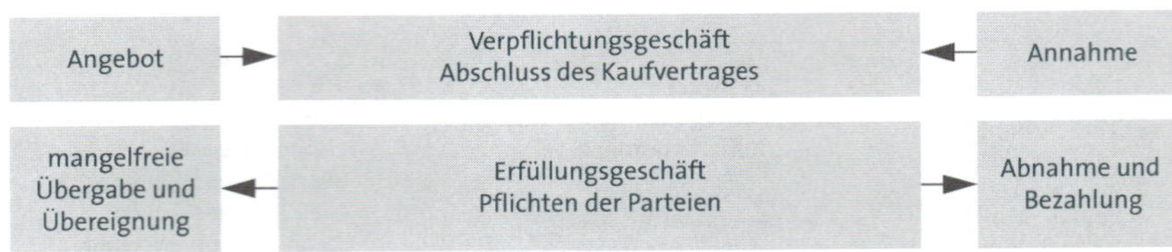

Die Gegenseitigkeit des Kaufvertrages bewirkt, dass beide Parteien gleichzeitig jeweils Schuldner und Gläubiger sind.

Beispiel:

Der Verkäufer ist Schuldner der Übergabe und Übereignung der Sache, aber auch Gläubiger hinsichtlich Abnahme und Bezahlung durch den Käufer.

Der Käufer ist Schuldner der Abnahme und Bezahlung, aber auch Gläubiger der Übergabe und Übereignung der Sache durch den Verkäufer.

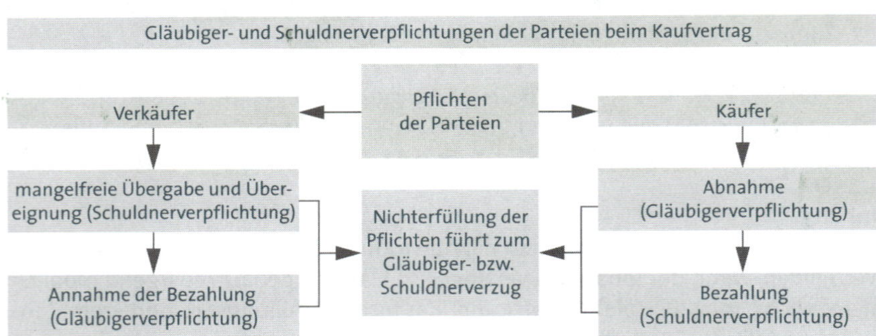

Erfüllungspflichten

Einzelheiten zu den Erfüllungspflichten des Verkäufers

Bei der **Übergabe** der Kaufsache an den Käufer ist Folgendes zu beachten:

Übergabe der Kaufsache

- Der Käufer wird Eigentümer der Sache erst mit Übergabe durch den Verkäufer und Einigung über den Eigentumsübergang.
- Die Sache ist am Erfüllungsort dem Käufer zu übergeben. Dies ist gewöhnlich der Wohnsitz oder die gewerbliche Niederlassung des Verkäufers.
- Mit der Übergabe der Sache geht die Gefahr des zufälligen Untergangs und der zufälligen Verschlechterung auf den Käufer über. Der Eintritt dieser Gefahren entbindet ihn nicht von der Pflicht, den Kaufpreis zu bezahlen.

> Die körperliche Übergabe der Sache an den Käufer kann ersetzt werden in vier Fällen:
> - durch Vereinbarung zwischen Verkäufer und Käufer, wenn der Käufer die Sache bereits im Besitz hat, zum Beispiel, er ist Mieter der Sache
> - durch Übergabe der Traditionspapiere im Handelsrecht (Seefrachtbrief, Orderlagerschein etc.)
> - durch Abtretung des Herausgabeanspruchs an den Käufer, wenn ein Dritter die Sache im Besitz hat
> - durch Vereinbarung eines Besitzmittlungsverhältnisses zwischen Käufer und Verkäufer, zum Beispiel im Rahmen einer Sicherungsübereignung.

Übereignung

Bei **Übereignung** der Kaufsache an den Käufer gelten folgende Bestimmungen:

> Die Übereignung der Sache erfolgt durch Einigung der Parteien in der Weise, dass die im Eigentum des Verkäufers befindliche Sache in das Eigentum des Käufers übergeht.
> Ausnahmsweise kann der Käufer gutgläubig Eigentum auch dann erwerben, wenn der Verkäufer nicht Eigentümer der Sache ist. Voraussetzung ist, dass der Verkäufer die Sache mit Willen des tatsächlichen Eigentümers erlangt hat.

Gutgläubiger Erwerb des Eigentums

Der Eigentümer eines Fernsehgerätes gibt sein Gerät einem Bastler zur Reparatur. Dieser verkauft das Gerät absprachewidrig an einen Interessenten, der den Bastler für den Eigentümer hält. Der Käufer wird gutgläubig Eigentümer, der Bastler begeht Unterschlagung und ist dem tatsächlichen Eigentümer ersatzpflichtig.

> **Erwerb des Eigentums** vor Ablauf der Verjährungsfrist ist jedoch nicht möglich an Sachen, die dem Eigentümer gegen seinen Willen abhanden gekommen sind, zum Beispiel verloren oder gestohlen wurden.

Beispiel:

Ein Radler stellt sein Rad vor einem Geschäft ab. Dort wird es entwendet und vom Dieb an einen gutgläubigen Freund verkauft und übergeben. Der Freund kann nicht Eigentümer werden, weil das Rad dem tatsächlichen Eigentümer gegen dessen Willen abhanden gekommen ist. Dieser kann sein Rad von jedem bis zum Ablauf der Verjährung herausverlangen.

Einzelheiten zu den Erfüllungspflichten des Käufers

Erfüllungspflichten

> Die gegenseitigen Verpflichtungen von Verkäufer und Käufer sind grundsätzlich Zug um Zug zu erfüllen.
> Der Käufer muss daher den Kaufpreis unmittelbar bei Übergabe der Sache bezahlen.
> Der Käufer ist verpflichtet, die Sache abzunehmen. Der Verkäufer kann ihn erforderlichenfalls hierauf verklagen.

> Der Verkäufer hat bei Nichtabnahme der Sache durch den Käufer die Möglichkeiten des Annahmeverzugs des Gläubigers.

Mängel

Haftung des Verkäufers für Sach- und Rechtsmängel

Der Verkäufer haftet dem Käufer auch dafür, dass die Sache beim Gefahrübergang (i.d.R. Übergabe) mangelfrei ist.

Sachmangel

> Ein **Sachmangel** liegt vor, wenn die Sache
- nicht die **vereinbarte** Beschaffenheit hat oder
- ohne Beschaffenheitsvereinbarung sich nicht eignet für die **vertraglich vorausgesetzte** Verwendung oder
- ohne Beschaffenheits- und Verwendungszweckvereinbarung sich nicht eignet für die **gewöhnliche** (übliche oder nach Art der Sache vom Käufer zu erwartende) Verwendung.

Rechtsmangel

> Ein **Rechtsmangel** liegt vor, wenn ein **Dritter** Rechte (außer den ihm vertraglich eingeräumten) in Bezug auf die Sache geltend machen kann. Die Ausführungen über Sachmängel gelten im Wesentlichen auch für Rechtsmängel.

Beispiel:

Ein Sachmangel liegt nach dem Gesetz vor, wenn etwas anderes oder eine zu geringe Menge als vereinbart geliefert wird.

Beispiel:

Wird bei einem Kaufvertrag über einen Altbau dessen Beschaffenheit als Einfamilienhaus aus dem Jahr 1955, modernisiert und repariert, vereinbart, liegt ein Sachmangel vor, wenn später die Hauselektrik versagt.

Zu den Eigenschaften der **gewöhnlichen Verwendung** zählen auch öffentliche Äußerungen des Verkäufers oder des Herstellers insbesondere in der Werbung, aber auch Montageanleitungen, außer der Verkäufer kannte diese oder deren öffentliche Berichtigung nicht, bzw. die Sache wurde fehlerfrei montiert.

> Der Verkäufer haftet dem Käufer grundsätzlich dafür, dass die Sache bei Gefahrübergang frei von Sach- und Rechtsmängeln ist.
> Der Verkäufer haftet aber nicht für unsachgemäßen Gebrauch, natürlichen Verschleiß, Abnutzung oder unbegrenzte Haltbarkeit der Sache.
> Ebenso haftet der Verkäufer nicht, wenn der Käufer den Mangel bei Vertragsabschluss kennt oder grob fahrlässig (außer der Verkäufer täuscht arglistig oder garantiert die Beschaffenheit der Sache) nicht kennt.

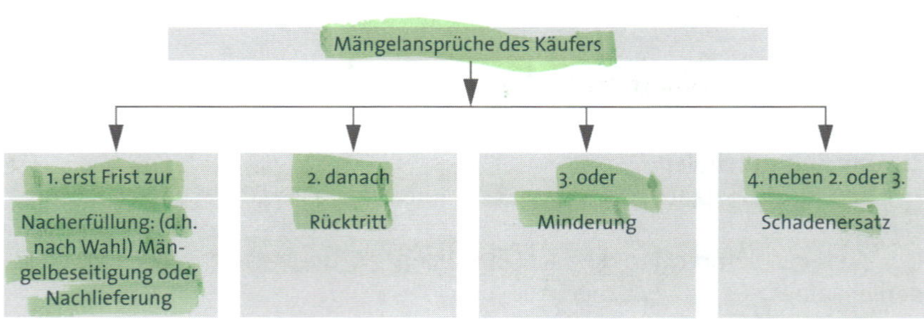

Einzelheiten zu den Mängelansprüchen

Das Folgende gilt auch für den Kauf von Verbrauchsgütern, soweit keine Sonderregelung besteht (>> besondere Arten des Kaufs).

> **Nacherfüllung**
Der Käufer einer mangelhaften Sache kann zunächst eine **angemessene** Frist setzen und vom Verkäufer **Nacherfüllung** verlangen. Dabei hat er die Wahl zwischen Mangelbeseitigung oder Nachlieferung einer mangelfreien Sache. Erhält der Käufer im Zuge der Nacherfüllung eine mangelfreie Sache, muss er dem Verkäufer die mangelhafte Sache zurückgeben.
Der Verkäufer kann die vom Käufer jeweils gewählte Nacherfüllung verweigern, wenn sie unmöglich ist oder unverhältnismäßig Kosten verursacht. Ist die Nacherfüllung erfolglos (z. B. zwei Fehlversuche zur Mängelbeseitigung) oder wird sie vom Verkäufer verweigert, hat der Käufer die weiteren Mängelansprüche.

Nacherfüllung

> **Rücktritt**
Erfüllt der Verkäufer innerhalb der ihm gesetzten angemessenen Frist oder aus vorgenannten Gründen nicht nach, oder verletzt er eine sonstige **erhebliche** Pflicht aus dem Kaufvertrag, kann der Käufer vom Vertrag zurücktreten. Eine Fristsetzung ist entbehrlich, wenn der Verkäufer die Leistung ernsthaft und endgültig verweigert, wenn ein Fixgeschäft oder besondere Umstände vorliegen, die unter Interessenabwägung der Parteien den sofortigen Rücktritt rechtfertigen. Mit Erklärung des Rücktritts kann der Käufer nicht mehr Nacherfüllung oder Minderung verlangen. Eventuelle Nutzungsvorteile hat der Käufer dem Verkäufer zu ersetzen.

Rücktritt

> **Minderung**
Anstatt des Rücktritts kann der Käufer nach erfolgloser Fristsetzung zur Nacherfüllung, auch bei **unerheblichen** Pflichtverletzungen (z. B. Mängel), den Kaufpreis mindern. Der Kaufpreis ist in der Regel um den wirtschaftlichen Wert der Beeinträchtigung herabzusetzen.

Minderung

> **Schadenersatz wegen Mängel**
kann der Käufer statt, aber auch neben Rücktritt oder Minderung verlangen. Voraussetzung ist zunächst, dass der Verkäufer für eine vertragliche **Pflichtverletzung** (Mangel, Verzug, Unmöglichkeit, Unvermögen, Verschulden bei Vertragsschluss, Übernahme einer Garantie usw.) **verantwortlich** ist. Der Anspruch umfasst alle Schäden am Gegenstand selbst, aber auch alle Folgeschäden. Zusätzlich muss der Käufer dem Verkäufer **vorher** (Ausnahmen >> oben) erfolglos eine **angemessene Frist** zur **Nacherfüllung** eingeräumt haben.
Je nach Falllage kann der Käufer **Schadenersatz** verlangen, z. B.:
- statt der Leistung (der Verkäufer hat nicht geleistet, ist in Verzug)
- wegen Schlechtleistung (die Sache ist mangelhaft)
- wegen ausgebliebener Teilleistung (nur ein Teil der vereinbarten Anzahl von Bauteilen wurde geliefert)
- statt der ganzen Leistung (der Käufer hat wegen eines Fixtermins kein Interesse mehr an einer nur teilweisen Lieferung).

Je nach Falllage kommt es zu Zins-, Terminverzögerungs-, Ersatz-, Gewinnausfall- oder Deckungskaufkosten, die der Käufer unter Berücksichtigung weiterer gesetzlicher Anforderungen als Schaden verlangen kann.

Schadenersatz

- Nur ein Mangel am Kaufgegenstand begründet Mängelansprüche.
- Der Käufer kann zunächst nur Nacherfüllung in Form der Mängelbeseitigung oder Nachlieferung fordern. Hierfür muss er eine angemessene Frist setzen.
- Die zum Zweck der Nacherfüllung erforderlichen Aufwendungen (z.B. Transport-, Wege-, Arbeits-, Materialkosten) trägt der Verkäufer.
- Andere als die gesetzlichen Mängelanspruchsrechte (z.B. Gutschrift) muss der Käufer nicht akzeptieren.
- Der Käufer kann statt oder neben Rücktritt oder Minderung Schadenersatz verlangen.
- Ausschluss oder Einschränkung von Mängelansprüchen sind (ausgenommen z.B. arglistig verschwiegene Mängel, Übernahme einer Eigenschaftsgarantie, Verjährung für Baumaterialien, Verbrauchsgüterkauf) grundsätzlich zulässig.

Verjährung der Mängelansprüche

Als Geschäfte des täglichen Lebens unterliegen Mängelansprüche aus Kaufverträgen kurzen Verjährungsfristen. Rücktritt und Minderung können nur so lange gefordert werden, wie der Nacherfüllungsanspruch nicht verjährt ist.

Mängelanspruchsfristen	2 Jahre	3 Jahre	5 Jahre	30 Jahre
	Sachen/Rechte	Verk. verschweigt Mangel arglistig	Bauwerke Bauteile	Herausgabe einer Sache wg. dinglicher Rechte
Beginn	Übergabe/ Ablieferung	Ende d. J. der Entstehung und Kenntnis/ Kennenmüssen	Ablieferung	Entstehung d. Anspruchs

Beim Handelskauf (Kauf ist für beide Teile ein Handelsgeschäft) muss der Käufer die Ware unverzüglich prüfen und erkannte Mängel unverzüglich rügen, um sich die Mängelansprüche zu erhalten.

Beispiel:

Ein Autohändler kauft Reifen beim Großhändler. Er muss diese unverzüglich prüfen und erkannte Mängel unverzüglich rügen.

- Bauwerke sind Neubauten, bereits errichtete Bauwerke und Renovierungs- und Umbauarbeiten an diesen.
- Bauteile sind alle Einbauteile, die fest mit dem Gebäude verbunden werden.
- Der Mangel am Bauteil muss ursächlich sein für den Mangel am Bauwerk.

Produkthaftung

Zwischen dem Hersteller einer Ware und dem Verbraucher bestehen in der Regel keine unmittelbaren vertraglichen Beziehungen. Daher scheiden für Schäden, die dem Verbraucher infolge Fehlerhaftigkeit (Entwicklungs-, Konstruktions-, Fabrikations-, Instruktions- und Produktionsbeobachtungsfehler) eines verwendeten Produkts entstehen, Ansprüche aus Gewährleistung aus. Hier hilft dem Verbraucher das **Produkthaftungsgesetz.** Danach haftet der Hersteller eines fehlerhaften Produkts verschuldensunabhängig für alle durch dieses Produkt verursachten Körper- und Gesundheitsschäden. Wird eine Sache beschädigt, haftet der Hersteller nur, wenn eine **andere** Sache als das fehlerhafte Produkt beschädigt wird. Entsprach das Produkt zum Zeitpunkt, als es in den Verkehr gebracht wurde, den geltenden Rechtsvorschriften oder konnte der Fehler nach dem Stand der Wissenschaft und Technik nicht erkannt werden, ist eine Ersatzpflicht des Herstellers ausgeschlossen. Sachbeschädigungen bis zu 575,00 EUR (Bagatellgrenze) hat der Geschädigte selbst zu tragen.

Produkt-haftungsgesetz

Ausschluss der Ersatzpflicht

> **Produkt** ist jede bewegliche Sache.
> Ein **Fehler** liegt vor, wenn das Produkt nicht die Sicherheit bietet, die unter Berücksichtigung aller Umstände von ihm erwartet werden kann.
> **Hersteller** ist auch derjenige, der ein fremdes Produkt mit eigenem Namen oder Warenzeichen versieht, sowie der Importeur. Kann der Hersteller nicht festgestellt werden, haftet auch der Lieferant, wenn er dem Geschädigten nicht innerhalb eines Monats den Hersteller benennen kann.
> Die Produkt**haftung** kann nicht durch Individualabrede oder allgemeine Geschäftsbedingungen abbedungen werden.
> Der **Anspruch** aus der Produkthaftung verjährt in drei Jahren. Er erlischt zehn Jahre nach Inverkehrbringen des Produkts.

Besondere Arten des Kaufs

Eintrittsrecht

> **Vorkauf**
Der Eigentümer einer Sache oder eines Grundstücks räumt vertraglich dem Vorkaufsberechtigten das Recht ein, zu den gleichen Bedingungen in den Kaufvertrag einzutreten, den er (der Eigentümer) über das Verkaufsobjekt mit einem Dritten abschließt. Der Berechtigte übt das Vorkaufsrecht durch formlose Erklärung gegenüber dem Eigentümer aus. Der Kauf kommt zu den mit dem Dritten ausgehandelten Bedingungen zustande.

> **Verbrauchsgüterkauf**
Kauft ein Verbraucher von einem Unternehmer eine **bewegliche** Sache (Verbrauchsgüterkauf), sind ergänzend zum Kaufrecht Besonderheiten zu beachten. Ausgenommen sind gebrauchte Sachen, die während einer öffentlichen Versteigerung verkauft werden.

Erfasst werden nur Kaufverträge über bewegliche Sachen zwischen einem Verkäufer, der im Rahmen seiner beruflichen oder gewerblichen Tätigkeit **Verbrauchsgüter** verkauft, und einem privaten Verbraucher als Käufer. Für Kaufverträge zwischen Unternehmern oder zwischen Verbrauchern oder Verbrauchern und Unternehmern gilt das allgemeine Kaufrecht.

Wichtige Besonderheiten:

> Vertragliche Vereinbarungen oder Umgehungsmaßnahmen, die die Mängelansprüche des Käufers (ausgenommen Schadenersatz) **ausschließen** oder **einschränken,** sind unwirksam. Gleiches gilt für die auf einer Pflichtverletzung beruhenden Haftung für Körperschäden.

> Eine zum Nachteil des Verbrauchers von den **gesetzlichen Verjährungsfristen abweichende Vereinbarung** ist unwirksam. Für **gebrauchte** Sachen ist eine Abkürzung auf ein Jahr zulässig. Im Gebrauchtwagen-/-warenhandel ist daher ein Ausschluss der Mängelansprüche zur Gänze nicht mehr möglich.

Garantieerklärungen

> Garantieerklärungen müssen einfach und verständlich sein, den Verbraucher auf seine Rechte hinweisen und ihn über Inhalt und Beanspruchung der Garantie aufklären.

Beweislastumkehr

> Zeigt sich ein Sachmangel innerhalb von sechs Monaten seit Übergabe der Kaufsache, wird gesetzlich vermutet, dass die Sache bereits zu diesem Zeitpunkt mangelhaft war. Der Käufer hat dies, abweichend vom allgemeinen Kaufrecht, nicht zu beweisen.

> Liefert der Verkäufer einer mangelhaften Sache eine neue (Nacherfüllung), kann er für Erstere weder Nutzungs- noch Wertersatz fordern.

Rückgriffsrechte

> Wird der Letztverkäufer wegen eines Herstellungsmangels einer **neuen** Kaufsache vom Käufer in Anspruch genommen, gibt ihm das Gesetz vereinfachte **Rückgriffsrechte** gegen seinen Lieferanten. Er kann alle Nacherfüllungskosten (Transport, Wege, Arbeit, Material) fordern, es gilt die Beweislastumkehr, und das Nacherfüllungsbegehren entfällt. Die Verjährung seiner Mängelansprüche tritt ein frühestens zwei Monate nach Erfüllung der Ansprüche des Verbrauchers (spätestens fünf Jahre, nachdem der Lieferant die Sache geliefert hat).

> **Verbraucherdarlehensvertrag**

Unter diesen Schutzbereich fallen **Darlehensverträge** (nicht Immobilienkredite) mit Verbrauchern (über netto 200,00 EUR) und mit natürlichen Personen, die damit, z.B. im Handwerk, eine Existenz gründen (bis netto 50.000,00 EUR). Erfasst werden z.B. auch **Teilzahlungs-** (Zahlungsaufschub von mehr als drei Monaten), **Finanzierungsleasing-** und **Ratenlieferungsverträge** (Teillieferung einer Gesamtheit von Sachen gegen Teilzahlung, regelmäßige Lieferung von Sachen gleicher Art, wiederkehrender Bezug von Sachen). Für diese Verträge gelten folgende Besonderheiten:

Schriftform

- Sie sind **schriftlich** abzuschließen; Formmängel führen zur Nichtigkeit.
- Der Verbraucher ist **vor** Abschluss eines Darlehensvertrages über die **wesentlichen Bestandteile** des Kredits zu informieren. Die Hauptmerkmale des Vertrages sind zu erläutern.
- In der Kreditvertrags**werbung** sind alle tatsächlichen **Kosten offenzulegen** (Vergleichsmöglichkeit, Lockvogelausschluss).
- **Anbieter** müssen unter anderem **angeben:** effektiven Jahreszins, Nettodarlehensbetrag, Zinssatz, Kosten und Gebühren, Nebenkosten, Art und Weise der Rückzahlung, Gebührenobergrenzen bei vorzeitiger Darlehensrückzahlung.
- Mit **EU-weit einheitlichen Formularen** für unterschiedliche Kreditverträge müssen Kreditgeber die tatsächlichen jährlichen Kreditgesamtkosten angeben.

- Einen **unbefristeten** Darlehensvertrag kann der **Verbraucher** jederzeit (Kündigungsfrist längstens ein Monat), der Darlehens**geber** nur **kündigen,** wenn eine mindestens zweimonatige Kündigungsfrist vereinbart wurde.
  Darlehen aus **befristeten** Verträgen kann der **Verbraucher** jederzeit ganz oder teilweise zurückzahlen. Als Entschädigung hierfür kann der Darlehensgeber höchstens ein Prozent der Rückzahlungssumme verlangen.
- **Tilgungszahlungen** werden in dieser Reihenfolge verrechnet: Kosten der Rechtsverfolgung, Hauptschuld, Zinsen.

Widerruf

- Der Verbraucher kann den Vertrag ohne Begründung binnen zwei Wochen seit Aushändigung der Widerspruchsbelehrung in Textform **widerrufen.**

> **Fernabsatzverträge**

Inhalt der Regelung im BGB ist es, verschiedene Verbraucherschutzbestimmungen (z.B. Haustürgeschäfte, Verbraucherdarlehens-, Finanzdienstleistungsverträge) zu koordinieren, um den Verbraucher vor irreführenden und aggressiven Unternehmerverkaufsmethoden im **Fernabsatz** (z.B. Telefon, Fax, Internet) zu schützen.

Personeller Geltungsbereich

- **Verbraucher** ist jede natürliche Person, die Rechtsgeschäfte zu privaten Zwecken, **Unternehmer** ist jede natürliche oder juristische Person und jede rechtsfähige Personengesellschaft, die Rechtsgeschäfte im Rahmen ihrer **gewerblichen** oder **selbstständigen beruflichen Tätigkeiten** abschließt.

Sachlicher Geltungsbereich

- Erfasst werden Verträge über Waren und Dienstleistungen (auch Druckerzeugnisse, Wett- und Lotterieverträge, ausgenommen u.a. die Errichtung von Bauwerken), die der Unternehmer im Fernabsatz **ausschließlich** mittels eines **organisierten Vertriebs- bzw. Dienstleistungssystems** mit einem Verbraucher schließt. Darunter fallen z. B. Briefe, Kataloge, Telefonate, Kopien, E-Mails, Radio-, Tele- und Mediendienste.

Unternehmerpflichten

- Der Unternehmer hat **vor** Abschluss eines Fernabsatzvertrages eine Reihe von **unabdingbaren Pflichten.** Er muss den Verbraucher z. B. informieren über die Identität des Lieferanten, den Preis, wesentliche Eigenschaften der Ware oder Dienstleistung, Einzelheiten der Zahlung und das Widerrufsrecht (siehe hierzu Belehrungsmuster des Bundesministeriums der Justiz). Diese Informationen müssen auf einem dauerhaften Datenträger (z. B. Urkunde oder andere lesbare Form) fixiert sein und vom Verbraucher jederzeit abgerufen werden können. Der Zugang der Bestellung muss dem Verbraucher unverzüglich bestätigt werden.
- Verträge mit **Tarif**- oder **Anbieterwechsel** (z. B. Strom, Telefon) darf der **neue** gegenüber dem alten **Anbieter** nur kündigen, wenn er den schriftlichen Auftrag des Kunden nachweist.

Widerrufsrecht des Verbrauchers

- Der Verbraucher kann den Vertrag (ausgenommen z. B. Individualverträge) binnen **zwei Wochen,** beginnend mit der Erfüllung der Informationspflicht des Unternehmers, **in Textform widerrufen** oder bei Waren diese zurücksenden. Das Widerrufsrecht erlischt spätestens sechs Monate nach Vertragsschluss bzw. nach Eingang der bestellten Ware beim Verbraucher. Anstelle des Widerrufsrechts kann bei Warenlieferungen ein Rückgaberecht eingeräumt werden. Hat der Verbraucher nicht alle Informationen bei Verträgen über Finanzdienstleistungen ordnungsgemäß erhalten, besteht unbegrenztes Widerrufsrecht. Der Vertrag wird bei fristgemäßem Widerspruch rückabgewickelt.

3.1.3.3 Werkvertrag

Allgemeines zum Werkvertrag

> Parteien
Die Parteien des Werkvertrages heißen **Besteller** (auch Auftraggeber, Kunde) **und Unternehmer** (auch Auftragnehmer, Handwerker).

Zweck

> Zweck
Der Werkvertrag ist ein gegenseitiger Vertrag, durch den der Unternehmer zur **Herstellung des versprochenen Werkes** und der Besteller zur Entrichtung der vereinbarten Vergütung verpflichtet wird. Anders als beim Dienstvertrag wird nicht nur eine Tätigkeit oder Leistung, sondern ein Erfolg geschuldet.

Beispiel:

Nach Ausführung einer Dachreparatur muss das Dach dicht sein.

Inhalt

> Inhalt
Es liegt im Interesse der Parteien, den Inhalt des Vertrages so klar und genau wie möglich zu bestimmen, zum Beispiel Beschreibung des Werkes, Ausführungsfristen, Werklohn, Zahlungsmodalitäten, Anwendung technischer Vorschriften, Bedingungen, Vorbehalte etc.

Form

> Form
Das BGB sieht für den Werkvertrag **keine besondere Form** vor. Die meisten Werkverträge werden daher mündlich geschlossen. Aus Beweisgründen ist bei Aufträgen größeren Umfangs dringend Schriftform anzuraten.

> **Abgrenzung zwischen Werkvertrag und Kaufvertrag**
Das **Kaufrecht** ist anzuwenden auf alle Verträge, die die **Lieferung** herzustellender oder zu erzeugender **beweglicher Sachen** zum Gegenstand haben. Nicht maßgeblich ist, ob der Unternehmer oder der Besteller das Material hierfür stellt. Liefert der Unternehmer vertretbare Sachen (nach Maß, Zahl und Gewicht bestimmbar), z. B. Brote, findet hierauf das Kaufrecht Anwendung.

Das **Werkvertragsrecht** erfasst im Wesentlichen die **Herstellung von Bauwerken** und die **Herstellung, Wartung und Veränderung** von **beweglichen und unbeweglichen** (körperlichen) **Sachen –** jeweils mit den zugehörigen Planungs- und Überwachungsarbeiten sowie die **Herstellung nicht körperlicher Werke** (Pläne, Gutachten usw.).

Pflichten der Parteien beim Werkvertrag

> Der Unternehmer ist verpflichtet, das Werk mangelfrei herzustellen. Einschließlich einer Reihe von Nebenverpflichtungen, zum Beispiel Beratungs-, Verkehrssicherungs-, Verwahrungspflichten etc., hat er das mangelfrei hergestellte Werk dem Besteller zu übergeben.

> Der Besteller hat den vereinbarten Werklohn zu bezahlen und das mangelfrei hergestellte Werk abzunehmen.

> Der Unternehmer ist nach dem BGB vorleistungspflichtig. Für ordnungsgemäß erbrachte Leistungen, Stoffe und Bauteile kann der Unternehmer jedoch **Abschlagszahlungen** verlangen. Der Anspruch setzt voraus, dass

der Besteller an diesen Eigentum oder Sicherheit erhält. Ist der Besteller Verbraucher, hat ihm der Unternehmer mit der ersten Abschlagszahlung Sicherheit in Höhe von 5 % der Vergütung zu leisten (z.B. durch Bankbürgschaft oder Bareinbehalt).

> Wurde keine Preisvereinbarung zwischen den Parteien getroffen, gilt die übliche Vergütung als vereinbart. Bei Differenzen hilft ein Sachverständiger.

> Wurde ein Preis vereinbart, ist die Mehrwertsteuer enthalten, wenn sich aus dem Vertrag nichts anderes ergibt.
> Der Besteller ist zur Abnahme des mangelfrei hergestellten Werkes verpflichtet. Er kann die Abnahme wegen unwesentlicher Mängel nicht verweigern. Weigert sich der Besteller trotz Abnahmepflicht, gilt das Werk nach Ablauf einer vom Unternehmer gesetzten Frist als abgenommen.
> Die Abnahme hat folgende Wirkungen:

Wirkung der Abnahme

- Die Vergütung wird fällig. Auch der Subunternehmer kann für das von ihm hergestellte Werk Vergütung vom Hauptunternehmer verlangen, sobald dieser vom Besteller dafür die Vergütung erhalten hat. Gleiches gilt, wenn der Besteller das Werk abgenommen hat. Hat der Hauptunternehmer dem Besteller wegen Mängel des Werkes Sicherheit geleistet, hat der Subunternehmer den Vergütungsanspruch nur, wenn er dem Hauptunternehmer entsprechend Sicherheit leistet.
- Die Verjährung der Mängelansprüche beginnt.
- Die Mängelansprüche für bekannte, nicht vorbehaltene Mängel gehen unter.
- Die Beweislast für das Vorliegen von Mängeln geht auf den Besteller über. (Beweislast)
- Die Preisgefahr geht auf den Besteller über, d. h. wird das Werk ohne Verschulden der Parteien beschädigt oder zerstört, hat der Besteller den Werklohn dennoch zu bezahlen. (Preisgefahr)
- Der Besteller kann im Übrigen zur Behebung von Mängeln nach Abnahme einen angemessenen Vergütungsteil, in der Regel das Doppelte der Mängelbeseitigungskosten, zurückbehalten.

Haftung des Unternehmers für Sach- und Rechtsmängel

Der Unternehmer ist verpflichtet, das bestellte Werk mangelfrei herzustellen.

> Ein **Sachmangel** liegt vor, wenn das Werk

Sachmangel

- nicht die vertraglich **vereinbarte Beschaffenheit** hat oder
- ohne Beschaffenheitsvereinbarung sich nicht eignet für die **vertraglich vorausgesetzte Verwendung** oder
- ohne Beschaffenheits- und Verwendungszweckvereinbarung sich nicht eignet für die **gewöhnliche** (übliche oder nach der Art des Werkes zu erwartende) **Verwendung.**

Ein **anderes Werk** oder eine **zu geringe Menge** stehen einem Sachmangel gleich.

> Ein **Rechtsmangel** liegt vor, wenn ein Dritter Rechte am Werk geltend machen kann (z. B. Eigentum, Urheberrecht, gewerbliche Schutzrechte).

Rechtsmangel

Mängelansprüche des Bestellers

Weist das Werk Mängel auf, kann der Besteller, ähnlich wie beim Kaufvertrag, **Mängelansprüche** geltend machen. Der Besteller kann **Rücktritt** oder **Minderung** neben Schadenersatz erst verlangen, nachdem er dem Unternehmer eine angemessene Frist zur Beseitigung des Mangels (Nacherfüllung, Selbstvornahme) gesetzt hat.

Mängelansprüche des Bestellers

1. erst Frist zur	2. danach	3. neben 2.
Nacherfüllung	– Selbstvornahme – Rücktritt – Minderung	Schadenersatz (bei Verschulden)

Einzelheiten zu den Mängelansprüchen beim Werkvertrag:

Nacherfüllung

> **Nacherfüllung**
Zunächst kann der Besteller nur verlangen, dass der Unternehmer einen Mangel innerhalb einer angemessenen Frist beseitigt. Der Unternehmer hat ein Recht auf Nacherfüllung, d.h. einen Mängelbeseitigungsversuch, dann Neuherstellung. Lässt der Besteller ohne Grund den Mangel anderweitig nacherfüllen, verliert er die Mängelansprüche. Welche Frist angemessen ist, hängt von den Umständen des Einzelfalles ab.

Beispiel:

Ist eine Heizung bei –25 °C defekt, wird die Frist wegen der drohenden Schadensgefahr nur wenige Stunden betragen.

Eine **Nacherfüllung** kann der **Unternehmer ablehnen,** wenn
- sie unzumutbar ist, z.B. der Lieferant des Unternehmers hat den Mangel allein verschuldet,
- die Kosten der Nacherfüllung unverhältnismäßig hoch sind.

> **Selbstvornahme, Rücktritt, Minderung**

Selbstvornahme

Der **Besteller** kann den Mangel **selbst beseitigen,** wenn die dem Unternehmer gesetzte angemessene Frist zur Nacherfüllung abgelaufen ist. Sofortige Selbstvornahme kommt in Betracht bei eindeutiger Verweigerung der Nacherfüllung, fehlgeschlagener oder unzumutbarer Nacherfüllung oder bei Termingeschäften.

Rücktritt

Minderung

Behebt der Unternehmer einen erheblichen Mangel innerhalb der ihm gesetzten angemessenen Frist (Frist in bestimmten Fällen entbehrlich, >> oben) nicht, ist der Besteller zum **Rücktritt** berechtigt. Sobald er dies fordert, ist die Nacherfüllung ausgeschlossen. Alternativ kann der Besteller die Vergütung unter den Voraussetzungen des Rücktritts angemessen **mindern.** Dies gilt auch bei einem unerheblichen Mangel.

Schadenersatz

> **Schadenersatz** wegen mangelhaftem Werk
kann der Besteller auch neben Rücktritt oder Minderung verlangen, wenn der Unternehmer den Mangel zu vertreten hat, z.B. eine ihm vom Besteller gesetzte angemessene Nacherfüllungsfrist erfolglos verstreichen lässt. Der Schaden kann **am Werk selbst** (eigentlicher **Mangelschaden),** aber auch an **anderen Rechtsgütern** des Bestellers (Mangel**folge**schaden) entstehen. Beim eigentlichen **Mangelschaden** kann der Besteller wählen, ob er
- das Werk behält und Ersatz für den durch den Mangel verursachten Schaden (Minderwert) verlangt oder
- das Werk zurückweist und Ersatz des durch die mangelhafte Erfüllung des Vertrages entstandenen gesamten Schadens verlangt.

> Zunächst kann der Besteller grundsätzlich nur Nacherfüllung verlangen. Der Unternehmer hat ein Recht auf Nacherfüllung.
> Für die Nacherfüllung ist eine angemessene Frist zu setzen.
> Fordert der Besteller anschließend Rücktritt oder Minderung und daneben Schadenersatz, ist der Nacherfüllungsanspruch ausgeschlossen.

Verjährung der Mängelansprüche

Verjährung

Auch die Mängelansprüche des Werkvertrages (Nacherfüllung, Selbstvornahme, Schadenersatz) unterliegen kurzen Verjährungsfristen, die vom Besteller zu beachten sind. Rücktritt und Minderung sind nur möglich, solange der Nacherfüllungsanspruch nicht verjährt ist.

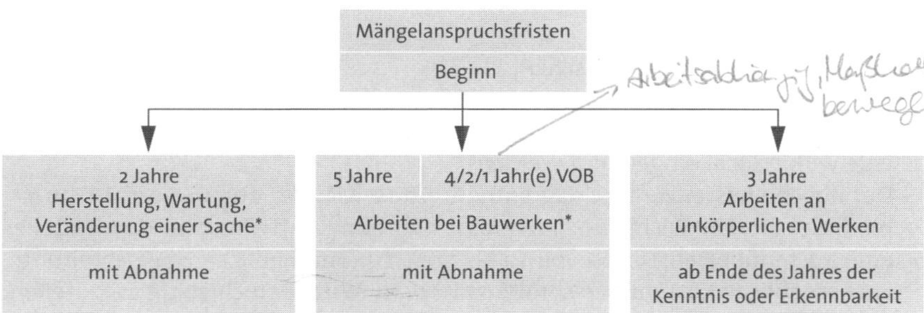

* auch Planungs- und Überwachungsarbeiten hierfür

> Die kurzen Verjährungsfristen beginnen mit der Abnahme der Sache bzw. des Bauwerks, ansonsten ab Ende des Jahres der Kenntnis oder Erkennbarkeit.
> Die Verjährung kann durch rechtzeitige geeignete Maßnahmen neu beginnen oder gehemmt werden.
> Die Abnahme kann offiziell zwischen den Parteien oder auch durch Ingebrauchnahme des Werkes erfolgen.
> Arbeiten an Bauwerken sind solche zur Herstellung, Erneuerung sowie für den wesentlichen Bestand bedeutsamen Arbeiten, zum Beispiel alle Neubau-, aber auch Renovierungs- und Sanierungsarbeiten, inklusive Planungsarbeiten hierfür.

> Die Parteien können im Baubereich die **Vergabe- und Vertragsordnung** für **Bauleistungen (VOB;** drei Teile: A Vergabe-, B Ausführungs-, C technische Bestimmungen) vereinbaren. Es handelt sich hierbei um AGB (Teil B, C). Die Gerichte können darüber entscheiden, ob eine derartige Vereinbarung den Verbraucher unangemessen benachteiligt.

VOB-Vorzüge

Für den Handwerker bietet die **VOB** vor allem folgende **Vorzüge:**
- Die Verjährungsfrist bei Bauwerken beträgt vier Jahre, für Arbeiten an einem Grundstück und an vom Feuer berührten Teilen von nicht industriellen (industrielle: ein Jahr) Feuerungsanlagen, für maschinelle, elektrotechnische, elektronische Anlagen oder Teile davon, wenn dem Handwerker die Wartung nicht übertragen worden ist, zwei Jahre.

- Abschlagszahlungen für Teilleistungen können auch ohne besondere Vereinbarung gefordert werden.
- Die fertiggestellte Bauleistung gilt zwölf Werktage nach schriftlicher Mitteilung an den Besteller bzw. 6 Werktage nach Beginn der Benutzung als abgenommen, wenn nichts anderes vereinbart ist.
- Der Handwerker kann nach erfolgloser angemessener Fristsetzung schriftlich kündigen, wenn der Besteller eine fällige Zahlung nicht leistet oder sonst in Verzug ist.

Kostenvoranschlag beim Werkvertrag

Kostenvoranschlag

Will der Kunde wissen, welche Kosten auf ihn zukommen, erstellt der Unternehmer häufig eine Berechnung der voraussichtlich entstehenden Kosten. Nach der jeweiligen Verbindlichkeit lassen sich drei Typen unterscheiden mit unterschiedlicher Auswirkung auf den Werklohn und die Vertragsabwicklung:

> Kostenäußerung
> unverbindlicher Kostenvoranschlag
> verbindlicher Kostenvoranschlag.

Kostenäußerung

- Von einer bloßen Kostenäußerung spricht man, wenn die Preise vage, ohne jede Verbindlichkeit genannt werden.

Unverbindlicher Kostenvoranschlag

- Der übliche Kostenvoranschlag enthält Worte wie „ca., etwa, ungefähr, unverbindlich" etc. Die Rechtsprechung lässt hier ohne Mitteilung an den Besteller eine Kostenüberschreitung von 10 bis 20 % zu (unerhebliche Überschreitung). Eine erhebliche Kostenüberschreitung ist dem Besteller rechtzeitig mitzuteilen. Dieser kann dann wählen:

entweder	Weiterarbeit	→	und Bezahlung der Mehrkosten
oder	Kündigung	→	und Abrechnung der bisher geleisteten Arbeit.

Unterlässt der Unternehmer, was in der Praxis häufig ist, die rechtzeitige Mitteilung der Mehrkosten, ist er dem Besteller zum Schadenersatz verpflichtet. Er hat den Besteller so zu stellen, wie er bei rechtzeitiger Anzeige und darauf folgender Kündigung stehen würde.

> Legen die Parteien den verbindlichen Kostenvoranschlag der Preisgestaltung des Werkvertrages zugrunde (Festpreis), sind Mehrforderungen ohne Einwilligung des Bestellers ausgeschlossen. Das Risiko höherer Kosten trägt in diesem Falle der Unternehmer.
> Die Erstellung eines Kostenvoranschlages durch den Unternehmer ist im Zweifel kostenfrei (Ausnahmen: Kosten werden vereinbart, oder der Kostenvoranschlag ist ein eigener Auftrag).
> Nachträgliche, zusätzliche Aufträge können auch beim verbindlichen Kostenvoranschlag gesondert abgerechnet werden.

Kündigung des Werkvertrages durch den Besteller

Kündigung

Der Werkvertrag kann vom Besteller vor Vollendung des Werkes jederzeit gekündigt werden. Der Besteller muss, macht er davon Gebrauch, die gesamte vereinbarte oder übliche Vergütung bezahlen. Abzuziehen ist hiervon allerdings,

> was der Unternehmer an Material und Löhnen erspart und

> was der Unternehmer durch anderweitige Verwendung seiner Arbeitskraft erwirbt oder zu erwerben böswillig unterlässt.
Danach wird vermutet, dass dem Unternehmer für seine nicht erbrachten Leistungen 5 % der entfallenden Vergütung zustehen.

Sicherung der Werklohnforderung des Unternehmers

Das BGB verpflichtet den Unternehmer, bis zur Abnahme des Werkes durch den Besteller vorzuleisten. Der Unternehmer hat daher ein besonderes Bedürfnis, seine Werklohnforderung abzusichern. Vorrangig hat er folgende Sicherungsmöglichkeiten:

Sicherung der Werklohnforderung im WV-Recht

- Werkunternehmerpfandrecht für bewegliche Sachen
  Bauhandwerkersicherung
- Bauhandwerker-Sicherungshypothek für unbewegliche Sachen

Einzelheiten zum Werkunternehmerpfandrecht:

Werkunternehmerpfandrecht

> Es entsteht nur an beweglichen Sachen des Bestellers, die pfändbar sind.
> Die Sachen müssen dem Besteller gehören.
> Das Pfandrecht entsteht ohne besondere Abrede kraft Gesetz mit Abschluss des Werkvertrages.
> Der Unternehmer ist aufgrund des Pfandrechts berechtigt, die Sache bis zur Bezahlung des Werklohnes zurückzubehalten.
> Der Unternehmer kann die Pfandsache bei Nichtzahlung durch gerichtliche Versteigerung verwerten. Voraussetzung ist die Fälligkeit seiner Forderung und die Setzung einer Zahlungsfrist (zum Beispiel ein Monat) unter gleichzeitiger Androhung, dass er die Pfandverwertung betreiben wird.

Zurückbehaltungsrecht
Verwertungsrecht

Beispiel:

Der Informationstechniker hat ein Gerät des Kunden repariert, die Fertigstellung mitgeteilt und die Rechnung gestellt. Der Kunde zahlt nicht, holt das Gerät nicht ab. Die Mahnung beachtet der Kunde nicht (Verzug). Reagiert der Kunde auf die nun folgende Fristsetzung mit Versteigerungsandrohung nicht, kann der Handwerker das Gerät nach Ablauf der Frist gerichtlich versteigern lassen und aus dem Erlös seinen Werklohnanspruch decken.

> Achtung: Gibt der Unternehmer die Pfandsache auch ohne Bezahlung dem Besteller heraus, erlischt das Pfandrecht.

Einzelheiten zur Bauhandwerkersicherungshypothek:

Sicherungshypothek

> Sie entsteht nur an unbeweglichen Gegenständen (Grundstücke), die dem Besteller gehören.
> Sie entsteht nicht kraft Gesetz, sondern nur mit Einwilligung des Bestellers.
> Weigert sich der Besteller, die Sicherungshypothek freiwillig auf seinem Grundstück eintragen zu lassen, kann der Unternehmer auf Bewilligung klagen und zur Sicherung der Rangstelle eine Vormerkung im Grundbuch eintragen lassen.

Bauhandwerkersicherung

Einzelheiten zur Bauhandwerkersicherung:

- Für die zu erbringenden Vorleistungen und dazugehörigen Nebenforderungen kann der Unternehmer vom Besteller die Leistung einer Sicherheit verlangen und auch einklagen (dies gilt nicht u. a. für Verbraucher, die ein Einfamilienhaus ohne finanzermächtigten Baubetreuer bauen).
- Die Sicherheit kann bis zur Höhe des voraussichtlichen Vergütungsanspruchs verlangt werden. Geleistet werden kann sie auch durch eine Garantie oder ein sonstiges Zahlungsversprechen eines Kreditinstituts oder -versicherers. Hat der Besteller Sicherheit geleistet, besteht daneben kein Anspruch auf Einräumung einer Bauhandwerkersicherungshypothek. Leistet der Besteller die Sicherheit trotz vorheriger angemessener Fristbestimmung nicht, ist der Unternehmer berechtigt, seine Leistung zu verweigern oder den Vertrag zu kündigen.
- Kündigt er, kann er die vereinbarte Vergütung verlangen abzüglich der ersparten Aufwendungen bzw. des durch anderweitige Verwendung seiner Arbeitskraft Erworbenen oder böswillig nicht Erworbenen. Es wird vermutet, dass ihm danach für seine noch nicht erbrachten Leistungen 5 % der entfallenden Vergütung zustehen.

3.1.3.4 Miet- und Pachtvertrag

Grundsätzliches zum Mietvertrag

Parteien

- Parteien
  Die Parteien des Mietvertrages heißen **Vermieter und Mieter.**

Zweck

- Zweck
  Die Miete ist ein gegenseitiger Vertrag, durch den sich der Vermieter verpflichtet, dem Mieter den **Gebrauch einer Sache** (beweglich und unbeweglich) für die Dauer der Mietzeit gegen Entgelt zu überlassen.

Form

- Form
  Der Mietvertrag ist **grundsätzlich formfrei.** Mietverträge über Wohnraum und Grundstücke mit einer Laufdauer über einem Jahr sind schriftlich abzuschließen.

Pflichten

- Pflichten
  Der Vermieter ist verpflichtet, die Mietsache dem Mieter in geeignetem Zustand zu überlassen und während der Mietzeit in diesem Zustand zu erhalten. Er haftet für Mietmängel nach Gewährleistungsregeln.
  Der Mieter ist verpflichtet, die vereinbarte **Miete** rechtzeitig zu **bezahlen** und die Mietsache pfleglich zu behandeln.

Beispiel:

- Die Parteien treffen in der Regel eigene Vereinbarungen über die Mietsache. Diese haben grundsätzlich Vorrang vor den gesetzlichen Mietbestimmungen, die aber dann gelten, wenn keine Vereinbarungen getroffen werden.
- **Schönheitsreparaturen** (zum Beispiel: Streichen und Tapezieren, Wände, Decken, Boden, Türen etc.) trägt nach dem Gesetz der Vermieter. In der Praxis sind sie jedoch vertraglich auf den Mieter übertragen.

- Der Mieter darf die Mietsache nur zu dem vertragsgemäßen Gebrauch benutzen. Für jede Abweichung ist die Zustimmung des Vermieters erforderlich.
- Eventuelle Schäden hat der Mieter alsbald dem Vermieter mitzuteilen.

> „Kauf bricht nicht Miete“, das heißt, ein Erwerber der Mietsache tritt in alle Verpflichtungen des bisherigen Vermieters ein.
> Mit Ablauf der Mietzeit ist die Mietsache in vertragsgemäßem Zustand zurückzugeben.

Kauf bricht nicht Miete

Beendigung des Mietverhältnisses

Mietverhältnisse können durch Zeitablauf, ordentliche oder außerordentliche fristlose Kündigung und einvernehmliche Aufhebung beendet werden. Vertragliche Kündigungsvereinbarungen haben Vorrang vor gesetzlichen Kündigungsfristen.

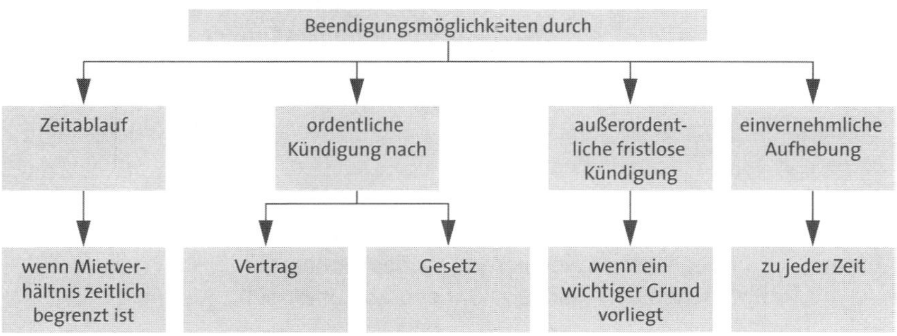

Gesetzliche Kündigungsfristen bei Mietverträgen

Sie gelten, wenn die Parteien vertraglich die Kündigung nicht individuell geregelt haben. Je nach Mietsache und Zeitraum der Mietzinszahlung sind folgende Fristen für eine ordentliche Kündigung zu beachten:

Mietobjekt	Tagesmietzins	Wochenmietzins	Monatsmietzins oder länger	Besonderheiten
bewegliche Sachen	jeder Tag zum Ablauf des folgenden Tages	spätestens 3. Tag vor Ende des Mietvertrages	wie bei Tagesmietzins	
unbewegliche Sachen, z. B. Grundstücke, Räume, Schiffe	wie oben	1. Werktag der Woche für den Ablauf des folgenden Sonnabends	spätestens 3. Werktag eines Kalendermonats zum Ablauf des übernächsten Monats (= 3. Mo.)	- unbebaute Gewerbegrundstücke - registrierte Schiffe: ... zum Ablauf des Kalendervierteljahres

Mietobjekt	Tagesmietzins	Wochenmietzins	Monatsmietzins oder länger	Besonderheiten
Geschäftsräume			spätestens am 3. Werktag eines Kalendervierteljahres für den Ablauf des nächsten Kalendervierteljahres zulässig	
Wohnungen			spätestens am 3. Werktag eines Kalendermonats zum Ablauf des übernächsten Monats	für den Vermieter gilt: Verlängerung der Kündigungsfrist nach 5 und 8 Jahren Mietdauer um jeweils drei Monate
möblierte Zimmer	wie bei beweglichen Sachen	wie bei beweglichen Sachen	spätestens am 15. des Monats für den Ablauf desselben Monats	

Mieterschutz, Vermieterschutz

> Die Mieter, vor allem von **Geschäftsräumen,** sind gesetzlich kaum geschützt. Ihnen sind dringend vertragliche Schutzvereinbarungen (zum Beispiel Vertragsdauer, Kündigungsfristen) zu empfehlen.
Für Mieter von **Wohnräumen** gelten demgegenüber vielfältige gesetzliche Schutzvorschriften, zum Beispiel Verlängerung des Mietverhältnisses um jeweils drei Monate nach einer Mietdauer von 5 und 8 Jahren, wenn der Vermieter kündigt. Überdies kann der Mieter der Kündigung des Vermieters widersprechen und Fortsetzung des Mietverhältnisses verlangen, wenn die Beendigung des Mietvertrages für ihn eine nicht zu rechtfertigende Härte bedeuten würde.

Gesetzliches Pfandrecht

> Der Vermieter hat zur Absicherung der Mietzinsforderung ein gesetzliches Pfandrecht an den eingebrachten, dem Mieter gehörenden Sachen. Weitere Voraussetzung ist, dass diese Sachen pfändbar sind.

Beispiel:

Möbelstücke, Geräte, Maschinen, Werkzeuge, die der Mieter zum Leben oder zum Broterwerb benötigt, sind unpfändbar. Luxusgegenstände, zum Beispiel Bilder, Teppiche, Silber, sind dagegen pfändbar und unterliegen daher dem gesetzlichen Vermieterpfandrecht.
Der Vermieter kann die Entfernung dieser Mietersachen notfalls mit Gewalt verhindern, eventuell im Wege der Nacheile (bei Auszug des Mieters) zurückholen.

Grundsätzliches zum Pachtvertrag

> Parteien

Parteien

Die Parteien des Pachtvertrages heißen **Verpächter und Pächter.**

> Zweck

Zweck

Durch den Pachtvertrag (gegenseitiger Vertrag) wird der Verpächter verpflichtet, dem Pächter gegen Zahlung des Pachtzinses den **Gebrauch und die Nutzung des gepachteten Gegenstandes** (Sachen, Rechte) während der Pachtzeit zu gewähren.

> Form

Form

Der Pachtvertrag ist **grundsätzlich formfrei.** Pachtverträge über Grundstücke mit längerer Laufzeit als ein Jahr sind schriftlich abzuschließen.

> Pflichten

Pflichten

Der Verpächter ist verpflichtet, das Pachtobjekt zum Gebrauch und zur Nutzung zu überlassen und zu erhalten.
Der Pächter ist verpflichtet, den vereinbarten Pachtzins rechtzeitig zu bezahlen und das Pachtobjekt pfleglich zu behandeln.

Besonderheiten des Pachtvertrages gegenüber dem Mietvertrag

> Die Parteien können die Kündigungsfrist vertraglich vereinbaren.
> Die gesetzliche Kündigung von Grundstücken und Räumen ist, wenn nichts anderes vereinbart ist, nur für den Schluss eines Pachtjahres zulässig. Die Kündigung muss spätestens am 3. Werktag des Halbjahres erklärt werden, mit dessen Ablauf die Pacht endet.
> Wird ein Grundstück mit Inventar verpachtet, muss der Pächter für die Erhaltung der Pachtstücke sorgen. Der Verpächter muss Pachtstücke ersetzen, die ohne Verschulden des Pächters unbrauchbar werden.

3.1.3.5 Bürgschaft

Die Bürgschaft ist ein Vertrag, durch den sich der Bürge gegenüber dem Gläubiger verpflichtet, für die Erfüllung der Verbindlichkeit eines Dritten (Schuldner) einzustehen.

Beteiligt am Bürgschaftsverhältnis sind drei Personen: Gläubiger, Schuldner, Bürge.

Beispiel:

A kauft eine Maschine bei B, die A nicht sofort bezahlen kann. B fordert von A eine Sicherheit. A überredet seinen Freund C, für die Bezahlung der Maschine zu bürgen. A ist Schuldner, B ist Gläubiger, C ist Bürge. Es bestehen zwei Verträge: Kaufvertrag zwischen A und B, Bürgschaftsvertrag zwischen B und C.

Das Bürgschaftsverhältnis beim Kaufvertrag

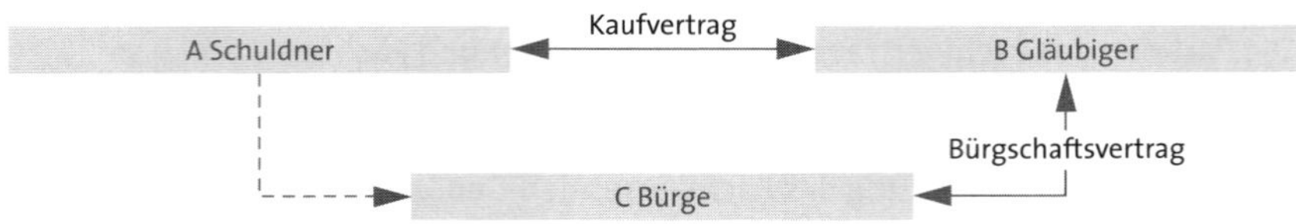

Form der Bürgschaftserklärung, Pflichten des Bürgen, besondere Arten der Bürgschaft

Form

> Form
Zur Gültigkeit des Bürgschaftsvertrages ist die **schriftliche Erteilung der Bürgschaftserklärung** gegenüber dem Gläubiger erforderlich. Bei Kaufleuten und Handwerkern, die im Handelsregister eingetragen sind, genügt die mündliche Bürgschaftserklärung.

> Pflichten des Bürgen
Erfüllt der Schuldner seine Verbindlichkeit gegenüber dem Gläubiger nicht, muss der Bürge zahlen. Er kann allerdings alle dem Schuldner gegen die Forderung zustehenden Einreden, zum Beispiel Verjährung etc., geltend machen. Insbesondere kann er die Befriedigung des Gläubigers verweigern, solange nicht der Gläubiger die Zwangsvollstreckung gegen den Schuldner ohne Erfolg versucht hat (Einrede der Vorausklage). Die **Einrede der Vorausklage** ist jedoch in folgenden Fällen ausgeschlossen:

Einrede der Vorausklage

- Über das Vermögen des Schuldners wurde das Insolvenzverfahren eröffnet.
- Der Schuldner hat im Inland keinen Wohnsitz oder Aufenthalt.
- Der Bürge hat eine selbstschuldnerische Bürgschaft übernommen.

> Arten
Die **selbstschuldnerische Bürgschaft** entsteht, wenn der Bürge auf die Einrede der Vorausklage verzichtet. Die Bürgschaft eines Vollkaufmanns ist stets selbstschuldnerisch. Bei der **Ausfallbürgschaft** haftet der Bürge nur für den Teil der Forderung, der dem Gläubiger trotz Wahrnehmung aller rechtlichen Möglichkeiten ausfällt.

Selbstschuldnerische Bürgschaft
Ausfallbürgschaft

> Für die Höhe der Verpflichtung des Bürgen ist der Bestand der Verbindlichkeit des Schuldners maßgeblich.
> Die Bürgschaft erlischt mit der Verbindlichkeit des Schuldners, zum Beispiel Erfüllung, Aufrechnung, Erlass.
> Der Bürge kann dem Gläubiger alle Einreden entgegenhalten, die der Schuldner hat, zum Beispiel Verjährung.
> Befriedigt der Bürge den Gläubiger, geht die Forderung des Gläubigers gegen den Schuldner auf den Bürgen über. Der Schuldner haftet jetzt dem Bürgen.

3.1.4 Sachenrecht

Allgemeines zum Sachenrecht

Das Schuldrecht des BGB befasst sich mit den Rechtsbeziehungen zwischen Personen, das Sachenrecht (3. Buch des BGB) regelt dagegen überwiegend die Rechtsbeziehungen zwischen Personen und Sachen. Das Schuldrecht bietet die Möglichkeit, Verträge weitgehend frei zu gestalten, **im Sachenrecht gelten die strengen gesetzlichen Regelungen.** Die wichtigsten Begriffe im Sachenrecht sind Besitz, Eigentum, bewegliche und unbewegliche Sachen, Grundbuch, Grundpfandrechte etc., die auch für die Absicherung von Forderungen grundlegende Bedeutung haben.

3.1.4.1 Besitz, Eigentum

Im Sprachgebrauch wird meist nicht genau zwischen diesen Begriffen unterschieden. Man spricht vom Hausbesitzer und meint den Hauseigentümer. Das Gesetz ist jedoch präziser.

> Besitz ist die tatsächliche Herrschaft einer Person über eine Sache.
> Eigentum ist das umfassende Recht einer Person an einer Sache.

Erläuterung:
Dem Eigentümer gehört die Sache rechtlich, der Besitzer hat nur die tatsächliche Gewalt über die Sache.
Der Eigentümer kann über die Sache nach Belieben verfügen, der Besitzer ist an die Vorgaben des Eigentümers gebunden.

Beispiel:

Besitzer einer Sache sind Mieter, Entleiher, Pächter, Finder, auch der Dieb. Eigentümer sind andere Personen.

Bewegliche und unbewegliche Sachen (Grundstücke)

Sachen im Sinne des Gesetzes sind alle körperlichen Gegenstände. Sie können beweglich oder unbeweglich sein.

Bewegliche Sachen

- Bewegliche Sachen sind solche, die nicht Grundstücke oder Bestandteile von Grundstücken sind. Die Unzahl von beweglichen Sachen erlaubt nur eine negative Abgrenzung. Vereinfacht ausgedrückt sind es Sachen, die bewegt werden können.

Beispiel:

Möbel, Geräte, Waren, Kleidung etc.
Auch Schiffe und Flugzeuge sind eigentlich bewegliche Sachen, werden aber zum Teil wie Grundstücke behandelt.

Unbewegliche Sachen

- Unbewegliche Sachen sind Grundstücke, Bestandteile von Grundstücken und grundstücksgleiche Rechte.

Beispiel:

Bebaute, unbebaute Grundstücke, Immobilien, Erbbaurecht.

Übertragung von Besitz und Eigentum

- Besitz wird übertragen durch Verschaffung der tatsächlichen Gewalt über die Sache.
- Eigentum an einer beweglichen Sache wird übertragen durch Einigung der Parteien und Übergabe (eventuell Übergabeersatz, >> Kaufrecht).
- Eigentum an einer unbeweglichen Sache wird übertragen durch Einigung (Auflassung) und Eintragung im Grundbuch. Die Auflassung erfolgt bei gleichzeitiger Anwesenheit der Parteien vor dem Notar.

Grundbuch

Das Grundbuch gibt verbindlich Auskunft über die Rechtsverhältnisse an einem Grundstück. Jedes Grundstück wird auf einem eigenen Blatt im Grundbuch des Amtsgerichts geführt, in dessen Bezirk das Grundstück gelegen ist. Jedes Grundbuchblatt hat drei Abteilungen.

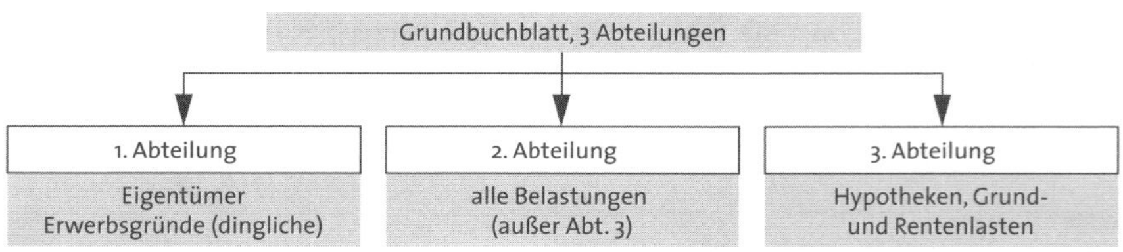

Nießbrauch

Der Eigentümer von Sachen (beweglichen und unbeweglichen), Rechten und Vermögen kann einem anderen (Nießbraucher) die Nutzziehung aus diesen Gegenständen ganz oder zum Teil einräumen. Der Nießbrauch ist grundsätzlich nicht übertragbar und nicht vererbbar.

Beispiel:

Ein Bäckermeister überträgt das Eigentum an seiner Wohnanlage auf seine Kinder. Die Einkünfte aus der vermieteten Wohnanlage sollen seinen Lebensunterhalt decken. Zu seinen Gunsten wird ein Nießbrauchsrecht im Grundbuch eingetragen.

3.1.4.2 Sicherungsrechte

Zweck und Übersicht

Sicherung von Forderungen

Der Mensch schließt im täglichen Leben unablässig Rechtsgeschäfte der verschiedensten Art. Daraus ergeben sich für ihn nicht nur Rechte, sondern auch Verpflichtungen. Bei deren Abwicklung wird eine höchstmögliche persönliche Sicherheit angestrebt. Der Einzelne hat es in der Hand, rechtzeitig durch geeignete vertragliche Vereinbarungen vorzusorgen. Unterstützt wird er dabei vom Gesetzgeber, der eine Reihe von gesetzlichen Sicherungsrechten bereitstellt. Sicherungsrechte lassen sich nach der Entstehungsform (vertraglich, gesetzlich) und nach der Art der Sicherheit (Personen, Sachen) unterscheiden.

Sicherungsrechte nach der Form der Entstehung

Die wichtigsten Sicherungsrechte (SR) und ihre Entstehungsform:

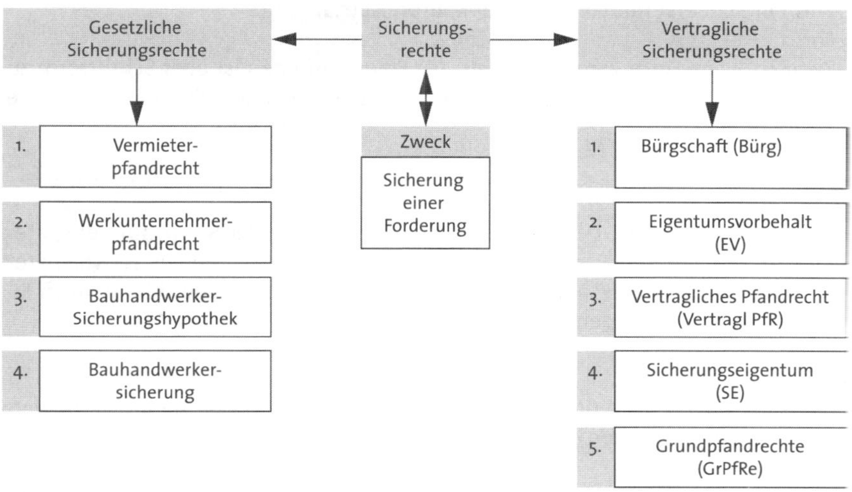

Sicherungsrechte nach der Art der Sicherheiten

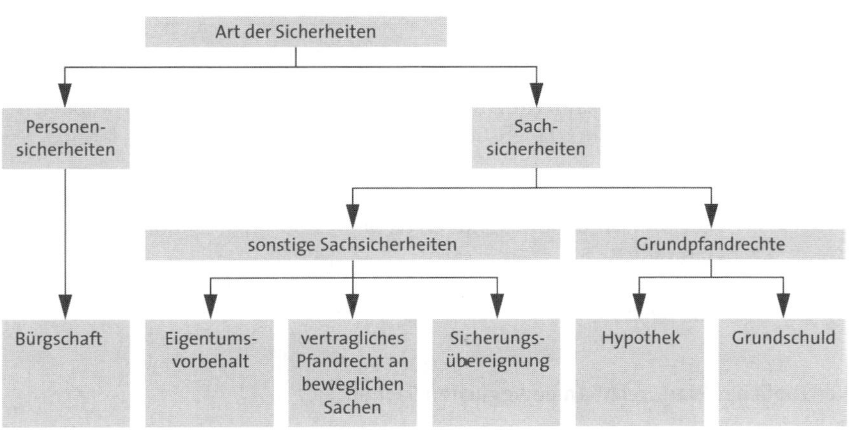

> Sachsicherheiten

Sach-sicherheiten

Die gesetzlichen Sachsicherheiten wurden beim Werkvertrag (Unternehmerpfandrecht, Bauhandwerkersicherungshypothek) und beim Mietvertrag (Vermieterpfandrecht) besprochen. Die vertraglichen Sachsicherheiten sind in erster Linie Eigentumsvorbehalt, Sicherungsübereignung, vertragliches Pfandrecht und Grundpfandrechte.
Im Folgenden sollen die Besonderheiten (Zweck, Form, Wirkungen, Grenzen) der einzelnen vertraglichen Sachsicherheiten dargestellt werden:

Eigentumsvorbehalt

Zweck

> Zweck
Kann der Käufer einer beweglichen Sache den Kaufpreis nicht sofort bezahlen, wird sich der Verkäufer dadurch **sichern,** dass er sich das Eigentum an der Sache **bis zur vollständigen Bezahlung** rechtzeitig und ausdrücklich vorbehält. Der Käufer wird zwar sofort Besitzer, kann also auch die Kaufsache nutzen, Eigentum erwirbt er aber erst mit vollständiger Kaufpreisbezahlung.

Form

> Form
Zwar ist **keine Form vorgeschrieben,** aus Beweisgründen ist aber Schriftform zu empfehlen. Der Eigentumsvorbehalt ist spätestens bei der Übergabe der Sache zu erklären.

Beispiel:

Der Eigentumsvorbehalt wird erst nach Übergabe der Sache auf der später ausgehändigten Rechnung erklärt. Der Eigentumsvorbehalt ist verspätet und daher unwirksam, mit der Übergabe der Sache ist der Käufer auch Eigentümer geworden.

Wirkungen

> Wirkungen
Zahlt der Käufer nicht oder wird er insolvent, **kann der Verkäufer die Sache herausverlangen,** nachdem er vom Vertrag zurückgetreten ist.

Grenzen

> Grenzen
Der Eigentumsvorbehalt erlischt in dem Augenblick, in dem die Sache durch Vermischung oder Verarbeitung, Einbau etc. ihre rechtliche Selbstständigkeit verliert.

Beispiel:

Lieferung und Einbau von Bauteilen (Steine, Fenster, Gläser) in ein Haus; Vermischen von Mehl zum Brotbacken. Der Eigentümer der Hauptsache (Haus, Brot) wird auch Eigentümer der Nebensachen (Steine etc., Mehl).

> Der Eigentumsvorbehalt ist nur an beweglichen, nicht an unbeweglichen Sachen möglich.
> Erfüllt der Käufer seine Zahlungspflicht, geht das vorbehaltene Eigentum automatisch auf ihn über.

Vertragliches Pfandrecht an beweglichen Sachen

Zweck

> Zweck
Eine bewegliche Sache kann einem **Gläubiger zur Sicherung seiner Forderung** verpfändet werden.

Form

> Form
Eine besondere Form sieht das Gesetz nicht vor, zum Nachweis wird Schriftform empfohlen.

Wirkungen

> Wirkungen
Die **Sicherheit** für den Gläubiger **entsteht nur, wenn der Schuldner das Pfand dem Gläubiger übergibt (Faustpfand)** und beide sich einig sind, dass das Pfandrecht dem Gläubiger zustehen soll.

Beispiel:

Der Kürschner hat seinem Lieferanten zur Sicherung einer Kaufpreisforderung einen teuren Pelzmantel zum Pfand gegeben. Zahlt der Kürschner bei Fälligkeit die Kaufpreisforderung nicht, kann der Lieferant den Pelzmantel nach den Regeln der Pfandverwertung öffentlich versteigern lassen, um seine Ansprüche aus dem Erlös zu befriedigen.

> Grenzen
Braucht der Schuldner den Pfandgegenstand in seinem Betrieb, zeigen sich die Grenzen des vertraglichen Pfandrechts.

Beispiel:

Der Metallbauer kauft eine Maschine, die er dringend im Betrieb benötigt. Da er den Kaufpreis nicht bezahlen kann, sucht er eine Möglichkeit, die Forderung des Verkäufers zu sichern. Die gekaufte Maschine kommt als Pfand nicht in Betracht, da er sie im Betrieb benötigt. Er kann allenfalls eine andere Maschine oder einen anderen Gegenstand zum Pfand geben.

Gibt der Pfandgläubiger das Pfand aus der Hand, erlischt das Pfandrecht.

Sicherungsübereignung

Zweck

> Zweck
Die Verpfändung einer beweglichen Sache ist aus praktischen Erwägungen in vielen Fällen nicht möglich, weil der Schuldner die Sache, zum Beispiel eine Maschine, in seinem Betrieb selbst braucht. Hier helfen sich die Parteien in der Praxis dadurch, dass der **Schuldner die Sache dem Gläubiger** wegen dessen Forderung **zur Sicherung übereignet und übergibt** und beide vereinbaren, dass die Sache dem Schuldner leihweise wieder ausgehändigt wird. Auf diese Weise kann der Schuldner mit der Sache arbeiten, der Gläubiger hat treuhänderisches Eigentum.

Form

> Form
Eine besondere Form sieht das Gesetz nicht vor; wie vorstehend wird Schriftform empfohlen.

Wirkungen

> Wirkungen
Zahlt der Schuldner nicht, kann der Gläubiger, da er Eigentümer ist, die Sache vom Schuldner herausverlangen. In der Insolvenz des Schuldners hat der Gläubiger ein Absonderungsrecht an der Sache.

> Grenzen
Da der Gläubiger Eigentum nur zur Sicherheit hat, darf er mit der Sache nicht nach Belieben verfahren, zum Beispiel darf er sie nicht verkaufen.

Grundpfandrechte

Hypothek

> **Hypothek**
Die Hypothek ist die Belastung eines Grundstücks in der Weise, dass zugunsten des Berechtigten (Hypothekengläubiger = Kreditgeber) eine bestimmte Geldsumme wegen der diesem zustehenden Forderung (zum Beispiel Baudarlehen)

aus dem Grundstück zu zahlen ist. Sie ist die wichtigste Form des Realkredits neben der

Grundschuld

> **Grundschuld,**

die ein Grundstück in der Weise belastet, dass dieses für die Zahlung einer bestimmten Geldsumme haftet. Sie ist, anders als die Hypothek, rechtlich nicht zur Sicherung einer Forderung bestellt, wenngleich dies der Praxis entspricht.

> Die Eintragung und Übertragung von Grundpfandrechten erfolgt nach den Regeln der Übertragung von unbeweglichen Sachen (>> oben).
> Die Hypothek ist abhängig von der ihr zugrunde liegenden Forderung (akzessorisch).
> Die Grundschuld ist unabhängig von einer eventuell zugrunde liegenden Forderung (nicht akzessorisch). Sie kann, weil von einer Forderung unabhängig, auch für den Eigentümer (sogenannte Eigentümergrundschuld) im Grundbuch eingetragen werden und sichert damit die Rangstelle, zum Beispiel zum Zweck der Kreditbeschaffung.

Übersicht über alle vertraglichen Sicherheiten

	1. Bürgschaft	2. Eigentumsvorbehalt	3. Vertragliches Pfandrecht	4. Sicherungseigentum	5. Grundpfandrechte
Arten	Bürgschaft Selbstschuldnerische Bürgschaft Varianten				Hypothek Grundschuld
Entstehungsform	Schriftlich	Formlos Empfehlung: schriftlich	Formlos Empfehlung: schriftlich	Formlos Empfehlung: schriftlich	Notariell Eintragung ins Grundbuch
Sicherungszweck	Einstehen für Verbindlichkeit eines Dritten	zum Beispiel Kaufpreisforderung	zum Beispiel Darlehensforderung	zum Beispiel Darlehensforderung	zum Beispiel Kaufpreis-, Darlehensforderungen
Sicherungsmittel	Person und deren Vermögen	Bewegliche Gegenstände	Bewegliche Gegenstände	Bewegliche Gegenstände	Immobilien

3.1.5 Familien- und Erbrecht

3.1.5.1 Eheliches Güterrecht

Allgemeines zum Familienrecht

Familienrecht

Das Familienrecht enthält die Gesamtheit der staatlichen Rechtsnormen, welche die rechtlichen Beziehungen der Familienmitglieder zueinander und zu Dritten regeln. Den Unternehmer interessieren vor allem die vermögensrechtlichen Beziehungen der Ehegatten, das eheliche Güterrecht und die gegenseitige Vertretungsmacht von Mann und Frau.
Aber auch gleichgeschlechtlichen, volljährigen, nicht verheirateten und nicht in gerader Linie miteinander verwandten Partnern ist es möglich, durch persönliche und gleichzeitige Erklärung vor dem Standesamt oder Notar eine der Ehe (>> folgende Varianten) weitgehend angeglichene Partnerschaft auf Lebenszeit zu begründen. Das Familien- und Erbrecht des Ehegatten findet hierauf im Wesentlichen Anwendung.

Gleichberechtigung von Mann und Frau

Mann und Frau sind nach unserer Verfassung gleichberechtigt.

Beide Ehegatten sind berechtigt, erwerbstätig zu sein; auf die Belange des anderen Ehegatten und die Familie ist dabei in gebotener Weise Rücksicht zu nehmen. Es besteht eine gegenseitige Verpflichtung der Ehegatten, durch Arbeit und mit ihrem Vermögen die Familie angemessen zu unterhalten; wird einem Ehegatten die Haushaltsführung überlassen, erfüllt er diese Verpflichtung mit der Haushaltsführung.

Gegenseitige Vertretungsmacht der Ehegatten

Jeder Ehegatte ist berechtigt, alle Rechtsgeschäfte zur angemessenen Deckung des Lebensbedarfs der Familie auch mit Wirkung für und gegen den anderen Ehegatten abzuschließen (ehemalige Schlüsselgewalt, dieses Recht hatte früher nur die Frau).

Beispiel:

Einkauf von Lebensmitteln, Buchung eines Familienurlaubs, Ergänzungskauf eines defekten Haushaltsgerätes.
Kauft dagegen die Frau eine Maschine für das Unternehmen des Mannes, ohne hierzu ermächtigt zu sein, wird der Mann nicht verpflichtet, weil es kein Rechtsgeschäft zur angemessenen Deckung des Lebensbedarfs der Familie ist.

> Die gesetzliche Vertretungsmacht **kann eingeschränkt oder ausgeschlossen werden,** wenn sie zum Nachteil des anderen Ehegatten ausgenutzt wird.
> Dritten gegenüber wirkt die Einschränkung oder der Ausschluss nur bei Eintragung im Güterrechtsregister beim Amtsgericht-Registergericht. Der davon betroffene Ehegatte haftet in diesem Fall allein für die Erfüllung von Vertragsverpflichtungen, auch wenn es sich um einen Vertrag zur Deckung des Lebensbedarfs der Familie handelt.
> Leben die Ehegatten getrennt, ruht die gegenseitige Vertretungsmacht.

Güterstände

Eheliches Güterrecht

Die Ehe ist Lebens- und Vermögensgemeinschaft. Zur Regelung der Vermögensbeziehungen haben die Ehegatten drei Möglichkeiten: Zugewinngemeinschaft, Gütergemeinschaft und Gütertrennung.

Zugewinngemeinschaft (ZG), gesetzlicher Güterstand

Zugewinngemeinschaft

> Form: **Die ZG** entsteht durch Heirat **kraft Gesetz,** wenn kein notarieller Ehevertrag vereinbart wird.
> Wesen: Der ZG liegen zwei gedankliche Vorstellungen zugrunde:
1. **Solange die ZG besteht, gelten im Wesentlichen die Regeln der Gütertrennung.**
2. **Endet die ZG** (z. B. Tod, Scheidung), **ist der Zugewinn unter den Ehegatten auszugleichen.**

Daraus ergeben sich folgende weitere Konsequenzen:

> Vermögen: Was einer in die Ehe einbringt und in dieser hinzuerwirbt, gehört ihm allein.
> Verwaltung: Es gibt **zwei Vermögensmassen,** Mannes- und Frauenvermögen. Jeder verwaltet sein Vermögen selbst. Es gibt allerdings zwei Einschränkungen:
- Verfügungen über das gesamte Vermögen und
- Verfügungen über Hausratsgegenstände bedürfen der Zustimmung des anderen Ehegatten.
> Schulden: **Jeder haftet für seine Schulden allein** (Ausnahme: Rechtsgeschäfte im Rahmen der Schlüsselgewalt).
> Ende der ZG: Der **Zugewinn ist** unter den Ehegatten **auszugleichen.**

> Ausgleich des Zugewinns bei Tod

Das gesetzliche Erbteil des überlebenden Ehegatten erhöht sich um ein Viertel. Dabei spielt es keine Rolle, ob tatsächlich ein Zugewinn erzielt wurde oder ob der Überlebende einen höheren Zugewinn hatte (erbrechtliche Regelung). Der überlebende Ehegatte kann aber die Erbschaft auch ausschlagen oder, falls er nicht erbt, Ausgleich des Zugewinns und seinen Pflichtteil verlangen (güterrechtliche Regelung).

> Ausgleich des Zugewinns bei Scheidung

In diesem Fall ist der beiderseitige Zugewinn zu berechnen und auszugleichen.

Zugewinn ist der Betrag, um den das Endvermögen eines Ehegatten sein Anfangsvermögen übersteigt. Wer während der Ehe mehr Zugewinn erzielt hat, muss dem Ehepartner die Hälfte des Überschusses auszahlen.

Für die Berechnung des Anfangs- und des Endvermögens gelten folgende Regeln:

Regeln zur Berechnung des Vermögens

> **Berechnung des Anfangsvermögens:**
  - Negatives Anfangsvermögen (Schulden), das während der Ehe getilgt wird, ist in Höhe des tatsächlichen Vermögenszuwachses auszugleichen.
  - Während der Ehe erhaltene Schenkungen und Erbschaften werden dem Anfangsvermögen zugerechnet, werden also vom Endvermögen abgezogen.
  - Kann ein Ehegatte sein Anfangsvermögen nicht beweisen, wird es mit null angesetzt.

> **Berechnung des Endvermögens:**
  - Das Endvermögen kann auch negativ sein.
  - Hat ein Ehegatte in den letzten zehn Jahren Vermögen verschenkt und war dies nicht durch Anstand und Sitte geboten, kann der andere Ehegatte verlangen, dass das Verschenkte dem Endvermögen zugerechnet wird, also auszugleichen ist.
  - Reicht das Vermögen nach einer solchen Schenkung nicht mehr aus, um den Ausgleichsanspruch des anderen Ehegatten zu befriedigen, kann dieser das Erforderliche als ungerechtfertigte Bereicherung vom Beschenkten herausverlangen.

> **Schutz vor Vermögensmanipulationen:**
  - Maßgeblicher Zeitpunkt für die Berechnung des Zugewinns und die Höhe der Ausgleichsforderung ist die Zustellung des Scheidungs**antrags.**
  - Zum Schutz vor Vermögensverschiebungen kann ein Ehegatte vorzeitig vor Gericht Zugwinnausgleich verlangen (vorläufiges Rechtsschutzverfahren).

Gütertrennung (GTr), vertraglicher Güterstand

Gütertrennung

> Form: Erforderlich ist **notarielle Vereinbarung** bei gleichzeitiger Anwesenheit beider Ehegatten.
> Wesen: Es handelt sich um eine **absolute Trennung der Vermögensmassen** zwischen den Ehegatten.
> Vermögen: Es gibt zwei Vermögensmassen: Mannes- und Frauenvermögen.
> Verwaltung: **Jeder Ehegatte verwaltet sein Vermögen allein.** Er unterliegt keinen Verfügungsbeschränkungen.
> Schulden: **Jeder Ehegatte haftet für seine Schulden allein** (Ausnahme: Rechtsgeschäfte im Rahmen der Schlüsselgewalt).
> Ende der GTr: Es findet **kein Vermögensausgleich** statt.

Gütergemeinschaft (GG), vertraglicher Güterstand

Gütergemeinschaft

> Form: Es gilt das zur GTr Gesagte.
> Wesen: Die GG beinhaltet die **Vereinigung der Vermögen der Ehegatten.**
> Vermögen: Das Gesamtgut bildet das **gemeinschaftliche Vermögen der Ehegatten.** Beide Ehegatten können im Alleineigentum Vorbehaltsgut (zum Beispiel Aktienvermögen) und Sondergut (zum Beispiel Schmerzensgeldforderung) haben.
> Verwaltung: Das Gesamtgut verwalten **beide Ehegatten zusammen** oder ein Ehegatte nach Vereinbarung allein. Vorbehalts- und Sondergut verwaltet jeder Ehegatte allein.

> Schulden: Schulden des Gesamtguts **betreffen beide,** Schulden von Vorbehalts- oder Sondergut jeden allein.
> Ende der GG: Jeder Ehegatte erhält die **Hälfte des Gesamtguts** sowie sein Vorbehalts- und Sondergut.

Güterrecht

Güterstände	Zugewinngemeinschaft	Gütertrennung	Gütergemeinschaft
Form	Gesetzlich	Vertraglich (notariell)	Vertraglich (notariell)
Wesen	Gütertrennung, solange Ehe besteht Zugewinnausgleich bei Tod oder Trennung	Gütertrennung	Gütergemeinschaft
Vermögen	Mann und Frau getrennt	Mann und Frau getrennt	a) Gemeinsames Vermögen b) Sonder-, Vorbehaltsvermögen, Mann und Frau
Verwaltung	Mann und Frau getrennt	Mann und Frau getrennt	a) Gemeinsam Mann und Frau b) je Mann und Frau
Beschränkungen	Verfügungen über Gesamtvermögen Hausrat	Keine	Verfügungen über Gesamtvermögen

3.1.5.2 Erbfolge

Allgemeines zum Erbrecht

Erbfall

Das 5. Buch des BGB regelt unter anderem die Erbfolge, rechtliche Stellung der Erben, Testament, Erbvertrag, Pflichtteil, Erbschein. Mit dem Erbfall geht das gesamte Vermögen (Nachlass) des Erblassers mit allen Rechten und Pflichten auf den oder die Erben über (Gesamtrechtsnachfolge).

Beispiel:

Wird ein Grundstück vererbt, bedarf es keiner Auflassung und Eintragung im Grundbuch, sondern nur der Berichtigung des Grundbuches.

Grundbegriffe im Erbrecht

Erblasser
Nachlass

> Erblasser: Mit dem Tode eines Menschen geht sein Vermögen auf seine Erben über.
> Erbschaft (Nachlass): ist das Vermögen, das heißt die **Gesamtheit der Rechtsverhältnisse des Erblassers,** das auf die Erben übergeht. Es beinhaltet Eigentum, Be-

teiligungen, Forderungen, Rechte, aber auch Schulden des Erblassers. Nicht vererbbar sind höchstpersönliche Rechte, zum Beispiel Unterhaltsansprüche, Nießbrauch, Ehrungen, persönliche Titel.

> Erbe: ist, wer kraft Gesetz (gesetzlicher Erbe) oder kraft Verfügung von Todes wegen (gewillkürter Erbe) Gesamtnachfolger des Erblassers wird. Erbe kann **jede natürliche (Mensch) oder jede juristische Person** (zum Beispiel GmbH) werden, die zum Zeitpunkt des Erbfalles lebt bzw. besteht.

> Gesetzliche Erben: sind die **Verwandten des Erblassers,** sein **Ehegatte** und ersatzweise der Staat (Fiskus). Gesetzliche Erben

> Gewillkürte Erben: sind die natürlichen oder juristischen Personen, die der Erblasser **durch Testament oder Erbvertrag bestimmt.** Gewillkürte Erben

> Erbschein: ist das **amtliche Zeugnis** über Erbteile, Berechtigte, eventuelle Beschränkungen der Erbberechtigung. Zuständig ist das Amtsgericht-Nachlassgericht am letzten Wohnsitz des Erblassers (eventuell Amtsgericht Berlin bei Auslandswohnsitz). Erbschein

> Ausschlagung: Jeder Erbe kann **innerhalb von sechs Wochen** seit Kenntnis vom Erbfall und dem Berufungsgrund die Erbschaft **ausschlagen.** Vor allem bei Überschuldung des Nachlasses wird er diesen Weg wählen. Zuständig ist das Nachlassgericht. Die Ausschlagung bewirkt, dass der Nachlass nicht an den Ausschlagenden fällt. Ausschlagung

> Bei der Aufteilung des Nachlasses sind **Pflegeleistungen** durch Abkömmlinge gegenüber dem Erblasser zunächst zu berücksichtigen. Der Ausgleich erfolgt unabhängig davon, ob sie für diese Leistungen auf eigenes berufliches Einkommen verzichtet haben. Pflegeleistungen

Beispiel:

Die Tochter pflegt allein die kranke, verwitwete Mutter. Nach deren Tod erhält die Tochter zunächst den Ausgleichsbetrag. Das verbleibende Erbe wird je zur Hälfte zwischen Tochter und Sohn geteilt.

Gesetzliche Erbfolge

Gesetzliche Erben sind die Verwandten des Erblassers und sein Ehegatte. Sie erben, wenn der Erblasser die Erbfolge durch letztwillige Verfügung (Testament, Erbvertrag) nicht anders geregelt hat.

Die Verwandten sind in fünf Erbordnungen zur Erbfolge berufen: Erbordnungen

1. Erbordnung:	alle Abkömmlinge des Erblassers, das heißt Kinder (auch adoptierte und uneheliche) und deren Abkömmlinge
2. Erbordnung:	die Eltern des Erblassers und deren Abkömmlinge
3. Erbordnung:	die Großeltern des Erblassers und deren Abkömmlinge
4. Erbordnung:	die Urgroßeltern und deren Abkömmlinge
5. Erbordnung:	alle entfernteren Verwandten

Uneheliche Kinder sind seit 1.4.1998 ehelichen Kindern erbrechtlich gleichgestellt. Sie haben jedoch neben Abkömmlingen und dem überlebenden Ehegatten in Höhe ihres Erbteils nur einen Erbersatzanspruch, wenn vor dem 1.4.1998 entweder der Erblasser verstorben ist oder der Erbausgleich durch wirksame Vereinbarung bzw. durch rechtskräftiges Urteil geregelt worden ist. Es handelt sich um einen Geldan- Uneheliches Kind spruch gegen den/die Erben, der in drei Jahren seit Kenntnis, längstens in 30 Jahren verjährt.

Erben einer näheren Erbordnung schließen Erben einer entfernteren Erbordnung aus.

Beispiel:

Sind Kinder vorhanden, erben Eltern und Geschwister nichts.

Lebende Erben innerhalb einer Erbordnung schließen entferntere Erben derselben Erbordnung aus.

Beispiel:

Kinder schließen Enkel aus.

Erben der ersten drei Erbordnungen erben nach Stämmen und zu gleichen Teilen.

Beispiel:

Stirbt ein Witwer, erhalten seine drei Kinder je $^1/_3$ vom Nachlass. Eventuell vorhandene Enkel erhalten nichts.

Variante:

Ist ein Kind vorverstorben, bekommen seinen Anteil von $^1/_3$ seine drei Kinder (Stamm) zu gleichen Teilen, das heißt je $^1/_9$.

Ab der vierten Erbordnung wird derjenige Erbe des gesamten Nachlasses, der zum Erblasser am nächsten verwandt ist.

Gesetzliche Erbfolge des Ehegatten

Der Ehegatte hat ein eigenes gesetzliches Erbrecht. Grundsätzlich erhält er neben Verwandten der ersten Erbordnung $^1/_4$, der zweiten Erbordnung und Großeltern $^1/_2$ des Nachlasses, der dritten oder fernerer Erbordnungen den gesamten Nachlass.
Sein Anteil am Nachlass neben Kindern richtet sich nach dem Güterstand (>> Beispiele) mit dem Erblasser bis zu dessen Tod.

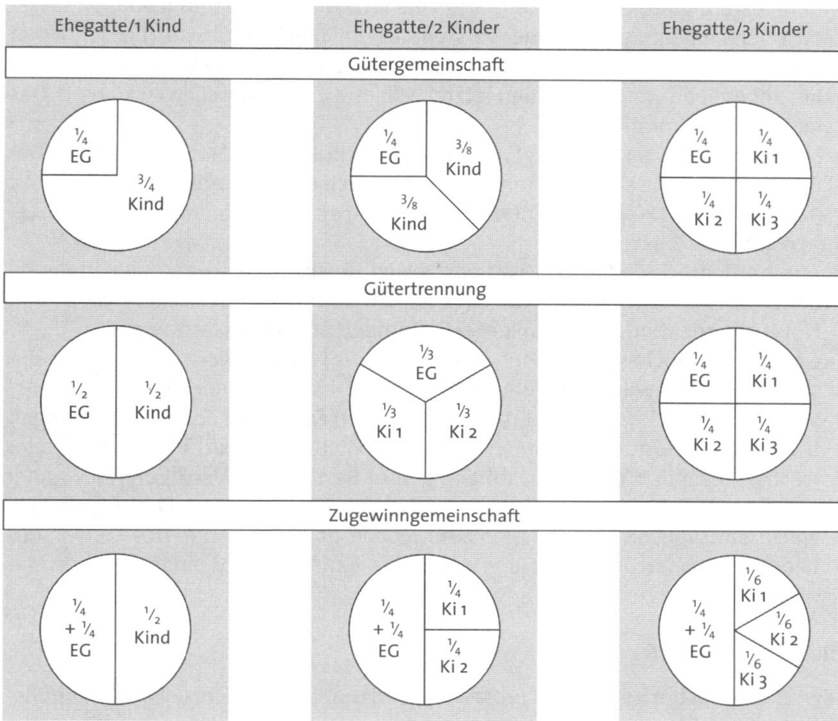

Gewillkürte Erbfolge (Erbvertrag und Testament)

Die Erbfolge kann auch vertraglich oder testamentarisch geregelt werden. Dafür sind bestimmte Formen zu beachten. Gewillkürte Erbfolge

Erbvertrag, Einzelheiten

- Zweck: Der Erbvertrag ist eine den Erblasser bindende und **in der Regel unwiderrufliche Verfügung von Todes wegen.** Er kann zwischen Verwandten und Nichtverwandten geschlossen werden. Erbvertrag
- Form: Er muss bei gleichzeitiger Anwesenheit der Vertragsteile (Erblasser, Begünstigter) **vor einem Notar** geschlossen werden. Er kann nur in gleicher Form wieder aufgehoben werden. Stirbt ein Vertragsteil, ist die vertragliche Aufhebung unmöglich.
- Inhalt: des Erbvertrages sind Erbeinsetzungen, Anordnungen, Vermächtnisse, Auflagen oder sonstige Verfügungen des Erblassers.

Testament, Einzelheiten

- Zweck: des Testaments ist eine **einseitige Verfügung von Todes wegen,** die der Erblasser nur persönlich treffen kann. Er muss testierfähig sein. Testament
- Inhalt: Durch Testament bestimmt der Erblasser den Erben und schließt damit die gesetzliche Erbfolge aus. Möglich sind Vermächtnisse, Auflagen, Anordnungen für den Todesfall, Enterbung etc.
- Arten und Formen: Es gibt **ordentliche** (eigenhändige und öffentliche), **außerordentliche und gemeinschaftliche Testamente.** Arten

- Beim eigenhändigen Testament muss die letztwillige Verfügung vom Erblasser zwingend eigenhändig in einer verständlichen Sprache und Schrift geschrieben und unterschrieben sein. Der Aussteller muss erkennbar sein. Zeit und Ort sollen angegeben werden, um den letzten Willen sicher feststellen zu können. Das letzte Testament gilt.
- Das öffentliche Testament wird zur Niederschrift eines Notars errichtet. Der Erblasser erklärt seinen letzten Willen mündlich oder übergibt eine Schrift mit der Erklärung, dass diese seinen letzten Willen enthält (Minderjährige ab 16. Lebensjahr).
- Außerordentliche oder Nottestamente sind für die Fälle vorgesehen, in denen der Erblasser nicht mehr in der Lage ist, ein öffentliches Testament vor einem Notar zu errichten, zum Beispiel Seetestament, Bürgermeistertestament.
- Gemeinschaftliches Testament (nur Ehegatten) ist die gleichzeitige, gemeinschaftliche letztwillige Verfügung mehrerer Erblasser in der Weise, dass jeder von ihnen einseitig (anders Erbvertrag) für den Fall seines Todes Anordnungen trifft. Die Verfügungen können völlig selbstständig sein, gegenseitig oder wechselbezüglich, das heißt abhängig vom Bestand der Verfügung des anderen. Der Widerruf des gemeinsamen Testaments ist grundsätzlich möglich, wechselbezügliche Verfügungen sind jedoch nach dem Tode des Erstversterbenden unwiderruflich. Für den Abschluss kann jede vorgenannte Form gewählt werden.

Pflichtteilsanspruch

Pflichtteil

> Zweck: Die **Testierfreiheit** des Erblassers wird durch das Pflichtteilsrecht zugunsten der Berechtigten **eingeschränkt.**

Beispiel:

Setzt der Ehemann seine langjährige Freundin als Alleinerbin ein, sind seine Abkömmlinge und seine Frau durch das Pflichtteilsrecht geschützt.

- > Berechtigter Personenkreis: **Abkömmlinge, Ehegatte; Eltern,** wenn keine Abkömmlinge vorhanden sind.
- > Voraussetzung des Anspruchs: **Die Berechtigten sind** durch Verfügung des Erblassers von Todes wegen (Testament, Erbvertrag) **von der gesetzlichen Erbfolge** ganz oder zu einem wesentlichen Teil **ausgeschlossen.**
- > Art: Er ist ein **persönlicher Geldanspruch** gegen den tatsächlichen Erben.
- > Höhe: Der Geldanspruch beträgt **die Hälfte des gesetzlichen Erbteils** zum Zeitpunkt des Erbfalles. Die Auszahlung kann dem Erben bei unbilliger Härte (z.B. Haus oder Betrieb als wesentliches Vermögen) gestundet werden. Der Berechtigte, der wegen Schenkungen des Erblassers vor dem Erbfall weniger als den Pflichtteil erbt, hat einen Pflichtteilergänzungsanspruch. Für die Berechnung des Ausgleichsanspruchs werden dabei Schenkungen immer weniger berücksichtigt, je länger sie zurückliegen (z.B. Schenkung ein Jahr vor Erbfall: Anrechnung zu $^{10}/_{10}$; zwei Jahre davor: zu $^{9}/_{10}$; usw.). Hat die Ehefrau bis zum Tode des Erblassers mit ihm in Zugewinngemeinschaft gelebt, hat sie evtl. Wahlmöglichkeiten (>> Eherecht).
- > Entziehung: Jedem Pflichtteilsberechtigten kann der Erblasser bei Vorliegen besonderer Gründe den Pflichtteil entziehen.

Beispiel:

Die rechtskräftige Verurteilung zu einer mindestens einjährigen Freiheitsstrafe ohne Bewährung berechtigt zur Pflichtteilsentziehung, wenn die Belassung dem Erblasser unzumutbar ist. In das Entziehungsrecht einbezogen und damit geschützt werden auch alle dem Erblasser nahestehenden Personen (Angehörige).

> Verjährung: Er verjährt drei Jahre nach Kenntnis vom Erbfall und der die Erbfolge ausschließenden Verfügung.

Der Pflichtteilsanspruch im Erbrecht

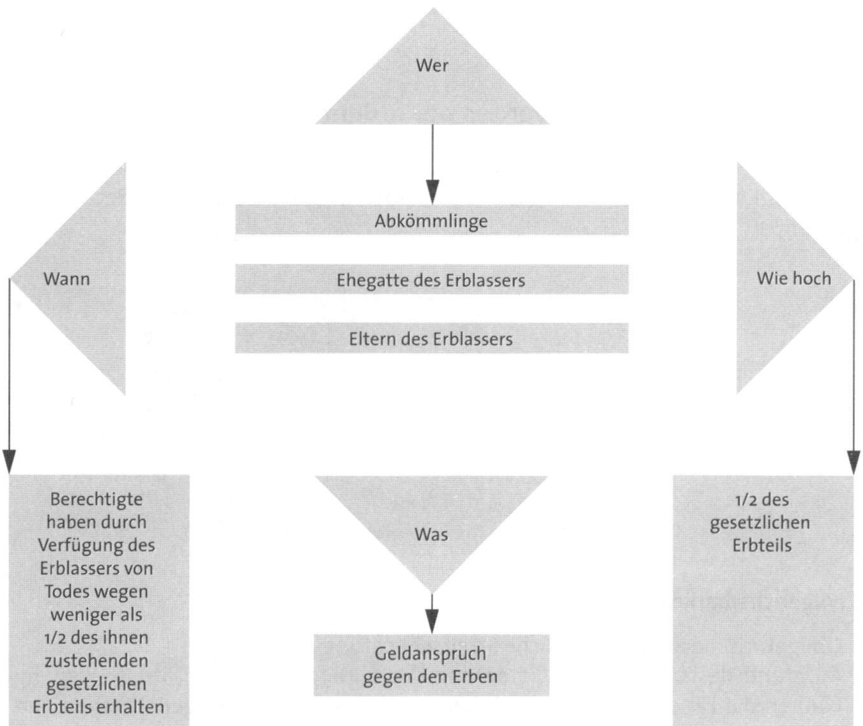

3.1.6 Mahn- und Klageverfahren

3.1.6.1 Zuständigkeit der Gerichte nach Art der Ansprüche

Gerichtsbarkeiten

In einem Rechtsstaat ist es unzulässig, Rechtsansprüche auf eigene Faust durchzusetzen. Wer einen Anspruch gegen einen säumigen oder unwilligen Schuldner selbst nicht durchsetzen kann, muss sich der Hilfe der vom Staat eingesetzten Gerichte und Vollstreckungsorgane bedienen. Je nach Art eines Anspruches erhält der Bürger für die Wechselfälle des täglichen Lebens Rechtsschutz bei folgenden Gerichtsbarkeiten:

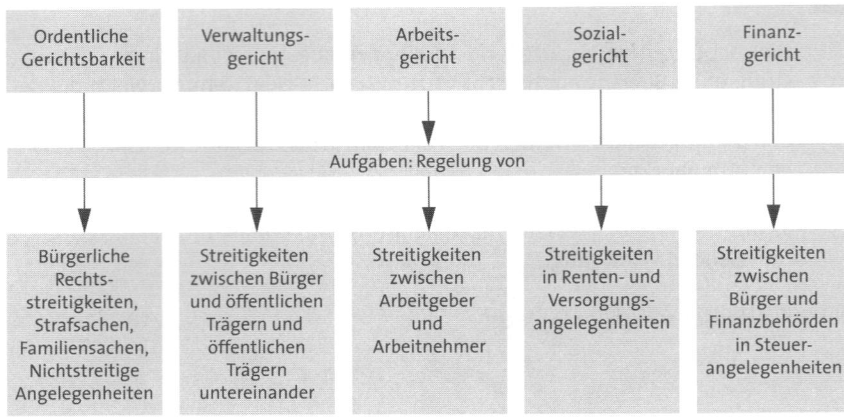

3.1.6.2 Arten und Tätigwerden der ordentlichen Gerichte

Ordentliche Gerichte sind: Amtsgericht (AG), Landgericht (LG), Oberlandesgericht (OLG) und Bundesgerichtshof (BGH). Sie werden in drei Bereichen der Rechtspflege tätig.

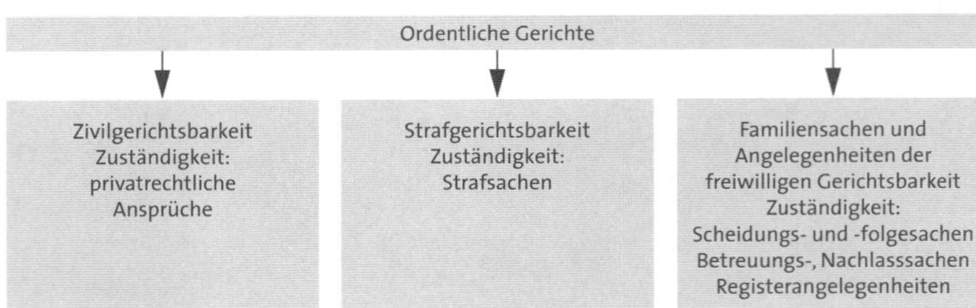

Zivilgerichtsbarkeit

Obligatorische außergerichtliche Streitschlichtung

> Obligatorische außergerichtliche Streitschlichtung
Aufgrund des Gesetzes zur Förderung der außergerichtlichen Streitbeilegung können die Länder den Streitparteien vor Einleitung von zivilgerichtlichen Verfahren **verbindlich** einen außergerichtlichen Schlichtungsversuch vorschreiben. Notwendig ist dieses Verfahren in zivilrechtlichen Streitigkeiten mit einem Streitwert von bis zu 750,00 EUR, in Nachbarschaftsstreitigkeiten und in Streitigkeiten wegen Verletzung der persönlichen Ehre außerhalb von Presse und Rundfunk. Ausgenommen hiervon sind familienrechtlichte Streitigkeiten und Geldforderungen, die im gerichtlichen Mahnverfahren durchgesetzt werden. Obligatorische Streitschlichtungsstellen existieren bereits in einer Reihe von Bundesländern. Obligatorische Streitschlichter können Rechtsanwälte (z. B. Baden-Württemberg), Notare und andere dauerhaft eingerichtete Schlichtungsstellen (z. B. Bayern) sein. Bleibt die obligatorische Streitschlichtung erfolglos, ist der Weg zu den ordentlichen Gerichten offen.

> Allgemeine Zuständigkeit
Die Zivilgerichte sind für **alle privatrechtlichen Streitigkeiten und Ansprüche der Bürger untereinander** zuständig. Ansprüche können auf ein Tun oder Unterlassen gerichtet sein.

Zivilgerichtsbarkeit

> Parteien
Die Parteien im Zivilprozess heißen **Kläger und Beklagter.**

> Aufgabenverteilung (örtliche und sachliche Zuständigkeit)
Klagen sind bei den Gerichten der **ersten Instanz** einzureichen. Es sind dies die **Amts- und Landgerichte** in Deutschland, unter denen die Aufgaben örtlich und sachlich aufgeteilt sind. **Örtlich** zuständig ist das **Gericht am Wohnsitz** (allgemeiner Gerichtsstand) oder gewerblichen Sitz (besonderer Gerichtsstand) des Schuldners. Die vertragliche Vereinbarung eines davon abweichenden örtlichen Gerichtsstandes ist nur in Sonderfällen möglich, zum Beispiel unter Kaufleuten. **Sachlich** zuständig sind in erster Instanz das **Amtsgericht oder Landgericht** je nach Höhe des Streitwerts oder der Zuweisung von Aufgaben durch das Gesetz (>> unten).

Aufgabenteilung

> Prozessvertretung
Vor dem Amtsgericht kann jeder als Partei selbst auftreten oder sich von einer geschäftsfähigen Person vertreten lassen. In letzterem Fall ist Prozessvollmacht nachzuweisen. Im Scheidungsverfahren vor dem Amtsgericht gilt Anwaltszwang. **Beim Landgericht und allen anderen Gerichten der Zivilgerichtsbarkeit gilt Anwaltszwang.** Damit soll fach- und sachkundige Vertretung der Parteien sichergestellt werden.

Prozessvertretung

> Gerichts- und Parteikosten
Im Verfahren vor Gericht entstehen **Gerichts- und Parteikosten** (zum Beispiel Anwälte, Sachverständige etc.). Die Kosten **trägt grundsätzlich der Unterlegene;** der Kläger hat in der Regel Gerichtskosten vorzuleisten. Die Kosten richten sich nach dem Streitwert (Tabelle) oder dem Streitgegenstand. Bedürftige Parteien erhalten auf Antrag Beratungs- und Prozesskostenhilfe, wenn Bedürftigkeit und hinreichende Erfolgsaussicht im beabsichtigten Verfahren (bei Prozesskostenhilfe) besteht. Die Parteikosten sind dem Gegner in jedem Fall zu ersetzen, wenn die bedürftige Partei unterliegt.

Kosten

> Ziel
Ziel des Verfahrens ist die **rechtskräftige Feststellung des erhobenen Anspruchs** durch das Gericht, also dessen Unanfechtbarkeit durch weitere Rechtsmittel, **und die Vollstreckbarkeit** des festgestellten Anspruchs auch gegen den Willen des Unterlegenen.

Verfahrensziel

Verteilung der Aufgaben in der ersten Gerichtsinstanz

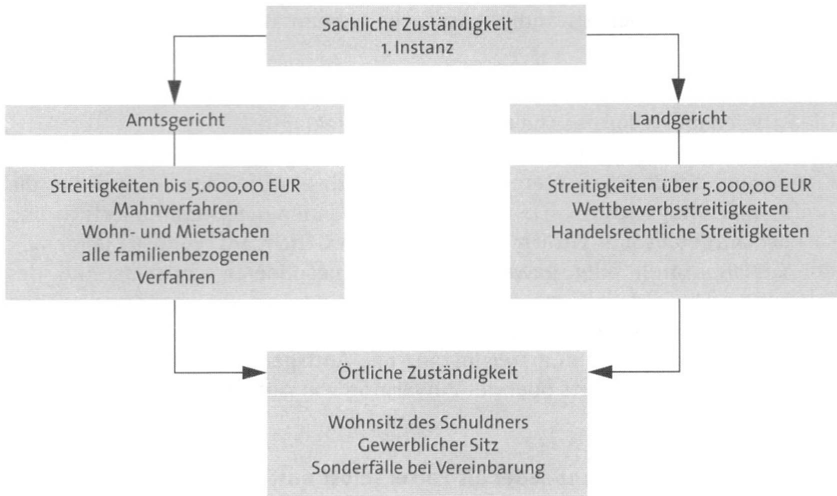

3.1.6.3 Gerichtliches Klageverfahren

Antrag

Rechtsschutz gewährt der Staat nur auf Antrag. Erforderlich ist daher die Einleitung einer Klage bei Gericht. Nach Einzahlung der Gerichtsgebühr durch den Kläger stellt das Gericht die Klageschrift dem Beklagten zu mit der Aufforderung, hierzu binnen einer bestimmten Frist Stellung zu nehmen.

Inhalt

> Inhalt der Klage
Die Klageschrift muss enthalten: Bezeichnung des Gerichts, der **Parteien** und ihrer Anschriften, einen **Klageantrag, Klagegegenstand, Grund und Höhe des geltend gemachten Anspruches.**

Beispiel:

Werklohnanspruch für Malerarbeiten in Höhe von 4.000,00 EUR laut Rechnung vom ...

Mündliche Verhandlung

> Mündliche Verhandlung
Der Verhandlungstermin soll so vorbereitet sein, dass die **Streitsache in der Regel in einem mündlichen Termin erledigt** werden kann. Zum Zweck der gütlichen Streitbeilegung geht eine Güteverhandlung voraus, es sei denn, sie erscheint aussichtslos, oder es hat bereits ein Einigungsversuch vor einer außergerichtlichen Gütestelle stattgefunden. In bestimmten Fällen (geringer Streitwert) kann das Gericht die Erledigung im schriftlichen Verfahren anordnen. Gleiches gilt, wenn die Parteien zustimmen. Über die mündliche Verhandlung wird vom Gericht ein **Sitzungsprotokoll** geführt, das alle wesentlichen Vorgänge und Förmlichkeiten wiedergibt.

> Beweisaufnahme
Erbringt die Verhandlung keine Klärung der strittigen Fragen, ordnet das Gericht die Beweisaufnahme an. Es kann Zeugen vernehmen, Sachverständige anhören, Urkunden verlesen, amtliche Auskünfte einholen oder durch Augenschein vor Ort sich einen eigenen Eindruck verschaffen.

Jede Partei muss die für sie günstigen Tatsachen beweisen (sogenannte **Beweislast).** Gelingt ihr dies nicht, trägt sie den Nachteil.

Beweislast

> Entscheidungen: Vergleich oder Urteil
Die Parteien können sich in jedem Stadium des Verfahrens außergerichtlich oder gerichtlich einigen. Ein **gerichtlicher Vergleich** ist dann zu empfehlen, wenn die Rechtslage unklar, das Prozessrisiko groß ist. Aus einem Vergleich kann wie aus einem Urteil vollstreckt werden.

Vergleich

Wenn kein Vergleich zustande kommt oder der Rechtsstreit sich nicht auf sonstige Weise erledigt (zum Beispiel Klagerücknahme), entscheidet das Gericht durch Urteil. Das Gericht kann dem Klageanspruch ganz oder teilweise stattgeben oder diesen abweisen, die Gründe hierfür sind anzugeben. Kostenentscheidung und Vollstreckbarkeit ergeben sich aus dem Urteil.

Urteil

> Besonderheit: Versäumnisurteil
Versäumt der Kläger oder Beklagte einen Termin zur mündlichen Verhandlung, **kann auf Antrag** der erschienenen Partei ein **Versäumnisurteil ergehen.** Voraussetzung ist die Zulässigkeit der Klage und, wenn es gegen den Beklagten ergeht, auch die Schlüssigkeit der Klage. Gegen den Beklagten ergeht ein Versäumnisurteil also nur, wenn die vom Kläger vorgetragenen Gründe seinen Klageanspruch rechtfertigen. Aus einem Versäumnisurteil kann die Zwangsvollstreckung betrieben werden. Gegen ein Versäumnisurteil kann der Betroffene binnen zwei Wochen seit Zustellung Einspruch einlegen. Der Prozess wird dann in dem Stadium fortgesetzt, in dem er sich zum Zeitpunkt der Säumnis befand.

Versäumnisurteil

3.1.6.4 Rechtsmittel gegen ein Urteil (Berufung und Revision)

Gegen ein ihm nachteiliges Urteil kann der Unterlegene die Rechtsmittel der Berufung bzw. Revision einlegen.

Berufung

Berufung findet statt gegen Endurteile der ersten Instanz (Amts-, Landgericht). Im Berufungsverfahren wird der Streitfall in rechtlicher und, soweit begründete Zweifel bestehen, auch in tatsächlicher Hinsicht nochmals überprüft. Voraussetzung ist, dass der Berufungsführer mit mehr als 600,00 EUR aus dem erstinstanziellen Urteil beschwert ist (dies ist die Differenz zwischen Antrag und ergangener Entscheidung) oder die Berufung wegen grundsätzlicher Bedeutung, Rechtsfortbildung oder zur Sicherung einheitlicher Rechtsprechung vom Erstinstanzgericht zugelassen wird.

Berufung

Berufungsgericht gegen Entscheidungen des **Amtsgerichts** in Familien- und Auslandsbezugssachen und des Landgerichts ist das Oberlandesgericht, ansonsten das **Landgericht**. Die Länder können gesetzlich regeln, ob sie alle oder welche weiteren Berufungsverfahren sie beim Oberlandesgericht konzentrieren (sogenannte Experimentierklausel).

Revision

Die Revision findet statt gegen Endurteile der Berufungsgerichte (Landgericht, Oberlandesgericht). Zuzulassen ist die Revision im Urteil des Berufungsgerichts oder durch das Revisionsgericht auf Beschwerde gegen die Nichtzulassung,

Revision

> wenn die Rechtssache grundsätzliche Bedeutung hat oder
> wenn die Rechtssache der Rechtsfortbildung dient oder

> wenn die Sicherung einer einheitlichen Rechtsprechung eine Revisionsentscheidung erfordert.

Die Revision geht zum Bundesgerichtshof (BGH) und kann nur auf Gesetzesverletzung gestützt werden.

Fristen für Berufung und Revision

Einlegung →	binnen eines Monats seit Zustellung des Urteils
Begründung →	binnen eines Monats seit Einlegung des Rechtsmittels

Gesamtübersicht zum Zivilprozess

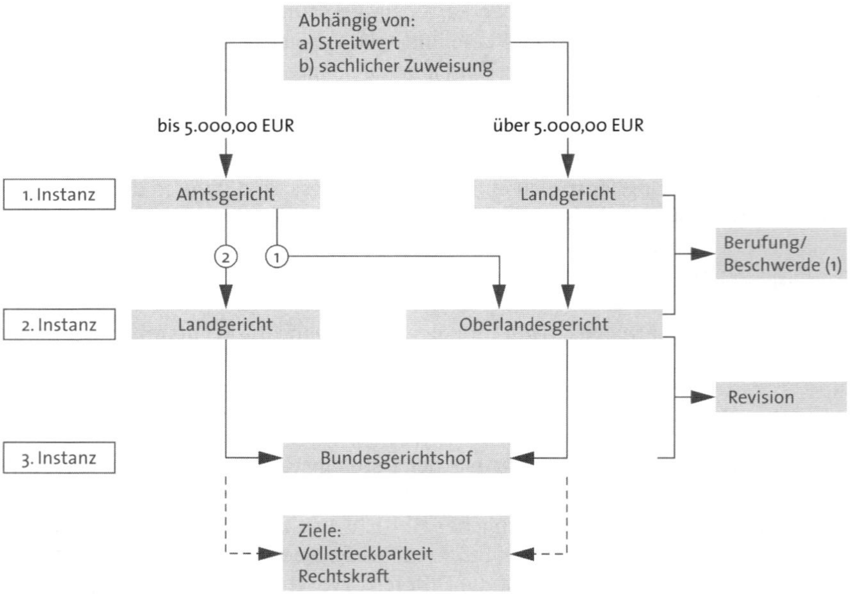

Zu (1): Familien-, Auslandsbezugssachen (Experimentierklausel)

Zu (2): alle sonstigen Rechtssachen

3.1.6.5 Mahnverfahren

Die Unterschiede zum Klageverfahren sind folgende:

Zuständiges Gericht

> Zuständiges Gericht
Örtlich zuständig ist grundsätzlich das Amtsgericht, in dessen Bezirk der **Antragsteller** seinen allgemeinen Gerichtsstand **(Wohnsitz)** hat. Für Antragsteller ohne Inland-Wohnsitz ist das Amtsgericht Schöneberg in Berlin ausschließlich zuständig. Die Bundesländer können für die Bezirke mehrerer Amtsgerichte die Zuständigkeit bei einem Amtsgericht zentralisieren, wovon eine Reihe von Bundesländern insbesondere bei maschinellen Mahnverfahren Gebrauch gemacht haben.

Der Mahnantrag kann nur in maschinell lesbarer Form gestellt werden. Für Anwälte ist diese Antragsform ab 1.12.2008 verbindlich.
Sachlich zuständig, unabhängig von der Höhe des Streitwerts, **sind die Amtsgerichte.** Handelt es sich um eine Lohnforderung oder andere Zahlungen aus einem Arbeitsverhältnis, ist das Arbeitsgericht zuständig (es gelten besondere Verfahren und Vordrucke).

> Parteien

Parteien

Im Gegensatz zur Klage heißen die Parteien **Antragsteller (Gläubiger)** und **Antragsgegner (Schuldner).**

> Zulässigkeit

Das Mahnverfahren ist nur zulässig für Ansprüche auf **Zahlung einer bestimmten Geldsumme** in inländischer Währung. Eine eventuelle Gegenleistung (zum Beispiel Ware) muss bereits erbracht sein.

> Vorzüge

Das Mahnverfahren soll als abgekürztes zivilprozessuales Verfahren dem Gläubiger rasch zu einem Vollstreckungstitel verhelfen. Dies wird erreicht durch:

1. ein **Formularverfahren** (Erwerb im Schreibwarenhandel)
2. Erlass gerichtlicher **Bescheide ohne Prüfung der inhaltlichen Berechtigung der Forderung** durch den Rechtspfleger (nicht Richter) bei Gericht
3. Einführung **kurzer Fristen für Rechtsmittel**
4. **niedrige Gerichtsgebühr** (eine halbe Klagegebühr), in der Regel keine Rechtsanwaltsgebühr, weil kein Anwaltszwang besteht.

> Verfahren

Mahnbescheid (MB)

Das Amtsgericht erlässt auf Antrag des Gläubigers einen **Mahnbescheid (erste Stufe)** und stellt ihn dem Schuldner zu. Dieser kann zahlen, innerhalb von zwei Wochen Widerspruch erheben oder untätig bleiben.
Reagiert der Schuldner nicht, erlässt das Amtsgericht auf Antrag des Gläubigers den **Vollstreckungsbescheid (zweite Stufe)** und stellt ihn dem Schuldner zu. Dieser kann wiederum zahlen, innerhalb von zwei Wochen Einspruch einlegen oder untätig bleiben.

Vollstreckungsbescheid (VB)

Reagiert der Schuldner auch hierauf nicht, kann der Gläubiger die Zwangsvollstreckung in das Vermögen des Schuldners betreiben.
Achtung: Der Vollstreckungsbescheid muss vom Gläubiger binnen sechs Monaten seit Zustellung des Mahnbescheides an den Schuldner beantragt werden.

> Beendigung

Das Verfahren endet, wenn der Schuldner in Stufe 1 (Mahnbescheid) oder Stufe 2 (Vollstreckungsbescheid) die Forderung des Gläubigers erfüllt.
Das Verfahren endet auch, wenn der Schuldner **in Stufe 1** (Mahnbescheid) fristgerecht **Widerspruch, in Stufe 2** (Vollstreckungsbescheid) fristgerecht **Einspruch** erhebt. In diesem Fall kann die Forderung nur im ordentlichen Gerichtsverfahren vor dem dann örtlich und sachlich zuständigen Gericht geltend gemacht werden (>> folgende Abbildung).

Widerspruch
Einspruch

> Europäisches Mahnverfahren

Grenzüberschreitende Geldforderungen und Zahlungsansprüche aus Geschäften können Gläubiger, ähnlich dem deutschen Mahnverfahren, auch in der Europäischen Union durchsetzen (Standardformular mit Nummerncode, Antrag bei zuständigem EU-Gericht).

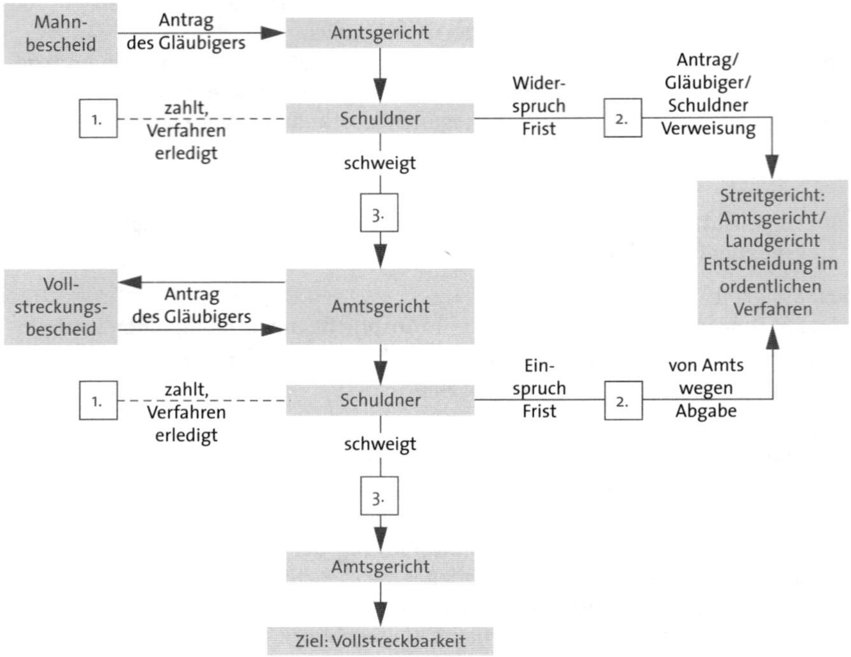

3.1.7 Zwangsvollstreckung

Hat der Gläubiger gegen den Schuldner ein rechtskräftiges Urteil erwirkt, ist damit noch nicht sichergestellt, dass der Schuldner die gerichtlich festgestellte Forderung erfüllt. Weigert er sich oder ist er untätig, kann der Gläubiger seinen Anspruch auch gegen den Willen des Schuldners durchsetzen. Er muss allerdings staatliche Machtmittel zu Hilfe nehmen (Zwangsvollstreckung).

3.1.7.1 Voraussetzungen der Zwangsvollstreckung

Die Zwangsvollstreckung ist an drei Voraussetzungen gebunden: vollstreckbarer Titel, Vollstreckungsklausel, Zustellung des vollstreckbaren Titels an den Schuldner.

Vollstreckungstitel

Vollstreckungstitel

Vollstreckungstitel sind in erster Linie rechtskräftige Urteile. Es gibt jedoch, wie die folgende Abbildung zeigt, weitere Vollstreckungstitel.

Übersicht über Zwangsvollstreckungstitel

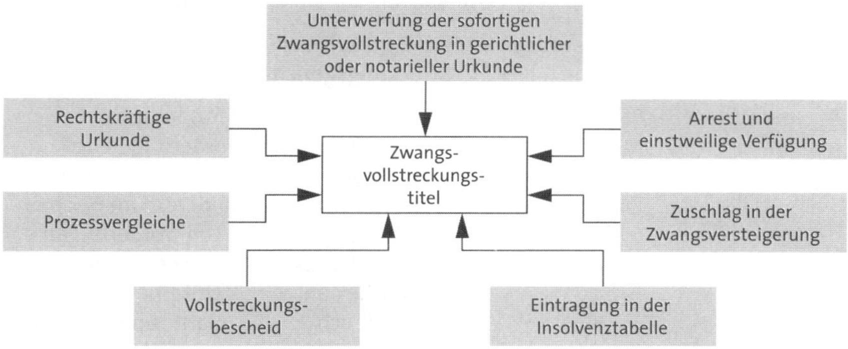

Vollstreckungsklausel

Die Vollstreckungsklausel macht den Titel in der Regel vollstreckbar. Der Urkundsbeamte des Gerichts vermerkt auf dem Urteil: „Vorstehende Ausfertigung wird dem Gläubiger zum Zwecke der Zwangsvollstreckung erteilt.“ Klausel

Zustellung des Vollstreckungstitels

Die Zustellung des Vollstreckungstitels muss vor oder mit dem Beginn der Zwangsvollstreckung erfolgen.

3.1.7.2 Arten der Zwangsvollstreckung, Vollstreckungsorgane, Zuständigkeit

Für Zwangsvollstreckungsmaßnahmen sind eine Reihe von staatlichen Organen zuständig. Die jeweilige Zuständigkeit hängt davon ab, ob wegen Geld- oder sonstiger Forderungen (zum Beispiel auf Herausgabe einer Urkunde, Abgabe einer Willenserklärung, Unterlassung einer Handlung) und ob in das bewegliche oder unbewegliche Vermögen des Schuldners vollstreckt werden soll.

Zwangsvollstreckung wegen Geldforderungen

Sie sind der häufigste Grund für Zwangsvollstreckungsmaßnahmen. Die Vollstreckung kann erfolgen in bewegliches, unbewegliches Vermögen sowie Rechte und Forderungen des Schuldners. Bei der Zwangsvollstreckung in die verschiedenen Vermögensgegenstände des Schuldners gelten folgende Besonderheiten und Unterschiede:

Zwangsvollstreckung in	bewegliche Sachen	unbewegliche Sachen	Forderungen und Rechte
Vollstreckungsorgane	Gerichtsvollzieher	Amtsgericht-Vollstreckungsgericht	Amtsgericht-Vollstreckungsgericht
Art und Weise der Vollstreckung	- Pfändung und Mitnahme - Anbringung des Pfandsiegels	- Zwangsversteigerung - Zwangsverwaltung - Eintragung einer Zwangshypothek im Grundbuch	Pfändung von Forderungen des Schuldners gegen andere, zum Beispiel - Lohnforderungen - Außenstände eines Unternehmers - Bank- und Sparkassenguthaben durch Pfändungs- und Überweisungsbeschluss gegen den Drittschuldner
Grenzen der Vollstreckung	unpfändbar sind: - lebensnotwendige Sachen - berufsnotwendige Sachen - Fremdsachen		nur in Grenzen pfändbar: - Lohnforderungen
Rechtsmittel	- Erinnerung des Schuldners - Interventionsklage des Dritten		
Befriedigung des Gläubigers	aus Versteigerungserlös nach Abzug der Verfahrenskosten	aus Versteigerungs-, Zwangs-, Verwaltungserlös nach Abzug der Verfahrenskosten	Drittschuldner muss gepfändete Forderung an den Gläubiger abführen; Gläubiger kann ihn auf Zahlung verklagen

3.1.7.3 Eidesstattliche Versicherung (ehem. Offenbarungseid) und Schuldnerverzeichnis

Bleibt die Zwangsvollstreckung wegen einer Geldforderung in das bewegliche Vermögen des Schuldners erfolglos, kann der Gläubiger beim Amtsgericht-Vollstreckungsgericht beantragen, dass der **Schuldner ein Verzeichnis über sein Vermögen aufstellt und dieses eidesstattlich bekräftigt.** In die aus dem Verzeichnis ersichtlichen Vermögensgegenstände kann der Gläubiger zwangsvollstrecken lassen. Gepfändete, bewegliche Sachen (z.B. Möbel, Elektrogeräte) kann der Gerichtsvollzieher entweder im Internet oder vor Ort versteigern. Verweigert der Schuldner die Erstellung eines Vermögensverzeichnisses bzw. die Abgabe einer eidesstattlichen Versicherung, kann das Gericht auf Antrag des Gläubigers Beuge-

haft – längstens sechs Monate – zur Erzwingung der Abgabe der eidesstattlichen Versicherung anordnen.
Schuldner, die eine eidesstattliche Versicherung abgegeben haben oder gegen die Beugehaft angeordnet wurde, werden in das **Schuldnerverzeichnis** beim Vollstreckungsgericht eingetragen. Jeder kann auf Antrag darin Einsicht nehmen. Die Eintragung in das Schuldnerverzeichnis wird gelöscht, wenn der Schuldner die Erfüllung der Forderung des Gläubigers nachweist oder drei Jahre seit Ende des Jahres, in dem die Eintragung erfolgte, verstrichen sind.

Schuldner-verzeichnis

3.1.8 Insolvenzverfahren

Unternehmer und Verbraucher können durch betriebliche, außerbetriebliche oder persönliche Ursachen (Fehlentscheidungen, falsche Produkte, Konkurrenz, Rezession, Ausfall von Märkten, falsche Schuldenpolitik, Ausfall von Forderungen usw.) in ihrer Existenz bedroht werden. Lösungsmöglichkeiten aus dieser Bedrohung bietet die Insolvenzordnung (InsO). Sie enthält Regelungen für Unternehmens- und Verbraucherinsolvenzen.

Insolvenz-ordnung

3.1.8.1 Unternehmensinsolvenz

Ziele der InsO:

Einheitliches **Ziel** ist die **bestmögliche Befriedigung** der **Gläubiger** durch Sanierung oder Liquidation des Unternehmens. Daneben tritt im Fall der Insolvenz von natürlichen Personen das Ziel, den **redlichen Schuldner** von **restlichen Schulden** zu **befreien** und ihm damit die Chance eines wirtschaftlichen **Neubeginns** zu geben.

Diesen Zielen dienen eine Reihe von gesetzlichen Verfahrenserleichterungen und Impulsen für eine wirtschaftliche Betätigung des Schuldners.
Primär haben Fortführung und Sanierung des Unternehmens durch den Insolvenzverwalter bei Erfolgsaussicht Vorrang vor einer Liquidation. Erleichtert wird dies u. a. dadurch, dass er im Eröffnungsverfahren anordnet, Betriebsmittel (z. B. an Gläubiger sicherungsübereignete Maschinen) im Unternehmen zu belassen.
Der Schuldner wird motiviert, auch während des Insolvenzverfahrens selbstständig tätig zu sein. Hieraus erzieltes Vermögen kann der Insolvenzverwalter für nicht insolvenzzugehörig erklären.
Sämtliche Insolvenzbekanntmachungen werden bundeseinheitlich im Internet dokumentiert.

Schematischer Verfahrensablauf im Fall einer Unternehmensinsolvenz

Das Verfahren gliedert sich vereinfacht dargestellt in **drei Phasen:**

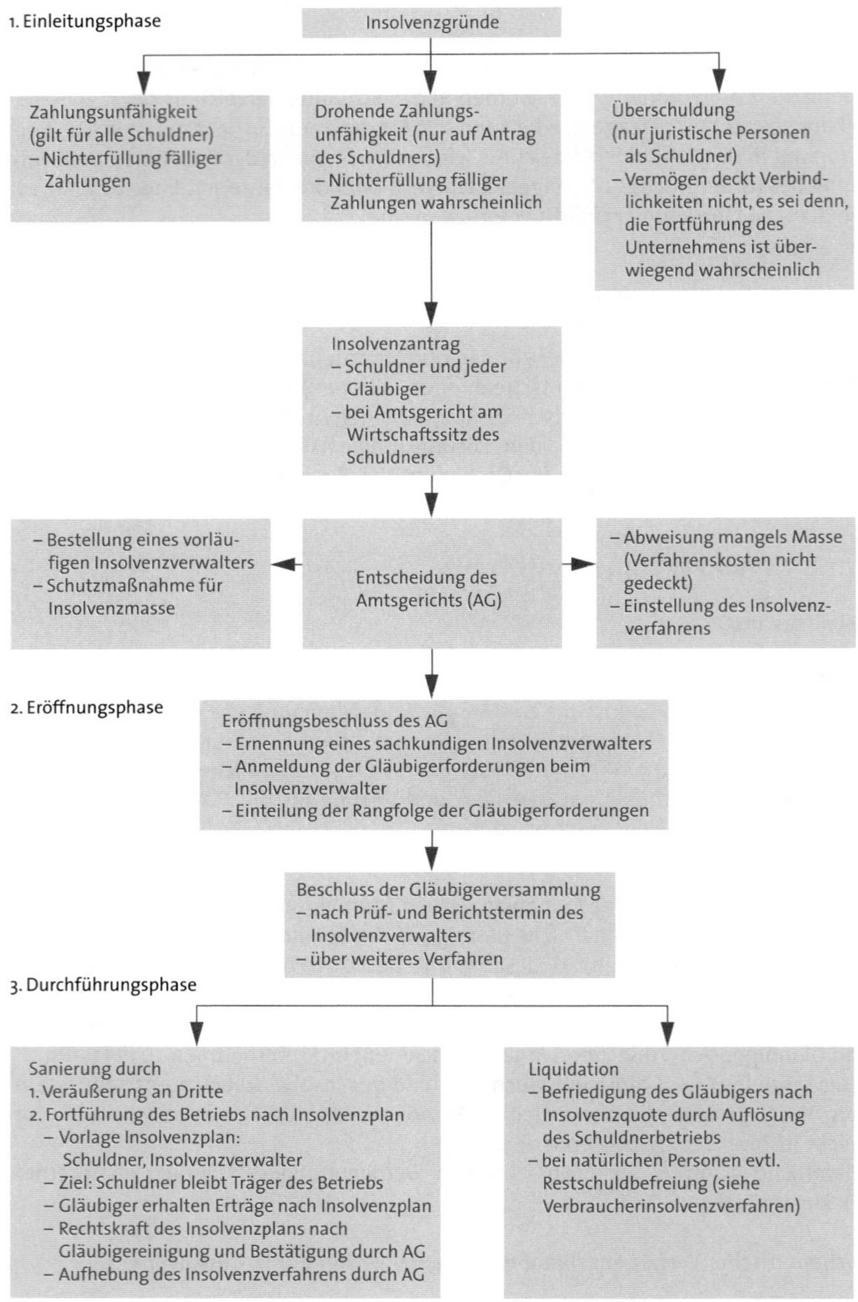
1. Einleitungsphase
Insolvenzgründe
Zahlungsunfähigkeit (gilt für alle Schuldner)
– Nichterfüllung fälliger Zahlungen
Drohende Zahlungsunfähigkeit (nur auf Antrag des Schuldners)
– Nichterfüllung fälliger Zahlungen wahrscheinlich
Überschuldung (nur juristische Personen als Schuldner)
– Vermögen deckt Verbindlichkeiten nicht, es sei denn, die Fortführung des Unternehmens ist überwiegend wahrscheinlich
Insolvenzantrag
– Schuldner und jeder Gläubiger
– bei Amtsgericht am Wirtschaftssitz des Schuldners
– Bestellung eines vorläufigen Insolvenzverwalters
– Schutzmaßnahme für Insolvenzmasse
Entscheidung des Amtsgerichts (AG)
– Abweisung mangels Masse (Verfahrenskosten nicht gedeckt)
– Einstellung des Insolvenzverfahrens
2. Eröffnungsphase
Eröffnungsbeschluss des AG
– Ernennung eines sachkundigen Insolvenzverwalters
– Anmeldung der Gläubigerforderungen beim Insolvenzverwalter
– Einteilung der Rangfolge der Gläubigerforderungen
Beschluss der Gläubigerversammlung
– nach Prüf- und Berichtstermin des Insolvenzverwalters
– über weiteres Verfahren
3. Durchführungsphase
Sanierung durch
1. Veräußerung an Dritte
2. Fortführung des Betriebs nach Insolvenzplan
– Vorlage Insolvenzplan: Schuldner, Insolvenzverwalter
– Ziel: Schuldner bleibt Träger des Betriebs
– Gläubiger erhalten Erträge nach Insolvenzplan
– Rechtskraft des Insolvenzplans nach Gläubigereinigung und Bestätigung durch AG
– Aufhebung des Insolvenzverfahrens durch AG
Liquidation
– Befriedigung des Gläubigers nach Insolvenzquote durch Auflösung des Schuldnerbetriebs
– bei natürlichen Personen evtl. Restschuldbefreiung (siehe Verbraucherinsolvenzverfahren)

3.1.8.2 Kleingewerbe- und Verbraucherinsolvenzverfahren

Mit der InsO wurde auch ein neuartiges Entschuldungsverfahren für Kleingewerbetreibende (weniger als 20 Gläubiger, keine Forderungen von Arbeitnehmern) und Privatpersonen (Verbraucher, Arbeitnehmer, Rentner etc.) eingeführt, die ihre Schulden mit gerichtlicher Hilfe und im Einzelfall auch ohne Mitwirkung eines Insolvenzverwalters anhand eines Insolvenzplans abwickeln dürfen.

Das Verfahren gliedert sich in **vier** selbstständige **Abschnitte:**

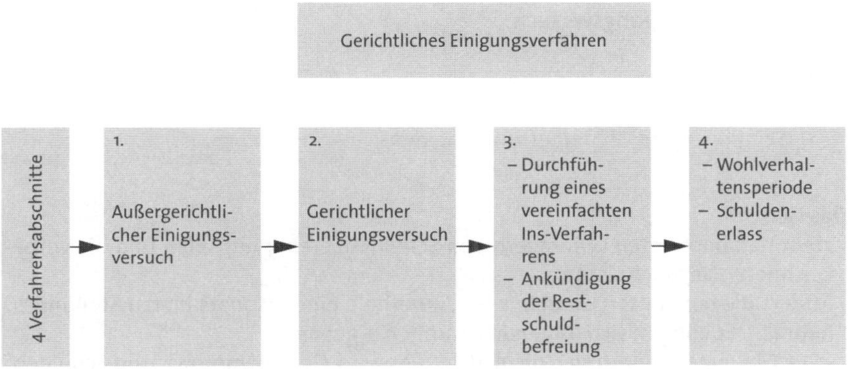

Außergerichtlicher Einigungsversuch:

Zunächst muss der Schuldner ernsthaft versuchen, sich mit seinen Gläubigern **außergerichtlich** zu einigen.

Dies ist zwingende Voraussetzung für die Einleitung der weiteren Abschnitte. Der Schuldner hat seinen Gläubigern seine Einkommens- und Vermögensverhältnisse darzulegen und konkret vorzuschlagen, z. B. mit einem **Zahlungs- und Tilgungsplan,** wie er seine Schulden begleichen möchte.

Misslingt die Einigung trotz ernsthafter Bemühungen, kann der Schuldner bei **Gericht** die Eröffnung des Insolvenzverfahrens beantragen.

Gerichtliches Einigungsverfahren: Einigungsverfahren

Zuständig ist das Amtsgericht am Sitz des Landgerichts, in dessen Bezirk der Schuldner wohnt.

> Voraussetzungen
Mit dem **Antrag** auf Einleitung eines Insolvenzverfahrens hat der Schuldner dem Amtsgericht vorzulegen:

- eine **Bescheinigung,** z. B. eines Rechtsanwalts, einer Schuldnerberatungsstelle, über den vergeblichen Versuch einer außergerichtlichen Einigung innerhalb der letzten sechs Monate auf der Grundlage eines Planes,
- **Verzeichnisse** seines Einkommens und vorhandenen Vermögens, seiner Gläubiger und der gegen ihn erhobenen Forderungen,
- einen eigenen **Plan** zur angemessenen Bereinigung der Schulden, z. B. Stundung, Ratenzahlung, Erlass der Schulden, mit Anpassungs- und Änderungsklauseln für den Fall, dass sich die wirtschaftlichen oder familiären Verhältnisse des Schuldners ändern,
- einen **Antrag** auf **Restschuldbefreiung.**

Reicht der Schuldner die geforderten Unterlagen trotz erneuter Aufforderung durch das Gericht nicht ein, gilt der Antrag als zurückgenommen, das gerichtliche Verfahren ist beendet.

Gerichtlicher Einigungsversuch

> Gerichtlicher Einigungsversuch

Das Gericht hat zunächst **nochmals** eine **gütliche Einigung** zwischen Schuldner und Gläubiger zu versuchen.

Das Gericht
> **stellt** den benannten Gläubigern den Schuldenbereinigungs**plan** und die vorbezeichneten **Verzeichnisse** zu,
> fordert die benannten Gläubiger auf, innerhalb **eines** Monats hierzu **Stellung** zu nehmen. Es können sich folgende Lösungen ergeben:
  - Die Gläubiger äußern sich nicht, d. h., dies wird als **Zustimmung** zum Schuldenbereinigungsplan gewertet.
  - Die Gläubiger stimmen dem Schuldenbereinigungsplan zu, der Plan gilt als angenommen, d. h., der Schuldner hat nur noch die im Plan zugesicherten Verbindlichkeiten.
  - Stimmen mehr als die Hälfte der Gläubiger (nach Köpfen und Forderungen) dem Plan zu, kann das Gericht die fehlende **Zustimmung** einzelner Gläubiger **ersetzen.**
  - **Nicht benannte** Gläubiger können vom Schuldner weiterhin ihre volle Forderung verlangen. Wichtig ist daher, dass der Schuldner alle Gläubiger benennt.

Vereinfachtes Insolvenzverfahren

Vereinfachtes Insolvenzverfahren:

> Voraussetzungen

Scheitert auch der gerichtliche **Einigungs**versuch, entscheidet das Gericht über die Eröffnung des Insolvenzverfahrens.

Voraussetzung ist, dass die **Kosten** des Verfahrens (z. B. Gerichtsgebühren, Auslagen etc.) **gedeckt** sind. Dies hängt vom **Wert** des Schuldnervermögens und der Höhe der entstandenen Auslagen ab. Auf Antrag können die Kosten gestundet werden.

> Verfahrenseröffnung

Mit der Entscheidung über die Verfahrenseröffnung wird über das Vermögen des Schuldners **ein vereinfachtes Insolvenzverfahren** durchgeführt:
- Das Gericht bestellt in der Regel einen Treuhänder (z. B. Rechtsanwalt).
- Dieser **verwertet** die **Insolvenzmasse** durch Veräußerung der Massegegenstände.
- Insolvenzmasse ist das **pfändbare** Vermögen des Schuldners zur Zeit der Verfahrenseröffnung und alles, was während des Verfahrens hinzukommt. **Ausgenommen** sind unpfändbare Gegenstände (z. B. lebens-, berufsnotwendige Dinge).
- Eine **Verwertung** der Ins-Masse kann der Schuldner **verhindern,** wenn er innerhalb einer gerichtlich festgesetzten Frist einen Geldbetrag im Wert der Ins-Masse an den Treuhänder bezahlt.

Verfahrenseröffnung

> Beendigung

Beendigung

Mit Beendigung des vereinfachten Ins-Verfahrens kündigt das Gericht die **Restschuldbefreiung** an, wenn kein Gläubiger Versagungsgründe glaubhaft macht.

Versagungsgründe sind z. B. Verurteilung wegen einer Ins-Straftat; Verletzung von Auskunfts- und Mitwirkungspflichten während des Verfahrens; Vermögensverschwendung; unangemessene Schulden im Jahr vor der Eröffnung.

Wohlverhaltensperiode:

> Pflichten des Schuldners

Um von den Restschulden befreit zu werden, hat der **Schuldner** nach Durchführung des Ins-Verfahrens folgende **Pflichten:**

- Er muss sich innerhalb der nächsten sechs Jahre nach Verfahrenseröffnung wohlverhalten.
- Er muss den pfändbaren Teil seines Arbeitseinkommens/seiner Einnahmen an den Treuhänder abtreten.
- Er muss jede zumutbare Arbeit annehmen.
- Er muss jeden Wohnsitz- und Arbeitsplatzwechsel melden.

Wohlverhaltensperiode

> Verteilung des pfändbaren Einkommens des Schuldners

Der Treuhänder verteilt die erhaltenen Beträge **einmal jährlich** an die Gläubiger Als Belohnung für das Wohlverhalten und zur Motivation des Schuldners **überlässt** ihm der Treuhänder neben dem pfändungsfreien Betrag ab dem 4. Jahr einen immer **höheren Anteil** der gepfändeten Beträge:
- im 5. Jahr: 10 % des pfändbaren Teils der Beträge
- im 6. Jahr: 15 % des pfändbaren Teils der Beträge

Während der Wohlverhaltensperiode sind **Zwangsvollstreckungen** einzelner Gläubiger **unzulässig,** Pfändungen werden mit der Eröffnung des Verfahrens unwirksam, Abtretungen drei Jahre nach diesem Zeitpunkt.

Entscheidung über die Restschuldbefreiung:

Verhält sich der Schuldner während der Periode **redlich,** erlässt das Amtsgericht nach Ablauf der Periode die bisherigen Schulden.

Ausgenommen hiervon sind: Schulden aus vorsätzlich begangenen unerlaubten Handlungen, Geldstrafen, Geldbußen, Zwangs- und Ordnungsgelder.
Die Restschuldbefreiung kann vom Amtsgericht **widerrufen** werden, wenn der Schuldner seine Pflicht in dieser Zeit vorsätzlich verletzt und dadurch die Befriedigung von Gläubigern erheblich beeinträchtigt hat.

Übungs- und Prüfungsaufgaben

1. Nennen Sie die fünf Teile des BGB und ihre Hauptgegenstände!

>> Seite 12 |

2. Was versteht man unter Rechtsfähigkeit?

- [ ] a Die Fähigkeit, Rechtsgeschäfte abschließen zu können
- [ ] b Die Fähigkeit, einen Rechtsstreit führen zu können
- [ ] c Die Fähigkeit, sich durch das Begehen von Straftaten strafbar zu machen
- [ ] d Die Fähigkeit, Träger von Rechten und Pflichten zu sein
- [ ] e Die Fähigkeit zu unterscheiden, was Recht und Unrecht ist

>> Seite 12 |

3. Wer ist rechtsfähig?

- [ ] a Nur die volljährigen Personen
- [ ] b Alle natürlichen Personen (Menschen) und die juristischen Personen
- [ ] c Nur diejenigen Personen, die im Besitz der bürgerlichen Ehrenrechte sind
- [ ] d Nur diejenigen Personen, die im Vollbesitz ihrer Geisteskräfte sind
- [ ] e Alle Menschen, die Rechte und Pflichten haben

>> Seite 13 |

4. Welche Stufen der Geschäftsfähigkeit gibt es, und welche Auswirkungen haben sie auf die Gültigkeit von Rechtsgeschäften?

>> Seiten 14 bis 18 |

5. Was versteht man unter Geschäftsfähigkeit?

- [ ] a Die Fähigkeit, Rechtsgeschäfte rechtswirksam abschließen zu können
- [ ] b Die Fähigkeit, ein Erwerbsgeschäft selbstständig führen zu können
- [ ] c Die Fähigkeit, ein Erwerbsgeschäft erfolgreich zu führen
- [ ] d Die Fähigkeit, sich durch eine verbotene Handlung strafbar zu machen
- [ ] e Die Fähigkeit, rechtsvorteilhafte Geschäfte selbst abschließen zu können

>> Seite 14 |

6. Wer ist voll geschäftsfähig?

- a Alle Menschen, die das 7. Lebensjahr vollendet haben
- b Alle Menschen, die das 14. Lebensjahr vollendet haben
- c Alle Menschen, die das 16. Lebensjahr vollendet haben
- d Alle Menschen, die das 20. Lebensjahr vollendet haben
- e Alle Menschen, die wirksam Rechtsgeschäfte abschließen

>> Seite 17

7. Wann wird man bei uns volljährig?

- a Mit Vollendung des 14. Lebensjahres
- b Mit Vollendung des 18. Lebensjahres
- c Mit Vollendung des 20. Lebensjahres
- d Mit Vollendung des 21. Lebensjahres
- e Mit Vollendung des 22. Lebensjahres

>> Seite 17

8. Unter den nachstehend aufgeführten Personen sind einige, die geschäftsunfähig sind. Welche sind das?

- a Ein Kind mit sechs Jahren und ein nicht nur vorübergehend geistig Kranker
- b Ein Kind mit zwölf Jahren und ein Erwachsener mit über 80 Jahren
- c Ein 17-Jähriger und ein volljähriger Betreuter
- d Ein 22-jähriger Kranker, der im Krankenhaus liegt, und ein 33-jähriger Häftling, der seine Freiheitsstrafe verbüßt
- e Ein Volljähriger, der trunksüchtig ist, und ein Drogenabhängiger auf Entziehungskur

>> Seite 14

9. Wer ist der gesetzliche Vertreter eines ehelichen Kindes?

- a Der Vater für sich allein
- b Die Mutter für sich allein
- c Das Amtsgericht (Familiengericht)
- d Der Amtsvormund beim Jugendamt
- e Beide Eltern gemeinsam

>> Seite 15

10. Wer ist der gesetzliche Vertreter eines nichtehelichen Kindes?

- [ ] a Der Vater
- [ ] b Die Mutter
- [ ] c Der Vater und die Mutter gemeinsam
- [ ] d Der Amtsvormund beim Jugendamt
- [ ] e Der Familienrichter beim Amtsgericht

>> Seite 15 |

11. Unter den nachfolgend aufgeführten Personen ist eine, die beschränkt geschäftsfähig ist. Welche ist das?

- [ ] a Ein Erwachsener, dem die bürgerlichen Ehrenrechte entzogen worden sind
- [ ] b Ein Kind mit 12 Jahren, das bei seinen Großeltern lebt
- [ ] c Ein Gastwirt, der laut Vertrag nur das Bier einer bestimmten Brauerei ausschenken darf
- [ ] d Ein Gast des Gastwirts zu c), der betrunken unterm Tisch liegt
- [ ] e Ein nicht nur vorübergehend geistig Kranker

>> Seite 15 |

12. Nennen Sie den Unterschied zwischen Einwilligung und Genehmigung!

>> Seite 15 |

13. In einem der nachfolgend aufgeführten Fälle braucht der Minderjährige nicht die Zustimmung des gesetzlichen Vertreters, sondern kann den Vertrag allein rechtswirksam abschließen.

Aufgabe: Welcher Fall ist das?

- [ ] a Wenn es sich um einen Vertrag mit einem Gegenstandswert von unter 100,00 EUR handelt
- [ ] b Wenn der Minderjährige seinen gesetzlichen Vertreter gerade nicht erreichen kann
- [ ] c Wenn der Minderjährige den Kaufpreis in kleinen, für ihn tragbaren Raten bezahlt
- [ ] d Wenn der Minderjährige sich eine Skiausrüstung kaufen will, weil der Skisport seiner Gesundheit förderlich ist
- [ ] e Wenn es sich um einen Vertrag handelt, den der Minderjährige mit Taschengeld sofort erfüllt.

>> Seite 16 |

14. Wie heißen die notwendigen Bestandteile jedes Rechtsgeschäfts?

>> Seite 18 |

15. Nennen Sie die drei grundsätzlichen Freiheiten des Vertragsrechts!

>> Seite 19 |

16. Erklären Sie, was unter allgemeinen Geschäftsbedingungen im Gegensatz zu Einzelvereinbarungen zu verstehen ist!

>> Seite 20 |

17. Ein Vertrag kommt durch zwei Willenserklärungen zustande.

Aufgabe: Wie heißen diese?

- a Auftrag und Bestätigung
- b Angebot und Zustimmung
- c Antrag (Angebot) und Annahme
- d Anfrage und Genehmigung
- e Ersuchen und Zusage

>> Seite 21 |

18. Nennen Sie die wichtigsten Nichtigkeits- und die wichtigsten Anfechtungsgründe!

>> Seiten 24 bis 25 |

19. Manche Verträge leiden zwar auch an Mängeln, sind aber nicht sofort nichtig, sondern können vom einen oder anderen Vertragsteil angefochten und durch die Anfechtung nichtig werden.

Aufgabe: Aus welchen der nachfolgend aufgeführten Gründe kann man einen Vertrag anfechten?

- a Nur wegen Irrtum, und zwar auch wegen Motivirrtum
- b Wegen Erklärungsirrtum, Sachirrtum oder Personenirrtum sowie wegen arglistiger Täuschung und Drohung
- c Wegen finanzieller Schwierigkeiten, die nach Vertragsabschluss eingetreten sind, die der in Not geratene Vertragspartner aber nicht voraussehen konnte
- d Wegen Fehlens reiflicher Überlegung beim Vertragsabschluss
- e Wegen einer fehlerhaften Kalkulation, die zur Grundlage des Vertrages gemacht wurde

>> Seite 25 |

20. Welches sind die wichtigsten Unterschiede zwischen dem Erfüllungs- und dem Verrichtungsgehilfen, und welche haftungsrechtlichen Folgen ergeben sich hieraus?

>> Seite 26 |

21. Erklären Sie, welcher Ort als gesetzlicher Erfüllungsort gilt!

>> Seite 26 |

22. Welche Besonderheiten gelten beim Versendungskauf?

>> Seite 26 |

23. Was kann der Gläubiger tun, wenn der Schuldner nicht fristgerecht liefert?

☐ a Er kann dem Schuldner eine angemessene Frist setzen und nach erfolglosem Ablauf der Frist vom Vertrag zurücktreten und/oder Schadenersatz wegen Verzögerung der Lieferung verlangen.

☐ b Er braucht dem Schuldner keine Nachfrist zu setzen, sondern kann sofort vom Vertrag zurücktreten.

☐ c Er kann die Abnahme der geschuldeten Sache oder Leistung verweigern, vom Vertrag zurücktreten und Schadenersatz wegen Nichterfüllung des Vertrages verlangen, ohne dass er eine Nachfrist setzt.

☐ d Er kann auf Aufhebung des Vertrages bei Gericht klagen.

☐ e Er kann sofort einen Vertrag mit einem neuen Partner schließen und vom Schuldner Schadenersatz wegen Nichterfüllung verlangen.

>> Seiten 27 bis 28 |

24. Bei Geldschulden kann der Gläubiger vom Schuldner vom Zeitpunkt des Verzugs ab Verzugszinsen verlangen, und zwar mindestens den gesetzlichen Verzugszins.

Aufgabe: Wie hoch ist dieser?

☐ a So hoch wie der jeweilige Basiszinssatz der EZB

☐ b 1 % unter Basiszinssatz der EZB

☐ c 2 % über Basiszinssatz der EZB

☐ d 5 % über dem Basiszinssatz der EZB

☐ e 6 % bei Privatschulden und 8 % bei Geschäftsschulden

>> Seite 28 |

25. Nennen Sie den Zweck und die wesentlichen Merkmale einer Quittung!

>> Seite 30 |

26. Was ist zu beachten, wenn eine Forderung abgetreten wird?

>> Seite 30 |

27. Wie lang ist die regelmäßige Verjährungsfrist?

- a 1 Jahr
- b 3 Jahre
- c 5 Jahre
- d 10 Jahre
- e 30 Jahre

>> Seite 31 |

28. Wann beginnt die Verjährungsfrist, die für Werklohnforderungen der Handwerker gilt, zu laufen?

- a Sofort mit der Entstehung der Schuld, das heißt, sobald der Handwerker seine Lieferung oder Leistung getätigt hat.
- b Erst dann, wenn der Handwerker dem Schuldner die Rechnung übergibt.
- c Mit dem ersten Tag des Monats, der auf die Entstehung der Forderung folgt.
- d Mit dem ersten Tag des Jahres, das auf die Rechnungsstellung folgt.
- e Mit Ende des Jahres, in dem der Anspruch entstanden ist und er die Person des Bestellers und den Anspruchsgrund kennt oder kennen muss.

>> Seiten 31 bis 32 |

29. Nennen Sie Möglichkeiten, wie der Ablauf einer Verjährungsfrist verhindert werden kann!

>> Seiten 32 bis 33 |

30. Wodurch trägt der Schuldner zum Neubeginn der Verjährung bei?

- a Wenn er auf eine Mahnung des Gläubigers schweigt, denn dadurch erkennt er die Forderung an.
- b Wenn er in irgendeiner Form die Forderung anerkennt, zum Beispiel ausdrücklich oder durch Leistung einer Teilzahlung.
- c Wenn er dem Gläubiger gegenüber die Schuld bestreitet.
- d Nur wenn er bei Gericht Klage erhebt auf Feststellung, dass er dem Gläubiger dessen Forderung nicht schuldet.
- e Wenn er dem Gläubiger einen neuen Auftrag erteilt.

>> Seite 33 |

31. Ein Dachdeckermeister hat für einen Auftraggeber dessen Hausdach eingedeckt. Trotz wiederholter Mahnungen zahlt der Auftraggeber den vereinbarten Werklohn nicht. Kurz vor der Verjährung der Werklohnforderung überweist er einen geringen Betrag der Forderung an den Dachdeckermeister.

Aufgabe: Welche Auswirkungen hat dies auf die Werklohnforderung des Dachdeckermeisters?

- a Dann beginnt eine neue, und zwar eine 10-jährige, Verjährungsfrist zu laufen.
- b Dann beginnt eine neue, und zwar eine 30-jährige, Verjährungsfrist zu laufen.
- c Dann kann die Forderung überhaupt nicht mehr verjähren.
- d Dann beginnt eine neue 3-jährige Verjährungsfrist zu laufen.
- e Dann verlängert sich die Verjährungsfrist um die Zeit der Unterbrechung.

>> Seite 33 |

32. Erklären Sie, wie ein Kaufvertrag zustande kommt!

>> Seiten 33 bis 34 |

33. Wie heißen die Parteien beim Kaufvertrag, und welche Pflichten haben sie?

>> Seiten 33 bis 34 |

34. Unter den nachfolgend aufgeführten Pflichten des Käufers ist eine, die ihm **nicht** durch das Gesetz auferlegt ist.

Aufgabe: Welche ist das?

- a Er muss die Kaufsache abnehmen.
- b Er muss den vereinbarten Kaufpreis bezahlen.
- c Er muss eventuelle Mängelansprüche vor Ablauf der Verjährungsfrist geltend machen.
- d Er muss die Kaufsache schonend behandeln.
- e Er muss bei Vorliegen von Mängeln rechtzeitig Umtausch verlangen.

>> Seiten 33 bis 34 |

35. Zählen Sie die Ansprüche auf, die der Käufer bei Vorliegen von Mängeln gegen den Verkäufer hat!

>> Seiten 36 bis 37 |

36. Erklären Sie, wofür der Verkäufer, wenn ein Sachmangel vorliegt, einzustehen hat!

>> Seite 36 |

37. Der Käufer eines neuen Autos stellt in den folgenden Tagen im Fahrbetrieb fest, dass das Auto eine Reihe schwerwiegender Mängel an Motor und Fahrgestell hat, die er bei Kaufabschluss nicht kannte. Der Verkäufer ist bereit, auf die Mangelbeschwerden des Käufers einzugehen.

Aufgabe: Welches Recht hat der Käufer zunächst aus dem Kaufvertrag?

- [ ] a Er kann Nacherfüllung (Mängelbeseitigung oder Nachlieferung) binnen einer vom Käufer zu bestimmenden angemessenen Frist fordern.
- [ ] b Er kann Rückgängigmachung des Kaufs oder Minderung des Kaufpreises, in manchen Fällen auch Umtausch oder Schadenersatz verlangen.
- [ ] c Er kann sofort den Vertrag wegen arglistiger Täuschung anfechten.
- [ ] d Er braucht gar nicht erst anzufechten, der Vertrag ist schon wegen der mangelhaften Lieferung nichtig.
- [ ] e Er kann den Vertrag kündigen, da der Kaufgegenstand unbrauchbar ist.

>> Seite 37 |

38. Nennen Sie die besonderen Arten des Kaufs und ihre Unterscheidungsmerkmale!

>> Seiten 39 bis 41 |

39. Wie heißen die Parteien beim Werkvertrag, und welche Pflichten haben sie?

>> Seite 41 |

40. Ist für einen Werkvertrag Schriftform vorgeschrieben?

- [ ] a Nein, der Werkvertrag kann in jeder beliebigen Form geschlossen werden.
- [ ] b Ja, er muss immer schriftlich gemacht werden.
- [ ] c Ja, aber nur, wenn es sich um Arbeiten an einem Bauwerk handelt.
- [ ] d Ja, aber nur, wenn der Werklohn verbindlich vereinbart werden soll.
- [ ] e Nein, nur der Vertrag über den Bau eines Hauses muss notariell beglaubigt werden.

>> Seite 42 |

41. Nennen Sie die Unterscheidungsmerkmale des Werkvertrages und des Vertrages zur Lieferung herzustellender oder zu erzeugender beweglicher Sachen!

>> Seite 42 |

42. Welche der nachstehend aufgeführten Verpflichtungen hat der Handwerksmeister beim Werkvertrag kraft Gesetz?

- [ ] a Er muss den Kunden über den Beginn und die Beendigung seiner Arbeiten informieren.
- [ ] b Er muss den Kunden über den Fortschritt der Arbeiten auf dem Laufenden halten.
- [ ] c Er muss seine Arbeiten mangelfrei ausführen und sie dann dem Kunden übergeben.
- [ ] d Er muss das fertiggestellte Werk dem Kunden in dessen Wohnung oder Geschäftslokal abliefern.
- [ ] e Er muss fertiggestellte Teile des Werkes dem Kunden sofort in Rechnung stellen.

>> Seite 43 |

43. Ein Kunde gibt dem Inhaber eines Malerbetriebes den Auftrag, sein neu gebautes Einfamilienhaus innen und außen zu streichen. Untergrundgestaltung, Farbe, Zahl der Schichten, Farbqualität und Ausführungsfristen werden von den Parteien im Detail besprochen, nicht dagegen die Kosten der Auftragsarbeit.

Aufgabe: Was kann der Handwerker in diesem Fall für seine Arbeit verlangen?

- [ ] a Überhaupt nichts.
- [ ] b Dann kann der Handwerker verlangen, was er will.
- [ ] c Eine ortsübliche, angemessene Vergütung.
- [ ] d Der Werklohn des Handwerkers wird dann von der Innung festgesetzt.
- [ ] e Der Werklohn richtet sich nach den von der Handwerkskammer festgelegten Werklohnrichtsätzen.

>> Seite 42 |

44. Für welche Mängel hat der Unternehmer Gewähr zu leisten?

>> Seite 43 |

45. Wie verhält sich der Handwerksmeister, wenn der Kunde Mängelrüge erhebt?

- [ ] a Er lehnt zunächst einmal alle Mängelansprüche des Kunden ab und verlangt, dass der Kunde auf seine Kosten einen Sachverständigen hinzuzieht.
- [ ] b Er prüft die gerügten Mängel und erfüllt nach, wenn er die Beanstandungen des Kunden als gerechtfertigt anerkennen muss.
- [ ] c Er macht auf jeden Fall alles, was der Kunde an Nachbesserungsarbeiten verlangt, und stellt diese dem Kunden dann in Rechnung.
- [ ] d Er schaltet selbst einen Sachverständigen ein und erfüllt nur das nach, was dieser als mangelhaft bezeichnet.
- [ ] e Er lehnt Nacherfüllung ab und gewährt sofort einen Preisnachlass (Minderung), weil dies wirtschaftlicher ist.

>> Seite 44 |

46. Wie lange läuft die gesetzliche Verjährungsfrist für die Mängelansprüche des Bestellers?

- [ ] a Bei Arbeiten an beweglichen Sachen eine Woche, bei Arbeiten an einem Grundstück einen Monat, bei Arbeiten an einem Bauwerk ein Jahr
- [ ] b Bei beweglichen Sachen einen Monat, bei Arbeiten an einem Grundstück zwei Monate und bei Arbeiten an einem Bauwerk drei Monate
- [ ] c Bei Arbeiten an beweglichen Sachen drei Monate, bei Arbeiten an einem Grundstück sechs Monate und bei Arbeiten an einem Bauwerk neun Monate
- [ ] d Bei Arbeiten an Sachen zwei Jahre, bei Arbeiten an einem Bauwerk fünf Jahre
- [ ] e Bei Arbeiten an beweglichen Sachen ein Jahr, bei Arbeiten an einem Grundstück zwei Jahre, bei Arbeiten an einem Bauwerk zehn Jahre

>> Seite 45 |

47. Nennen Sie die verschiedenen Arten von Kostenvoranschlägen und ihre jeweiligen Rechtsfolgen!

>> Seite 46 |

48. Darf ein verbindlich veranschlagter Preis überschritten werden?

a Nein, er darf grundsätzlich nicht überschritten werden, außer wenn der Besteller damit einverstanden ist.

b Nein, er darf grundsätzlich nicht überschritten werden, außer wenn der Unternehmer damit einverstanden ist.

c Ja, er darf dann überschritten werden, wenn der Handwerker nachweist, dass er die Arbeit nicht zu dem veranschlagten Preis ausführen kann.

d Ja, er darf dann überschritten werden, wenn zwischen Auftragserteilung und Auftragsbeendigung Lohnerhöhungen oder Materialpreissteigerungen eingetreten sind.

e Ja, er darf ohne Begründung überschritten werden, weil das Verlangen des Bestellers nach einem verbindlichen Voranschlag sittenwidrig ist.

>> Seite 46 |

49. Darf ein unverbindlich veranschlagter Preis überschritten werden?

a Ja, deshalb ist er ja unverbindlich.

b Ja, die Überschreitung darf aber höchstens 20 % betragen und ist nur dann zulässig, wenn der Handwerksmeister mehr gemacht hat, als der Kunde in Auftrag gegeben hat.

c Ja, wenn es sich nur um eine unwesentliche Überschreitung (allgemein 10 % bis 20 %) handelt.

d Ja, die Überschreitung muss aber wesentlich sein (allgemein ab 20 %, bei öffentlichen Aufträgen ab 10 %).

e Ja, wenn der Handwerker bei Rechnungsstellung nachweist, dass die Überschreitung auf Lohn- und Materialpreiserhöhungen beruht.

>> Seite 46 |

50. Unter welchen Voraussetzungen kann der Besteller den Werkvertrag kündigen, und welche Rechtsfolgen ergeben sich daraus für ihn?

>> Seite 46 |

51. Nennen Sie Möglichkeiten, wie der Unternehmer seine Werklohnforderung sichern kann!

>> Seiten 47 bis 48 |

52. Ein Kunde bringt ein beschädigtes Gerät zum Handwerksmeister zur Reparatur. Als er das fertige Gerät abholen will, hat er kein Geld dabei.

Aufgabe: Muss der Handwerksmeister ihm das Gerät ohne Bezahlung herausgeben?

- a Ja, denn das Gerät gehört ja dem Kunden.
- b Nein, denn der Handwerksmeister hat ein gesetzliches Pfandrecht und ein Zurückbehaltungsrecht an dem Gerät.
- c Nein, denn durch die Ausführung der Reparatur ist der Handwerker Miteigentümer des Geräts geworden.
- d Ja, er muss es trotz seines Pfandrechts herausgeben, wenn der Kunde das Gerät unbedingt benötigt.
- e Ja, denn der Handwerker behält den Anspruch auf seinen Werklohn, den er bei Gericht einklagen kann.

>> Seite 47 |

53. Dem Handwerker, der ein Bauwerk errichtet **hat**, gibt der Gesetzgeber ein besonderes Recht zur Sicherung seiner Werklohnforderung.

Aufgabe: Welchen Anspruch hat der Bauhandwerker?

- a Anspruch auf Eintragung einer Bauhandwerker-Sicherungshypothek im Grundbuch
- b Anspruch auf Eintragung einer Bauhandwerker-Grundschuld im Grundbuch
- c Anspruch auf Stellung eines Bürgen für die ganze Werklohnforderung
- d Anspruch auf Vorauszahlung des gesamten vereinbarten Werklohns
- e Anspruch auf Einzahlung des Werklohns auf ein Sperrkonto

>> Seiten 47 bis 48 |

54. Nennen Sie die Parteien des Miet- bzw. des Pachtvertrages sowie ihre jeweiligen vertraglichen Pflichten!

>> Seite 48 |

55. Welches Recht hat der Mieter aufgrund des Mietvertrages?

- [ ] a Er darf die Mietsache zu jedem beliebigen Zweck benutzen.
- [ ] b Er darf die Mietsache zu dem Zweck benutzen, zu dem er sie gemietet hat.
- [ ] c Er darf die Mietsache zu dem Zweck benutzen, zu dem er sie gemietet hat, muss sich dabei aber an die Weisungen des Vermieters halten.
- [ ] d Er darf die Mietsache sowohl selbst benutzen als auch (selbst ohne Genehmigung des Vermieters) einem anderen zur Benutzung überlassen (untervermieten).
- [ ] e Er darf die Mietsache wie der Eigentümer benutzen, da sie ihm für die Mietdauer gehört.

>> Seite 48 |

56. Welche Pflichten hat der Mieter bezüglich der Mieträume?

- [ ] a Er muss die Mieträume schonend behandeln, soweit vereinbart die notwendigen Schönheitsreparaturen machen lassen und den vereinbarten Mietzins pünktlich bezahlen.
- [ ] b Er muss alle notwendig werdenden Reparaturen auf seine Kosten machen lassen und den vereinbarten Mietzins bezahlen.
- [ ] c Er muss den vereinbarten Mietzins bezahlen und die Mieträume bei Beendigung des Mietverhältnisses in dem Zustand zurückgeben, in dem sie sich dann befinden.
- [ ] d Er muss eine Haftpflichtversicherung bezüglich der Mieträume abschließen.
- [ ] e Er muss den Mietzins bezahlen, Schönheitsreparaturen ausführen lassen und eine Brand- und Hausratversicherung abschließen.

>> Seite 48 |

57. Nennen Sie die verschiedenen Möglichkeiten zur Beendigung eines Mietverhältnisses!

>> Seiten 49 bis 50 |

58. Welche gesetzliche Kündigungsfrist gilt für Wohnungen bzw. Geschäftsräume bei monatlicher Mietzinszahlung?

>> Seiten 49 bis 50 |

59. Wie ist die gesetzliche Kündigungsfrist bei Pachtverhältnissen über Gewerbebetriebe geregelt?

a Sie beträgt einen Monat zum Ende eines Kalendervierteljahres.

b Sie beträgt ebenso wie bei Mietverhältnissen drei Monate zum Ende eines Kalendervierteljahres.

c Sie beträgt ein halbes Jahr zum Ende eines Pachtjahres.

d Sie beträgt ein Jahr zum Ende eines Kalenderjahres.

e Sie beträgt ein Jahr zum Ende eines Pachtjahres.

>> Seite 51 |

60. Damit der Vermieter auch bestimmt zu seinem Mietzins kommt, gibt ihm das Gesetz ein Sicherungsrecht.

Aufgabe: Welches ist das?

a Er kann den Mieter, wenn dieser unter Hinterlassung von Mietschulden ausziehen möchte, so lange in die Mieträume einsperren, bis er bezahlt hat.

b Er hat ein gesetzliches Pfandrecht an den vom Mieter in die Mieträume eingebrachten beweglichen Sachen, soweit sie pfändbar sind, und kann sich aus diesen Sachen bezahlt machen.

c Er ist dadurch, dass der Mieter bewegliche Sachen in die Mieträume eingebracht hat, Miteigentümer an diesen Sachen geworden und kann sie deshalb zurückbehalten.

d Er muss, um zu seinem Geld zu kommen, den Mieter verklagen und die Zwangsvollstreckung gegen ihn betreiben.

e Er kann die vom Mieter geleistete Kaution mit allen Forderungen gegen den Mieter aufrechnen.

>> Seite 50 |

61. Bedarf die Bürgschaftserklärung zu ihrer Gültigkeit einer bestimmten Form?

>> Seite 52 |

62. Wenn der Schuldner bei Fälligkeit einer durch Bürgschaft abgesicherten Geldforderung den Gläubiger nicht befriedigt, kann der Gläubiger dann sofort vom Bürgen Zahlung erzwingen?

a Ja, dann muss der Bürge sofort zahlen.

b Ja, dann muss der Bürge sofort zahlen, wenn der Gläubiger nachweist, dass er den Schuldner mindestens dreimal erfolglos gemahnt hat.

c Ja, denn jede Bürgschaft ist selbstschuldnerisch, das heißt der Bürge haftet wie der Schuldner selbst.

d Nein, der Gläubiger muss in jedem Fall – das heißt, auch ohne Einwand des Bürgen – zuerst den Schuldner verklagen und gegen ihn die Zwangsvollstreckung betreiben.

e Nein, der Bürge kann dem Gläubiger die Einrede der Vorausklage entgegenhalten, dann muss der Gläubiger zuerst den Schuldner verklagen.

>> Seite 52 |

63. Welcher Unterschied ist zwischen Besitz und Eigentum an einer Sache?

a Da ist überhaupt kein Unterschied, zum Beispiel ist der Hausbesitzer auch der Hauseigentümer.

b Besitzer ist, wer die Sache in seiner tatsächlichen Gewalt hat; Eigentümer ist, wem die Sache gehört.

c Wenn jemand eine Sache gekauft und bezahlt hat, so ist er Eigentümer, auch wenn diese ihm noch nicht vom Verkäufer übergeben wurde. Besitzer ist bis zur Übergabe noch der Verkäufer.

d Besitzer ist derjenige, dem die Sache gehört; Eigentümer ist, wer die Sache in Gewahrsam hat.

e Der Eigentümer einer Sache hat alle Rechte, der Besitzer einer Sache hat alle Pflichten.

>> Seite 53 |

64. Was sind bewegliche Sachen?

a Das sind solche Gegenstände, die sich selbst bewegen, zum Beispiel Auto, Schiff, Flugzeug, Eisenbahn usw.

b Das sind solche Gegenstände, die man leicht bewegen kann und die nicht zu schwer sind, zum Beispiel ist eine schwere Maschine, die mehrere Tonnen wiegt, keine bewegliche Sache.

c Das sind alle Gegenstände, die keine Grundstücke oder grundstücksgleiche Rechte (unbewegliche Sachen) sind.

d Das sind alle Gegenstände, die dazu dienen, um andere Gegenstände zu bewegen, insbesondere Motoren aller Art.

e Das sind alle Gegenstände, ausgenommen Häuser und Hausteile.

>> Seite 53 |

65. Wie wird das Eigentum an unbeweglichen Sachen übertragen, und welche Form müssen Sie dabei beachten?

>> Seite 54 |

66. Was versteht man unter Nießbrauch, und welche Bedeutung hat er für den Handwerker?

>> Seite 54 |

67. Sicherheiten zur Absicherung einer vertraglichen Forderung unterscheiden sich nach der Art und der Entstehungsform. Nennen Sie die wichtigsten Sicherungsrechte nach ihrer Art und nach ihrer rechtlichen Entstehungsform!

>> Seite 55 |

68. Ein Kunde will bei einem Handwerksunternehmer eine Bohrmaschine kaufen und sofort mitnehmen. Der Kunde versichert, die Maschine in zehn Tagen von seinem Gehalt zu bezahlen, und verweist den Handwerksunternehmer auf die Möglichkeit des Eigentumsvorbehalts zur Sicherung seiner Forderung.

Aufgabe: Nennen Sie die Voraussetzungen, die der Handwerksunternehmer beachten muss, damit der Eigentumsvorbehalt wirksam vereinbart wird.

>> Seite 56 |

69. Wenn ein Tischlermeister seinem Kunden (Bauherrn) Türen und Fensterstöcke unter Eigentumsvorbehalt liefert, wann gehen diese Sachen in das Eigentum des Bauherrn über?

- [ ] a Sofort mit dem Abschluss des Werkvertrags
- [ ] b Sofort mit der Ablieferung beim Bauherrn
- [ ] c In dem Augenblick, in dem sie in das Gebäude eingebaut werden
- [ ] d Erst dann, wenn der Bauherr die Rechnung bezahlt
- [ ] e In dem Augenblick, in dem sie auf dem Baugrundstück eingelagert werden

>> Seite 56 |

70. Kann ein Handwerksmeister seine Maschinen, die im Betrieb unentbehrlich sind, verpfänden?

- a Nein, weil Maschinen, die man zur Berufsausübung unbedingt braucht, unpfändbar sind.
- b Nein, er braucht sie in seinem Betrieb und kann sie deshalb nicht dem Gläubiger übergeben. Das aber müsste er tun, weil das Pfandrecht an beweglichen Sachen ein sogenanntes Faustpfandrecht ist.
- c Ja, er kann seine Maschinen verpfänden und mit dem Gläubiger ausmachen, dass dieser ihm die Maschinen für die Dauer des Pfandrechts leihweise überlässt.
- d Ja, er kann seine Maschinen verpfänden, kann sie aber auch ohne Vereinbarung einer Leihe weiterbenutzen, weil sie ihm nach wie vor gehören.
- e Nein, Maschinen sind Gebrauchsgegenstände, die nur gepfändet, nicht verpfändet werden können.

>> Seite 57 |

71. Nennen Sie den wichtigsten Unterschied zwischen dem Pfandrecht an beweglichen Sachen und der Sicherungsübereignung!

>> Seiten 56 bis 57 |

72. Erklären Sie den Zweck und die rechtlichen Auswirkungen des Eigentumsvorbehalts, des Pfandrechts an beweglichen Sachen und der Sicherungsübereignung!

>> Seiten 55 bis 57 |

73. Zur Sicherung seiner künftigen Werklohnforderung für die Errichtung eines Rohbaus auf dem Grundstück des Bauherrn beabsichtigt der Bauhandwerker eine Hypothek (Sicherungshypothek) auf dem Baugrundstück des Bauherrn eintragen zu lassen. Der Bauherr ist damit einverstanden.

Aufgabe: Wie muss die Hypothekenbestellung erfolgen, damit sie rechtswirksam ist?

- a Mündlich
- b Schriftlich
- c In öffentlich beglaubigter Form
- d In notariell beurkundeter Form
- e Beide Parteien müssen persönlich einen Rechtsanwalt aufsuchen

>> Seite 58 |

74. Erklären Sie, wie der Gesetzgeber die gegenseitige Vertretungsmacht der Ehegatten bei Rechtsgeschäften zur angemessenen Deckung des Lebensbedarfs der Familie geregelt hat!

>> Seite 59 |

75. Nennen Sie die Güterstände, die den Ehegatten zur Regelung ihrer Güterverhältnisse zur Verfügung stehen!

>> Seite 60 |

76. In welchem Güterstand leben Ehegatten, die keinen vertraglichen Güterstand ausgemacht haben?

- a Im gesetzlichen Güterstand der Gütergemeinschaft
- b Im gesetzlichen Güterstand der Gütertrennung
- c Im gesetzlichen Güterstand der Zugewinngemeinschaft
- d In keinem geregelten Güterstand, da sie immer bei Eheschließung einen der drei vorgenannten Güterstände vereinbaren müssen
- e Im gesetzlichen Güterstand des Güterausgleichs

>> Seite 60 |

77. Erklären Sie, was die Zugewinngemeinschaft dem Wesen nach ist, wer das Vermögen verwaltet und wie das Vermögen im Falle einer Scheidung auszugleichen ist!

>> Seiten 60 bis 61 |

78. Wie teilt sich das Eigentum am Vermögen der beiden Ehegatten in der Zugewinngemeinschaft auf?

- a Jeder Ehegatte ist Eigentümer dessen, was er in die Ehe mitgebracht hat (Anfangsvermögen). Was beide während der Ehe dazugewonnen haben, gehört ihnen gemeinsam.
- b Alles, was die Ehegatten besitzen, gehört ihnen gemeinsam.
- c Was beide Ehegatten in die Ehe mitbringen, gehört ihnen gemeinsam; was einer von ihnen während der Ehe erwirbt, gehört ihm allein.
- d Jeder Ehegatte ist Eigentümer dessen, was er in die Ehe mitgebracht hat und was er in der Ehe hinzuerworben hat. Die Vermögen von Mann und Frau bleiben getrennt.
- e Jeder Ehegatte hat den anderen zur Hälfte an dem Eingebrachten zu beteiligen. Während der Ehe erzielter Zugewinn ist sofort auszugleichen.

>> Seite 60 |

79. Haftet das Vermögen der Frau für die Schulden des Mannes oder umgekehrt, wenn die Ehegatten in Zugewinngemeinschaft leben?

- [ ] a Nein, das Vermögen des Mannes haftet nicht für die Schulden der Frau und auch nicht umgekehrt.
- [ ] b Ja, das Vermögen des einen Ehegatten haftet immer für die Schulden des anderen.
- [ ] c Das Vermögen der Frau haftet zwar für die Schulden des Mannes, aber sein Vermögen nicht für die Schulden der Frau.
- [ ] d Das Vermögen des Mannes haftet zwar für die Schulden der Frau, aber ihr Vermögen nicht für die Schulden des Mannes.
- [ ] e Aus Rechtsgeschäften im Rahmen der Schlüsselgewalt haftet zunächst die Frau, nachrangig der Mann.

>> Seite 60 |

80. Ein Handwerker, der sich demnächst verheiraten will, hat gehört, dass zwischen Ehegatten gesetzlich der Güterstand der Zugewinngemeinschaft gilt, wenn nichts anderes vereinbart wird. Er fürchtet, im Fall einer Scheidung seinen Betrieb auflösen zu müssen, um den in der Ehe erzielten Zugewinn ausgleichen zu können.

Aufgabe: Stellen Sie Überlegungen an, wie dies vermieden werden kann!

a) Welche weiteren Güterstände (neben der Zugewinngemeinschaft) kommen in Betracht?
b) Ist beim Abschluss dieser Güterstände eine besondere Form zu wahren?
c) Wie unterscheiden sich diese Güterstände hinsichtlich der Vermögensverhältnisse und deren Verwaltung?
d) Welcher Güterstand kommt vorrangig in Betracht, um bei Scheidung eine Betriebsauflösung zu vermeiden?

>> Seiten 61 bis 62 |

81. Wer sind die gesetzlichen Erben eines Verstorbenen, der seinen Ehepartner, zwei Kinder, Eltern und Geschwister sowie Vettern und Basen hinterlässt?

- [ ] a Alle aufgezählten Angehörigen
- [ ] b Nur sein Ehepartner
- [ ] c Nur seine Eltern
- [ ] d Nur sein Ehepartner und seine Kinder
- [ ] e Nur sein Ehepartner, seine Kinder und seine Eltern

>> Seite 63 |

82. Zu welcher Erbordnung zählen die Kinder des Verstorbenen?

- [ ] a Zur 1. Erbordnung
- [ ] b Zur 2. Erbordnung
- [ ] c Zur 3. Erbordnung
- [ ] d Zur 4. Erbordnung
- [ ] e Zu keiner, sie sind pflichtteilsberechtigt

>> Seite 63 |

83. Zu welcher Erbordnung zählt der überlebende Ehegatte?

- [ ] a Er zählt zur 1. Erbordnung wie die Kinder des Verstorbenen.
- [ ] b Er zählt zur 2. Erbordnung wie die Eltern und Geschwister des Verstorbenen.
- [ ] c Er zählt zur 3. Erbordnung wie die Großeltern des Verstorbenen.
- [ ] d Er zählt in keine Erbordnung und hat ein besonders geregeltes Erbrecht.
- [ ] e Er zählt zur 1. Erbordnung, wenn der Verstorbene keine Kinder hatte.

>> Seite 64 |

84. Wie hoch ist der gesetzliche Erbteil des überlebenden Ehegatten, wenn er mit seinem Ehepartner in Zugewinngemeinschaft gelebt hat und wenn drei Kinder vorhanden sind?

- [ ] a Ein Fünftel
- [ ] b Ein Viertel
- [ ] c Ein Drittel
- [ ] d Die Hälfte
- [ ] e Drei Viertel

>> Seiten 64 bis 65 |

85. Ein in Zugewinngemeinschaft lebendes Ehepaar hat gemeinschaftlich einen Handwerksbetrieb aufgebaut. Keines der drei Kinder ist am Betrieb interessiert. Sollte einer von ihnen vorversterben, fürchten die Eheleute um den Fortbestand des Betriebes als Existenzgrundlage für den Überlebenden, weil – wie sie gehört haben – der Nachlass zwischen den gesetzlichen Erben, also auch den Kindern, gleichmäßig aufzuteilen ist. Die Eheleute überlegen, wie sie den Fortbestand des Betriebes und die Existenz für den länger lebenden Ehegatten sichern können.

Aufgabe: Entwerfen Sie anhand der nachfolgenden Fragen ein Lösungsmodell!

a) Was gilt, wenn ein Ehegatte ohne letztwillige Verfügung verstirbt?
b) Wie ist in diesem Fall der Nachlass zwischen dem überlebenden Ehegatten und den Kindern aufzuteilen?
c) Welche letztwilligen Verfügungen kommen in Betracht, die Erbfolge anders als durch das Gesetz zu regeln?
d) Wie unterscheiden sich diese letztwilligen Verfügungen nach Zweck, Form und Inhalt?
e) Was müssen die Ehegatten beachten, wenn sie ein Testament errichten wollen?
f) In welcher Weise wird dem Willen der Eheleute am besten entsprochen?

>> Seiten 63 bis 67 |

86. Erklären Sie den Zweck der Pflichtteilsregelung!

>> Seite 66 |

87. Wer gehört zu dem pflichtteilsberechtigten Personenkreis?

☐ a Die Kinder, die Geschwister und die Eltern des Verstorbenen

☐ b Die Geschwister und der Ehegatte des Verstorbenen

☐ c Nur die Kinder und der Ehegatte des Verstorbenen

☐ d Nur die Kinder und die Eltern des Verstorbenen

☐ e Die Abkömmlinge, die Eltern und der Ehegatte des Verstorbenen

>> Seite 66 |

88. Wie hoch ist der Pflichtteilsanspruch?

☐ a Ein Fünftel des gesetzlichen Erbteils

☐ b Ein Viertel des gesetzlichen Erbteils

☐ c Ein Drittel des gesetzlichen Erbteils

☐ d Die Hälfte des gesetzlichen Erbteils

☐ e Drei Viertel des gesetzlichen Erbteils

>> Seite 66 |

89. Haftet der Erbe für die Schulden des Erblassers?

- [ ] a Nein, niemals, denn grundsätzlich haftet jeder Mensch nur für seine eigenen Schulden.
- [ ] b Ja, immer, denn die Erbfolge ist eine Gesamtrechtsnachfolge.
- [ ] c Ja, wenn er die Haftung nicht auf den Nachlass beschränkt hat, was er durch einen Antrag auf Nachlassinsolvenzverfahren erreichen kann.
- [ ] d Nur dann, wenn der Erblasser durch letztwillige Verfügung bestimmt hat, dass der Erbe für die Schulden haften soll.
- [ ] e Ja, immer, anderenfalls würden die Gläubiger des Verstorbenen leer ausgehen.

>> Seite 63 |

90. Welche Arten von Testamenten sind Ihnen bekannt, und wie unterscheiden sie sich?

>> Seiten 65 bis 66 |

91. Nennen Sie den Zweck des Erbscheins!

>> Seite 63 |

92. Nennen Sie die verschiedenen Gerichtswege und ihre Zuständigkeit nach der Art der Rechtsansprüche!

>> Seiten 67 bis 68 |

93. Welche von den nachfolgend aufgeführten Gerichten gehören zu den ordentlichen Gerichten?

- [ ] a Amtsgericht, Landgericht, Oberlandesgericht, Bundesgerichtshof
- [ ] b Arbeitsgericht, Landesarbeitsgericht, Bundesarbeitsgericht
- [ ] c Verwaltungsgericht, Verwaltungsgerichtshof, Bundesverwaltungsgericht
- [ ] d Sozialgericht, Landessozialgericht, Bundessozialgericht
- [ ] e Finanzgericht und Bundesfinanzhof

>> Seite 68 |

94. In welchen Bereichen der Rechtspflege sind die ordentlichen Gerichte tätig?

>> Seite 68 |

95. Erklären Sie die sachliche und örtliche Zuständigkeit der Zivilgerichte in erster Instanz!

>> Seite 69 |

96. Wenn ein Handwerksmeister gegen einen deutschen Kunden gerichtlich vorgehen muss, weil dieser eine Rechnung nicht bezahlt, an welches Gericht wendet er sich dann?

- [ ] a Immer zuerst an das Amtsgericht.
- [ ] b Zuerst an das Amtsgericht, wenn er einen Mahnbescheid beantragen oder eine Klage über einen Streitwert bis zu 5.000,00 EUR einreichen will. Eine Klage mit einem Streitwert von über 5.000,00 EUR muss er über seinen Rechtsanwalt beim Landgericht einreichen.
- [ ] c Immer zuerst an das Landgericht, wenn der Streitwert 500,00 EUR übersteigt.
- [ ] d Zuerst an das Amtsgericht, wenn seine Forderung 3.000,00 EUR nicht übersteigt und er Klage einreichen oder Mahnbescheid beantragen will. Bei höherem Streitwert reicht er Antrag auf Mahnbescheid oder Klage beim Landgericht ein.
- [ ] e An das Landgericht, das für alle Streitigkeiten zwischen Handwerker und Kunden, auch im Mahnverfahren, zuständig ist.

>> Seiten 70 bis 72 |

97. Der Kunde A in X-Stadt hat den Schreiner B aus Y-Stadt mit der Anfertigung einer Einbauküche beauftragt. Vereinbarungen über den Ort der Zahlung wurden nicht getroffen. Der Auftrag wurde von B fachgerecht und ordnungsgemäß ausgeführt. Trotz wiederholter Mahnung zahlt A den geschuldeten Werklohn nicht.

Aufgabe: Welches Gericht ist für die Klage auf Zahlung des Werklohns örtlich zuständig?

- [ ] a Das Wohnsitzgericht des Schreiners B.
- [ ] b Das Wohnsitzgericht des Kunden A.
- [ ] c Das Wohnsitzgericht des Kunden A, wenn kein anderer Gerichtsstand (z. B. der Wohnsitz des Schreiners B) vereinbart ist.
- [ ] d Sowohl das Wohnsitzgericht des Schreiners B wie das des Kunden A; der Schreiner B kann wählen.
- [ ] e Das Gericht, auf das sich die Parteien vorher geeinigt haben.

>> Seite 69 |

98. Wer trägt grundsätzlich die Prozesskosten?

- a Der Kläger
- b Der Beklagte
- c Derjenige, der den Prozess verliert; der Kläger muss die Kosten aber vorschussweise einzahlen
- d Die Parteien gemeinsam, und zwar je zur Hälfte
- e Der Staat, weil es sich bei den Gerichten um soziale Institutionen handelt

>> Seite 69 |

99. Nennen Sie die Rechtsmittel, die gegen richterliche Entscheidungen eingelegt werden können!

>> Seiten 71 bis 72 |

100. Der Inhaber einer Fachwerkstatt hat die Bremsenreparatur fachgerecht ausgeführt und den reparierten Pkw dem deutschen Kunden inkl. Rechnung ausgehändigt. Der Kunde hat den Pkw täglich ohne Beanstandung in Gebrauch, reagiert jedoch seit drei Monaten weder auf mündliche noch schriftliche Zahlungsaufforderungen.

Aufgabe: Wie macht der Handwerker am einfachsten und kostengünstigsten seine Werklohnforderung gerichtlich geltend?

- a Durch Einreichung einer Klage bei dem zuständigen Gericht.
- b Indem er einen Antrag auf Erlass eines Mahnbescheides bei dem nach dem Streitwert zuständigen Gericht einreicht.
- c Indem er ein Mahnbescheidformular selbst ausfüllt und beim Amtsgericht einreicht.
- d Indem er seine Klage bei der Geschäftsstelle des zuständigen Gerichts zu Protokoll erklärt.
- e Indem er beim zuständigen Amtsgericht den Erlass einer einstweiligen Verfügung beantragt.

>> Seite 72 |

101. Nennen Sie die wesentlichen Unterschiede zwischen dem ordentlichen Klage- und dem gerichtlichen Mahnverfahren!

>> Seiten 70 bis 74 |

102. Wenn der Schuldner gegen den Mahnbescheid nicht fristgerecht Widerspruch eingelegt hat, erlässt das Gericht auf Antrag des Gläubigers eine Entscheidung.

Aufgabe: Wie heißt diese?

- a Urteil
- b Beschluss
- c Vollstreckungsbescheid
- d Pfändungsbeschluss
- e Vollstreckungs- und Überweisungsbeschluss

>> Seite 73 |

103. Wenn man gegen einen Schuldner die Zwangsvollstreckung betreiben will, braucht man einen Vollstreckungstitel.

Aufgabe: Was ist das?

- a Das ist ein Amtstitel, der mit der Vollstreckung in Zusammenhang steht, zum Beispiel Vollstreckungssekretär.
- b Eine gerichtliche oder notarielle Urkunde, aus der man die Zwangsvollstreckung betreiben kann.
- c Das ist eine Urkunde mit einer Überschrift (Titel), die sich über die ganze Breite der Urkunde erstreckt.
- d Das ist eine Urkunde, die sich auf das ganze (volle) Vermögen des Schuldners erstreckt.
- e Das ist eine gerichtliche Liste, auf der die Vermögensgegenstände des Schuldners verzeichnet sind.

>> Seiten 74 bis 75 |

104. Nennen Sie die drei Voraussetzungen für die Zwangsvollstreckung!

>> Seiten 74 bis 75 |

105. Nennen Sie verschiedene Titel, aus denen die Zwangsvollstreckung betrieben werden kann!

>> Seite 75 |

106. Welche gerichtlichen Organe sind für die Zwangsvollstreckung zuständig?

>> Seite 76 |

107. Welche Art der Zwangsvollstreckung erledigt der Gerichtsvollzieher?
Er kann vollstrecken

a in die beweglichen Sachen des Schuldners.

b in die unbeweglichen Sachen des Schuldners (Grundstücke, Häuser).

c in Forderungen des Schuldners (Außenstände, Bankguthaben, Lohnforderungen usw.).

d in sonstige Rechte des Schuldners, zum Beispiel Patente, Gebrauchsmuster, Herausgabeansprüche usw.

e in Lohn- und Gehaltsforderungen des Schuldners gegen seinen Arbeitgeber.

>> Seiten 75 bis 76 |

108. Was darf der Gerichtsvollzieher nicht pfänden?

a Kleidungsstücke

b Möbel

c Sachen, deren Wert mehr als das Dreifache des Wertes der Gläubigerforderung ist

d Wertpapiere, Edelmetalle und Edelsteine

e Sachen, die Dritten gehören oder die lebens- oder berufsnotwendig für den Schuldner sind

>> Seite 76 |

109. Was kann der Schuldner tun, wenn der Gerichtsvollzieher bei ihm eine Sache pfändet, die er für seinen Haushalt oder die Berufsausübung unbedingt benötigt?

a Er kann den Gläubiger auf Freigabe verklagen.

b Er kann den Gerichtsvollzieher auf Freigabe verklagen.

c Er kann beim Amtsgericht (Vollstreckungsgericht) Erinnerungen erheben.

d Er kann beim Dienstvorgesetzten des Gerichtsvollziehers Beschwerde einlegen.

e Er kann den Gerichtsvollzieher auf Schadenersatz verklagen.

>> Seite 76 |

110. Was geschieht, wenn der Schuldner der Aufforderung des Gerichtsvollziehers, ein Vermögensverzeichnis aufzustellen und eine eidesstattliche Versicherung über dessen Vollständigkeit abzugeben, keine Folge leistet?

- [ ] a Dann erlässt das Gericht auf Antrag des Gläubigers gegen den Schuldner einen Haftbefehl zur Erzwingung der eidesstattlichen Versicherung.
- [ ] b Dann können der Gläubiger und das Gericht gar nichts machen.
- [ ] c Dann muss der Gläubiger beim höheren Gericht (Landgericht) Beschwerde einlegen.
- [ ] d Dann muss der Gläubiger den Schuldner auf Abgabe des Vermögensverzeichnisses und der eidesstattlichen Versicherung verklagen.
- [ ] e Dann wendet der Gläubiger sich an die Staatsanwaltschaft, und diese ermittelt, wo der Schuldner sein Vermögen hat.

>> Seite 76 |

111. Nennen Sie die Ziele des Unternehmensinsolvenzverfahrens!

>> Seite 77 |

112. Wer entscheidet im Unternehmensinsolvenzverfahren darüber, ob der Insolvenzplan angenommen wird?

- [ ] a Das Amtsgericht-Insolvenzgericht
- [ ] b Die Gläubigermehrheit
- [ ] c Der Insolvenzverwalter
- [ ] d Alle Vorgenannten gemeinsam
- [ ] e Der Schuldner

>> Seite 78 |

113. Wer kann das Unternehmensinsolvenzverfahren beantragen?

>> Seite 78 |

114. Welche Maßnahmen kann die Gläubigerversammlung über das zukünftige Schicksal des insolventen Unternehmens beschließen?

>> Seite 78 |

115. Welche der nachfolgenden Aussagen ist falsch?

- a Sanierung oder Liquidation des Unternehmens werden von der Gläubigermehrheit beschlossen.
- b Mit der Liquidation wird das Unternehmen fortgeführt, mit der Sanierung aufgelöst.
- c Die Sanierung eröffnet die Möglichkeit, das Unternehmen weiterzuführen.
- d Mit der Liquidation wird das Unternehmen aufgelöst.
- e Mit der Sanierung wird das Unternehmen fortgesetzt, mit der Liquidation aufgelöst.

>> Seite 78 |

116. Worin unterscheidet sich das Unternehmensinsolvenzverfahren vom Kleingewerbe- und Verbraucherinsolvenzverfahren?

>> Seiten 77 bis 82 |

117. Welches sind die Verfahrensabschnitte des Kleingewerbe- und Verbraucherinsolvenzverfahrens?

- a Einleitungsphase, Eröffnungsphase, Durchführungsphase, Restschuldbefreiung
- b Außergerichtlicher Vergleich, gerichtlicher Vergleich, Anschlusskonkurs, Wohlverhaltensphase
- c Außergerichtliches Mahnverfahren, gerichtliches Mahnverfahren, Klage, Zwangsvollstreckung
- d Außergerichtlicher Einigungsversuch, gerichtlicher Einigungsversuch, vereinfachtes Insolvenzverfahren, Wohlverhaltensphase
- e Vergleich, Konkurs, Konkurstabelle, Restschuldbefreiung

>> Seite 79 |

118. Unter welchen Voraussetzungen kann ein Insolvenzschuldner von seinen Restschulden befreit werden?

>> Seite 82 |

3.2 Handwerks- und Gewerberecht, Handels- und Gesellschaftsrecht, Wettbewerbsrecht

3.2.1 Handwerks- und Gewerberecht

3.2.1.1 Handwerk als eine besondere Form eines Gewerbes

Überblick über die gesetzlichen Grundlagen zur selbstständigen Ausübung eines Gewerbes

Gewerbeordnung
Handwerksordnung

Rechtsgrundlage jeder selbstständigen Gewerbeausübung ist die Gewerbeordnung. Sie wird ergänzt für die selbstständige Gewerbeausübung im Handwerk durch die Handwerksordnung als gewerbliche Spezialvorschrift.
In Deutschland hat jeder das Recht, jedes Gewerbe auszuüben, soweit Gesetze nicht Ausnahmen, Beschränkungen oder Auflagen vorsehen. Für das zulassungspflichtige Handwerk z. B. gilt die Besonderheit, dass seine selbstständige Ausübung an den Nachweis einer handwerklichen Befähigung und die Eintragung in die Handwerksrolle gebunden ist.

Gewerbe, stehendes Gewerbe, Selbstständigkeit

> Der Gesetzgeber hat den Begriff Gewerbe nicht näher bestimmt. Man versteht darunter jede erlaubte, auf Gewinnerzielung gerichtete, private selbstständige Tätigkeit, die fortgesetzt und nicht nur gelegentlich ausgeübt wird.

Beispiel:

Handel, Industrie, Handwerk, sonstige Dienstleistungsbetriebe etc.

> Fehlt eine der Voraussetzungen, meist ist es die Gewinnerzielungsabsicht, liegt keine gewerbliche Tätigkeit im Sinne der Gewerbeordnung vor, das heißt, weder die Gewerbeordnung noch sonstige gewerbliche Spezialgesetze sind anwendbar.

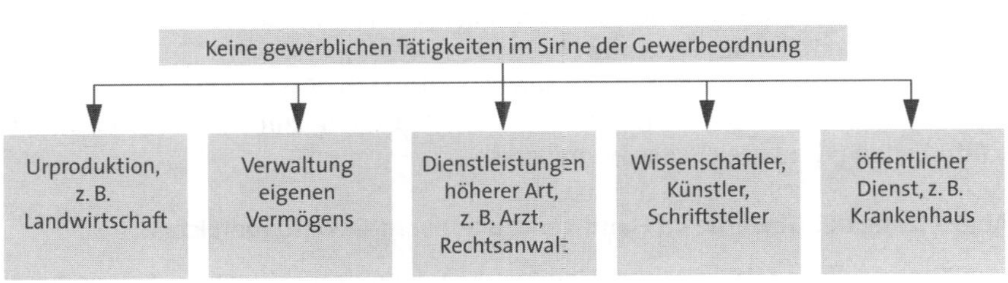

Stehendes Gewerbe

Die Gewerbeordnung kennt drei Arten von gewerblichen Tätigkeiten: stehendes Gewerbe (jede gewerbliche Tätigkeit innerhalb und außerhalb der gewerblichen Niederlassung eines Gewerbetreibenden), Reisegewerbe, Marktgewerbe.

Selbstständigkeit

Als selbstständig gilt, wer ein Gewerbe für eigene Rechnung und in eigener Verantwortung betreibt. Er stellt das Betriebskapital zur Verfügung, erhält den Gewinn, trägt den Verlust, entscheidet über die Führung des Betriebes und trägt die Verantwortung für den Betrieb. Äußeres Kennzeichen des selbstständig Gewerbetreibenden ist in der Regel die eigene Betriebsstätte.

3.2.1.2 Die Gewerbe im Handwerk, Eintragung in die Handwerksrolle, Verzeichnisse der zulassungspflichtigen, verwandten, zulassungsfreien Handwerke und handwerksähnlichen Gewerbe

Einteilung der Gewerbe im Handwerk:

Dem Handwerk und damit dem Geltungsbereich der Handwerksordnung sind folgende Gewerbe zugeordnet:

Zulassungspflichtige Handwerke

> **Zulassungspflichtige Handwerke:**

Ihr selbstständiger Betrieb setzt eine Zulassung (i. d. R. handwerkliche Befähigung) und die Eintragung in die bei der Handwerkskammer geführte Handwerksrolle voraus. Verzeichnet sind sie in der **Anlage A** zur Handwerksordnung (>> Abschnitt 3.2.1.3).
Die Ausübung eines zulassungspflichtigen Handwerks berechtigt ohne weiteren Nachweis auch zur selbstständigen Ausübung eines wegen seiner Ausbildungsnähe damit für **verwandt erklärten Handwerks** (>> Abschnitt 3.2.1.4), z. B. Bäcker und Konditor.

Zulassungsfreie Handwerke

> **Zulassungsfreie Handwerke:**

Diese Betriebe sind in einem von der Handwerkskammer geführten Verzeichnis einzutragen. Eine besondere Zulassung (z. B. handwerkliche Befähigung) ist nicht zwingend vorgeschrieben. Verzeichnet sind sie in der **Anlage B Abschnitt 1** zur Handwerksordnung (>> Abschnitt 3.2.1.5).

Handwerksähnliche Gewerbe

> **Handwerksähnliche Gewerbe:**

Es gilt das zu den zulassungsfreien Handwerken Gesagte. Verzeichnet sind sie in der **Anlage B Abschnitt 2** zur Handwerksordnung (>> Abschnitt 3.2.1.5).

Grundanforderungen, die eine Gewerbetätigkeit im Handwerk erfüllen muss:

- Gewerbeeigenschaft: d. h. **Gewinnerzielungs-** und **Fortsetzungsabsicht**
- Gewerbeart: **stehendes Gewerbe**
- **Gewerbe** der **Anlage A und B, handwerks(ähnlich)/-mäßig betrieben**
- gilt nur für zulassungspflichtiges Handwerk: **Ausübung** zumindest **wesentlicher Tätigkeiten** (Kernbereich) des Handwerks

Abgrenzung der Gewerbe im Handwerk zu anderen Gewerbebereichen:

Nicht gewerbliche Tätigkeiten im Handwerk und damit nicht von der Anwendung der Handwerksordnung erfasst sind:

- **unwesentliche Tätigkeiten** eines **zulassungspflichtigen Handwerks** (Kleingewerbe). Dies sind insbesondere Tätigkeiten,

- die eine Anlernzeit bis zu drei Monate haben,
- die trotz längerer Anlernzeit für das Gesamtbild des zulassungspflichtigen Handwerks nebensächlich sind,
- die nicht aus einem zulassungspflichtigen Handwerk entstanden sind.

Auch die Ausübung mehrerer dieser einfachen Tätigkeiten ist grundsätzlich frei. Eine Pflicht zur Eintragung in der Handwerksrolle entsteht allerdings dann, wenn die **Anhäufung** einfacher Tätigkeiten in der **Gesamtschau** eine wesentliche Tätigkeit eines zulassungspflichtigen Handwerks ergibt.

> **Industrielle Tätigkeiten**

Abgrenzung zur Industrie

Zur Abgrenzung zwischen Handwerk und Industrie hat, weil oft gleiche oder ähnliche Tätigkeiten ausgeübt werden (die Herstellung von Bier), die Rechtsprechung eine Reihe von Abgrenzungskriterien entwickelt.

Abgrenzungskriterien Handwerk – Industrie

Merkmale	Handwerk	Industrie
Gesetzliche Grundlagen	Anlagen A, B zur Handwerksordnung	———
Fertigung	Einzelfertigung	Massenfertigung
Auftrag	individuell	Vorrat
Betriebsgröße	kleinere, mittlere Unternehmen	Großunternehmen
Maschineneinsatz	individuell zur Zeit- und Kraftersparnis	selbsttätige Maschinen (Voll-/Halbautomaten)
Persönlicher Einsatz des Unternehmers	unerlässlich	entbehrlich, in der Regel sind angestellte Fachleute tätig
Einsatz von Fachkräften	Gesellen-/Meisterprüfung in der Regel erforderlich	meistens genügen Hilfskräfte
Arbeitsteilung	Einsatz von Fachkräften im gesamten Unternehmensbereich möglich	Einsatz einer Hilfskraft nur in einem bestimmten Bereich

Die Aufzählung der Kriterien ist nicht abschließend. Die jeweilige Zuordnung zu Handwerk oder Industrie erfolgt durch die Handwerkskammer nach der Mehrzahl der im Einzelfall vorliegenden Kriterien.

Handwerksrolle

Handwerksrolle

Die Handwerksrolle ist ein von der Handwerkskammer geführtes Verzeichnis (elektronische Datei), in das die selbstständigen zulassungspflichtigen Handwerker des Kammerbezirks mit ihrem zulassungspflichtigen Handwerk einzutragen sind. Das zulassungspflichtige Handwerk darf erst mit der Eintragung in die Handwerksrolle selbstständig betrieben werden. Vor der Eintragung in die Handwerksrolle muss die handwerkliche Befähigung für den Betrieb des zulassungspflichtigen Handwerks nachgewiesen werden, zum Beispiel Meisterprüfung, gleichwertige Prüfung etc.

Die zulassungsfreien Handwerke und die handwerksähnlichen Gewerbe werden von der Handwerkskammer in einem Verzeichnis gesondert erfasst.

Handwerkliches Befähigungssystem als Voraussetzung zur Eintragung in die Handwerksrolle:

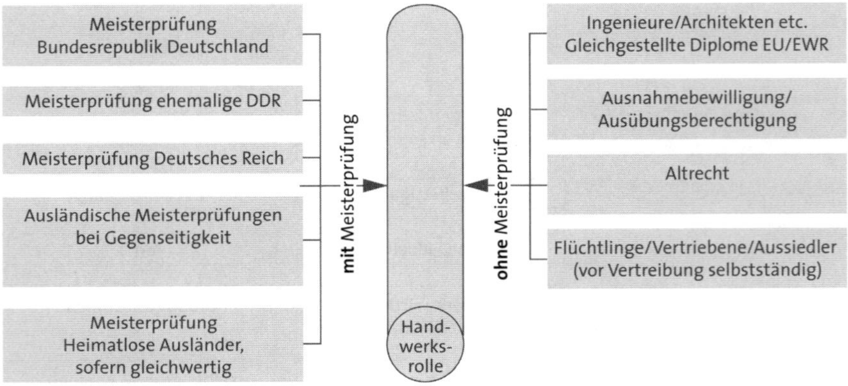

Einzelheiten zu den handwerklichen Befähigungen

Meisterprüfung

> Meisterprüfung
- **Meisterprüfung,** die **in Deutschland** und der ehemaligen DDR abgelegt wurde
- Meisterprüfung, die im ehemaligen Deutschen Reich nach dem Gebietsstand 1937 abgelegt wurde
- Meisterprüfung eines heimatlosen Ausländers, sofern sie der deutschen Meisterprüfung gleichwertig ist
- Meisterprüfung, die im Ausland von Staatsangehörigen in der Schweiz, Österreich oder Frankreich abgelegt wurden, soweit sie gegenseitig anerkannt werden.

Meisterrechte

Nur die Meisterprüfung im zulassungspflichtigen Handwerk gewährt drei Rechte: selbstständige Ausübung des erlernten Handwerks, Ausbildung von Lehrlingen im erlernten Handwerk und das Recht zur Führung des Meistertitels. Der Meister hat auch das Recht, verwandte Handwerke und zugeordnete Tätigkeiten auszuüben.

> Gleichwertige Prüfungen (Ingenieur/Architekt)

Inhaber von Diplom- und Abschlussprüfungen an deutschen Hoch-/Fachschulen (staatlich oder staatlich anerkannt) sind berechtigt, das ihrer Fachrichtung entsprechende zulassungspflichtige Handwerk selbstständig auszuüben.

Gleichwertige Prüfungen

Beispiel:

Ein Diplomingenieur der Fachrichtung Hochbau ist berechtigt, das Maurer- und Betonbauerhandwerk selbstständig auszuüben.
Gleichgestellt sind auch Diplome, die in einem Staat der Europäischen Union oder des Europäischen Wirtschaftsraumes erworben wurden, wenn sie nach der Regelung zur Anerkennung der Hochschuldiplome anerkannt sind.

> **Ausnahmebewilligung, Ausübungsberechtigung**

In Ausnahmefällen kann die Regierung (regional: Handwerkskammer, auf die die Aufgabe übertragen wurde) eine Ausnahmebewilligung zum Betrieb eines zulassungspflichtigen Handwerks erteilen. Voraussetzungen sind

Ausnahme-bewilligung

- **der Nachweis eines Ausnahmefalles.** Diese Voraussetzung entfällt jedoch z. B. bei Nachweis bestimmter Fortbildungsprüfungen nach der HwO oder dem BBiG (z. B. Industriemeister) und beim Vorliegen besonderer Umstände in der Person des Antragstellers. Einzelheiten zur einheitlichen und möglichst großzügigen Anerkennung von Ausnahmefällen regelt eine Bekanntmachung von Bund und Ländern zum Vollzug der Handwerksordnung.
- **der Nachweis meistergleicher Kenntnisse und Fertigkeiten auf andere Weise als durch die Meisterprüfung** (zum Beispiel durch eine Eignungsprüfung vor einer Fachkommission).

Ausnahmebewilligungen erhalten auch im Inland tätige **Unternehmer aus EU-, EWR-Staaten** oder der **Schweiz,** die im Inland in einem zulassungspflichtigen Handwerk (ausgenommen die Gesundheitshandwerke der Anlage A Nr. 33 bis 37) als Unternehmer oder Betriebsleiter tätig sein wollen. Voraussetzung ist der Erwerb notwendiger Berufserfahrung in zumindest wesentlichen Tätigkeiten dieses Gewerbes nach den Vorschriften ihres Staates. Die Teilnahme an einem Anpassungslehrgang oder die Ablegung einer Eignungsprüfung kann im Einzelfall verlangt werden. Einzelheiten hierzu regelt die EU/EWR HandwerksVO.

Beispiel:

Ein Italiener hat in Italien einen Friseurbetrieb mindestens sechs Jahre ununterbrochen als Selbstständiger oder als Betriebsleiter geführt. Die Tätigkeit darf nicht länger als 10 Jahre vor der Antragstellung beendet worden sein.

Wer bereits ein zulassungspflichtiges Handwerk betreibt, kann von der Regierung (regional: Handwerkskammer, auf die die Aufgabe übertragen wurde) eine **Ausübungsberechtigung** für ein anderes Handwerk oder wesentliche Tätigkeiten dieses Handwerks erhalten. Voraussetzung ist, dass er die hierfür erforderlichen praktischen und theoretischen Kenntnisse und Fertigkeiten nachweist. Anders als bei der Meisterprüfung oder Ausnahmebewilligung sind betriebswirtschaftliche, kaufmännische und rechtliche Kenntnisse gesondert nicht mehr nachzuweisen, weil ja bereits ein Handwerk selbstständig ausgeübt wird.

Ausübungs-berechtigung

Gesellen erhalten auf Antrag eine Ausübungsberechtigung, wenn sie nach ihrer Gesellenprüfung zumindest wesentliche Tätigkeiten eines zulassungspflichtigen Handwerks insgesamt sechs Jahre, davon vier Jahre in leitender Stellung, ausgeübt haben. Hiervon ausgenommen sind die Sicherheits- und Gesundheitsberufe (Nr. 12, 33–37) der Anlage A.
Die **leitende Stellung** erfordert eigenverantwortliche Entscheidungsbefugnisse in einem Betrieb oder in einem wesentlichen Betriebsteil. Der fachliche Nachweis kann durch Zeugnisse, Stellenbeschreibungen etc. erbracht werden. Betriebswirtschaftliche, kaufmännische und rechtliche Kenntnisse gelten durch die Berufserfahrung als erbracht oder sind durch Teilnahme an z. B. Lehrgängen nachgewiesen.

Altrecht

> Altrecht **(Wahrung des Besitzstandes)**
Wurde ein Handwerk bis zum In-Kraft-Treten von Befähigungsvorschriften ohne Befähigung selbstständig geführt, darf es danach auch ohne Befähigung aus Gründen der Besitzstandwahrung weitergeführt werden.

Beispiel:

Ausübung eines Handwerks ohne Meisterprüfung in der ehemaligen amerikanischen Besatzungszone zwischen 1945 und 16.9.1953 (Handwerksordnung in Kraft). Ausübung des Gerüstbaus (handwerksähnliches Gewerbe) vor dem 1.4.1998.
Die am 1.1.2004 von der alten Anlage A in die neue Anlage B1 überführten Handwerke sind in ihrem Bestand geschützt.

> Flüchtlinge/Vertriebene/Aussiedler
Sie dürfen nach Flucht, Vertreibung oder Aussiedlung ihr Handwerk weiterhin selbstständig ausüben, das sie vorher nachweislich selbstständig betrieben haben.

Gesetzliche Erleichterungen für den Zugang zur selbstständigen Handwerksausübung

Inhaberprinzip
Betriebsleiterprinzip

Das ursprünglich strenge **Inhaberprinzip** (das heißt, der Einzelbetriebsinhaber muss in eigener Person die handwerkliche Befähigung besitzen) ist durch das Betriebsleiterprinzip ergänzt worden. Heute kann auch derjenige selbstständig ein zulassungspflichtiges Handwerk betreiben, der in eigener Person keine handwerkliche Befähigung besitzt. Es genügt, einen fachlich-technischen Betriebsleiter anzustellen, der eine der oben behandelten handwerklichen Befähigungen nachweist. Den Zusammenhang zwischen Betriebsform und Inhaber der handwerklichen Befähigung verdeutlicht die folgende Übersichtstabelle:

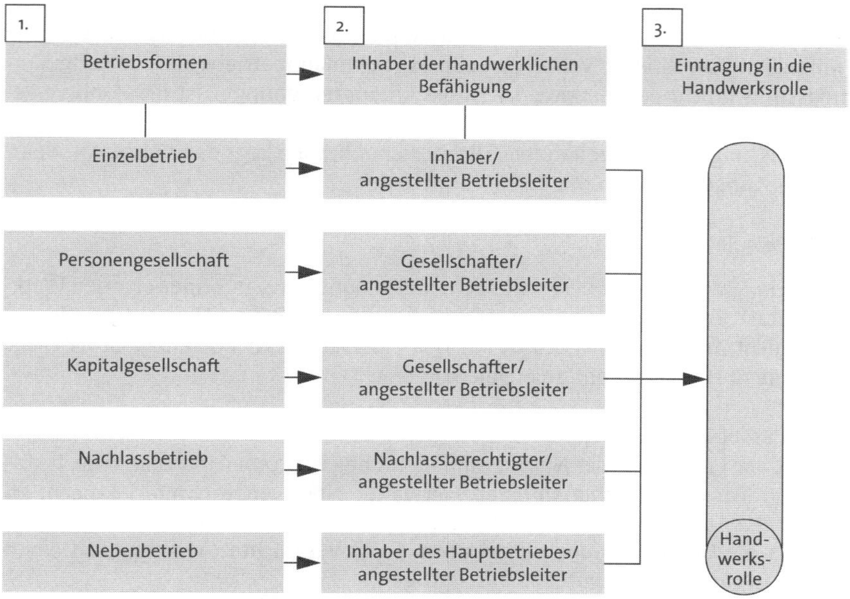

Einzelheiten zu den verschiedenen Betriebsformen

> Einzelbetrieb

Einzelbetrieb

Der **Inhaber kann in eigener Person eine handwerkliche Befähigung nachweisen** oder einen Betriebsleiter anstellen, der hierfür die handwerklichen Voraussetzungen erfüllt.

> Personengesellschaft

Personengesellschaften

Eine BGB-Gesellschaft, OHG oder KG wird in die Handwerksrolle eingetragen, wenn ein **Gesellschafter** den Betrieb fachlich-technisch leitet, **der** eine **handwerkliche Befähigung** hierzu **besitzt.** Das beim Einzelbetrieb beschriebene Betriebsleiterprivileg gilt auch hier.

> Kapitalgesellschaft

Kapitalgesellschaften

Die Eintragung zum Beispiel einer GmbH in die Handwerksrolle erfolgt, wenn ein Gesellschafter, aber auch ein **angestellter Betriebsleiter** den **Betrieb fachlich-technisch tatsächlich** leitet und die hierfür **erforderliche handwerkliche Befähigung besitzt.**

> Nebenbetrieb, Hilfsbetrieb

Nebenbetrieb

Führt ein Unternehmer nebenbei eine Reparaturwerkstätte, wird er damit in die Handwerksrolle eingetragen, wenn er für den zulassungspflichtigen handwerklichen Nebenbetrieb eine handwerkliche Befähigung (Inhaber, Gesellschafter, Betriebsleiter) nachweist.

Das Privileg gilt nur, wenn der Nebenbetrieb mit dem Hauptbetrieb verbunden ist, das heißt, der Befriedigung der gleichen Lebensbedürfnisse dient.

Beispiel:

Radio- und Fernsehhandel mit Reparaturwerkstatt; Gaststätte und Fleischerei.

Eine Verpflichtung zur Eintragung in die Handwerksrolle besteht allerdings nur dann, wenn die durchschnittliche Arbeitszeit des handwerklichen Nebenbetriebes höher ist als die eines in Vollzeit arbeitenden Einmannbetriebes des betreffenden zulassungspflichtigen Handwerks. Ist die Arbeitszeit geringer, ist die Handwerksordnung nicht anwendbar.
Ein zulassungspflichtiger handwerklicher Nebenbetrieb liegt dann nicht vor, wenn kein Leistungsaustausch mit Dritten stattfindet.

Beispiel:

Hilfsbetrieb

Ein Spediteur repariert die eigenen Pkws und Lkws in seiner eigenen Werkstatt. Es handelt sich um einen **Hilfsbetrieb,** auf den die Handwerksordnung nicht anwendbar ist. Motiv für den Hilfsbetrieb ist Kostenersparnis, nicht die Absicht, Gewinne zu erzielen.

Nachlassbetrieb

> Nachlassbetrieb
  Stirbt der Meister, ist der Nachlassinhaber (Ehegatte, Lebenspartner, Erbe, Testamentvollstrecker, Nachlasspfleger, -verwalter, -insolvenzverwalter) berechtigt, den zulassungspflichtigen Betrieb fortzuführen. Er wird als Inhaber des Betriebes in die Handwerksrolle eingetragen. Er ist **verpflichtet, unverzüglich einen qualifizierten Betriebsleiter zu beschäftigen.**
  Bei ordnungsgemäßer Betriebsführung kann in Härtefällen die Handwerkskammer eine angemessene Frist setzen.

Meldepflichten

Jede Eröffnung, Änderung, Übernahme oder Beendigung seiner gewerblichen/handwerklichen Tätigkeit hat der Unternehmer unverzüglich einer Reihe von Dienststellen zu melden, z. B. Gewerbeamt, Finanzamt, Berufsgenossenschaft, Handwerkskammer. EU-Ausländer können, je nach Bundesland, für eine einfachere Unternehmensgründung im Inland die Hilfe eines einheitlichen Ansprechpartners (z. B. bei den Kammern der gewerblichen Wirtschaft) in Anspruch nehmen.

3.2.1.3 Verzeichnis der Gewerbe, die als zulassungspflichtige Handwerke betrieben werden können (Anlage A § 1 Abs. 2)

Nr.			
1	Maurer und Betonbauer	15	Karosserie- und Fahrzeugbauer
2	Ofen- und Luftheizungsbauer	16	Feinwerkmechaniker
3	Zimmerer	17	Zweiradmechaniker
4	Dachdecker	18	Kälteanlagenbauer
5	Straßenbauer	19	Informationstechniker
6	Wärme-, Kälte- und Schallschutzisolierer	20	Kraftfahrzeugtechniker
		21	Landmaschinenmechaniker
7	Brunnenbauer	22	Büchsenmacher
8	Steinmetzen und Steinbildhauer	23	Klempner
9	Stuckateure	24	Installateure und Heizungsbauer
10	Maler und Lackierer	25	Elektrotechniker
11	Gerüstbauer	26	Elektromaschinenbauer
12	Schornsteinfeger	27	Tischler
13	Metallbauer	28	Boots- und Schiffbauer
14	Chirurgiemechaniker	29	Seiler

30 Bäcker
31 Konditoren
32 Fleischer
33 Augenoptiker
34 Hörgeräteakustiker
35 Orthopädietechniker
36 Orthopädieschuhmacher
37 Zahntechniker
38 Friseure
39 Glaser
40 Glasbläser und Glasapparatebauer
41 Vulkaniseure und Reifenmechaniker

Zuordnung von wesentlichen Tätigkeiten der Anlage A zu mehreren Handwerken der Anlagen A und B1

1. Dachdecker: Herstellung und Reparatur von Dachstühlen
   Zimmerer: Herstellung und Reparatur von Ziegeldächern
2. Karosserie- und Fahrzeugbauer: Lackierung von Karosserien und Fahrzeugen
   Kraftfahrzeugtechniker: Lackierung von Karosserien und Fahrzeugen
   Maler und Lackierer: Reparatur von Karosserien und Fahrzeugen, soweit zur Vorbereitung der Lackierung erforderlich
3. Ofen- und Luftheizungsbauer: Herstellung und Reparatur von Energieversorgungsanschlüssen
4. Aufstellen von Arbeits- und Schutzgerüsten:
   Zu Anlage-A-Handwerken: 1, 3–10, 12, 13, 18, 23, 24, 25, 27, 39
   Zu Anlage-B1-Handwerken: 1–3, 33, 53 (Befähigung zum Gerüstbauer ist nicht Pflicht)

3.2.1.4 Verzeichnis der verwandten Handwerke (Anlage zu § 1)

Nr.	Spalte I	Spalte II
1	Bäcker	Konditoren
2	Konditoren	Bäcker
3	Informationstechniker	Elektrotechniker
4	Elektrotechniker	Informationstechniker
5	Elektrotechniker	Elektromaschinenbauer
6	Elektromaschinenbauer	Elektrotechniker
7	Kraftfahrzeugtechniker	Zweiradmechaniker (Krafträder)
8	Zweiradmechaniker	Kraftfahrzeugtechniker (Krafträder)
9	Landmaschinenmechaniker	Metallbauer
10	Metallbauer	Feinwerkmechaniker, Landmaschinenmechaniker
11	Maler und Lackierer	Stuckateure
12	Stuckateure	Maler und Lackierer (Maler)
13	Dachdecker	Klempner
14	Klempner	Dachdecker

Nr.	Spalte I	Spalte II
15	Orthopädietechniker	Orthopädieschuhmacher (diabetes-adaptierte Fußbettungen)
16	Orthopädieschuhmacher	Orthopädietechniker (diabetes-adaptierte Fußbettungen)

3.2.1.5 Verzeichnis der Gewerbe, die als zulassungsfreie Handwerke oder handwerksähnliche Gewerbe betrieben werden können (Anlage B § 18 Abs. 2)

Abschnitt 1: Zulassungsfreie Handwerke

Nr.
1 Fliesen-, Platten- und Mosaikleger
2 Betonstein- und Terrazzohersteller
3 Estrichleger
4 Behälter- und Apparatebauer
5 Uhrmacher
6 Graveure
7 Metallbildner
8 Galvaniseure
9 Metall- und Glockengießer
10 Schneidwerkzeugmechaniker
11 Gold- und Silberschmiede
12 Parkettleger
13 Rollladen- und Jalousiebauer
14 Modellbauer
15 Drechsler (Elfenbeinschnitzer) und Holzspielzeugmacher
16 Holzbildhauer
17 Böttcher
18 Korbmacher
19 Damen- und Herrenschneider
20 Sticker
21 Modisten
22 Weber
23 Segelmacher
24 Kürschner
25 Schuhmacher
26 Sattler und Feintäschner
27 Raumausstatter
28 Müller
29 Brauer und Mälzer
30 Weinküfer
31 Textilreiniger
32 Wachszieher
33 Gebäudereiniger
34 Glasveredler
35 Feinoptiker
36 Glas- und Porzellanmaler
37 Edelsteinschleifer und -graveure
38 Fotografen
39 Buchbinder
40 Buchdrucker: Schriftsetzer, Drucker
41 Siebdrucker
42 Flexografen
43 Keramiker
44 Orgel- und Harmoniumbauer
45 Klavier- und Cembalobauer
46 Handzuginstrumentenmacher
47 Geigenbauer
48 Bogenmacher
49 Metallblasinstrumentenmacher
50 Holzblasinstrumentenmacher
51 Zupfinstrumentenmacher
52 Vergolder
53 Schilder- und Lichtreklamenhersteller

Abschnitt 2: Handwerksähnliche Gewerbe

Nr.
1 Eisenflechter
2 Bautentrocknungsgewerbe
3 Bodenleger
4 Asphaltierer (ohne Straßenbau)
5 Fuger (im Hochbau)
6 Holz- und Bautenschutzgewerbe (Mauerschutz und Holzimprägnierung in Gebäuden)
7 Rammgewerbe (Einrammen von Pfählen im Wasserbau)
8 Betonbohrer und -schneider
9 Theater- und Ausstattungsmaler
10 Herstellung von Drahtgestellen für Dekorationszwecke in Sonderanfertigung
11 Metallschleifer und Metallpolierer
12 Metallsägen-Schärfer
13 Tankschutzbetriebe (Korrosionsschutz von Öltanks für Feuerungsanlagen ohne chemische Verfahren)
14 Fahrzeugverwerter
15 Rohr- und Kanalreiniger
16 Kabelverleger im Hochbau (ohne Anschlussarbeiten)
17 Holzschuhmacher
18 Holzblockmacher
19 Daubenhauer
20 Holz-Leitermacher (Sonderanfertigung)
21 Muldenhauer
22 Holzreifenmacher
23 Holzschindelmacher
24 Einbau von genormten Baufertigteilen (z. B. Fenster, Türen, Zargen, Regale)
25 Bürsten- und Pinselmacher
26 Bügelanstalten für Herren-Oberbekleidung
27 Dekorationsnäher (ohne Schaufensterdekoration)
28 Fleckteppichhersteller
29 Klöppler
30 Theaterkostümnäher
31 Plisseebrenner
32 Posamentierer
33 Stoffmaler
34 Stricker
35 Textil-Handdrucker
36 Kunststopfer
37 Änderungsschneider
38 Handschuhmacher
39 Ausführung einfacher Schuhreparaturen
40 Gerber
41 Innerei-Fleischer (Kuttler)
42 Speiseeishersteller (mit Vertrieb von Speiseeis mit üblichem Zubehör)
43 Fleischzerleger, Ausbeiner
44 Appreteure, Dekateure
45 Schnellreiniger
46 Teppichreiniger
47 Getränkeleitungsreiniger
48 Kosmetiker
49 Maskenbildner
50 Bestattungsgewerbe
51 Lampenschirmhersteller (Sonderanfertigung)
52 Klavierstimmer
53 Theaterplastiker
54 Requisiteure
55 Schirmmacher
56 Steindrucker
57 Schlagzeugmacher

3.2.1.6 Unberechtigte Ausübung des Handwerks, Schwarzarbeit

Verstöße gegen die gesetzlich vorgesehenen Auskunfts-, Eintragungs- und Meldepflichten können mit Bußgeld und Untersagung geahndet werden.

Auskunftspflicht

> Auskunftspflicht
Der Unternehmer hat der Handwerkskammer **alle Auskünfte** zu geben, **die eine handwerkliche Zuordnung des Betriebes ermöglichen.** Beauftragte der Kammer sind zur Überprüfung des Betriebes berechtigt. Verstöße gegen die Auskunfts-

pflicht können auf Betreiben der Kammer mit Geldbuße bis 1.000,00 EUR belegt werden.

Unberechtigte Handwerksausübung

> Unberechtigte Handwerksausübung
Wer ohne Eintragung in die Handwerksrolle ein zulassungspflichtiges Handwerk selbstständig betreibt, begeht eine **Ordnungswidrigkeit** und kann mit Geldbuße bis zu 10.000,00 EUR belegt werden. Auch die Schließung des Betriebes kann nach Anhörung und gemeinsamer Erklärung von IHK und HWK (evtl. auch Schlichtungskommission) von der zuständigen Landesbehörde angeordnet werden.

Schwarzarbeit

> Schwarzarbeit
Erbringt ein Unternehmer in einem zulassungspflichtigen Handwerk, das er selbst als stehendes Gewerbe betreibt, Dienst- oder Werkleistungen in erheblichem Umfang, ohne u. a. in die Handwerksrolle eingetragen zu sein, verstößt er auch gegen die Vorschriften des Schwarzarbeitsbekämpfungsgesetzes. Gegen ihn und den Auftraggeber kann ein Bußgeld bis zu 50.000,00 EUR verhängt werden.
Die Verletzung von Pflichten gegenüber Sozial- und Asylbehörden kann mit Bußgeld bis 300.000,00 EUR geahndet werden. Die Behörden der Zollverwaltung haben in diesem Zusammenhang weitgehende Prüfrechte. U. a. im Baugewerbe Tätige haben Ausweispapiere mitzuführen und auf Verlangen der Zollbehörde vorzulegen. Werbeträger müssen ihnen z. B. Name und Anschrift von Auftraggebern unentgeltlich mitteilen, die der anonymen (z. B. Chiffre-)Werbung für Schwarzarbeit verdächtig sind.
Alle nicht auf nachhaltigen Gewinn gerichteten Angehörigen-, Lebenspartner-, Gefälligkeits-, Nachbarschafts- und Selbsthilfearbeiten sind zugelassen.
Bewerber um öffentliche Aufträge, die gegen das Schwarzarbeitsbekämpfungsgesetz verstoßen haben, können von der Teilnahme an einem Wettbewerb um einen Bauauftrag bis zur Dauer von drei Jahren ausgeschlossen werden.

Gewerbeuntersagung

> Gewerbeuntersagung
Begeht der Unternehmer strafbare Handlungen, kommt er Steuer- oder Abgabepflichten nicht nach, kann ihm im Rahmen eines Strafverfahrens oder wegen gewerblicher Unzuverlässigkeit im Rahmen eines Verwaltungsverfahrens die Ausübung seines Gewerbes untersagt werden.

3.2.2 Handels- und Gesellschaftsrecht

Überblick über das Handelsgesetzbuch (HGB), Folgen der Geltung des HGB

Handelsgesetzbuch

Das HGB als wichtigstes Gesetz des Handelsrechts ist ein Teil des Privatrechts und enthält Sonderbestimmungen für Kaufleute. Das BGB gilt für alle Bürger, das Handelsrecht nur für Kaufleute.
GmbH- und Aktiengesetz, Wechsel- und Scheckgesetz sowie diverse Gesetze zur Regelung des Wettbewerbs ergänzen das Handelsrecht.

Besonderheiten und Folgen der Geltung des HGB

Das HGB gilt für die Geschäfte eines Kaufmanns, die dieser im Rahmen seines Handelsgewerbes abschließt. Es enthält gegenüber dem BGB eine Vielzahl von Pflichten, aber auch Rechte, z. B.:

Bestimmungen für Kaufleute

> Die Sorgfalt eines ordentlichen Kaufmanns bei Vertragsabwicklung.
> Handelsgewohnheiten und -gebräuche gehen Vertrag und Gesetz vor.
> Es genügt die mündlich erklärte Übernahme einer Bürgschaft.
> Jede Bürgschaft des Kaufmanns ist selbstschuldnerisch.
> Gelieferte Waren sind unverzüglich auf Mängel zu untersuchen und zu rügen, um die Gewährleistungsrechte zu erhalten.
> Führen und Aufbewahren von Handelsbüchern, Inventur und Bilanzierung (ausgenommen sind **Einzelkaufleute,** die 500.000,00 EUR Umsatz und 50.000,00 EUR Gewinn pro Geschäftsjahr nicht überschreiten).
> Der Kaufmann ist firmenführungsberechtigt.

3.2.2.1 Kaufmannseigenschaft

Kaufmann im Sinne des Gesetzes ist, wer ein Handelsgewerbe betreibt.

Abhängig vom Erfordernis kaufmännischer Einrichtungen im Gewerbebetrieb, vom Antrag auf Eintragung in das Handelsregister oder von der Rechtsform des Unternehmens unterscheidet das Handelsgesetzbuch den Ist-, Kann- und Formkaufmann (Kaufleute) sowie den Nichtkaufmann. **Für Kaufleute gelten die Bestimmungen des HGB uneingeschränkt, für Nichtkaufleute gelten die Bestimmungen des HGB, von Ausnahmen abgesehen, nicht.**

Die Bestimmungen des HGB für Kaufmann und Nichtkaufmann

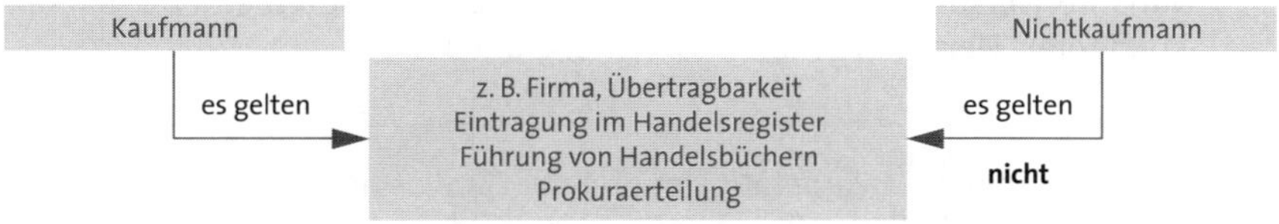

Istkaufmann

Istkaufmann im Sinne des HGB ist, wer ein Handelsgewerbe betreibt. Als Handelsgewerbe gilt jeder Gewerbebetrieb, wenn er nach Art und Umfang einen in kaufmännischer Weise eingerichteten Gewerbebetrieb erfordert.

Erfordert der Gewerbebetrieb kaufmännische Einrichtungen nicht, ist er grundsätzlich Nichtkaufmann (>> aber Wahlkaufmann).

Erforderlich sind also zwei Voraussetzungen:

Kriterien für einen Istkaufmann nach dem HGB

Istkaufmann (Voraussetzungen)

Gewerbebetrieb

Ausübung eines Gewerbebetriebes (§ 1 II HGB)

1. Selbstständige Tätigkeit
2. Erlaubte Tätigkeit
3. Gewinnabsicht
4. Gewisse Dauer der Tätigkeit

Kaufmännische Einrichtungen

Kaufmännische Einrichtungen sind erforderlich

> Kaufmännische Einrichtungen sind z. B.:
  - Firma
  - kaufmännische Buchführung
  - kaufmännische Organisation des Betriebes
  - Prokuraerteilung

> Sie sind erforderlich z. B. bei:
  - höheren Betriebsumsätzen
  - größerer Zahl von Beschäftigten
  - intensivem Kapitaleinsatz im Betrieb

Beispiel:

Die Fabrikation von Waren des täglichen Bedarfs (Pkw, Haushaltsmaschinen etc.) erfordert höheren Personaleinsatz sowie notwendigerweise eine kaufmännische Organisation des Betriebes. Der Fabrikant ist Kaufmann in der Variante Istkaufmann (§ 1 HGB). Auch große Handwerksbetriebe (Bäcker, Konditoren, Fleischer) gehören zu den Istkaufleuten.

Aufgrund seiner Gewerbetätigkeit und der Größe seines Betriebes gilt für den Istkaufmann kraft Gesetz Kaufmannsrecht auch **ohne** Eintragung im Handelsregister. Er bleibt allerdings zur Eintragung im Handelsregister verpflichtet. Das HGB regelt im Einzelnen nicht, wann kaufmännische Einrichtungen notwendig sind. Diese Feststellung bleibt dem Amtsgericht-Handelsregister im Zusammenwirken mit Handwerkskammern und Industrie- und Handelskammern vorbehalten.

Kannkaufmann (Kleingewerbe)

Erfordert ein Gewerbebetrieb (Handel, Handwerk, Dienstleistung) **keine** kaufmännischen Einrichtungen (Kleingewerbebetrieb), ist er grundsätzlich Nichtkaufmann. Er kann aber nach freier Wahl und ohne besondere Voraussetzungen erfüllen zu müssen, die Eintragung in das Handelsregister beantragen und erwirbt mit der Eintragung die volle Kaufmannseigenschaft. Dies gilt auch für die Gründung einer kaufmännischen Personengesellschaft (OHG, KG), deren Gewerbebetrieb kaufmännische Einrichtungen nicht erfordert.

Beispiel:

Hierunter fallen alle Arten von Kleingewerbetreibenden, z. B. kleine Händler, kleine Dienstleister und kleine Handwerksbetriebe. Ihnen eröffnet sich damit die Möglichkeit, eine passende Unternehmensform zu wählen und die Unternehmensfortführung sicherzustellen.

Der Kannkaufmann ist, weil kaufmännische Einrichtungen nicht erforderlich sind, zur Eintragung in das Handelsregister nicht verpflichtet, sondern berechtigt. Erst mit der Eintragung erwirbt er die Kaufmannseigenschaft. Als Handwerker bleibt er Angehöriger der Handwerkskammer.

Kannkaufmann (Urproduktion)

Kannkaufmann ist der Inhaber eines land- oder forstwirtschaftlichen Unternehmens erst mit der Eintragung in das Handelsregister, sofern sein Unternehmen nach Art und Umfang einen in kaufmännischer Weise eingerichteten Geschäftsbetrieb erfordert (also Erfordernis kaufmännischer Einrichtungen).

Freiwillige Eintragung

Der Kannkaufmann ist auch dann, wenn kaufmännische Einrichtungen erforderlich sind, nicht zur Eintragung im Handelsregister verpflichtet. Entscheidet er sich freiwillig dazu, ist er mit der Eintragung in das Handelsregister Kaufmann in der Variante Kannkaufmann.

Formkaufmann

Formkaufmann

Kaufmann kraft Rechtsform sind die Handelsgesellschaften (z. B. GmbH, AG, eG). Diese Gesellschaften erlangen die Kaufmannseigenschaft in der Variante Formkaufmann kraft Gesetz durch Eintragung ins Handelsregister auch dann, wenn kaufmännische Einrichtungen nicht erforderlich sind.

Nichtkaufmann

Nichtkaufmann

Nichtkaufmann ist, wer ein Gewerbe betreibt, für das jedoch kaufmännische Einrichtungen nicht erforderlich sind, weil mit geringem Personaleinsatz vergleichsweise geringe Umsätze erzielt werden.

Beispiel:

Hierzu gehören Inhaber kleiner Ladengeschäfte, kleiner Gaststätten und Schenken, aber auch kleine Handwerker und sonstige Dienstleister (Kleingewerbetreibende).

Für den Nichtkaufmann gelten die Vorschriften des HGB nicht (>> oben). Seine Rechtsbeziehungen richten sich in erster Linie nach BGB und Gewerbeordnung.

Mit dem Verzicht auf eine Eintragung in das Handelsregister vermeidet er die oft schärferen Vorschriften des HGB. Auf Handelsvertreter und -makler, Kommissionäre, Spediteure, Lagerhalter und Frachtführer sind aber die für diese geltenden Bestimmungen des HGB auch dann anzuwenden, wenn kaufmännische Einrichtungen im Einzelfall nicht erforderlich sind.

Einzelheiten zum Kaufmann im Handelsrecht

Arten und Rechtsformen	Varianten	Unternehmensart	Eintragung ins Handelsregister	besondere a) Rechte und b) Pflichten
I. Kaufmann	Istkaufmann	jeder Gewerbebetrieb, der nach Art oder Umfang einen in kaufmännischer Weise eingerichteten Geschäftsbetrieb erfordert	Kaufmann auch **ohne** Eintragung ins Handelsregister	a) Wahl eines Firmennamens; Übertragbarkeit des Firmennamens; Prokuraerteilung; mündlicher Abschluss einer Bürgschaft; höhere gesetzliche Zinsen (5 %)
	Kannkaufmann (Kleingewerbe)	jeder Gewerbebetrieb, der nach Art oder Umfang einen in kaufmännischer Weise eingerichteten Geschäftsbetrieb **nicht** erfordert	Kaufmann **nur** mit Eintragung ins Handelsregister auf **Antrag**	
	Kannkaufmann (Urproduktion)	Unternehmen der **Land- und Forstwirtschaft,** das nach Art und Umfang einen in kaufmännischer Weise eingerichteten Geschäftsbetrieb erfordert	Kaufmann **nur** mit Eintragung ins Handelsregister auf **Antrag**	b) Führen von Handelsbüchern, Bilanzen etc.; unverzügliche Rügepflicht bei Kaufmängeln; Haftung für Geschäftsschulden
	Formkaufmann	**Handelsgesellschaften**	Kaufmann kraft Rechtsform (i. d. R. erst mit Eintragung ins Handelsregister)	
II. Nichtkaufmann		Kleingewerbebetrieb, der nach Art oder Umfang einen in kaufmännischer Weise eingerichteten Geschäftsbetrieb **nicht** erfordert	**keine** Eintragung ins Handelsregister gewünscht	keine Firma keine Handelsbücher keine Prokura keine Eintragung ins Handelsregister

3.2.2.2 Firma

Die Firma ist der Name, unter dem der Kaufmann seine Geschäfte betreibt und die Unterschrift abgibt. Ein Kaufmann kann unter seiner Firma klagen und verklagt werden.

Firmenbildung, Schutz der Verbraucher, Rechtsformzusatz, Pflichtangaben

> Wahlfreiheit der Unternehmen bei der Firmenbildung

Firmenbildung

Unabhängig von der Rechtsform des Unternehmens kann die Firma nach folgenden drei wesentlichen Kriterien gebildet werden:

> Unterscheidungskraft der Firma (Kennzeichnungswirkung)
> Ersichtlichkeit des Gesellschaftsverhältnisses
> Offenlegung der Haftungsverhältnisse

Jede Firma, die diese drei Kriterien erfüllt, ist grundsätzlich im Handelsregister eintragungsfähig. Der Unternehmer kann dabei wählen, ob er sich für eine Personen-, Sach- oder Fantasiefirma entscheidet. Ein Bezug zum Unternehmensgegenstand wird nicht gefordert, soweit die Firma nur hinreichend unterscheidungskräftig ist. Eine Firma, die ersichtlich über geschäftliche Verhältnisse, die für die angesprochenen Verkehrskreise wesentlich sind, irreführt, schließt das Registergericht von einer Eintragung in das Handelsregister aus.

> Interessen des Rechtsverkehrs und Schutz der Verbraucher

Verbraucherschutz

Rechtsformzusätze

Zum Ausgleich für die erleichterte Firmenbildung verlangt das Gesetz von allen kaufmännischen Betrieben zwingend einen **Rechtsformzusatz** und **Pflichtangaben** auf Geschäftsbriefen.
Einzelheiten hierzu:

> Zwingende **Rechtsformzusätze** sind z. B. für
- den **Einzelhandelskaufmann:** eingetragene(r) Kaufmann/Kauffrau oder e. K. oder e. Kfm./Kfr.
- die **offene Handelsgesellschaft:** offene Handelsgesellschaft oder oHG oder OHG
- die **Kommanditgesellschaft:** Kommanditgesellschaft oder KG
- die **Gesellschaft mit beschränkter Haftung:** Gesellschaft mit beschränkter Haftung oder Gesellschaft m. b. H. oder GmbH
- die **Aktiengesellschaft:** Aktiengesellschaft oder AG

Geschäftsbriefe

> **Pflichtangaben** auf Geschäftsbriefen (auch Bestellscheinen), die an einen bestimmten Empfänger gerichtet worden sind:
- die Firma, der Rechtsformzusatz, ggf. der Hinweis auf Haftungsverhältnisse, der Ort der Handelsniederlassung, das Registergericht, die Handelsregisternummer der Firma.

Werden vorgedruckte Mitteilungen oder Berichte im bestehenden Geschäftsverkehr verwendet, besteht keine Angabepflicht.

Beispiele zur Firmierung:

> Einzelkaufmann
„Rudolf Blei eingetragener Kaufmann", „Tankstelle Bleifuß e. K." oder „Backhaus Eduard Meier e. Kfm."
> Personenhandelsgesellschaften
„Möbel Meier OHG" oder „Dietz und Co. KG" oder „Himmelbett Kommanditgesellschaft"
> Kapitalgesellschaften
„Meier GmbH" oder „Mahl Holzwerk Gesellschaft mit beschränkter Haftung" oder „MMHW Gesellschaft m. b. H."

> **Gewerbebezeichnungen des Nichtkaufmannes**

Im Gegensatz zu Kaufleuten führen Nichtkaufleute keine Firma. Sie können im Rechts- und Geschäftsverkehr nur unter ihrem ausgeschriebenen Vor- und Zunamen auftreten.

Gestattet sind ihnen sog. Etablissementbezeichnungen, sofern eine Verwechslung mit einem kaufmännischen Betrieb ausgeschlossen ist.

Beispiel:

Ein Gastwirt, der kein kaufmännisches Unternehmen hat, darf sein Gasthaus „Roter Hahn“, „Zum Elefanten“ oder dergleichen nennen.

3.2.2.3 Handelsregister

Das Handelsregister ist ein öffentliches Buch mit Urkundencharakter (Verzeichnis), das über die Rechtsverhältnisse der in seinem Bezirk bestehenden Handelsfirmen Auskunft gibt.

Einzelheiten zum Handelsregister

> Zuständigkeit

Amtsgericht
Registergericht

Das Handelsregister wird von dem **Amtsgericht als Registergericht** elektronisch geführt, in dessen Bezirk das einzutragende Unternehmen seinen Sitz hat. Die Handwerkskammern und die Industrie- und Handelskammern haben daran mitzuwirken, unrichtige Eintragungen zu vermeiden oder zu berichtigen und unvollständige zu ergänzen. Hierfür sind sie antrags- und beschwerdeberechtigt.

> Geltungsbereich

Kaufleute

Alle **Kaufleute** und bestimmte auf sie bezogene Tatsachen und Rechtsverhältnisse **sind in das Handelsregister einzutragen.** Eintragungen erfolgen in der Regel auf Antrag. Anmeldungen sind elektronisch in öffentlich beglaubigter Form (Notar) einzureichen.

> Zweck

Auskunft
Einsicht

Jedermann soll Auskunft erhalten, wer Kaufmann ist und wie seine wichtigsten Rechtsverhältnisse geregelt sind. Deshalb ist die **Einsicht in das Handelsregister jedermann gestattet** (Öffentlichkeit des Handelsregisters). Sicherheit und Vertrauen im Rechtsverkehr sollen damit gefördert werden.

> Inhalt

Inhalt

Einzutragen sind zum Beispiel **Name, Vorname, Geburtsdatum, aktuelle Geschäftsanschrift des Unternehmers** (des Gesellschafters), die **Firma** und der **Sitz** der Niederlassung, Zeitpunkt des Betriebsbeginns, eventuelle Einlagen, eventuelle Prokuraerteilung.

Auch alle grundsätzlichen Statusänderungen sind einzutragen, wie zum Beispiel Neugründung, Veränderungen (Gesellschafterwechsel, Erteilung der Prokura) und Löschungen (Entzug der Prokura).

Wirkungen der Eintragung

> Wirkungen der Eintragung
- Eingetragene und bekannt gemachte Tatsachen muss ein Dritter ab dem 16. Tag nach Bekanntmachung gegen sich gelten lassen **(positive Publizität).**

Beispiel:

Mit dem entlassenen Prokuristen kann nach Ablauf der Frist für den Istkaufmann verbindlich kein Rechtsgeschäft mehr abgeschlossen werden.

- Einzutragende, aber noch nicht eingetragene oder noch nicht bekannt gemachte Tatsachen (zum Beispiel Ausscheiden eines Gesellschafters) braucht ein Dritter nicht gegen sich gelten zu lassen **(negative Publizität).**

Veröffentlichung

> Bekanntmachung der Eintragung
Das Registergericht macht die Eintragungen in dem von der Landesjustizverwaltung bestimmten elektronischen Informations- und Kommunikationssystem in der zeitlichen Folge ihrer Eintragung, nach Tagen geordnet, bekannt.

3.2.2.4 Personen- und Kapitalgesellschaften

Mehrere Personen können sich zusammenschließen, um gemeinsam einen bestimmten Zweck zu erreichen, zum Beispiel die Herstellung von oder den Handel mit Waren und Erzeugnissen, die Ausführung handwerklicher Leistungen oder die Erbringung sonstiger Dienstleistungen. Bei den gewerblichen Gesellschaften steht die Absicht im Vordergrund, Gewinn zu erzielen.

Vereinigen sich Personen zum gemeinsamen Betrieb eines Handelsgewerbes unter gemeinsamer Firma, spricht man von einer Handelsgesellschaft. Es gibt Personen- und Kapitalgesellschaften.

Unterscheidung der Personen- und Kapitalgesellschaften

Personengesellschaften

> Bei den **Personengesellschaften** ist die Mitgliedschaft auf die Person und die einzelnen Gesellschafter zugeschnitten. Wesentliches Merkmal ist das Zusammengehen und Zusammenbleiben der Mitgesellschafter. Scheidet aber aus einer Mehrpersonengesellschaft ein Gesellschafter z. B. durch Tod oder Kündigung aus, besteht die Gesellschaft fort, es sei denn, der Gesellschaftsvertrag sieht die Auflösung vor (Unternehmenskontinuität).

BGB-Gesellschaften

Die Grundform aller Personengesellschaften ist die Gesellschaft bürgerlichen Rechts (BGB-Gesellschaft). Der Gesellschaftsvertrag ist grundsätzlich formfrei. Jeder Gesellschafter haftet grundsätzlich mit seiner eventuellen Einlage und seinem Privatvermögen für die gemeinschaftlich eingegangenen Verbindlichkeiten. Auch wenn die Gesellschaft selbst keine juristische Person ist, kann sie z. B. Mitglied einer anderen Gesellschaft werden, Scheck- und Wechselverbindlichkeiten eingehen, klagen und verklagt werden, d. h. sie ist in diesem Rahmen rechtsfähig. Benötigt die BGB-Gesellschaft für ihren Geschäftsbetrieb **keine** kaufmännischen Einrichtungen, ist sie keine Handelsgesellschaft. Sie kann aber auf **Antrag** in das Handelsregister eingetragen werden und wird damit Handelsgesellschaft in der Rechtsform der OHG oder KG. Damit können auch Kleingewerbetreibende Personenhandelsgesellschaften gründen.

Kapitalgesellschaften

> Eine **Kapitalgesellschaft** ist im Gegensatz dazu auf die reine Kapital-(Geld-)Beteiligung und nicht auf die persönliche Mitarbeit der Gesellschafter zugeschnitten. Das Ausscheiden eines Gesellschafters oder die Veräußerung eines Gesellschaftsanteils wirkt sich daher nicht auf den Bestand der Gesellschaft aus.

Beispiel:

Ob und wer im Einzelnen Anteile an einer GmbH oder AG hat, ist für den Bestand der Gesellschaft unmaßgeblich.

Überblick über die Personengesellschaften

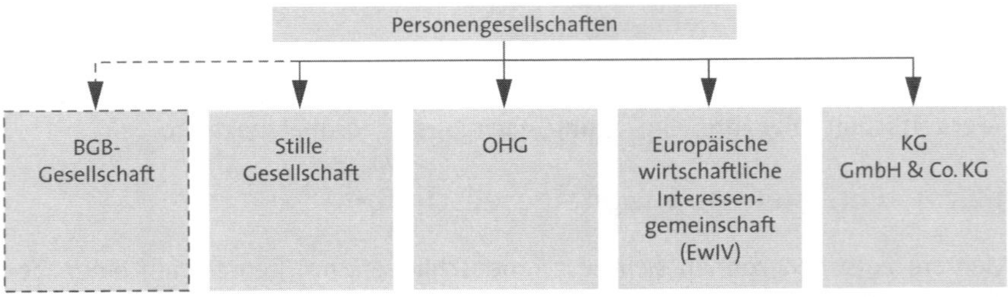

Einzelheiten zu den Personengesellschaften des Handelsrechts

Stille Gesellschaft

Die stille Gesellschaft

> Wesen
Es handelt sich um eine **Innengesellschaft.** Der stille Gesellschafter beteiligt sich mit einer Einlage an dem von einem anderen betriebenen Handelsgeschäft. Er tritt nach außen nicht in Erscheinung, der **Inhaber führt die Geschäfte allein.** Die stille Gesellschaft ist eine besondere Art der Gesellschaft des bürgerlichen Rechts. Der stille Gesellschafter nimmt teil an Gewinn und Verlust des Handelsgeschäfts.

> Abschlussform
Der Vertrag über eine stille Gesellschaft ist **grundsätzlich formfrei.** Schriftform ist aus Beweisgründen zu empfehlen.

> Rechtsform
Sie besitzt **keine eigene Rechtsfähigkeit.** Rechtsträger ist der Kaufmann, an dessen Handelsgeschäft sich der stille Gesellschafter beteiligt.

> Einlagen
Das **HGB schreibt Einlagen nicht** im Einzelnen **vor.** Der stille Gesellschafter kann dem Geschäftsinhaber jede denkbare Vermögenseinlage (Geld, bewegliche und unbewegliche Sachen) zur Verfügung stellen. Diese geht in das Vermögen des Geschäftsinhabers über.

> Haftung
Der **stille Gesellschafter haftet** Geschäftsgläubigern unmittelbar nur aus besonderer Verpflichtung (zum Beispiel Bürgschaft). Mittelbar haftet er **mit seiner Geschäftseinlage,** das heißt, Verluste trägt er bis zur Höhe seiner Einlage.

> Eintragung ins Handelsregister
Die stille Gesellschaft als Sonderform der Gesellschaft des bürgerlichen Rechts kann **im Handelsregister** nicht eingetragen werden. **Eingetragen ist allein der Inhaber des Handelsgeschäfts,** an dem der stille Gesellschafter beteiligt ist.

Die offene Handelsgesellschaft (OHG) und die Europäische wirtschaftliche Interessengemeinschaft (EwIV)

OHG
EwIV

Die OHG und die EwIV sind in wesentlichen Belangen vergleichbar und werden daher im Folgenden zusammen behandelt. Die EwiV soll Unternehmern und Angehörigen freier Berufe grenzüberschreitende Zusammenarbeit im EU-Raum erleichtern. Ihr Zweck ist die Förderung der wirtschaftlichen Tätigkeit ihrer Mitglieder, während Zweck der OHG der Betrieb eines Handelsgewerbes oder auch die Verwaltung eigenen Vermögens ist.

> Abschlussform
Mit Abschluss des Gesellschaftsvertrages, der **keiner besonderen Form** bedarf, wird die Gesellschaft im Innenverhältnis wirksam. Als Handelsgesellschaft ist sie im Handelsregister einzutragen. Die Anmeldung beim Handelsregister erfolgt über den Notar.

> Rechtsform
Sie kann als kaufmännisches Unternehmen Rechte erwerben und Verbindlichkeiten eingehen, ist daher in diesem Rahmen rechtsfähig, ist jedoch keine juristische Person.

Beispiel:

Unter der Firma können Rechte erworben und Verbindlichkeiten eingegangen, Eigentum an einer Immobilie erworben, vor Gericht geklagt oder verklagt werden.

> Einlagen
Einlagen schreibt das Gesetz nicht vor. Es bleibt den Gesellschaftern überlassen, ob und welche Einlagen sie erbringen.

> Haftung
Alle Gesellschafter haften den Gesellschaftsgläubigern **persönlich und unbeschränkt.**

> Eintragung ins Handelsregister
Die **Eintragung ins Handelsregister** ist erforderlich.

Die Kommanditgesellschaft (KG) und die GmbH & Co. KG

KG

Hinsichtlich Zweck, Abschlussform, Rechtsfähigkeit, Einlagen und der Eintragung im Handelsregister gilt das zur OHG Gesagte.

Von der OHG unterscheidet sich die KG allein dadurch, dass bei einem Teil der Gesellschafter die Haftung gegenüber den Gesellschaftsgläubigern beschränkt ist. Es gibt folglich zwei Gruppen von Gesellschaftern: den Komplementär, der unbeschränkt haftet, und den Kommanditisten, der nur mit seiner Einlage haftet. Jede KG muss mindestens einen Komplementär und einen Kommanditisten haben, die in der Regel natürliche Personen sind.

Die Gesellschaftergruppen der KG

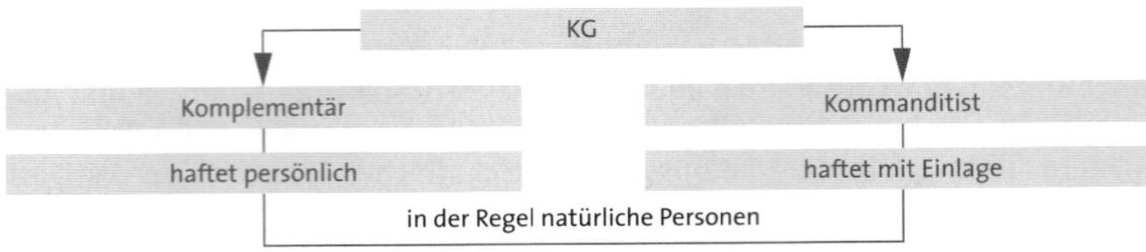

Das Gesetz schreibt jedoch nicht vor, dass der Komplementär eine natürliche Person (Mensch) sein muss. Als Komplementär kommt daher auch eine juristische Person in Betracht, zum Beispiel eine GmbH. Gerade diese Rechtsform bietet sich an, wenn keiner der Gesellschafter persönlich die unbeschränkte Haftung übernehmen will.

Überblick über die Kapitalgesellschaften

> Besondere Merkmale einer Kapitalgesellschaft sind die eigene Rechtspersönlichkeit, die grundsätzliche freie Übertragbarkeit der Anteile und der Ausschluss der persönlichen Haftung der Gesellschafter. Die Mitarbeit bei der Geschäftsführung ist nicht notwendig. Kapitalgesellschaften sind die GmbH (Variante: haftungsbeschränkte Unternehmergesellschaft = hbUG) und die AG.

> Einzelheiten zur Gesellschaft mit beschränkter Haftung, hbUG

GmbH

Die GmbH ist im Rechts- und Geschäftsverkehr vor allem für mittelständische Dienstleistungs- und Bauhandwerksbetriebe von praktischer Bedeutung. Mit dem 2008 modernisierten GmbH-Recht können Gründer und Investoren ihre unternehmerischen Ideen leichter, schneller und unkomplizierter in die Tat umsetzen. Die folgende Übersicht beschränkt sich auf wichtige Einzelheiten hierzu.

Einzelheiten

- Gründungszweck
  Eine GmbH kann zu jedem gesetzlich zugelassenen Zweck errichtet werden. Die Gründung einer Ein-Personen-GmbH ist möglich und zulässig.
- Abschlussform
  Der **Gesellschaftsvertrag** muss grundsätzlich **notariell** beurkundet werden. Er wird als Satzung bezeichnet. Für unkomplizierte Standardgründungen (z.B. Bargründung, höchstens drei Gesellschafter) kann der vom Gesetz vorgegebene **Mustergesellschaftsvertrag** verwendet werden. In diesem Fall genügt die **öffentliche Beglaubigung** der Unterschriften, um die Gesellschafter zu identifizieren. Auch die Anmeldung zum Handelsregister kann mittels Muster erfolgen.
- Eintragung im Handelsregister
  - Die GmbH muss **im Handelsregister eingetragen werden.** Die erforderlichen Unterlagen werden grundsätzlich **elektronisch** beim ebenso geführten Register eingereicht.
  - Die Eintragung erfolgt ohne Rücksicht auf erforderliche weitere staatliche Genehmigungen, z.B. die Eintragung in die Handwerksrolle bei einem Handwerksbetrieb.

- Belege für die Gründungskapitaleinzahlungen werden nur verlangt, wenn das Registergericht bei der Prüfung erhebliche Zweifel an der Kapitalaufbringung hat.
- Bei der Ein-Personen-GmbH wird auf die Stellung besonderer Sicherheitsleistungen verzichtet.

> Rechtsform

Die GmbH ist eine **juristische Person** des privaten Rechts. Abweichend vom Satzungssitz im Inland kann der **Verwaltungssitz** auch im Ausland liegen.

> Einlagen

- Das **Mindeststammkapital** beträgt grundsätzlich **25.000,00 EUR**. Als Stammkapital gelten die bei Gründung einer GmbH von den Gesellschaftern insgesamt zu erbringenden Einlagen. Die Höhe ihrer Einlagen bestimmen die Gesellschafter individuell (**Stammeinlage**, Geschäftsanteil), sie muss aber auf mindestens einen EUR lauten. Der **Gesamtbetrag** von Stammkapital und Stammeinlagen muss übereinstimmen. Eine Auszahlung des Stammkapitals an die Gesellschafter ist unzulässig. Im Wege der Satzungsänderung können die Gesellschafter eine Erhöhung oder Ermäßigung des Stammkapitals (jedoch nicht unter das Mindeststammkapital) beschließen. Stammeinlagen können veräußert oder von Mitgesellschaftern übernommen werden.
  Die GmbH entsteht erst, wenn 12.500,00 EUR in Geld- oder Sachleistungen erbracht sind (Mehrpersonen-GmbH).
  Ein sachleistender Gesellschafter muss im Zweifel die Gleichwertigkeit zur geschuldeten Bareinlage beweisen.
- Eine **haftungsbeschränkte Unternehmergesellschaft** hbUG = (Mini-GmbH) kann auch **ohne** bestimmtes **Mindeststammkapital** gegründet werden. Sie erleichtert Existenzgründern, z.B. Handwerkern und Dienstleistern ohne Anfangskapital, den Einstieg in die Rechtsform der GmbH. Diese GmbH darf ihre Gewinne aber nicht voll an die Gesellschafter ausschütten. Nach und nach wird dadurch das Mindeststammkapital der normalen GmbH angespart. hbUG

> Haftung

Für die Verbindlichkeiten der Gesellschaft haftet nur das Gesellschaftsvermögen. Die persönliche Haftung der Gesellschafter ist grundsätzlich ausgeschlossen. In besonderen Fällen hat die Rechtsprechung allerdings die sogenannte Durchgriffshaftung gegen Gesellschafter und Geschäftsführer entwickelt.

> Organe

Organe der GmbH sind die Gesellschafterversammlung, die Geschäftsführer und eventuell ein Aufsichtsrat.

> Gesellschafter

Als Gesellschafter, und damit für Geschäftspartner erkennbar, gilt, wer in die **Gesellschafter-Liste** eingetragen ist. Hierauf gründet auch ein gutgläubiger Erwerb von Stammeinlagen.

> Missbrauchsbekämpfung

- Im Handelsregister ist eine **Inlands-Geschäftsanschrift** der GmbH einzutragen, um die Rechtsverfolgung von Ansprüchen sicherzustellen. Ist eine Zustellung unter dieser Anschrift nicht möglich, kann auch öffentlich zugestellt werden.
- Jeder Gesellschafter hat bei Abtauchen des Geschäftsführers **Insolvenzantragspflicht**, wenn die Gründe hierfür vorliegen, es sei denn, er ist davon ohne Kenntnis.
- Wegen diverser Straftatbestände mit Unternehmensbezug verurteilte Personen (z.B. Insolvenzverschleppung) sind von der **GmbH-Geschäftsführung ausgeschlossen**.

Schematische Übersicht über die Wahl der Unternehmensform

Unternehmensformen

Bei der Wahl der Rechtsform spielen persönliche, betriebswirtschaftliche, gesellschaftsrechtliche und steuerliche Aspekte eine Rolle. Für den konkreten Einzelfall wird Sie Ihre Handwerkskammer beraten.

Rechtsformen							
Arten: Rechtsformen	Varianten:	Form des Abschlusses:	Eintragung ins Handelsregister:	Einlage:	Haftung:	Gründungsgesellschafter:	Firmierung:
I. Einzelunternehmen	--		**Nein**, wenn Nichtkaufmann **Ja**, wenn Kaufmann oder auf Antrag	gesetzlich nicht vorgeschrieben	Inhaber mit Betriebs- und Privatvermögen	1 Inhaber	**Nein**, wenn Nichtkaufmann (nur Gewerbezeichnung) **Ja**, wenn Kaufmann oder auf Antrag (Firmierung siehe unten)
II. Personengesellschaften	Stille Gesellschaft	grundsätzlich: formfrei, Empfehlung: Schriftform	**Nein**	Höhe gesetzl. nicht vorgeschrieben, i.d.R. durch stillen Teilhaber	Inhaber wie oben, stiller Gesellschafter nur mit Einlage	1 Einzelunternehmen oder Gesellschaft 1 stiller Gesellschafter	**Nein**, wie Nichtkaufmann
	Gesellschaft des bürgerl. Rechts	wie oben	**Nein**; auf Antrag als OHG/KG	gesetzlich nicht vorgeschrieben, möglich: Arbeitskraft, Geld, Sachen, Rechte	alle Gesellschafter mit Einlage und Privatvermögen (Beschränkung im Einzelfall möglich)	mindestens 2 Gesellschafter	**Nein**, wenn Nichtkaufmann **Ja**, wenn Kaufmann auf Antrag (OHG/KG – Firmierung siehe unten)

Rechtsformen							
Arten: Rechtsformen	Varianten:	Form des Abschlusses:	Eintragung ins Handelsregister:	Einlage:	Haftung:	Gründungsgesellschafter:	Firmierung:
	Offene Handelsgesellschaft	wie oben	ja, da Gegenstand ein kaufm. Unternehmen ist	wie oben	wie oben (Beschränkung nicht möglich)	mindestens 2 Gesellschafter	Wahlmöglichkeiten: - Personenname - Sachname - Fantasiename - Mischformen sind möglich Erforderlich zusätzlich: - Rechtsformzusatz (z. B.: e. K., OHG, KG, GmbH, etc.) - evtl. Haftungszusatz (wegen Einzelheiten Kapitel Firmierung)
	Kommanditgesellschaft	wie oben	wie oben	wie oben	Komplementär: voll, das heißt Einlage + Privatvermögen; Kommanditist: nur mit Einlage	mindestens 1 Komplementär 1 Kommanditist	
	GmbH & Co. KG	notariell formfrei	wie oben	Stammkapital der GmbH, Kommanditist wie oben	i.d.R. nur GmbH (als Komplementär mit Einlage), Kommanditist: nur mit Einlage	mindestens 1 GmbH als Komplementär 1 Kommanditist	
III. Kapitalgesellschaft/ juristische Person	GmbH	notariell Schriftform	kraft Gesetz	mindestens 25.000,00 EUR	GmbH mit Einlage	mindestens 1 Gesellschafter	
	hbUG	wie oben	wie oben	zunächst mindestens 1 EUR	wie oben	wie oben	

3.2.3 Wettbewerbsrecht

Werbung

Werbung und Wettbewerb beruhen auf dem Grundrecht der freien Persönlichkeitsentfaltung, das jedoch dort endet, wo gleiche Rechte anderer beeinträchtigt werden. Den Wettbewerb regelnde und einschränkende wichtige Gesetze, die teils alle Stufen des Wettbewerbs, teils nur den Endverbraucher schützen, zeigt die folgende Übersicht:

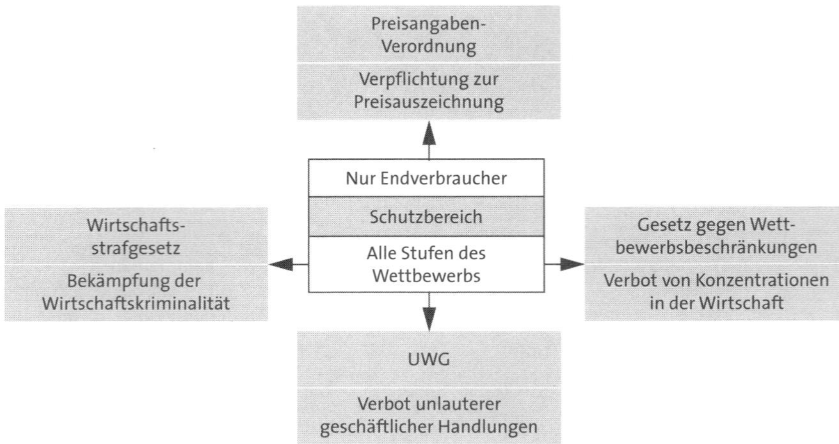

3.2.3.1 Gesetz gegen Wettbewerbsbeschränkungen (Kartellgesetz)

Grundformen der Wirtschaftsordnung eines Staates sind die Planwirtschaft oder die Marktwirtschaft wie in der Bundesrepublik Deutschland.

Marktwirtschaft

Überlässt der Staat die Marktwirtschaft sich selbst, finden Unternehmer rasch Mittel und Wege, den Markt durch Zusammenschlüsse, Vereinbarungen, abgestimmtes Verhalten für sich vorteilhaft, für Verbraucher und Konkurrenten nachteilig zu beeinflussen (sogenannte **freie Marktwirtschaft).** Die **Bundesrepublik Deutschland** als moderner Sozialstaat hat verfassungsrechtlich sichergestellt, dass aus sozialen Rücksichten korrigierend in die freie Marktwirtschaft eingegriffen werden kann **(soziale Marktwirtschaft).**

> Verboten sind in der sozialen Marktwirtschaft grundsätzlich Wettbewerbsbeschränkungen durch Kartellvereinbarungen, Kartellbeschlüsse und abgestimmtes Verhalten, Marktbeherrschung, wettbewerbsbeschränkendes Verhalten.

Kartellvereinbarungen – Beschlüsse und abgestimmtes Verhalten

> Dies sind Vereinbarungen, Beschlüsse und aufeinander abgestimmte Verhaltensweisen von miteinander im Wettbewerb stehenden Unternehmen, die den Wettbewerb geplant oder tatsächlich verhindern, einschränken oder verfälschen.

Sie sind verboten, wenn sie die Erzeugung von Waren oder die Marktverhältnisse für den Verkehr mit Waren oder gewerblichen Leistungen durch Beschränkung des Wettbewerbs spürbar beeinflussen.

Beispiel:

Treibstofflieferanten beschließen, die Treibstoffpreise zu einem vereinbarten Stichtag gemeinsam auf ein einheitliches Niveau anzuheben. Mitglieder der Bäcker-Innung beschließen, dass ab morgen Brote generell um 20 Cent teurer werden.

Von dem Verbot gibt es eine Reihe von Ausnahmen:

Erlaubte Kartelle

Normen- und Typenkartelle, Spezialisierungs-, Mittelstands-, Rationalisierungs- und Strukturkrisenkartelle.

Beispiel:

Kooperationserleichterungen für die Zusammenarbeit kleiner und mittlerer Unternehmen für den Einkauf von Waren, die Verwaltung, Werbung oder Produktion, wenn dadurch der Wettbewerb nicht wesentlich beeinflusst wird.

Einige von ihnen werden auch ohne besondere Erlaubnis wirksam, wenn die Kartellbehörde, bei der sie anzumelden sind, nicht binnen drei Monaten widerspricht.

Marktbeherrschung, wettbewerbsbeschränkendes Verhalten

Ein Unternehmen ist marktbeherrschend, wenn es für bestimmte Waren oder Leistungen ohne Wettbewerber ist oder keinem wesentlichen Wettbewerb ausgesetzt ist oder eine überragende Marktstellung hat. Hierunter fallen auch Unternehmen, von denen andere Unternehmen abhängig sind.

> Die missbräuchliche Ausnutzung einer **marktbeherrschenden oder sonstigen vorgenannten Stellung** durch ein oder mehrere Unternehmen ist verboten.

Beispiel:

Forderung von bei funktionierendem Wettbewerb unüblichem Entgelt; Verweigerung des Zugangs zu eigenen Netzen oder Einrichtungen trotz angemessenen Entgelts.

> Als **wettbewerbsbeschränkendes Verhalten** gelten Diskriminierungsverbot, Verbot unbilliger Behinderung, sonstiges wettbewerbsbeschränkendes Verhalten und Empfehlungsverbot.

Beispiel:

Liefer- und Bezugssperren; Gewährung von Vorzugsbedingungen; unbillige Untereinstandspreisangebote (z.B. für Lebensmittel, um kleine und mittlere Lebensmittelhändler vor der Macht großer Ketten zu schützen).

Kartellbehörden

Kartellbehörden sind u.a. das **Bundeskartellamt** in Bonn und die **Kartellämter** der **Länder** (in der Regel das Wirtschaftsministerium).

Geldbußen

Verstöße gegen das Kartellgesetz sind Ordnungswidrigkeiten, die grundsätzlich mit Geldbuße bis zu 1 Mio. EUR, darüber hinaus gegen jedes an der Zuwiderhandlung beteiligte Unternehmen bis zu maximal 10 % des im Vorgeschäftsjahr weltweit erzielten Gesamtumsatzes geahndet werden können.

3.2.3.2 Gesetz gegen den unlauteren Wettbewerb (UWG)

Unlautere geschäftliche Handlungen, die geeignet sind, den Wettbewerb zum Nachteil der Mitbewerber, der Verbraucher oder der sonstigen Marktteilnehmer spürbar zu beeinträchtigen, sind unzulässig.

Die Generalklausel des UWG verbietet somit, vereinfacht ausgedrückt, alle geschäftlichen Handlungen als unlauter, die den anständigen Gepflogenheiten in Handel, Handwerk, Gewerbe oder selbstständiger beruflicher Tätigkeit zuwiderlaufen.

Definitionen

- **Geschäftliche Handlung** ist jedes Verhalten einer Person, zugunsten des eigenen oder eines fremden Unternehmens vor, bei oder nach einem Geschäftsabschluss u. a. den Absatz oder den Bezug von Waren oder Dienstleistungen, einschließlich unbeweglicher Sachen, Rechte und Verpflichtungen, zu fördern.
- **Mitbewerber** ist jeder Unternehmer, der mit einem oder mehreren Unternehmern als Anbieter oder Nachfrager der vorgenannten Güter in einem konkreten Wettbewerbsverhältnis steht.
- **Verbraucher** ist jede natürliche Person, die durch den Abschluss eines Rechtsgeschäfts weder in ihrer gewerblichen noch in ihrer selbstständigen beruflichen Tätigkeit betroffen ist.
- **Unternehmer** ist jede natürliche oder juristische Person, die geschäftliche Handlungen im Rahmen ihrer gewerblichen, handwerklichen oder beruflichenTätigkeit vornimmt, und die in ihrem Namen oder Auftrag Handelnden.
- **Marktteilnehmer** erfasst als Oberbegriff neben den bereits Genannten alle Personen, die die vorgenannten Güter anbieten oder nachfragen.

In allen Fällen zu beachten ist die Bagatellschwelle: Nicht nur unerheblich beeinträchtigende, sondern die einen Marktteilnehmer spürbar **benachteiligenden** Wettbewerbshandlungen sind unlauter und damit verboten.

Schutzzweck des UWG

Das UWG bezweckt den Schutz des genannten Personenkreises vor unlauteren geschäftlichen Handlungen, nicht dagegen den Schutz sonstiger Allgemeininteressen (z.B. Arbeitnehmer-, Tier-, Umwelt-, Diskriminierungsschutz). Der Schutz gilt auch bei Auslandseinkäufen (EU). Alle für einen Geschäftsabschluss **wesentlichen Informationen** hat der Unternehmer dem Verbraucher zu erteilen.

Systematik des UWG

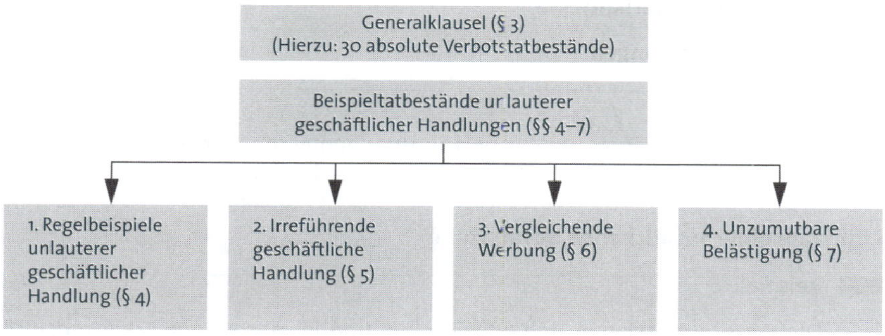

Einzelheiten zu den Beispieltatbeständen:

Beispieltatbestände

1. Beispiele unlauterer geschäftlicher Handlungen:

> unsachliche Beeinflussung

Beispiel:

Unangekündigte extreme Kurzfristrabatte, wenn der Kunde die Preiswürdigkeit nicht mit Konkurrenzangeboten vergleichen kann.

> Verkaufsförderungsmaßnahmen

Beispiel:

Für Preisnachlässe, Zugaben, Geschenke etc. werden die Teilnahmebedingungen nicht klar und deutlich angegeben.

> Herabsetzung von Mitbewerbern

> gezielte Mitbewerberbehinderung

Beispiel:

Boykott und Vernichtungswettbewerb, um den Konkurrenten an dessen wettbewerblicher Entfaltung zu hindern.

> Rechtsbruch

Beispiel:

Verstöße gegen Marktverhaltensregeln (z. B. Ladenschlussgesetz, Preisangabenverordnung) oder Marktzutrittsregeln (z. B. Handwerksordnung, Rechtsberatungsgesetz).

Irreführende Werbung

2. Beispiele irreführender geschäftlicher Handlungen:

> über Merkmale der Waren oder Dienstleistungen

> über den Anlass von Verkaufsaktionen

Beispiel:

Jubiläums-, Räumungsverkäufe ohne tatsächlichen Anlass.

> **über geschäftliche Verhältnisse**

> **über Preisherabsetzungen**

Beispiel:

Ein überhöhter Preis wird nur für unangemessen kurze Zeit gefordert (Mondpreis), um kurz darauf mit einer Preissenkung werben zu können.

> **für Ware ohne ausreichende Bevorratung**

Beispiel:

Die Ware umfasst nur einige Exemplare und ist nach kurzer Zeit verkauft (Lockvogelangebot).

Vergleichende Werbung

3. Beispiele vergleichender Werbung, wenn sie:

> **das Sachlichkeitsgebot verletzt** (ungleicher Vergleich),

> **zu pauschal gehalten ist** (kein gleicher Bedarf oder Zweck),

> **zu einer Gefahr der Verwechslung führen kann** (zwischen Mitbe- und Werber),

> **den Ruf von Kennzeichen ausnutzt oder beeinträchtigt** (des Mitbewerbers),

> **Waren, Dienstleistungen, Tätigkeiten**, persönliche oder geschäftliche **Verhältnisse eines Mitbewerbers herabsetzt oder verunglimpft,**

> eine Ware oder Dienstleistung **als Imitat oder Nachahmung einer** unter einem **geschützten Kennzeichen vertriebenen Ware oder Dienstleistung darstellt,**

> bei einem **Preisvergleich Ende und** gegebenenfalls **Beginn des Angebots nicht eindeutig angibt.**

Unzumutbare Belästigung

4. Beispiele unzumutbarer Belästigung eines Marktteilnehmers:

> **Der Empfänger wünscht die Werbung erkennbar nicht.**

> **Werbetelefonanrufe** gegenüber einem Verbraucher ohne dessen **Einwilligung** (bei Verstoß: bis 50.000,00 EUR Bußgeld; gewerbl. Anrufer müssen ihre Telefonnummer offenbaren, bei Verstoß: bis 10.000,00 EUR Bußgeld).

> **Telefax-, E-Mail- und Werbung mit automatischen Anrufmaschinen ohne ausdrückliche vorherige Einwilligung.**

> **Werbung über elektronische Kommunikationsdienste, wenn** die **Identität** des **Absenders verschleiert** wird oder **keine gültige Antwortadresse angegeben** wird.

Ansprüche

Wettbewerbsrechtliche Ansprüche und ihre Durchsetzung:

Einen unlauter Werbenden können verletzte Mitbewerber und u. a. auch gewerbliche Kammern nach Abmahnung auf Unterlassung, Beseitigung und Schadenersatz in Anspruch nehmen. Bei vorsätzlichen Verstößen können Letztere den zulasten einer Vielzahl von Abnehmern erzielten Gewinn zugunsten des Bundeshaushalts abschöpfen.

Zur Beilegung auch von Wettbewerbsstreitigkeiten haben Industrie- und Handelskammern unter Mitwirkung der Handwerkskammern und der Verbraucherverbände Einigungsstellen errichtet. Ziel ist die außergerichtliche Streitbeilegung. Misslingt diese, sind die Landgerichte ausschließlich zuständig.

3.2.3.3 Preisangabenverordnung

Grundsätzliches zur Preisangabe

Jeder Unternehmer, der unter Angabe von Preisen wirbt, hat zum Schutz der Endverbraucher die Preise anzugeben, die einschließlich der Umsatzsteuer und sonstiger Preisbestandteile zu zahlen sind (Endpreise).

Die Preisangabenpflicht trifft jeden Unternehmer, der gewerbs- oder geschäftsmäßig Letztverbrauchern Waren oder Leistungen anbietet oder damit in Presse, Rundfunk, Fernsehen oder sonstigen Medien wirbt.
Hiervon ausgenommen sind Preise mit Änderungsvorbehalt bei Liefer- oder Leistungsfristen von mehr als vier Monaten und bei Dauerschuldverhältnissen.

Änderungsvorbehalt

Beispiel:

Der Landmaschinenmechanikermeister wirbt in der Zeitung für eine von ihm entwickelte Maschine zum Preis von 10.000,00 EUR, Lieferfrist fünf Monate. Durch Hinweis auf Material- und Lohnerhöhungen während der Lieferfrist kann er sich eine Preisänderung vorbehalten.

Einzelheiten zur Preisauszeichnung

> Handel

- **Waren in Verkaufsräumen, in Schaufenstern, Schaukästen oder Verkaufsständen** müssen **durch Preisschilder** oder Beschriftung der Ware **ausgezeichnet** werden.
- **Für sonstige Waren gilt:** entweder Auszeichnung wie vorstehend oder Beschriftung der Behältnisse oder Regale oder Anbringen/Auslegen von Preisverzeichnissen. **Katalog-** oder **Bildschirmwaren** sind bei der Warenabbildung oder in einem zusammenhängenden Verzeichnis anzupreisen.
- Preisangaben im Internethandel müssen auf einer gesonderten Seite leicht zu finden sein.

Waren

> Kredite

Der **effektive Jahreszins** (Zinsen; Vermittlungsgebühren und sonstige Kosten) **und die sonstigen Nebenbedingungen und Nebenkosten sind durch Aushang auszuweisen** bzw. im Angebot bekannt zu geben.

Kredite

> Leistungen

- Dienstleistungsbetriebe und Handwerker müssen ihre **wesentlichen Leistungen in** einem **Preisverzeichnis zusammenstellen** und im Geschäftslokal und Schaufenster oder Schaukasten anbringen oder sämtliche angebotenen Leistungen in ein Preisverzeichnis aufnehmen.

Leistungen

Verstöße sind Ordnungswidrigkeiten und können mit Geldbuße geahndet werden.

3.2.3.4 Ladenschlussgesetze

Die Ladenschlussvorschriften schützen die Arbeitnehmer und regeln den Wettbewerb der Betriebe untereinander. Die Regelung der Ladenschlusszeiten fällt in die Gesetzgebungskompetenz der Bundesländer.

Geltungsbereich der Ladenschlussgesetze

> Die Ladenschlussgesetze gelten für Verkaufsstellen (Ladengeschäfte aller Art, Kioske, Basare etc.), in denen von einer festen Stelle aus ständig Waren zum Verkauf an jedermann feilgehalten werden.

Nicht Verkaufstätigkeit und damit von den Ladenschlusszeiten freigestellt sind:

> die Auslieferung bereits bestellter Waren
> das Zu-Ende-Bedienen von Kunden zum Zeitpunkt des Ladenschlusses
> Werbeveranstaltungen, wenn eine Verkaufstätigkeit sicher ausgeschlossen ist.

Allgemeines und Besonderes zu den Ladenschlusszeiten

Die meisten Bundesländer haben den Ladenschluss an den Wochentagen (Mo. mit Sa./Thüringen und Schleswig-Holstein am Samstag bis 20 Uhr) freigegeben. In Bayern und im Saarland sind zur Zeit wochentags die Läden bis 6 Uhr und ab 20 Uhr, in Rheinland-Pfalz und Sachsen bis 6 Uhr und ab 22 Uhr zu schließen. An Sonn- und Feiertagen bleiben Läden grundsätzlich geschlossen. Je nach Einzelregelung sehen jedoch alle Bundesländer verkaufsoffene Sonn- und Feiertage (3 bis 10/ Mecklenburg-Vorpommern: Bäderregelung) vor.

3.2.3.5 Gewerblicher Rechtsschutz und Urheberrecht

Allgemeines

Gewerblicher Rechtsschutz

Der gewerbliche Rechtsschutz dient dem **Schutz der gewerblich-geistigen Leistung** und der damit zusammenhängenden Interessen. Im weiteren Sinne gehören hierzu Patent-, Gebrauchsmuster-, Geschmacksmuster-, Marken- sowie Urheberrecht, denn alle haben das Ziel, eine individuelle geistige Leistung zu schützen.

Urheberrecht

Unterschiede ergeben sich nach dem Inhalt der geschützten Leistungen. Das Urheberrecht schützt kulturelles Schaffen, während die gewerblich-technischen Rechte Leistungen technischer Art schützen.

Rechtsschutz

Das geistige Eigentum des Rechtsinhabers schützen u. a. folgende Rechte:

> Zur gerichtlichen Durchsetzung seiner Rechte hat er zivilrechtliche **Auskunftsansprüche** nicht nur gegen den gewerblich handelnden Rechtsverletzer, sondern unter bestimmten Bedingungen auch gegen Dritte (z. B. Internet-Provider, Spediteure etc.).

- Als **Schadensersatz** kann er vom Verletzer nach seiner Wahl neben dem konkreten Schaden auch dessen Gewinn oder das bei rechtmäßiger Nutzung zu zahlende Entgelt verlangen.
- Zur **Sicherung von Beweismitteln** kann er die Vorlage von Urkunden und die Zulassung der Besichtigung von Sachen (z. B. Bank-, Finanz-, Handelsunterlagen) bei hinreichend wahrscheinlicher Verletzung von Schutzrechten fordern.
- **Urteilsbekanntmachung** kann er bei gerichtlich festgestellten Rechtsverletzungen beantragen.
- Jede einer Schutzrechtsverletzung verdächtige Ware (Piraterieware) kann bei Einführung in die EU durch den Zoll **beschlagnahmt** und **vernichtet** werden.

Einzelheiten zu den gewerblichen Schutzrechten und dem Urheberrecht

> Patent

> Patent ist die dem Erfinder vom Staat erteilte ausschließliche, aber zeitlich begrenzte Befugnis, eine Erfindung zu benutzen.

- Schutzbereich
  Geschützt werden kann ein technisches Herstellungs- oder Anwendungsverfahren oder ein Erzeugnis und dessen Einrichtung. Die **Erfindung muss neu sein und einen nennenswerten Fortschritt der Technik bedeuten.** Technischer Fortschritt
- Schutzdauer
  Sie beträgt **20 Jahre** und beginnt mit dem der Anmeldung folgenden Tag. Der Schutz erlischt mit Ablauf der Frist, bei schriftlichem Verzicht oder bei Nichtzahlung der Patentgebühr.
- Wirkung
  Allein der Patentinhaber ist berechtigt, die patentierte Erfindung zu benutzen. Nutzung
  Unbefugter Benutzung durch Dritte kann der Berechtigte mit Unterlassungs- und Schadenersatzansprüchen begegnen.
- Zuständigkeit
  Das Patent kann **national** und international geschützt werden. Für die Bundesrepublik Deutschland ist das **Deutsche Patentamt** in München zuständig. Patentamt

> Gebrauchsmuster

Es wird auch das „kleine Patent" genannt; es gelten daher weitgehend die Patentbestimmungen mit folgenden Abweichungen:

- Schutzbereich
  Geschützt werden **Arbeitsgeräte und Gebrauchsgegenstände oder Teile davon,** soweit sie dem Arbeits- oder Gebrauchszweck durch eine neue Gestaltung, Anordnung, Vorrichtung oder Schaltung dienen sollen.

Beispiel:

Werkzeuge, Haushaltsgeräte, Maschinen, Spielzeug etc.

> Schutzdauer
Sie beträgt **drei Jahre,** je nach Gebührenzahlung maximal zehn Jahre ab dem Anmeldetag.

> Geschmacksmuster

> Schutzbereich
Geschützt sind **Muster (in Flächen- und Raumform),** wenn sie neu sind und Eigenart (d. h. Unterscheidbarkeit) haben. Der wesentliche Unterschied gegenüber dem Gebrauchsmuster liegt in dem über das Auge wirkenden ästhetischen Gehalt.

Beispiel:

Kleiderschnitte, Tapetenmuster, Lampen, Bestecke, Vasen etc.

> Schutzdauer
Sie beträgt **fünf Jahre,** je nach Gebührenzahlung maximal 25 Jahre ab dem Anmeldetag.

> Markenrecht

> Schutzbereich

Marken

Kennzeichen

Geschützt werden Marken, die beim Patentamt **eingetragen** sind **oder** die **im geschäftlichen Verkehr erworben** wurden, aber **auch** sonst im geschäftlichen Verkehr **benutzte Kennzeichen** (z. B.: Waren-, Dienstleistungs-, Kollektivmarken, Unternehmenskennzeichen, Werktitel).
Eintragungsfähig sind alle zur Unterscheidung geeigneten **Zeichen,** die sich **grafisch, dreidimensional** und **akustisch darstellen** lassen. Der Markenschutz kann auch ohne eigenen Geschäftsbetrieb erworben werden.

Beispiel:

Wortzeichen (BMW, Milkana), Bildzeichen (Stern, Schriftzüge), kombinierte Wort- und Bildzeichen, Symbole, Firmenabkürzungen.

> Schutzdauer
Sie beträgt zehn Jahre und kann gegen Gebühr beliebig oft verlängert werden.

> Urheberrecht

Urheberrecht ist das eigentumsähnliche Recht des Werkschöpfers (Urhebers) an seinem individuellen geistigen Werk.

> Schutzbereich
Geschützt sind unter anderem Werke der Literatur, Wissenschaft, Kunst, Sprach- und Schriftwerke, Musik, bildende Kunst, Baukunst, Rechen- und Computerprogramme, Lichtbild- und Filmwerke.

Beispiel:

Auch künstlerische Metallbauer- (Schmiede-) und Tischlerarbeiten.

> Schutzdauer

Das Urheberrecht erlischt **70 Jahre nach dem Tod des Urhebers,** bei anonymen Werken 70 Jahre nach Veröffentlichung. Die Leistungsrechte der Fotografen, ausübenden Künstler, Bild- und Tonträgerhersteller und Sendeunternehmen sind 50 Jahre geschützt.

> Wirkung

Rechte des Urhebers

Der **Urheber hat höchstpersönliche Rechte** (zum Beispiel Veröffentlichungsrecht, Anerkennung der Urheberschaft), **Verwertungsrechte** (zum Beispiel Vervielfältigung, Verbreitung, Vermietung, Ausstellung, öffentliche Wiedergabe) und **sonstige Rechte** (Zugang zu seinem Werk, Vergütung z. B. bei Vervielfältigung, Weiterveräußerung durch Versteigerer oder Kunsthändler, Vermietung und Vorleistung). Der **Urheber** kann über seine Rechte auch für die **Zukunft** vertraglich verfügen (z. B. Internetnutzung). Hierfür erhält er eine gesonderte, angemessene Vergütung. **Öffentliche Bibliotheken** u. a. dürfen urheberrechtlich geschützte Werke aus ihren Beständen an elektronischen Leseplätzen zeigen, hiervon auf Bestellung auch Kopien anfertigen und versenden (z. B. per E-Mail), wenn berechtigte Verlagsinteressen gewahrt werden.

Privatkopien nicht kopiergeschützter Werke (auch in digitaler Form) sind erlaubt (pauschaler Vergütungsausgleich auf Geräte und Speichermedien). Privatkopien offensichtlich rechtswidrig hergestellter Vorlagen (auch online zum Download angebotene) oder kopiergeschützter Werke sind verboten.

> Verletzung

Folgen

Der Urheber ist strafrechtlich gegen schuldhafte rechtswidrige Verletzung seines Rechts geschützt. Zivilrechtlich kann er bei schuldhafter Verletzung seines Rechts Schadenersatz, Unterlassung und Beseitigung von Beeinträchtigungen sowie Vernichtung von Vervielfältigungsstücken verlangen. Die Rechte von Tondichtern nimmt in Deutschland die GEMA wahr.

Abmahngebühren von Anwälten für Rechtsverletzungen sind auf 100,00 EUR begrenzt, wenn der Fall einfach gelagert und die Verletzung außerhalb des geschäftlichen Verkehrs unerheblich ist.

Übungs- und Prüfungsaufgaben

1. Was versteht man allgemein unter Gewerbefreiheit?

- [ ] a Dass man sich auch in einem Handwerk ohne Weiteres selbstständig machen kann, gleichgültig, ob man es erlernt hat oder nicht.
- [ ] b Dass man ein Handwerk zwar ohne Prüfung, aber erst nach abgeschlossener Berufsausbildung selbstständig betreiben darf.
- [ ] c Dass man für die Selbstständigmachung im Handwerk zwar keine Meisterprüfung, wohl aber die Gesellenprüfung bestanden haben muss.
- [ ] d Dass man sich nach Bestehen der Meisterprüfung überall im Bundesgebiet selbstständig machen kann.
- [ ] e Dass man jedes Gewerbe selbstständig ausüben kann, ausgenommen im zulassungspflichtigen Handwerk, für das eine Befähigung erforderlich ist.

>> Seite 111 |

2. Wer darf nach den Bestimmungen der Handwerksordnung ein zulassungspflichtiges Handwerk selbstständig als stehendes Gewerbe betreiben?

- [ ] a Jeder, der seinen Betrieb bei der Gemeindebehörde angemeldet hat.
- [ ] b Jeder, der seinen Betrieb beim Finanzamt angemeldet hat.
- [ ] c Jeder, der für dieses Handwerk in der Handwerksrolle eingetragen ist.
- [ ] d Jeder, der sich dazu befähigt fühlt, ohne Anmeldung.
- [ ] e Nur der, der seinen Betrieb bei der Berufsgenossenschaft angemeldet hat.

>> Seiten 111 bis 112 |

3. Der Meisterinhaber eines in der Handwerksrolle eingetragenen handwerklichen Einzelbetriebes ist seit einigen Wochen krank. Sein Geschäftsführer führt die laufenden Geschäfte, sein Altgeselle betreut die Baustellen und fachlichen Belange des Betriebes. Der Altgeselle behauptet, er übe den Betrieb in Abwesenheit des Inhabers selbstständig aus.

   Aufgabe: Wer übt tatsächlich das zulassungspflichtige Handwerk „selbstständig“ aus und warum?

>> Seite 112 |

4. Ein Jungunternehmer, der gerade damit begonnen hat, Einfamilienhäuser zu bauen, wird von seiner zuständigen Handwerkskammer zur Eintragung in die Handwerksrolle mit dem Maurer- und Betonbauerhandwerk aufgefordert. Er lehnt dies nachdrücklich ab mit dem Hinweis, auch die industriellen Baubetriebe würden nicht der Verpflichtung zur Eintragung in die Handwerksrolle unterliegen, und er mache nichts anderes als diese Baubetriebe.

Aufgabe: Erläutern Sie, welche Merkmale die Rechtsprechung zur Abgrenzung zwischen Industrie und Handwerk entwickelt hat.

>> Seite 113 |

5. Wann kann der in einem zulassungspflichtigen Handwerk Selbstständige in der Regel in der Handwerksrolle eingetragen werden?

- [ ] a Wenn er die Anmeldung seines Betriebes bei der Gemeinde nachweist.
- [ ] b Wenn er seine Berufsausbildung abgeschlossen und die Gesellenprüfung bestanden hat.
- [ ] c Wenn er zwar keine Gesellen- und Meisterprüfung abgelegt hat, sich aber zur Nachholung der Meisterprüfung binnen zwei Jahren verpflichtet.
- [ ] d Wenn er das Bestehen der Gesellenprüfung nachweist und sich verpflichtet, innerhalb einer bestimmten Frist die Meisterprüfung nachzumachen.
- [ ] e Wenn er das Bestehen der Meisterprüfung in diesem Handwerk nachweist.

>> Seiten 113 bis 114 |

6. Kann ein Handwerksmeister nur für das zulassungspflichtige Handwerk in der Handwerksrolle eingetragen werden, in dem er die Meisterprüfung bestanden hat?

- [ ] a Ja, denn das Bestehen der Meisterprüfung beweist nur, dass er das Handwerk beherrscht, in dem er die Meisterprüfung bestanden hat.
- [ ] b Nein, wer die Meisterprüfung in einem Handwerk bestanden hat, kann für jedes beliebige Handwerk in der Handwerksrolle eingetragen werden.
- [ ] c Wer die Meisterprüfung in einem Handwerk bestanden hat, kann für alle Handwerke, die zu seiner Berufsgruppe gehören, in der Handwerksrolle eingetragen werden.
- [ ] d Nein, er kann außer mit diesem auch mit einem damit verwandt erklärten Handwerk in der Handwerksrolle eingetragen werden.
- [ ] e Ja, denn es gibt 41 verschiedene Vollhandwerke, die nur mit der jeweiligen Meisterprüfung betrieben werden können.

>> Seite 112 |

7. Man kann in der Handwerksrolle auch dann für ein zulassungspflichtiges Handwerk eingetragen werden, wenn man eine sogenannte Ausnahmebewilligung erhalten hat.

Aufgabe: Kann jeder so eine Ausnahmebewilligung erhalten?

- a Eine solche Ausnahmebewilligung erhält nur, wer finanzielle Bedürftigkeit nachweist.
- b Eine solche Ausnahmebewilligung erhält jeder, der die Gesellenprüfung in seinem Handwerk bestanden und fünf Jahre als Geselle gearbeitet hat, sofern ein wichtiger Grund vorliegt.
- c Eine solche Ausnahmebewilligung erhält nur ein Geselle, der mindestens 50 Jahre alt ist und nachweist, dass er mindestens drei Jahre ständig in seinem Handwerk gearbeitet hat.
- d Eine solche Ausnahmebewilligung erhält nur, wer nachweist, dass er meisterliche Kenntnisse und Fertigkeiten im zulassungspflichtigen Handwerk hat und dass besondere Gründe vorliegen, die die Ablegung der Meisterprüfung als nicht mehr zumutbar erscheinen lassen.
- e Eine solche Ausnahmebewilligung erhält nur, wer in einem gewerblichen Betrieb lange Jahre leitend tätig war und besondere Kenntnisse in der Ausführung von Dienstleistungen erworben hat.

>> Seite 115 |

8. Kann auch eine juristische Person, zum Beispiel eine GmbH, in der Handwerksrolle eingetragen werden?

- a Nein, Handwerksbetriebe dürfen nur von natürlichen Personen betrieben werden.
- b Ja, eine GmbH kann immer in der Handwerksrolle eingetragen werden, auch wenn kein qualifizierter Betriebsleiter vorhanden ist.
- c Ja, auch eine GmbH kann in der Handwerksrolle eingetragen werden, wenn sie als juristische Person die Eintragungsvoraussetzungen (Meisterprüfung, Ausnahmebewilligung usw.) erfüllt.
- d Ja, eine GmbH kann in der Handwerksrolle eingetragen werden, wenn eine Person den Betrieb in technischer Beziehung leitet, die eine Voraussetzung für die Eintragung in die Handwerksrolle erfüllt.
- e Nein, eine GmbH kann selbst keine Meisterprüfung ablegen; dies wäre aber Voraussetzung für eine Eintragung in die Handwerksrolle.

>> Seiten 116 bis 117 |

9. Ein Unternehmer in einer Kleingemeinde handelt in der Hauptsache mit Radio- und Fernsehgeräten. Nach Ablauf der gesetzlichen Gewährleistungsfrist kommen nicht selten Kunden, die ihre defekten Geräte von ihm repariert haben wollen. In der Handwerksrolle ist der Unternehmer nicht eingetragen, er besitzt auch nicht die dafür erforderliche handwerkliche Qualifikation.

   Aufgabe: Erläutern Sie anhand der nachstehenden Fragen die Regelung des handwerklichen Nebenbetriebes.
   a) Wann spricht man von einem handwerklichen Nebenbetrieb?
   b) Wovon hängt es ab, ob der handwerkliche Nebenbetrieb in erheblichem oder unerheblichem Umfang arbeitet?
   c) Was gilt hinsichtlich der Verpflichtung zur Eintragung in die Handwerksrolle für den erheblichen bzw. unerheblichen handwerklichen Nebenbetrieb?

   >> Seite 117 |

10. Der Handwerksmeister und Betriebsinhaber ist plötzlich verstorben. Der Betrieb war die wesentliche Erwerbsgrundlage des Verstorbenen und seiner Frau. Alleinerbin ist seine Frau, die bisher das Büro des Betriebes geführt hat. Die Frau befürchtet, dass sie mangels eigener handwerklicher Qualifikation den Betrieb abmelden muss.

   Aufgabe: Sind ihre Befürchtungen berechtigt? Unter welchen Voraussetzungen kann sie den Betrieb fortführen?

   >> Seite 118 |

11. Wer sich im Handwerk selbstständig machen will, muss sich bei verschiedenen amtlichen Stellen melden. Wo meldet er sich?

☐ a Beim Amtsgericht und beim Landratsamt

☐ b Bei der höheren Verwaltungsbehörde (Regierung) und beim Arbeitsamt

☐ c Bei der Handwerkskammer, der Gemeinde, dem Finanzamt und der Berufsgenossenschaft

☐ d Beim statistischen Landesamt, beim Gewerbeaufsichtsamt, beim Finanzamt und bei der Ortskrankenkasse

☐ e Beim Registergericht und bei der Industrie- und Handelskammer

>> Seite 118 |

12. Wer ein zulassungspflichtiges Handwerk selbstständig als stehendes Gewerbe betreibt, ohne in der Handwerksrolle eingetragen zu sein, begeht

- [ ] a Steuerhinterziehung, die mit Geldstrafe in unbegrenzter Höhe bestraft wird.
- [ ] b Betrug, der mit schwerer Freiheitsstrafe geahndet wird.
- [ ] c unberechtigte Handwerksausübung, das ist eine Ordnungswidrigkeit, die mit Geldbuße bis zu 10.000,00 EUR und mit Betriebsschließung bedroht ist.
- [ ] d Schwarzarbeit, die mit Geldstrafe bis zu 1.000,00 EUR bestraft wird.
- [ ] e einen Verstoß gegen die Gewerbeordnung, der mit Strafgeld bis 20.000,00 EUR verfolgt wird.

>> Seite 122 |

13. Nennen Sie Gründe für die Untersagung der selbstständigen Ausübung eines Gewerbes im Handwerk!

>> Seite 122 |

14. In welchen Verzeichnissen sind die mit dem Handwerk zusammenhängenden Gewerbe erfasst? Wodurch unterscheiden sich die drei Verzeichnisse?

>> Seiten 119 bis 121 |

15. Der Inhaber einer mittelgroßen Handwerkerwerkstatt ist mit seinem Einzelbetrieb in der Handwerksrolle eingetragen. Befreundete Mitunternehmer haben ihn auf seine Pflicht hingewiesen, sich auch in das Handelsregister eintragen zu lassen, was zur Folge hat, dass er Kaufmann ist und das Handelsgesetzbuch mit all seinen besonderen Vorschriften auf ihn anzuwenden ist.

Aufgabe: Welche Voraussetzungen müssen vorliegen, dass auch ein Handwerksbetrieb in das Handelsregister einzutragen ist?

>> Seiten 124 bis 125 |

16. Definieren Sie, wer Kaufmann im Sinne des HGB ist!

>> Seite 123 |

17. Der nicht in das Handelsregister eingetragene Einzelinhaber eines Handwerksbetriebes hat gehört, dass nur Kaufleute im rechtlichen Sinne firmenführungsberechtigt sind. Ihm liegt daran, eine Firma zu haben, die er unter diesem Firmennamen verkaufen, verpachten oder vererben kann.

Aufgabe:
a) Was ist die Firma eines Kaufmanns im rechtlichen Sinne?
b) Unter welchen Voraussetzungen ist ein Unternehmer firmenführungsberechtigt?
c) Was ist das Handelsregister, wo wird es geführt, und welche Aufgaben hat es?

>> Seiten 126, 122 bis 125, 128 |

18. Ein allein arbeitender Elektrotechnikermeister ist in der Handwerksrolle, nicht aber im Handelsregister eingetragen, weil er keinen in kaufmännischer Weise eingerichteten Geschäftsbetrieb benötigt. Er macht sich Gedanken, wie er werben sowie seine Rechnungen und Geschäftsbriefe abfassen darf.

Aufgabe:
a) Ist er firmenführungsberechtigt?
b) Wie darf er im Rechts- und Geschäftsverkehr seinen Betrieb bezeichnen?
c) Muss er die Vorschriften des Handelsgesetzbuches beachten, oder welche anderen Gesetze gelten für ihn?

>> Seiten 125 bis 128 |

19. Nennen Sie die wichtigsten Personen- und Kapitalgesellschaften!

>> Seiten 130 bis 132 |

20. Welche von den nachfolgend aufgeführten Gesellschaften sind Personengesellschaften?

☐ a Gesellschaft des bürgerlichen Rechts, offene Handelsgesellschaft, Kommanditgesellschaft

☐ b Gesellschaft mit beschränkter Haftung (GmbH) und eingetragene Genossenschaft

☐ c Aktiengesellschaft (AG) und Kommanditgesellschaft auf Aktien (KGaA)

☐ d Eingetragene Genossenschaft und Kommanditgesellschaft auf Aktien

☐ e Stille Gesellschaft, eingetragener Verein, Aktiengesellschaft

>> Seiten 129 bis 130 |

21. Welche der nachfolgend aufgeführten Gesellschaften sind Kapitalgesellschaften?

- [ ] a Gesellschaft des bürgerlichen Rechts und stille Gesellschaft
- [ ] b Offene Handelsgesellschaft und Kommanditgesellschaft (OHG, KG)
- [ ] c Kommanditgesellschaft und Schachtelgesellschaft (GmbH u. Co. KG)
- [ ] d Gesellschaft mit beschränkter Haftung und Aktiengesellschaft
- [ ] e Eingetragene Genossenschaft und gemeinnütziger Verein

>> Seite 132 |

22. Ein Zweiradmechanikermeister ist wegen der Werbung mit einem Rabatt von 40 % auf seine Ware anlässlich eines vorgetäuschten Räumungsverkaufs von der Konkurrenz mit hohen Kosten zu seinen Lasten abgemahnt worden. Der Einwand, er habe nicht gewusst, dass dies verboten sei, hat ihm nichts genutzt.

Aufgabe: Zählen Sie vier Gesetze auf, die der Handwerksmeister bei seiner Werbung beachten muss!

>> Seite 136 |

23. Was ist nach den Vorschriften des Gesetzes gegen den unlauteren Wettbewerb (UWG) verboten?

- [ ] a Alle geschäftlichen Handlungen, die unlauter sind.
- [ ] b Das UWG ist nur eine Sollvorschrift und verbietet überhaupt nichts.
- [ ] c Verboten ist nur jede Art der vergleichenden Werbung.
- [ ] d Verboten ist vor allem, die Preise der Konkurrenz zu unterbieten.
- [ ] e Verboten sind alle Sonderveranstaltungen und Sonderangebote.

>> Seite 138 |

24. Nach tagelangem Regen hat der über die Ufer tretende Fluss im Warenlager eines Kürschnerbetriebes durch Wasser, Sand und Geröll Schaden verursacht. Der Unternehmer möchte die betroffene Ware in einer Sonderveranstaltung bis zu 70 % unter den bisher verlangten Preisen verkaufen.

Aufgabe:
a) Ist dies nach dem UWG verboten?
b) Welche Voraussetzungen sind dabei zu beachten?

>> Seiten 138 bis 140 |

25. Was sind Kartelle, und welchen Zweck verfolgen sie?

>> Seite 136 |

26. Was versteht man unter einem verbotenen Kartell im Sinne des Gesetzes gegen Wettbewerbsbeschränkungen?

- [ ] a Das sind z. B. Vereinbarungen von miteinander im Wettbewerb stehenden Unternehmen, die den Wettbewerb verhindern, einschränken oder verfälschen.
- [ ] b Das ist der Zusammenschluss von Unternehmern zur Pflege von Kollegialität und Gemeingeist.
- [ ] c Das ist der Zusammenschluss von Unternehmen zum Zwecke gemeinsamer Anstrengungen zur Hebung des Exports.
- [ ] d Das ist die Zusammenarbeit von mehreren Unternehmen zum Zwecke der Ausführung größerer Aufträge.
- [ ] e Das ist der Zusammenschluss von selbstständigen Unternehmern zur einheitlichen Anwendung von genehmigten allgemeinen Geschäfts-, Liefer- und Zahlungsbedingungen.

>> Seite 136 |

27. Die sämtlichen in einer Stadt ansässigen Handwerksmeister eines bestimmten Handwerkszweiges verabreden, dass sie alle am Mittwoch ihr Geschäft geschlossen halten.

Aufgabe: Ist das zulässig?

- [ ] a Nein, weil diese Verabredung unter anderem dazu dient, den Konkurrenzkampf am Mittwoch auszuschalten.
- [ ] b Ja, denn es ist jedem Geschäftsmann freigestellt, ob und wann er während der gesetzlichen Ladenöffnungszeiten sein Geschäft aufhalten oder schließen will.
- [ ] c Die Verabredung ist nur zulässig, wenn sie von der Bezirksregierung genehmigt wird.
- [ ] d Die Verabredung bedarf der Genehmigung durch die Handwerkskammer.
- [ ] e Ja, weil an diesem Tag die im Interesse des Staates erforderliche Büroarbeit ohne Beeinträchtigung des Betriebes verrichtet werden kann.

>> Seite 136 |

28. Was versteht man unter einem Lockvogelangebot?

>> Seite 140 |

29. Der Fleischermeister ist für die weitere Existenz seines kleinen Stadtrandbetriebes dringend auf seine Stammkunden angewiesen. Er gibt daher seinen Kunden zu deren Einkauf kostenlos Fleischwaren im Wert von 10 % des Einkaufspreises dazu.

Aufgabe: Wann und in welchem Umfang sind Zugaben zulässig?

>> Seite 139 |

30. Wie erfolgt die Preisauszeichnung im Allgemeinen?

- [ ] a Indem man an der Ladentür oder Werkstatttür ein Verzeichnis der (im Laden, in der Werkstatt) erhältlichen Waren (Leistungen) anbringt und die entsprechenden Preise hinzufügt.
- [ ] b Indem man die einzelnen Waren mit einem Preisschild (Preisbeschriftung) versieht bzw. die handwerklichen Leistungen in einem Preisverzeichnis, das im Schaufenster oder in einer Werkstatt sichtbar ausgehängt wird, zusammenfasst.
- [ ] c Indem man die Preise für Waren und Leistungen in einem Preisverzeichnis zusammenstellt, das man auf Verlangen dem Kunden vorlegen muss.
- [ ] d Wenn die Auszeichnung der Waren und die Aufstellung eines Preisverzeichnisses für handwerkliche Leistungen zu umständlich sind, so genügt es, dem Kunden auf Verlangen die Einkaufsrechnungen vorzulegen.
- [ ] e Es genügt, nur die wertvollen Waren auszuzeichnen und die besonderen Dienstleistungen in eine Preisliste aufzunehmen.

>> Seite 141 |

31. Für welche Betriebe gelten die Ladenschlussgesetze der Bundesländer?

- [ ] a Sie gelten für alle Betriebe des Handels und Gewerbes, gleichgültig ob sie in Läden oder Verkaufsstellen, in Werkstätten oder auf einem unbebauten Grundstück betrieben werden.
- [ ] b Sie gelten nur für Handelsbetriebe, aber nicht für Gewerbebetriebe, die nur in geringem Umfang Handel betreiben.
- [ ] c Sie gelten nur – wie der Name schon sagt – für Läden, aber nicht für sonstige Verkaufsstellen wie zum Beispiel Kioske und schon gar nicht für Gewerbebetriebe, wenn diese nicht in einem Laden betrieben werden.
- [ ] d Sie gelten für alle Verkaufsstellen, also für Läden, Verkaufsstände, Verkaufsbuden, Kioske.
- [ ] e Sie gelten nur für gewerbliche Betriebe, die Waren kaufen und verkaufen und die im Handelsregister eingetragen sind.

>> Seite 142 |

32. Zu welcher Zeit dürfen Verkaufsstellen in den meisten Bundesländern an den Wochentagen (Montag mit Samstag) offen sein?

- [ ] a Von 6.30 Uhr bis 18.30 Uhr
- [ ] b Von 7.00 Uhr bis 12.00 Uhr und von 13.00 Uhr bis 18.00 Uhr
- [ ] c Von 7.30 Uhr bis 18.30 Uhr
- [ ] d Von 6.30 Uhr bis 13.00 Uhr und von 15.00 bis 18.30 Uhr
- [ ] e Von 0.00 Uhr bis 24.00 Uhr.

>> Seite 142 |

33. Der Inhaber einer Brauerei hat eine Vorrichtung entwickelt, mit der sich Pils und Weißbier in einem Bruchteil der bisher benötigten Zeit zapfen lässt. Dies ist von großem Interesse für alle Gaststätten, in denen es aufgrund der Massennachfrage zur Zeitverzögerung bei der Abgabe dieser Biere kommt. Der Braumeister möchte seine Entwicklung schützen und die Rechte daraus für sich nutzen.

Aufgabe:
a) Welche Schutzrechte kommen in Betracht?
b) Welchen Bereich schützt das Urheberrecht, welchen Bereich schützen die gewerblichen Schutzrechte?
c) Welche Stellen sind zuständig für die Erfassung gewerblicher Schutzrechte?

>> Seiten 142 bis 145 |

3.3 Arbeitsrecht

Rechtsgrundlagen des Arbeitsrechts

> Das Arbeitsrecht regelt die Rechtsverhältnisse zwischen den Arbeitnehmern und Arbeitgebern.

Es schreibt Mindeststandards fest, die für alle Arbeitnehmer gelten und nicht unterschritten werden dürfen. Wichtige Rechtsgrundlagen des Arbeitsrechts sind: Grundgesetz (z. B. Berufs- und Koalitionsfreiheit), Gesetze, Tarif- und Arbeitsverträge sowie Betriebsvereinbarungen. Zunehmend bedeutend ist das europäische Recht, z. B. Richtlinien der Europäischen Union. Beim Arbeitsrecht unterscheidet man zwischen

> dem Individualarbeitsrecht (es regelt die Beziehungen zwischen dem Arbeitgeber und dem einzelnen Arbeitnehmer)
und
> dem Kollektivarbeitsrecht (es regelt das Recht der Arbeitgeberverbände und der Gewerkschaften auf betrieblicher und überbetrieblicher Ebene).

3.3.1 Abschluss des Arbeitsvertrages

3.3.1.1 Anbahnung von Arbeitsverträgen

Allgmeines Gleichbehandlungsgesetz

Das am 18. August 2006 in Kraft getretene Allgemeine Gleichbehandlungsgesetz (AGG) untersagt Benachteiligungen aus Gründen der Rasse oder wegen der ethnischen Herkunft, des Geschlechts, der Religion oder Weltanschauung, einer Behinderung, des Alters oder der sexuellen Identität. Das AGG ist inbesondere bei der Stellenausschreibung und beim Abschluss des Arbeitsvertrages, aber auch bei anderen arbeitsrechtlichen Maßnahmen, zum Beispiel bei Beförderungen, zu beachten. Bei einem Verstoß gegen das Benachteiligungsverbot können sich Schadensersatz- oder Entschädigungsansprüche ergeben. Ein Anspruch eines abgelehnten Stellenbewerbers auf Einstellung besteht jedoch nicht.
Bei der Anbahnung eines Arbeitsvertrages sind darüber hinaus einige Grundsätze zu beachten:

Geschlechtsneutrale Ausschreibung

> Die Ausschreibung des Arbeitsplatzes, die sowohl innerbetrieblich wie auch außerbetrieblich erfolgen kann, sollte so formuliert werden, dass sie sich ausschließlich auf die Tätigkeit selbst bezieht und nur Anforderungen nennt, die für die ausgeschriebene Tätigkeit wirklich erforderlich sind. Wenn sich der Arbeitsplatz dafür eignet, müssen Vollzeitstellen auch als Teilzeitstellen ausgeschrieben werden.

Einstellungsverhandlungen

> Die Einstellungsverhandlungen müssen beiderseits so geführt werden, dass falsche Vorstellungen und Erwartungen in Bezug auf das zu begründende Arbeitsverhältnis nicht entstehen können. Den Arbeitgeber trifft insbesondere eine Pflicht zur Unterrichtung
- bei besonderen gesundheitlichen Belastungen,
- bei überdurchschnittlichen Anforderungen,

- bei beabsichtigten organisatorischen Änderungen, die zur Gefährdung des Arbeitsplatzes führen,
- wenn zukünftiges Entgelt gefährdet ist.

Offenbarungspflicht

Der Bewerber seinerseits hat alle Angaben zu machen, die von ihm im Rahmen seiner – wenn auch beschränkten – Offenbarungspflicht zu erwarten sind (z. B. Angaben über Ungeeignetheit für die betreffende Stelle, bevorstehende Kur und ähnliche Umstände, die der Arbeitsaufnahme entgegenstehen).

Fragerecht

> Im Rahmen seines Fragerechts darf der Arbeitgeber nur solche Fragen stellen, die für die vorgesehene Tätigkeit und die Eignung des Bewerbers erforderlich sind (z. B. Ausbildung, Fachkenntnisse, Prüfungen, Berufserfahrungen, einschlägige Vorstrafen).
> Die unrichtige Beantwortung einer zulässigen Frage kann den Arbeitgeber zur Anfechtung des Arbeitsvertrages wegen arglistiger Täuschung berechtigen.
> Unzulässige Fragen kann der Bewerber jedoch unbeantwortet lassen oder – ohne Rechtsfolgen für ihn – wahrheitswidrig beantworten (z. B. generelle Frage nach Vorstrafen, die Frage nach einer Schwangerschaft, Gewerkschafts- und Parteizugehörigkeit).
> Einstellungsgespräche sollten nach Möglichkeit mit einem Zeugen geführt werden. Die wesentlichen Gründe, weshalb ein Bewerber eine Stelle erhält oder nicht erhält, sollten zur Absicherung des Arbeitgebers dokumentiert werden.

Personalfragebogen

> Der Arbeitgeber kann sich eines Personalfragebogens bedienen, der alle zulässigen Fragen enthält und bei Zustandekommen eines Arbeitsvertrages zur Personalakte genommen werden kann. Bei Nichtzustandekommen des Arbeitsverhältnisses ist er zu vernichten.

Vorstellungskosten

> Die dem Bewerber entstehenden Vorstellungskosten, wie Fahrtkosten, gegebenenfalls auch Verpflegungs- und Übernachtungskosten, hat der Arbeitgeber nur dann zu tragen, wenn er den Bewerber zur Vorstellung auffordert und der Ersatz dieser Aufwendungen nicht ausdrücklich ausgeschlossen wurde.
> Ärztliche Einstellungsuntersuchungen und psychologische Tests dürfen nur in den gesetzlich vorgeschriebenen Fällen oder mit ausdrücklicher Zustimmung des Bewerbers vorgenommen werden.

Bewerbungsunterlagen

> Die Bewerbungsunterlagen wie Lebenslauf, Zeugnisse und dergleichen sind dem Bewerber zurückzugeben, sobald feststeht, dass eine Einstellung nicht erfolgt. Absagen sollten zur Vermeidung von Diskriminierungen nach dem Allgemeinen Gleichbehandlungsgesetz so allgemein wie möglich und ohne detaillierte Gründe abgefasst werden. Ausnahmen bestehen bei Schwerbehinderten.
> Bei nicht EU-Staatsangehörigen ist der Arbeitgeber verpflichtet, Feststellungen hinsichtlich der erforderlichen Arbeitserlaubnis zu treffen; dies gilt auch bei Staatsangehörigen aus den zum 1.5.2004 bzw. zum 1.1.2007 neu hinzugekommenen EU-Beitrittsstaaten. Die Übergangsregelungen enden am 30.04.2011. Gegenüber Bulgarien und Rumänien gelten sie vorläufig bis 31.12.2011, längstens bis 31.12.2013.

Betriebsrat

> In Unternehmen/Betrieben mit mehr als 20 wahlberechtigten Arbeitnehmern sind die Beteiligungsrechte des Betriebsrats zu beachten (>> hierzu Abschnitt 3.3.7.6 „Mitwirkungs- und Mitbestimmungsrechte des Betriebsrats – Mitbestimmung bei personellen Einzelmaßnahmen“).

3.3.1.2 Form und Zustandekommen des Arbeitsvertrages

Vereinbaren Arbeitnehmer und Arbeitgeber die Aufnahme eines Arbeitsverhältnisses, so schließen sie damit einen Arbeitsvertrag ab.

Beim unbefristeten Arbeitsvertrag besteht kein gesetzlicher Formzwang; er kann mündlich oder schriftlich abgeschlossen werden. Aus Gründen der Beweissicherung und der Rechtssicherheit empfiehlt sich jedoch der Abschluss von schriftlichen Arbeitsverträgen. Die Befristung eines Arbeitsvertrages bedarf der Schriftform.

Musterarbeitsverträge

Es empfiehlt sich die Verwendung von Musterarbeitsverträgen, die bei den verschiedenen Organisationen und im Handel erhältlich sind. Dabei sollte darauf geachtet werden, dass diese auch die strengen Anforderungen nach dem Recht der Allgemeinen Geschäftsbedingungen erfüllen.

Der Schriftform bedürfen Wettbewerbsvereinbarungen mit Arbeitnehmern (Vereinbarung, die den Unternehmer für eine bestimmte Frist vor Wettbewerb nach Beendigung des Arbeitsverhältnisses schützen soll); außerdem kann durch Tarifvertrag die Schriftform vorgeschrieben sein. Angehörige der EU-Staaten dürfen bei der Begründung von Arbeitsverhältnissen nicht benachteiligt werden.

Wird kein schriftlicher Vertrag abgeschlossen, hat der Arbeitgeber spätestens 1 Monat nach dem vereinbarten Beginn des Arbeitsverhältnisses die wesentlichen Vertragsbedingungen schriftlich niederzulegen, die Niederschrift zu unterzeichnen und dem Arbeitnehmer auszuhändigen.

In einer solchen Niederschrift müssen nach dem Nachweisgesetz enthalten sein:

Niederschrift

- Name und Anschrift der Vertragspartner
- Beginn (bei Befristung auch voraussichtliche Dauer) des Arbeitsverhältnisses
- Arbeitsort(e)
- Bezeichnung bzw. Beschreibung der zu leistenden Tätigkeit
- Zusammensetzung, Höhe und Fälligkeit des Arbeitsentgelts
- vereinbarte Arbeitszeit, Dauer des jährlichen Erholungsurlaubs
- Kündigungsfristen
- Hinweise auf geltende Tarifverträge und Betriebsvereinbarungen
- bei geringfügig Beschäftigten der ausdrückliche Hinweis darauf, dass sie in der Rentenversicherung durch Aufstockung der pauschalen Arbeitgeberbeiträge die Stellung eines versicherungspflichtigen Arbeitnehmers erwerben können.

Dabei kann im Einzelnen auch auf geltende Tarifverträge und Betriebsvereinbarungen bzw. maßgebliche gesetzliche Regelungen verwiesen werden. Die Niederschrift ist eine einseitige Erklärung des Arbeitgebers.
Der Arbeitsvertrag hingegen setzt sich aus zwei übereinstimmenden Willenserklärungen zusammen. Er hat einen höheren Beweiswert. Der Arbeitsvertrag enthält regelmäßig die oben genannten Angaben, die gegebenenfalls durch individuelle Vereinbarungen ergänzt werden, insbesondere die beiderseitigen Rechte

und Pflichten der Vertragsparteien (>> Abschnitt 3.3.2 „Vertragspflichten des Arbeitnehmers" und 3.3.3 „Vertragspflichten des Arbeitgebers").

Zum Abschluss eines Arbeitsvertrages befugt sind

- volljährige Personen und
- Minderjährige, wenn und soweit sie hierzu vom gesetzlichen Vertreter ermächtigt sind.

Vereinbarungen, die für den Minderjährigen nicht verkehrsüblich und außergewöhnlich sind, bedürfen jedoch der Zustimmung des gesetzlichen Vertreters.

Minderjährige

Arbeitsvertrag bei Inhaberwechsel

Im Falle der Gesamtrechtsnachfolge (z. B. Erbfall) geht das gesamte Vermögen des Arbeitgebers einschließlich der Arbeitsverhältnisse auf den Nachfolger (z. B. Erben) über.

Gesamtrechtsnachfolge

Geht der Betrieb durch Rechtsgeschäft (z. B. Kauf, Pacht) auf einen anderen Inhaber über, so tritt dieser in die Rechte und Pflichten der bestehenden Arbeitsverhältnisse ein (Einzelrechtsnachfolge).

Einzelrechtsnachfolge

Für Verpflichtungen aus den Arbeitsverhältnissen, soweit sie vor dem Betriebsübergang entstanden sind und vor Ablauf von einem Jahr nach diesem Zeitpunkt fällig werden, haftet neben dem neuen Betriebsinhaber der bisherige Arbeitgeber als Gesamtschuldner.

Der bisherige Arbeitgeber oder der neue Inhaber hat die von einem Übergang betroffenen Arbeitnehmer vor dem Übergang in Textform zu unterrichten über

Unterrichtung der Arbeitnehmer

- den Zeitpunkt oder den geplanten Zeitpunkt des Übergangs,
- den Grund für den Übergang,
- die rechtlichen, wirtschaftlichen und sozialen Folgen des Übergangs für die Arbeitnehmer,
- die hinsichtlich der Arbeitnehmer in Aussicht genommenen Maßnahmen.

Der Arbeitnehmer kann dem Übergang des Arbeitsverhältnisses innerhalb eines Monats nach Zugang der vollständigen Unterrichtung schriftlich widersprechen.

3.3.1.3 Vertragsarten

Arbeitsvertrag auf unbestimmte Zeit

Häufig wird der Arbeitsvertrag auf unbestimmte Zeit abgeschlossen; er endet z. B. mit Kündigung durch einen der beiden Vertragspartner oder auch durch einvernehmliche Aufhebung.

Unbefristeter Arbeitsvertrag

Befristung

Arbeitsvertrag auf bestimmte Zeit

Der Arbeitsvertrag auf bestimmte Zeit endet mit Ablauf der vereinbarten Befristung (kalendermäßig befristeter Arbeitsvertrag) oder mit Erreichen des vereinbarten Zwecks der Arbeitsleistung (zweckbefristeter Arbeitsvertrag), ohne dass es einer Kündigung bedarf. Bei zweckbefristeten Arbeitsverträgen ist es erforderlich, dass der Arbeitgeber den Arbeitnehmer mindestens zwei Wochen vorher schriftlich über den Zeitpunkt der Zweckerreichung unterrichtet. Die Befristung erfordert die Schriftform.

Sachlicher Grund

Befristete Arbeitsverträge sind zulässig, wenn sachliche Gründe wie Aushilfsbeschäftigung, Vertretung von vorübergehend abwesenden Arbeitnehmern, Saisonbeschäftigung hierfür vorliegen.

Neueinstellung

Bei Neueinstellung von Arbeitnehmern – auch im Anschluss an ein Berufsausbildungsverhältnis – kann ohne besonderen Grund ein befristetes Arbeitsverhältnis bis zur Dauer von zwei Jahren vereinbart werden.

Dies ist ausgeschlossen, wenn mit demselben Arbeitnehmer in der Vergangenheit schon ein unbefristeter oder befristeter Arbeitsvertrag bestanden hat.
Innerhalb der Gesamtdauer von zwei Jahren ist eine dreimalige Verlängerung des befristeten Arbeitsvertrages zulässig.

Ältere Arbeitnehmer

Bei Arbeitnehmern nach Vollendung des 52. Lebensjahres ist eine Befristung ohne Vorliegen eines sachlichen Grundes bis zu fünf Jahren möglich, wenn diese unmittelbar davor mindestens vier Monate beschäftigungslos waren.

Existenzgründer

In den ersten vier Jahren nach der Gründung eines Unternehmens ist die kalendermäßige Befristung eines Arbeitsvertrages ohne Vorliegen eines sachlichen Grundes bis zur Dauer von vier Jahren zulässig. Bis zu dieser Gesamtdauer ist auch die mehrfache Verlängerung eines kalendermäßig befristeten Arbeitsvertrages zulässig.

Arbeitsvertrag zur Probe

Probezeit

Das Probearbeitsverhältnis kann als befristetes Arbeitsverhältnis, das nach Ablauf der Probezeit endet, oder als unbefristetes Arbeitsverhältnis vereinbart werden. In diesem Fall geht es in ein Arbeitsverhältnis auf unbestimmte Zeit über, wenn es nicht zuvor gekündigt wird. Sowohl das befristete Probearbeitsverhältnis als auch die unbefristete Probezeit bedürfen der ausdrücklichen Vereinbarung. Sie darf in der Regel nicht länger als sechs Monate dauern.

Klagefrist

Will der Arbeitnehmer geltend machen, dass die Befristung rechtsunwirksam ist, so muss er innerhalb von drei Wochen nach dem vereinbarten Ende des befristeten Arbeitsvertrages Klage beim Arbeitsgericht erheben.

Teilzeitarbeitsvertrag

Teilzeitbeschäftigte sind Arbeitnehmer, deren regelmäßige Wochenarbeitszeit kürzer ist als die regelmäßige Wochenarbeitszeit vergleichbarer vollzeitbeschäftigter Arbeitnehmer im Betrieb. Als Teilzeitbeschäftigte gelten auch geringfügig

Beschäftigte (>> hierzu auch Abschnitt 3.4.1.4 „Beiträge"). Unerheblich ist dabei die Verteilung der Arbeitszeit.

Auf den Teilzeitarbeitsvertrag finden die Grundsätze des Arbeitsrechts und des Arbeitsschutzes in gleicher Weise Anwendung, wie sie für vollzeitbeschäftigte Arbeitnehmer gelten.

Teilzeitanspruch

Ein Arbeitnehmer, dessen Arbeitsverhältnis länger als sechs Monate bestanden hat, kann unter bestimmten Voraussetzungen verlangen, dass seine vertraglich vereinbarte Arbeitszeit verringert wird. Die Verringerung und deren Umfang muss er spätestens drei Monate vor deren Beginn geltend machen. Der Arbeitgeber kann seine Zustimmung nur verweigern, wenn betriebliche Gründe dem Wunsch des Arbeitnehmers entgegenstehen. Der Rechtsanspruch auf Teilzeitarbeit gilt nur in Betrieben, in denen in der Regel mehr als 15 Arbeitnehmer beschäftigt werden. Auszubildende werden dabei nicht mitgezählt.
Andererseits hat der Arbeitgeber einen teilzeitbeschäftigten Arbeitnehmer, der ihm den Wunsch nach einer Verlängerung seiner vertraglich vereinbarten Arbeitszeit angezeigt hat, bei der Besetzung eines entsprechenden freien Arbeitsplatzes bei gleicher Eignung bevorzugt zu berücksichtigen.

Leiharbeitsvertrag

Arbeitnehmerüberlassung

Arbeitgeber, die als Verleiher Dritten (Entleihern) Arbeitnehmer (Leiharbeitnehmer) gewerbsmäßig zur Arbeitsleistung überlassen, bedürfen einer Erlaubnis der Bundesagentur für Arbeit.
Die Arbeitsbedingungen des Leiharbeitsverhältnisses sind schriftlich zu dokumentieren und dem Arbeitnehmer auszuhändigen. Der Vertrag zwischen Verleiher und Entleiher bedarf der Schriftform.

3.3.2 Vertragspflichten und Rechte des Arbeitnehmers

3.3.2.1 Arbeitspflicht

Arbeitsleistung

Die Arbeitspflicht erfordert, die Arbeitsleistung so zu erbringen, wie sie bei Abschluss des Arbeitsvertrages fachlich oder allgemein umschrieben wurde und wie es nach den gesetzlichen und tariflichen Regelungen erwartet werden kann.

Arbeitnehmer müssen die Arbeitsleistung, ohne zur Nacharbeit verpflichtet zu sein, nicht erbringen, wenn sie ihnen unter Berücksichtigung ihrer Treuepflicht nicht zugemutet werden kann, z. B. bei besonderen Familienereignissen wie Begräbnis der Eltern.

Arbeitszeit
Mehrarbeit

Die Dauer der Arbeitszeit richtet sich in der Regel nach Einzelvereinbarung oder Tarifvertrag. Darüber hinaus kann der Arbeitnehmer zu Überstunden oder Mehrarbeit verpflichtet sein, wenn dies betrieblich erforderlich ist.

Weisungsrecht Arbeitgeber

Der Arbeitnehmer ist verpflichtet, den Anweisungen des Arbeitgebers nachzukommen. Das Weisungsrecht des Arbeitgebers findet jedoch seine Grenzen in der vereinbarten Art und Dauer der Tätigkeit.

Haftung des Arbeitnehmers

Der Arbeitnehmer ist gehalten,

> die ihm übertragenen Arbeiten sorgfältig und
> in angemessener Zeit auszuführen und
> mit Material, Betriebseinrichtung und Werkzeugen pfleglich umzugehen.

Haftungsgrundsatz

Im Rahmen der Grundsätze über die Beschränkung der Arbeitnehmerhaftung haftet der Arbeitnehmer dem Arbeitgeber für den Schaden, den er verursacht. Der Arbeitnehmer hat Vorsatz und Fahrlässigkeit zu vertreten.

Bei leichter Fahrlässigkeit oder fehlendem Verschulden entfällt die Haftung des Arbeitnehmers.

3.3.2.2 Treuepflicht

Die Treuepflicht findet ihren Ausdruck darin, dass der Arbeitnehmer

- die berechtigten Interessen des Betriebes wahrnimmt, z. B. drohende Schäden abwendet,
  und
- alles unterlässt, was diesen Interessen zuwiderläuft, wie z. B. Abwerbung von Kunden, Schwarzarbeit, Verletzung der Verschwiegenheitspflicht, Störung des Betriebsfriedens.

3.3.2.3 Rechte nach dem Allgemeinen Gleichbehandlungsgesetz

Besondere Rechte für die Arbeitnehmer sind hier:

- Beschwerderecht wegen eingetretener Benachteiligungen. Im Betrieb ist dazu eine Beschwerdestelle einzurichten. Dies kann auch ein Vorgesetzter oder der Arbeitgeber (insbesondere in kleinen Betrieben) sein.
- Leistungsverweigerungsrecht (ohne Verlust des Arbeitsentgelts), wenn der Arbeitgeber keine oder offensichtlich ungeeignete Maßnahmen zur Unterbindung einer Belästigung am Arbeitsplatz ergreift.
- Schadensersatz bei Schaden durch Verletzung des Benachteiligungsverbots infolge von vorsätzlichem oder fahrlässigem Verhalten des Arbeitgebers.
- Entschädigung bei einem Schaden, der nicht Vermögensschaden ist. Bei Benachteiligungen in Bewerbungsverfahren besteht der Entschädigungsanspruch auch für solche Arbeitnehmer, die selbst bei benachteiligungsfreier Auswahl nicht eingestellt worden wären. Die Entschädigung ist dabei aber auf drei Monatsgehälter begrenzt. Bei Anwendung von Tarifverträgen oder Betriebsvereinbarungen ist der Anspruch nur dann gegeben, wenn der Arbeitgeber vorsätzlich oder grob fahrlässig handelt.

Allgemeines Gleichbehandlungsgesetz

> Schadensersatz- und Entschädigungsansprüche müssen innerhalb einer Frist von zwei Monaten schriftlich beim Arbeitgeber geltend gemacht werden. Tarifvertraglich können andere Fristen gelten. Eine Klage auf Entschädigung muss innerhalb von drei Monaten, nachdem der Anspruch schriflich geltend gemacht wurde, erhoben werden.
Wenn im Streitfall eine Partei „Indizien beweist", die eine Benachteiligung vermuten lassen, trägt die andere Partei die Beweislast dafür, dass kein Verstoß gegen die Bestimmungen zum Schutz vor Benachteiligung vorgelegen hat.

3.3.3 Vertragspflichten des Arbeitgebers

3.3.3.1 Entgeltzahlungspflicht

Entgeltanspruch des Arbeitnehmers

Der Arbeitgeber schuldet für die Arbeitsleistung eine angemessene Vergütung, deren Höhe mit dem Arbeitnehmer grundsätzlich frei vereinbart werden kann (Grenze: Sittenwidrigkeit, Lohnwucher).

Besteht ein verbindlicher Tarifvertrag, dürfen die tariflich festgelegten Entgelte nicht unterschritten werden.

Entgeltarten/Entgeltformen

Es gibt folgende Formen des Arbeitsentgelts:

> Lohn bei Arbeitern
> Gehalt bei Angestellten
> Vergütung bei Lehrlingen.

Beim Lohn wird unterschieden zwischen Zeitlohn und Leistungslohn. Der Lohn wird in der Regel als Geldlohn geschuldet. Sachbezüge – beispielsweise in Form „freier Kost und Logis" – können Teil des Arbeitsentgelts sein.
Der Zeitlohn wird nach der Dauer der Arbeitszeit berechnet (z. B. Stunden-, Wochen-, Monatslohn). Zeitlohn

Der Leistungslohn berechnet sich nach dem Ergebnis der Arbeitsleistung (z. B. Akkord- und Prämienlohn, Stücklohn, Provision, Gewinn- und Umsatzbeteiligung). Eine Mischform ist der garantierte Mindestlohn. Leistungslohn

Garantierter Mindestlohn

Für bestimmte Branchen (zum Beispiel Bauhauptgewerbe, Dachdeckerhandwerk, Maler- und Lackiererhandwerk, Gebäudereinigung und Elektrohandwerk) gibt es rechtsverbindliche Mindestlöhne nach dem Arbeitnehmer-Entsendegesetz. Die Mindestlöhne nach dem Arbeitnehmer-Entsendegesetz sind auch auf einen im Ausland ansässigen Arbeitgeber und seine im Inland beschäftigten Arbeitnehmer zwingend anzuwenden. Darüber hinaus bietet das Mindestarbeitsbedingungengesetz die Möglichkeit, in einzelnen Wirtschaftszweigen, insbesondere in denen es keine Tarifverträge gibt, derartige verbindliche Mindestlöhne festzusetzen.

Zuschläge – Zulagen, Sondervergütungen

Zuschläge (z. B. für Mehr-, Nacht-, Sonn- und Feiertagsarbeit) sind zusätzliche Zahlungen des Arbeitgebers. Ihre Höhe richtet sich nach Tarifvertrag, Betriebsvereinbarung oder Einzelarbeitsvertrag.

Nach dem Arbeitszeitgesetz besteht für Nachtarbeit ein Anspruch auf eine angemessene Zahl bezahlter freier Tage oder angemessene Zuschläge, soweit keine tariflichen Ausgleichsregelungen bestehen.

Zulagen

Zulagen werden gewährt in Form von

> Leistungszulagen,
> Gefahren-, Schmutz- und Hitzezulagen (Erschwerniszulagen),
> Funktionszulagen für Übernahme zusätzlicher Verantwortung,
> persönliche oder Sozialzulagen (z. B. Kinderzulagen).

Fallen beim Arbeitnehmer im Rahmen seiner Arbeit Aufwendungen wie Reisespesen an, muss ihm diese der Arbeitgeber ersetzen. Bei auswärtiger Beschäftigung kann z. B. ein Anspruch auf Erstattung von Fahrt- oder Übernachtungskosten bestehen. Einzelheiten regeln häufig Tarifverträge.

Sondervergütungen

Sondervergütungen (wie Gratifikationen, 13. Monatsentgelt, vermögenswirksame Leistungen, Leistungen der betrieblichen Altersversorgung) sind zusätzliche Entgeltleistungen.

Ein Rechtsanspruch auf Weihnachtsgratifikation besteht nur, wenn eine solche tarif- oder einzelvertraglich vereinbart oder mindestens drei Jahre hintereinander in gleicher Höhe ohne den ausdrücklichen Vorbehalt der Freiwilligkeit geleistet worden ist (betriebliche Übung, sog. Gewohnheitsrecht).

Ein Anspruch auf vermögenswirksame Leistungen kann sich aus dem Tarifvertrag, Einzelarbeitsvertrag oder einer Betriebsvereinbarung ergeben. Die vermögenswirksamen Leistungen sind dem Bruttoarbeitsentgelt hinzuzurechnen und unterliegen der Steuer- sowie Sozialversicherungspflicht.

Arbeitnehmersparzulage

Für die angelegten vermögenswirksamen Leistungen erhält der Arbeitnehmer (auf Antrag vom Finanzamt) eine Arbeitnehmersparzulage, sofern sein Arbeitsentgelt bestimmte Einkommensgrenzen nicht übersteigt.

Zeitpunkt und Form der Entgeltzahlung

Das Arbeitsentgelt ist nach Ablauf des Zeitabschnitts, für den es bemessen ist, zur Zahlung fällig; in der Regel am Monatsende.

Die Entgeltzahlung erfolgt in Euro, entweder bar oder – was heute die Regel ist – aufgrund entsprechender Vereinbarungen unbar durch Überweisung auf das Bankkonto des Arbeitnehmers.

Entgeltabrechnung

> Der Arbeitgeber ist zur Aushändigung einer schriftlichen Entgeltabrechnung verpflichtet, um dem Arbeitnehmer eine Übersicht über seinen Entgeltanspruch zu ermöglichen.

Mindestangaben

Die Abrechnung muss mindestens Angaben enthalten über:

> Abrechnungszeitraum
> Zusammensetzung des Arbeitsentgelts; hier insbesondere
  - Art und Höhe der Zuschläge
  - Zulagen
  - sonstige Vergütungen
  - Art und Höhe der Abzüge
  - Abschlagszahlungen
  - Vorschüsse

3.3.3.2 Entgeltzahlung ohne Arbeitsleistung

> Anspruch auf Arbeitsentgelt besteht grundsätzlich nur für geleistete Arbeit.

Abweichungen

In bestimmten Fällen wird aufgrund von Gesetzen oder Tarifverträgen von diesem Grundsatz abgewichen:

> bei Arbeitsausfall, für den der Arbeitgeber das Risiko trägt (Arbeitsmangel, Betriebsstörungen und dergleichen)
> bei Arbeitsausfall durch gesetzliche Feiertage
> bei Arbeitsunfähigkeit infolge Krankheit
> während der Dauer des Urlaubs
> bei Arbeitsausfall wegen Vorladung zur Wehrerfassungsbehörde
> bei Besuch der Berufsschule
> bei unverschuldeter Arbeitsverhinderung für eine verhältnismäßig nicht erhebliche Zeit aus einem in der Person des Arbeitnehmers liegenden Grund (Teilnahme an der Bestattung von Familienangehörigen und dgl.).

3.3.3.3 Entgeltzahlung an Feiertagen

Entgeltausfallprinzip

An gesetzlichen Feiertagen ruht die Arbeit; für die Arbeitszeit, die hierdurch ausfällt, ist dem Arbeitnehmer das Arbeitsentgelt zu zahlen, das er ohne den Arbeitsausfall erhalten hätte.
Arbeitnehmer, die am letzten Arbeitstag vor oder am ersten Arbeitstag nach Feiertagen unentschuldigt (ohne Rechtfertigungsgrund) der Arbeit fernbleiben, haben keinen Anspruch auf Bezahlung für diese Feiertage.

3.3.3.4 Entgeltzahlung im Krankheitsfall

Anspruchsvoraussetzungen

> Der Anspruch auf Entgeltfortzahlung entsteht erstmals nach einer vierwöchigen ununterbrochenen Dauer des Arbeitsverhältnisses.

Wartezeit

Während dieser Wartezeit erhält der in der gesetzlichen Krankenversicherung versicherte Arbeitnehmer bei Arbeitsunfähigkeit Krankengeld.

Unverschuldete Arbeitsunfähigkeit

Der Entgeltfortzahlungsanspruch setzt voraus, dass der Arbeitnehmer durch Arbeitsunfähigkeit infolge Krankheit an seiner Arbeitsleistung verhindert ist, ohne dass ihn ein Verschulden trifft. Bei verschuldeter Arbeitsunfähigkeit entfällt der Anspruch.

Anspruchsdauer

Das Arbeitsentgelt ist für jeden Fall der arbeitsunfähigen Erkrankung bis zur Dauer von sechs Wochen zu zahlen, jedoch nicht über die Beendigung des Arbeitsverhältnisses hinaus; es sei denn, dass

- der Arbeitgeber aus Anlass der Arbeitsunfähigkeit kündigt oder
- der Arbeitnehmer kündigt, weil ihm aus Gründen, die der Arbeitgeber zu vertreten hat, die Fortsetzung des Arbeitsverhältnisses nicht mehr zumutbar ist.

Fortsetzungskrankheit

Bei Arbeitsunfähigkeit infolge derselben Krankheit besteht nur dann ein erneuter Anspruch, wenn der Arbeitnehmer mindestens ein halbes Jahr nicht wegen derselben Krankheit arbeitsunfähig war oder der Beginn der ersten Erkrankung mindestens zwölf Monate zurückliegt.

Höhe der Entgeltzahlung

> Während der Arbeitsunfähigkeit ist dem Arbeitnehmer das ihm bei der für ihn maßgebenden regelmäßigen Arbeitszeit zustehende Arbeitsentgelt fortzuzahlen.

Nicht zum Arbeitsentgelt gehören das zusätzlich für Überstunden gezahlte Arbeitsentgelt und Aufwendungen des Arbeitnehmers, die während der Arbeitsunfähigkeit nicht entstehen.

Tarifliche Regelungen

Durch Tarifverträge kann für die Bemessung des fortzuzahlenden Arbeitsentgelts eine andere Bemessungsgrundlage festgelegt werden.

Anzeige- und Nachweispflicht des Arbeitnehmers

Im Falle der Arbeitsunfähigkeit hat der Arbeitnehmer gegenüber dem Arbeitgeber zwei Pflichten, die Anzeige- und die Nachweispflicht.

Anzeigepflicht	Nachweispflicht
Der Arbeitnehmer ist verpflichtet, dem Arbeitgeber die Arbeitsunfähigkeit und deren voraussichtliche Dauer **unverzüglich** mitzuteilen.	Dauert die Arbeitsunfähigkeit länger als **drei Kalendertage,** ist eine ärztliche Bescheinigung über das Bestehen der Arbeitsunfähigkeit sowie deren voraussichtliche Dauer spätestens an dem **darauf folgenden Arbeitstag** vorzulegen. Der Arbeitgeber ist berechtigt, die Vorlage früher zu verlangen.

Kommt der Arbeitnehmer schuldhaft seiner Pflicht zur Vorlage der ärztlichen Bescheinigung nicht nach, so ist der Arbeitgeber berechtigt, die Entgeltfortzahlung so lange zu verweigern, bis die Bescheinigung vorgelegt wird.

Leistungsverweigerungsrecht

Wird der Arbeitnehmer durch einen Dritten geschädigt und arbeitsunfähig, gehen seine gesetzlichen Schadensersatzansprüche in Höhe des Entgeltfortzahlungsanspruchs einschließlich der Arbeitgeberanteile zur Sozialversicherung und zur betrieblichen Altersversorgung auf den Arbeitgeber über (Erstattung bei Dritthaftung).

Ausgleichsverfahren

Für die Betriebe gibt es zwei Arten von Ausgleichsverfahren:

> den Aufwendungsausgleich für Entgeltfortzahlung im Krankheitsfall (U1-Verfahren)
> den Aufwendungsausgleich für Mutterschaftsleistungen (U2-Verfahren).

In den Aufwendungsausgleich für Entgeltfortzahlung im Krankheitsfall sind alle gewerblichen Unternehmen einbezogen, die bis zu 30 Arbeitnehmer beschäftigen. Bei der Ermittlung der Betriebsgröße werden unter anderem

Entgeltfortzahlung

- Auszubildende
- Schwerbehinderte
- Wehr- und Zivildienstleistende
- Personen in der Elternzeit

nicht, Teilzeitbeschäftigte nur anteilig mitgerechnet.

In den Aufwendungsausgleich bei Mutterschaftsleistungen sind alle Arbeitgeber – unabhängig von der Arbeitnehmerzahl – einbezogen.

Mutterschaftsleistungen

Im Rahmen des Ausgleichsverfahrens erhalten die Betriebe auf Antrag erstattet:

Bei Krankheit	Bei Mutterschaft
Je nach Satzung der Kasse bis zu 80 v. H. der Aufwendungen für Entgeltfortzahlung (einschließlich Arbeitgeberanteil zum Gesamtsozialversicherungsbeitrag) an alle Arbeitnehmer	Die Aufwendungen bei Schwangerschaft und Mutterschaft in vollem Umfang (Arbeitsentgelt bei Beschäftigungsverboten, Zuschuss zum Mutterschaftsgeld) – einschließlich Arbeitgeberanteil zum Gesamtsozialversicherungsbeitrag

Umlagen

Für das Ausgleichsverfahren zahlen die Betriebe Umlagebeträge an die zuständige Krankenkasse (Einzugsstelle). Bemessungsgrundlage ist das Bruttoarbeitsentgelt bis zur Beitragsbemessungsgrenze in der gesetzlichen Rentenversicherung.

3.3.3.5 Urlaubsrecht

Anspruchsgrundlage

Das Urlaubsrecht ist durch das Bundesurlaubsgesetz geregelt; es findet auf alle Arbeits- und Ausbildungsverhältnisse Anwendung. Daneben bestehen Sonderregelungen für Jugendliche, Schwerbehinderte und Heimarbeiter.

> Das Bundesurlaubsgesetz regelt Mindestbedingungen; Tarif- oder Einzelarbeitsvertrag können günstigere Regelungen vorsehen.

Urlaubsdauer

Unabdingbarkeit

Der gesetzliche Urlaubsanspruch ist unabdingbar; abweichende Vereinbarungen zu Ungunsten des Arbeitnehmers sind unwirksam.

> Urlaubsjahr ist das Kalenderjahr (1.1. bis 31.12.).

Mindesturlaubsanspruch

- Der gesetzliche Mindesturlaub beträgt, je nach Alter (Stichtag 1.1. des Kalenderjahres) des Beschäftigten:
  - noch nicht 16 Jahre alt: 30 Werktage
  - noch nicht 17 Jahre alt: 27 Werktage
  - noch nicht 18 Jahre alt: 25 Werktage
  - bereits 18 Jahre alt: 24 Werktage (vier Wochen)

  Werktage sind alle Kalendertage mit Ausnahme der Sonn- und Feiertage.
- Urlaubsanspruch Schwerbehinderter: Schwerbehinderte erhalten einen Zusatzurlaub von fünf Arbeitstagen im Jahr. Arbeitet der Schwerbehinderte regelmäßig an mehr oder weniger als fünf Tagen in der Woche, erhöht oder vermindert sich der Zusatzurlaub entsprechend.
- Urlaubsanspruch Teilzeitbeschäftigter: Teilzeitbeschäftigte haben den gleichen Urlaubsanspruch (z. B. vier Wochen nach dem Bundesurlaubsgesetz) wie Vollzeitbeschäftigte; die Urlaubsvergütung berechnet sich jedoch anteilig nach dem verminderten Durchschnittsentgelt.

Arbeitnehmer- und Arbeitgeberpflichten aus dem Urlaubsrecht

Wartezeit

Der volle Urlaubsanspruch wird erstmalig nach sechsmonatigem Bestehen des Arbeitsverhältnisses erworben. Erfüllt der Arbeitnehmer diese Wartezeit während des Kalenderjahres nicht, so erhält er für jeden vollen Beschäftigungsmonat $^{1}/_{12}$ des Jahresurlaubsanspruchs. Das Gleiche gilt auch, wenn er in der ersten Hälfte des Kalenderjahres ausscheidet.

Urlaubsbescheinigung

Ist die Wartezeit von sechs Monaten erfüllt und scheidet der Arbeitnehmer in der zweiten Hälfte des Jahres aus, so erhält er den vollen Jahresurlaub. Eine doppelte Gewährung ist jedoch ausgeschlossen. Die Betriebe sind zur Ausstellung einer Urlaubsbescheinigung verpflichtet.

> Der Arbeitgeber ist gehalten, die Urlaubswünsche der Arbeitnehmer unter Abwägung der betrieblichen Belange und der Urlaubswünsche anderer Arbeitnehmer angemessen zu berücksichtigen.

Der Urlaub muss innerhalb des laufenden Kalenderjahres gewährt und eingebracht werden. Eine Übertragung auf das nächste Kalenderjahr ist nur in Ausnahmefällen wie betriebsbedingten Gründen bis spätestens 31.3. möglich. Nach der Rechtsprechung gilt diese zeitliche Begrenzung für den gesetzlichen Mindestanspruch von 4 Wochen (bei schwerbehinderten Menschen zusätzlich des Urlaubsanspruchs von weiteren fünf Arbeitstagen) allerdings nicht, wenn der Urlaub aufgrund Krankheit nicht eingebracht werden konnte.

Abgeltungsverbot

Eine Barabgeltung des Urlaubs ist unwirksam, es sei denn, dass die Einbringung in Form von Freizeit wegen Beendigung des Arbeitsverhältnisses nicht mehr möglich ist.

Urlaubsentgelt

> Das Urlaubsentgelt errechnet sich aus dem Durchschnittsarbeitsverdienst der letzten 13 abgerechneten Wochen vor Beginn des Urlaubs, mit Ausnahme des zusätzlichen für Überstunden gezahlten Arbeitsverdienstes.

Einmalige Zuwendungen bleiben außer Ansatz. Bei Verdiensterhöhungen, die während des Berechnungszeitraums oder Urlaubs eintreten (zum Beispiel Lohnerhöhungen durch Tarifabschluss), ist von dem erhöhten Verdienst auszugehen.

Zusätzliches Urlaubsgeld

Ein Anspruch auf zusätzliches Urlaubsgeld kann sich aufgrund tariflicher oder einzelvertraglicher Regelungen ergeben.

Urlaubskassen

Für einige Branchen bestehen aufgrund allgemein verbindlich erklärter Tarifverträge Urlaubskassen, denen die Durchführung des Urlaubsverfahrens übertragen ist (z. B. Bauhauptgewerbe).

3.3.3.6 Entgeltsicherung

Existenzsicherung

Das Entgelt dient der Existenzsicherung des Arbeitnehmers. Er ist deshalb weitgehend dem Zugriff von Gläubigern, des Arbeitgebers und der Vorausverfügung durch den Arbeitnehmer selbst entzogen. Darüber hinaus sichert das Gesetz über Insolvenzgeld dem Arbeitnehmer im Insolvenzfalle seine ihm noch zustehenden Entgeltansprüche für drei Monate.

Entgeltpfändungsschutz

Nur die Teile des Arbeitsentgelts, die die gesetzlich festgelegten Pfändungsgrenzen überschreiten, sind aufgrund vollstreckbaren Gerichtsurteils sowie Pfändungs- und Überweisungsbeschlusses pfändbar.

Pfändbarer Entgeltanteil

Die Höhe des pfändbaren Entgeltteils richtet sich nach der

- Höhe des Nettoarbeitsentgelts und der
- Zahl der unterhaltsberechtigten Personen

des Arbeitnehmers.

Entgeltaufrechnungsverbot

Der Arbeitgeber kann berechtigte Ansprüche gegenüber dem Arbeitnehmer (wie Schadenersatzansprüche wegen Schlechtleistung) nur im Rahmen des pfändbaren Teils des Entgelts aufrechnen.

Der Arbeitnehmer kann sich auf das Aufrechnungsverbot nicht berufen, wenn der geschuldete Betrag auf eine vorsätzliche unerlaubte Handlung oder auf eine vorsätzliche Schadenzufügung zurückzuführen ist.

Entgeltabtretungsverbot

Entgeltansprüche können nicht abgetreten werden, soweit sie der Pfändung entzogen sind. In Arbeits- und Tarifverträgen kann auch die Abtretung des pfändbaren Entgelts ausgeschlossen werden.

Insolvenzgeld

>> hierzu Abschnitt 3.4.4.6 „Leistungen der Arbeitslosenversicherung (Arbeitsförderung)".

3.3.3.7 Verjährung – Verwirkung von Entgeltansprüchen

Tarifliche Ausschlussfristen

Entgeltansprüche unterliegen der gesetzlichen dreijährigen Verjährungsfrist. In Tarifverträgen sind vielfach kürzere Ausschlussfristen für die Geltendmachung von Ansprüchen aus dem Arbeitsverhältnis geregelt; sie gehen bei Geltung des Tarifvertrages der gesetzlichen Verjährung vor.

3.3.3.8 Beschäftigungspflicht

Neben der Zahlung des Arbeitsentgelts ist der Arbeitgeber zur Beschäftigung des Arbeitnehmers verpflichtet.

Der Anspruch auf Beschäftigung ist einklagbar; die Nichtbeschäftigung kann zur Schadenersatzpflicht führen. Die Beschäftigungspflicht schließt die Verpflichtung ein, den Arbeitnehmer vertragsgemäß zu beschäftigen. Beschäftigungsanspruch

3.3.3.9 Fürsorgepflicht

Der Arbeitgeber ist verpflichtet, bei allen Maßnahmen das Wohl und die Interessen des Arbeitnehmers gebührend zu berücksichtigen.

Die Fürsorgepflichten ergeben sich

Grundlagen

> aus Gesetzen, Tarifverträgen und Einzelarbeitsverträgen,
> aus der gegenseitigen Treuepflicht zwischen Arbeitgeber und Arbeitnehmer,
> nach den jeweiligen Umständen des Einzelfalles,
> nach der jeweiligen Verkehrsauffassung.

Wichtige derartige Pflichten des Arbeitgebers sind:

> Pflicht zum Schutz von Leben und Gesundheit des Arbeitnehmers.
> Pflicht, die erforderlichen Maßnahmen zum Schutz vor Benachteiligungen wegen Geschlecht, Behinderung, Alter, Rasse oder ethnischer Herkunft, Religion oder Weltanschauung, sexueller Identität zu treffen. Dieser Schutz umfasst auch vorbeugende Maßnahmen. Schutz vor Benachteiligungen
> Pflicht, die im Einzelfall geeigneten, erforderlichen und angemessenen Maßnahmen zu ergreifen, wenn Beschäftigte gegen diese Benachteiligungsverbote verstoßen oder Beschäftigte bei der Ausübung ihrer Tätigkeit durch Dritte benachteiligt werden.
> Pflicht zum Schutz von Persönlichkeitsrechten des Arbeitnehmers.
  - Schutz vor ungerechter Behandlung durch Vorgesetzte und vor rechtswidrigen Handlungen von Arbeitskollegen
  - Einschränkungen beim Speichern personenbezogener Daten
  - sorgfältige Aufbewahrung der Personalakten
  - Verschwiegenheitspflicht bei Angelegenheiten, an deren Geheimhaltung der Arbeitnehmer ein berechtigtes Interesse hat
> Pflicht zum Schutz des Eigentums der Arbeitnehmer.

3.3.4 Beendigung des Arbeitsverhältnisses

3.3.4.1 Rechtliche Mittel zur Beendigung von Arbeitsverhältnissen

Das Arbeitsverhältnis kann auf folgende Weise rechtswirksam beendet werden:

Einvernehmliche Beendigung →	Beendigung durch Aufhebungsvereinbarung
Ordentliche Kündigung →	Beendigung mit Kündigungsfrist
Änderungskündigung →	Kündigung und gleichzeitiges Angebot zur Weiterbeschäftigung zu geänderten Arbeitsbedingungen
Außerordentliche Kündigung →	Fristlose Beendigung bei wichtigem Grund
Anfechtung →	Einseitige Beendigung durch Anfechtungserklärung, z. B. wegen arglistiger Täuschung bei Vertragsabschluss
Befristung →	Beendigung durch Fristablauf

3.3.4.2 Einvernehmliche Beendigung

Aufhebungsvereinbarung

Im beiderseitigen Einvernehmen zwischen Arbeitgeber und Arbeitnehmer kann das Arbeitsverhältnis jederzeit sofort oder zu einem später vereinbarten Zeitpunkt aufgelöst werden. Schriftform ist dafür zwingende Voraussetzung.

3.3.4.3 Ordentliche Kündigung

Häufig wird das Arbeitsverhältnis durch ordentliche Kündigung unter Einhaltung der Kündigungsfrist von einem der beiden Vertragspartner beendet.

Änderungskündigung

Erfolgt die ordentliche Kündigung mit dem gleichzeitigen Angebot, die Arbeitsbedingungen zu Ungunsten des Arbeitnehmers einseitig zu ändern, so handelt es sich um eine Änderungskündigung. Nimmt der Arbeitnehmer das Angebot zur Fortsetzung des Arbeitsverhältnisses zu den geänderten Arbeitsbedingungen nicht an, endet das Arbeitsverhältnis mit Ablauf der Kündigungsfrist.

3.3.4.4 Wirksamkeit der ordentlichen Kündigung

Die Kündigung bedarf zu ihrer Wirksamkeit der Schriftform.

Kündigungserklärung

Die Kündigungserklärung muss klar und zweifelsfrei sein. Sie wird nur wirksam mit Zugang an den anderen Vertragspartner.

Besteht im Betrieb ein Betriebsrat, muss der Arbeitgeber vor Ausspruch der Kündigung den Betriebsrat unterrichten und ihm die Gründe hierfür mitteilen, andernfalls ist die Kündigung unwirksam. Anhörung des Betriebsrats
Erhebt der Betriebsrat gegen die Kündigung Bedenken, muss er diese dem Arbeitgeber innerhalb einer Woche schriftlich mitteilen. Widerspricht der Betriebsrat der Kündigung innerhalb der Anhörungsfrist und kündigt der Arbeitgeber dennoch, so muss er dem betreffenden Arbeitnehmer eine Abschrift der Stellungnahme des Betriebsrats zuleiten.

Kündigungsfristen

> Die gesetzliche Kündigungsfrist für Arbeitnehmer beträgt vier Wochen zum 15. oder zum Ende eines Kalendermonats.

Während einer vereinbarten Probezeit, längstens für die Dauer von sechs Monaten, kann das Arbeitsverhältnis mit einer Frist von zwei Wochen gekündigt werden.

Für die Kündigung durch den Arbeitgeber gelten in Abhängigkeit von der Betriebszugehörigkeit folgende verlängerte Fristen: Verlängerte Fristen

- nach 2 Jahren: 1 Monat
- nach 5 Jahren: 2 Monate
- nach 8 Jahren: 3 Monate
- nach 10 Jahren: 4 Monate
- nach 12 Jahren: 5 Monate
- nach 15 Jahren: 6 Monate
- nach 20 Jahren: 7 Monate

jeweils zum Ende eines Kalendermonats

> Die gesetzlichen Kündigungsfristen können durch Tarifvertrag verlängert oder verkürzt werden; soweit tarifliche Kündigungsfristen zur Anwendung kommen, haben sie Vorrang vor den gesetzlichen Kündigungsfristen.

Einzelvertraglich können grundsätzlich nur längere Kündigungsfristen vereinbart werden. Einzelvertrag Die Unterschreitung der gesetzlichen Mindestkündigungsfrist ist in Betrieben mit in der Regel nicht mehr als 20 Arbeitnehmern – ausschließlich der zu ihrer Berufsausbildung Beschäftigten – zulässig. Kleinbetriebsregelung Hier kann die Grundfrist von vier Wochen ohne Endtermin (das heißt nicht nur zum 15. bzw. Ende des Kalendermonats) vereinbart werden.
Bei der Feststellung der Zahl der beschäftigten Arbeitnehmer werden Teilzeitbeschäftigte mit einer regelmäßigen wöchentlichen Arbeitszeit von nicht mehr als 20 Stunden mit 0,5 und nicht mehr als 30 Stunden mit 0,75 berücksichtigt.

Aushilfs-
beschäftigungen

Wird ein Arbeitnehmer zur vorübergehenden Aushilfe eingestellt und wird diese Aushilfe nicht über die Zeit von drei Monaten hinaus fortgesetzt, kann auch einzelvertraglich die gesetzliche Kündigungsfrist verkürzt werden.

Für die Kündigung des Arbeitsverhältnisses durch den Arbeitnehmer darf keine längere Frist vereinbart werden als für die Kündigung durch den Arbeitgeber.

Kündigungsfrist für Schwerbehinderte

Für Schwerbehinderte und Gleichgestellte gelten die regulären Kündigungsfristen mit der Maßgabe, dass die Frist mindestens vier Wochen beträgt, wenn der Arbeitgeber kündigt.
Die Kündigung durch den Arbeitgeber bedarf außerdem der vorherigen Zustimmung des Integrationsamtes.

Innerhalb der ersten sechs Monate des Arbeitsverhältnisses ist die Kündigung ohne Zustimmung des Integrationsamtes zulässig; ebenso entfällt die Mindestkündigungsfrist von vier Wochen.

3.3.4.5 Außerordentliche Kündigung

Das Arbeitsverhältnis kann von jedem Vertragspartner aus wichtigem Grund ohne Einhaltung einer Kündigungsfrist gekündigt werden, wenn Tatsachen vorliegen, aufgrund derer dem Kündigenden unter Berücksichtigung des Einzelfalles und unter Abwägung der Interessen beider Vertragspartner die Fortsetzung des Arbeitsverhältnisses bis zum Ablauf der Kündigungsfrist nicht zugemutet werden kann.

Die fristlose Kündigung muss innerhalb von zwei Wochen erfolgen; die Frist beginnt mit dem Zeitpunkt, in dem der Kündigungsberechtigte von den für die Kündigung maßgebenden Tatsachen Kenntnis erlangt.

Betriebsrat

Besteht im Betrieb ein Betriebsrat, muss der Arbeitgeber vor Ausspruch der fristlosen Kündigung den Betriebsrat unterrichten. Andernfalls ist die Kündigung unwirksam. Hat der Betriebsrat hiergegen Bedenken, muss er diese dem Arbeitgeber unverzüglich, spätestens innerhalb von drei Tagen, schriftlich mitteilen.
Innerhalb von drei Wochen nach Zugang einer fristlosen Kündigung kann der Arbeitnehmer Klage beim Arbeitsgericht erheben.

3.3.4.6 Rechtswidrige Beendigung

Wird das Arbeitsverhältnis von einem der beiden Vertragspartner unberechtigterweise ohne Einhaltung der Kündigungsfrist beendet, ist er dem anderen Vertragspartner zum Ersatz des hieraus entstehenden Schadens verpflichtet.

Schadenersatz

Der Schaden muss dem Grunde und der Höhe nach nachgewiesen werden.

In Tarifverträgen und unter engen Voraussetzungen in Formulararbeitsverträgen können für den Fall des Vertragsbruchs Vertragsstrafen bzw. Entschädigungen vereinbart werden, die an den Nachweis eines Schadens nicht gebunden sind.

3.3.4.7 Arbeitspapiere – Arbeitszeugnis – Ausgleichsquittung

Arbeitspapiere

Arbeitspapiere

Arbeitspapiere sind:

- Lohnsteuerkarte (ab 2012 gibt es diese allerdings nur noch elektronisch)
- Urlaubsbescheinigung
- Unterlagen über vermögenswirksame Leistungen
- Unterlagen über die betriebliche Altersversorgung
- Arbeitsbescheinigung
- Zeugnis
- Sozialversicherungsausweis
- Mitgliedsbescheinigung der gewählten Krankenkasse.

In bestimmten Berufen können noch weitere Arbeitspapiere hinzukommen.

Beispiel:

Bauhauptgewerbe: Arbeitnehmerkontoauszug, unter anderem mit folgenden Daten: Beschäftigungszeit; Beschäftigungstage; beitragspflichtiger Bruttolohn; Anspruch auf Urlaubsvergütung; gewährte Urlaubstage und gewährte Urlaubsvergütung; gewährter Lohnausgleich.

Außer Zeugnis, Sozialversicherungsausweis und Arbeitsbescheinigung hat der Arbeitnehmer diese Papiere bei Beginn der Beschäftigung dem Arbeitgeber zu übergeben.

Herausgabe

Die Arbeitspapiere sind dem Arbeitnehmer dann mit Beendigung des Arbeitsverhältnisses auszuhändigen, gegebenenfalls auch zuzusenden. Ist dies nicht möglich – z. B. aus Gründen der Datenverarbeitung –, ist eine Zwischenbescheinigung zu erteilen, aus der alle wesentlichen Angaben hervorgehen.

Arbeitszeugnis

Im Zeugnisrecht unterscheidet man zwischen dem einfachen und dem qualifizierten Zeugnis.

Zeugnisarten

Das einfache Zeugnis enthält:

- Vorname, Name, Geburtsdatum und Wohnadresse
  sowie
- Art und Dauer der Tätigkeit/Beschäftigung.

Auf Verlangen des Arbeitnehmers muss das Zeugnis ausgedehnt werden auf

- Leistung und Verhalten im Arbeitsverhältnis.

Inhalt

Das Zeugnis muss klar und verständlich formuliert sein. Es muss alle wesentlichen Tatsachen und Bewertungen enthalten, die für die Gesamtbeurteilung des Arbeitnehmers von Bedeutung und für künftige Arbeitgeber von Interesse sind. Einmalige Vorfälle oder Umstände, die für den Arbeitnehmer, sein Verhalten und seine Leistung nicht charakteristisch sind, gehören nicht in das Zeugnis. Andererseits muss das Zeugnis wahr sein. Bedeutsame Vorkommnisse, auch wenn sie für den Arbeitnehmer nachteilig sind, sind in die Beurteilung aufzunehmen, wenn sie für die Gesamtbeurteilung wesentlich sind.

Zeugnisanspruch

Der Zeugnisanspruch entsteht mit Beendigung des Arbeitsverhältnisses. Auf Verlangen des Arbeitnehmers ist das Arbeitszeugnis bereits nach Kündigung des Arbeitsverhältnisses auszustellen. Vor diesem Zeitpunkt kann in begründeten Fällen ein Zwischenzeugnis verlangt werden.

Ausgleichsquittung (Abgeltungsklausel)

Verzichtserklärung

Als Ausgleichsquittung (Abgeltungsklausel) bezeichnet man die schriftliche Erklärung von Arbeitnehmer und Arbeitgeber, keinerlei Ansprüche mehr aus dem Arbeitsverhältnis und dessen Beendigung zu haben. Damit verzichtet der Arbeitnehmer auf alle möglicherweise noch bestehenden Ansprüche mit Ausnahme solcher, die unverzichtbar sind. Zu empfehlen ist die beiderseitige Verzichtserklärung.

3.3.5 Kündigungsschutz

Das Kündigungsrecht des Arbeitgebers ist durch gesetzliche Kündigungsschutzbestimmungen eingeschränkt.

3.3.5.1 Allgemeiner Kündigungsschutz

Die Kündigung eines Arbeitnehmers,

> der bereits länger als sechs Monate
> in einem Betrieb mit in der Regel mehr als zehn Arbeitnehmern

beschäftigt ist, ist rechtsunwirksam, wenn sie sozial ungerechtfertigt ist.

Betriebsgröße

Bei der Feststellung der Zahl der beschäftigten Arbeitnehmer werden Auszubildende nicht mitgerechnet. Teilzeitbeschäftigte werden anteilig berücksichtigt; und zwar bei einer regelmäßigen wöchentlichen Arbeitszeit

- bis einschließlich 20 Stunden mit 0,5,
- bis einschließlich 30 Stunden mit 0,75.

Bestandsschutz

Bis zum 31.12.2003 lag der Schwellenwert (jetzt zehn) bei fünf Arbeitnehmern. Für Arbeitnehmer, die nach altem Recht Kündigungsschutz hatten, bleibt dieser bestehen. Er entfällt allerdings, wenn die Zahl der „Alt-Arbeitnehmer" später auf fünf oder weniger Personen absinkt und im Betrieb einschließlich der seit dem 01.01.2004 eingestellten Personen nicht mehr als zehn Arbeitnehmer beschäftigt werden.

Nach einem Urteil des Bundesarbeitsgerichts hat allerdings auch der Arbeitgeber im Kleinbetrieb, auf den das Kündigungsschutzgesetz keine Anwendung findet, im Fall der Kündigung, insbesondere bei langjähriger Beschäftigungsdauer des Arbeitnehmers, ein gebotenes Mindestmaß an sozialer Rücksichtnahme zu wahren.

Sozial ungerechtfertigte Kündigung

Sozial ungerechtfertigt ist die Kündigung dann, wenn nicht einer der nachfolgend genannten Gründe vorliegt:

- Gründe in der Person des Arbeitnehmers (z. B. unverhältnismäßiges Nachlassen der Leistungsfähigkeit oder lang andauernde oder häufige Krankheit) — Personenbedingt
- Gründe im Verhalten des Arbeitnehmers (z. B. fortgesetztes vertragswidriges Verhalten wie unentschuldigtes Fehlen) — Verhaltensbedingt
- dringende betriebliche Erfordernisse (z. B. anhaltender Arbeitsmangel, Betriebsstilllegung, Rationalisierung). — Betriebsbedingt

Interessenabwägung bei personenbedingten Gründen

Insbesondere bei der personenbedingten Kündigung muss eine umfassende Interessenabwägung erfolgen. Lässt zum Beispiel die fachliche Eignung des Arbeitnehmers nach, so muss der Arbeitgeber prüfen, ob die Mängel durch zumutbare Fortbildungsmaßnahmen behoben werden können. Eine Kündigung wegen lang andauernder oder häufiger Krankheit setzt eine negative Gesundheitsprognose voraus.

Abmahnung vor Kündigung bei verhaltensbedingten Gründen

> Vor Ausspruch einer Kündigung aus verhaltensbedingten Gründen ist in der Regel eine vorherige Abmahnung des Arbeitnehmers erforderlich, um ihm zunächst Gelegenheit zu geben, sein Fehlverhalten zu korrigieren.

Ihre Warnfunktion erfüllt die Abmahnung nur dann, wenn sie

- konkrete Angaben über die beanstandeten Mängel enthält und
- für den Fall der Wiederholung auf die zu erwartende Kündigung hinweist.

Soziale Auswahl bei betriebsbedingter Kündigung

> Kündigt der Arbeitgeber aus dringenden betrieblichen Erfordernissen, so muss er bei der Auswahl der Arbeitnehmer die Dauer der Betriebszugehörigkeit, das Lebensalter, die Unterhaltspflichten und die Schwerbehinderung ausreichend berücksichtigen.

Betriebliche Belange

Das gilt jedoch nicht für Arbeitnehmer, deren Weiterbeschäftigung, insbesondere wegen ihrer Kenntnisse, Fähigkeiten und Leistungen oder zur Sicherung einer ausgewogenen Personalstruktur des Betriebes, im berechtigten betrieblichen Interesse liegt (sog. „Leistungsträger-Klausel").

Arbeitgeber und Betriebsrat können bei wesentlichen Betriebsänderungen einen Interessenausgleich vereinbaren, in dem die zu kündigenden Arbeitnehmer namentlich bezeichnet sind. Die gerichtliche Überprüfung der Sozialauswahl ist dann auf grobe Fehlerhaftigkeit beschränkt.

Änderungskündigung vor Beendigungskündigung

Weiterbeschäftigungsangebot

Eine ordentliche Beendigungskündigung ist nach dem Grundsatz der Verhältnismäßigkeit ausgeschlossen, wenn die Möglichkeit besteht, den Arbeitnehmer auf einem anderen freien Arbeitsplatz, auch zu geänderten Arbeitsbedingungen, weiterzubeschäftigen. Eine solche Weiterbeschäftigungsmöglichkeit hat der Arbeitgeber dem Arbeitnehmer anzubieten. Das Angebot kann lediglich in Ausnahmefällen (zum Beispiel offensichtlich völlig unterwertige Beschäftigung) unterbleiben. Der Arbeitgeber kann Angebot und Kündigung miteinander verbinden, indem er ohne vorherige Verhandlungen mit dem Arbeitnehmer sofort eine Änderungskündigung ausspricht.

Änderungskündigung

Kündigt der Arbeitgeber und bietet er gleichzeitig die Fortsetzung des Arbeitsverhältnisses zu geänderten Arbeitsbedingungen an, kann der Arbeitnehmer dieses Angebot unter dem Vorbehalt annehmen, dass die Änderung der Arbeitsbedingungen sozial gerechtfertigt ist. Dieser Vorbehalt muss innerhalb der Kündigungsfrist, spätestens innerhalb von drei Wochen nach Zugang der Kündigung, gegenüber dem Arbeitgeber erklärt werden.

Kündigungsschutzklage

Gegen eine Kündigung kann der Arbeitnehmer nur innerhalb von drei Wochen nach Zugang der schriftlichen Kündigung Klage beim Arbeitsgericht erheben (Ausnahme: Klage allein wegen falscher Kündigungsfrist).

Abfindung

Im Kündigungsschutzverfahren muss der Arbeitgeber die Kündigungsgründe beweisen. Stellt das Gericht fest, dass die Gründe nicht ausreichen, besteht das Arbeitsverhältnis fort. Das entgangene Arbeitsentgelt ist unter Anrechnung eines erzielten oder zumutbar erzielbaren Zwischenverdienstes nachzuzahlen, der Arbeitnehmer weiterzubeschäftigen. In der Praxis kommt es häufig zu einem (einverständlichen) Vergleich auf Anregung des Gerichts mit Beendigung des Arbeitsverhältnisses gegen Zahlung einer Abfindung.

Ist dem Arbeitnehmer oder dem Arbeitgeber die Fortsetzung des Arbeitsverhältnisses nicht mehr zumutbar, kann das Arbeitsgericht auf Antrag des Arbeitnehmers oder des Arbeitgebers das Arbeitsverhältnis auflösen und den Arbeitgeber zur Zahlung einer Abfindung verurteilen:

Alter des Arbeitnehmers	und	bis zu
vor dem 50. Lebensjahr	–	12 Monatsverdienste
ab dem 50. Lebensjahr	15 Beschäftigungsjahre	15 Monatsverdienste
ab dem 55. Lebensjahr	20 Beschäftigungsjahre	18 Monatsverdienste

Für Arbeitnehmer, die das für die Regelaltersgrenze geltende Lebensalter (>> Abschnitt 3.4.6.6 „Leistungen der Rentenversicherung“) erreicht haben, ist der Höchstbetrag auf zwölf Bruttomonatsentgelte beschränkt.

Abfindungsanspruch bei betriebsbedingter Kündigung

Klagt der Arbeitnehmer bei betriebsbedingter Kündigung nicht innerhalb von drei Wochen vor dem Arbeitsgericht auf Feststellung, dass das Arbeitsverhältnis durch die Kündigung nicht aufgelöst ist, so hat er mit Ablauf der Kündigungsfrist Anspruch auf eine Abfindung; und zwar 0,5 Monatsverdienste für jedes Jahr, das das Arbeitsverhältnis bestanden hat. Voraussetzung dafür ist, dass der Arbeitgeber den Arbeitnehmer im Kündigungsschreiben auf den Anspruch hinweist.

3.3.5.2 Besonderer Kündigungsschutz

Bestimmte Arbeitnehmer sind gegen eine Kündigung durch den Arbeitgeber in besonderer Weise geschützt.

Kündigungsschutz von Betriebsräten und Jugendvertretern

> Während der Amtszeit und innerhalb eines Jahres nach Beendigung der Amtszeit ist die ordentliche Kündigung eines Mitglieds des Betriebsrats oder einer Jugend- und Auszubildendenvertretung unzulässig.

Kündigung nur bei wichtigem Grund

Das Arbeits- bzw. Ausbildungsverhältnis kann nur gelöst werden
- fristlos aus wichtigem Grund,
- mit Zustimmung des Betriebsrats oder
- Ersatz-Zustimmung durch das Arbeitsgericht.

Einen ähnlichen Kündigungsschutz besitzen auch die Mitglieder des Wahlvorstandes und Bewerber für das Betriebsratsamt bis zum Ablauf von sechs Monaten nach Bekanntgabe des Wahlergebnisses.

> Beendigungsschutz bei Ausbildungsverhältnissen

Beabsichtigt der Arbeitgeber, einen Auszubildenden, der Mitglied der Jugend- und Auszubildendenvertretung oder des Betriebsrats ist, im Anschluss an das Berufsausbildungsverhältnis nicht in ein Arbeitsverhältnis zu übernehmen, muss er dies dem Auszubildenden drei Monate vor Ausbildungsende schriftlich mitteilen.
Verlangt der Auszubildende innerhalb der letzten drei Monate vor Ausbildungsende schriftlich die Weiterbeschäftigung, gilt ein Arbeitsverhältnis als abgeschlossen. Bis zum Ablauf von zwei Wochen nach Ausbildungsende kann der Arbeitgeber beim Arbeitsgericht feststellen lassen, dass die Weiterbeschäftigung nicht zumutbar ist, wenn Gründe hierfür vorliegen.

Wehrdienstleistende

> Ab Zustellung des Einberufungsbescheides bis zur Beendigung des Grundwehrdienstes sowie während einer Wehrübung ist eine ordentliche Kündigung durch den Arbeitgeber nicht zulässig. Dies gilt auch für Soldaten auf Zeit mit einer Dienstzeit bis zu zwei Jahren und Zivildienstleistende.

Fristlose Kündigung

Vor und nach dem Wehrdienst darf der Arbeitgeber das Arbeitsverhältnis aus Anlass des Wehrdienstes nicht kündigen. Zulässig ist die fristlose Kündigung aus wichtigem Grund.

> **Kleinbetriebsregelung**

Ausnahme

In Betrieben bis zu fünf Beschäftigten (ausschließlich der Auszubildenden) kann unter Einhaltung einer Frist von
> zwei Monaten zum Ende des Wehrdienstes
gekündigt werden,
> bei einem Grundwehrdienst von mehr als sechs Monaten, wenn

Kündigungsvoraussetzungen

- der Arbeitnehmer unverheiratet ist und
- dem Arbeitgeber die Weiterbeschäftigung infolge Einstellung einer Ersatzkraft nach Ende des Wehrdienstes nicht zugemutet werden kann.

> **Beendigungsschutz bei Ausbildungsverhältnissen**

Nach Beendigung eines Berufsausbildungsverhältnisses darf die Übernahme eines Auszubildenden in ein Arbeitsverhältnis nicht aus Anlass des Wehrdienstes abgelehnt werden.

Schwerbehinderte Menschen

Die ordentliche Kündigung eines schwerbehinderten Menschen oder diesen gleichgestellte behinderten Menschen durch den Arbeitgeber bedarf der vorherigen Zustimmung des Integrationsamtes.

Integrationsamt

Auch für die außerordentliche Kündigung ist die vorherige Zustimmung erforderlich. Sie muss innerhalb von zwei Wochen nach Kenntnis des wichtigen Grundes beantragt werden. Trifft das Integrationsamt innerhalb von zwei Wochen nach Eingang des Antrages keine Entscheidung, gilt die Zustimmung als erteilt.
Die Zustimmung zur ordentlichen und außerordentlichen Kündigung ist nicht erforderlich, wenn das Arbeitsverhältnis noch nicht länger als sechs Monate besteht. In dieser Zeit entfällt auch die Mindestkündigungsfrist von vier Wochen.

Mindestkündigungsfrist

> **Erweiterter Beendigungsschutz**

Die Beendigung des Arbeitsverhältnisses eines schwerbehinderten Menschen bzw. diesen gleichgestellte behinderten Menschen bedarf auch dann der vorherigen Zustimmung des Integrationsamtes, wenn sie im Falle des Eintritts einer teilweisen Erwerbsminderung, der Erwerbsminderung auf Zeit, der Berufsunfähigkeit oder der Erwerbsunfähigkeit auf Zeit ohne Kündigung erfolgt.

> **Anzeigepflichten des Arbeitgebers**

Einstellung zur Probe

Einstellungen auf Probe und die Beendigung von Arbeitsverhältnissen schwerbehinderter Menschen, die dem Betrieb noch nicht länger als sechs Monate angehören, müssen dem Integrationsamt innerhalb von vier Tagen angezeigt werden.

Werdende Mütter

> Vom Beginn der Schwangerschaft an bis zum Ablauf von vier Monaten nach der Entbindung ist jede ordentliche und außerordentliche Kündigung gegenüber einer Arbeitnehmerin unzulässig, wenn dem Arbeitgeber zum Zeitpunkt der Kündigung die Schwangerschaft oder Entbindung bekannt ist oder spätestens innerhalb von zwei Wochen nach Zugang der Kündigung noch mitgeteilt wird. (Eine Überschreitung dieser Frist ist möglich, wenn die Frau die Gründe hierfür nicht zu vertreten hat.)

Ausnahme

Auf Antrag des Arbeitgebers kann die für den Arbeitsschutz zuständige Behörde oder die von ihr bestimmte Stelle in besonderen Fällen ausnahmsweise die Kündigung zulassen. Die Kündigung kann erst nach Vorliegen des Zulassungsbescheides erklärt werden; sie bedarf der Schriftform und muss den zulässigen Grund (z. B. Betriebsstilllegung) angeben.

Die Arbeitnehmerin selbst kann während der Schwangerschaft und der Schutzfrist nach der Entbindung (in der Regel acht Wochen) von sich aus ohne Frist zum Ende der Schutzfrist kündigen. Das allgemeine Kündigungsrecht, z. B. zu einem anderen Termin, bleibt davon unberührt.

Elternzeitberechtigte

> Der Arbeitgeber darf das Arbeits- bzw. Berufsausbildungsverhältnis ab dem Zeitpunkt, von dem an Elternzeit verlangt wird, höchstens jedoch acht Wochen vor deren Beginn, und während der Elternzeit nicht kündigen.

Kündigungsgenehmigung

Die für den Arbeitsschutz zuständige Behörde oder die von ihr bestimmte Stelle kann auf Antrag des Arbeitgebers in besonderen Fällen ausnahmsweise die Kündigung für zulässig erklären (z. B. bei besonderen Verstößen des Arbeitnehmers gegen arbeitsvertragliche Pflichten, Betriebsstilllegung, Gefährdung der Existenz des Betriebes oder der wirtschaftlichen Existenz des Arbeitgebers).

Dieser Kündigungsschutz gilt auch für Großeltern, die zur Betreuung ihres in einem gemeinsamen Haushalt lebenden Enkelkindes unter bestimmten Voraussetzungen Elternzeit beanspruchen können, unter anderem wenn ein Elternteil des Kindes minderjährig ist und kein Elternteil selbst Elternzeit beansprucht.

Kleinbetriebsregelung

In Betrieben bis zu fünf Beschäftigten (ausschließlich der Auszubildenden) kann die Genehmigung zur Kündigung auch dann erteilt werden, wenn der Arbeitgeber dringend auf eine Ersatzkraft angewiesen ist und hierfür einen unbefristeten Arbeitsvertrag abschließen muss.

> Der Elternzeitberechtigte selbst kann mit einer Frist von drei Monaten zum Ende der Elternzeit kündigen. Das allgemeine Kündigungsrecht, z. B. zu einem anderen Termin, bleibt davon unberührt.

Hinsichtlich Anspruchsvoraussetzungen und Dauer der Elternzeit >> Abschnitt 3.3.8.2 „Sozialer Arbeitsschutz – Mutterschutz“.

Pflegezeitberechtigte

Der Arbeitgeber darf das Beschäftigungsverhältnis von der Ankündigung bis zur Beendigung einer kurzzeitigen, bis zu zehn Arbeitstage umfassenden Arbeitsverhinderung des Arbeitnehmers, die zur Bewältigung einer akut aufgetretenen Pflegebedürftigkeit eines nahen Angehörigen erforderlich ist, nicht kündigen. Derselbe Kündigungsschutz gilt von der Ankündigung bis zur Beendigung einer bis zu sechsmonatigen unbezahlten Freistellung zur Pflege eines nahen Angehörigen.

In besonderen Fällen kann die für den Arbeitsschutz zuständige Behörde oder die von ihr bestimmte Stelle eine Kündigung ausnahmsweise für zulässig erklären. Wie bei der Elternzeit, hat der Arbeitgeber auf diesem Weg die Möglichkeit, das Arbeitsverhältnis in außergewöhnlichen Fällen, etwa wegen Stilllegung des Betriebes, zu beenden.

3.3.5.3 Kündigungsschutz bei Massenentlassungen

Der Arbeitgeber ist verpflichtet, der Agentur für Arbeit unter Beifügung der Stellungnahme des Betriebsrats Massenentlassungen schriftlich anzuzeigen, bevor er in Betrieben	
mit 21 – 59 Arbeitnehmern	ab 6 Arbeitnehmer
mit 60–499 Arbeitnehmern	ab 26 Arbeitnehmer oder 10 v. H. der Arbeitnehmer
ab 500 Arbeitnehmern	ab 30 Arbeitnehmer
innerhalb von 30 Kalendertagen entlässt (maßgeblich ist der Zugang der Kündigung).	

Aufhebungsverträge und Eigenkündigungen der Arbeitnehmer rechnen bei der Anzahl der Entlassungen mit, wenn sie vom Arbeitgeber veranlasst werden.

Sperrfrist

Anzeigepflichtige Entlassungen werden vor Ablauf eines Monats nach Eingang der Anzeige bei der Agentur für Arbeit nur mit deren Zustimmung wirksam. Die Agentur für Arbeit kann die Sperrfrist verkürzen oder bis zu zwei Monate verlängern.

3.3.6 Tarifvertrag

3.3.6.1 Koalitionsfreiheit

Artikel 9/III des Grundgesetzes garantiert das Recht zur Bildung von Vereinigungen zur Wahrung und Förderung der Arbeits- und Wirtschaftsbedingungen. Zusammenschlüsse dieser Art, auch Koalitionen genannt, sind die Gewerkschaften und die Arbeitgeberverbände.

Freiwillige Mitgliedschaft

Jeder Arbeitnehmer und Unternehmer ist berechtigt, einem Berufsverband als Mitglied beizutreten oder diesem fernzubleiben. Maßnahmen, die die Koalitionsfreiheit einschränken oder behindern, sind unzulässig.

Arbeitskampf

Zur Durchsetzung ihrer Ziele steht den Arbeitnehmer- und Arbeitgeberverbänden unter Wahrung des Grundsatzes der Verhältnismäßigkeit als letztes Mittel der Arbeitskampf zur Verfügung.
Als Streik bezeichnet man die kollektive Arbeitsniederlegung mehrerer Arbeitnehmer zur Erzwingung einer bestimmten Forderung.
Die Arbeitgeber können zur Aussperrung greifen. Durch Nichtzulassung mehrerer Arbeitnehmer zur Arbeit soll den Erfordernissen der Arbeitgeberseite Nachdruck verliehen werden.

3.3.6.2 Tarifvertragsparteien

Die Tarifverträge werden von den Tarifvertragsparteien – auf Arbeitnehmerseite von den Gewerkschaften, auf Arbeitgeberseite von den Arbeitgeberverbänden oder einzelnen Arbeitgebern – abgeschlossen. Im Handwerk werden die Tarifverträge zwischen den Gewerkschaften und den Bundes- oder Landesinnungsverbänden abgeschlossen.

Funktionen

Tarifverträge haben drei wichtige Funktionen:

> Schutzfunktion: Im Arbeitsvertrag dürfen die Mindestarbeitsbedingungen des Tarifvertrages nicht unterschritten werden.
> Ordnungsfunktion: Nach dem Tarifvertrag bestimmen sich die Inhalte des Arbeitsvertrages.
> Friedensfunktion: Bei Gültigkeit eines Tarifvertrages herrscht Streikverbot hinsichtlich der tariflich festgelegten Punkte.

3.3.6.3 Tarifgebundenheit

Tarifbindung

Der Tarifvertrag ist verbindlich, wenn

> beide Arbeitsvertragspartner Mitglied bei der für sie zuständigen Tarifvertragspartei sind, der Arbeitgeber bei dem tarifabschließenden Arbeitgeberverband und gleichzeitig der Arbeitnehmer bei der tarifabschließenden Gewerkschaft oder

Allgemeinverbindlichkeit

- der Tarifvertrag durch das Bundes- oder Landesarbeitsministerium für allgemein verbindlich erklärt worden ist oder
- der Tarifvertrag durch Rechtsverordnung nach dem Arbeitnehmer-Entsendegesetz zwingend anzuwenden ist.

> Ist der Tarifvertrag für das Arbeitsverhältnis verbindlich, sind abweichende Vereinbarungen zwischen Arbeitnehmer und Arbeitgeber nur zulässig, soweit sie für den Arbeitnehmer günstiger sind. Tarifansprüche sind unabdingbar und unverzichtbar.

Tarifanwendung

Besteht keine Tarifbindung, kann die Anwendung des Tarifvertrages zwischen Arbeitnehmer und Arbeitgeber vereinbart werden.

3.3.6.4 Inhalt und Form des Tarifvertrages

> Die Tarifverträge regeln die beiderseitigen Rechte und Pflichten der Arbeitgeber und Arbeitnehmer im Arbeitsverhältnis.

Der Entgelttarifvertrag regelt die Lohn-/Gehaltsbedingungen, der Rahmen- oder Manteltarifvertrag die sonstigen arbeitsrechtlichen Bedingungen.

Schriftform

Tarifverträge bedürfen der Schriftform.

Auslegungspflicht

Der Arbeitgeber ist verpflichtet, die für seinen Betrieb maßgebenden Tarifverträge an geeigneter Stelle im Betrieb auszulegen.

3.3.7 Betriebsverfassung

3.3.7.1 Errichtung von Betriebsräten und Jugendvertretungen

> In Betrieben mit mindestens fünf ständigen wahlberechtigten Arbeitnehmern, einschließlich der zu ihrer Ausbildung Beschäftigten, von denen mindestens drei wählbar sein müssen, kann ein Betriebsrat gewählt werden. Dies gilt auch für gemeinsame Betriebe mehrerer Unternehmen.

Wahlberechtigung

Wahlberechtigt sind alle Arbeitnehmer, die 18 Jahre alt sind. Dazu zählen auch Leiharbeitnehmer, wenn sie länger als drei Monate im Betrieb eingesetzt werden.
Wählbar sind alle Arbeitnehmer, die 18 Jahre alt sind und dem Betrieb bereits sechs Monate angehören. Leiharbeitnehmer können nicht gewählt werden.
Die Zahl der Betriebsratsmitglieder richtet sich nach der Zahl der wahlberechtigten Arbeitnehmer.

Betriebsratswahl

Die Betriebsratswahlen finden regelmäßig alle vier Jahre in der Zeit vom 1.3. bis 31.5. statt. Die Durchführung obliegt dem Wahlvorstand. Er wird vom Betriebsrat bestellt; besteht kein Betriebsrat, wählt die Betriebsversammlung den Wahlvorstand. Findet eine solche nicht statt bzw. endet sie ohne Wahl, so wird der Wahlvorstand auf Antrag vom Arbeitsgericht bestellt.

Die Betriebsratswahl ist geheim und unmittelbar; die Kosten trägt der Arbeitgeber. Für Kleinbetriebe (in der Regel fünf bis 50 wahlberechtigte Arbeitnehmer) gilt ein vereinfachtes Wahlverfahren; für Betriebe mit in der Regel 51 bis 100 wahlberechtigten Arbeitnehmern kann es zwischen Wahlvorstand und Arbeitgeber vereinbart werden.

> In Betrieben, in denen mindestens fünf Jugendliche oder Auszubildende unter 25 Jahren beschäftigt werden, wird neben dem Betriebsrat eine Jugend- und Auszubildendenvertretung gewählt, die die Belange der Jugendlichen und Auszubildenden wahrnimmt.

Wahltermin

Wahlberechtigt sind alle Arbeitnehmer unter 18 Jahren und die zu ihrer Berufsausbildung Beschäftigten, soweit sie das 25. Lebensjahr noch nicht vollendet haben, wählbar alle Arbeitnehmer des Betriebes unter 25 Jahren. Die Wahlen finden alle zwei Jahre in der Zeit vom 1.10. bis 30.11. statt. Auch bezüglich der Jugend- und Auszubildendenvertretung gibt es das vereinfachte Wahlverfahren.

Die Arbeitnehmervertretungen im Betrieb

Betriebsrat	
Zahl der Wahlberechtigten	Zahl der Betriebsratsmitglieder
5 bis 20	1
21 bis 50	3
51 bis 100	5
101 bis 200	7
201 bis 400	9
usw.	usw.

Schwerbehindertenvertretung
(ab wenigstens 5 Schwerbehinderten
1 Vertrauensmann/Vertrauensfrau und
wenigstens 1 Stellvertreter)

Jugend- und Auszubildendenvertretung	
Zahl der Jugendlichen und Auszubildenden	Zahl der Jugendvertreter
5 bis 20	1
21 bis 50	3
51 bis 150	5
151 bis 300	7
usw.	usw.

Hat der Betriebsrat mindestens drei Mitglieder, so muss das Geschlecht, das in der Belegschaft in der Minderheit ist, mindestens entsprechend seinem zahlenmäßigen Verhältnis vertreten sein. Im Übrigen soll sich der Betriebsrat entsprechend der einzelnen Organisationsbereiche und der verschiedenen Beschäftigungsarten zusammensetzen.

Zugangsrecht

Zur Wahrnehmung der Aufgaben nach dem Betriebsverfassungsgesetz hat die im Betrieb vertretene Gewerkschaft nach Unterrichtung des Arbeitgebers ein Zugangsrecht zum Betrieb. Sie kann im Rahmen ihrer Initiativrechte die Einleitung und Durchführung der Betriebsratswahl veranlassen. Im Betrieb vertreten ist eine Gewerkschaft, wenn ihr mindestens ein Arbeitnehmer im Betrieb als Mitglied zugehört.

3.3.7.2 Rechte und Pflichten des Betriebsrats

> Die Amtszeit des Betriebsrats beträgt vier Jahre.

Während dieser Zeit ist der Betriebsrat unter Fortzahlung seines Entgelts von der Arbeit freizustellen,

Freistellungsanspruch

- wenn und soweit dies zur ordnungsgemäßen Erledigung der Betriebsratstätigkeit erforderlich ist,
- für notwendige Schulungs- und Bildungsveranstaltungen,
- zur Teilnahme an anerkannten Schulungs- und Bildungsveranstaltungen für die Dauer von drei Wochen während der Amtszeit.

Ab einer Betriebsgröße von mindestens 200 Arbeitnehmern ist mindestens ein Betriebsratsmitglied von der beruflichen Tätigkeit freizustellen.

> Betriebsrat sowie Jugend- und Auszubildendenvertretung dürfen in der Ausübung ihrer Tätigkeit nicht behindert, weder benachteiligt noch begünstigt werden. Betriebs- und Geschäftsgeheimnisse müssen gewahrt bleiben.

Bezüglich des Kündigungsschutzes für Betriebsratsmitglieder >> Abschnitt 3.3.5.2 „Besonderer Kündigungsschutz“.

Betriebsratssitzung

Die Sitzungen des Betriebsrats finden in der Regel während der Arbeitszeit statt. Teilnahmeberechtigt sind:

- die Jugend- und Auszubildendenvertretung
- die Schwerbehindertenvertretung.

Unter bestimmten Voraussetzungen können auch der Arbeitgeber und eine im Betrieb vertretene Gewerkschaft daran teilnehmen.

Sprechstunden

Der Betriebsrat kann während der Arbeitszeit Sprechstunden einrichten. Zeit und Ort müssen mit dem Arbeitgeber vereinbart werden. Versäumnis von Arbeitszeit, die durch den Besuch der Sprechstunde eintritt, darf nicht zur Minderung des Arbeitsentgelts führen.

Betriebsversammlungen

Betriebsversammlungen finden vierteljährlich in der Regel während der Arbeitszeit statt. Die Zeit der Teilnahme sowie zusätzliche Wegezeiten sind wie Arbeitszeit zu vergüten; Fahrtkosten sind ebenfalls zu erstatten. Der Arbeitgeber ist zu den Betriebsversammlungen einzuladen.

Kosten

Kosten und Sachaufwand, die durch die Tätigkeit des Betriebsrats entstehen (z. B. Kosten für Räume, Büropersonal, Schreibmaterial), trägt der Arbeitgeber.

3.3.7.3 Zusammenarbeit zwischen Arbeitgeber und Betriebsrat

> Arbeitgeber und Betriebsrat sollen unter Beachtung der geltenden Tarifverträge vertrauensvoll und im Zusammenwirken mit den im Betrieb vertretenen Gewerkschaften und Arbeitgeberverbänden zum Wohl der Arbeitnehmer und des Betriebes zusammenarbeiten.

Arbeitskämpfe zwischen Arbeitgeber und Betriebsrat sind unzulässig. Arbeitsablauf und Betriebsfrieden dürfen nicht gestört werden. Friedenspflicht

3.3.7.4 Betriebsvereinbarungen

Arbeitgeber und Betriebsrat können Betriebsvereinbarungen treffen.

Beispiel:

Regelungen über gleitende Arbeitszeit, Betriebsurlaub oder Fahrtkostenerstattung zwischen Wohnung und Betrieb.

Arbeitsentgelte und sonstige Arbeitsbedingungen, die durch Tarifvertrag geregelt sind oder üblicherweise geregelt werden, können nicht Gegenstand einer Betriebsvereinbarung sein.
Betriebsvereinbarungen

> bedürfen der Schriftform,
> müssen von beiden Seiten unterzeichnet sein und
> im Betrieb ausgelegt werden.

3.3.7.5 Einigungsstellen

Zur Beilegung von Meinungsverschiedenheiten zwischen Arbeitgeber und Betriebsrat ist die Bildung von Einigungsstellen vorgesehen. Sie setzen sich aus der gleichen Anzahl von Beisitzern des Arbeitgebers und des Betriebsrats und einem unparteiischen Vorsitzenden zusammen. Kommt eine Einigung über die Person des Vorsitzenden nicht zustande, wird dieser vom Arbeitsgericht bestellt. Die Einigungsstelle fasst ihre Beschlüsse mit Stimmenmehrheit unter angemessener Berücksichtigung der Belange des Betriebes und der betroffenen Arbeitnehmer nach billigem Ermessen. Die Kosten des Verfahrens trägt der Arbeitgeber.

3.3.7.6 Mitwirkungs- und Mitbestimmungsrechte des Betriebsrats

Allgemeine Aufgaben

> Aufgabe des Betriebsrats ist es, darüber zu wachen, dass die Gesetze, Verordnungen, Unfallverhütungsvorschriften, Tarifverträge und Betriebsvereinbarungen eingehalten werden.

Zu diesem Zweck hat er Anspruch auf rechtzeitige und umfassende Unterrichtung durch den Arbeitgeber. Auf Verlangen müssen ihm die hierfür erforderlichen Unterlagen zur Verfügung gestellt werden.

Mitbestimmung in sozialen Angelegenheiten

Soziale Angelegenheiten

Die Mitbestimmung in sozialen Angelegenheiten erstreckt sich auf Bereiche wie:

- Ordnung des Betriebes und Verhalten der Arbeitnehmer im Betrieb
- Beginn und Ende der täglichen Arbeitszeit einschließlich Pausen sowie Verteilung der Arbeitszeit auf die einzelnen Wochentage
- vorübergehende Verkürzung oder Verlängerung der betriebsüblichen Arbeitszeit
- Zeit, Ort und Art der Auszahlung der Arbeitsentgelte
- Aufstellung allgemeiner Urlaubsgrundsätze und des Urlaubsplans
- Einführung und Anwendung von technischen Einrichtungen zur Überwachung von Verhalten oder Leistung der Arbeitnehmer
- Maßnahmen des Gesundheitsschutzes und der Unfallverhütung
- betriebliche Lohngestaltung; Festsetzung der Akkord- und Prämiensätze
- Grundsätze über das betriebliche Vorschlagswesen
- Grundsätze über die Durchführung von Gruppenarbeit.

Der Betriebsrat hat sich ferner dafür einzusetzen, dass die Vorschriften über den Arbeitsschutz und die Unfallverhütung im Betrieb sowie über den betrieblichen Umweltschutz durchgeführt werden. Dazu sind auch freiwillige Betriebsvereinbarungen möglich.

Mitwirkung in personellen Angelegenheiten

Allgemeine personelle Angelegenheiten sind Personalplanung (darunter auch Maßnahmen zur Gleichstellungsförderung und zur Förderung der Vereinbarkeit von Familie und Erwerbstätigkeit), Beschäftigungssicherung (hier hat der Betriebsrat ein Vorschlags- und Beratungsrecht), Ausschreibung von Arbeitsplätzen, Personalfragebogen und allgemeine Beurteilungsgrundsätze und Auswahlrichtlinien bei Einstellungen. Bei der Durchführung betrieblicher Berufsbildung hat der Betriebsrat mitzubestimmen.

Mitbestimmung bei personellen Einzelmaßnahmen

> In Unternehmen mit mindestens 21 wahlberechtigten Arbeitnehmern ist der Betriebsrat vor jeder Einstellung, Eingruppierung, Umgruppierung und Versetzung zu unterrichten.

Bewerbungsunterlagen müssen vorgelegt werden. Der Betriebsrat kann in begründeten Fällen (z. B. bei unbefristeter Einstellung von Arbeitnehmern, obwohl es gleich geeignete befristet beschäftigte Arbeitnehmer im Betrieb gibt) die Zustimmung verweigern. Teilt er dem Arbeitgeber innerhalb einer Woche die Gründe hierfür nicht schriftlich mit, gilt die Zustimmung als erteilt. Bevor der Betriebsrat sich geäußert hat, kann eine personelle Maßnahme nur dann vorläufig durchgeführt werden, wenn dies aus sachlichen Gründen dringend erforderlich ist.

Verweigerung der Zustimmung

Mitbestimmung bei Kündigungen

Bei Ausspruch von Kündigungen durch den Arbeitgeber hat der Betriebsrat ein Anhörungs- und Widerspruchsrecht (>> hierzu Abschnitt 3.3.4.4 „Wirksamkeit der ordentlichen Kündigung“ und 3.3.4.5 „Außerordentliche Kündigung“.).

Mitwirkung in wirtschaftlichen Angelegenheiten

> In Unternehmen mit mindestens 21 wahlberechtigten Arbeitnehmern muss der Arbeitgeber den Betriebsrat über geplante Betriebsänderungen, die wesentliche Nachteile für die Belegschaft zur Folge haben können, unterrichten und die geplanten Änderungen mit ihm beraten.

Als Betriebsänderungen gelten:

Betriebsänderungen

- die Einschränkung, Stilllegung oder Verlegung des Betriebes bzw. von wesentlichen Betriebsteilen
- der Zusammenschluss mit anderen Betrieben
- grundlegende Änderungen der Betriebsorganisation
- die Einführung grundlegend neuer Arbeitsmethoden und Fertigungsweisen.

Arbeitgeber und Betriebsrat sollen einen Interessenausgleich herbeiführen und zum Ausgleich oder zur Milderung der wirtschaftlichen Nachteile, die den Arbeitnehmern entstehen, einen Sozialplan erstellen. Kommt eine Einigung nicht zustande, ist zunächst der Vorstand der Bundesagentur für Arbeit und dann die Einigungsstelle einzuschalten.

Sozialplan

Rechte nach dem Allgemeinen Gleichbehandlungsgesetz

Betriebsräte (aber auch im Betrieb vertretene Gewerkschaften) können bei groben Verstößen des Arbeitgebers gegen die Verpflichtung zum Schutz der Beschäftigten vor Benachteiligungen im Betrieb zu deren Unterbindung beim Arbeitsgericht eine erforderliche Handlung, Duldung oder Unterlassung verlangen. Sie können jedoch keine individuellen Ansprüche des Arbeitnehmers (Schadensersatz oder Entschädigung) durchsetzen.

Allgemeines Gleichbehandlungsgesetz

3.3.7.7 Rechte des einzelnen Arbeitnehmers

Jeder Arbeitnehmer hat nach dem Betriebsverfassungsgesetz folgende Rechte:

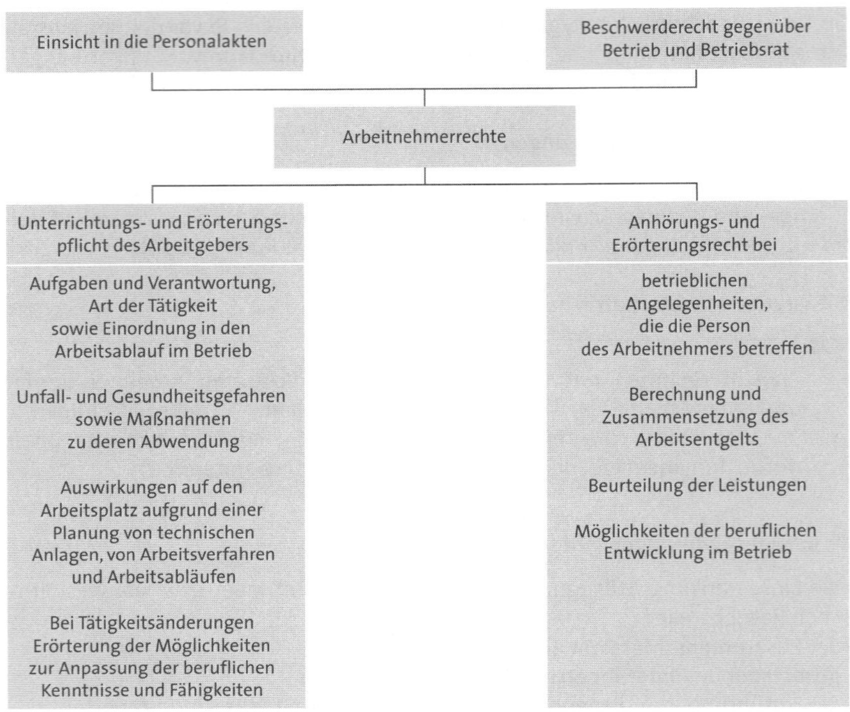

3.3.8 Arbeitsschutz

Allgemeines zum Arbeitsschutz

Zielsetzung

Der Arbeitsschutz dient der Sicherheit und der Gesundheit der Beschäftigten bei der Arbeit. Die Arbeitsschutzvorschriften sind zwingend und müssen von Arbeitgebern und Arbeitnehmern beachtet werden; ihre Einhaltung ist mit Bußgeld und Strafandrohungen bewehrt.

Der soziale Arbeitsschutz regelt vorrangig den Arbeitszeitschutz, der technische Arbeitsschutz den Gefahrenschutz im Umgang mit den Betriebsanlagen, Produktionsweisen und Arbeitsmitteln des Betriebes sowie den Arbeitsstoffen.

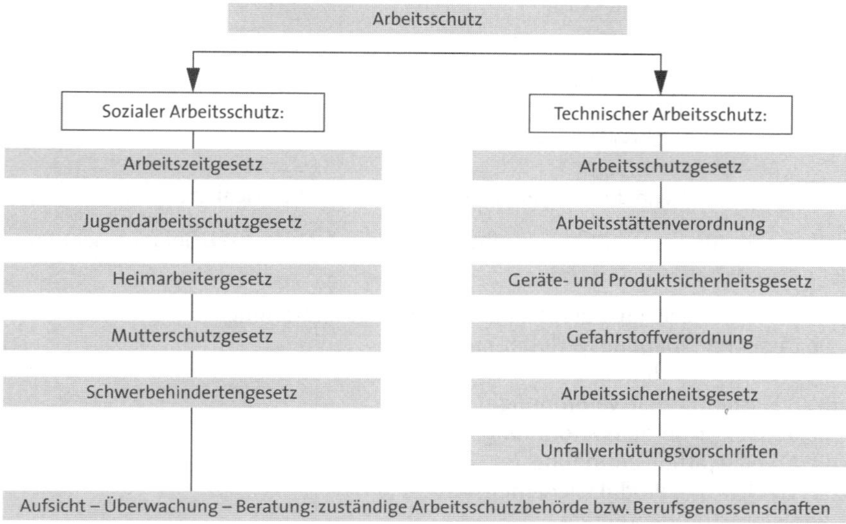

3.3.8.1 Technischer Arbeitsschutz

Arbeitsschutzgesetz

Die Grundsätze des technischen Arbeitsschutzes sind im Arbeitsschutzgesetz und den dazu ergangenen Rechtsverordnungen geregelt, sie stellen den Sicherheits- und Gesundheitsschutz der Beschäftigten sicher.
Wesentliche Grundpflichten der **Arbeitgeber** sind:

Arbeitgeberpflichten

> erforderliche Maßnahmen des Arbeitsschutzes zu treffen und laufend auf ihre Wirksamkeit hin zu überprüfen,
> unter Berücksichtigung von Technik, Arbeitsmedizin und Hygiene die Arbeit so zu gestalten, dass Gefährdungen vermieden werden,
> die mit der Arbeit verbundenen Gefährdungen zu ermitteln und in Betrieben mit mehr als zehn Beschäftigten das Ergebnis der Gefährdungsbeurteilung sowie die getroffenen Arbeitsschutzmaßnahmen durch Unterlagen zu dokumentieren,
> die Beschäftigten über Sicherheit und Gesundheitsschutz am Arbeitsplatz ausreichend und angemessen zu unterweisen,
> auf Wunsch des Arbeitnehmers diesen arbeitsmedizinisch untersuchen zu lassen, sofern dies durch die besondere Gefährdung begründet ist.

Pflichten der **Arbeitnehmer** sind:

Arbeitnehmerpflichten

> für ihre Sicherheit und Gesundheit bei der Arbeit Sorge zu tragen,
> Maschinen, Geräte und ihnen zur Verfügung gestellte persönliche Schutzausrüstungen bestimmungsgemäß zu verwenden,
> jede festgestellte unmittelbare erhebliche Gefahr sowie Defekte an Schutzsystemen dem Arbeitgeber unverzüglich zu melden,
> gemeinsam mit dem Betriebsarzt und der Fachkraft für Arbeitssicherheit den Arbeitgeber bei der Gewährleistung des Arbeitsschutzes zu unterstützen.

Rechte der Arbeitnehmer sind:

- Vorschlagsrecht von Maßnahmen zu allen Fragen des Arbeitsschutzes im Betrieb
- Entfernungsrecht vom Arbeitsplatz bei unmittelbaren erheblichen Gefahren
- Beschwerderecht (unter bestimmten Voraussetzungen) bei den Aufsichtsbehörden über unzureichenden Arbeitsschutz im Betrieb.

Sonstige Regelungen des betrieblichen Arbeits-/Gefahrenschutzes

Spezielle Regelungen

Neben dem Arbeitsschutzgesetz gibt es spezielle Arbeits- bzw. Gefahrenschutzregelungen wie z. B.:

- die persönliche Schutzausrüstungs-Benutzungsverordnung
- die Lastenhandhabungsverordnung
- die Baustellenverordnung
- die Bildschirmarbeitsverordnung
- die Betriebssicherheitsverordnung
- die Arbeitsstättenverordnung
- das Geräte- und Produktsicherheitsgesetz
- die Gefahrstoffverordnung
- die Biostoffverordnung
- die Lärm- und Vibrations-Arbeitsschutzverordnung.

Die Arbeitsstättenverordnung legt für alle Arbeitsstätten die als notwendig anerkannten Anforderungen in sicherheitstechnischer, hygienischer und arbeitswissenschaftlicher Hinsicht fest.

Beispiel:

Größe der Arbeitsräume, Beleuchtung, Lüftung, Raumtemperaturen, Verkehrswege, Flucht- und Rettungswege, Lärm und Vibrationen, Sozialräume, Sanitätsräume und Erste-Hilfe-Einrichtungen; Einrichtungen, die geeignet sind, die Aufrechterhaltung der guten Sitten und des Anstandes zu sichern, wie ausreichende, nach Geschlechtern getrennte Umkleideräume, Waschräume und Toiletten (zum Teil Soll-Vorschriften).

Das Arbeitssicherheitsgesetz verpflichtet die Betriebe,

- Fachkräfte für Arbeitssicherheit sowie
- Betriebsärzte

zu bestellen.

>> hierzu – und hinsichtlich der Unfallverhütungsvorschriften – Abschnitt 3.4.7.7 „Unfallverhütung“.

Gerätesicherheitsgesetz

Das Geräte- und Produktsicherheitsgesetz verbietet das In-Verkehr-Bringen von Maschinen und Werkzeugen, die nicht den Arbeitsschutz- und Unfallverhütungsvorschriften entsprechen.

Die Überwachung des Arbeitsschutzes ist staatliche Aufgabe und erfolgt durch die zuständige Arbeitsschutzbehörde in Zusammenarbeit mit den Berufsgenossenschaften; sie beraten die Arbeitgeber bei der Erfüllung ihrer Pflichten. Die zuständige Arbeitsschutzbehörde kann in Einzelfällen notwendige Anordnungen zum Schutz der Beschäftigten erlassen. Verstöße gegen bestimmte Arbeitsschutzvorschriften sind mit einer Geldbuße bis zu 25.000,00 EUR oder mit Freiheitsstrafe bis zu einem Jahr bzw. Geldstrafen bedroht.

Strafvorschriften

3.3.8.2 Sozialer Arbeitsschutz

Arbeitszeitgesetz

> Das Arbeitszeitgesetz regelt den gesetzlich zulässigen Rahmen für die Beschäftigung von Arbeitnehmern und Auszubildenden über 18 Jahre.

Abweichungen hiervon können sich durch tarifliche Regelungen ergeben.

> Werktägliche Arbeitszeit

Die werktägliche Arbeitszeit darf acht Stunden – wöchentlich 48 Stunden – nicht überschreiten.

> Höchstarbeitszeit

> Die werktägliche Arbeitszeit kann auf bis zu zehn Stunden verlängert werden, wenn innerhalb von sechs Kalendermonaten oder innerhalb von 24 Wochen im Durchschnitt acht Stunden werktäglich nicht überschritten werden (Ausgleichszeitraum).

Der Arbeitgeber ist verpflichtet, die über die werktägliche Arbeitszeit von acht Stunden hinausgehende Arbeitszeit der Arbeitnehmer aufzuzeichnen und die Aufzeichnungen mindestens zwei Jahre aufzubewahren.
Nur in außergewöhnlichen Fällen darf die Höchstarbeitszeit überschritten werden. Besondere Regelungen gelten für Bereitschaftsdienst und Arbeitsbereitschaft als Teil der Arbeitszeit.

Aufzeichnungspflicht

> Ruhepausen

Während der Arbeitszeit müssen Ruhepausen eingehalten werden, die nicht auf die Arbeitszeit angerechnet werden.

Mindestruhepausen

Ruhepausen für Arbeitnehmer

	bei täglicher Arbeitszeit von	Ruhepause in Minuten
Alle Arbeitnehmer ab dem 18. Lebensjahr	mehr als 6 Stunden bis 9 Stunden mehr als 9 Stunden	30 45

Die Ruhepausen können zusammenhängen oder aufgeteilt werden; sie müssen aber jeweils mindestens 15 Minuten betragen.

> Ruhezeit

Nach Beendigung der täglichen Arbeitszeit muss eine ununterbrochene Ruhezeit von mindestens elf Stunden liegen.

> Nachtarbeitszeit

Nachtzeit ist die Zeit von 23.00 bis 6.00 Uhr; in Bäckereien und Konditoreien die Zeit von 22.00 bis 5.00 Uhr.

Nachtarbeit

Nachtarbeit ist jede Arbeit, die mehr als zwei Stunden der Nachtzeit umfasst. Für die Beschäftigten mit Nachtarbeit gelten besondere Regelungen hinsichtlich der Überschreitung der werktäglichen Arbeitszeit von acht Stunden, der Berechtigung zu arbeitsmedizinischen Untersuchungen innerhalb bestimmter Zeiträume und des Anspruchs auf Umsetzung auf einen geeigneten Tagesarbeitsplatz in den im Gesetz genannten Fällen.

> Sonn- und Feiertagsarbeit

An Sonn- und Feiertagen dürfen Arbeitnehmer nicht beschäftigt werden.

Ausnahmen

Abweichend von diesem Grundsatz ist die Beschäftigung von Arbeitnehmern in Bäckereien und Konditoreien für bis zu drei Stunden mit der Herstellung und dem Austragen oder Ausfahren von Konditorwaren und an diesem Tag zum Verkauf kommenden Bäckerwaren zulässig. In bestimmten Fällen sieht das Gesetz weitere Ausnahmen vor (so im Gaststätten- und Verkehrsgewerbe, Haushalt, bei Messen und Ausstellungen sowie in bestimmten Notfällen).

Jugendarbeitsschutzgesetz

>> hierzu Abschnitt 1.3.4.5 „Arbeitsschutzrecht – Jugendarbeitsschutzrecht" im Band 3.

Mutterschutz

Im Zusammenhang mit der Mutterschaft bestehen besondere Vorschriften zum Schutze der Arbeitnehmerin und des Kindes.

> Wird eine werdende oder stillende Mutter beschäftigt, muss der Arbeitgeber hinsichtlich Arbeitsplatz und Arbeitsgeräten die erforderlichen Maßnahmen zum Schutze von Leben und Gesundheit der Arbeitnehmerin treffen.

> Beschäftigungsverbote

Verboten ist insbesondere die Beschäftigung

- wenn nach ärztlichem Zeugnis Leben oder Gesundheit von Mutter oder Kind gefährdet ist (individuelles Beschäftigungsverbot),
- mit schweren körperlichen Arbeiten,
- mit Arbeiten, bei denen die werdende Mutter schädlichen Einwirkungen von gesundheitsgefährdenden Stoffen oder sonstigen Belastungen wie Staub, Dämpfen, Erschütterungen, Lärm und dergleichen ausgesetzt ist,
- mit Akkord- und Fließbandarbeit,
- ab dem 6. Monat der Schwangerschaft mit Arbeiten, bei denen die werdende Mutter ständig stehen muss, soweit diese vier Stunden täglich überschreiten,
- mit Mehr-, Nacht-, Sonn- und Feiertagsarbeit.

Gesundheitsschutz

> Höchstarbeitszeit

Höchstarbeitszeit für werdende Mütter:

Alter	Stunden täglich	in der Doppelwoche
unter 18 Jahre	8	80 (einschließlich der Unterrichtszeiten in der Berufsschule)
über 18 Jahre	8,5	90

> Mutterschutzlohn

Eine Einbuße an Arbeitsentgelt darf durch die Beschäftigungsverbote nicht entstehen. Bei schwankenden Bezügen ist das Durchschnittsentgelt der letzten 13 Wochen bzw. drei Monate vor Beginn des Monats, in dem die Schwangerschaft eingetreten ist, maßgebend. Tariferhöhungen müssen mitberücksichtigt werden.

> Schutzfristen vor und nach der Entbindung

Sechs Wochen vor der Entbindung darf die werdende Mutter nicht beschäftigt werden; es sei denn, sie erklärt sich ausdrücklich dazu bereit.
Acht Wochen nach der Entbindung darf die Mutter nicht beschäftigt werden. Bei Früh- und Mehrlingsgeburten verlängert sich diese Frist auf zwölf Wochen; bei Geburten vor dem errechneten Termin zusätzlich um den Zeitraum, der vor der Entbindung (sechs Wochen) nicht in Anspruch genommen werden konnte.

Beschäftigungsverbot

> **Mutterschaftsgeld**

Während der Schutzfristen vor und nach der Entbindung sowie für den Entbindungstag erhält die Arbeitnehmerin von der Krankenkasse das Mutterschaftsgeld, berechnet nach dem Durchschnittsnettoarbeitsentgelt der letzten drei abgerechneten Kalendermonate, höchstens jedoch **13,00 EUR je Kalendertag.** Die Differenz zwischen dem Mutterschaftsgeld und dem tatsächlichen Nettoarbeitsentgelt hat der Arbeitgeber als **Arbeitgeberzuschuss** aufzuzahlen.

> **Ausgleichsverfahren**

Mutterschafts-versicherung

Für alle Arbeitgeber besteht ein Ausgleichsverfahren hinsichtlich der Arbeitgeberaufwendungen bei Schwangerschaft und Mutterschaft (>> Abschnitt 3.3.3.4 „Entgeltzahlung im Krankheitsfall“).

> **Ärztliche Betreuung**

Schwangeren-vorsorge

Gesetzlich und privat krankenversicherte Arbeitnehmerinnen haben während der Schwangerschaft, bei und nach der Entbindung Anspruch auf ärztliche Betreuung einschließlich der Untersuchungen zur Feststellung der Schwangerschaft und der Schwangerenvorsorge. Der Arbeitgeber hat die hierfür erforderliche Freizeit zu gewähren; ein Arbeitsentgeltausfall darf hierdurch nicht eintreten.

> **Kündigungsschutz**

>> hierzu Abschnitt 3.3.5.2 „Besonderer Kündigungsschutz“.

> **Anzeigepflicht**

Die Arbeitnehmerin soll dem Arbeitgeber ihre Schwangerschaft und den mutmaßlichen Tag der Entbindung mitteilen, sobald ihr dieser Zustand bekannt ist. Der Arbeitgeber muss die Aufsichtsbehörde (zuständige Arbeitsschutzbehörde) hiervon unverzüglich benachrichtigen.

Auf Verlangen des Arbeitgebers soll die Arbeitnehmerin ein ärztliches Zeugnis vorlegen, dessen Kosten der Arbeitgeber trägt.

> **Elternzeit**

Für den Anspruch auf Elternzeit gelten folgende Grundsätze:

Anspruchsvor-aussetzungen

- Die Eltern können, sofern sie dies wollen, die Elternzeit bis zum 3. Geburtstag des Kindes gemeinsam nutzen. Dabei wird die Elternzeit für jeden Elternteil separat betrachtet.
- Mit Zustimmung des Arbeitgebers ist eine Übertragung von bis zu einem Jahr Elternzeit bis zur Vollendung des achten Lebensjahres des Kindes möglich.
- Die Beanspruchung der Elternzeit muss in der Regel spätestens sieben Wochen vor Beginn schriftlich vom Arbeitgeber verlangt und gleichzeitig erklärt werden, für welche Zeiten innerhalb von zwei Jahren Elternzeit genommen werden soll.

Teilzeit-beschäftigung

- Während der Elternzeit ist eine Teilzeitbeschäftigung bis zu 30 Stunden wöchentlich zulässig. In Betrieben mit mehr als 15 Beschäftigten haben Arbeitnehmer einen Rechtsanspruch auf Verringerung der arbeitsvertraglichen Arbeitszeit im Rahmen von 15 bis 30 Wochenstunden, es sei denn, dass dem dringende betriebliche Gründe entgegenstehen. Dem Arbeitgeber sind 7 Wochen vor Beginn

der Teilzeittätigkeit Beginn und Umfang der gewünschten Arbeitszeit zu nennen. Im Antrag soll auch die gewünschte Verteilung der Arbeitszeit enthalten sein.
- Für jeden vollen Kalendermonat der Elternzeit kann der Jahresurlaubsanspruch um $^1/_{12}$ gekürzt werden. Dies gilt nicht, wenn Teilzeitarbeit geleistet wird.
- Der Versicherungsschutz in der gesetzlichen Krankenversicherung und der gesetzlichen Pflegeversicherung bleibt für Pflichtversicherte beitragsfrei aufrechterhalten; in der gesetzlichen Rentenversicherung besteht die Möglichkeit der Anrechnung von Kindererziehungszeiten (>> Abschnitt 3.4.6.6 „Leistungen der Rentenversicherung“). Der Versicherungsschutz der Arbeitslosenversicherung besteht ebenfalls weiter.

Versicherungsschutz

Bei Auszubildenden wird die Elternzeit nicht auf die Dauer der Ausbildungszeit angerechnet. Das Berufsausbildungsverhältnis verlängert sich automatisch um den Zeitraum der Elternzeit.

Auszubildende

Auch Großeltern können Elternzeit beanspruchen, wenn sie mit ihrem Enkelkind in einem Haushalt leben und dieses Kind selbst betreuen und erziehen und ein Elternteil des Kindes minderjährig ist oder sich im letzten oder vorletzten Jahr einer vor dem 18. Lebensjahr begonnenen Ausbildung befindet. Dieser Anspruch besteht nur, wenn keiner der Elternteile des Kindes Elternzeit geltend macht.

Elterngeld

Wichtige Eckdaten hierfür sind:

Eckdaten

- Das Elterngeld ersetzt 67 Prozent des bisherigen Nettoeinkommens des erziehenden Elternteiles bis zu einem Höchstsatz von 1.800,00 Euro netto. Bei Selbstständigen wird der wegen der Betreuung des Kindes wegfallende Gewinn nach Abzug der darauf entfallenden Steuern zu 67 Prozent ersetzt. Pflichtbeiträge zur Sozialversicherung, wie zum Beispiel im Fall der sog. Handwerkerversicherung zur gesetzlichen Rentenversicherung, werden ebenfalls abgezogen.
- Es gibt einen einkommensunabhängigen Sockelbetrag von 300,00 Euro.
- Der Sockelbetrag wird nicht mit anderen sozialstaatlichen Transferleistungen verrechnet, wie zum Beispiel mit dem Arbeitslosengeld II.
- Wer mehr als 30 Stunden pro Woche arbeitet, hat keinen Anspruch auf Elterngeld.
- Die Bezugszeit beträgt 12 Monate bzw. 14 Monate, wenn Vater und Mutter jeweils Zeiten der Kindererziehung übernehmen.
- Das Mutterschaftsgeld einschließlich des Arbeitgeberzuschusses wird auf das Elterngeld voll angerechnet.
- Im Anschluss an den Bezug des Elterngeldes (des Bundes) kann noch ein Anspruch auf Landes-Erziehungsgeld bestehen.

Pflegezeit

Nach dem Pflegezeitgesetz haben Beschäftigte das Recht, bis zu 10 Arbeitstage der Arbeit fernzubleiben, wenn dies erforderlich ist, um für einen pflegebedürftigen nahen Angehörigen in einer akut aufgetretenen Pflegesituation eine bedarfsgerechte Pflege zu organisieren oder eine pflegerische Versorgung in dieser Zeit sicherzustellen. Dem Arbeitgeber ist die Verhinderung an der Arbeitsleistung und deren voraussichtliche Dauer unverzüglich mitzuteilen. Auf sein Verlangen ist eine ärztliche Bescheinigung über die Pflegebedürftigkeit des nahen Angehörigen und die Erforderlichkeit der Arbeitsbefreiung vorzulegen. Für diese „kurzzeitige Arbeitsverhinderung" besteht grundsätzlich kein Vergütungsanspruch, kann sich aber z. B. aufgrund eines Arbeits- oder Tarifvertrages ergeben.

In Betrieben mit in der Regel mehr als 15 Beschäftigten haben Beschäftigte einen Anspruch auf vollständige oder teilweise Freistellung von der Arbeitsleistung, wenn sie einen pflegebedürftigen nahen Angehörigen in häuslicher Umgebung pflegen. Diese „Pflegezeit" beträgt für jeden pflegebedürftigen nahen Angehörigen längstens 6 Monate. Der Beschäftigte muss gegenüber dem Arbeitgeber erklären, für welchen Zeitraum er Pflegezeit beanspruchen und ob er vollständig oder teilweise von der Arbeitspflicht befreit werden will. Wird eine teilweise Befreiung beansprucht, so ist neben dem verringerten Umfang der Arbeitszeit auch die gewünschte Verteilung der Arbeitszeit anzugeben. Die schriftliche Ankündigung muss dem Arbeitgeber spätestens 10 Arbeitstage vor dem angekündigten Beginn der Pflegezeit zugehen. Die Pflegebedürftigkeit des nahen Angehörigen ist durch eine Bescheinigung der Pflegekasse oder des Medizinischen Dienstes der Krankenversicherung nachzuweisen.

Bei vollständiger Freistellung während der Pflegezeit besteht kein Vergütungsanspruch. Bei verringerter Arbeitsleistung erhält der Arbeitnehmer eine entsprechend reduzierte Vergütung. Einen Anspruch auf teilweise Freistellung kann der Arbeitgeber ablehnen, wenn dringende betriebliche Gründe entgegenstehen.

Schwerbehindertenschutz

Schwerbehinderte Menschen und ihnen gleichgestellte behinderte Menschen werden im Arbeitsleben einem besonderen Schutz unterstellt. Die Feststellung der Behinderung und des Grades der Behinderung trifft die nach Landesrecht zuständige Stelle auf Antrag des behinderten Menschen. Über den Antrag auf Gleichstellung entscheidet die Agentur für Arbeit.

Begriff der Schwerbehinderung und Gleichstellung:

Schwerbehinderte Menschen	Gleichgestellte behinderte Menschen
↓	↓
Personen mit einem Grad der Behinderung ab 50 v. H.	Personen mit einem Grad der Behinderung unter 50 v. H., aber mindestens 30 v. H., wenn sie ohne Gleichstellung einen Arbeitsplatz nicht erlangen oder behalten können.

Beschäftigungspflicht

Schwerbehindertenpflichtplätze

Mindestens 5 v. H. der Arbeitsplätze im Betrieb müssen mit schwerbehinderten Menschen besetzt werden. Die Pflicht zur Beschäftigung wenigstens eines schwerbehinderten Menschen beginnt **ab 20 Arbeitsplätzen.**
Bei der Berechnung der Zahl der Arbeitsplätze werden alle Stellen, auf denen Arbeitnehmer beschäftigt werden, gerechnet. Auszubildende werden nicht berücksichtigt. Dies gilt auch für Teilzeitkräfte mit weniger als 18 Wochenstunden. Ein schwerbehinderter Mensch, der zur Ausbildung beschäftigt wird, wird auf zwei Pflichtplätze angerechnet.

Ausgleichsabgabe

Die Höhe der Ausgleichsabgabe wird danach bemessen, in welchem Umfang ein Arbeitgeber der Beschäftigungspflicht von schwerbehinderten Menschen nachkommt. Die Ausgleichsabgabe beträgt monatlich pro nicht besetztem Pflichtplatz: Ausgleichsabgabe

> 105,00 EUR bei einer Beschäftigungsquote von 3 % bis unter 5 %
> 180,00 EUR bei einer Beschäftigungsquote von 2 % bis unter 3 %
> 260,00 EUR bei einer Beschäftigungsquote von unter 2 %

Für Kleinbetriebe gelten folgende Sonderregelungen: Kleinbetriebsregelungen

- 105,00 EUR monatlich pro unbesetztem Pflichtplatz bei Arbeitgebern mit bis zu 39 Arbeitsplätzen, die weniger als einen schwerbehinderten Menschen im Jahresdurchschnitt beschäftigen
- 105,00 EUR monatlich pro unbesetztem Pflichtplatz bei Arbeitgebern mit bis zu 59 Arbeitsplatzen, wenn sie weniger als zwei schwerbehinderte Menschen beschäftigen, bzw. 180,00 EUR, wenn weniger als ein schwerbehinderter Mensch beschäftigt wird

Arbeitgeberpflichten

Für den Arbeitgeber ergeben sich insbesondere folgende Pflichten:

Fürsorgepflicht des Arbeitgebers

- schwerbehinderte Menschen entsprechend ihren Fähigkeiten und Kenntnissen zu beschäftigen,
- bei innerbetrieblichen Maßnahmen die berufliche Bildung schwerbehinderter Menschen bevorzugt zu berücksichtigen,
- Arbeitsräume und Arbeitsgeräte so einzurichten, dass eine dauernde Beschäftigung von schwerbehinderten Menschen stattfinden kann,
- wenn notwendig, erforderliche technische Arbeitshilfen bereitzustellen,
- ein Verzeichnis der beschäftigten schwerbehinderten Menschen und diesen gleichgestellten behinderten Menschen zu führen und der Agentur für Arbeit und dem Integrationsamt auf Verlangen vorzuzeigen,
- einmal jährlich – spätestens bis 31.3. d. J. – der Agentur für Arbeit für das vorangegangene Kalenderjahr, aufgegliedert nach Monaten, die Daten anzuzeigen, die zur Berechnung des Umfangs der Beschäftigungspflicht, zur Überwachung ihrer Erfüllung und der Ausgleichsabgabe notwendig sind. Jährliche Anzeigepflicht

Insgesamt darf der Arbeitgeber schwerbehinderte Menschen bei Einstellungen, Fortbildungen, Kündigungen oder Beförderungen nicht wegen ihrer Behinderung benachteiligen.

Schwerbehindertenvertretung

Als Interessenvertretung der schwerbehinderten Menschen wird in Betrieben, in denen regelmäßig mindestens fünf schwerbehinderte Menschen beschäftigt werden, ein Vertrauensmann oder eine Vertrauensfrau und wenigstens ein Stellvertreter gewählt. Vertrauensperson

Kündigungsschutz

Hierzu >> Abschnitt 3.3.5.2 „Besonderer Kündigungsschutz“.

Zusatzurlaub

Zu diesem Punkt >> Abschnitt 3.3.3.5 „Urlaubsrecht".

Überwachung des Schwerbehindertenrechts

Vollzug und Überwachung des Schwerbehindertenrechts erfolgen durch die nach Landesrecht zuständige Stelle, die Agentur für Arbeit und das Integrationsamt.

3.3.8.3 Betriebsaushänge

Aushänge am Schwarzen Brett

Zur Unterrichtung der Arbeitnehmer und zur Beachtung der Arbeitsschutzvorschriften müssen verschiedene Aushänge im Betrieb an sichtbarer und zugänglicher Stelle angebracht bzw. ausgelegt werden:

Wesentliche für einen Handwerksbetrieb vorgeschriebene Aushänge im Betrieb:

Arbeitszeitgesetz	wenn mindestens ein Arbeitnehmer oder Auszubildender über 18 Jahre beschäftigt wird
Jugendarbeitsschutzgesetz und Anschrift der zuständigen Arbeitsschutzbehörde	wenn regelmäßig mindestens ein Jugendlicher beschäftigt wird
Beginn und Ende der Arbeitszeit und Ruhepausen für Jugendliche	wenn regelmäßig mindestens drei Jugendliche im Betrieb beschäftigt werden
Allgemeines Gleichbehandlungsgesetz	in allen Betrieben
Mutterschutzgesetz	wenn mindestens vier Frauen beschäftigt werden
Ladenschlussgesetz	in Verkaufsstellen, wenn mindestens ein Arbeitnehmer oder Auszubildender beschäftigt wird
Gesetz zum Schutz der Beschäftigten vor sexueller Belästigung am Arbeitsplatz	wenn mindestens ein Arbeitnehmer oder Auszubildender beschäftigt wird
Unfallverhütungsvorschriften	wenn mindestens ein Arbeitnehmer oder Auszubildender beschäftigt wird
Adresse der zuständigen Berufsgenossenschaft	wenn mindestens ein Arbeitnehmer oder Auszubildender beschäftigt wird
Entgelt- und Rahmentarifvertrag	wenn der Betrieb tarifgebunden ist
Entgeltverzeichnis bzw. bindende Festsetzung	wenn Heimarbeit ausgegeben wird
Betriebsvereinbarungen zwischen Betriebsrat und Betrieb	in allen betroffenen Betrieben

3.3.9 Arbeitsgerichtsbarkeit

3.3.9.1 Gerichte für Arbeitssachen

Arbeitsgerichtsbarkeit

Die Arbeitsgerichtsbarkeit gliedert sich in drei Instanzen:

I.	Instanz	–	Arbeitsgericht
II.	Instanz	–	Landesarbeitsgericht (Berufungsinstanz)
III.	Instanz	–	Bundesarbeitsgericht (Revisionsinstanz)

Grundsätze der Arbeitsgerichtsbarkeit

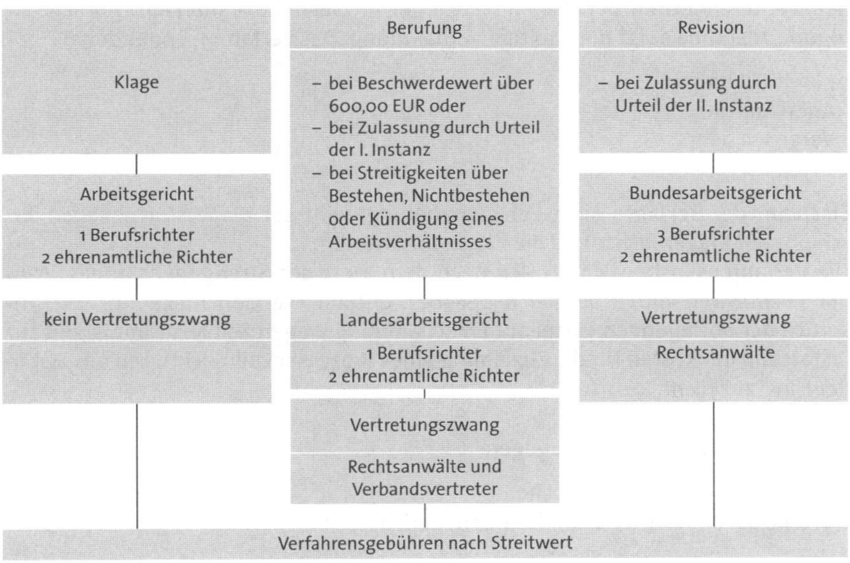

3.3.9.2 Zuständigkeit der Arbeitsgerichte

Die Arbeitsgerichte sind zuständig bei Streitigkeiten zwischen

- den Tarifvertragsparteien in Fragen des Tarifvertrages oder eines Arbeitskampfes,
- Arbeitnehmern und Arbeitgebern aus dem Arbeits- und Berufsausbildungsverhältnis,
- Betriebsräten und Arbeitgebern aus dem Betriebsverfassungsgesetz,
- Arbeitnehmern aus gemeinsamer Arbeit.

Örtliche Zuständigkeit

Örtlich zuständig ist das Arbeitsgericht, in dessen Bezirk

- die streitigen Verpflichtungen zu erfüllen sind oder
- sich der Betrieb des Arbeitgebers befindet oder

> beide Parteien oder die beklagte Partei ihren Wohnsitz haben.

Unter mehreren zuständigen Arbeitsgerichten hat der Kläger die Wahl.

3.3.9.3 Verfahren vor dem Arbeitsgericht

Klage

Die Klageerhebung erfolgt mündlich oder schriftlich; sie muss enthalten:

> Bezeichnung der Parteien und des Gerichts
> Angabe des Streitgegenstandes und des Streitgrundes
> Stellung eines Antrages.

Güteverhandlung

Die Verhandlung beginnt mit dem Zweck einer gütlichen Einigung der Parteien, die nach Möglichkeit angestrebt werden sollte. Ist die Verhandlung ergebnislos, kann der Vorsitzende die Güteverhandlung mit Zustimmung der Parteien in einem weiteren Termin, der alsbald stattfindet, fortsetzen. Kommt keine gütliche Einigung zustande, folgt die streitige Verhandlung. Das Verfahren endet durch

> Klagerücknahme,
> Anerkenntnis,
> Vergleich oder
> Urteil.

Versäumnisurteil

Erscheint der Beklagte nicht zur Verhandlung, wird der Klage stattgegeben; erscheint der Kläger nicht, wird die Klage abgewiesen.

Kosten

Die Verfahrenskosten richten sich nach dem Wert des Streitgegenstandes. Wird der Rechtsstreit durch Vergleich beendet, entfällt die Gerichtsgebühr. Ein Anspruch der obsiegenden Partei auf Entschädigung wegen Zeitversäumnis und auf Erstattung der Kosten für die Zuziehung eines Prozessbevollmächtigten besteht in der I. Instanz nicht.

Rechtsmittelfristen

Die Rechtsmittelfrist beträgt gegen:

> Versäumnisurteile: eine Woche
> Urteile der Arbeits- und Landesarbeitsgerichte: einen Monat.

Übungs- und Prüfungsaufgaben

1. Nennen Sie Rechtsgrundlagen des Arbeitsrechts!

>> Seite 156 |

2. Das Arbeitsrecht regelt die Rechtsverhältnisse zwischen

- [ ] a Auftraggeber und Auftragnehmer.
- [ ] b Arbeitnehmer und Arbeitgeber.
- [ ] c Versicherungsnehmer und Versicherer.
- [ ] d den Tarifparteien.
- [ ] e Gewerkschaften und Arbeitgebern.

>> Seite 156 |

3. Als Arbeitgeber suchen Sie über ein Zeitungsinserat eine neue Arbeitskraft.

Aufgabe: Was müssen Sie aufgrund einer gesetzlichen Vorschrift bei der Ausschreibung des Arbeitsplatzes beachten?

- [ ] a Das Inserat darf nicht nur in einer Zeitung erscheinen.
- [ ] b Das Inserat muss ein Angebot über die Höhe des Arbeitsentgelts enthalten.
- [ ] c Die Ausschreibung muss geschlechtsneutral erfolgen.
- [ ] d Die Ausschreibung muss vorher der Berufsgenossenschaft angezeigt werden.
- [ ] e Die Kosten der Ausschreibung dürfen nicht als Betriebsausgabe verbucht werden.

>> Seite 156 |

4. Bei Verhandlungen über den Abschluss eines Arbeitsvertrages hat der Arbeitgeber den Arbeitnehmer

- [ ] a über seine privaten Vermögensverhältnisse eingehend zu informieren.
- [ ] b über überdurchschnittliche Anforderungen des Arbeitsplatzes aufzuklären.
- [ ] c darüber zu informieren, seit wann der Betrieb bereits besteht.
- [ ] d davon zu unterrichten, welchen Organisationen er mit seinem Betrieb angehört.
- [ ] e über den durchschnittlichen Jahresumsatz des Betriebes zu informieren.

>> Seite 156 |

5. Nennen Sie einige Fragen, die der Arbeitgeber bei Einstellungsgesprächen im Rahmen seines Fragerechts zulässigerweise an den Arbeitnehmer stellen darf!

>> Seite 157 |

6. Was versteht man unter einem Arbeitsvertrag auf unbestimmte Zeit?

- [ ] a Ein Arbeitsverhältnis, das mit Ablauf der vereinbarten Zeit endet.
- [ ] b Ein Arbeitsverhältnis, das beiderseits nicht gelöst werden kann.
- [ ] c Ein Arbeitsverhältnis, das nur durch eine fristlose Kündigung gelöst werden kann.
- [ ] d Ein Arbeitsverhältnis, das mit der Beendigung eines bestimmten Zweckes endet.
- [ ] e Ein Arbeitsverhältnis, das so lange fortbesteht, bis es in der Regel durch Kündigung, Aufhebung oder Tod endet.

>> Seite 159 |

7. Um welche Art von Arbeitsvertrag handelt es sich, wenn ein Arbeitnehmer nur für drei Monate zur Vertretung eines erkrankten Mitarbeiters im Betrieb angestellt wird?

- [ ] a Teilzeitarbeitsvertrag
- [ ] b Arbeitsvertrag auf unbestimmte Zeit
- [ ] c Arbeitsvertrag für geringfügig Beschäftigte
- [ ] d Arbeitsvertrag auf bestimmte Zeit
- [ ] e Arbeitsvertrag für Leiharbeitnehmer

>> Seite 160 |

8. Gibt es für Arbeitsverträge eine Probezeit?

- [ ] a Ja, die gesetzliche Probezeit beträgt für alle Arbeitnehmer einen Monat zum Monatsschluss.
- [ ] b Nein, weil eine Probezeit für Arbeitsverträge grundsätzlich unzulässig ist.
- [ ] c Ja, es gibt eine gesetzliche Probezeit von einem Monat, aber nur für Angestellte.
- [ ] d Ja, aber nur, wenn die Probezeit im Arbeitsvertrag oder im Tarifvertrag vereinbart ist.
- [ ] e Nein, weil es einer Probezeit für Arbeitsverhältnisse nicht bedarf.

>> Seite 160 |

9. Teilzeitbeschäftigte sind Arbeitnehmer,

- [ ] a deren regelmäßige Wochenarbeitszeit kürzer ist als die der vollzeitbeschäftigten Arbeitnehmer im Betrieb.
- [ ] b deren Arbeitsverhältnis mit Ablauf der vereinbarten Dauer endet.
- [ ] c die nur vorübergehend zur Aushilfe eingestellt worden sind.
- [ ] d die ihre Arbeitszeit regelmäßig in zeitlich wechselndem Schichtdienst erbringen.
- [ ] e die ständig sich abwechselnde Tätigkeiten verrichten.

>> Seite 160 |

10. Einer Ihrer Mitarbeiter hat im Rahmen seiner Arbeiten beim Kunden einen Schaden verursacht.

Aufgabe: Haftet der Arbeitnehmer gegenüber seinem Arbeitgeber für Sachschäden, die er bei der Verrichtung seiner Arbeit durch leichte Fahrlässigkeit verschuldet?

- [ ] a Ja, da es auf den Grad des Verschuldens nicht ankommt.
- [ ] b Ja, weil der Arbeitnehmer für jeden Schaden, den er anrichtet, haftet.
- [ ] c Nein, weil ein Arbeitnehmer für Schäden, die er bei der Arbeit verursacht, nie haftet.
- [ ] d Nein, weil die Haftung des Arbeitnehmers bei leichter Fahrlässigkeit entfällt.
- [ ] e Ja, aber nur, wenn der Arbeitnehmer ein höheres Arbeitsentgelt bezieht.

>> Seite 162 |

11. Sie schließen mit einem neuen Mitarbeiter einen Arbeitsvertrag.

Aufgabe: Welche Pflichten ergeben sich für den Arbeitgeber aus dem Arbeitsvertrag?

>> Seiten 163 bis 171 |

12. Für die Entlohnung Ihrer Mitarbeiter stehen Ihnen verschiedene Formen und Möglichkeiten zur Verfügung.

Aufgabe:
a) In welchen Fällen wählen Sie den Zeitlohn?
b) In welchen Fällen wählen Sie den Leistungslohn?

>> Seite 163 |

13. Welche Angaben muss eine schriftliche Entgeltabrechnung enthalten?

>> Seite 165 |

14. **Ihr Arbeitnehmer hat gegenüber Ihnen als Arbeitgeber Anspruch auf Fortzahlung des Entgelts.**

Aufgabe:
a) Nennen Sie Fälle, in denen der Arbeitgeber das Arbeitsentgelt fortzuzahlen hat, ohne dass der Arbeitnehmer hierfür eine Arbeitsleistung zu erbringen hat!
b) In welcher Höhe ist dem Arbeitnehmer jeweils Entgelt zu zahlen, und wonach wird dieses Entgelt bemessen?
c) Welche Pflichten hat der Arbeitnehmer, um seinen Anspruch auf Entgeltzahlung jeweils nicht zu verlieren?

>> Seiten 165 bis 169 |

15. **Der gesetzliche Mindesturlaubsanspruch für Arbeitnehmer über 18 Jahre beträgt:**

- a 15 Werktage.
- b 18 Werktage.
- c 21 Werktage.
- d 24 Werktage.
- e 27 Werktage.

>> Seite 168 |

16. **Die Arbeitnehmer in Ihrem Betrieb haben Anspruch auf Urlaub.**

Aufgabe:
a) Welche Pflichten ergeben sich für den Arbeitgeber aus dem Urlaubsrecht?
b) Was gilt für den Zeitpunkt der Urlaubseinbringung?
c) Ist anstelle der Freizeitgewährung die Barabgeltung des Urlaubsanspruchs zulässig?
d) Wie wird nach dem Bundesurlaubsgesetz das Urlaubsentgelt errechnet?

>> Seiten 168 bis 169 |

17. **Im Rahmen des Arbeitsverhältnisses muss auch der Arbeitgeber die Regelungen kennen, die als Entgeltsicherung die Existenz des Arbeitnehmers sicherstellen!**

Aufgabe:
a) Was versteht man unter Entgeltpfändungsschutz?
b) Was versteht man unter Entgeltaufrechnungsverbot?
c) Was besagt das Entgeltabtretungsverbot?

>> Seite 170 |

18. **Nennen Sie einige Beispiele zur Fürsorgepflicht des Arbeitgebers!**

>> Seite 171 |

19. In der Regel wird ein Arbeitsverhältnis durch Kündigung beendet.

Aufgabe:
a) Welche Arten der Kündigung gibt es?
b) Zu welchem Zeitpunkt wird die Kündigung eines Arbeitsverhältnisses wirksam?
c) In welcher Form und in welchen Fällen muss bei Kündigungen der Betriebsrat beteiligt werden?
d) Welche Vorschriften zu Kündigungsfristen müssen beachtet werden?

>> Seiten 172 bis 174 |

20. Welche Anforderungen gelten für die Kündigung eines Arbeitsverhältnisses, damit diese wirksam wird?

>> Seite 172 |

21. In welchem Fall sind die verlängerten gesetzlichen Kündigungsfristen, die im Arbeitsrecht nach mehrjähriger Betriebszugehörigkeit gelten, zu beachten?

a Sie gelten sowohl für den Arbeitnehmer als auch für den Arbeitgeber.

b Sie gelten nur, wenn der Arbeitgeber kündigt.

c Sie gelten nur, wenn der Arbeitnehmer kündigt.

d Sie gelten beiderseits, aber nur in Betrieben ab 20 Beschäftigten.

e Sie gelten beiderseits, aber nur im Handwerk.

>> Seite 173 |

22. Einer Ihrer Mitarbeiter hat sich so schwere Verfehlungen zuschulden kommen lassen, dass Sie ihn fristlos kündigen wollen.

Aufgabe: Innerhalb welcher Frist nach Bekanntwerden des wichtigen Grundes muss eine fristlose Kündigung erklärt werden, damit sie rechtswirksam ist?

a Innerhalb von drei Tagen

b Innerhalb einer Woche

c Innerhalb zwei Wochen

d Innerhalb drei Wochen

e Innerhalb vier Wochen.

>> Seite 174 |

23. Muss der Betriebsrat vor Ausspruch einer fristlosen Kündigung durch den Arbeitgeber gehört werden?

- [ ] a Nein, weil ein wichtiger Grund vorliegt.
- [ ] b Ja, aber nur, wenn der betreffende Arbeitnehmer darauf besteht.
- [ ] c Ja, wenn der Betriebsrat es verlangt.
- [ ] d Ja, wenn der Arbeitnehmer den Kündigungsgrund bestreitet.
- [ ] e Ja, da andernfalls die Kündigung unwirksam ist.

>> Seite 174 |

24. Welches Rechtsmittel hat der Arbeitnehmer, um gegen eine unbegründete fristlose Kündigung vorzugehen?

>> Seite 174 |

25. Welche Unterlagen gehören zu den Arbeitspapieren, die der Arbeitgeber bei Beendigung des Arbeitsverhältnisses an den Arbeitnehmer herausgeben muss?

>> Seite 175 |

26. Nach Beendigung des Arbeitsverhältnisses hat der Arbeitnehmer Anspruch auf ein Arbeitszeugnis.

Aufgabe: Welche Angaben muss ein qualifiziertes Zeugnis enthalten?

>> Seite 175 |

27. Ein Arbeitszeugnis, das Angaben zu den Leistungen und zum Verhalten des Arbeitnehmers enthält, ist auszustellen,

- [ ] a wenn der Arbeitnehmer ein solches ausdrücklich verlangt.
- [ ] b auch wenn der Arbeitnehmer ein solches nicht verlangt.
- [ ] c wenn das Arbeitsverhältnis mindestens fünf Jahre bestanden hat.
- [ ] d wenn der Arbeitnehmer seine Vertragspflichten erfüllt hat.
- [ ] e wenn das Arbeitsverhältnis durch eine ordentliche Kündigung endet.

>> Seite 175 |

28. Ab wie viel beschäftigten Arbeitnehmern fällt der Betrieb unter das Kündigungsschutzgesetz (allgemeiner Kündigungsschutz)? Wie werden dabei Lehrlinge und Teilzeitkräfte berücksichtigt?

>> Seite 176 |

29. Gegen welche Kündigung ist der Arbeitnehmer im Rahmen des allgemeinen Kündigungsschutzgesetzes insbesondere geschützt?

- a Gegen jede Kündigung
- b Gegen eine sozial ungerechtfertigte Kündigung
- c Generell gegen keine Form der Kündigung
- d Gegen eine selbst ausgesprochene Kündigung
- e Gegen eine beiderseitige Kündigung

>> Seiten 176 bis 177 |

30. Wegen schlechter Auftragslage stehen Sie vor der Entscheidung, in Ihrem Betrieb mehrere Arbeitnehmer entlassen zu müssen.

Aufgabe: Welche sozialen Gesichtspunkte müssen Sie als Arbeitgeber bei Geltung des Kündigungsschutzgesetzes bei der Auswahl der zu kündigenden Arbeitnehmer beachten, wenn Sie aus dringenden betrieblichen Gründen kündigen wollen?

>> Seite 177 |

31. Kann einem Arbeitnehmer während der Ableistung des Grundwehrdienstes in Betrieben mit mehr als fünf Beschäftigten gekündigt werden?

- a Ja, unter Einhaltung der regulären Frist kann gekündigt werden.
- b Nein, während des Grundwehrdienstes ist jegliche Kündigung unzulässig.
- c Ja, die Kündigung ist aber nur mit Zustimmung der zuständigen Arbeitsschutzbehörde zulässig.
- d Ja, aber nur fristlos bei Vorliegen eines wichtigen Grundes.
- e Ja, in Betrieben mit Saisonbeschäftigung.

>> Seite 180 |

32. Welche Behörde ist zuständig für die Erteilung der Zustimmung zur Kündigung eines schwerbehinderten Menschen?

- a Agentur für Arbeit
- b Zuständige Arbeitsschutzbehörde
- c Gemeinde
- d Arbeitsministerium
- e Integrationsamt

>> Seite 180 |

33. Bei weiblichen Beschäftigten müssen Sie als Arbeitgeber die Vorschriften zum Mutterschutz kennen.

Aufgabe: Welche Regelungen gelten bezüglich der Kündigung werdender Mütter?

>> Seite 181 |

34. Die behördliche Genehmigung zur Kündigung einer werdenden Mutter

- a muss vor Ausspruch der ordentlichen oder fristlosen Kündigung in Händen des Arbeitgebers sein.
- b muss gleichzeitig mit Ausspruch der Kündigung vom Arbeitgeber beantragt werden.
- c muss innerhalb zwei Wochen nach Ausspruch der Kündigung vom Arbeitgeber beantragt werden.
- d muss innerhalb zwei Wochen nach Ausspruch der Kündigung in Händen des Arbeitgebers sein.
- e kann bis zum Ablauf der ordentlichen Kündigungsfrist vom Arbeitgeber beantragt werden.

>> Seite 181 |

35. Ab wie vielen Beschäftigten müssen die Vorschriften zum Kündigungsschutz bei Massenentlassungen beachtet werden?

- a Bei mehr als 20 Arbeitnehmern
- b Bei mehr als 30 Arbeitnehmern
- c Bei mehr als 50 Arbeitnehmern
- d Bei mehr als 75 Arbeitnehmern
- e Bei mehr als 100 Arbeitnehmern.

>> Seite 182 |

36. In welchem Fall ist ein Tarifvertrag für die Arbeitsvertragspartner verbindlich?

- a Wenn beide Arbeitsvertragspartner Mitglied der tarifabschließenden Arbeitnehmer- bzw. Arbeitgeberorganisation sind oder der Tarifvertrag für allgemein verbindlich erklärt wurde.
- b Es genügt, wenn nur der Arbeitnehmer Mitglied der tarifabschließenden Gewerkschaft ist.
- c Es genügt, wenn nur der Arbeitgeber Mitglied der zuständigen Innung ist.
- d Wenn der Betrieb Mitglied der zuständigen Berufsgenossenschaft ist.
- e Wenn der Betriebsinhaber im Geltungsbereich des Tarifvertrages seinen Wohnsitz hat.

>> Seiten 183 bis 184 |

37. Kann bei Tarifbindung von den Normen des Tarifvertrages durch Vereinbarung abgewichen werden?

- [ ] a Nein, eine Abweichung ist grundsätzlich unzulässig.
- [ ] b Ja, aber die Abweichung muss schriftlich vereinbart werden.
- [ ] c Ja, auch wenn die Abweichung zuungunsten des Arbeitnehmers erfolgt.
- [ ] d Ja, insbesondere dann, wenn die Abweichung zugunsten des Arbeitgebers erfolgt.
- [ ] e Ja, aber nur, wenn die Abweichung den Arbeitnehmer begünstigt.

>> Seite 184 |

38. Tarifverträge spielen zur Regelung des Arbeitsverhältnisses eine wichtige Rolle.

Aufgabe: Was regeln die Tarifverträge inhaltlich?

>> Seite 184 |

39. Ab welcher Betriebsgröße kann ein Betriebsrat gewählt werden?

- [ ] a Ab drei Arbeitnehmern, die auch wählbar sein müssen.
- [ ] b Ab fünf wahlberechtigten Arbeitnehmern, von denen mindestens drei wählbar sein müssen.
- [ ] c Ab zehn wahlberechtigten Arbeitnehmern, von denen mindestens fünf wählbar sein müssen.
- [ ] d Ab 20 Beschäftigten, von denen mindestens zehn wählbar sein müssen.
- [ ] e Ab 30 Beschäftigten, von denen mindestens 20 wählbar sein müssen.

>> Seite 184 |

40. Ab welchem Alter kann der Arbeitnehmer an der Betriebsratswahl mit Stimmrecht teilnehmen?

- [ ] a Ohne Rücksicht auf das Alter
- [ ] b Nach Vollendung des 16. Lebensjahres
- [ ] c Nach Vollendung des 18. Lebensjahres
- [ ] d Nach Vollendung des 21. Lebensjahres
- [ ] e Nach Vollendung des 24. Lebensjahres

>> Seite 184 |

41. Die Amtszeit des gewählten Betriebsrats dauert

- [ ] a zwei Jahre.
- [ ] b drei Jahre.
- [ ] c vier Jahre.
- [ ] d fünf Jahre.
- [ ] e sechs Jahre.

>> Seite 186 |

42. Ab wie vielen beschäftigten Jugendlichen oder Auszubildenden unter 25 Jahren im Betrieb kann eine Jugend- und Auszubildendenvertretung gewählt werden?

>> Seite 185 |

43. Bei der Regelung der Beziehungen zwischen Arbeitgeber und Arbeitnehmer spielt das Betriebsverfassungsgesetz eine wichtige Rolle.

Aufgabe:
a) Nennen Sie die wichtigsten Grundsätze der Zusammenarbeit zwischen Arbeitgeber und Betriebsrat!
b) Welche Mitwirkungs- bzw. Mitbestimmungsrechte hat der Betriebsrat?

>> Seiten 187 bis 189 |

44. Nennen Sie die Rechte des einzelnen Arbeitnehmers nach dem Betriebsverfassungsgesetz!

>> Seite 190 |

45. Als Arbeitgeber müssen Sie die Vorschriften des Arbeitsschutzes kennen und die betrieblichen Prozesse darauf abstimmen.

Aufgabe:
a) Nennen Sie einige Rechtsvorschriften des technischen Arbeitsschutzes!
b) Nennen Sie die wichtigsten Gesetze, die den sozialen Arbeitsschutz regeln, und beschreiben Sie deren wesentliche Inhalte!

>> Seite 191 |

46. Für die Überwachung der Arbeitsschutzvorschriften ist zuständig

- [ ] a die Agentur für Arbeit.
- [ ] b die Innung.
- [ ] c die Handwerkskammer.
- [ ] d die zuständige Arbeitsschutzbehörde.
- [ ] e das Gewerbeamt.

>> Seite 193 |

47. Die gesetzlich höchstzulässige wöchentliche Arbeitszeit beträgt für Arbeitnehmer über 18 Jahre

- a 40 Stunden.
- b 41 Stunden.
- c 42 Stunden.
- d 45 Stunden.
- e 60 Stunden.

>> Seite 193 |

48. Wie lange muss bei erwachsenen Arbeitnehmern die Ruhezeit nach Beendigung der täglichen Arbeitszeit sein?

>> Seite 194 |

49. Ruhepausen während der Arbeitszeit sind

- a gesetzlich vorgeschrieben.
- b in das Belieben der Arbeitsvertragspartner gestellt.
- c nur auf Wunsch des Arbeitnehmers zu gewähren.
- d nur auf Verlangen des Betriebsrats zu gewähren.
- e in das Ermessen des Arbeitgebers gestellt.

>> Seiten 193 bis 194 |

50. Innerhalb welchen Mindestzeitraums nach der Entbindung ist die Beschäftigung der Arbeitnehmerin unzulässig?

- a Zwei Wochen
- b Drei Wochen
- c Vier Wochen
- d Sechs Wochen
- e Acht Wochen

>> Seite 195 |

51. Ab welcher Betriebsgröße beginnt die Pflicht zur Beschäftigung von schwerbehinderten Menschen?

- a Ab 7 Arbeitsplätzen
- b Ab 20 Arbeitsplätzen
- c Ab 22 Arbeitsplätzen
- d Ab 25 Arbeitsplätzen
- e Ab 30 Arbeitsplätzen

>> Seite 198 |

52. Zur Unterrichtung der Arbeitnehmer und zur Beachtung der Arbeitsschutzvorschriften müssen im Betrieb eine Reihe von Gesetzen und sonstigen Vorschriften ausgehängt bzw. ausgelegt werden.

Aufgabe: Nennen Sie einige davon!

>> Seite 200 |

53. Zuständig für arbeitsrechtliche Streitigkeiten zwischen Arbeitnehmer und Arbeitgeber ist das

- a Amtsgericht.
- b Landgericht.
- c Sozialgericht.
- d Arbeitsgericht.
- e Verwaltungsgericht.

>> Seite 201 |

3.4 Sozial- und Privatversicherungen

3.4.1 Übersicht zum Sozialversicherungsrecht

3.4.1.1 Aufgabe der Sozialversicherung

Aufgabe der Sozialversicherung ist die Sicherung der Arbeitnehmer gegen die vielfältigen Risiken des Lebens wie zum Beispiel Alter, Invalidität, Krankheit, Unfall, Arbeitslosigkeit, Pflegebedürftigkeit auf der Grundlage einer Pflichtversicherung.

In einigen Zweigen der Sozialversicherung erstreckt sich dieser Solidargedanke auch auf selbstständig Erwerbstätige, wie die Versicherungspflicht der selbstständigen Handwerker und Handwerkerinnen in der gesetzlichen Rentenversicherung.

3.4.1.2 Gliederung der Sozialversicherung

Versicherungszweige

Das System der Sozialversicherung gliedert sich im Wesentlichen in die folgenden Versicherungszweige:

> Krankenversicherung
> Unfallversicherung
> Rentenversicherung
> Arbeitslosenversicherung
> Grundsicherung für Arbeitsuchende
> Pflegeversicherung.

3.4.1.3 Selbstverwaltungsorgane der Sozialversicherung

Die Durchführung der Sozialversicherung obliegt den Versicherungsträgern, die als Körperschaften des öffentlichen Rechts mit dem Recht der Selbstverwaltung ausgestattet sind. Versicherungsträger sind u. a.:

> Allgemeine Orts-, Betriebs- und Innungskrankenkassen, Ersatzkassen
> Deutsche Rentenversicherung
> Berufsgenossenschaften.

Paritätische Selbstverwaltungsorgane

> Bei jedem Versicherungsträger sind Organe der Selbstverwaltung gebildet, die paritätisch mit Arbeitnehmern und Arbeitgebern besetzt sind.

Eine Ausnahme gilt für die Ersatzkrankenkassen; hier gehören nur Versicherte den Selbstverwaltungsorganen an.
In der Arbeitsverwaltung setzen sich die Selbstverwaltungsorgane je zu einem Drittel aus Vertretern der Arbeitnehmer, Arbeitgeber und öffentlichen Körperschaften zusammen.

3.4.1.4 Beiträge

Einzugsstelle

Gesamtbeiträge

> Einzugsstelle für den Gesamtsozialversicherungsbeitrag zur Kranken-, Renten-, Arbeitslosen- und sozialen Pflegeversicherung ist die Krankenkasse, bei der der Arbeitnehmer krankenversichert ist.

Für Beschäftigte, die keine Mitgliedsbescheinigung vorlegen, ist der Gesamtsozialversicherungsbeitrag an die „letzte" Krankenkasse zu entrichten. Dies gilt auch für die Pflichtbeiträge privat Krankenversicherter zur Renten- und Arbeitslosenversicherung. Gibt es keine „letzte" Krankenkasse, wählt der Arbeitgeber die Krankenkasse aus.
Für die Pauschalabgaben bei geringfügig Beschäftigten ist die Deutsche Rentenversicherung Knappschaft-Bahn-See zuständig.

Gesundheitsfonds
Weiterleitungsstellen

Die Krankenkassen ziehen den Gesamtsozialversicherungsbeitrag ein und leiten ihn an den Gesundheitsfonds sowie an die Renten- und Arbeitslosenversicherung weiter. Ab 2011 erhalten die Arbeitgeber die zusätzliche Option, ihre Meldungen, Beitragsnachweise und Beitragszahlungen gebündelt an Weiterleitungsstellen zu entrichten. Diese verteilen Nachweise und Meldungen an die zuständigen Krankenkassen und leiten die Zahlungen an alle Sozialversicherungsträger und an den Gesundheitsfonds weiter.

Beitragstragung

Die Pflichtbeiträge zur Arbeitslosen- und Rentenversicherung tragen

> Arbeitnehmer und Arbeitgeber je zur Hälfte.

Die hälftige Beitragstragung gilt grundsätzlich auch in der Pflege- und der Krankenversicherung. Jedoch zahlen kinderlose Versicherte ab dem 23. Lebensjahr in der Pflegeversicherung einen Zuschlag von 0,25 Prozentpunkten. In der Krankenversicherung zahlen Versicherte einen zusätzlichen Beitrag von 0,9 Prozentpunkten.

Auszubildende

Für Auszubildende, deren monatliches Bruttoarbeitsentgelt 325,00 EUR nicht übersteigt, trägt der Arbeitgeber den Gesamtsozialversicherungsbeitrag allein.

Beitragszahlung

Fälligkeit

Der Gesamtsozialversicherungsbeitrag ist

- vom Arbeitgeber monatlich zu zahlen;
- in voraussichtlicher Höhe der Beitragsschuld spätestens am drittletzten Bankarbeitstag des Monats, in dem das Arbeitsentgelt erzielt wird;
- ein eventuell verbleibender Rest zum drittletzten Bankarbeitstag des Folgemonats.

Die voraussichtliche Beitragsschuld ist dabei möglichst genau zu bestimmen: Ausgehend vom Beitragssoll des letzten Beitragsmonats sind zusätzlich Änderungen bei der Beschäftigtenzahl, die voraussichtlich in diesem Monat anfallenden Arbeitsstunden, Änderungen der Beitragssätze, Erhöhungen der Beitragsbemessungsgrenzen und eventuelle Lohnanpassungen zu berücksichtigen. Unter be-

stimmten Voraussetzungen kann die voraussichtliche Höhe der Beitragsschuld auch nach den Beiträgen des Vormonats bemessen werden. Bei Zahlungsverzug werden Säumniszuschläge erhoben.
Der Beitragsnachweis, nach dem die Beiträge entrichtet werden, muss generell spätestens zwei Tage vor Fälligkeit der Beiträge bei der Einzugsstelle vorliegen.

Beitragsabzug

Die auf den Arbeitnehmer entfallenden Beitragsanteile sind vom Bruttoarbeitsentgelt abzuziehen. Ein unterbliebener Abzug darf nur bei den drei nächsten Lohn- oder Gehaltszahlungen nachgeholt werden; danach nur dann, wenn der Abzug ohne Verschulden des Arbeitgebers unterblieben ist.

Lohnabzugsverfahren

Haftung des Arbeitgebers

> Der Arbeitgeber haftet für die Zahlung des Gesamtsozialversicherungsbeitrages.

Bei Leiharbeitnehmern haftet neben dem Verleiher auch der Entleiher wie ein selbstschuldnerischer Bürge für den Beitragszeitraum, für den ihm der Arbeitnehmer überlassen worden ist.

Verjährung

Ansprüche auf Beiträge zur Sozialversicherung verjähren

- in vier Jahren,
- bei vorsätzlicher Beitragsvorenthaltung in 30 Jahren

Verjährungsfristen

nach Ablauf des Kalenderjahres, in dem sie fällig geworden sind.

Beitragsberechnung

> Maßgebend für die Berechnung der Gesamtsozialversicherungsbeiträge ist das Bruttoarbeitsentgelt bis zur Beitragsbemessungsgrenze.

Berechnungsgrundlage

> Arbeitsentgelt

Arbeitsentgelt sind alle laufenden und einmaligen Einnahmen aus einer Beschäftigung. Zum beitragspflichtigen Arbeitsentgelt gehören auch übertarifliche Leistungen, Mehrarbeitszuschläge und Zulagen.

Geringfügige Beschäftigungen

Sozialversicherungsrechtlich unterscheidet man folgende Arten von geringfügigen Beschäftigungen:

- Geringfügig entlohnte Beschäftigung mit einem Entgelt bis zu regelmäßig 400,00 EUR im Monat
  Sie ist sozialversicherungsfrei. Eine Zusammenrechnung mit einer versicherungspflichtigen Hauptbeschäftigung entfällt, solange nur eine geringfügige

Beschäftigung ausgeübt wird. Versicherungspflicht tritt ein, wenn mehrere geringfügige Beschäftigungen ausgeübt werden und diese insgesamt 400,00 EUR pro Monat übersteigen. Diese Versicherungspflicht gilt in der Regel erst ab dem Tag der Bekanntgabe der Feststellung durch die Einzugsstelle oder den Rentenversicherungsträger. Ausnahmsweise gilt die Versicherungs- und Beitragspflicht bereits ab dem Zeitpunkt des Beschäftigungsbeginns, wenn der Arbeitgeber vorsätzlich oder grob fahrlässig versäumt hat, den Sachverhalt für die versicherungsrechtliche Beurteilung aufzuklären. Der Arbeitgeber zahlt, soweit sich für den Arbeitnehmer keine Versicherungspflicht ergibt, Pauschalabgaben in Höhe von 30 % (bzw. 12 %); und zwar

- 15 % für die Rentenversicherung (mit Aufstockungsoption für den Arbeitnehmer; d. h., dass der Arbeitnehmer durch schriftliche Erklärung gegenüber dem Arbeitgeber auf die Versicherungsfreiheit verzichten kann)
- 13 % für die Krankenversicherung (bei Mitgliedern der gesetzlichen Krankenversicherung)
- 2 % Pauschalsteuer.

Bei geringfügiger Beschäftigung in Privathaushalten hat der Arbeitgeber nur Pauschalabgaben in Höhe von 12 % (7 %, falls keine Mitgliedschaft bei der gesetzlichen Krankenversicherung vorliegt) sowie 1,6 % für die Unfallversicherung zu entrichten. Sie sind an eine gemeinsame Einzugsstelle bei der Deutschen Rentenversicherung Knappschaft-Bahn-See (Minijob-Zentrale) zu entrichten.

> Kurzfristige Beschäftigungen, die nicht länger als zwei Monate oder 50 Arbeitstage pro Kalenderjahr andauern
Für diese Beschäftigung sind weder Sozialversicherungsabgaben noch Pauschalabgaben zu zahlen. Der Arbeitslohn für die kurzfristige Beschäftigung unterliegt jedoch der Lohnsteuer. Der Lohnsteuerabzug kann individuell nach der Lohnsteuerkarte oder pauschal vorgenommen werden.

> Gleitzone

Für Einkünfte oberhalb von 400,00 EUR bis 800,00 EUR pro Monat wurde eine Gleitzone eingerichtet. Es gelten folgende Regelungen:

> Der reduzierte Arbeitnehmerbeitrag zur Sozialversicherung steigt in diesem Bereich von ca. 11 % auf den vollen Beitrag (derzeit etwas mehr als 20 %) an. Es ergeben sich bei vermindertem Beitragsanteil bezüglich Krankengeld und Arbeitslosengeld keine Leistungseinschränkungen. Bei der Rentenversicherung hat der Arbeitnehmer eine Aufstockungsoption.
> Der Arbeitgeberbeitrag ist in voller Höhe zu entrichten (derzeit rund 20 %).
> Beschäftigungen mit einem Arbeitsentgelt in der Gleitzone sind versicherungspflichtig. Deshalb ist nicht die Minijob-Zentrale, sondern die jeweilige Krankenkasse des Arbeitnehmers zuständig für die Meldungen und den Einzug der Sozialversicherungsbeiträge.
> Die Regelung zur Gleitzone gilt nicht für Auszubildende.
> Die Besteuerung des Arbeitnehmers erfolgt entsprechend seinen persönlichen Gegebenheiten.

Für alle geringfügigen Beschäftigungen (einschließlich der Gleitzone) besteht Beitragspflicht zur Unfallversicherung.

3.4.1.5 Meldevorschriften

Meldeverfahren

Das Meldeverfahren erfolgt elektronisch

> über systemgeprüfte Lohn- und Gehaltsabrechnungsprogramme oder
> mittels zugelassener Ausfüllhilfen.

Systemgeprüfte Programme

Ausfüllhilfen

Wichtige Meldungen durch den Betrieb sind: Anmeldungen, Abmeldungen, Jahresmeldung, Sofortmeldung, Unterbrechungsmeldung und sonstige Entgeltmeldungen.

Information des Arbeitnehmers

Den Beschäftigten ist über die Meldungen eine maschinell erstellte Bescheinigung zu erteilen. Dies kann auch auf den üblichen Engeltabrechnungen erfolgen. Die Bescheinigung ist mindestens einmal jährlich bis zum 30. April eines jeden Jahres für alle im Vorjahr gemeldeten Daten auszustellen. Bei Beendigung eines Arbeitsverhältnisses ist sie unverzüglich nach der Abgabe der letzten Meldung für den Beschäftigten zu erstellen.

Betriebsnummer

Für die Erstattung der Meldungen benötigt der Arbeitgeber eine Betriebsnummer, die von der Agentur für Arbeit zugeteilt wird.

Sozialversicherungsausweis

Versicherungsnummer

Die Versicherungsnummer des Arbeitnehmers, die bei den Meldungen zu übernehmen ist, enthält der vom Rentenversicherungsträger ausgestellte Sozialversicherungsausweis. Die Versicherungsnummer bleibt während des Versicherungslebens unverändert. Der Sozialversicherungsausweis ist bei Beginn der Beschäftigung dem Arbeitgeber vorzulegen.

Sofortmeldepflicht in bestimmten Branchen

Seit 01.01.2009 haben Arbeitgeber den Tag des Beginns eines Beschäftigungsverhältnisses (gilt auch für Ausbildungsverhältnisse) spätestens bei dessen Aufnahme elektronisch an die Datenstelle der Rentenversicherung zu melden, sofern sie Personen in folgenden Wirtschaftsbereichen beschäftigen: Baugewerbe, Gaststätten- und Beherbergungsgewerbe, Personenbeförderungsgewerbe, Speditions-, Transport- und damit verbundenen Logistikgewerbe, Schaustellergewerbe, Unternehmen der Forstwirtschaft, Gebäudereinigungsgewerbe, Unternehmen, die sich am Auf- und Abbau von Messen und Ausstellungen beteiligen, Fleischwirtschaft. Die Sofortmeldepflicht ersetzt nicht die nachfolgend genannten „regulären" Meldungen.
Bei der Erbringung von Dienst- und Werkleistungen sind die in diesen Branchen tätigen Personen – Arbeitnehmer, Auszubildende und Selbstständige – verpflichtet, ihren Personalausweis, Pass, Passersatz oder Ausweisersatz mitzuführen und bei Kontrollen vorzulegen. Der Arbeitgeber hat die Beschäftigten schriftlich darauf hinzuweisen. Mit Einführung der Sofortmeldepflicht entfiel die Mitführungspflicht des Sozialversicherungsausweises.

Meldepflichten

> Die Meldepflichten gegenüber der zuständigen Krankenkasse für den Einzug der Beiträge zur Kranken-, Pflege-, Renten- und Arbeitslosenversicherung (Gesamtsozialversicherungsbeitrag) hat der Arbeitgeber.

Meldefristen

> An- und Abmeldefristen

Anmeldefrist

> Bei Beginn einer versicherungspflichtigen Beschäftigung ist mit der ersten Lohn- und Gehaltsabrechnung, spätestens innerhalb von 6 Wochen nach Beginn der Beschäftigung, eine Anmeldung zu erstatten.
> Bei Beendigung der Beschäftigung ist mit der nächsten folgenden Lohn- und Gehaltsabrechnung, spätestens innerhalb von sechs Wochen nach Beschäftigungsende, die Abmeldung zu tätigen.

Abmeldefrist

> Jahresmeldung

> Für alle am 31.12. des Vorjahres Beschäftigten hat der Arbeitgeber mit der ersten folgenden Lohn- und Gehaltsabrechnung, spätestens bis zum 15.4. des folgenden Jahres, eine Jahresmeldung zu erstatten.

> Meldungen für geringfügig entlohnte Beschäftigte

Für geringfügig entlohnte Beschäftigte sind grundsätzlich die gleichen Meldungen zu erstatten wie für versicherungspflichtig Beschäftigte.

> Meldung zur Ausgleichskasse

Für das Ausgleichsverfahren für Mutterschaftsleistungen haben alle Arbeitgeber, für das Ausgleichsverfahren für die Entgeltfortzahlung im Krankheitsfall Arbeitgeber mit bis zu 30 Arbeitnehmern der Krankenkasse, bei der der Arbeitnehmer versichert ist, die für die Durchführung des Ausgleichs erforderlichen Angaben zu machen. Bei privat Versicherten ist es die Krankenkasse, zu der die Beiträge für die Renten- und die Arbeitslosenversicherung abgeführt werden. Für geringfügig Beschäftigte ist die Deutsche Rentenversicherung Knappschaft-Bahn-See (Minijob-Zentrale) zuständig.

ELENA

> Verfahren des elektronischen Entgeltnachweises (ELENA-Verfahren)

Seit 01.01.2010 sind die Arbeitgeber verpflichtet, Entgeltdaten ihrer Beschäftigten monatlich in elektronischer Form an die zentrale Speicherstelle (ZSS), die bei der Rentenversicherung eingerichtet ist, zu melden. Der Arbeitgeber hat die Beschäftigten auf der Entgeltbescheinigung darauf hinzuweisen, dass Daten an die ZSS übermittelt wurden, sowie zu informieren, dass ein Auskunftsanspruch gegenüber dieser Stelle besteht. Die elektronischen Entgeltnachweise sollen die bisherigen Papierbescheinigungen vollständig ersetzen. Dadurch sollen die Arbeitgeber bei der Ausstellung von Verdienstbescheinigungen, die Grundlage für die Bewilligung von Sozialleistungen an ihre Beschäftigten sind, spätestens mit Wirkung ab Januar 2012 entlastet werden. Die zuständigen Behörden rufen dann die notwendigen Daten beim ELENA-Datenpool ab.

> Auskunftspflicht gegenüber Sozialversicherungsträgern

> Die Arbeitgeber haben den Krankenkassen und Rentenversicherungsträgern auf Verlangen über alle Tatsachen Auskunft zu geben und die Unterlagen vorzulegen, die für die Erhebung der Beiträge notwendig sind.

Die Arbeitnehmer sind verpflichtet, ihren Arbeitgebern die zur Durchführung des Meldeverfahrens und für die Beitragsabführung erforderlichen Angaben zu machen und die hierfür nötigen Unterlagen vorzulegen. Gleiches gilt auch auf Verlangen gegenüber den Sozialversicherungsträgern.

> Geld- und Freiheitsstrafen

Geldbuße

Eine Geldbuße bis zu 50.000,00 EUR kann verfügt werden, wenn der Arbeitgeber vorsätzlich oder fahrlässig der

- Meldepflicht,
- Auskunftspflicht
  oder
- Pflicht zur Vorlage der erforderlichen Unterlagen

nicht, nicht richtig oder nicht vollständig nachkommt.

Mit Freiheitsstrafe bis zu fünf Jahren oder mit Geldstrafe wird bestraft, wer als Arbeitgeber

Beitragsvorenthaltung

- Beiträge zur Sozialversicherung der Einzugsstelle vorenthält.

3.4.2 Krankenversicherung

3.4.2.1 Versicherungsträger

> Träger der Krankenversicherung sind die Krankenkassen.

Kassenarten

Sie gliedern sich in folgende Kassenarten:

- Allgemeine Ortskrankenkassen
- Innungskrankenkassen
- Betriebskrankenkassen
- Landwirtschaftliche Krankenkassen
- Ersatzkrankenkassen
- Deutsche Rentenversicherung Knappschaft-Bahn-See.

3.4.2.2 Kassenwahlrecht

Die in der gesetzlichen Krankenversicherung Pflichtversicherten und freiwillig Versicherten sind Mitglied der von ihnen gewählten Krankenkasse.

Sie können wählen:

Kassenwahl

> die Ortskrankenkasse des Beschäftigungs- oder Wohnorts
> jede Ersatzkasse, deren Zuständigkeit sich auf den Beschäftigungs- oder Wohnort erstreckt
> die Betriebs- oder Innungskrankenkasse, wenn sie in einem Betrieb beschäftigt sind, für den die Betriebs- oder Innungskrankenkasse besteht
> die Betriebs- oder Innungskrankenkasse, wenn deren Satzung dies vorsieht
> die Deutsche Rentenversicherung Knappschaft-Bahn-See
> die Krankenkasse, bei der zuletzt eine Mitgliedschaft oder eine Familienversicherung bestanden hat
> die Krankenkasse, bei der der Ehegatte versichert ist.

Annahmezwang

Die Ausübung des Wahlrechts ist vom Versicherten gegenüber der gewählten Krankenkasse zu erklären. Diese darf die Mitgliedschaft nicht ablehnen.

Mitgliedsbescheinigung

Die gewählte Krankenkasse stellt eine Mitgliedsbescheinigung aus, die dem Arbeitgeber unverzüglich vorzulegen ist.

Sowohl Versicherungspflichtige wie auch freiwillig Versicherte sind an die Wahl der Krankenkasse mindestens 18 Monate gebunden. Wird ein Wahltarif in Anspruch genommen, gilt eine Mindestbindungsfrist von drei Jahren.

Kündigungsrecht

Während der 18-monatigen Bindungsfrist gibt es kein neues Wahlrecht bei Arbeitgeberwechsel. Eine Kündigung ist zum Ablauf des übernächsten Kalendermonats möglich, gerechnet von dem Monat, in dem das Mitglied die Kündigung erklärt. Die Kündigungsbestätigung muss spätestens innerhalb von zwei Wochen ausgestellt werden. Ohne vorgelegte Kündigungsbestätigung darf die neu gewählte Krankenkasse keine Mitgliedsbescheinigung ausstellen.
Wird das Wahlrecht vom Versicherten nicht selbst wahrgenommen oder eine Mitgliedsbescheinigung nicht rechtzeitig vorgelegt, so ist der Arbeitgeber zur Anmeldung bei einer Krankenkasse verpflichtet; und zwar bei derjenigen, bei der der Arbeitnehmer zuletzt versichert war. Liegt eine solche Vorversicherung nicht vor, erfolgt die Anmeldung durch den Arbeitgeber bei einer wählbaren Krankenkasse.

Außerordentliche Kündigung

Erhebt die Krankenkasse ab dem 01.01.2009 einen Zusatzbeitrag, erhöht sie ihren Zusatzbeitrag oder verringert sie ihre Prämienzahlung, kann der Versicherte die Mitgliedschaft bis zur erstmaligen Fälligkeit dieser Änderungen kündigen.

3.4.2.3 Versicherungspflicht

Versicherungspflichtig sind insbesondere:

Personenkreis

- Arbeiter und Angestellte (Arbeitnehmer)
- bei ihrem Ehegatten oder im elterlichen Betrieb beschäftigte Personen, sofern sie wie eine fremde Arbeitskraft in den Betrieb eingegliedert sind und ein angemessenes Entgelt erhalten
- Auszubildende
- Studierende (längstens bis zum 30. Lebensjahr)
- Rentnerinnen und Rentner, wenn sie bereits vorher längere Zeit (seit der erstmaligen Aufnahme der Erwerbstätigkeit bis zur Rentenantragstellung mindestens $^{9}/_{10}$ der zweiten Hälfte des Zeitraums) pflicht- oder freiwillig versichert waren
- Personen, die Leistungen der Bundesagentur für Arbeit erhalten.

Seit 1.4.2007 gilt eine allgemeine Pflicht zur Versicherung. Versicherungspflicht in der gesetzlichen Krankenversicherung besteht auch für Personen, die keinen Krankenversicherungsschutz haben und entweder zuvor gesetzlich versichert waren oder noch keine Absicherung im Krankheitsfall haben.

3.4.2.4 Familienversicherung

Familienangehörige von Krankenkassenmitgliedern sind mitversichert, wenn sie

- ihren Wohnsitz in der Bundesrepublik Deutschland haben,
- der gesetzlichen Krankenversicherung nicht selbst als Mitglied angehören,
- nicht hauptberuflich selbstständig erwerbstätig sind
  und
- kein Gesamteinkommen von mehr als 365,00 EUR monatlich haben (bei geringfügiger Beschäftigung 400,00 EUR monatlich).

Als Familienangehörige gelten der Ehegatte und Kinder bis zum 18. Lebensjahr; bis zum 23. Lebensjahr, wenn sie nicht erwerbstätig sind; in bestimmten Fällen, zum Beispiel wenn sie sich in Schulausbildung befinden, auch darüber hinaus.

3.4.2.5 Versicherungsfreiheit

Versicherungsfrei sind:

Versicherungspflichtgrenze

- Arbeitnehmer, deren Jahresbruttoarbeitsentgelt in drei aufeinanderfolgenden Kalenderjahren die Versicherungspflichtgrenze (Jahresarbeitsentgeltgrenze) überstiegen hat
- Arbeitnehmer oder Rentner, die hauptberuflich selbstständig erwerbstätig sind

Geringfügig Beschäftigte

- geringfügig Beschäftigte (>> Abschnitt 3.4.1.4 „Beiträge – Geringfügige Beschäftigungen“)
- Personen, die nach Vollendung des 55. Lebensjahres versicherungspflichtig werden, wenn sie in den letzten fünf Jahren nicht mindestens zur Hälfte dieses Zeitraumes gesetzlich versichert waren.

3.4.2.6 Freiwillige Versicherung

Berechtigung

Zur freiwilligen Versicherung berechtigt sind:

- bislang pflichtversicherte Arbeitnehmer, wenn ihre Mitgliedschaft aufgrund der Höhe des Einkommens endet und sie gewisse Vorversicherungszeiten erfüllen (in den letzten fünf Jahren mindestens 24 Monate oder unmittelbar davor ununterbrochen zwölf Monate)
- Familienangehörige, die aus der Familienversicherung ausscheiden und die oben genannte Vorversicherungszeit erfüllen
- Personen, die einen Gründungszuschuss erhalten; (>> Abschnitt 3.4.4.6 „Leistungen der Arbeitslosenversicherung – Förderung der Aufnahme einer selbstständigen Tätigkeit")
- Personen, die die Voraussetzungen für die Versicherungspflicht in der Krankenversicherung der Rentner nicht erfüllen, zuletzt aber Mitglied einer gesetzlichen Krankenkasse waren.

Anzeigefrist

Der Beitritt muss der Krankenkasse innerhalb von drei Monaten angezeigt werden; nach Ablauf der Frist ist ein freiwilliger Beitritt ausgeschlossen.

3.4.2.7 Beiträge

Beitragssatz

Einheitlicher Beitragssatz

Seit der Einführung des Gesundheitsfonds zum Jahresbeginn 2009 wird der Beitragssatz in der gesetzlichen Krankenversicherung durch Rechtsverordnung der Bundesregierung bundeseinheitlich festgelegt. Der Beitragssatz beträgt seit 01.07.2009 14,9 %. Mit Ausnahme des von den Versicherten allein zu tragenden Beitragsanteils von 0,9 Prozentpunkten wird der Beitrag paritätisch von den Arbeitgebern und den Beschäftigten getragen. Der ermäßigte einheitliche Beitragssatz, der z. B. für freiwillig versicherte Selbstständige ohne Krankengeldanspruch gilt, beträgt seit 01.07.2009 14,3 %. Für diese Personengruppe besteht seit 01.08.2009 die Option, ihren Krankengeldanspruch wie Arbeitnehmer ab der 7. Woche der Arbeitsunfähigkeit zu einem Beitragssatz von 14,9 % abzusichern.

Gesundheitsfonds

Die Beiträge sind auch nach Inkrafttreten des Gesundheitsfonds wie bisher an die zuständige Einzugsstelle (Krankenkasse) zu entrichten. Diese leiten die Krankenversicherungsbeiträge an das Bundesversicherungsamt weiter. Dort werden sie mit den Bundesmitteln (pauschale Steuerzuschüsse) zum Sondervermögen „Gesundheitsfonds" zusammengeführt. Das Bundesversicherungsamt ermittelt dann für jeden Versicherten einen Zuweisungsbetrag, der sich aus einer Grundpauschale sowie alters-, geschlechts- und krankheitsbezogenen Elementen zusammensetzt. Im Rahmen der Verteilung der Mittel aus dem Gesundheitsfonds an die Krankenkassen werden 80 schwerwiegende und kostenintensive chronische Krankheiten berücksichtigt.
Decken die Zuweisungen den Finanzbedarf der Krankenkasse nicht ab, so hat diese von ihren Mitgliedern einen Zusatzbeitrag zu erheben. Der Zusatzbeitrag darf,

sofern er einen monatlichen Betrag von 8 Euro übersteigt, höchstens 1 Prozent der beitragspflichtigen Einkünfte des Mitgliedes betragen. Sofern die Zuweisungen des Gesundheitsfonds zu Überschüssen bei einer Krankenkasse führen, können die Versicherten Prämien erhalten.
Arbeitnehmer, die der Versicherungspflicht in der Krankenversicherung wegen Überschreitens der Versicherungspflichtgrenze nicht mehr unterliegen, erhalten vom Arbeitgeber einen Beitragszuschuss, wenn sie sich freiwillig in der gesetzlichen oder privaten Krankenversicherung versichern. Außerdem erhalten sie einen Beitragszuschuss zur Pflegeversicherung.
Bei freiwillig Versicherten werden der Beitragsbemessung die gesamte wirtschaftliche Leistungsfähigkeit, bei hauptberuflich selbstständig Erwerbstätigen Einkünfte in Höhe der Beitragsbemessungsgrenze, bei Nachweis eines geringeren Einkommens dieses, mindestens jedoch 75 % der Bezugsgröße (>> Abschnitt 3.4.9 „Sozialversicherungsdaten 2010“), zugrunde gelegt.
Seit 1.4.2007 gilt für freiwillig versicherte Selbstständige mit noch geringerem Einkommen als beitragspflichtige Einnahme mindestens 50 % der Bezugsgröße. Dabei werden auch das Vermögen und das Einkommen von Personen, die mit dem Mitglied in einer Bedarfsgemeinschaft leben, berücksichtigt.

3.4.2.8 Leistungen der Krankenversicherung

Die wesentlichsten Leistungen der gesetzlichen Krankenversicherung sind:

> Leistungen zur Förderung der Gesundheit, zur Verhütung und zur Früherkennung von Krankheiten, wie
  - Gesundheitsuntersuchungen
  - Kinderuntersuchungen
> bei Krankheit Krankenbehandlung, insbesondere
  - ärztliche und zahnärztliche Behandlung
  - Versorgung mit Arznei-, Verband-, Heil- und Hilfsmitteln
  - häusliche Krankenpflege und Haushaltshilfe
  - Krankenhausbehandlung
  - medizinische und ergänzende Leistungen zur Rehabilitation
  - Krankengeld
> bei Schwangerschaft und Mutterschaft ärztliche Betreuung, Hebammenhilfe, stationäre Entbindung, häusliche Pflege, Haushaltshilfe, Mutterschaftsgeld
> Hilfe zur Familienplanung und Leistungen bei durch Krankheit erforderlicher Sterilisation und bei nicht rechtswidrigem Schwangerschaftsabbruch.

Diese Leistungen werden gewährt als

> Sach- und Dienstleistungen (z. B. ärztliche, zahnärztliche Behandlung, Arznei-, Heil- und Hilfsmittel, Krankenhausbehandlung)
  oder
> Barleistungen (z. B. Kranken- und Mutterschaftsgeld).

Sachleistungsprinzip

Barleistungen

Anstelle der Sach- oder Dienstleistung können Versicherte unter bestimmten Voraussetzungen auch Kostenerstattung für Leistungen wählen, die sie von einem bei der Kasse zugelassenen Leistungserbringer in Anspruch nehmen. Der Erstattungsanspruch besteht jedoch höchstens in Höhe der Vergütung, die die Kasse bei

Kostenerstattung

Erbringung als Sachleistung zu tragen hätte. Näheres regelt die Satzung der Krankenkasse. Die Gesundheitsreform sieht eine Reihe neuer Tarifmodelle vor, zum Beispiel Wahltarife für besondere Versorgungsformen oder für den Anspruch auf Krankengeld für freiwillig versicherte Selbstständige. Diese haben seit 01.08.2009 die zusätzliche Option, ihren Krankengeldanspruch wie Arbeitnehmer ab der 7. Woche der Arbeitsunfähigkeit gegen Zahlung des allgemeinen Beitragssatzes von 14,9 % abzusichern. Darüber hinaus können die Krankenkassen unter anderem folgende Wahltarife anbieten:

- Selbstbehalttarife
- Tarife zur Beitragsrückzahlung (Prämienzahlungen)
- variable Kostenerstattungstarife.

Zuzahlungen

Zu den Leistungen haben Versicherte über 18 Jahre in der Regel Zuzahlungen zu leisten, sofern nicht eine unzumutbare Belastung vorliegt (Härtefallregelung). Für Zahnersatz gibt es sogenannte befundbezogene Festzuschüsse. Einzelne Leistungen werden nur Kindern und Jugendlichen gewährt.

Krankenversichertenkarte

Für die Inanspruchnahme von Leistungen braucht der Versicherte eine Krankenversichertenkarte. Seit 2006 wird die elektronische Gesundheitskarte erprobt.
Für die betriebliche Praxis sind u. a. folgende Leistungen von Bedeutung:

- Krankengeld: Das Krankengeld wird ohne zeitliche Begrenzung, für den Fall der Arbeitsunfähigkeit wegen derselben Krankheit jedoch nur für längstens 78 Wochen innerhalb von drei Jahren, gewährt. Es ruht, wenn und solange Entgeltzahlung durch den Betrieb erfolgt. Das Krankengeld beträgt 70 v. H. des Regelentgelts (höchstens aus der Beitragsbemessungsgrenze) und darf 90 v. H. des Nettoarbeitsentgelts nicht überschreiten.
- Krankengeld bei Pflege eines Kindes unter zwölf Jahren; der Gesamtanspruch ist auf 25, für Alleinerziehende auf 50 Arbeitstage im Kalenderjahr begrenzt.

3.4.3 Soziale Pflegeversicherung

3.4.3.1 Versicherungsträger

Pflegekassen

Träger der sozialen Pflegeversicherung sind die Pflegekassen, die bei jeder gesetzlichen Krankenkasse errichtet sind. Daneben steht als gleichberechtigtes System die private Pflegeversicherung.

3.4.3.2 Versicherungspflicht

> Mitglieder der gesetzlichen Krankenversicherung gehören automatisch der sozialen Pflegeversicherung an.

Freiwillig Krankenversicherte können zwischen der sozialen Pflegeversicherung und einer privaten Pflegeversicherung mit gleichwertigen Leistungen wählen.
Personen, die bei einem privaten Krankenversicherungsunternehmen gegen Krankheit versichert sind, sind in der privaten Pflegeversicherung versicherungspflichtig (>> Abschnitt 3.4.11.4 „Versicherungszweige“).

3.4.3.3 Beiträge

> Der Beitragssatz zur sozialen Pflegeversicherung beträgt
>
> > 1,95 v.H. des Bruttoarbeitsentgelts bzw. der beitragspflichtigen Einnahmen bis zur Beitragsbemessungsgrenze

Beitragstragung

Die Beiträge werden zur Hälfte vom Arbeitnehmer und Arbeitgeber getragen (Ausnahme im Gebiet des Freistaates Sachsen: Beitragssatz des Arbeitnehmers 1,475 v. H., des Arbeitgebers 0,475 v. H.) und mit dem Gesamtsozialversicherungsbeitrag an die zuständige Krankenkasse abgeführt. Kinderlose Versicherte müssen einen um 0,25 Prozentpunkte höheren Beitragssatz selbst tragen, wenn sie über 23 Jahre alt sind.

Familienangehörige

Familienangehörige von Krankenkassenmitgliedern, die in der gesetzlichen Krankenversicherung mitversichert sind, sind auch in der sozialen Pflegeversicherung beitragsfrei mitversichert (>> Abschnitt 3.4.2.4 „Familienversicherung").

Privatversicherte

Die Prämien zur privaten Pflegeversicherung richten sich nicht nach dem Einkommen, sondern nach dem Alter des Versicherten. Der Höchstbeitrag darf allerdings – für Personen, die seit dem 1.1.1995 privat krankenversichert sind bzw. nach einer Versicherungszeit von fünf Jahren – den der sozialen Pflegeversicherung nicht übersteigen. Der Arbeitgeberzuschuss für die private Pflegeversicherung ist maximal so hoch wie bei der sozialen Pflegeversicherung.

Selbstständig Erwerbstätige

Selbstständig Erwerbstätige tragen ihre Beiträge in voller Höhe selbst.

3.4.3.4 Leistungen der sozialen Pflegeversicherung

Die Leistungen der sozialen Pflegeversicherung richten sich nach dem Grad der Pflegebedürftigkeit. Wichtige Leistungen sind:

- Leistungen bei häuslicher Pflege
  - Pflegesachleistung
  - Pflegegeld für selbst beschaffte Pflegehilfen
  - häusliche Pflege bei Verhinderung der Pflegeperson
  - Pflegehilfsmittel und technische Hilfen
- teilstationäre Pflege und Kurzzeitpflege
- vollstationäre Pflege
- Leistungen für Pflegepersonen, insbesondere
  - soziale Sicherung
  - Pflegekurse
  - arbeitsrechtliche Freistellungsansprüche, vgl. Abschnitt 3.3.8.2 Sozialer Arbeitsschutz, Pflegezeit.

3.4.4 Arbeitslosenversicherung (Arbeitsförderung)

3.4.4.1 Versicherungsträger

> Träger der Arbeitslosenversicherung (Arbeitsförderung) ist die Bundesagentur für Arbeit. Sie gliedert sich in Agenturen für Arbeit, Regionaldirektionen und die Zentrale mit Sitz in Nürnberg.

Ziele der Arbeitsförderung sind:

Ziele

- Unterstützung des Ausgleichs von Angebot und Nachfrage auf dem Ausbildungs- und Arbeitsmarkt sowie der beruflichen und regionalen Mobilität
- Förderung der individuellen Beschäftigungsfähigkeit durch Erhalt und Ausbau von Fertigkeiten, Kenntnissen und Fähigkeiten, Entgegenwirken unterwertiger Beschäftigung
- Ermöglichung der zügigen Besetzung offener Stellen.

3.4.4.2 Versicherungspflicht

Versicherungspflichtig sind insbesondere:

- Personen, die gegen Arbeitsentgelt beschäftigt sind (Arbeiter und Angestellte)
- Personen, die zur Berufsausbildung beschäftigt sind (Auszubildende)
- Personen, die Krankengeld oder Verletztengeld beziehen
- Personen, die eine Rente wegen voller Erwerbsminderung beziehen, wenn sie unmittelbar vorher versicherungspflichtig waren
- Personen, die Mutterschaftsgeld beziehen, und solche, die ein Kind erziehen, das das dritte Lebensjahr noch nicht vollendet hat, wenn diese Personen vor der Kindererziehung versicherungspflichtig waren
- Wehr- und Zivildienstleistende.

3.4.4.3 Versicherungsfreiheit

> Versicherungsfrei sind unter anderem:
>
> - Personen, die die Regelaltersgrenze der gesetzlichen Rentenversicherung erreicht haben
> - Personen, die dauernd nicht mehr verfügbar sind und eine volle Erwerbsminderungsrente beziehen
> - geringfügige Beschäftigungen (>> Abschnitt 3.4.1.4 „Beiträge – Geringfügige Beschäftigungen“).

3.4.4.4 Freiwillige Versicherung

Versicherungsberechtigte

Bestimmte Personengruppen, die nicht kraft Gesetz der Versichertengemeinschaft angehören, können sich freiwillig weiterversichern und damit ihren Versicherungsschutz aufrechterhalten. Versicherungsberechtigt sind:

> selbstständig Tätige
> Personen, die Angehörige pflegen
> Arbeitnehmer, die eine Beschäftigung im Ausland außerhalb der Europäischen Union ausüben.

3.4.4.5 Beiträge

Der Beitragssatz zur Arbeitslosenversicherung (Arbeitsförderung) beträgt bis Ende 2010 2,8 % des Bruttoarbeitsentgelts bis zur Beitragsbemessungsgrenze und soll ab Jahresbeginn 2011 auf 3,0 % steigen.

Beitragssatz

Er wird zur Hälfte von Arbeitgeber und Arbeitnehmer getragen.

3.4.4.6 Leistungen der Arbeitslosenversicherung (Arbeitsförderung)

Wichtige Leistungen der Arbeitslosenversicherung (Arbeitsförderung) sind:

> Berufsberatung und Arbeitsmarktberatung
> Ausbildungsvermittlung und Arbeitsvermittlung
> Leistungen zur
  - Unterstützung der Beratung und Vermittlung
  - Verbesserung der Eingliederungsaussichten
  - Förderung der Aufnahme einer Beschäftigung und einer selbstständigen Tätigkeit
  - Förderung der Berufsausbildung und der beruflichen Weiterbildung
  - Förderung der Teilnahme behinderter Menschen am Arbeitsleben
  - Eingliederung von Arbeitnehmern
  - Förderung der Teilnahme an Transfermaßnahmen und Arbeitsbeschaffungsmaßnahmen
> Förderung der Vorbereitung auf den nachträglichen Erwerb des Hauptschulabschlusses
> Entgeltersatzleistungen: Arbeitslosengeld bei Arbeitslosigkeit und bei beruflicher Weiterbildung, Teilarbeitslosengeld, Übergangsgeld, Kurzarbeitergeld, Saison-Kurzarbeitergeld und Insolvenzgeld.

Auf einzelne dieser Leistungen wird nachfolgend noch näher eingegangen.

Berufsberatung

Die Berufsberatung umfasst unter Berücksichtigung von Eignung, Neigung und Fähigkeiten die Erteilung von Auskunft und Rat

Berufsberatung

> zur Berufswahl, beruflichen Entwicklung und zum Berufswechsel,
> zur Lage und Entwicklung des Arbeitsmarktes und der Berufe,
> zu den Möglichkeiten der beruflichen Bildung,
> zur Ausbildungs- und Arbeitsplatzsuche,
> zu Leistungen der Arbeitsförderung.

Vermittlung

Ausbildungs- und Arbeitsvermittlung

Die Vermittlung ist darauf gerichtet, Ausbildungssuchende mit Arbeitgebern zur Begründung eines Ausbildungsverhältnisses und Arbeitsuchende mit Arbeitgebern zur Begründung eines Beschäftigungsverhältnisses zusammenzuführen. Dabei soll die Internet-Jobbörse des „Virtuellen Arbeitsmarktes" der Bundesagentur für Arbeit verstärkt genutzt werden. Zu Beginn der Vermittlung erfolgt unverzüglich eine umfassende Feststellung der Stärken und Schwächen des Ausbildungs- oder Arbeitsuchenden. Auf der Grundlage dieser Potenzialanalyse werden in einer Eingliederungsvereinbarung das Eingliederungsziel, die Eigenbemühungen des Ausbildungs- oder Arbeitssuchenden und die vorgesehenen Leistungen der aktiven Arbeitsförderung festgelegt. Die zwischen der Agentur für Arbeit und dem Ausbildungs- und Arbeitsuchenden geschlossene Eingliederungsvereinbarung ist regelmäßig zu überprüfen und anzupassen.

Eingliederungsvereinbarung

Mit der Einführung eines Vermittlungsbudgets zum 01.01.2009 soll in jeder Agentur für Arbeit den Vermittlern und Fallmanagern eine individuelle und bedarfsgerechte Unterstützung der Ausbildungs- oder Arbeitsuchenden ermöglicht werden. Aus dem Vermittlungsbudget können individuelle Hilfen, die jetzt nicht mehr im Detail gesetzlich geregelt sind, gewährt werden, so zum Beispiel Leistungen zu Bewerbungs-, Reise- oder Umzugskosten. Auch betriebliche Trainingsmaßnahmen können weiter eingesetzt werden.

Vermittlungsbudget

Arbeitslose, die Anspruch auf Arbeitslosengeld haben, erhalten auf Wunsch nach zwei Monaten Arbeitslosigkeit von der Agentur für Arbeit einen Vermittlungsgutschein, mit dem ein privater Arbeitsvermittler eingeschaltet werden kann.

Arbeitslose, die das 50. Lebensjahr vollendet haben und eine versicherungspflichtige Beschäftigung aufnehmen, haben unter bestimmte Voraussetzungen Anspruch auf Leistungen der Entgeltsicherung.

Entgeltsicherung

Förderung der Aufnahme einer selbstständigen Tätigkeit

Gründungszuschuss

Die Arbeitsagenturen können die Aufnahme einer selbstständigen Tätigkeit durch einen Gründungszuschuss unter folgenden Voraussetzungen fördern:

> Arbeitslose haben zur Sicherung ihres Lebensunterhaltes in der ersten Phase nach der Existenzgründung Anspruch auf einen Zuschuss in Höhe ihres individuellen Arbeitslosengeldes für neun Monate (Pflichtleistung).
> Zur sozialen Absicherung wird in dieser Zeit zusätzlich eine monatliche Pauschale von 300,00 Euro gezahlt, die es den Gründern ermöglicht, sich freiwillig in den gesetzlichen Sozialversicherungen abzusichern.
> In der zweiten Förderphase kann für weitere 6 Monate die Pauschale für Sozialversicherung bezahlt werden, wenn eine intensive Geschäftstätigkeit und hauptberufliche unternehmerische Aktivitäten dargelegt werden (Ermessensleistung).

Fördermaßnahmen

> Insgesamt beträgt die Förderung damit 15 Monate; spätestens dann muss der Gründer auf eigenen Füßen stehen.
> Gefördert wird nur, wer auch tatsächlich arbeitslos ist. Es muss ein Arbeitslosengeldanspruch von noch mindestens 90 Tagen bestehen.
> Grundlage für die Förderung ist die Stellungnahme einer fachkundigen Stelle (z.B. Handwerkskammer) über die Tragfähigkeit eines Gründungsvorhabens. Zusätzlich müssen die Gründer den Arbeitsagenturen ihre persönliche und fachliche Eignung darlegen, um eine Förderung zu erhalten. Hat die Agentur für Arbeit

Zweifel an der Eignung, kann sie die Teilnahme an Maßnahmen zur Vorbereitung der Existenzgründung verlangen.
> Eine erneute Förderung ist ausgeschlossen, wenn nach Beendigung einer Förderung der Aufnahme einer selbstständigen Tätigkeit noch keine 24 Monate vergangen sind.

Arbeitslosengeld – Teilarbeitslosengeld

> Anspruchsvoraussetzungen

Arbeitslosengeld bei Arbeitslosigkeit erhalten Arbeitnehmer auf Antrag, die

> arbeitslos sind,
> sich bei der Agentur für Arbeit arbeitslos gemeldet und
> die Anwartschaftszeit erfüllt haben.

Der Arbeitgeber soll den Arbeitnehmer vor der Beendigung des Arbeitsverhältnisses unter anderem auf seine Pflicht zur frühzeitigen Arbeitssuche sowie seine Meldepflichten bei der Agentur für Arbeit hinweisen.

> Arbeitslosigkeit

Beschäftigungslosigkeit

Arbeitslos ist ein Arbeitnehmer, der

> nicht in einem Beschäftigungsverhältnis steht (Beschäftigungslosigkeit),
> sich bemüht, seine Beschäftigungslosigkeit zu beenden (Eigenbemühungen),
> den Vermittlungsbemühungen der Agentur für Arbeit zur Verfügung steht (Verfügbarkeit).

Verfügbarkeit

Zumutbarkeit

Den Vermittlungsbemühungen der Agentur für Arbeit steht zur Verfügung, wer insbesondere eine versicherungspflichtige Beschäftigung von wöchentlich mindestens 15 Stunden sucht. Grundsätzlich sind einem Arbeitslosen dabei alle seiner Arbeitsfähigkeit entsprechenden Beschäftigungen zumutbar, soweit allgemeine oder personenbezogene Gründe dem nicht entgegenstehen. Zur Aufnahme einer Beschäftigung kann auch ein Umzug gefordert werden, soweit der Arbeitslose keine familiären Bindungen hat.

> Anwartschaftszeit

Die Anwartschaftszeit ist erfüllt, wenn der Arbeitslose in den letzten zwei Jahren mindestens zwölf Monate in einem Versicherungspflichtverhältnis gestanden hat.

> **Anspruchsdauer**

Die Dauer des Anspruchs auf Arbeitslosengeld richtet sich nach

> der Dauer der versicherungspflichtigen Beschäftigung **und**
> dem Lebensalter des Arbeitslosen.

Regelbezugsdauer

Die Dauer des Anspruchs auf Arbeitslosengeld beträgt:

nach Versicherungspflichtverhältnissen mit einer Dauer von insgesamt mindestens . . . Monaten	und nach Vollendung des ... Lebensjahres	... Monate
12		6
16		8
20		10
24		12
30	50.	15
36	55.	18
48	58.	24

Rahmenfrist

Versicherungspflichtverhältnisse (Beschäftigungszeiten) der letzten 5 Jahre werden berücksichtigt.

> **Höhe des Arbeitslosengeldes**

Das Arbeitslosengeld beträgt für

> Arbeitslose mit mindestens einem Kind 67 v. H.
> die übrigen Arbeitslosen 60 v. H.

des Nettoarbeitsentgelts der abgerechneten Entgeltzeiträume des letzten Jahres.

> **Sperrzeit**

Gründe

Wegen

> Arbeitsaufgabe,
> Arbeitsablehnung,
> Ablehnung einer beruflichen Eingliederungsmaßnahme,
> Abbruchs einer beruflichen Eingliederungsmaßnahme oder
> Meldeversäumnis,
> verspäteter Arbeitssuchendmeldung

können gegen den Arbeitslosen Sperrzeiten unterschiedlicher Dauer, im letztgenannten Fall von einer Woche, verhängt werden.

> **Teilarbeitslosigkeit**

Unter den gleichen Voraussetzungen, wie sie für das Arbeitslosengeld gelten, wird Teilarbeitslosengeld gewährt, wenn eine versicherungspflichtige Beschäftigung, die neben einer weiteren versicherungspflichtigen Beschäftigung ausgeübt wird, endet. Die Anspruchsdauer beträgt sechs Monate. Allerdings müssen in den letzten zwei Jahren zwölf Monate lang mindestens zwei versicherungspflichtige Beschäftigungen ausgeübt worden sein und eine weiterhin ausgeübt werden.

> **Arbeitsbescheinigung**

Bei Beendigung eines Beschäftigungsverhältnisses hat der Arbeitgeber dem Arbeitnehmer eine Arbeitsbescheinigung unter Verwendung des vorgeschriebenen Vordrucks auszuhändigen, in der insbesondere anzugeben sind:

Inhalt

- Art der Tätigkeit
- Beginn, Ende und Unterbrechungen des Beschäftigungsverhältnisses
- Grund der Beendigung des Beschäftigungsverhältnisses und
- Arbeitsentgelt und sonstige Geldleistungen.

Kurzarbeitergeld

Bei vorübergehendem und unvermeidbarem Arbeitsausfall aus wirtschaftlichen Gründen oder infolge eines unabwendbaren Ereignisses wird bis zu 24 Monate Kurzarbeitergeld gezahlt, wenn der Arbeitsausfall der Agentur für Arbeit rechtzeitig angezeigt wird. Es beträgt 67 (Arbeitnehmer mit mindestens einem Kind) bzw. 60 v. H. des ausgefallenen Nettoarbeitsentgelts. Das Kurzarbeitergeld wird bis zu 18 Monate bzw. sofern die Kurzarbeit bereits im Jahr 2009 begonnen hat, bis zu 24 Monate gewährt.

Insolvenzgeld

Lohnsicherung

> Arbeitnehmer, die bei Eröffnung des Insolvenzverfahrens über das Vermögen ihres Arbeitgebers noch Anspruch auf Arbeitsentgelt haben, erhalten Insolvenzgeld in Höhe des noch zustehenden Nettoarbeitsentgelts der vorausgehenden drei Monate.

Der Antrag muss innerhalb einer Ausschlussfrist von zwei Monaten nach dem Insolvenzereignis bei der Agentur für Arbeit gestellt werden.
Auf Antrag der Krankenkasse erstattet die Bundesagentur für Arbeit auch die für die vorausgehenden drei Monate noch ausstehenden Gesamtsozialversicherungsbeiträge.

Insolvenzgeldumlage

Die Kosten für die Insolvenzgeldleistungen tragen die Betriebe durch Zahlung einer Umlage an die Einzugsstelle (>> Abschnitt 3.4.7.4 „Beiträge“).

Förderung der ganzjährigen Beschäftigung in der Bauwirtschaft

Schlechtwetter

Branchen wie das Bauhauptgewerbe und das Dachdeckerhandwerk sind durch eine große Witterungsabhängigkeit und damit zusammenhängend durch ein hohes Risiko bei entsprechendem Arbeitsausfall gekennzeichnet. Arbeitnehmer, Arbeitgeber und Bundesagentur für Arbeit tragen dieses Schlechtwetterrisiko (Schlechtwetterzeit 1.12. bis 31.3.) gemeinsam:

Dabei haben die Arbeitnehmer folgende Ansprüche:

> auf Wintergeld in Form von
  - Mehraufwands-Wintergeld
  - Zuschuss-Wintergeld
> Saison-Kurzarbeitergeld.

Winterbeschäftigungs-Umlage

Zur Finanzierung der Förderleistungen zahlen die Betriebe aus der Bruttolohnsumme der Arbeiter eine Winterbeschäftigungs-Umlage, die für das Baugewerbe und für die übrigen Bereiche der Bauwirtschaft 2,0 v. H. beträgt (davon 0,8 % Arbeitnehmeranteil, 1,2 % Arbeitgeberanteil) und über die gemeinsame Einrichtung der Tarifpartner an die Bundesagentur für Arbeit abgeführt wird. Im Dachdeckerhandwerk beträgt der Umlagesatz 2,5 v.H. (davon 0,8 % Arbeitnehmeranteil, 1,7 % Arbeitgeberanteil).
Aus der Winterbeschäftigungs-Umlage werden folgende Leistungen ermöglicht:

> die Erstattung der Sozialversicherungsbeiträge an die Arbeitgeber
> das Zuschuss-Wintergeld, d. h. ein Zuschlag in Höhe von bis zu 2,50 EUR für jede aus Arbeitszeitguthaben eingesetzte Arbeitsstunde zur Vermeidung von Arbeitsausfällen
> das Mehraufwands-Wintergeld, d. h. ein Zuschlag von 1,00 EUR für jede zwischen Mitte Dezember und Ende Februar geleistete Arbeitsstunde, in der Summe jedoch nicht mehr als für 450 Stunden.

Saison-Kurzarbeitergeld

Saison-Kurzarbeitergeld

Das Saison-Kurzarbeitergeld wird in der Bauwirtschaft bei saisonbedingtem Arbeitsausfall in der Schlechtwetterzeit gewährt, d. h. bei Arbeitsausfall wegen Witterungsgründen oder Auftragsmangel. Es gilt darüber hinaus auch für andere Wirtschaftszweige mit saisonbedingten Arbeitsausfällen. Arbeitnehmer haben dadurch in den Wintermonaten Anspruch auf Entgeltersatz. Die Bundesagentur für Arbeit zahlt ihnen aus Beitragsmitteln 60 oder, bei mindestens einem Kind, 67 Prozent der pauschalierten Netto-Entgelteinbußen. Speziell für die Schlechtwetterzeit angesparte Arbeitszeitguthaben sind vorher abzubauen.

Kranken-, Pflege-, Rentenversicherung

Während des Bezugs von Leistungen wie insbesondere Arbeitslosengeld ist der Anspruchsberechtigte in der Kranken-, Pflege- und Rentenversicherung versichert.

Förderung von Teilzeitarbeit durch Zuschüsse bei Altersteilzeit

Vereinbart der Arbeitgeber mit einem Arbeitnehmer, der das 55. Lebensjahr vollendet hat und in den letzten fünf Jahren 1080 Kalendertage in einer versicherungspflichtigen Beschäftigung stand, spätestens ab 31.12.2009 (steuerrechtlich gilt dieser Zeitpunkt nicht) die Verkürzung der Arbeitszeit auf die Hälfte der regelmäßigen wöchentlichen Arbeitszeit, so kann er hierfür unter bestimmten Voraussetzungen Leistungen der Bundesagentur für Arbeit hinsichtlich Arbeitsentgelt und Rentenversicherungsbeitrag erhalten.
Dies gilt auch, wenn die Altersteilzeit auf Tarifvertrag oder Betriebsvereinbarung beruht.

Man unterscheidet bei der Altersteilzeit

> das Blockmodell (zunächst volle Arbeitszeit und danach vollständige Freistellung)
  und
> das Teilzeitmodell (Arbeitszeit durchgehend hälftig).

Auch Teilzeitkräfte können in Altersteilzeit gehen, wenn sie trotz verminderter Stundenzahl in der Arbeitslosenversicherung versicherungspflichtig bleiben. Bei der Wiederbesetzung als wichtigster Voraussetzung für die Zahlung der Altersteilzeitförderung an den Arbeitgeber gelten folgende Erleichterungen:

Wiederbesetzung

> Arbeitgeber mit bis zu 50 Arbeitnehmern erhalten die Förderung, wenn sie aus Anlass der Altersteilzeit eines älteren Mitarbeiters entweder
  - einen arbeitslos gemeldeten Arbeitnehmer oder einen Arbeitnehmer nach Abschluss der Ausbildung an beliebiger Stelle des Unternehmens beschäftigen oder
  - einen Auszubildenden einstellen.
> Bei den übrigen Arbeitgebern ist der Nachweis einer Umsetzungskette zwischen Altersteilzeitlern und Wiederbesetzern nicht mehr zwingend erforderlich. Stattdessen gilt eine funktionsbereichsbezogene Betrachtungsweise.

Eingliederungszuschüsse

Arbeitgeber können zur Eingliederung von Arbeitnehmern mit Vermittlungshemmnissen Zuschüsse zu den Arbeitsentgelten erhalten, wenn deren Vermittlung wegen Umständen gefährdet ist, die in ihrer Person liegen. Derartige Leistungen kann es geben

> bei Vermittlungshemmnissen,
> für besonders betroffene schwerbehinderte Menschen und für Ältere,
> für unter 25-Jährige ohne Berufsabschluss oder mit erheblichen Vermittlungshemmnissen, die seit mindestens sechs Monaten arbeitslos gemeldet sind,
> für unter 25-Jährige mit Berufsabschluss, die seit mindestens sechs Monaten arbeitslos waren,
> als Ausbildungsbonus, wenn Arbeitgeber einen besonders förderungsbedürftigen Jugendlichen ohne Schulabschluss, mit einem Sonderschul- oder einem Hauptschulabschluss, der sich bereits für das Vorjahr oder früher vergeblich um eine Lehrstelle bemüht hat, zusätzlich betrieblich ausbilden,
> für ältere Arbeitslose ab dem 50. Lebensjahr unter bestimmten Voraussetzungen in Form eines Eingliederungsgutscheins. Dieser enthält ein Arbeitsangebot oder den Auftrag, sich um dessen Einlösung zu bemühen, und verpflichtet die Agentur für Arbeit im Fall der Beschäftigungsaufnahme zur Leistung eines Einstellungszuschusses an den Arbeitgeber.

3.4.5 Grundsicherung für Arbeitsuchende

Für Arbeitsuchende gibt es besondere Regelungen zur Grundsicherung. Damit soll die Eigenverantwortung von erwerbsfähigen Hilfsbedürftigen und Personen, die mit ihnen in einer Bedarfsgemeinschaft leben, gestärkt und dazu beigetragen werden, dass sie ihren Lebensunterhalt unabhängig von der Grundsicherung aus eigenen Mitteln und Kräften bestreiten können. Die Grundsicherung für Arbeitsu-

Hilfebedürftigkeit

chende umfasst Leistungen zur Beendigung oder Verringerung der Hilfebedürftigkeit insbesondere durch Eingliederung in Arbeit und durch Sicherung des Lebensunterhalts.

3.4.5.1 Anspruchsvoraussetzungen

Anspruchsberechtigt sind alle erwerbsfähigen Hilfebedürftigen von der Vollendung des 15. Lebensjahres bis zum Erreichen der Regelaltersgrenze der gesetzlichen Rentenversicherung sowie die mit ihnen in einer Bedarfsgemeinschaft lebenden Angehörigen.

Erwerbsfähigkeit

Erwerbsfähig ist, wer nicht wegen Krankheit oder Behinderung gegenwärtig oder auf absehbare Zeit außerstande ist, unter den üblichen Bedingungen des allgemeinen Arbeitsmarktes mindestens drei Stunden täglich erwerbstätig zu sein.

Zumutbarkeit

Dabei ist jede Arbeit zumutbar, zu der der Betroffene geistig, seelisch und körperlich in der Lage ist. Ausgenommen sind Sonderfälle wie die Erziehung eines Kindes unter drei Jahren oder die Pflege eines Angehörigen. Auch Mini-Jobs müssen angenommen werden. Bei Ablehnung einer zumutbaren Erwerbstätigkeit oder Eingliederungsmaßnahme werden die Leistungen gekürzt. Bei wiederholten Pflichtverletzungen erfolgt eine weitere Kürzung oder eine Streichung der Leistungen. Erwerbsfähige Hilfebedürftige werden von einem Fallmanager der Agentur für Arbeit betreut, der mit ihnen für jeweils sechs Monate eine Eingliederungsvereinbarung abschließt.

Hilfebedürftigkeit

Hilfebedürftig ist, wer seinen Lebensunterhalt, seine Eingliederung in Arbeit und den Lebensunterhalt der mit ihm in einer Bedarfsgemeinschaft lebenden Personen nicht oder nicht ausreichend aus eigenen Kräften und Mitteln sichern kann.

Bedarfsgemeinschaft

Bedarfs-
gemeinschaft

Zur Bedarfsgemeinschaft gehören

- die erwerbsfähigen Hilfebedürftigen,
- die im Haushalt lebenden Eltern oder der im Haushalt lebende Elternteil eines unverheirateten erwerbsfähigen Kindes bis zum 25. Lebensjahr,
- der nicht dauernd getrennt lebende Ehegatte oder Lebenspartner,
- die Person, die mit dem erwerbsfähigen Hilfebedürftigen in eheähnlicher Gemeinschaft lebt,
- die dem Haushalt angehörenden unverheirateten Kinder des erwerbsfähigen Hilfebedürftigen oder seines Partners bis zum 25. Lebensjahr, soweit sie nicht aus eigenem Einkommen oder Vermögen die Leistungen zur Sicherung des Lebensunterhalts beschaffen können.

3.4.5.2 Leistungen zur Sicherung des Lebensunterhalts

Arbeitslosengeld II und Sozialgeld

Erwerbsfähige Hilfebedürftige erhalten Arbeitslosengeld II. Personen, die nicht erwerbsfähig sind und in einer Bedarfsgemeinschaft mit einem Erwerbsfähigen leben, können Sozialgeld erhalten. Die Leistungen entsprechen vom Grundsatz her denen des Arbeitslosengeldes II. Nichterwerbsfähige, die keiner Bedarfsgemeinschaft mit einem Erwerbsfähigen angehören, können Sozialhilfe beantragen.

Leistungshöhe

Hilfebedürftige erhalten eine Regelleistung, die den Lebensunterhalt sichert. Darüber hinaus werden die angemessenen Kosten für Miete und Heizung übernommen. Beim Übergang von Arbeitslosengeld in die Grundsicherung für Arbeitsuchende innerhalb von zwei Jahren wird ferner ein auf diese zwei Jahre befristeter monatlicher Zuschlag gezahlt. Die Ermittlung der Regelleistung muss allerdings bis 31.12.2010 neu geregelt werden.

Bedürftigkeitsprüfung

Der Leistungsgewährung geht eine Bedürftigkeitsprüfung voraus. Vermögen und Einkommen werden dabei unter Berücksichtigung bestimmter Freibeträge angerechnet. Um finanzielle Anreize für die Aufnahme oder Aufrechterhaltung einer Erwerbstätigkeit zu schaffen, wurden die Hinzuverdienstmöglichkeiten gegenüber der früheren Sozialhilfepraxis verbessert.

Freibeträge

Soziale Sicherung

Erwerbsfähige Hilfebedürftige werden in der gesetzlichen Krankenversicherung und in der sozialen Pflegeversicherung pflichtversichert (es sei denn, dass im Rahmen einer Familienversicherung Versicherungsschutz besteht); in der gesetzlichen Rentenversicherung werden sie auf der Basis pauschalisierter Beiträge pflichtversichert.

3.4.5.3 Zuständigkeit

Meistens arbeiten Arbeitsagenturen und Kommunen in sogenannten Arbeitsgemeinschaften zusammen. Sie teilen sich die Aufgaben folgendermaßen:

> Bundesagentur für Arbeit mit der Zuständigkeit u. a. für
  - alle arbeitsmarktlichen Eingliederungsleistungen
  - Arbeitslosengeld II, Sozialgeld
  - die Sozialversicherung

> kommunale Träger mit der Zuständigkeit u. a. für
  - Leistungen für Unterkunft und Heizung
  - Kinderbetreuungsleistungen.

Kommunen

Diese Regelung muss allerdings nach einem Urteil des Bundesverfassungsgerichts bis spätestens 31.12.2010 geändert werden. Neben den Arbeitsgemeinschaften führen 69 zugelassene kommunale Träger (sogenannte Optionskommunen) die Leistungen der Grundsicherung für Arbeitsuchende als alleinige Stellen durch. Geplant ist, die gemeinsame Aufgabenwahrnehmung durch die Arbeitsagenturen und Kommunen (in sog. Jobcentern) ab 2011 im Grundgesetz zu regeln und die Zahl der Optionskommunen zu erhöhen.

3.4.6 Rentenversicherung

3.4.6.1 Versicherungsträger

Seit Jahresbeginn 2005 wird nicht mehr nach Arbeitern und Angestellten unterschieden. Die bisherigen Versicherungsträger wurden am 1.10.2005 zur Deutschen Rentenversicherung mit folgender Struktur zusammengefasst:

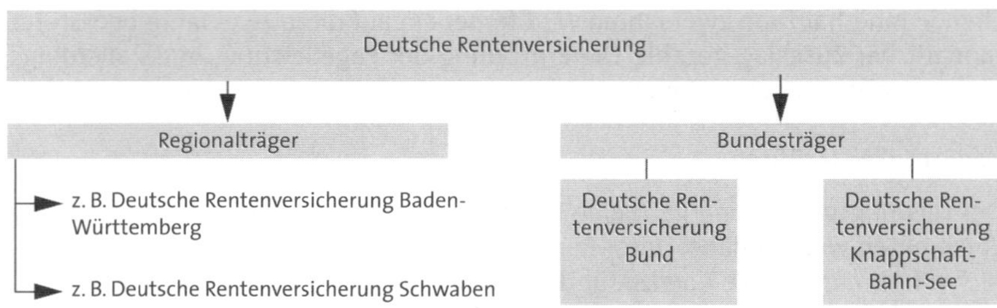

Für die Versicherten hat dies zur Folge:

- Versicherte, die vor dem 1. Januar 2005 eine Versicherungsnummer erhalten haben, bleiben grundsätzlich bei ihrem bis dahin zuständigen Träger versichert.
- Für Versicherte, die seit 1. Januar 2005 ihre Versicherungsnummer erhalten, erfolgt die Zuordnung nach dieser Versicherungsnummer.
- 45 % dieser Versicherten sollen den Bundesträgern und 55 % den Regionalträgern zugeordnet werden. Bei der Zuweisung auf die Regionalträger kommt es vor allem auf den Wohnort des Versicherten an.

3.4.6.2 Gesetzliche Versicherungspflicht

Personenkreis

Versicherungspflichtig kraft Gesetzes sind:

Versicherungspflichtige

- gegen Entgelt Beschäftigte
- zu ihrer Berufsausbildung Beschäftigte
- Wehr- und Zivildienstleistende
- Bezieher von Lohnersatzleistungen
- bestimmte selbstständige Handwerker (>> Abschnitt 3.4.8 „Altersversorgung der selbstständigen Handwerker [Handwerkerversicherung]")
- Personen, die ein Kind bis zur Vollendung des 3. Lebensjahres erziehen
- arbeitnehmerähnliche Selbstständige.

Beiträge

> Der Beitragssatz zur Rentenversicherung beträgt derzeit 19,9 v. H. des Arbeitsentgelts bzw. Arbeitseinkommens (bis zur Beitragsbemessungsgrenze). Der Beitrag wird zur Hälfte von Arbeitgeber und Arbeitnehmer getragen.

Versicherungsfreiheit

Versicherungsfrei sind unter anderem Personen, die

> nur eine geringfügige Beschäftigung oder Tätigkeit ausüben und die Voraussetzungen für die Versicherungsfreiheit erfüllen (>> Abschnitt 3.4.1.4 „Beiträge – Geringfügige Beschäftigungen"),
> eine Vollrente wegen Alters beziehen.

3.4.6.3 Versicherungspflicht auf Antrag

Personenkreis

Selbstständig Erwerbstätige

> Selbstständig Erwerbstätige können auf Antrag von der Versicherungspflicht Gebrauch machen, sofern sie nicht bereits nach anderen Vorschriften versicherungspflichtig sind (>> Abschnitt 3.4.8 „Altersversorgung der selbstständigen Handwerker [Handwerkerversicherung]").

> **Antragsfrist:**
innerhalb von fünf Jahren nach Aufnahme der selbstständigen Tätigkeit oder am Ende einer Versicherungspflicht
> **Zuständigkeit:**
der Rentenversicherungsträger, zu dem zuletzt Beiträge geleistet worden sind, bzw. der mit der Versicherungsnummer zugewiesene Träger
> **Beginn der Versicherungspflicht:**
ab Antragstellung (Tag, der dem Eingang des Antrages folgt), frühestens jedoch mit Aufnahme der selbstständigen Tätigkeit
> **Ende der Versicherungspflicht:**
mit Ablauf des Tages, an dem die selbstständige Tätigkeit aufgegeben wird, spätestens jedoch mit dem Bezug der Vollrente wegen Alters.

Beiträge

> Selbstständig Erwerbstätige tragen ihre Pflichtbeiträge selbst.

Hinsichtlich Höhe und Zahlung der Beiträge gelten die gleichen Grundsätze wie für die Pflichtbeiträge zur Handwerkerversicherung (>> Abschnitt 3.4.8 „Altersversorgung der selbstständigen Handwerker [Handwerkerversicherung]").
Die Versicherungspflicht auf Antrag kann Vorteile bieten, wie z. B. Sicherung des Anspruchs auf Rente wegen Erwerbsminderung.

3.4.6.4 Freiwillige Versicherung

Personenkreis

Versicherungsberechtigte

Zur freiwilligen Versicherung berechtigt sind Personen,

> die das 16. Lebensjahr vollendet haben
und

> nicht oder nicht mehr der Rentenversicherungspflicht unterliegen.

Versicherungszweig

Zuständiger Versicherungsträger ist der Rentenversicherungsträger, zu dem zuletzt Beiträge geleistet worden sind, bzw. der mit der Versicherungsnummer zugewiesene Träger.

Meldepflicht

Der Beginn der Entrichtung von freiwilligen Beiträgen ist beim zuständigen Rentenversicherungsträger anzumelden.

Beiträge

Freiwillig Versicherte tragen ihre Beiträge selbst.

Wirksame Beitragsentrichtung

Freiwillige Beiträge sind wirksam geleistet, wenn sie bis zum 31.3. des Jahres, das dem Jahr folgt, für das sie gelten sollen, gezahlt werden.
Jährlich können bis zu zwölf Monatsbeiträge entrichtet werden, und zwar ohne Rücksicht auf das Einkommen. Möglich ist dabei jeder beliebige EUR-Betrag zwischen dem jeweils geltenden Mindest- und Höchstbeitrag. (>> Abschnitt 3.4.9 „Sozialversicherungsdaten 2010“)
Freiwillig Versicherte erhalten vom Rentenversicherungsträger spätestens bis zum 28.2. eines Jahres eine Beitragsbescheinigung.

3.4.6.5 Versicherungsnachweis, Renteninformation und Rentenauskunft

Versicherungskonto

Der Versicherungsträger führt für jeden Versicherten unter dessen Versicherungsnummer ein Versicherungskonto, auf dem sämtliche Daten gespeichert werden, die für die Durchführung der Versicherung erforderlich sind.

Versicherungsnachweis

Bis zum 15. April bekommt jeder Arbeitnehmer von seinem Arbeitgeber die sogenannte Jahresmeldung. Sie ist der Versicherungsnachweis (>> Abschnitt 3.4.1.5 „Meldevorschriften“).
Versicherte, die das 27. Lebensjahr vollendet haben, erhalten jährlich eine schriftliche Renteninformation (insbesondere über die aktuellen Rentenansprüche und eine Hochrechnung der künftigen Altersrente). Nach Vollendung des 54. Lebensjahres wird diese alle drei Jahre durch eine Rentenauskunft (mit zusätzlicher Angabe der gespeicherten rentenrechtlichen Zeiten und Darstellung der Ermittlung der persönlichen Entgeltpunkte mit der Angabe ihres derzeitigen Wertes) ersetzt.

3.4.6.6 Leistungen der Rentenversicherung

Rehabilitation

Maßnahmen zur Erhaltung der Erwerbsfähigkeit und Wiedereingliederung in das Erwerbsleben (Grundsatz: Reha geht vor Rente):

> medizinische und berufsfördernde Leistungen
> berufliche Ausbildung und Umschulung
> Zuschüsse an Arbeitgeber

> Übergangsgeld während der Rehabilitationsmaßnahmen, sofern ein Anspruch auf Entgeltfortzahlung nicht besteht.

Rente wegen Alters

> **Regelaltersrente**
- ab Vollendung des 65. Lebensjahres (für Versicherte, die vor dem 1. Januar 1947 geboren sind) 65. Lebensjahr
- für Versicherte, die danach geboren sind, wird das Renteneintrittsalter ab dem Jahr 2012 bis 2029 stufenweise von 65 Jahren auf 67 Jahre angehoben.
- Geburtsjahrgänge ab 1964 und jünger erhalten die Regelaltersrente dann nur noch, wenn sie das 67. Lebensjahr vollendet haben.
- Mindestversicherungszeit (allgemeine Wartezeit) 5 Jahre
- ohne Beschränkung von Erwerbstätigkeit und Einkommen
- Vertrauensschutzregelung: Versicherte, die vor dem 1. Januar 1955 geboren sind und vor dem 1. Januar 2007 Altersteilzeitarbeit verbindlich vereinbart haben, können die Regelaltersrente weiterhin nach Vollendung des 65. Lebensjahres beziehen.

> **Altersrente für langjährig Versicherte**
- ab Vollendung des 65. Lebensjahres (wenn der Versicherte vor 1949 geboren ist)
- Mindestversicherungszeit (Wartezeit) 35 Jahre

Für Jahrgänge ab 1949 wird die Altersgrenze ebenfalls schrittweise vom 65. auf das 67. Lebensjahr angehoben. Die vorzeitige Inanspruchnahme ist weiterhin nach Vollendung des 63. Lebensjahres mit Rentenabschlägen möglich.

Vertrauensschutzregelung: Für Versicherte, die vor dem 1. Januar 1955 geboren sind und vor dem 1. Januar 2007 Altersteilzeitarbeit verbindlich vereinbart haben, wird die Altersgrenze von 65 Jahren nicht angehoben. Sie haben Anspruch auf die abschlagsfreie Altersrente für langjährig Versicherte nach Vollendung des 65. Lebensjahres. Für diesen Personenkreis bleibt es auch bei der Regelung, die frühestmögliche Inanspruchnahme dieser Altersrente vom Geburtsjahrgang 1948 an stufenweise vom 63. auf das 62. Lebensjahr abzusenken.

> **Altersrente für besonders langjährig Versicherte**

Mit der Anhebung der Regelaltersgrenze auf das 67. Lebensjahr wird ab 2012 eine neue Rentenart, die Altersrente für besonders langjährig Versicherte, eingeführt: Wer 65 Jahre alt ist und eine Wartezeit von 45 Jahren erfüllt hat, kann ohne Abschläge in Rente gehen.

> **Altersrente für Schwerbehinderte**
- ab Vollendung des 63. Lebensjahres 63. Lebensjahr
- Grad der Behinderung von mindestens 50 %, Berufs- oder Erwerbsunfähigkeit nach dem am 31.12.2000 geltenden Recht
- Mindestversicherungszeit (Wartezeit) 35 Jahre

Für Versicherte, die nach dem 31. Dezember 1951 geboren sind, wird die Altersgrenze für eine abschlagsfreie Rente stufenweise von heute 63 Jahren auf 65 Jahre angehoben. Gleichzeitig steigt die Altersgrenze für eine vorzeitige Inanspruchnahme von 60 Jahren auf 62 Jahre.

Vertrauensschutzregelung: Versicherte, die vor dem 17.11.1950 geboren sind und am 16.11.2000 schwerbehindert oder berufs- oder erwerbsunfähig nach dem am 31.12.2000 geltenden Recht waren, sind von der Anhebung der Altersgrenze für schwerbehinderte Menschen nicht betroffen. Sie können die Altersrente für schwerbehinderte Menschen wie bisher nach Vollendung des 60. Lebensjahres ohne Rentenabschläge beanspruchen. Versicherte, die vor dem 1. Januar 1955 geboren sind, am 1. Januar 2007 schwerbehindert waren und vor dem 1. Januar 2007 verbindlich Altersteilzeit vereinbart haben, haben weiterhin Anspruch auf eine abschlagsfreie Altersrente, wenn sie das 63. Lebensjahr vollendet haben. Für sie ist eine vorzeitige Inanspruchnahme auch weiterhin nach Vollendung des 60. Lebensjahres mit Abschlag möglich.

> **Altersrente wegen Arbeitslosigkeit oder nach Altersteilzeitarbeit**

Arbeitslosigkeit

- für vor 1952 geborene Versicherte
- ab Vollendung des 60. Lebensjahres, wenn
- entweder in den letzten $1^1/_2$ Jahren für 52 Wochen Arbeitslosigkeit bestand oder 24 Monate Altersteilzeitarbeit im Sinne des Altersteilzeitgesetzes geleistet wurde
  und
- in den letzten zehn Jahren acht Jahre Pflichtbeitragszeiten bei mindestens 15 Jahren Mindestversicherungszeit (Wartezeit) nachgewiesen sind.

Die Altersgrenze wurde auf das 65. Lebensjahr angehoben. Seit dem Jahr 2006 wird für Versicherte der Geburtsjahrgänge 1946 bis 1951 die Altersgrenze für die vorzeitige Inanspruchnahme in Monatsschritten auf das 63. Lebensjahr angehoben. Die Inanspruchnahme vor Vollendung des 65. Lebensjahres ist mit Rentenabschlägen möglich. Für die Geburtsjahrgänge 1952 und jünger gibt es diese Altersrenten nicht mehr. Die Altersgrenze bei der Altersrente wegen Arbeitslosigkeit und wegen Altersteilzeit verbleibt – auch nach der Anhebung der Altersgrenze von 65 Jahren auf 67 Jahre bei der Regelaltersrente – bei 65 Jahren.

> **Altersrente für Frauen**

Frauen

- für vor 1952 geborene Versicherte
- ab Vollendung des 60. Lebensjahres,
- Mindestversicherungszeit (Wartezeit) 15 Jahre
- nach dem 40. Lebensjahr mehr als zehn Pflichtbeitragsjahre.

Bis Ende 2004 wurde diese Altersrente in Monatsschritten auf 65 Jahre angehoben. Die vorzeitige Inanspruchnahme bleibt mit Abschlägen möglich.

> **Vollrente – Teilrente**

Vollrente

- Eine Rente wegen Alters kann in voller Höhe (Vollrente) oder als Teilrente in Anspruch genommen werden. Neben dem Bezug der Vollrente ist bis zum 65. Lebensjahr ein Hinzuverdienst nur bis zur Geringfügigkeitsgrenze (>> Abschnitt 3.4.9 „Sozialversicherungsdaten 2010“) zulässig.
- Beschäftigte mit Anspruch auf eine Altersrente können mit Zustimmung des Arbeitgebers ihre Tätigkeit stufenweise zurückfahren und das verringerte Einkommen durch eine Teilrente von einem Drittel, der Hälfte oder zwei Dritteln der Vollrente ausgleichen.

Rente wegen verminderter Erwerbsfähigkeit

Wartezeit

Neben der Erfüllung der allgemeinen Wartezeit müssen in den letzten fünf Kalenderjahren vor Eintritt des Versicherungsfalles mindestens für 36 Monate Pflichtbeiträge entrichtet sein. In bestimmten Fällen genügt eine seit 1.1.1984 ununterbrochene Versicherung. Bei einem Arbeitsunfall gilt diese Wartezeit als erfüllt, wenn bereits ein Pflichtbeitrag gezahlt ist.

> Volle Erwerbsminderungsrente

Diese erhält derjenige, der weniger als drei Stunden pro Tag auf dem allgemeinen Arbeitsmarkt tätig sein kann.

> Halbe Erwerbsminderungsrente

Sie erhält, wer zwischen drei und weniger als sechs Stunden pro Tag auf dem allgemeinen Arbeitsmarkt tätig sein kann.

Versicherte, die noch mindestens drei, aber nicht mehr sechs Stunden täglich arbeiten können, aber keinen Arbeitsplatz finden, erhalten ebenfalls eine volle Erwerbsminderungsrente (arbeitsmarktbedingte Erwerbsminderungsrente). Renten wegen verminderter Erwerbsfähigkeit werden in der Regel als Zeitrenten, also befristet, gewährt.

Abhängig vom erzielten Hinzuverdienst wird die Rente wegen verminderter Erwerbsfähigkeit in unterschiedlicher Höhe gewährt; und zwar die halbe Erwerbsminderungsrente voll oder zur Hälfte und die volle Erwerbsminderungsrente voll, zu drei Vierteln, zur Hälfte oder zu einem Viertel.

Voll- oder Teilrente

Versicherte, die vor dem 2.1.1961 geboren sind, haben weiterhin einen Anspruch auf Teilrente wegen Berufsunfähigkeit nach den bis Jahresende 2000 geltenden Regelungen. Sie erhalten eine halbe Erwerbsminderungsrente auch dann, wenn sie in ihrem bisherigen oder in einem zumutbaren anderen Beruf nicht mehr sechs Stunden täglich arbeiten können.

Für Versicherte, die am 31.12.2000 bereits eine Rente wegen verminderter Erwerbsfähigkeit bezogen haben, wird das alte Recht beibehalten.

Rente wegen Todes

> **Witwen- und Witwerrente**

- Nach dem Tode des Ehegatten erhält der Hinterbliebene eine Witwen-/Witwerrente.

Hinterbliebenenrente

- Die allgemeine Wartezeit von fünf Jahren (unter Anrechnung von Beitrags- und Ersatzzeiten) muss erfüllt sein. Unter bestimmten Voraussetzungen – zum Beispiel bei einem Arbeitsunfall – kann die Wartezeit auch vorzeitig erfüllt sein.
- In den ersten drei Monaten wird unabhängig vom Einkommen des Hinterbliebenen die volle Rente des Verstorbenen ausgezahlt.
- Sie beträgt 60 % der vollen Rente des/der Verstorbenen als große Witwen-/Witwerrente, wenn der/die Anspruchsberechtigte
  - mindestens 45 Jahre alt (zwischen 2012 und 2029 schrittweise Anhebung auf das 47. Lebensjahr) oder
  - berufs- bzw. erwerbsunfähig/nach dem 1.1.2001: erwerbsgemindert ist oder
  - ein eigenes Kind bzw. ein Kind des verstorbenen Versicherten unter 18 Jahren erzieht oder
  - für ein eigenes oder ein Kind des verstorbenen Versicherten in häuslicher Gemeinschaft sorgt, das wegen körperlicher, geistiger oder seelischer Behinderung sich nicht selbst unterhalten kann.

Große Witwen-/Witwerrente

- Für Ehepaare, die nach dem 31.12.2001 geheiratet haben oder bei denen beide Partner nach dem 1.1.1962 geboren sind, beträgt die große Witwen-/Witwerrente nur noch 55 % der Rente des verstorbenen Ehepartners. Hinterbliebene, die Kinder erzogen haben, erhalten zusätzlich einen dynamisierten Zuschlag an Entgeltpunkten.
- Sind die Voraussetzungen für die große Witwen-/Witwerrente nicht gegeben, besteht Anspruch auf die kleine Rente in Höhe von 25 % der vollen Rente des/der Verstorbenen. Für Ehepaare, die nach dem 31.12.2001 geheiratet haben oder bei denen beide Partner nach dem 1.1.1962 geboren sind, ist diese auf zwei Jahre befristet.

Kleine Witwen-/Witwerrente

- Eigenes Erwerbseinkommen, das einen festgelegten, dynamischen Freibetrag übersteigt, wird zu 40 Prozent angerechnet.

Einkommensanrechnung

- Bei Ehepaaren, die nach dem 31.12.2001 geheiratet haben oder bei denen beide Partner nach dem 1.1.1962 geboren sind, werden grundsätzlich alle Einkünfte zu 40 % angerechnet, soweit sie einen dynamisch steigenden Freibetrag übersteigen. Ausgenommen von der Anrechnung sind die meisten steuerfreien Einnahmen und Leistungen aus der ab 2002 geförderten privaten oder betrieblichen Altersvorsorge.

Abfindung

- Bei Wiederverheiratung erfolgt eine Abfindung.
- Ein Anspruch auf Witwen-/Witwerrente ist für Ehepaare, die nach dem 31.12.2001 geheiratet haben oder bei denen beide Partner nach dem 1.1.1962 geboren sind, ausgeschlossen, wenn die Ehe nicht mindestens ein Jahr angedauert hat, es sei denn, der alleinige oder überwiegende Zweck der Heirat war es nicht, eine Hinterbliebenenrente zu erhalten.

> **Witwen- und Witwerrente an geschiedene Ehegatten – Versorgungsausgleich**

- An geschiedene Ehegatten wird eine Witwen-/Witwerrente gezahlt, wenn die Ehe vor dem 1.7.1977 geschieden worden ist, nicht wieder geheiratet wurde und Unterhaltsanspruch besteht.

Versorgungsausgleich

- Bei Ehescheidungen nach dem 30.6.1977 tritt an die Stelle der Geschiedenen-Witwen- und -Witwerrente ein Versorgungsausgleich.

> **Erziehungsrente**

- Eine Erziehungsrente, die allerdings eine Rente aus eigener Versicherung ist und nicht mit den rentenrechtlichen Zeiten des verstorbenen Ehegatten zusammenhängt, erhalten Hinterbliebene längstens bis zur Vollendung des 65. Lebensjahres, wenn
  - die Ehe nach dem 30.6.1977 geschieden wurde,
  - der geschiedene Ehegatte gestorben ist,
  - ein eigenes oder ein Kind des Verstorbenen unter 18 Jahren erzogen wird,
  - nicht wieder geheiratet wurde,
  - die allgemeine Wartezeit von fünf Jahren bis zum Tode des geschiedenen Ehegatten erfüllt wurde.

> **Rentensplitting unter Ehegatten**

- Ehepartner, deren Ehe nach dem 31.12.2001 geschlossen wurde, und Ehepartner, deren Ehe am 31.12.2001 schon bestand, die aber beide nach dem 1.1.1962 geboren sind, können künftig unter bestimmten Voraussetzungen zwischen Hinterbliebenenrente und Rentensplitting wählen.

> **Waisenrente**

Rente an Waisen

- Sie wird gewährt
  - nach dem Tod eines Versicherten
  - bei Vorliegen der versicherungsrechtlichen Voraussetzungen (Wartezeit)
  - an Kinder grundsätzlich bis zum 18., längstens bis zum 27. Lebensjahr, wenn sich die Waise noch in der Schul- oder Berufsausbildung befindet; ab dem vollendeten 18. Lebensjahr wird auf die Waisenrente eigenes Erwerbseinkommen, das einen festgelegten dynamischen Betrag übersteigt, zu 40 % angerechnet.

Krankenversicherung der Rentner

Versicherungspflicht

> Bezieher von Renten aus der gesetzlichen Rentenversicherung sind unter bestimmten Voraussetzungen in der gesetzlichen Krankenversicherung pflichtversichert oder zur freiwilligen Versicherung berechtigt (>> Abschnitt 3.4.2.3 „Versicherungspflicht“ und 3.4.2.6 „Freiwillige Versicherung“).

- Eine Befreiung von der Versicherungspflicht in der Rentnerkrankenversicherung ist unter bestimmten Voraussetzungen auf Antrag möglich. Befreiung
- Rentner, die in der gesetzlichen Krankenversicherung freiwillig oder in der privaten Krankenversicherung versichert sind, erhalten auf Antrag vom Rentenversicherungsträger einen Beitragszuschuss zur Krankenversicherung. Beitragszuschuss

Wartezeit und Leistungsantrag für Anspruch auf Rente

> Wartezeit

Rentenleistungen werden nur gewährt, wenn die Wartezeit erfüllt ist.

Wartezeitregelung und anrechnungsfähige Versicherungszeiten	
60 Versicherungsmonate Beitragszeiten + Ersatzzeiten + Kindererziehungszeiten	– Rente wegen verminderter Erwerbsfähigkeit – Regelaltersrente ab dem 65. Lebensjahr – Witwen-/Witwerrente – Geschiedenen-, Witwen-, Witwerrente – Erziehungsrente – Waisenrente
180 Versicherungsmonate Beitragszeiten + Ersatzzeiten + Kindererziehungszeiten	Altersrente ab dem 60. Lebensjahr – wegen Arbeitslosigkeit oder Altersteilzeitarbeit (ab 1.1.2009 ab dem 63. Lebensjahr) – für Frauen
420 Versicherungsmonate Beitragszeiten + Ersatzzeiten + Kindererziehungszeiten + Anrechnungszeiten + Berücksichtigungszeiten	Altersrente – für langjährig Versicherte – für Schwerbehinderte
540 Versicherungsmonate Pflichtbeiträge (ohne Arbeitslosenbeiträge und Berücksichtigungszeiten)	Altersrente – für besonders langjährig Versicherte (ab 2012)

Bei Arbeitsunfall oder Wehr- bzw. Zivildienstbeschädigung genügt bei Pflichtversicherten der Nachweis eines einzigen Beitrages.

> Leistungsantrag

Rentenleistungen werden nur auf Antrag gewährt. Antrag
Wird der Antrag später als drei Monate – bei Renten wegen Todes später als zwölf Monate – nach Ablauf des Monats gestellt, in dem die Antragsvoraussetzungen erfüllt sind, beginnt die Rente erst ab Antragsmonat.

Rentenberechnung

Unterhaltsfunktion

Die Rente dient der Sicherung des Lebensunterhalts des Versicherten und seiner Hinterbliebenen bei Eintritt des Versicherungsfalles.

> Höhe der Rente

> Die Höhe der Rente bestimmt sich nach dem individuellen Versicherungsverlauf.

Maßgebend sind hierfür insbesondere

Beitragsleistung

- die Höhe der während des Erwerbslebens versicherten Arbeitsentgelte oder Arbeitseinkommen
  bzw.
- die Höhe und Anzahl der geleisteten Beiträge.

Rentendynamik

Die Rente ist dynamisch; sie wird zum 1.7. eines jeden Jahres angepasst entsprechend der Veränderung der Bruttolohn- und Gehaltssumme je durchschnittlich beschäftigtem Arbeitnehmer, korrigiert um die Belastungsveränderungen bei den Rentenversicherungsbeiträgen sowie beim Aufwand für die staatlich geförderte zusätzliche Altersvorsorge. Man nennt dies modifizierte Bruttoanpassung (für 2008 und 2009 wurde eine Sonderregelung vereinbart). Mit dem Jahr 2005 wurde zudem ein sogenannter Nachhaltigkeitsfaktor eingefügt, der die zahlenmäßige Entwicklung des Verhältnisses von Beitragszahlern zu Rentnern berücksichtigt. Rentenkürzungen sollen allerdings derzeit nicht vorgenommen werden.

> Rentenformel

Rentenfaktoren

Maßgebende Faktoren für die Rentenberechnung sind:

- die Entgeltpunkte; sie werden durch die Höhe des versicherten Arbeitsentgelts (bzw. Arbeitseinkommens) eines Kalenderjahres bestimmt. Dabei werden neben den Beitragszeiten auch Kindererziehungszeiten, Anrechnungszeiten, Zurechnungszeiten und Berücksichtigungszeiten erfasst.
- der Zugangsfaktor, der in der Regel 1,0 beträgt und sich nur bei vorzeitiger Inanspruchnahme verringert bzw. bei Inanspruchnahme der Rente (bis 31.12.2011) nach dem 65. Lebensjahr erhöht.
- der Rentenartfaktor; er beträgt z. B. für die Alters- und die volle Erwerbsminderungsrente 1,0 und für die Rente wegen teilweiser Erwerbsminderung 0,5.
- der aktuelle Rentenwert; dies ist ein monatlicher EUR-Betrag, der jährlich durch Verordnung festgelegt und für jeden erreichten persönlichen Entgeltpunkt gewährt wird (>> Abschnitt 3.4.9 „Sozialversicherungsdaten 2010“).

Rentenformel

Entgeltpunkte x Zugangsfaktor x Rentenartfaktor x aktueller Rentenwert

(Entgeltpunkte x Zugangsfaktor) → persönliche Entgeltpunkte

= Monatsrente

Hat der Versicherte 45 Jahre lang durchschnittlich verdient bzw. Beiträge entrichtet, die dem Durchschnittsentgelt aller Versicherten entsprechen, errechnet sich eine monatliche Altersrente (sog. Standardrente) von

Berechnungsbeispiel für Altersrente

45 persönliche Entgeltpunkte
×
27,20 EUR aktueller Rentenwert (West) ab 1.7.2009
= 1.224,00 EUR
×
24,13 EUR aktueller Rentenwert (Ost) ab 1.7.2009
= 1.085,85 EUR

Bedarfsorientierte Grundsicherung

Steuerfinanzierte Grundsicherung

Seit 2002 gibt es eine steuerfinanzierte Grundsicherung für über 65-Jährige und dauerhaft voll Erwerbsgeminderte ab 18 Jahren. Die Leistung ist abhängig von der Bedürftigkeit. Gegenüber Kindern und Eltern findet kein Unterhaltsrückgriff statt, wenn ihre Angehörigen die Grundsicherung in Anspruch nehmen. Dabei wird zugunsten der Betroffenen widerlegbar vermutet, dass das Jahreseinkommen der Eltern bzw. Kinder unter 100.000,00 EUR liegt. Ist das Einkommen höher, besteht kein Anspruch auf Grundsicherung.

Zusätzliche kapitalgedeckte Altersvorsorge

Seit 2002 wird der Aufbau einer privaten oder betrieblichen Altersvorsorge staatlich gefördert. Gefördert werden in der Regel alle Personen, die Pflichtbeiträge zur gesetzlichen Rentenversicherung zahlen. Begünstigt sind dabei auch die nicht pflichtversicherten Ehepartner von geförderten Personen.
Nicht erfasst sind von dieser Förderung u. a. Selbstständige mit eigener privater Altersvorsorge, freiwillig Versicherte und die in einer berufsständischen Versorgungseinrichtung Pflichtversicherten. Damit werden selbstständige Handwerksmeister/-innen, die von der gesetzlichen Rentenversicherung befreit sind, nicht gefördert, selbst wenn sie freiwillige Beiträge einzahlen.
Förderfähige Anlageformen sind:

Anlageformen

- die betriebliche Altersversorgung in Form von Direktzusagen, Unterstützungskassen, Direktversicherungen, Pensionskassen und Pensionsfonds
- die private kapitalgedeckte Altersvorsorge in Form von Rentenversicherungen, Fonds- und Banksparplänen.

Zertifikat

Produkte im Rahmen der privaten Altersvorsorge müssen für die Förderung bestimmte Voraussetzungen in der Anspar- und Auszahlungsphase sowie bezüglich der Information erfüllen. Sie erhalten dann ein Zertifikat des Bundesaufsichtsamtes für das Versicherungswesen.

Staatliche Zulage

Der Altersvorsorgeaufwand setzt sich aus Eigenbeiträgen und Zulagen – Grund- und Kinderzulage – zusammen. Die staatliche Zulage wird auf Antrag von der zentralen Zulagenstelle auf den begünstigten Vertrag gutgeschrieben und setzt einen Eigenbeitrag, der seit 2008 mindestens 4 % des rentenversicherungspflichtigen Entgelts des Vorjahres beträgt, voraus. Auf jeden Fall muss ein Sockelbeitrag entrichtet werden. Neben der Förderung durch Zulagen können die Zahlungen in einen Altersvorsorgevertrag auch steuerlich als Sonderausgaben geltend gemacht werden. Sollte sich daraus eine Steuerersparnis ergeben, die den Umfang der gewährten Zulagen übersteigt, wird dieser Differenzbetrag erstattet. Die Zulagen sind im Übrigen zurückzuzahlen, wenn sie nicht entsprechend der gesetzlichen Regelungen verwendet und ausbezahlt werden. Sie sind nur eingeschränkt vererbbar. So bleibt bei Ehegatten das geerbte Altersvermögen (einschließlich der Förderung) erhalten, wenn dieses Altersvermögen auf einen vom Ehegatten abgeschlossenen zertifizierten Altersvorsorgevertrag übertragen wird. Dabei reicht es, wenn der Ehegatte den geförderten Vertrag erst zu diesem Zweck abschließt.

Vererbbarkeit

Arbeitnehmer haben seit 2002 einen individuellen Anspruch auf betriebliche Altersversorgung aus ihrem Entgelt, indem sie auf bestimmte Teile davon – bis zu 4 % der Beitragsbemessungsgrenze in der gesetzlichen Rentenversicherung (vgl. Abschnitt 3.4.9 „Sozialversicherungsdaten 2010") – verzichten (z. B. auf Teile des Weihnachts- oder Urlaubsgeldes oder Überstundenvergütungen) und diese für eine betriebliche Altersversorgung durch den Arbeitgeber einzahlen lassen (Entgeltumwandlung). Die Vereinbarung zwischen Arbeitnehmer und Arbeitgeber kann auf individueller, betrieblicher oder auf tariflicher Grundlage erfolgen. Besteht eine Pensionskasse oder wird ein Pensionsfonds eingerichtet, kann der Arbeitgeber den Anspruch hierauf beschränken. Im Übrigen kann der Arbeitnehmer den Abschluss einer Direktversicherung durch den Arbeitgeber verlangen. Ein einmal erworbener Anspruch auf eine derartige Betriebsrente kann nicht mehr erlöschen, auch dann nicht, wenn das Beschäftigungsverhältnis mit dem jeweiligen Arbeitgeber vor Beginn der Zahlung einer Betriebsrente endet. Für die erworbenen Anwartschaften gilt die sofortige gesetzliche Unverfallbarkeit und die Übertragbarkeit auf einen neuen Arbeitgeber.

Entgelt-umwandlung

Unverfallbarkeit

Seit 2008 ist auch eine Förderung des privaten Wohneigentums im Rahmen der staatlich geförderten privaten Altersvorsorge möglich.

Mit dem seit Beginn des Jahres 2005 eingeleiteten Übergang zur nachgelagerten Besteuerung wurden außerdem die steuerlichen Abzugsmöglichkeiten für Aufwendungen zur Altersvorsorge grundlegend verbessert. Damit wurde besonders für Selbstständige die Möglichkeit eröffnet, staatlich gefördert eine Altersvorsorge aufzubauen (sogenannte „Basis-" oder „Rürup-"Rente). Eine solche Rentenversicherung wird bei einem privaten Versicherungsunternehmen oder einer Investmentgesellschaft abgeschlossen; und zwar

Basisrente

> als private Rentenversicherung
  oder
> als fondsgebundene Versicherung.

Der Gesetzgeber hat die steuerliche Begünstigung insbesondere an folgende Bedingungen geknüpft:

Bedingungen

> Die monatliche Rente darf frühestens ab Vollendung des 60. Lebensjahrs ausgezahlt werden.
> Die erworbenen Rentenanwartschaften dürfen weder übertragbar, beleihbar, veräußerbar, vererblich noch kapitalisierbar sein.
> Die Versicherten dürfen sich das angesparte Vorsorgekapital nicht in einem Betrag – auch nicht in Teilbeträgen – auszahlen lassen können, sie müssen stattdessen eine monatliche, lebenslange Rente bekommen.
> Die Versicherungsansprüche dürfen zwar nicht vererbt werden, können aber mit einer zusätzlichen Hinterbliebenenabsicherung kombiniert werden. Auf diese Weise können auch der Ehegatte und die kindergeldberechtigten Kinder des Anlegers abgesichert werden.
> Neben der Alters- und Hinterbliebenenabsicherung kann die Basis-/Rürup-Rente – wenn dies vertraglich vereinbart wird – in einem gewissen Umfang auch die

ergänzende Absicherung für den Fall des Eintritts einer Berufs- oder Erwerbsunfähigkeit vorsehen.

Steuerliche Behandlung

Die Beiträge werden in den kommenden Jahren schrittweise steuerfrei gestellt. Gleichzeitig steigt die Besteuerung der Renten aus einer Basis-/Rürup-Rente in den nächsten Jahren an.

Pfändungsschutz der privaten Altersvorsorge Selbstständiger

Selbstständige haben hinsichtlich ihrer privaten Alterssicherung einen Pfändungsschutz. Die Höhe des pfändungsgeschützten Vorsorgekapitals ist dabei abhängig vom Lebensalter progressiv ausgestaltet, d.h. mit zunehmendem Alter erhöht sich der unpfändbare Betrag

Unpfändbarer Betrag

> vom 18. bis zum vollendeten 29. Lebensjahr 2.000,00 EUR jährlich
> vom 30. bis zum vollendeten 39. Lebensjahr 4.000,00 EUR jährlich
> vom 40. bis zum vollendeten 47. Lebensjahr 4.500,00 EUR jährlich
> vom 48. bis zum vollendeten 53. Lebensjahr 6.000,00 EUR jährlich
> vom 54. bis zum vollendeten 59. Lebensjahr 8.000,00 EUR jährlich
> vom 60. bis zum vollendeten 65. Lebensjahr 9.000,00 EUR jährlich.

Dem Schuldner wird der Aufbau einer Alterssicherung bis zu einer Gesamtsumme von 238.000,00 EUR ermöglicht.
Der Altersvorsorgevertrag muss aber bestimmte Voraussetzungen erfüllen, damit die genannten Pfändungsfreigrenzen Anwendung finden:

Voraussetzungen

> Die Leistung muss in regelmäßigen Zeitabständen lebenslang und darf nicht vor Vollendung des 60. Lebensjahres oder nur bei Eintritt der Berufsunfähigkeit gewährt werden.
> Über die Ansprüche aus dem Vertrag darf nicht (vorzeitig) verfügt werden.
> Die Bestimmung von Dritten mit Ausnahme von Hinterbliebenen als Berechtigte muss ausgeschlossen sein, und die Zahlung einer Kapitalleistung, ausgenommen eine Zahlung für den Todesfall, darf nicht vereinbart sein.

Arbeitgeberfinanzierte betriebliche Altersversorgung

Zur Ergänzung der gesetzlichen Altersversorgung gewähren die Betriebe vielfach zusätzliche Versorgungsleistungen.

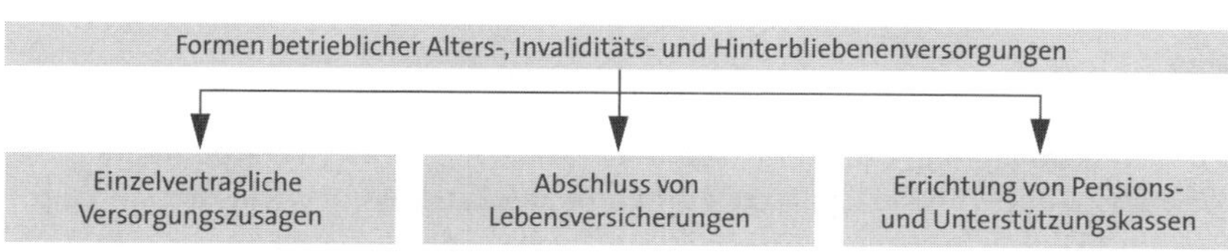

Nach dem Gesetz zur Verbesserung der betrieblichen Altersversorgung verliert der Arbeitnehmer auch bei Ausscheiden aus dem Betrieb vor Eintritt des Versorgungsfalles den bereits erworbenen Teil seiner Versorgungsanwartschaft nicht, wenn

> er mindestens 30, bei Zusagen ab 1.1.2009 mindestens 25 Jahre alt ist,
> die Versorgungszusage schon mindestens fünf Jahre bestand.

Auskunftspflicht

Bei Ausscheiden aus dem Betrieb ist dem Arbeitnehmer Auskunft über die Höhe der Versorgungsleistungen bei Erreichen der in der Versorgungsregelung vorgesehenen Altersgrenze zu erteilen.

Umlagepflicht

Zur Absicherung der betrieblichen Versorgungsleistungen haben die Betriebe eine Pflichtumlage an den auf Bundesebene errichteten Pensionsversicherungsverein abzuführen (ausgenommen sind Lebensversicherungen und Ansprüche gegenüber Pensionskassen).

Tarifliche Versorgungseinrichtungen

Für einige Berufe bestehen tarifliche Zusatzversorgungskassen, zu denen die Betriebe einen bestimmten Beitragssatz entsprechend der Entgeltsumme des Arbeitnehmers abführen.

3.4.7 Altersversorgung der selbstständigen Handwerker (Handwerkerversicherung)

Die Handwerkerversicherung ist Bestandteil der gesetzlichen Rentenversicherung.

3.4.7.1 Versicherungspflicht

Der Versicherungspflicht in der gesetzlichen Rentenversicherung unterliegen:

> selbstständig tätige Handwerker, die in die Handwerksrolle (Anlage A der Handwerksordnung) eingetragen sind und die erforderlichen handwerksrechtlichen Voraussetzungen erfüllen (in der Regel die Meisterprüfung)
> die Gesellschafter einer in die Handwerksrolle eingetragenen Personengesellschaft, die die für die Eintragung in die Handwerksrolle erforderlichen Voraussetzungen erfüllen (in der Regel die Meisterprüfung).

Für Berufe, die im Zuge der Novelle der Handwerksordnung zum 1.1.2004 von der Anlage A (zulassungspflichtige Handwerke) in die Anlage B1 (zulassungsfreie Handwerke) überführt wurden, gilt Folgendes: Wer bereits im Rahmen der Anlage A zum 31.12.2003 der Rentenversicherungspflicht unterlag, bleibt auch in der Anlage B1 versicherungspflichtig. Für ab dem 1.1.2004 neu in die Anlage B1 eingetragene Betriebsinhaber gilt keine Versicherungspflicht mehr.

Beginn und Ende der Versicherungspflicht

Beginn

Die Versicherungspflicht beginnt mit dem Tag der Eintragung in die Handwerksrolle, sofern die selbstständige Tätigkeit zu diesem Zeitpunkt bereits ausgeübt wird; bei späterer Aufnahme der Tätigkeit erst mit diesem Zeitpunkt.

Beispiel:

Eintragung in die Handwerksrolle: 12.10.2010
Aufnahme der selbstständigen Tätigkeit: 2.11.2010
Beginn der Versicherungspflicht: 2.11.2010.

Ende

Die Versicherungspflicht endet kraft Gesetz mit

> Einstellung der selbstständigen Tätigkeit,

- Löschung in der Handwerksrolle bzw. im Verzeichnis der zulassungsfreien Handwerke,
- Bezug der Vollrente wegen Alters.

Mehrfachversicherung

Personen, die neben einer versicherungspflichtigen selbstständigen Tätigkeit (als Handwerker) eine versicherungspflichtige Beschäftigung als Arbeitnehmer ausüben, sind in beiden Tätigkeiten rentenversicherungspflichtig.

3.4.7.2 Freiwillige Versicherung

Selbstständig Erwerbstätige, die der Handwerkerversicherungspflicht nicht unterliegen, können sich entweder

- freiwillig in der gesetzlichen Rentenversicherung versichern (>> Abschnitt 3.4.6.4 „Freiwillige Versicherung") oder
- von der Versicherungspflicht auf Antrag Gebrauch machen (>> Abschnitt 3.4.6.3 „Versicherungspflicht auf Antrag").

Versicherungsberechtigung

Antragspflichtversicherung

Die Höhe des künftigen Rentenanspruchs wird durch die Höhe und Anzahl der geleisteten Beiträge bestimmt. Deshalb ist die Fortsetzung der Beitragsentrichtung sinnvoll.

3.4.7.3 Versicherungsfreiheit

Von der Handwerkerversicherungspflicht ausgenommen sind:

- Inhaber von Betrieben der zulassungsfreien Handwerke, die ab dem 1.1.2004 neu eingetragen wurden
- Inhaber von Betrieben des handwerksähnlichen Gewerbes
- Inhaber, die mit einem handwerklichen Nebenbetrieb in die Handwerksrolle eingetragen sind
- Witwen, Witwer und Erben, die nach dem Tode des Handwerkers den Handwerksbetrieb fortführen
- Personen, die die selbstständige Tätigkeit nur geringfügig ausüben (>> Abschnitt 3.4.1.4 „Beiträge – Geringfügige Beschäftigungen")
- Kleinunternehmer, die unwesentliche Teiltätigkeiten eines zulassungspflichtigen Handwerks ausüben
- geschäftsführende Betriebsleiter und Gesellschafter einer GmbH
- Bezieher einer Vollrente wegen Alters.

Ausnahmen von der Versicherungspflicht

Auf Antrag von der Versicherungspflicht befreit werden Handwerker und Handwerkerinnen (ausgenommen: Schornsteinfegermeister), wenn sie für mindestens 18 Jahre = 216 Kalendermonate Pflichtbeiträge zur gesetzlichen Rentenversicherung nachweisen können.

Mindestpflichtversicherung

Angerechnet werden auch die vor der Selbstständigmachung entrichteten Pflichtbeiträge während der Ausbildungs- und Beschäftigungszeiten sowie die Wehr- oder Zivildienstzeiten und Kindererziehungszeiten.

Beginn der Befreiung

Die Befreiung tritt mit Ablauf des Monats, für den der 216. Pflichtbeitrag gezahlt wurde, ein, sofern der Antrag innerhalb von drei Monaten danach beim Rentenversicherungsträger gestellt wird; andernfalls erst mit Antragseingang.
Zur Vermeidung von Rechtsnachteilen ist vor Antragstellung eine eingehende Beratung zu empfehlen.

Rechtsnachteile

Die Befreiung kann beispielsweise den Wegfall des Anspruchs auf Rente wegen Erwerbsminderung wie auch des Anspruchs auf Förderung bei „Riester-Renten" zur Folge haben.

3.4.7.4 Beitrag, Beitragsentrichtung, Beitragsnachweis

Pflichtbeitrag

Pflichtversicherte Handwerker und Handwerkerinnen entrichten ohne Rücksicht auf die Höhe ihres Einkommens einen Regelbeitrag (>> Abschnitt 3.4.9 „Sozialversicherungsdaten 2010"), der dem Durchschnittsentgelt aller Versicherten in der gesetzlichen Rentenversicherung entspricht.

Anstelle des Regelbeitrags kann ein niedrigerer oder höherer Beitrag gezahlt werden, wenn das im letzten Einkommensteuerbescheid ausgewiesene Arbeitseinkommen unter oder über dem Durchschnittsentgelt der gesetzlichen Rentenversicherung liegt. Dabei kann ein bestimmter Mindestbeitrag (>> Abschnitt 3.4.9 „Sozialversicherungsdaten 2010") nicht unterschritten werden.

Mindestbeitrag

Existenzgründer

Bis zum Ablauf von drei Kalenderjahren nach dem Jahr der Selbstständigmachung ist nur der halbe Regelbeitrag zu entrichten. Liegt das (gegebenenfalls auch geschätzte) Arbeitseinkommen unter der Hälfte des Durchschnittsentgelts, ist eine weitere Beitragsanpassung möglich. Auf Antrag kann der volle Regelbeitrag bezahlt werden.
Als Einkommen gilt der ermittelte Gewinn aus der versicherungspflichtigen selbstständigen Tätigkeit.
Die Zahlung von niedrigeren oder höheren Beiträgen muss bei der Rentenversicherung beantragt werden. Eine einkommensgerechte Beitragszahlung ist nur für die Zukunft möglich.

Beitragsentrichtung

Monatsbeiträge

Die Pflichtbeiträge sind für jeden Kalendermonat zu entrichten.

Sie sind unmittelbar durch

> Abbuchung oder Überweisung an die Rentenversicherung zu zahlen.

Die Beiträge werden

> spätestens am drittletzten Bankarbeitstag für den jeweiligen Monat fällig.

Bei nicht rechtzeitiger Entrichtung werden Säumniszuschläge erhoben.

Beitragsnachweis

Als Beitragsnachweis erhält der Versicherte von der Rentenversicherung spätestens bis zum 28.2. eines Jahres eine Beitragsbescheinigung über die im vergangenen Jahr gezahlten Beiträge.

3.4.7.5 Leistungen der Rentenversicherung/ Handwerkerversicherung

Bezüglich Art und Umfang der Leistungen >> Abschnitt 3.4.6.6 „Leistungen der Rentenversicherung“.

3.4.8 Unfallversicherung

Im Hinblick auf die allein beitragspflichtigen Arbeitgeber ist in der gesetzlichen Unfallversicherung geregelt, dass diese für Personenschäden auf Grund eines Arbeitsunfalls oder einer Berufskrankheit dem Beschäftigten oder seinen Hinterbliebenen gegenüber grundsätzlich nicht haften. Leistungspflichtig ist allein die zuständige Berufsgenossenschaft (sog. Ablösung der Unternehmerhaftung).
Dieser Haftungsausschluss für Personenschäden gilt nicht nur für den Arbeitgeber, sondern auch zugunsten der Arbeitnehmer, die durch eine betriebliche Tätigkeit Personenschäden bei Arbeitskollegen verursachen. Bei vorsätzlicher oder grob fahrlässiger Herbeiführung des Versicherungsfalles sowie Schwarzarbeit haben die Unfallversicherungsträger jedoch einen Regressanspruch.
Der Haftungsausschluss zugunsten des Arbeitgebers und der Beschäftigten entfällt bei vorsätzlicher Herbeiführung des Unfalles oder wenn es sich um einen Wegeunfall handelt.

3.4.8.1 Versicherungsträger

Berufsgenossenschaften

Träger der gesetzlichen Unfallversicherung sind die Berufsgenossenschaften sowie die Unfallversicherungsträger der öffentlichen Hand. Sie umfassen die Unternehmen gleicher Art zur gemeinsamen Tragung der Unfallrisiken. Ihr Bereich erstreckt sich auf größere Gebiete, teilweise auf das ganze Bundesgebiet.

3.4.8.2 Versicherungspflicht

Versichert sind:

Personenkreis

> alle Arbeitnehmer, auch geringfügig Beschäftigte
> zu ihrer Berufsausbildung Beschäftigte (Auszubildende)
> die bei ihrem Ehegatten oder im elterlichen Betrieb gegen Entgelt Beschäftigten
> Teilnehmer an Schulungskursen (z. B. Meistervorbereitungskurs)
> Berufsschüler und Schüler allgemeinbildender Schulen
> Studenten an Fach- und Hochschulen
> ehrenamtlich Tätige (bspw. bei Handwerkskammern und Innungen)
> Kinder in Kindertagesstätten
> Katastrophenschutzhelfer
> Blut- und Organspender.

3.4.8.3 Unfallversicherung des Unternehmers

Die Berufsgenossenschaften können kraft Satzung die Versicherungspflicht auch auf Unternehmer und ihre im Unternehmen mitarbeitenden Ehegatten ausdehnen.

Besteht keine Versicherungspflicht, kann auf Antrag von der freiwilligen Versicherung Gebrauch gemacht werden.

3.4.8.4 Beiträge

Die Unfallversicherungsbeiträge werden allein vom Arbeitgeber getragen.

Die Höhe der Beiträge bemisst sich nach den Arbeitsentgelten der Versicherten und den Gefahrenklassen. Die Beiträge werden nach Ablauf des Kalenderjahres im Umlageverfahren erhoben.

Umlage

Je nach Zahl und Schwere der im Betrieb aufgetretenen Arbeitsunfälle werden Zuschläge auferlegt oder Nachlässe gewährt.

Selbstständige

Berechnungsgrundlage für die kraft Satzung pflichtversicherten Selbstständigen und mitarbeitenden Ehegatten sowie die freiwillig Versicherten ist die nach Satzung bestimmte Versicherungssumme.

Die Kosten des Unfallversicherungsschutzes für Schüler, Studenten, Teilnehmer an Schulungskursen und Kinder in Kindertagesstätten tragen die Träger dieser Einrichtungen; für ehrenamtlich Tätige die Stellen, für die die Aufgaben erfüllt werden.

3.4.8.5 Versicherungsschutz

Aufgabe der gesetzlichen Unfallversicherung ist es,

> mit allen geeigneten Mitteln Arbeitsunfälle und Berufskrankheiten sowie arbeitsbedingte Gesundheitsgefahren zu verhüten
und
> nach Eintritt von Arbeitsunfällen oder Berufskrankheiten Leistungen zu gewähren.

Arbeitsunfall

Arbeitsunfälle sind Unfälle, die der Versicherte bei seiner Tätigkeit für den Betrieb erleidet. Hierzu gehören auch Unfälle auf Dienstwegen, bei Betriebsveranstaltungen und bei der Verwahrung, Beförderung und Instandhaltung von Arbeitsgeräten und Schutzausrüstungen.

Schulbesuch

Auch Unfälle im Zusammenhang mit dem Besuch von Kindertagesstätten, allgemein- oder berufsbildenden Schulen, Fach- oder Hochschulen sowie von Schulungskursen einschließlich des Weges nach und von solchen Einrichtungen sowie der Ausübung eines Ehrenamtes sind Arbeitsunfälle im Sinne der gesetzlichen Unfallversicherung.

Nicht versichert sind Unfälle, die dem persönlichen Bereich des Versicherten zuzurechnen sind.

Wegeunfall zwischen Wohnung und Arbeitsstätte

Der Versicherungsschutz erstreckt sich auch auf das Zurücklegen des mit der versicherten Tätigkeit zusammenhängenden unmittelbaren Weges nach und von dem Ort der Tätigkeit.
Abweichungen von diesem Weg sind versichert, wenn sie im Zusammenhang mit der Unterbringung eines im Haushalt des Versicherten lebenden Kindes stehen oder wenn der Versicherte mit anderen Berufstätigen gemeinsam ein Fahrzeug für den Weg nach und von dem Ort der Tätigkeit benutzt (Fahrgemeinschaft).

Fahrgemeinschaften

Berufskrankheit

Berufskrankheiten sind Krankheiten, die durch Rechtsverordnung als Berufskrankheiten bezeichnet sind und die Beschäftigte durch ihre versicherte Tätigkeit erleiden.

3.4.8.6 Leistungen der Unfallversicherung

Die wichtigsten Leistungen der Unfallversicherung:

> **Heilbehandlung**
ärztliche Behandlung, Arznei-, Heil- und Hilfsmittel, häusliche Krankenpflege, stationäre Behandlung sowie Fahr- und Transportkosten zur möglichst schnellen und sachgemäßen Behandlung nach einem Versicherungsfall

> **Rehabilitation**
berufliche Wiedereingliederung; sonstige Hilfen wie Kraftfahrzeug-, Wohnungs- und Haushaltshilfen

> **Pflege**
Pflegegeld bei Pflegebedürftigkeit, Pflegekraft und Heimpflege

> **Verletztengeld**
bei Arbeitsunfähigkeit, wenn unmittelbar davor Anspruch auf Arbeitsentgelt, Arbeitseinkommen, Krankengeld, Arbeitslosengeld und Ähnliches bestand

> **Verletztenrente**
Wenn die Erwerbsminderung auf Grund des Versicherungsfalles über die 26. Woche nach dem Versicherungsfall hinaus andauert, erhalten Versicherte:
- Vollrente bei völligem Verlust der Erwerbsfähigkeit (100 v. H.) in Höhe von $^2/_3$ des zuletzt erzielten Jahresarbeitsverdienstes
- Teilrente bei teilweiser Minderung der Erwerbsfähigkeit ab 20 v. H.

Vollrente

Teilrente

> **Sterbegeld**
ein Siebtel der jeweils aktuellen Bezugsgröße (>> Abschnitt 3.4.9 „Sozialversicherungsdaten 2010") sowie Erstattung von Überführungskosten

> **Witwen- und Witwerrente**
- Rente in Höhe von $^2/_3$ des letzten Jahresarbeitsverdienstes bis zum Ablauf des dritten Kalendermonats, in dem der Ehegatte verstorben ist;
- anschließend Rente in Höhe von 30 v. H. des Jahresarbeitsverdienstes und nur für die Dauer von zwei Jahren; 40 v. H., wenn der Hinterbliebene mindestens 45 Jahre alt ist (Anhebung in Stufen ab 2012 auf 47 Jahre) oder ein waisenrentenberechtigtes Kind erzieht;

- sonstiges Erwerbs- und Erwerbsersatzeinkommen wird angerechnet, wenn es eine bestimmte Höhe übersteigt (ähnlich der Regelungen bei der Witwen-/Witwerrente innerhalb der gesetzlichen Rentenversicherung);
- Abfindung in Höhe des 24-fachen monatlichen Rentenbetrages bei Wiederverheiratung.

> **Waisenrente**
- Halbwaisenrente in Höhe von 20 v. H. des letzten Jahresarbeitsverdienstes des durch Arbeitsunfall Verstorbenen
- Vollwaisenrente in Höhe von 30 v. H. des Jahresarbeitsverdienstes
- Rentenleistungen bis zum 18. Lebensjahr, bei Berufs- oder Schulausbildung längstens bis zum 27. Lebensjahr

3.4.8.7 Unfallverhütung

Unfallverhütungsvorschriften

Die Berufsgenossenschaften erlassen Vorschriften über die Einrichtungen, Anordnungen und Maßnahmen, welche die Unternehmer zur Verhütung von Arbeitsunfällen, Berufskrankheiten und arbeitsbedingten Gesundheitsgefahren zu treffen und die im Betrieb Beschäftigten zu beachten haben.

Überwachung
Beratung

Zu ihrer Überwachung sind bei den Berufsgenossenschaften technische Aufsichtspersonen tätig, die durch Betriebsbegehungen Kontrollen ausüben und bei Bedarf Unternehmer sowie Versicherte beraten.

Sicherheitsbeauftragte

In Betrieben mit mehr als 20 Beschäftigten muss ein Sicherheitsbeauftragter bestellt werden, der den Unternehmer bei der Durchführung des Unfallschutzes zu unterstützen hat.

Fachkräfte für Arbeitssicherheit und Betriebsärzte

Sicherheits-fachkräfte

Die Berufsgenossenschaften regeln durch Unfallverhütungsvorschriften, in welchem Umfang Fachkräfte für Arbeitssicherheit (Sicherheitsingenieure, -techniker, -meister) sowie betriebsärztliche Dienste zu bestellen sind.

Betriebsärzte

Die Fachkräfte für Arbeitssicherheit sind für die Arbeitssicherheit, die Betriebsärzte für den Gesundheitsschutz im Betrieb zuständig.

3.4.8.8 Meldevorschriften

Betriebseröffnungsanzeige

Der Beginn eines Unternehmens ist dem zuständigen Unfallversicherungsträger binnen einer Woche anzuzeigen.

Änderungen

Wesentliche Änderungen in Art und Gegenstand des Unternehmens sind innerhalb von vier Wochen mitzuteilen.

Entgeltnachweis

Innerhalb von sechs Wochen nach Ablauf eines Kalenderjahres hat der Arbeitgeber der Berufsgenossenschaft die Arbeitsentgelte der Beschäftigten und die geleisteten Arbeitsstunden zu melden.

Unfallanzeige

Der Arbeitgeber hat jeden Unfall in seinem Betrieb der Berufsgenossenschaft anzuzeigen, wenn ein Beschäftigter einen Unfalltod erleidet oder so verletzt wird, dass er für mehr als drei Tage arbeitsunfähig wird. Die Unfallanzeige ist binnen drei Tagen nach Kenntnis des Unfalls zu erstatten. Eine Durchschrift ist an die zuständige Arbeitsschutzbehörde zu geben. Die Anzeige kann auch auf dem Wege der elektronischen Datenverarbeitung erstattet werden.

3.4.9 Sozialversicherungsdaten 2010

Im Beitrags- und Leistungsrecht der Sozialversicherung gelten im Bundesgebiet in West und Ost zum Teil unterschiedliche Werte bzw. Entgeltgrenzen (Angaben jeweils in EUR):

Beitragsbemessungsgrenzen	**West**		**Ost**	
	Jahr	Monat	Jahr	Monat
Kranken-/Pflegeversicherung	45.000,00	3.750,00	45.000,00	3.750,00
Renten-/Arbeitslosenversicherung	66.000,00	5.500,00	55.800,00	4.650,00
Versicherungs-Pflichtgrenze in der Krankenversicherung	49.950,00[1] 45.000,00[2]	4.162,50[1] 3.750,00[2]	49.950,00[1] 45.000,00[2]	4.162,50[1] 3.750,00[2]
Geringfügigkeitsgrenze in der Kranken-, Pflege-, Renten- und Arbeitslosenversicherung		400,00		400,00
Gleitzone in der Kranken-, Pflege-, Renten- und Arbeitslosenversicherung		400,01 bis 800,00		400,01 bis 800,00
Einkommensgrenze für Wegfall der Familienversicherung in der Krankenversicherung		365,00 400,00[3]		365,00 400,00[3]

Beitragsbemessungs-grenzen	West		Ost	
	Jahr	Monat	Jahr	Monat
Entgeltgrenze für die vom Arbeitgeber allein zu tragenden Pflichtbeiträge für Auszubildende zur Kranken-, Pflege-, Renten- und Arbeitslosenversicherung		325,00		325,00
Handwerkerversicherung				
Regel-Pflichtbeitrag		508,45		431,83
Beitrag bis Ablauf von drei Jahren nach Existenzgründung		254,22		215,92
Mindestbeitrag		79,60		79,60
Höchstmöglicher Beitrag		1.094,50		925,35
Bezugsgröße	30.660,00	2.555,00	26.040,00	2.170,00
Regelsatz des Arbeitslosengeldes II	seit 1.7.2009	359,00	seit 1.7.2009	359,00
Aktueller Rentenwert	ab 1.7.2009	27,20		24,13

1) für Mitglieder von Krankenkassen
2) für am 31.12.2002 privat Krankenversicherte
3) bei Vorliegen einer geringfügig entlohnten Beschäftigung

3.4.10 Sozialgerichtsbarkeit

3.4.10.1 Zuständigkeit

Aufbau

Für Rechtsstreitigkeiten in Angelegenheiten der Sozialversicherung, der Arbeitsförderung, des sozialen Entschädigungsrechts und des Schwerbehindertenrechts sind die Sozialgerichte zuständig.

I. Instanz: Sozialgericht
II. Instanz: Landessozialgericht (Berufungsinstanz)
III. Instanz: Bundessozialgericht (Revisionsinstanz)

3.4.10.2 Verfahren

Rechtsmittel

Gegen Bescheide (Verwaltungsakt) der Sozialversicherungsträger, Träger der Grundsicherung für Arbeitsuchende bzw. Versorgungsbehörden kann Widerspruch eingelegt werden (unter bestimmten Voraussetzungen auch elektronisch). Wird dem Widerspruch nicht abgeholfen, so ist Klage zum Sozialgericht zulässig.
Gegen Urteile der Sozialgerichte findet die Berufung zum Landessozialgericht statt. Gegen Urteile der Landessozialgerichte kann Revision zum Bundessozialgericht eingelegt werden, wenn diese zugelassen wird.
Das Verfahren ist in allen drei Instanzen für den Versicherten kostenfrei.

Grundsätze der Sozialgerichtsbarkeit

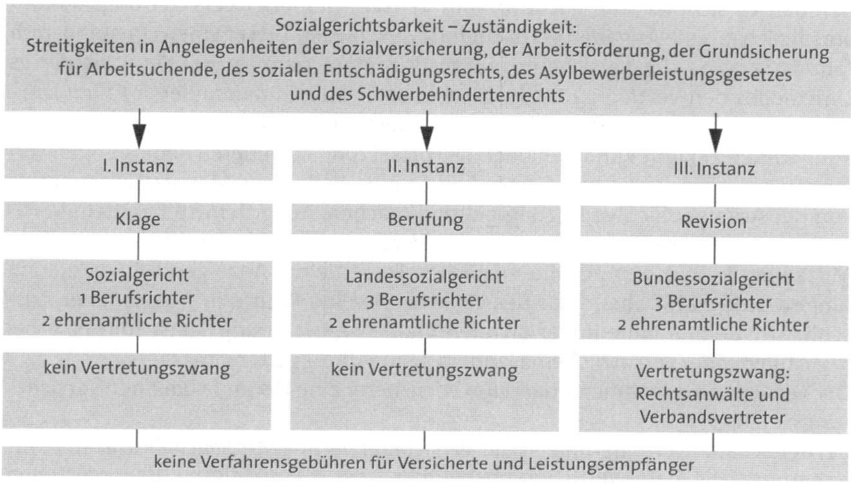

3.4.11 Private Personen-, Sach- und Schadenversicherung

3.4.11.1 Zweck einer privaten Versicherung

Die Privatversicherungen bieten die Gelegenheit, sich gegen die vielfältigen Risiken des täglichen Lebens sowohl im privaten als auch im betrieblichen Bereich zu sichern.
Gerade der selbstständige Handwerker bedarf dieses Schutzes in besonderer Weise.

3.4.11.2 Versicherungsvertrag

Vertragsgrundlage

Eine Privatversicherung kommt zustande durch Abschluss eines Vertrages zwischen Versicherer und Versicherungsnehmer.

Dem Abschluss geht in der Regel eine genaue Prüfung des Sachverhalts voraus.

Beispiel:

Untersuchung des Gesundheitszustandes des Versicherungsnehmers oder Prüfung der Gefahrenquellen für das Versicherungsobjekt.

3.4.11.3 Rechte und Pflichten der Vertragspartner

Beratung

Seit Jahresbeginn 2008 ist der Versicherer verpflichtet, den Versicherungsnehmer vor Vertragsschluss umfassend sowie klar und verständlich zu beraten und zu informieren. Zu den Informationen, die der Versicherer vor Vertragsschluss überreichen muss, gehört auch das sogenannte Produktinformationsblatt. Die Beratungsgespräche sind zu dokumentieren. Der Versicherungsnehmer hat vor

Vertragsschluss grundsätzlich nur solche Umstände anzuzeigen, nach denen der Versicherer in Textform gefragt hat. Verstöße gegen die Anzeigepflicht berechtigen den Versicherer zum Rücktritt vom Vertrag, wenn der Versicherungsnehmer vorsätzlich falsche Angaben gemacht hat. Verschweigt dieser einen Umstand grob fahrlässig, kann der Versicherer nur zurücktreten, wenn er bei Kenntnis dieses Umstandes den Vertrag gar nicht geschlossen hätte. In den anderen Fällen kann der Versicherer den Vertrag lediglich unter bestimmten Voraussetzungen mit Wirkung für die Zukunft kündigen oder die Fortsetzung zu anderen Bedingungen verlangen. Der Versicherer muss diese Rechte innerhalb eines Monats seit Kenntnis von der Anzeigepflichtverletzung geltend machen. Außerdem stehen dem Versicherer diese Rechte nur zu, wenn er den Versicherungsnehmer durch gesonderte Mitteilung in Textform auf die möglichen Folgen einer Anzeigepflichtverletzung hingewiesen hat. Dabei muss der Versicherer seine Rechte innerhalb einer Ausschlussfrist – drei Jahre in der privaten Krankenversicherung, sonst fünf bzw. bei arglistigem oder vorsätzlichem Handeln zehn Jahre – geltend machen.
Der Versicherungsnehmer erhält vom Versicherer eine Urkunde über den Versicherungsvertrag.

Versicherungsanspruch

Bei der Schadenversicherung ist der Versicherer verpflichtet, nach Eintritt des Versicherungsfalls dem Versicherungsnehmer oder Geschädigten den erlittenen Schaden nach Maßgabe des Vertrages zu erstatten.
Einfache fahrlässige Verstöße gegen die vertraglichen Pflichten aus dem Versicherungsvertrag bleiben für den Versicherungsnehmer folgenlos. Bei grob fahrlässigen Verstößen des Versicherungsnehmers kann die Leistung entsprechend der Schwere des Verschuldens gekürzt, jedoch nicht vollständig versagt werden.
Bei Personenversicherungen sind die vereinbarten Geldleistungen wie zum Beispiel Kapital, Rente oder Tagegeld zu zahlen.

Der Versicherungsnehmer ist verpflichtet,

- die vereinbarte Prämie zu zahlen,
- bei Eintritt des Versicherungsfalls unverzüglich eine Schadensanzeige zu erstatten.

Die Ansprüche aus dem Versicherungsvertrag verjähren in drei Jahren.

3.4.11.4 Versicherungszweige

Personenversicherung

Zur Personenversicherung gehören vor allem die private Lebens- und Rentenversicherung, die private Kranken- und die Pflegeversicherung sowie die private Unfallversicherung.

> Private Lebens- und Rentenversicherung

> Die Lebensversicherung garantiert eine Kapitalleistung, die
>
> > beim Ableben des Versicherten sofort
> oder
> > nach Ablauf der vereinbarten Versicherungsdauer
>
> fällig wird.
> Rentenwahlrecht kann vereinbart werden.

Fälligkeit

Beim Tode des Versicherten wird die Versicherungssumme an die Erbberechtigten oder an den Bezugsberechtigten, den der Versicherte benannt hat, gezahlt.
Auf Lebensversicherungen räumen Versicherungsunternehmen erststellige Hypothekendarlehen zu günstigen Bedingungen ein.
Die wichtigsten Versicherungsarten sind:

Bezugsberechtigung
Darlehen

Versicherungsarten

- Risiko-Lebensversicherung: Sie bietet Absicherung für die Hinterbliebenen.
- Kapitalbildende Lebensversicherung: Sie bietet Hinterbliebenenschutz und Vorsorge für das eigene Alter.
- Private Rentenversicherung: Sie ermöglicht dem Versicherten eine lebenslange Leibrente. Hinterbliebenenrenten für Witwen und Waisen können mitversichert werden.
- Berufsunfähigkeitsversicherung: Sie wird oft mit einer kapitalbildenden Lebensversicherung kombiniert, ist jedoch auch als eigenständige Versicherung möglich.
- Vermögensbildende Lebensversicherung: Sie ist eine besondere Form für Arbeitnehmer und wird aus vermögenswirksamen Leistungen finanziert. Sie bietet den gleichen Schutz wie eine kapitalbildende Lebensversicherung.
- Gruppen- und Kollektivversicherung: Sie dient in der Regel der betrieblichen Altersversorgung.

> Private Krankenversicherung

Die private Krankenversicherung gibt materielle Sicherheit bei Krankheit.
Wichtigste Versicherungsarten sind:

Versicherungsarten

- Krankheitskostenvollversicherung für ambulante und stationäre Heilbehandlung sowie zahnärztliche und zahntechnische Leistungen
- Krankentagegeldversicherung zum Ausgleich eines Verdienstausfalles bei Arbeitsunfähigkeit
- Krankenhaustagegeldversicherung
- Krankheitskosten-Zusatzversicherung für in der gesetzlichen Krankenversicherung versicherte Personen zur Ergänzung des Versicherungsschutzes.

Ab 1.1.2009 gilt die Pflicht zum Abschluss einer Krankenversicherung. Bereits seit 1.7.2007 können sich Versicherte, die dem System der privaten Krankenversicherung zuzuordnen sind, wieder privat versichern. Die privaten Krankenversicherungen haben ab 2009 einen Basistarif anzubieten, für den es keine Risikozuschläge oder -ausschlüsse geben darf. Dieser Basistarif muss in seinem Leistungsumfang dem Leistungskatalog der gesetzlichen Versicherung vergleichbar sein und darf deren Höchstbeitrag nicht überschreiten. Ab 1.1.2009 können alle freiwillig in der

Versicherungspflicht

Basistarif

gesetzlichen Krankenversicherung Versicherten innerhalb eines Zeitraums von 6 Monaten nach Beendigung der Versicherungspflicht in den Basistarif wechseln. Wer 55 Jahre oder älter ist oder wer die Versicherungsprämie nachweislich nicht mehr aufbringen kann, kann innerhalb des jeweiligen Versicherungsunternehmens den Basistarif wählen. Wer ab dem 1.1.2009 einen Neuvertrag für die private Krankenversicherung abschließt, erhält ein Wechselrecht in den Basistarif eines beliebigen Unternehmens der privaten Krankenversicherung.

> Private Pflegeversicherung

Die in der privaten Krankenversicherung mit vollem Krankenversicherungsschutz versicherten Personen unterliegen der Pflichtversicherung in der privaten Pflegeversicherung.

Sie haben bei einem Versicherungsunternehmen einen Pflegeversicherungsvertrag abzuschließen.
Die Leistungen entsprechen denen der sozialen Pflegeversicherung (>> Abschnitt 3.4.3.4 „Leistungen der sozialen Pflegeversicherung"). Der Beitrag ist abhängig vom Alter des Versicherten. Für Pflegeversicherungsverträge, die seit In-Kraft-Treten der Pflichtversicherung (1.1.1995) bestehen bzw. nach einer Versicherungszeit von fünf Jahren, darf der Beitrag den Höchstbeitrag der sozialen Pflegeversicherung – zuzüglich 50 v. H. für den mitversicherten Ehegatten – nicht übersteigen. Diese Begrenzungen des Beitrags zur privaten Pflegeversicherung gelten auch für Personen, die im Rahmen des seit 01.01.2009 gültigen Basistarifs privat krankenversichert sind.
Daneben werden auch noch Pflegezusatzversicherungen und Pflegerentenversicherungen angeboten.

> Private Unfallversicherung

Die private Unfallversicherung ermöglicht Vorsorge gegen die wirtschaftlichen Folgen eines Unfalls. Im Gegensatz zur gesetzlichen Unfallversicherung (Berufsgenossenschaft) beschränkt sie sich nicht nur auf den Schutz bei Arbeitsunfällen.

Versicherungsarten

Wichtigste Versicherungsarten sind:

> Invaliditäts-Unfallversicherung mit Kapital- oder Rentenzahlung
> Kapitalversicherung bei Unfalltod
> Unfalltagegeld- bzw. Unfall-Krankenhaustagegeldversicherung.

Gruppenversicherung

Personenversicherungen können auch im Rahmen von Gruppen- und Kollektivversicherungsverträgen abgeschlossen werden. Die Vorteile liegen in ermäßigten Prämien, vielfach auch im Entfallen oder in der Erleichterung einer Gesundheitsprüfung.

Beispiel:

Betriebe schließen zugunsten ihrer Arbeitnehmer (einschließlich der Betriebsinhaber und ihrer Familienangehörigen) über die im Handwerk errichteten Versorgungswerke Gruppen- und Kollektivverträge ab. Versorgungswerke

> **Verschiedene Formen der betrieblichen Altersversorgung**

Dies sind insbesondere Direktversicherung, Pensionszusage mit Rückdeckungsversicherung, Pensionskasse, Pensionsfonds.

Sachversicherungen

Sachversicherungen sind:

- Feuerversicherung
- Einbruchsdiebstahlversicherung
- Leitungswasserschäden- und Sturmversicherung
- Glasbruchversicherung
- Hausratversicherung
- Wohngebäudeversicherung.

Schadenversicherungen

Schadenversicherungen sind:

- Kraftfahrzeugversicherung (Haftpflicht, Kasko, Insassenunfall)
- Haftpflichtversicherung (Privat-, Haus- und Grundbesitz-, Tierhalter-, Berufs- und Betriebs-, Gewässer-, Umwelt- und Produkthaftungsschädenversicherung)
- Maschinen-, Schwachstrom-, Transport- und Betriebsunterbrechungsversicherung.

Weiter zu erwähnen sind:

- Rechtsschutzversicherung
- Kreditversicherung, Versicherung gegen Forderungsausfälle.

Betriebsinhaber haben auch die Möglichkeit, über eine Geschäftsversicherung Risiken wie Feuer, Leitungswasser, Einbruchsdiebstahl, Raub und Vandalismus, Sturm, Hagel sowie Betriebsunterbrechung gebündelt abzusichern.

Übungs- und Prüfungsaufgaben

1. Als Betriebsinhaber müssen Sie insbesondere dann, wenn Sie Arbeitnehmer beschäftigen, aber auch für sich selbst über die Sozialversicherung näher Bescheid wissen.

   Aufgabe: Beschreiben Sie die wichtigsten Versicherungszweige im System der Sozialversicherung!

   >> Seite 215 |

2. Einzugsstellen für die Gesamtsozialversicherungsbeiträge zur Kranken-, Pflege-, Arbeitslosen- und Rentenversicherung sind derzeit

- [ ] a die Berufsgenossenschaften.
- [ ] b die Bundesagentur für Arbeit.
- [ ] c die Bundesversicherungsanstalt für Angestellte.
- [ ] d die Krankenkassen.
- [ ] e die Landesversicherungsanstalten.

>> Seite 216 |

3. Von wem werden die Pflichtbeiträge zur gesetzlichen Rentenversicherung aufgebracht?

- [ ] a Zu $^1/_3$ vom Arbeitgeber und $^2/_3$ vom Arbeitnehmer
- [ ] b Zu $^2/_3$ vom Arbeitgeber und $^1/_3$ vom Arbeitnehmer
- [ ] c Allein vom Arbeitnehmer
- [ ] d Allein vom Arbeitgeber
- [ ] e Vom Arbeitgeber und Arbeitnehmer je zur Hälfte

>> Seite 216 |

4. Wer haftet bei pflichtversicherten Arbeitnehmern für die richtige und rechtzeitige Abführung der Gesamtsozialversicherungsbeiträge zur Kranken-, Pflege-, Arbeitslosen- und Rentenversicherung?

- [ ] a Der Arbeitnehmer selbst
- [ ] b Der Lohnbuchhalter des Betriebes
- [ ] c Der Arbeitgeber
- [ ] d Arbeitnehmer und Arbeitgeber zusammen
- [ ] e Weder Arbeitgeber noch Arbeitnehmer

>> Seite 217 |

5. Zu welchem Zeitpunkt hat der Arbeitnehmer dem Arbeitgeber den Sozialversicherungsausweis vorzulegen?

   >> Seite 219 |

6. Als Betriebsinhaber und Arbeitgeber haben Sie im Zusammenhang mit der Sozialversicherung Ihrer Arbeitnehmer bestimmte Verpflichtungen.

   Aufgabe:
   a) Welche Meldepflichten sind zu erfüllen?
   b) Wie hat das Meldeverfahren zu erfolgen?

   >> Seiten 219 bis 220 |

7. Welcher gesetzlichen Krankenkasse gehört der pflichtversicherte Arbeitnehmer als Mitglied an?

- [ ] a Der Krankenkasse, der die Mehrheit der im Betrieb Beschäftigten angehört.
- [ ] b Der Krankenkasse, die der Arbeitgeber allein bestimmt.
- [ ] c Der Krankenkasse, die vom Gesetzgeber zwingend vorgeschrieben ist.
- [ ] d Der gesetzlich möglichen Krankenkasse, die vom Arbeitnehmer selbst gewählt wird.
- [ ] e Der Krankenkasse, die für die Berufssparte des Arbeitnehmers zuständig ist.

>> Seite 222 |

8. Sind Personen, die bei ihrem Ehegatten in einem Beschäftigungsverhältnis gegen Entgelt stehen (Ehegattenarbeitnehmer), krankenversicherungspflichtig?

- [ ] a Ja, aber nur, wenn ein schriftlicher Arbeitsvertrag besteht.
- [ ] b Ja, wenn das Entgelt die Geringfügigkeitsgrenze überschreitet.
- [ ] c Ja, aber nur auf eigenen Antrag.
- [ ] d Nein, ohne Rücksicht auf die Höhe des Entgelts.
- [ ] e Nur, wenn im Betrieb noch sonstige versicherungspflichtige Arbeitnehmer tätig sind.

>> Seite 223 |

9. Innerhalb welcher gesetzlichen Frist nach Ausscheiden aus einer versicherungspflichtigen Beschäftigung muss der freiwillige Beitritt zur gesetzlichen Krankenversicherung der zuständigen Krankenkasse angezeigt werden?

- [ ] a Zwei Wochen
- [ ] b Drei Wochen
- [ ] c Ein Monat
- [ ] d Zwei Monate
- [ ] e Drei Monate

>> Seite 224 |

10. Der allgemeine Beitragssatz zur Krankenversicherung wird für das Jahr 2010 festgelegt

- a durch Ländergesetze.
- b durch das Arbeitsministerium.
- c durch das Oberversicherungsamt.
- d durch die Satzung der Krankenkasse.
- e durch Rechtsverordnung der Bundesregierung.

>> Seite 224 |

11. Die gesetzliche Krankenversicherung ist ein bedeutender Zweig des Systems der sozialen Sicherung.

Aufgabe: Beschreiben Sie die wichtigsten Leistungen der gesetzlichen Krankenversicherung!

>> Seiten 225 bis 226 |

12. Für welche Dauer der fortgesetzten Arbeitsunfähigkeit wegen derselben Krankheit wird das Krankengeld innerhalb von je drei Jahren längstens gewährt?

- a Für 13 Wochen
- b Für 26 Wochen
- c Für 52 Wochen
- d Für 78 Wochen
- e Für 104 Wochen

>> Seite 226 |

13. An welche Stelle ist der Pflichtbeitrag zur sozialen Pflegeversicherung abzuführen?

- a Pflegekasse
- b Krankenkasse
- c Finanzamt
- d Bundesagentur für Arbeit
- e Landesversicherungsanstalt

>> Seite 227 |

14. Wer trägt die Beiträge zur sozialen Pflegeversicherung bei selbstständigen Handwerkern und Handwerkerinnen?

- [ ] a Die selbstständigen Handwerker und Handwerkerinnen haben den Beitrag in voller Höhe selbst zu tragen.
- [ ] b Die selbstständigen Handwerker und Handwerkerinnen haben nur den halben Beitrag zu zahlen.
- [ ] c Die Beiträge werden je zur Hälfte von den selbstständigen Handwerkern und Handwerkerinnen und von den Pflegekassen getragen.
- [ ] d Die selbstständigen Handwerker und Handwerkerinnen sind beitragsfrei bei den Pflegekassen versichert.
- [ ] e Die Beiträge der selbstständigen Handwerker und Handwerkerinnen zur sozialen Pflegeversicherung sind bereits im Beitrag zur Handwerkerversicherung (Rentenversicherung) enthalten.

>> Seite 227 |

15. Die soziale Pflegeversicherung ist der jüngste Zweig des Systems der beitragsfinanzierten sozialen Sicherung.

Aufgabe: Beschreiben Sie die wichtigsten Leistungen der sozialen Pflegeversicherung!

>> Seite 227 |

16. Wie heißt der Versicherungsträger der Arbeitslosenversicherung (Arbeitsförderung)?

- [ ] a Bundesagentur für Arbeit
- [ ] b Arbeitsvermittlungsstelle
- [ ] c Berufsgenossenschaft
- [ ] d Landesversorgungsamt
- [ ] e Landesversicherungsanstalt

>> Seite 228 |

17. Welche Personen sind in der Arbeitslosenversicherung versicherungspflichtig?

>> Seite 228 |

18. Die Bundesagentur für Arbeit hat ein breites Leistungsspektrum auch für die Betriebsinhaber.

Aufgabe: Beschreiben Sie diese Leistungen!

>> Seiten 229 bis 235 |

19. Bei welcher Stelle ist der Antrag auf Gewährung von Arbeitslosengeld zu stellen?

- [ ] a Bei der Krankenkasse
- [ ] b Bei der Agentur für Arbeit
- [ ] c Beim Gemeindeamt
- [ ] d Bei der Landesversicherungsanstalt
- [ ] e Bei der Berufsgenossenschaft

>> Seite 231 |

20. Nennen Sie die für die Rentenversicherung zuständigen Rentenversicherungsträger!

>> Seite 238 |

21. Zu welchem Träger der Rentenversicherung ein Beschäftigter gehört, entscheidet sich bei Berufsanfängern in der Regel

- [ ] a nach der Betriebsnummer, die durch die Agentur für Arbeit vergeben wird.
- [ ] b nach der Gefahrenklasse bei der Berufsgenossenschaft.
- [ ] c danach, ob es sich um einen Angestellten oder einen Arbeiter handelt.
- [ ] d nach der Versicherungsnummer des Versicherten.
- [ ] e nach der Lohnsteuerklasse.

>> Seite 238 |

22. Der Versicherungspflicht in der gesetzlichen Rentenversicherung unterliegen

- [ ] a nur solche Arbeitnehmer, die eine bestimmte Jahresarbeitsverdienstgrenze nicht überschreiten.
- [ ] b alle gegen Entgelt und zur Ausbildung Beschäftigten, wobei Sonderregelungen für geringfügig Beschäftigte zu beachten sind.
- [ ] c nur Arbeiter, nicht aber Angestellte und Auszubildende.
- [ ] d nur Angestellte, nicht aber Arbeiter und Auszubildende.
- [ ] e nur Auszubildende, nicht aber Arbeiter und Angestellte.

>> Seite 238 |

23. Auch als Betriebsinhaber müssen Sie sich eingehend damit auseinandersetzen, welche Rolle die gesetzliche Rentenversicherung für Sie spielt.

Aufgabe: Können selbstständig Erwerbstätige, die nicht kraft Gesetz der Versicherungspflicht unterliegen, Pflichtbeiträge zur gesetzlichen Rentenversicherung entrichten?

a Nein, da Pflichtbeiträge nur von Personen entrichtet werden können, die kraft Gesetz pflichtversichert sind.

b Ja, wenn sie innerhalb von fünf Jahren nach Aufnahme der selbstständigen Tätigkeit die Versicherungspflicht beantragen.

c Nein, sie können nur von dem Recht zur Entrichtung von freiwilligen Beiträgen Gebrauch machen.

d Ja, aber nur, wenn sie mindestens 180 Pflichtmonatsbeiträge als Arbeitnehmer nachweisen können.

e Nein, weil sich selbstständig Erwerbstätige grundsätzlich in der gesetzlichen Rentenversicherung nicht versichern können.

>> Seite 239 |

24. Die gesetzliche Rentenversicherung ist ein bedeutender Zweig des Systems der sozialen Sicherung.

Aufgabe: Beschreiben Sie die wichtigsten Leistungen, die die gesetzliche Rentenversicherung gewährt!

>> Seiten 240 bis 244 |

25. Für den Bezug der Altersrente gelten bestimmte Voraussetzungen.

Aufgabe:
a) Welche Voraussetzungen gelten bei der Regelaltersrente?
b) Welche Voraussetzungen gelten für den Anspruch auf die Altersrente für langjährig Versicherte?

>> Seite 241 |

26. Wann erhält der Versicherte wegen verminderter Erwerbsfähigkeit eine volle Erwerbsminderungsrente?

a Wenn er zwischen sechs und weniger als acht Stunden pro Tag auf dem allgemeinen Arbeitsmarkt tätig sein kann.

b Mit Vollendung des 63. Lebensjahres.

c Mit Vollendung des 65. Lebensjahres.

d Ab einer Erwerbsminderung von mindestens 20 %.

e Wenn er weniger als drei Stunden pro Tag auf dem allgemeinen Arbeitsmarkt tätig sein kann.

>> Seite 242 |

27. Wonach bemisst sich die Höhe der Altersrente aus der gesetzlichen Rentenversicherung?

- [ ] a Nach dem letzten Jahresbruttoarbeitsverdienst des Versicherten vor Stellung des Rentenantrages.
- [ ] b Nach dem letzten Monatsbruttoarbeitsverdienst des Versicherten vor Stellung des Rentenantrages.
- [ ] c Nach den sonstigen Einkünften des Rentenantragstellers.
- [ ] d Nach der Höhe der Beitragsleistungen bzw. der Versichertenbruttoentgelte und der Zahl der anzurechnenden Versicherungsjahre des Versicherten.
- [ ] e Nach der Art der Tätigkeit, die der Versicherte zeitlebens ausgeübt hat.

>> Seite 246 |

28. Nach Ihrer Selbstständigmachung befassen Sie sich eingehend damit, wie Sie für sich eine ausreichende Altersvorsorge sicherstellen können.

Aufgabe:
a) Unterliegen selbstständige Handwerker der Versicherungspflicht in der gesetzlichen Rentenversicherung?
b) Wenn ja: Gibt es hier Unterschiede zwischen Gewerbetreibenden, die in die Handwerksrolle, solchen, die im Verzeichnis der zulassungsfreien Handwerke, und solchen, die im Verzeichnis der handwerksähnlichen Gewerbe eingetragen sind?

>> Seite 250 |

29. Selbstständige Handwerker erhalten im Jahr 2010 nach Erfüllung der Wartezeit von 60 Versicherungsmonaten mit Vollendung des 65. Lebensjahres die Regelaltersrente

- [ ] a erst nach Aufgabe der selbstständigen Tätigkeit.
- [ ] b nur dann, wenn das Einkommen eine bestimmte Höhe nicht erreicht.
- [ ] c wenn keine fremden Hilfskräfte mehr beschäftigt werden.
- [ ] d nur wenn Erwerbsunfähigkeit besteht.
- [ ] e auch wenn der Betrieb in vollem Umfange weitergeführt wird.

>> Seiten 253, 241 |

30. Als selbstständig tätiger Handwerker, der ein zulassungspflichtiges Handwerk ausübt und die erforderlichen handwerksrechtlichen Voraussetzungen erfüllt, unterliegen Sie der Versicherungspflicht in der Rentenversicherung.

Aufgabe: Welche Einzelbestimmungen gelten hierbei für die Beitragsentrichtung?

>> Seite 252 |

31. Haftet der Arbeitgeber gegenüber der Berufsgenossenschaft für Aufwendungen, die dadurch entstehen, dass er den Arbeitsunfall eines Arbeitnehmers verschuldet hat?

a Ja, wenn er vorsätzlich oder grob fahrlässig den Unfall verschuldet hat.

b Nein, weil eine Haftung des Arbeitgebers grundsätzlich ausgeschlossen ist.

c Ja, wenn der Unfall auf eine Fahrlässigkeit des Arbeitgebers zurückzuführen ist.

d Ja, aber erst ab einer bestimmten Betriebsgröße.

e Ja, er haftet immer, weil es auf ein Verschulden nicht ankommt.

>> Seite 253

32. Wie heißen die Träger der gesetzlichen Unfallversicherung?

a Innungen

b Berufsgenossenschaften

c Gewerkschaften

d Landesversicherungsanstalten

e Agenturen für Arbeit

>> Seite 253

33. Der gesetzlichen Unfallversicherungspflicht unterliegen

a alle Arbeitnehmer und Auszubildenden.

b nur Auszubildende und Arbeiter.

c nur Arbeiter.

d nur Auszubildende.

e nur Angestellte bis zu einem bestimmten Jahresbruttolohn.

>> Seite 253

34. Ist der selbstständige Unternehmer (Handwerker) für seine eigene Person unfallversicherungspflichtig bei der Berufsgenossenschaft?

a Ja, aufgrund der gesetzlichen Unternehmerversicherungspflicht.

b Wenn die Satzung der Berufsgenossenschaft die Unternehmerpflichtversicherung vorschreibt.

c Wenn er mündlich einen Antrag stellt.

d Wenn er Mitglied einer Arbeitgeberorganisation ist.

e Wenn er keine Arbeitskräfte im Betrieb beschäftigt.

>> Seite 254

35. Die Beiträge zur gesetzlichen Unfallversicherung für die im Betrieb beschäftigten Arbeitnehmer werden aufgebracht

- a aus Bundesmitteln.
- b aus Landesmitteln.
- c vom Arbeitnehmer allein.
- d vom Arbeitgeber allein.
- e von Arbeitnehmer und Arbeitgeber je zur Hälfte.

>> Seite 254 |

36. Als Betriebsinhaber/Arbeitgeber haben Sie die alleinige Beitragspflicht zur gesetzlichen Unfallversicherung.

Aufgabe:
a) Zeigen Sie die Versicherungsfälle auf, die in der gesetzlichen Unfallversicherung Versicherungsschutz genießen und für die die Berufsgenossenschaften Leistungen gewähren!
b) Beschreiben Sie die wichtigsten Leistungen, die die gesetzliche Unfallversicherung gewährt!

>> Seiten 254 bis 256 |

37. Welcher Unfall gilt nicht als Arbeitsunfall im Sinne der gesetzlichen Unfallversicherung?

- a Unfall bei einer Tätigkeit für den Betrieb
- b Unfall bei einer privaten Besorgung während der Arbeitszeit
- c Wegeunfall zwischen Wohnung und Arbeitsstätte
- d Unfall auf einem Weg zur Erledigung von dienstlichen Tätigkeiten
- e Unfall bei einer Betriebsveranstaltung

>> Seite 255 |

38. Die Berufsgenossenschaften erlassen Vorschriften über Einrichtungen, Anordnungen und Maßnahmen, welche der Betriebsinhaber und seine Arbeitnehmer zu beachten haben.

Aufgabe:
a) Welche Aufgabe hat der vom Arbeitgeber bestellte Sicherheitsbeauftragte im Betrieb?
b) Für welchen Bereich der Unfallverhütung ist der betriebsärztliche Dienst zuständig?

>> Seite 256 |

39. Innerhalb welcher Frist ist der Berufsgenossenschaft die Eröffnung eines Betriebes anzuzeigen?

- a Innerhalb von drei Tagen nach Betriebseröffnung
- b Innerhalb einer Woche nach Betriebseröffnung
- c Innerhalb von zwei Wochen nach Betriebseröffnung
- d Innerhalb von drei Wochen nach Betriebseröffnung
- e Innerhalb von einem Monat nach Betriebseröffnung

>> Seite 256 |

40. Eine Unfallanzeige an die Berufsgenossenschaft muss erstattet werden, wenn durch den Arbeitsunfall eine Arbeitsunfähigkeit eintritt

- a von mindestens einem Tag.
- b von mehr als drei Tagen.
- c von mehr als einer Woche.
- d von mehr als zwei Wochen.
- e von mehr als drei Wochen.

>> Seite 257 |

41. Welches der nachfolgend genannten Gerichte ist zuständig für Streitigkeiten zwischen Versicherten und Sozialversicherungsträgern?

- a Arbeitsgericht
- b Amtsgericht
- c Landgericht
- d Sozialgericht
- e Versicherungsgericht

>> Seite 258 |

42. Welche Gerichtsgebühren entstehen dem Versicherten bei Inanspruchnahme der Sozialgerichtsbarkeit?

- a Keine, da Gebührenfreiheit besteht
- b Geringere Gebühren als bei sonstigen Gerichten
- c Die üblichen Gerichtsgebühren
- d Höhere Gebühren als bei sonstigen Gerichten
- e Gebühren, die nach dem Einkommen gestaffelt sind

>> Seite 258 |

43. Welchem Zweck dient der Abschluss von privaten Versicherungen?

>> Seite 259 |

44. Für Sie als Betriebsinhaber bieten Privatversicherungen zahlreiche Möglichkeiten, sich auf freiwilliger Basis gegen die vielfältigen Risiken im privaten und betrieblichen Bereich abzusichern.

Aufgabe: Der Versicherungsschutz in der Privatversicherung kommt zustande durch

- a einseitige Verpflichtung des Versicherungsnehmers.
- b einseitige Verpflichtung des Versicherers.
- c Erhebung des Anspruchs seitens des Versicherungsnehmers.
- d Abschluss eines Versicherungsvertrages zwischen Versicherer und Versicherungsnehmer.
- e Verfügung einer Behörde.

>> Seite 259 |

45. Mit Abschluss des privaten Versicherungsvertrages und bei Vorliegen der Anspruchsvoraussetzungen ergibt sich für den Versicherungsnehmer

- a ein Anspruch in einer von ihm zu bestimmenden Höhe.
- b ein Rechtsanspruch auf Leistungen entsprechend der vertraglichen Regelung.
- c ein Leistungsanspruch nach freiem Ermessen des Versicherers.
- d ein Anspruch nach billigem Ermessen des Versicherers.
- e ein Anspruch nach dem Grad der Bedürftigkeit.

>> Seite 260 |

46. Für Sie als Betriebsinhaber bieten Privatversicherungen zahlreiche Möglichkeiten, sich auf freiwilliger Basis gegen die vielfältigen Risiken im privaten und betrieblichen Bereich abzusichern.

Aufgabe:
a) Beschreiben Sie die wichtigsten Arten von Personenversicherungen in der Privatversicherung!
b) Beschreiben Sie die wichtigsten Arten von Sachversicherungen, die die Privatversicherung anbietet!

>> Seiten 260 bis 263 |

47. Wer ist in der privaten Pflegeversicherung pflichtversichert?

- [ ] a Jeder, der in einem Arbeitsverhältnis steht.
- [ ] b Jeder selbstständige Handwerker.
- [ ] c Nur selbstständige Handwerker, die nicht mehr als fünf Arbeitnehmer beschäftigen.
- [ ] d Jeder in der privaten Krankenversicherung Versicherte mit vollem Krankenversicherungsschutz.
- [ ] e Alle Personen ab dem 60. Lebensjahr.

>> Seite 262 |

48. Nennen Sie einige Risiken, die im Rahmen privater Schadenversicherungen versichert werden können!

>> Seite 263 |

49. Durch welche Versicherung deckt der selbstständige Handwerker Schäden ab, die er in Ausübung seines Berufes Dritten zufügt?

- [ ] a Lebensversicherung
- [ ] b Sachversicherung
- [ ] c Unfallversicherung
- [ ] d Invaliditätsversicherung
- [ ] e Haftpflichtversicherung

>> Seite 263 |

3.5 Steuern

3.5.1 Steuerarten und Steuergrundlagen

3.5.1.1 Grundlagen der Steuererhebung

Das deutsche Steuerrecht nimmt in der Finanzverfassung Art. 104a ff. Grundgesetz seinen Ursprung. Die Befugnis der öffentlichen Hand, Steuern zu erheben, leitet sich aus Art. 105 ab. Zu den öffentlich-rechtlichen Gemeinwesen, die zur Steuererhebung berechtigt sind, zählen der Bund, die Länder, die Gemeinden, aber auch die öffentlich-rechtlichen Religionsgemeinschaften.

3.5.1.2 Definition von Steuern

Die Steuern sind nach der Abgabenordnung Geldleistungen, die nicht eine Gegenleistung für eine besondere Leistung darstellen und von einem öffentlich-rechtlichen Gemeinwesen zur Erzielung von Einnahmen allen auferlegt werden, bei denen der Tatbestand zutrifft, an den das Gesetz die Leistungspflicht knüpft; die Erzielung von Einnahmen kann Nebenzweck sein.

Die Steuern stellen somit kein Entgelt dar und unterscheiden sich dadurch

Gebühren

> von den Gebühren. Gebühren sind Entgelte für die Inanspruchnahme der Verwaltung eines öffentlich-rechtlichen Gemeinwesens (zum Beispiel Gerichts-, Polizeigebühren).

Beiträge

> von den Beiträgen. Beiträge sind Entgelte, die für angebotene öffentliche Leistungen geleistet werden (zum Beispiel Anlieger-, Kanalisations-, Handwerkskammerbeiträge), ohne Rücksicht auf die tatsächliche Inanspruchnahme.

Steuereinteilungen

Je nach Steuerart stehen die Steuern verschiedenen Gemeinwesen zu. So spricht man von Bundes-, Länder- und Gemeindesteuern, wobei innerhalb der Gemeinwesen bestimmte Steueraufkommen noch aufgeteilt werden. Das sind die sogenannten Gemeinschaftsteuern im horizontalen und vertikalen Steuerverbund, z. B. Einkommen-, Lohn-, Umsatzsteuer.

Nach ihrer Erhebungsart werden die Steuern eingeteilt in direkte Steuern, bei denen die Person, die die Steuer zu entrichten hat, sie auch selbst wirtschaftlich zu tragen hat (z. B. Einkommen-, Erbschaftsteuer), und indirekte Steuern, bei denen Steuerschuldner und Steuerträger nicht identisch sind und die Steuer vom Schuldner auf eine andere Person überwälzt werden kann (z. B. Tabak-, Mineralölsteuer).

Eine andere Steuereinteilung richtet sich nach dem Steuergegenstand. Man unterscheidet die

> Besitzsteuern, z. B. Einkommensteuer, Grundsteuer,
> Verkehrsteuern, z. B. Umsatzsteuer,
> Verbrauchsteuern, z. B. Mineralölsteuer.

3.5.2 Umsatzsteuer (Mehrwertsteuer)

3.5.2.1 Allgemeines zur Umsatzsteuer

In der Bundesrepublik Deutschland wird die Umsatzsteuer auf der Grundlage der Mehrwertbesteuerung mit Vorsteuerabzug erhoben.

> Steuerschuld (Traglast) ist die jeweils auf den eigenen Gesamtumsatz (Entgelt) berechnete Steuer. Davon werden anderen Unternehmern zu leistende Vorsteuerbeträge abgezogen.

Wertschöpfung

Dadurch wird nur die jeweilige Wertschöpfung – der sogenannte Mehrwert – der einzelnen Wirtschaftsstufe besteuert. Die Umsatzsteuer ist somit eine wettbewerbsneutrale Steuer, die letztlich nur den Endverbraucher belastet.

Umsatzsteuerzahllast

Der Unternehmer ist also berechtigt, die ihm von seinem Vorlieferanten in Rechnung gestellten Steuerbeträge (Vorsteuer) von der seinen Kunden berechneten Umsatzsteuer in Abzug zu bringen. Die Differenz ist seine an das Finanzamt abzuführende Umsatzsteuer (Umsatzsteuerzahllast). Die Umsatzsteuer ist für den Unternehmer kein Aufwand, sondern durchlaufender Posten.

Um das Steueraufkommen zu sichern, wurden in den letzten Jahren verschiedene grundlegende Änderungen des Umsatzsteuergesetzes vorgenommen, vor allem im Bereich der Haftung, der Steuerschuldnerschaft, der Rechnungsstellung und Rechnungsaufbewahrung sowie der Vorsteuerberichtigung.

3.5.2.2 Steuerpflichtige Umsätze

> Der Umsatzsteuer unterliegen u. a. folgende Umsätze:
>
> - die unternehmerischen Leistungen im Inland gegen Entgelt, die sich aufgliedern in
>   - Lieferungen
>   - sonstige Leistungen
> - die Einfuhr von Gegenständen aus dem Drittlandgebiet in das Inland
> - der innergemeinschaftliche Erwerb im Inland gegen Entgelt.

Im handwerklichen Bereich sind es vor allem die Leistungen im Inland, die den Umsatz bestimmen. Folgende Voraussetzungen müssen für das Vorliegen einer steuerbaren Leistung gegeben sein:

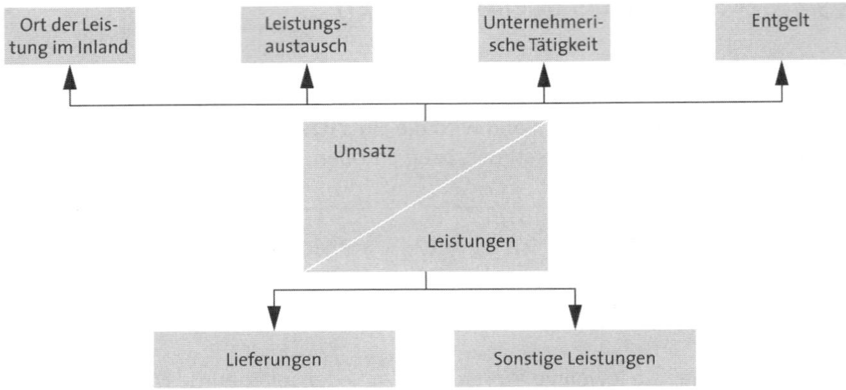

Erläuterungen:

Inland

Das Inland umfasst das Hoheitsgebiet der Bundesrepublik Deutschland mit Ausnahme von Freihäfen wie Hamburg, Bremerhaven, Deggendorf, Emden und anderen.

Ort der Leistung, Verschaffung der Verfügungsgewalt

Bei Lieferungen ist normalerweise Erfüllungsort der Ort, an dem sich der Gegenstand zur Zeit der Verschaffung der Verfügungsgewalt befindet.
Bei sonstiger Leistung ist normalerweise Erfüllungsort der Ort, von dem aus der Unternehmer sein Unternehmen oder eine Betriebsstätte betreibt. Ab 2010 wird eine sonstige Leistung, die an einen Unternehmer für dessen Unternehmen erbracht wird, grundsätzlich an dem Ort ausgeführt, an dem der Empfänger sein Unternehmen betreibt. Von dieser Regelung gibt es einige Ausnahmen. Bei Privatpersonen als Leistungsempfänger ändert sich nichts.

Leistungsaustausch

Lieferungen und sonstige Leistungen sind nur dann umsatzsteuerbar, wenn der Leistung eine Gegenleistung gegenübersteht. Der Annahme eines Leistungsaustausches steht nicht entgegen, dass sich die Entgelterwartung nicht erfüllt, dass die Gegenleistung uneinbringlich wird oder dass sie sich nachträglich mindert.
Die Leistung muss zusätzlich außerhalb des leistenden Unternehmens erfolgen, Umsätze innerhalb des Unternehmens sind zumindest im Inland nicht steuerbar.

Unternehmerische Tätigkeit

Der Umsatz muss durch einen Unternehmer im Rahmen seines Unternehmens getätigt werden.
Unternehmer ist jeder, der

Einnahmeerzielung

- eine gewerbliche oder berufliche Tätigkeit
- nachhaltig und selbstständig
- mit Einnahme- (nicht Gewinn-)Erzielungsabsicht ausübt.

Steuerpflicht

Steuerpflichtig sind Umsätze, die steuerbar und nicht steuerbefreit sind.

Entgelt

Entgelt ist der Gegenwert dessen, was der Leistungsempfänger aufwendet, um die Leistung zu erhalten. Normalerweise ist nur das Entgelt zu versteuern, das für Lieferungen und sonstige Leistungen tatsächlich vereinnahmt wird. Das Entgelt muss auch nicht dem objektiven Wert der bewirkten Leistung entsprechen. Das Entgelt enthält keine Umsatzsteuer.

Lieferung

> Eine Lieferung liegt vor, wenn die Verfügungsmacht an einem Gegenstand verschafft wird. Gegenstände sind körperliche, fertige und teilfertige Sachen, wie Kraftfahrzeuge, Maschinen, Waren und solche Wirtschaftsgüter, die im Wirtschaftsverkehr wie körperliche Sachen behandelt werden (Strom, Wärme, Wasser, Firmenwert, Kundenstamm etc.).

Gleichgestellte Lieferungen

Einer Lieferung werden gleichgestellt:

- Die Entnahme eines Gegenstandes durch einen Unternehmer aus seinem Unternehmen für Zwecke, die außerhalb des Unternehmens liegen.

Beispiel:

Ein Elektromeister entnimmt seinem Laden eine Waschmaschine für seinen Privathaushalt.

- Die unentgeltliche Zuwendung eines Gegenstandes durch einen Unternehmer an sein Personal für dessen privaten Bedarf, sofern keine Aufmerksamkeiten des Arbeitgebers an die Arbeitnehmer gegeben werden.

Beispiel:

Sachzuwendungen (Blumen, Genussmittel, Bücher bis zu einem Wert von 40,00 EUR) sind Aufmerksamkeiten.

- Jede andere unentgeltliche Zuwendung eines Gegenstandes, ausgenommen Geschenke von geringem Wert und Warenmuster für Zwecke des Unternehmens.

Sonstige Leistung

Sonstige Leistungen sind Leistungen, die keine Lieferung sind. Sie können auch in einem Unterlassen oder Dulden einer Handlung oder eines Zustandes bestehen.

> Leistungsgegenstand der sonstigen Leistung ist also meist der körperliche oder geistige Arbeitseinsatz. Die dabei zum Einsatz kommenden Materialien dürfen nicht das Wesentliche der Tätigkeit sein.

Beispiel:

Ein Malermeister, der den Auftrag zum Streichen eines Zimmers erhält, schuldet eine Arbeitsleistung; die von ihm verwendeten Materialien sind Zubehör.
Ein Frisör tätigt an seinen Kunden eine sonstige Leistung.

Gleichgestellte sonstige Leistungen

Einer solchen Leistung werden gleichgestellt:

> Die Verwendung eines dem Unternehmen zugeordneten Gegenstandes, der zum vollen oder teilweisen Vorsteuerabzug berechtigt hat, durch den Unternehmer für Zwecke, die außerhalb des Unternehmens liegen, oder der für den privaten Bedarf seines Personals genutzt wird, sofern keine Aufmerksamkeiten vorliegen.

Beispiel:

Private Nutzung einer betrieblichen Telefonanlage durch das Personal ist eine Aufmerksamkeit.

3.5.2.3 Soll- und Ist-Besteuerung

Fälligkeit der Umsatzsteuerschuld

Soll-Besteuerung

Es gilt der Grundsatz, dass die Umsatzsteuerschuld mit Fertigstellung der Lieferung oder sonstigen Leistung fällig wird, gleichgültig, wann der Kunde die Rechnung bezahlt (Soll-Besteuerung).
Eine Lieferung ist ausgeführt, wenn der Leistungsempfänger die Verfügungsmacht über den zu liefernden Gegenstand erlangt hat.
Eine sonstige Leistung ist im Zeitpunkt ihrer Vollendung ausgeführt.
Aber auch bei Soll-Besteuerung sind Zahlungen durch den Kunden, die vor Ausführung der Leistung oder einer in sich abgeschlossenen Teilleistung getätigt werden (Abschlagszahlungen, Vorauszahlungen, Anzahlungen), bereits mit Ablauf des Voranmeldungszeitraums, in dem das Entgelt vereinnahmt worden ist, umsatzsteuerpflichtig.

Ist-Besteuerung

Wenn der vorjährige Gesamtumsatz eines Unternehmers ohne Umsatzsteuer 500.000,00 EUR nicht übersteigt oder der Unternehmer von der Verpflichtung, Bücher zu führen und regelmäßige Abschlüsse zu erstellen, befreit ist, dann darf der Unternehmer (derzeit befristet bis 31.12.2011) Antrag auf Ist-Besteuerung stellen. Hier entsteht die Steuerschuld immer erst mit Bezahlung des Entgelts für die Leistung, also der Abschlagszahlung, der Anzahlung, der Vorauszahlung, der Schlusszahlung, der Ratenzahlung.

3.5.2.4 Steuersätze und Steuerbefreiungen

Umsatzsteuersätze

> Der allgemeine Umsatzsteuersatz beträgt 19 %;
> der ermäßigte Umsatzsteuersatz 7 %.

Steuersätze seit 1.1.2007

Allgemeiner Steuersatz 19 %	Ermäßigter Steuersatz 7 %
Bemessungsgrundlage: Nettoentgelt	– bei Lieferung bestimmter Grundnahrungsmittel (Fleisch, Gemüse, Fische, Bäckereiwaren) – für Lieferung von Fahrzeugen und Sanitätsartikeln für Behinderte – Beherbergungsleistungen im Hotel- und Gastronomiegewerbe u. a. m. Bemessungsgrundlage: Nettoentgelt

Umsatzsteuerbefreiungen

Es gibt eine Vielzahl von Leistungen, die umsatzsteuerbefreit und im Gesetz erschöpfend aufgeführt sind. Zudem gibt es auch nicht steuerbare Umsätze.

Beispiele:

für umsatzsteuerbefreite Tatbestände:

> innergemeinschaftliche Lieferungen (z. B. nach Österreich an einen Unternehmer mit USt-Identifikationssnummer)
> Lohnveredelungen an Gegenständen der Ausfuhr
> die meisten Umsätze aus der Tätigkeit als Arzt, Zahnarzt, Heilpraktiker, nicht jedoch Tierarzt
> ehrenamtliche Tätigkeit für juristische Personen des öffentlichen Rechts (z. B. Handwerkskammer, Kreishandwerkerschaft)
> Postuniversaldienstleistungen von Unternehmen, die in einem EU-Mitgliedstaat diese Leistungen gewährleisten

u. a. m.

Beispiel:

für einen nicht steuerbaren Tatbestand:

> Mitgliedsbeiträge an die Handwerkskammer oder Innung, soweit die Beiträge der Erfüllung der satzungsgemäßen Gemeinschaftszwecke dienen. Es fehlt hier – im Unterschied zu Gebühren – an einem Leistungsaustausch mit den einzelnen Mitgliedern.

Für umsatzsteuerbefreite Leistungen oder nicht steuerbare Leistungen kann meistens keine Vorsteuer geltend gemacht werden.

3.5.2.5 Vorsteuer

Der Unternehmer ist berechtigt,

> die von einem anderen Unternehmer gesondert in Rechnung gestellte Umsatzsteuer (soweit die Leistungen für sein Unternehmen erbracht wurden),
> die entrichtete Einfuhrumsatzsteuer (soweit für sein Unternehmen eingeführt),
> die Umsatzsteuer für den innergemeinschaftlichen Erwerb von Gegenständen für sein Unternehmen (Erwerbsteuer),
> in den Fällen der Steuerschuldumkehrung („reverse-charge" genannt) als Leistungsempfänger die geschuldete Umsatzsteuer

als Vorsteuer von seiner Umsatzsteuerschuld abzuziehen.

Die häufigste Voraussetzung für den Vorsteuerabzug ist also, dass

> eine ordnungsgemäße (>> nachfolgend) Rechnung vorliegt,
> der Rechnung eine Leistung zugrunde liegt,
> die Leistung von einem anderen Unternehmer für sein Unternehmen (Zuordnung) ausgeführt wurde.

Vorsteuer ist nicht nur in unmittelbaren Betriebskosten, z. B. Material, sondern auch in mittelbaren Kosten (Gemeinkosten) enthalten, wie z. B. im Honorar für Steuerberater, Licht, Strom, Heizung für den Betrieb, Reisekosten des Personals etc.

Vorsteuer-grundsatz

Ein Vorsteuerabzug setzt grundsätzlich voraus, dass die Lieferung umsatzsteuerpflichtig ist und der Gegenstand zu mindestens 10 % unternehmerisch genutzt wird. Eine spätere Weiterlieferung ist steuerlich meist ohne Bedeutung. Unter bestimmten Voraussetzungen müssen die abgezogenen Vorsteuerbeträge später berichtigt werden. Dies kann beispielsweise beim Heizöleinkauf für ein zunächst steuerpflichtig vermietetes Gebäude der Fall sein. Auch bei einigen steuerfreien Umsätzen (z. B. Auslandslieferungen) ist der Vorsteuerabzug nicht ausgeschlossen.

Vorsteuer-vergütungs-verfahren

Wenn der Unternehmer Vorsteuer in einem Staat geltend macht, in dem er nicht als Unternehmer registriert ist, ist ein Vorsteuervergütungsverfahren notwendig. Seit 2010 sind Vergütungsanträge nicht mehr direkt in den jeweiligen EU-Mitgliedstaaten zu stellen, sondern zentral über ein elektronisches Portal im Ansässigkeitsstaat des Unternehmers. Die Anträge werden dann an die einzelnen Staaten weitergeleitet. Elektronische Form ist zwingend. Anträge können bis zum 30.09. des Folgejahres gestellt werden.

Vorsteuer-ausweis

Für das Funktionieren des Aufrechnungssystems ist also grundsätzlich Voraussetzung, dass der Unternehmer vom Vorlieferanten eine Rechnung mit gesondertem Vorsteuerausweis erhalten hat.

Rechnungs-ausstellung

Auf einer den gesetzlichen Vorschriften entsprechenden Umsatzsteuerrechnung sind folgende Angaben zu machen:

> Name und Anschrift des leistenden Unternehmers
> Name und Anschrift des Leistungsempfängers

> Menge und handelsübliche Bezeichnung des gelieferten Gegenstandes oder Art und Umfang der sonstigen Leistung
> der Tag der Lieferung oder sonstigen Leistung, auch wenn mit Ausstellungsdatum identisch
> das Entgelt ohne Steuer, getrennt nach Steuersätzen und -befreiungen
> der Steuersatz und der Steuerbetrag, gesondert ausgewiesen
> Jeder Unternehmer, der Rechnungen mit gesondertem Umsatzsteuerausweis ausstellt, ist verpflichtet, seine Steuernummer auf der Rechnung anzugeben. Das gilt auch für Unternehmer, die die Vorsteuerpauschalierung nach Durchschnittssätzen in Anspruch nehmen (>> 3.5.2.6 „Vergünstigungen für Kleingewerbe“). Bei Rechnungen über Kleinbeträge – sogenannte Kassenzettelregelung – und bei Unternehmern, die den Umsatzsteuerfreibetrag in Anspruch nehmen können, ist die Angabe der Steuernummer nicht erforderlich.
> Ausstellungsdatum
> Rechnungsnummer (fortlaufende Nummer)
> Steuernummer oder Umsatzsteueridentifikationsnummer des leistenden Landes (sobald zugewiesen, die Wirtschaftsidentifikationsnummer)
> Zeitpunkt oder Vereinnahmung des (Teil-)Entgeltes, soweit vor Ausführung der Leistung
> im Voraus vereinbarte Entgeltminderung, sofern nicht im Entgelt berücksichtigt
> Hinweis auf Steuerbefreiung, soweit nicht bereits beim gesonderten Steuerausweis geschehen
> Hinweis auf Aufbewahrungspflicht bei Werklieferungen und sonstigen Leistungen in Verbindung mit Grundstücken an Nichtunternehmer.

Als Rechnungen gelten auch:

> eine mit genehmigter, qualifizierter Signatur nach dem Signaturgesetz versehene Abrechnung
> eine elektronisch übermittelte Rechnung, sofern zusätzlich eine zusammenfassende Rechnung auf Papier oder mit Signatur erteilt wird.

Der Vorsteuerabzug ist nur noch bei Besitz einer den Vorschriften entsprechenden richtigen und vollständigen Rechnung möglich.

Ausnahmen vom gesonderten Umsatzsteuerausweis

Bei den im Gesetz erschöpfend aufgezählten Tatbeständen darf der Rechnungsbetrag brutto, also ohne gesonderten Vorsteuerausweis, ausgewiesen werden. Der Unternehmer hat trotzdem das Recht, die Vorsteuer aus dem Bruttobetrag selbst zu ermitteln. Dies kann durch Ansatz eines Umrechnungsmultiplikators erfolgen, der bei einem 19%igen Umsatzsteuersatz 15,97 %, bei einem 7%igen Umsatzsteuersatz 6,54 % beträgt.
Die im Handwerk wichtigste Ausnahmebestimmung ist die Sachbehandlung der Rechnungen über Kleinbeträge (auch Kassenzettelregelung genannt).

Kleinbetragsrechnungen

Wenn der Rechnungsbetrag 150,00 EUR brutto (zum Beispiel Tankquittung) nicht übersteigt, ist der Unternehmer berechtigt, aus der Bruttosumme die Vorsteuer selbst herauszurechnen, wenn folgende Angaben gewährleistet sind:

> Name und Anschrift des leistenden Unternehmers
> Menge und handelsübliche Bezeichnung des gelieferten Gegenstands oder Art und Umfang der sonstigen Leistung
> der Bruttorechnungsbetrag
> der Steuersatz
> Ausstellungsdatum
> Hinweis auf Aufbewahrungspflicht
> Hinweis auf Steuerbefreiung.

Führt der Unternehmer eine steuerpflichtige Werklieferung oder sonstige Leistung im Zusammenhang mit einem Grundstück aus, ist er verpflichtet, innerhalb von sechs Monaten nach Ausführung der Leistung eine Rechnung auszustellen; dies gilt auch für alle Leistungen an andere Unternehmer für deren Unternehmen oder an eine juristische Person.

Umsatzsteuerschuldumkehr

Bei Umsätzen, die unter das Grunderwerbsteuergesetz fallen, und bei Werklieferungen und sonstigen Leistungen, die der Herstellung, Instandsetzung, Instandhaltung, Änderung oder Beseitigung von Bauwerken dienen (ohne Überwachungs- und Planungsleistungen), tritt eine Umsatzsteuerschuldumkehr ein. Der Leistungsempfänger (der Unternehmer sein muss) schuldet statt des leistenden Unternehmers die Steuerschuld; und zwar auch dann, wenn die Leistung für den nichtunternehmerischen Bereich bezogen wurde. Der Leistungsempfänger zieht die geschuldete Umsatzsteuer als Vorsteuer ab. Es gilt Soll-Besteuerung. Die Steuer entsteht mit Rechnungsstellung, spätestens mit Ablauf des der Ausführung folgenden Kalendermonats. Die Aufzeichnungspflichten des Umsatzsteuergesetzes sind von beiden Seiten zu beachten. Der leistende Unternehmer stellt eine Rechnung ohne gesonderten Steuerausweis aus. Ansonsten muss er die ausgewiesene Steuer abführen. Auf der Rechnung ist der Hinweis auf die Steuerschuld des Leistungsempfängers erforderlich. Allerdings bleibt der Leistungsempfänger auch ohne Hinweis der Steuerschuldner. Die Rechnung (Doppel) ist zehn Jahre aufzubewahren. Auch eine Gutschrift ist als Rechnung zu behandeln. Eine separate Erfassung dieser Buchungsfälle auf einem eigenen Konto ist empfehlenswert. Die Umsätze erscheinen in den Umsatzsteuervoranmeldungen von beiden Unternehmen. Bei elektronischer Übermittlung muss die Echtheit gewährleistet sein. Der Unternehmer muss ein Doppel der gestellten Rechnungen sowie alle empfangenen Rechnungen für zehn Jahre aufbewahren. Die Rechnungen müssen für den gesamten Zeitraum lesbar sein. Elektronische Rechnungen können auch außerhalb des Gemeinschaftsgebietes aufbewahrt werden.

3.5.2.6 Vergünstigung für Kleingewerbe

Kleingewerbetreibende können zwei Vergünstigungen – nämlich die Umsatzsteuerbefreiung oder die Vorsteuerpauschale – in Anspruch nehmen. Eine Verpflichtung hierzu besteht nicht. Sie können ihre Umsatzsteuer auch nach den allgemeinen Bestimmungen ermitteln und auf die Vergünstigung verzichten.

Inanspruchnahme der Umsatzsteuerbefreiung

> Unternehmer mit Vorjahresumsatz bis 17.500,00 EUR einschl. Umsatzsteuer bleiben umsatzsteuerfrei (Option für Besteuerung möglich).
> Voraussetzung: Im laufenden Kalenderjahr darf der Umsatz voraussichtlich 50.000,00 EUR nicht übersteigen.
> Folge: Der Unternehmer darf weder Vorsteuer aufrechnen noch Umsatzsteuer ausweisen.

Der maßgebende Umsatz ist stets nach vereinnahmten Entgelten zu ermitteln.

Inanspruchnahme von Vorsteuerpauschalen

> Unternehmer mit Vorjahresumsatz bis 61.356,00 EUR können auf Antrag die Vorsteuern mit Pauschalvorsteuersätzen geltend machen.
> Voraussetzung: Sie dürfen nicht verpflichtet sein, Bücher zu führen und Abschlüsse zu machen.
> Folge: Die Einzelerfassung der Vorsteuern entfällt; die Buchführung ist nicht aufwendig, alle Beträge werden brutto verbucht, die Vorsteuerpauschalen werden aus dem Nettoumsatz berechnet.

Beispiel:

Bei Bäckereien beträgt die Vorsteuerpauschale 5,4 % vom Nettoumsatz, bei Frisören 4,5 %.

3.5.2.7 Voranmeldung und Zahlungsmodus

Die Umsatzsteuer ist eine Jahressteuer. Während des Jahres aber müssen Voranmeldungen getätigt und Vorauszahlungen geleistet werden. Die Voranmeldungen werden grundsätzlich elektronisch übermittelt. Vorauszahlung

Unternehmer mit einer Vorjahresumsatzsteuerschuld

> von mehr als 7.500,00 EUR müssen monatlich,
> bis 7.500,00 EUR müssen vierteljährlich

Voranmeldungen und Vorauszahlungen leisten.

Bei einer Vorjahresumsatzsteuerschuld von nicht mehr als 1.000,00 EUR kann das Finanzamt von der Verpflichtung zur Abgabe der Voranmeldungen und Entrichtung der Vorauszahlungen befreien.

Die Schonfrist für die Zahlung fälliger Steuern beträgt drei Tage. Bei Scheckzahlung gilt die Zahlung erst drei Tage nach dem Eingang des Schecks beim Finanzamt als geleistet. Es gibt dabei keine Schonfrist. Zahlungsschonfrist
Bei Neugründung eines Unternehmens ist für das laufende und folgende Kalenderjahr die monatliche Voranmeldung und Vorauszahlung zwingend vorgeschrieben.
Unternehmer, die innergemeinschaftliche Warenlieferungen oder bestimmte steuerpflichtige sonstige Leistungen im übrigen Gemeinschaftsgebiet (ab 2010) ausführen, müssen darüber hinaus vierteljährlich dem Bundeszentralamt für

Zusammenfassende Meldung

Steuern eine „Zusammenfassende Meldung" elektronisch übermitteln. Darin sind die USt-Indentifikationsnummern jedes Erwerbers und für jeden Erwerber die Bemessungsgrundlage der an ihn ausgeführten innergemeinschaftlichen Warenlieferungen und innergemeinschaftlichen Dienstleistungen anzugeben.

3.5.3 Gewerbesteuer

3.5.3.1 Gewerbe – Gemeindesteuer

Zur Bestreitung der Aufgaben einer Gemeinde steht den Gemeinden das Aufkommen aus der Gewerbesteuer zu. Das Finanzamt setzt zwar die Besteuerungrundlage (Messbetrag) im Gewerbesteuermessbescheid fest, die Gemeinden legen jedoch den Hebesatz fest und erlassen den Gewerbesteuerbescheid.

Steuerpflicht

Steuerpflichtig ist jeder stehende Gewerbebetrieb und der Reisegewerbebetrieb im Inland. Besteuerungsgrundlage ist der Gewerbeertrag. Die Gewerbesteuer tritt bei den Gewerbesteuerpflichtigen sowohl neben die Einkommensteuer als auch neben die Körperschaftsteuer.

3.5.3.2 Übersicht über die Grundlagen der Gewerbesteuer

Einkommensteuerlicher Gewinn (Einkünfte) aus Gewerbebetrieb zuzüglich Hinzurechnungen abzüglich Kürzungen

= berichtigter Gewerbeertrag, evtl. um Verluste gekürzt

abzurunden auf volle 100,00 EUR abzüglich Freibetrag 24.500,00 EUR (nur bei Einzelunternehmen und Personengesellschaften), darauf Anwendung eines bestimmten Prozentsatzes

= Steuermessbetrag für den Gewerbeertrag

↓

Ansatz des gemeindlichen oder des gesetzlich bestimmten Hebesatzes = Gewerbesteuer

Der Gewinn aus der Veräußerung oder Aufgabe eines Personenunternehmens unterliegt grundsätzlich nicht der Gewerbesteuer, soweit er auf eine natürliche Person entfällt.
Auf den einkommensteuerlichen Gewinn (Einkünfte) sind Hinzurechnungen und Kürzungen vorzunehmen, weil bei der Gewerbesteuer die objektiven Betriebsverhältnisse besteuert werden sollen.

Beispiel:

für Hinzurechnungen

> Ein Viertel der Summe aus
- Entgelten für Schulden
- Renten und dauernden Lasten
- Gewinnanteilen des stillen Gesellschafters
- einem Fünftel der Miet- und Pachtzinsen (einschließlich Leasingraten) für die Nutzung von fremdem, beweglichem Anlagevermögen
- 50 Prozent der Miet- und Pachtzinsen (einschließlich Leasingraten) für die Nutzung von fremdem, unbeweglichem Anlagevermögen
- einem Viertel der Aufwendungen für die zeitlich befristete Überlassung von Rechten, insbesondere Konzessionen und Lizenzen

soweit die Summe den Betrag von 100.000,00 Euro übersteigt.
Die Vorschrift dient der Ermittlung des objektiven, von den Beziehungen des Inhabers zum Betrieb losgelösten Gewerbeertrages. Die steuerliche Ungleichbehandlung durch Fremdfinanzierung soll ausgeglichen werden. Gewöhnliche Skonti und Boni zählen nicht zu den Finanzierungsaufwendungen.

Beispiel:

für Kürzung

> 1,2 % des Einheitswerts des zum Betriebsvermögen gehörenden Grundbesitzes. Zweck der Vorschrift ist die Vermeidung der Doppelbelastung des Grundbesitzes mit Grundsteuer und Gewerbesteuer. Darüber hinaus wird die Gewerbesteuerbelastung von Betrieben auf eigenem Grundbesitz mit Betrieben auf gemieteten, gepachteten Grundstücksanteilen angenähert.

Steuermessbetrag

Nach Abrundung des berichtigten Gewerbeertrags und Abzug des etwaigen Freibetrags wird vom Restbetrag der Steuermessbetrag mit einem Prozentsatz von 3,5 % berechnet.
Bei Kapitalgesellschaften gibt es keinen Freibetrag.

Steuermessbescheid

Dieser Steuermessbetrag für den Gewerbeertrag wird vom Finanzamt ermittelt und in einem Steuermessbescheid sowohl dem Steuerpflichtigen als auch seiner Betriebssitz-Gemeinde mitgeteilt. Ist dieser Steuermessbescheid fehlerhaft, dann muss er durch Rechtsmittel bei der Finanzverwaltung oder bei den Finanzgerichten angefochten werden.

Hebesatz

Die Gemeinde wendet nun auf den Steuermessbetrag den Hebesatz an. Der Hebesatz ist ein durch Gemeinderatsbeschluss festgesetzter Prozentsatz. Der Mindesthebesatz beträgt 200 %. Das Ergebnis ist die an die Gemeinde zu zahlende Gewerbesteuer, die dem Steuerpflichtigen in einem Gewerbesteuerbescheid mitgeteilt wird. Es werden vierteljährliche Vorauszahlungen festgesetzt. Liegt ein Fehler im Ansatz des Hebesatzes vor, dann muss der Bescheid durch Rechtsmitteleinlegung im Verwaltungsrechtsweg bei der Gemeinde durch Widerspruch angefochten werden.
Die Gewerbesteuer ist nicht mehr als Betriebsausgabe abzugsfähig.
Trotzdem ist weiterhin eine Gewerbesteuerrückstellung zu bilden. Dabei ist der volle Steuerbetrag anzusetzen, der sich ohne Berücksichtigung der Gewerbe-

steuer ergibt. Die Gewinnauswirkung ist jedoch außerbilanziell zu neutralisieren.

3.5.3.3 Vereinfachtes Berechnungsbeispiel zur Gewerbesteuer

Der Betrieb eines Handwerksmeisters hat einen einkommensteuerlichen Gewinn von 74.040,00 EUR. Er zahlt im Jahr 9.000,00 EUR Schuldzinsen. Der Hebesatz der Gemeinde ist 400 %.

1.	– Gewerbeertrag:		
	Gewinn gemäß Einkommensteuer (Einkünfte aus Gewerbebetrieb)		74.040,00 EUR
	+ 25 % Dauerschuldzinsen (Hinzurechnung)		0,00 EUR
	(erfolgt aber wegen des Freibetrags in Höhe von 100.000,00 EUR nicht)		
	Gewerbeertrag		74.040,00 EUR
	abrunden auf volle 100,00 EUR		74.000,00 EUR
	⁒ Freibetrag (nur Einzelunternehmen und Personengesellschaften)		24.500,00 EUR
	ergibt		49.500,00 EUR
	– Steuermessbetrag-Gewerbeertrag (vom Finanzamt ermittelt)		
	49.500,00 EUR × 3,5 %	=	1.732,50 EUR
2.	– Hebesatz:		
	$\frac{\text{Steuermessbetrag} \times \text{Hebesatz}}{100}$	=	$\frac{1.732{,}50 \text{ EUR} \times 400}{100}$
	zu zahlende Gewerbesteuer (von der Gemeinde ermittelt)	=	6.930,00 EUR

3.5.4 Einkommensteuer

3.5.4.1 Wesen der Einkommensteuer – Steuerpflicht

Die Einkommensteuer ist eine Personensteuer und knüpft als solche an das innerhalb eines Veranlagungszeitraums von einer Person erzielte Einkommen an. Durch die im Einkommensteuerrecht verankerte Sozialkomponente richtet sich die Steuerhöhe nach Familienstand, persönlichen Belastungen, Höhe des Einkommens – wie die Berücksichtigung des Existenzminimums und die progressive Steuermehrbelastung bei Besserverdienenden.

Rechtsgrundlagen

Der Einkommensteuer unterliegen die natürlichen Personen, also

- Einzelpersonen, zum Beispiel Inhaber von Einzelfirmen, auch e. K.,
- Gesellschafter von Personengesellschaften wie OHG, KG, GbR-Gesellschafter,
- Gesellschafter einer Körperschaft wie AG, GmbH-Gesellschafter.

Die natürliche Person muss ihren Wohnsitz oder gewöhnlichen Aufenthalt in der Bundesrepublik Deutschland haben. Bei Erfüllung dieser Voraussetzungen sind diese Personen unbeschränkt einkommensteuerpflichtig.

3.5.4.2 Schema der Einkommensteuerermittlung

Die Einkommensteuer wird nach folgendem Schema (vereinfacht) ermittelt:

Einkünfte aus

↓

> Land- und Forstwirtschaft
> Gewerbebetrieb
> Selbstständige Tätigkeit (z. B. Einkünfte der Freischaffenden wie Ärzte, Steuerberater)
> Nichtselbstständige Tätigkeit (Löhne und Gehälter)
> Kapitalvermögen (z. B. Zinsen, Dividenden); seit 2009 gibt es dafür eine Abgeltungssteuer in Höhe von 25 %
> Vermietung und Verpachtung
> Sonstige Einkünfte (z. B. Renten, Spekulationsgewinn)

↓

Summe der Einkünfte

↓

- Altersentlastungsbetrag
- Entlastungsbetrag für Alleinerziehende

↓

Gesamtbetrag der Einkünfte

↓

- Verlustabzug aus anderen Jahren
- Sonderausgaben
- außergewöhnliche Belastungen
- Kinderfreibeträge (Kinder bis zum 25. Lebensjahr)

↓

zu versteuerndes Einkommen

↓

hieraus tarifliche Einkommensteuer nach Splitting- oder Grundtabelle

↓

- verschiedene Steuerermäßigungen (z. B. in Höhe bis zu 1.200,00 EUR für Arbeitskosten bei Handwerkerleistungen für Renovierungs-, Erhaltungs- und Modernisierungsmaßnahmen im Privathaushalt; bis zu 4.000,00 EUR pro Jahr für haushaltsnahe Dienstleistungen und für die Inanspruchnahme von Pflege- und Betreuungsleistungen für pflegebedürftige Personen)
+ Kindergeld, soweit Freibeträge für Kinder das Einkommen mindern

↓

festzusetzende Einkommensteuer

↓

- einbehaltene Steuerbeträge (Vorauszahlungen, Lohnsteuer, einbehaltene Kapitalertragsteuern [soweit seit 2009 keine Abgeltungssteuer], einbehaltene und angemeldete „Bauabzugsteuer")

↓

Einkommensteuerschuld

Abgeltungsteuer seit 2009

Die Besteuerung privater Kapitaleinkünfte wird grundsätzlich aus der einheitlichen Besteuerung des Einkommens des Anlegers herausgelöst. Die privaten Kapitaleinkünfte werden gesondert mit einem einheitlichen Einkommensteuersatz von 25 % zuzüglich Solidaritätszuschlag und ggf. Kirchensteuer belegt. Die Besteuerung erfolgt regelmäßig in Form des Kapitalertragsteuerabzugs mit abgeltender Wirkung. Deshalb müssen diese Einkünfte grundsätzlich nicht mehr in der Einkommensteuererklärung angegeben werden.
Der Umfang der Kapitaleinkünfte ist deutlich ausgeweitet.
Werbungskosten können grundsätzlich nicht mehr steuermindernd geltend gemacht werden.
Ein Sparerpauschbetrag in Höhe von 801,00 EUR kann freigestellt werden.
Zu den der Abgeltungsteuer unterliegenden privaten Kapitalerträgen gehören u. a.:

> Dividenden, offen oder verdeckt ausgezahlte Gewinnausschüttungen einer GmbH und sonstige Bezüge aus Aktien
> Bezüge aus der Auflösung von Körperschaften
> Einnahmen aus typischen stillen Beteiligungen sowie Gewinne aus der Veräußerung der Kapitalanlagen
> Zinsen aus Hypotheken und Grundschulden und Renten aus Rentenschulden
> Erträge aus Kapitallebensversicherungen sowie Gewinne aus der Veräußerung von Ansprüchen auf eine Versicherungsleistung
> Erträge aus sonstigen Kapitalforderungen jeder Art, z. B. in- und ausländische Zinserträge
> Gewinne aus der Veräußerung von Kapitalgesellschaftsanteilen und Wertpapieren jeder Art.

Nicht der Abgeltungssteuer unterliegen u. a.:

> Kapitaleinkünfte, die Einkünfte aus Land- und Forstwirtschaft, aus Gewerbebetrieb, aus selbstständiger Arbeit oder aus Vermietung und Verpachtung sind
> private Veräußerungsgeschäfte (z. B. Grundstücke innerhalb von 10 Jahren nach Anschaffung)
> Veräußerung von anderen Wirtschaftsgütern innerhalb eines Jahres nach Anschaffung
> Spezialfälle (z. B. Verwandtschaft von Gläubiger und Schuldner).

3.5.4.3 Einkünfte aus Gewerbebetrieb

Die Einkünfte aus Gewerbebetrieb sind der Gewinn.

Überschussrechnung

> Wenn der Gewinn 50.000,00 EUR oder der Nettoumsatz 500.000,00 EUR (im Sinne der steuerlichen Vorschriften) nicht übersteigt, darf der Gewinn als Überschuss der Betriebseinnahmen über die Betriebsausgaben (inkl. Absetzung für Abnutzung) ermittelt werden (Überschussrechnung). Diese Einnahmen-Überschuss-Rechnung hat auf einem amtlich vorgeschriebenen Vordruck (www.bundesfinanzministerium.de) zu erfolgen. Diese „Anlage EÜR" ist der Steuererklärung beizulegen. Bei Betriebseinnahmen von weniger als 17.500,00 EUR wird nicht beanstandet, wenn die Gewinnermittlung formlos beigelegt wird. Es ist ein separates Verzeichnis für alle Wirtschaftsgüter des Anlagevermögens sowie einige Wirtschaftsgüter des Umlaufvermögens laufend zu führen.

> Überschreitet der Gewinn oder der Nettoumsatz diese Grenzen oder besteht eine andere gesetzliche Verpflichtung, Bücher zu führen, dann ist der Gewinn nach dem Betriebsvermögen am Schluss des Wirtschaftsjahres abzüglich des Betriebsvermögens am Schluss des vorangegangenen Wirtschaftsjahres – zuzüglich Privatentnahmen, abzüglich Privateinlagen – zu ermitteln (Betriebsvermögensvergleich). Dann ist eine Bilanz zu erstellen.

Betriebsvermögensvergleich

Das Finanzamt muss den Steuerpflichtigen grundsätzlich auf seine Buchführungspflicht für die Zukunft hinweisen. Eine Verlagerung der elektronischen Buchführung ins EU-Ausland und EWR-Staaten ist auf Antrag möglich.

Für Wirtschaftsjahre, die nach dem 31.12.2010 beginnen, sind Bilanzen und Gewinn- und Verlustrechnungen elektronisch einzureichen. Die Übermittlung der Daten hat in standardisierter Form zu erfolgen. Dies gilt auch für alle Unternehmen-Steuererklärungen sowie Einkommensteuererklärungen bei Vorliegen von Gewinneinkünften.

3.5.4.4 Betriebsausgaben

Alle durch den Betrieb veranlassten Aufwendungen sind grundsätzlich als Betriebsausgaben abzugsfähig. Sie mindern den Gewinn bei den Einkünften aus Land- und Forstwirtschaft, Gewerbebetrieb und selbstständiger Arbeit. Betriebsausgaben können dabei abziehbar, nicht abziehbar und begrenzt abziehbar sein. Zu den Betriebsausgaben gehören unter anderem die Aufwendungen für Geschäftsreisen, Repräsentation, Ehegattenbeschäftigung, auch die wertmäßige Abnutzung der Wirtschaftsgüter.

Reisekosten (beruflich bedingte Auswärtstätigkeit)

Eine Geschäftsreise liegt vor, wenn der Unternehmer außerhalb seiner Wohnung **und** seiner regelmäßigen Betriebsstätte (Werkstatt) vorübergehend für seinen Betrieb tätig wird. Abzugsfähig sind die Fahrtkosten, Übernachtungskosten in nachgewiesener Höhe, die Verpflegungskosten in Form von Pauschalen und nach Abwesenheitsdauer gestaffelt sowie die Nebenkosten wie Messeeintrittskarten, Reiseversicherungen.

Bei betrieblichen Fahrzeugen, die auch privat genutzt werden, dürfen die auf die private Nutzung entfallenden Aufwendungen nicht als Betriebsausgaben abgezogen werden. Der private Nutzungswert ist grundsätzlich mit monatlich 1 % des inländischen Listenpreises anzusetzen. Ein anderer Ansatz ist nur zulässig, wenn ein ordnungsgemäßer Nachweis (Fahrtenbuch) geführt wird. Die 1%-Regelung ist auf Fahrzeuge beschränkt, die nachweislich zu mehr als 50 % betrieblich genutzt werden.

Betriebliche Fahrzeuge

Repräsentationsaufwendungen

Aufwendungen für Geschäftsfreunde und Ausgaben zum Zwecke der Anknüpfung von Geschäftsverbindungen sind nur unter bestimmten Voraussetzungen als Betriebsausgabe abzugsfähig. Für die Beurteilung der Abzugsfähigkeit spielen die Betriebsart sowie die Betriebsgröße, die Höhe des Umsatzes und Gewinns und die Bedeutung des Aufwands für den Geschäftserfolg eine Rolle. Abzugsfähig ist nur der angemessene Teil der Aufwendungen.

Aufzeichnungspflicht

Die Repräsentationsaufwendungen müssen in der Buchführung je nach Art der Aufwendungen auf einem eigenen Konto getrennt von den sonstigen Betriebsausgaben und einzeln aufgeführt werden.

Geschenke

Zuwendungen an Personen, die nicht Arbeitnehmer des Steuerpflichtigen sind, können pro Jahr und Empfänger bis 35,00 EUR Anschaffungs- oder Herstellungskosten als Betriebsausgaben abgesetzt werden. Übersteigen die Anschaffungs- oder Herstellungskosten eines Geschenks oder mehrerer Geschenke die 35,00-EUR-Grenze, dann entfällt der Geschenkeabzug in vollem Umfang (Freigrenze). Sie sind einzeln und getrennt aufzuzeichnen.

Freigrenze

Der Steuerpflichtige kann die Einkommensteuer einheitlich für alle innerhalb eines Wirtschaftsjahres gewährten

> betrieblich veranlassten Zuwendungen, die zusätzlich zur ohnehin vereinbarten Leistung oder Gegenleistung erbracht werden,
  und
> Geschenke, die nicht in Geld bestehen,

mit einem Pauschalsteuerstatz von 30 % erheben (+ Solidaritätszuschlag und eventuell Kirchensteuer). Bemessungsgrundlage sind die Aufwendungen einschließlich Umsatzsteuer. Die Pauschalierung ist ausgeschlossen, soweit die Aufwendungen je Empfänger und Wirtschaftsjahr oder wenn die Aufwendungen für die einzelne Zuwendung 10.000,00 EUR übersteigen. Dies gilt auch für betrieblich veranlasste Zuwendungen an Arbeitnehmer, soweit sie nicht in Geld bestehen und zusätzlich zum Arbeitslohn erbracht werden. Die Sozialversicherungspflicht ist zu beachten.

Bewirtungen

Aufwendungen für Bewirtungen dürfen nur zu 70 % gewinnmindernd angesetzt werden und müssen die betriebliche Veranlassung erkennen lassen. Es gelten strenge Formerfordernisse.
Dies muss durch besondere Erläuterungen auf der Spesenrechnung gewährleistet sein, wie z. B. durch maschinelle Erstellung und Registrierung der Rechnung, Aufführung der Namen der Bewirteten und u. U. der Bewirtenden. Auch hier gilt die Pflicht, die Aufwendungen einzeln und getrennt von den sonstigen Betriebsausgaben aufzuzeichnen.

Aufzeichnungspflicht

Erwerbsbedingte Kinderbetreuungskosten

Kinderbetreuung

Bei der Ermittlung der Einkünfte können Aufwendungen für Dienstleistungen zur Betreuung eines zum Haushalt des Steuerpflichtigen gehörenden Kindes, die wegen der Erwerbstätigkeit des Steuerpflichtigen anfallen, bei noch nicht 14-jährigen Kindern mit zwei Dritteln dieser Aufwendungen, höchstens 4.000,00 EUR je Kind als Betriebsausgaben abgezogen werden. Die Aufwendungen müssen durch Vorlage einer Rechnung und den Nachweis der Zahlung auf das Konto des Erbringers der Leistung belegt werden. Nicht begünstigt sind Aufwendungen, die auf Unterricht oder Freizeitbetätigungen entfallen.

Ehegatten-Arbeitsverhältnisse

Es ist zulässig, den Ehegatten im Betrieb des anderen Ehegatten unter Inanspruchnahme aller steuerlichen Vorteile zu beschäftigen.

> Der an den Ehegatten gezahlte Lohn ist Betriebsausgabe und mindert damit den Gewinn.
> Die Arbeitgeberanteile zur gesetzlichen Sozialversicherung mindern ebenfalls den Gewinn.
> Auch lohnsteuerfreie Zuwendungen wie Zuschüsse für die Unterbringung von nicht schulpflichtigen Kindern in Kindergärten, Fehlgeldentschädigungen, Leistungen im Rahmen der betrieblichen Gesundheitsförderung, die Überlassung typischer Berufskleidung, Fahrtkostenerstattung, Werkzeuggeld, Zuschläge für Sonntags-, Feiertags- oder Nachtarbeit sind beim Unternehmer abzugsfähige Betriebsausgaben. Auch Tantiemenzusagen sind möglich. (>> auch Kapitel 3.5.5.2 Lohnsteuer)
> Da der Betriebsgewinn Basis für die Gewerbesteuer ist, tritt durch den Abzug der oben beispielhaft angeführten Betriebsausgaben eventuell auch eine entsprechende Gewerbesteuerersparnis ein.
> Das Gehalt (oder Teile davon) kann dem Betrieb auch als Darlehen überlassen werden.

Steuerliche Vorteile

Der Ehegatten-Arbeitsvertrag kann mündlich und schriftlich abgeschlossen werden. Es müssen folgende Kriterien erfüllt sein:

> Vorliegen eines ernsthaften Arbeitsverhältnisses, d. h. klar und eindeutig vereinbart.
> Vertragsgestaltung wie unter Fremden üblich, zivilrechtlich wirksam.
> Tatsächliche Mitarbeit im Betrieb.
> Lohnzahlung zu einem festen Zeitpunkt.
> Führung eines Lohnkontos mit Festhalten von Arbeitszeit und Arbeitsstunden.
> Gesetzlicher Güterstand der Zugewinngemeinschaft oder vertraglicher Güterstand der Gütertrennung. Bei vertraglichem Güterstand der Gütergemeinschaft kann der Ehegatte nur Lohnempfänger sein, wenn der Betrieb zum Vorbehaltsgut des anderen Ehegatten gehört.

Anforderungen

In dieser Form sind auch Arbeitsverhältnisse mit anderen Angehörigen wie Kindern, Eltern oder Enkeln möglich.

> Abnutzbare Wirtschaftsgüter des Anlagevermögens

Bewegliche Wirtschaftsgüter des abnutzbaren Anlagevermögens, die selbstständig nutzungsfähig sind und deren Anschaffungs- oder Herstellungskosten 410,00 EUR ohne Umsatzsteuer nicht übersteigen, können im Jahr der Anschaffung sofort in voller Höhe als Betriebsaufwand verbucht werden (Sofortabschreibung).

Anschaffungskosten sind alle Aufwendungen, die erforderlich sind, um ein Wirtschaftsgut betriebsbereit zu machen. Herstellungskosten liegen vor, wenn ein Wirtschaftsgut selbst hergestellt wird.
Alternativ kann für Wirtschaftsgüter mit Anschaffungskosten (ohne Umsatzsteuer) über 150,00 und bis zu 1.000,00 EUR eine „Poolabschreibung“ vorgenommen

Poolabschreibung

werden. Es wird ein Sammelposten gebildet, der im Jahr der Bildung und den folgenden vier Wirtschaftsjahren jeweils mit 20 % aufgelöst wird. Der Pool ist nicht veränderbar. Wirtschaftsgüter, deren Wert 150,00 EUR übersteigt, sind in ein laufend zu führendes Verzeichnis aufzunehmen, es sei denn, dass diese Angaben aus der Buchführung ersichtlich sind. Die Entscheidung zwischen Sofort- und Poolabschreibung ist für alle in einem Wirtschaftsjahr angeschafften oder hergestellten Güter einheitlich auszuüben. Als Werbungskosten für Wirtschaftsgüter im Privatvermögen gilt die Grenze von 410,00 EUR.

Begriff der Sacheinheit

Das Wirtschaftsgut muss eine Sacheinheit darstellen. Es ist unstatthaft, ein zusammengehörendes Anlagegut so aufzuteilen, dass die Einzelteile wertmäßig die 410,00- bzw. 150,00-EUR-Grenze nicht übersteigen.

Aktivierungspflichtige Anlagegüter

Wirtschaftsgüter des Anlagevermögens, deren Anschaffungs- oder Herstellungskosten je nach gewähltem Verfahren 410,00 bzw. 1.000,00 EUR übersteigen und die einer Nutzungsdauer von mehr als einem Jahr unterliegen, sind aktivierungspflichtig. Das heißt, es darf jeweils der Teil der Anschaffungs- oder Herstellungskosten als Betriebsausgabe abgesetzt werden, der bei gleichmäßiger Verteilung dieser Kosten auf die Gesamtdauer der Verwendung oder Nutzung auf ein Jahr entfällt, während der Restwert des Gegenstandes in der Bilanz ausgewiesen wird.

Absetzung

Es gibt mehrere Methoden zur Verteilung der Anschaffungs- bzw. Herstellungskosten eines Wirtschaftsgutes. Nachfolgende Methoden sind im Steuerrecht zugelassen.

> **Die lineare AfA**
> Die lineare AfA errechnet sich nach der Formel:
> Anschaffungs- bzw. Herstellungskosten geteilt durch Nutzungsdauer = jährliche AfA-Quote.
> Das Kennzeichen dieser Methode ist die gleich bleibende AfA-Quote während der Nutzungsdauer, die als Aufwand den jährlichen Gewinn mindert.
> Die Nutzungsdauer ist allgemein in AfA-Tabellen festgelegt.

> **Die degressive AfA**
> Die degressive AfA, die für 2009 und 2010 angeschaffte oder hergestellte Wirtschaftsgüter möglich ist, beträgt das Zweieinhalbfache der linearen AfA, höchstens jedoch 25 % des jeweiligen Buchwerts. Es handelt sich um AfA in fallenden Jahresraten.
> Vorteil dieser Methode sind die hohen AfA-Quoten, die zu Beginn der Nutzungsdauer als Aufwand den Gewinn entsprechend mindern. Nachteilig ist, dass mit fortschreitender Nutzungsdauer die AfA-Quote immer unbedeutender wird.
> Ein einmaliger Wechsel von degressiver zur linearen AfA ist möglich.

> **Die „technische" AfA**
> Bei beweglichen Wirtschaftsgütern des Anlagevermögens, bei denen es wirtschaftlich begründet ist, die Absetzung für Abnutzung nach Maßgabe der Leistung des Wirtschaftsgutes vorzunehmen, kann dieses Verfahren statt der linearen AfA angewendet werden, wenn der Umfang der Leistung, der auf das einzelne Jahr entfällt, nachgewiesen wird. Ein Wechsel zwischen technischer AfA und linearer AfA ist möglich.

> Die AfA bei beweglichen Wirtschaftsgütern beginnt grundsätzlich mit dem Monat der Anschaffung oder Herstellung.

Im Jahr der Anschaffung oder Herstellung kann also nur die zeitanteilige AfA berücksichtigt werden. Im letzten Jahr der Nutzungsdauer ist der noch nicht abgesetzte Teil der Anschaffungs- oder Herstellungskosten in voller Höhe abzusetzen. Neben den angeführten Grundmodellen der AfA hat der Gesetzgeber aus konjunkturellen Gründen eine Sonder-AfA für kleine und mittlere Betriebe unter bestimmten Voraussetzungen zugelassen.

Bei dieser AfA steht dem Unternehmer eine einmalige Sonder-AfA bis zu insgesamt 20 % zur normalen AfA – wahlweise innerhalb der ersten fünf Nutzungsjahre – zu. Sonder-AfA

Der Investitionsabzugsbetrag, auf den die frühere Ansparabschreibung umgestellt wurde, kann von Gewerbebetrieben mit einem Betriebsvermögen bis zu 335.000,00 EUR bzw. Gewinn bis zu 200.000,00 EUR bei Gewinnermittlung nach der Einnahmenüberschussrechnung (befristet für 2 Jahre, 2009 und 2010) in Anspruch genommen werden. Auch nicht neu erstellte bewegliche Wirtschaftsgüter sind einbezogen. Es können bis zu 200.000,00 EUR berücksichtigt werden. Bei geplanten Investitionen können sofort bis zu 40 % der voraussichtlichen Anschaffungs- oder Herstellungskosten abgesetzt werden. Dies verschafft zum Investitionszeitpunkt Liquidität. Der Steuerpflichtige hat dabei die Absicht, das begünstigte Wirtschaftsgut in den folgenden drei Wirtschaftsjahren anzuschaffen oder herzustellen. Im Jahr der Anschaffung oder Herstellung ist der Investitionsbetrag gewinnerhöhend hinzuzurechnen. Zugleich können die Anschaffungs- oder Herstellungskosten des Wirtschaftsgutes bis zu diesem Betrag gewinnmindernd herabgesetzt werden. Soweit nicht bis zum Ende des dritten Wirtschaftsjahres hinzugerechnet wurde, ist der Abzug rückgängig zu machen. Investitionsabzugsbetrag

3.5.4.5 Sonderausgaben und außergewöhnliche Belastungen

Vom Gesamtbetrag der Einkünfte werden die Sonderausgaben und außergewöhnlichen Belastungen abgezogen. Das sind private Aufwendungen, die keiner Einkunftsart als Betriebsausgaben oder Werbungskosten zugeordnet werden können, aber aus sozialen, religiösen, politischen Gründen und zum Erhalt der steuerlichen Gleichmäßigkeit zum Abzug zugelassen sind.

Sonderausgaben bei selbstständigen Handwerkern

Die Sonderausgaben gliedern sich in:

- Vorsorgeaufwendungen
  - Altersvorsorgeaufwendungen
  - sonstige Vorsorgeaufwendungen
- andere Sonderausgaben.

Sie können im Einzelnen voll abzugsfähig und beschränkt abzugsfähig sein.

- Andere Sonderausgaben

Zu den anderen Sonderausgaben, die voll abzugsfähig sind, zählen:

> die gezahlte Kirchensteuer
> bestimmte dauernde Lasten.

Als Sonderausgaben voll abzugsfähig, aber ihrer Höhe nach limitiert, können bei Vorliegen der Voraussetzungen unter anderem folgende Aufwendungen angesetzt werden:

> Spenden für kirchliche, religiöse, gemeinnützige sowie für wissenschaftliche, mildtätige, kulturelle Zwecke und Spenden an politische Parteien. Dies gilt auch bei Zahlungen an eine in einem EU-/EWR-Mitgliedsstaat ansässige Körperschaft oder juristische Person des öffentlichen Rechts. Die Spendenhöchstgrenzen sind dabei einheitlich. Spenden können unter bestimmten Voraussetzungen vorgetragen werden. Der Abzug bestimmter Mitgliedsbeiträge an Körperschaften ist ausgeschlossen. Sachspenden sind möglich.

Voll abzugsfähig

> Aufwendungen für die eigene berufliche Erstausbildung
> Unterhaltsleistungen an den geschiedenen oder dauernd getrennt lebenden Ehegatten plus die für diesen geleisteten Beiträge zur Basiskranken- und Pflegeversicherung
> Verlustausgleich
> 30 % des Entgelts für den Schulbesuch der Kinder, eventuell auch im Ausland, maximal 5.000 EUR
> Aufwendungen für Dienstleistungen zur Betreuung eines zum Haushalt des Steuerpflichtigen gehörenden Kindes (private Kinderbetreuungskosten) bis zu 4.000,00 EUR. Dies gilt für Kinder, die das 3., aber noch nicht das 6. Lebensjahr vollendet haben, oder unter bestimmten Voraussetzungen für Kinder bis zur Vollendung des 14. Lebensjahres.

Altersvorsorgeaufwendungen

> **Altersvorsorgeaufwendungen**

> Beiträge zu den gesetzlichen Rentenversicherungen, eventuell mit Arbeitgeberanteil
> Beiträge zum Aufbau einer eigenen kapitalgedeckten Altersversorgung (unter bestimmten Voraussetzungen)
> Steuerpflichtige können unter bestimmten Voraussetzungen eine kapitalgedeckte Altersvorsorge mit Zulagenleistungen durch den Staat und Sonderausgabenberücksichtigungen in Anspruch nehmen (sogenannte Riester-Rente). Es wird auch die Rürup-Rente angeboten (auch Basis-Rente genannt).

Sonstige Vorsorgeaufwendungen

> **Sonstige Vorsorgeaufwendungen (bis 2009)**

> Beiträge zu Versicherungen gegen Arbeitslosigkeit, zu Erwerbs- und Berufsunfähigkeitsversicherungen, die nicht unter die Altersvorsorgeaufwendungen fallen, zu Kranken-, Pflege-, Unfall- und Haftpflichtversicherungen sowie zu Risikoversicherungen, die nur für den Todesfall eine Leistung vorsehen
> Rentenversicherungen mit Kapitalwahlrecht und Kapitalversicherungen mit Sparanteil, wenn laufend Beiträge bezahlt werden, die Mindestlaufzeit zwölf Jahre beträgt, die Laufzeit vor dem 1.1.2005 begonnen hat und mindestens ein Versicherungsbeitrag bis zum 31.12.2004 entrichtet worden ist.

> Sonstige Vorsorgeaufwendungen (ab 2010)

> begünstigt absetzbare Beträge
- Beiträge für eine Basis-Krankenversicherung (entspricht weitgehend dem Niveau der gesetzlichen Krankenversicherung; eine darüber hinausgehende Versorgung ist nicht begünstigt; es besteht die Möglichkeit, die Beiträge für Kinder, die bei ihren Eltern privat mitversichert sind, ebenfalls abzusetzen)
- Beiträge für die gesetzliche und private Pflege-Pfichtversicherung

> nicht begünstigt absetzbare weitere sonstige Vorsorgeaufwendungen; hierzu gehören die bisherigen sonstigen Vorsorgeaufwendungen (siehe bis 2009).

> Berechnung der abzugsfähigen Altersvorsorgeaufwendungen (Grundsatz ab dem Veranlagungszeitraum 2005):

Die Summe der Altersvorsorgeaufwendungen zuzüglich des steuerfreien Arbeitgeberanteils bzw. -zuschusses zur Rentenversicherung ist bis maximal 20.000,00 EUR, bei Eheleuten, die zusammen veranlagt werden, bis maximal 40.000,00 EUR zu berücksichtigen. Der Höchstbetrag gilt dabei einheitlich für alle Steuerpflichtigen. Die ermittelten Altersvorsorgeaufwendungen (maximal 20.000,00 bzw. 40.000,00 EUR) sind im Jahre 2010 nur mit 70 % zu berücksichtigen. Dieser Prozentsatz erhöht sich bis zum Jahr 2025 jährlich um 2 %. Ein Arbeitgeberanteil zur Rentenversicherung ist davon wieder abzuziehen.

Altersvorsorgeaufwendungen

> Berechnung der abzugsfähigen sonstigen Vorsorgeaufwendungen (bis 2009): Auch die sonstigen Vorsorgeaufwendungen sind nicht unbeschränkt, sondern nach bestimmten Höchstbeträgen abzugsfähig, bei Selbstständigen 2.400,00 EUR, bei anderen 1.500,00 EUR. Bei Ehegatten verdoppeln sich diese Beträge.

> Berechnung der abzugsfähigen sonstigen Vorsorgeaufwendungen (ab 2010): Der Höchstbetrag erhöht sich auf 1.900,00 EUR, bei Selbstständgen 2.800,00 EUR. Bei Ehegatten verdoppeln sich diese Beträge. Wenn die in jedem Fall begünstigten Beiträge zur Kranken- und Pflegeversicherung (die insgesamt auch höher sein können), diesen Höchstbetrag übersteigen, dann können keine weiteren sonstigen Vorsorgeaufwendungen geltend gemacht werden. Die Versicherungsdaten werden elektronisch von der Versicherung ans Finanzamt übermittelt.

> Übergangsregelung:

Ist für den Steuerpflichtigen die Höchstbetragsrechnung nach altem Recht günstiger, wird die bisherige Berechnung bis 2019 zugrunde gelegt; die Beträge für den Vorwegabzug werden ab 2011 abgeschmolzen.
Die beschränkt abzugsfähigen Sonderausgaben können dann, wie bis 2004 üblich,

Günstigerprüfung

> im Vorwegabzug berücksichtigt werden. Der Vorwegabzug beträgt 3.068,00 EUR für Ledige, 6.136,00 EUR für Verheiratete.

> Der den Vorwegabzug übersteigende Rest der Beiträge darf im Rahmen des Grundhöchstbetrags berücksichtigt werden.
Der Grundhöchstbetrag beträgt 1.334,00 EUR für Ledige, 2.668,00 EUR für Verheiratete.

> Ein zusätzlicher Höchstbetrag in Höhe von 184,00 EUR wird Steuerpflichtigen gewährt, die nach dem 31.12.1957 geboren sind und Beiträge zu einer zusätzlichen, freiwilligen Pflegeversicherung entrichten.

Überschreiten die beschränkt abzugsfähigen Sonderausgaben den Vorwegbetrag und den Grundhöchstbetrag, dann darf der Rest noch zur Hälfte, höchstens bis zur Hälfte des Grundhöchstbetrags, in Anspruch genommen werden.

Beispiel:

Ein selbstständiger Handwerksmeister (ledig) hat im Jahr folgende Altersvorsorgeaufwendungen:

Zahlung an das berufsständische Versorgungswerk	9.500,00 EUR	
monatliche Beiträge zu einer begünstigten Lebensversicherung	je 900,00 EUR	
An Kirchensteuer hat er dieses Jahr	400,00 EUR	bezahlt.
Für die private Haftpflichtversicherung zahlt er	400,00 EUR	im Jahr.
Für die private Krankenversicherung, Pflegeversicherung zahlt er (ohne Anspruch auf Zuschuss oder Erstattung)	3.000,00 EUR	
Der Privatanteil der Kfz-Haftpflichtversicherung beläuft sich auf	200,00 EUR.	

Berücksichtigungsfähige Sonderausgaben		
Zeile	Voll abzugsfähige Sonderausgaben	**EUR**
1	Kirchensteuer	400,00
2		
3	Summe der Zeilen 1 und 2	
4	**Ansatz für 2010 ff.**	**400,00**
Zeile	Beschränkt abzugsfähige Sonderausgaben	**EUR**
5	**Altersvorsorgeaufwendungen**	
6	Versorgungswerk	9.500,00
7	Sonstige Leibrentenversicherung	10.800,00
8	Summe der Zeilen 6 und 7	20.300,00
9	**Höchstbetrag**	**20.000,00**
10	Niedrigerer Betrag lt. Zeile 8 oder 9	20.000,00
11	**Ansatz für 2010 70 % von Zeile 10**	**14.000,00**
12	**Ansatz für 2017 84 % von Zeile 10**	**16.800,00**
13	**Ansatz für 2025 100 % von Zeile 10**	**20.000,00**
14	**Sonstige Vorsorgeaufwendungen**	
15	Krankenversicherung, Pflegeversicherung, voll	3.000,00
16	Privatanteil Kfz-Haftpflichtversicherung, dann nicht	200,00
17	Private Haftpflichtversicherung, dann nicht	400,00
18	Summe der Zeilen 15 bis 17	3.000,00

Berücksichtigungsfähige Sonderausgaben		
19	**Höchstbetrag, über 2.800,00 EUR nur Kranken- und Pflegeversicherung**	**3.000,00**
20	**Ansatz für 2010 ff.**	**3.000,00**
Zeile	**Gesamtbetrag Sonderausgaben**	**EUR**
21	**2010** Summe der Zeilen 4, 11 und 20	**17.400,00**
22	**2017** Summe der Zeilen 4, 12 und 20	**20.200,00**
23	**2025** Summe der Zeilen 4, 13 und 20	**23.400,00**

Für Sonderausgaben, die nicht Vorsorgeaufwendungen sind, wird eine Sonderausgabenpauschale von 36,00 EUR, bei Verheirateten Zusammenveranlagten von 72,00 EUR gewährt, wenn nicht höhere tatsächliche Sonderausgaben geltend gemacht werden.

Sonderausgabenpauschale

Außergewöhnliche Belastungen

Außergewöhnliche Belastungen sind private Aufwendungen, die dem Steuerpflichtigen zwangsläufig in größerem Umfang erwachsen als der Mehrzahl vergleichbarer Steuerpflichtiger.

Man unterscheidet:

> **Außergewöhnliche Belastungen gegen Einzelnachweis** wie z. B. nicht ersetzte Arzt-, Krankheits-, Kur-, Medikamentenkosten, Scheidungskosten, das Erbe übersteigende Bestattungsaufwendungen.
  Bei den außergewöhnlichen Belastungen gegen Einzelnachweis muss sich der Steuerpflichtige einen Selbstbeteiligungsbetrag als zumutbare Belastung anrechnen lassen. Es gibt dazu Sonderregelungen.

> **Außergewöhnliche Belastungen in Form von Pauschalen**

Pauschalen

Die außergewöhnlichen Belastungstatbestände, die in Form von Pauschalen abgedeckt werden können, sind im Gesetz erschöpfend aufgezählt. Bei diesen außergewöhnlichen Belastungen besonderer Art wird die zumutbare Eigenbelastung nicht angerechnet.

Hierher zählen z. B.:
der Pauschbetrag für Unterhalt und Berufsausbildung, der Pauschbetrag für eine Haushaltshilfe unter bestimmten Voraussetzungen, Pflegeaufwendungen, Pauschbeträge für behinderte Menschen u. a. m.

3.5.4.6 Steuertarif

Die Höhe der Einkommensteuer bestimmt sich nach dem Einkommensteuertarif. Er hat derzeit für Nichtverheiratete folgenden Aufbau:

	ab 2010
Bis zu einem Betrag von: bis: (Null-Zone Grundfreibetrag)	 0 8.004,00 EUR
beträgt die Einkommensteuer	0
Bei einem Betrag von zu versteuerndem Einkommen von: bis: (untere Zone)	 8.005,00 EUR 13.469,00 EUR
beträgt die Einkommensteuer von: bis:	 14 % 24 %
Bei einem Betrag von zu versteuerndem Einkommen von: bis: (Progressionszone)	 13.470,00 EUR 52.881,00 EUR
beträgt die Einkommensteuer von: bis:	 24 % 42 %
Bei einem Betrag von zu versteuerndem Einkommen von: bis: (Proportionalzone)	 52.882,00 EUR 250.730,00 EUR
beträgt die Einkommensteuer	42 %
Ab einem Betrag von zu versteuerndem Einkommen von:	 250.731,00 EUR
beträgt die Einkommensteuer	45 %

Zusätzlich ist der Solidaritätszuschlag zu entrichten, gegebenenfalls auch Kirchensteuer.

Durch Betriebsvermögensvergleich ermittelte, nicht entnommene Gewinne aus Land- und Forstwirtschaft, Gewerbebetrieb oder selbstständiger Arbeit sind ab 2008 auf Antrag ganz oder teilweise mit einem Steuersatz von 28,25 % abzüglich Gewerbesteueranrechnung, zuzüglich Soli und gegebenenfalls Kirchensteuer (insges. 32,35 %) zu belasten. Damit wird Steuerpflichtigen eine Vergünstigung gewährt, wenn sie auf die private Verwendung von Gewinnen verzichten und dem Betrieb erwirtschaftetes Kapital weiterhin zur Verfügung stellen, um damit dessen Eigenkapitalbasis nachhaltig zu stärken (Thesaurierungsrücklage). Wird der Gewinn in späteren Jahren entnommen oder bei Betriebsaufgabe, erfolgt eine Nachversteuerung in Höhe von 25 % (28,62 % inklusive Soli und Kirchensteuer). Mit dem Steuersatz von 28,25 % werden die betrieblichen Gewinne in vergleichbarer Weise wie das Einkommen von Kapitalgesellschaften besteuert. Er setzt sich rechnerisch aus dem Körperschaftsteuersatz von 15 % und der durchschnittlichen Gewerbesteuerbelastung zusammen.

Thesaurierungsrücklage

Entnahmen für die Bezahlung von Erbschaftsteuer werden, soweit die Steuer auf die Übertragung des Betriebes entfällt, im Jahr der Entnahme nicht nachversteuert.

Anrechnungsverfahren der Gewerbesteuer auf die Einkommensteuer

> Die tarifliche Einkommensteuer ermäßigt sich – soweit sie auf die im zu versteuernden Einkommen enthaltenen gewerblichen Einkünfte entfällt – um das 3,8-Fache des Gewerbesteuermessbetrags.

Die Vergünstigung kommt somit nur gewerbesteuerpflichtigen Unternehmern oder Mitunternehmern zugute, und auch nur dann, wenn der Unternehmer ein positives einkommensteuerpflichtiges Einkommen hat.
Die Entlastung erfolgt also nicht auf der Ebene des Unternehmens, sondern auf der des Unternehmers.
Es gibt einen Ermäßigungshöchstbetrag.

Besteuerung bei Bauleistungen (Quellensteuerabzug)

Das „Gesetz zur Eindämmung illegaler Betätigung im Baugewerbe" schreibt vor,

Bauleistungen

- dass ein Unternehmer im weitesten Sinn (z. B. Vermieter gewerblicher Räume) bei Vergabe von gewerblichen Bauleistungen 15 % des Rechnungsbetrags direkt an das Finanzamt des Bauleistenden abführt und nur 85 % des Rechnungsbetrags dem Bauleistenden überweist. Die Überweisung der 15 % wird auf die Einkommensteuer- oder Körperschaftsteuer-Vorauszahlungen des Bauleistenden oder auf seine abzuführende Lohnsteuer angerechnet. Soweit eine Aufrechnung nicht in Betracht kommt, erfolgt eine Erstattung.
- Der 15%ige Steuerabzug entfällt, wenn
  a die Gegenleistung bei steuerfreien Umsätzen von Vermietung und Verpachtung von Grundstücken oder dinglichen Grundstücksnutzungsrechten 15.000,00 EUR im laufenden Kalenderjahr voraussichtlich nicht übersteigt;
  b die bezahlte Bauleistung von jeweils einem Bauleistenden im Jahr voraussichtlich weniger als 5.000,00 EUR beträgt;
  c der Bauleistende seinem Auftraggeber eine gültige Freistellungsbescheinigung vorlegt. Diese Bescheinigung wird vom zuständigen Finanzamt des Bauleistenden auf formlosen Antrag ausgestellt. Voraussetzung ist, dass der zu sichernde Steueranspruch nicht gefährdet erscheint und ein inländischer Empfangsbevollmächtigter bestellt ist. Jede Bescheinigung enthält eine Sicherheitsnummer. Der Bauleistende kann je nach Bedarf die Bescheinigung fotokopieren und dem Auftraggeber aushändigen. Wenn der Leistungsempfänger nicht mehr als zwei Wohnungen vermietet, ist der Steuerabzug unabhängig vom Vorliegen einer Freistellungsbescheinigung nicht vorzunehmen.

Es wird kein Solidaritätszuschlag erhoben. Die Steuer ist bis zum 10. Tag nach Ablauf der Erbringung der Gegenleistung abzuführen.
Eine Zuwiderhandlung stellt eine Ordnungswidrigkeit dar, die mit einer Geldbuße in beachtlicher Höhe geahndet werden kann.

Haushaltsnahe Dienstleistungen, Handwerkerleistungen

Soweit diese Aufwendungen als Betriebsausgaben, Werbungskosten oder Sonderausgaben geltend gemacht werden, ist der Abzug einer Steuerermäßigung ausgeschlossen.

Jeder Steuerpflichtige, der Auftraggeber einer solchen Leistung ist, kann die Steuerermäßigung als direkten Abzug von der Einkommensteuerschuld in Anspruch nehmen, auch als Mieter. Die Tätigkeit muss in einem in der EU oder EWR liegenden eigengenutzten Haushalt ausgeübt werden, auch in Zweit-, Wochenend- und Ferienwohnungen. Die Ermäßigung kann aber für alle Wohnungen insgesamt nur einmal bis zum Höchstbetrag abgezogen werden. Eine Tätigkeit im Haushalt liegt auch bei vorliegendem Zusammenhang vor Einzug bzw. nach Auszug vor. Es ist auf das Jahr der Zahlung abzustellen. Voraussetzung für den Abzug ist, dass eine Rechnung vorliegt und die Zahlung unbar auf das Konto des Leistenden erfolgt ist.
Begünstigt sind bei haushaltsnahen Dienstleistungen (insbesondere Hilfen in Haus und Garten) 20 % der begünstigten Aufwendungen, höchstens 4.000,00 EUR.
Auch handwerkliche Tätigkeit im Zusammenhang mit Renovierungs-, Erhaltungs- und Modernisierungsmaßnahmen ist begünstigt, und zwar mit 20 % der Aufwendungen, höchstens 1.200,00 EUR. Darunter fallen Arbeiten am Dach, an der Fassade, an Garagen, Reparatur oder Austausch von Fenstern oder Türen oder Bodenbelägen, Streich- und Lackierarbeiten, Wartung oder Austausch von Heizungsanlagen, Modernisierung des Badezimmers, Austausch der Einbauküche, Reparatur von Haushaltgeräten, neue Gartenanlage, Gebühren des Schornsteinfegers für Kaminreinigung und Emissionsmessungen, auch Wach- und Schließdienst. Es werden keine Material- oder Warenkosten berücksichtigt. Ist die Entsorgung Nebenleistung, kann auch diese Aufwendung angesetzt werden. Nichtbegünstigt sind Maßnahmen im Rahmen einer Neubaumaßnahme, Architektenleistungen oder bereits durch das CO_2-Gebäudesanierungsprogramm geförderte Aufwendungen. Die verschiedenen Steuerermäßigungn können nebeneinander in Anspruch genommen werden.

Alterseinkünftegesetz

Nachgelagerte Besteuerung

2005 wurde eine Neuordnung der einkommensteuerlichen Behandlung von Altersvorsorgeaufwendungen und Altersbezügen vorgenommen. Die wesentliche Änderung ist der schrittweise Übergang bis zum Jahr 2040 zur nachgelagerten Besteuerung, also die steuerliche Freistellung der Altersvorsorge und die reguläre Besteuerung von Alterseinkünften. Das Steuerprivileg für Kapitallebensversicherungen (Sonderausgabenabzug, Steuerfreiheit der Erträge bei langer Laufzeit) ist für ab dem 1.1.2005 abgeschlossene Verträge eingeschränkt worden. Die Erträge aus nach dem 31.12.2004 abgeschlossenen Lebensversicherungsverträgen sind Einkünfte aus Kapitalvermögen. Es wurde ein Kontrollmitteilungsverfahren eingeführt, das die verschiedensten Institutionen zur Rentenbezugsmitteilung der Leistungen an die Steuerpflichtigen gegenüber dem Finanzamt verpflichtet.
Für alle Bestandsrentner (Jahr des Rentenbeginns bis 2005) gilt einheitlich ein Besteuerungsanteil von 50 %. Für alle danach hinzukommenden Rentner ist der Besteuerungsanteil der gesetzlichen Tabelle zu entnehmen (2010: 60 %; 2024: 84 %; 2040: 100 %).
Der einmal ermittelte Vom-Hundert-Satz bleibt grundsätzlich während der gesamten Laufzeit der Rente unverändert. Rentenerhöhungen in den Folgejahren werden stets zu 100 % versteuert. Der nicht zu versteuernde Teil wirkt für die Laufzeit der Rente wie ein gleichbleibender Freibetrag.

3.5.4.7 Steuerveranlagung und Steuererhebung

Es gibt mehrere Einkommensteuer-Veranlagungsmöglichkeiten. Je nach Veranlagungsart wird die Steuer aus Tabellen (Grund- oder Splittingtabelle) abgelesen.

Einzelveranlagung und getrennte Veranlagung

> Alleinstehende, aber auch Ehegatten, die einen entsprechenden Antrag stellen, werden einzeln veranlagt. Das heißt, das zu versteuernde Einkommen wird für jeden einzeln ermittelt und nach der Grundtabelle besteuert.

Grundtabelle

Zusammenveranlagung

> Bei der Zusammenveranlagung von Ehegatten werden die Einkünfte, die die Ehegatten erzielt haben, zusammengerechnet und den Ehegatten gemeinsam zugerechnet. Die Einkommensteuer wird nach der Splittingtabelle ermittelt. Die Zusammenveranlagung wird auch verwitweten Personen im Todesjahr und im darauf folgenden Jahr zugestanden, sofern die Ehegatten nicht dauernd getrennt lebten.

Splittingtabelle

Besondere Veranlagung

Diese Veranlagung kann nur für das Jahr der Eheschließung von den Ehegatten gemeinsam gewählt werden. Die Ehegatten werden dann so veranlagt, als wären sie unverheiratet. Für das Jahr der Eheschließung führt nämlich die Zusammenveranlagung wie auch die getrennte Veranlagung regelmäßig zu einer Steuernachzahlung, wenn auch der Ehegatte steuerpflichtige Einkünfte hat. Im Rahmen der besonderen Veranlagung bleiben aber die jeweiligen Vergünstigungen erhalten.
Der Steuerpflichtige teilt durch entsprechenden Vermerk in seiner alljährlich einzureichenden Steuererklärung mit, welche Veranlagungsart er wünscht.
Das Finanzamt erlässt einen Einkommensteuerbescheid, der das veranlagte Einkommen in Einzelheiten, die der Tabelle entnommene Jahressteuer, die bereits verrechneten Lohnsteuern, Kapitalertragsteuern und für das Veranlagungsjahr geleistete Vorauszahlungen ausweist. Das Finanzamt hat auch von Amts wegen bestimmte Sachverhalte zu berücksichtigen, wie z. B. den Verlustrücktrag und Verlustvortrag.

Einkommensteuerbescheid

Vorauszahlungsbescheid

Im Einkommensteuerbescheid sind auch die zu entrichtenden Vorauszahlungen festgelegt. Die Vorauszahlungen sind selbstständig rechtsbehelfsfähig; insoweit handelt es sich um Bescheide, denen die Verhältnisse des Veranlagungsbescheids zugrunde liegen.

> Die Vorauszahlungen sind in gleicher Höhe am 10.3., 10.6., 10.9. und 10.12. zu leisten.

Vorauszahlungen

3.5.5 Lohnsteuer

3.5.5.1 Wesen der Lohnsteuer

Die Lohnsteuer ist voll integrierter Bestandteil der Einkommensteuer; sie unterscheidet sich nur in ihrer besonderen Erhebungsform von der Einkommensteuer. Die Besonderheit der Lohnsteuer besteht darin, dass der Arbeitgeber verpflichtet ist, vom Bruttogehalt bzw. vom Bruttolohn seines Arbeitnehmers die Lohnsteuer, den Solidaritätszuschlag und die Kirchensteuer einzubehalten und für den Arbeitnehmer unmittelbar an das Finanzamt abzuführen.
Diese Verpflichtung besteht auch, wenn der Arbeitnehmer selbst eine Einkommensteuererklärung abgibt.

3.5.5.2 Ermittlung und Entrichtung

Arbeitnehmer

Arbeitnehmer ist, wer unselbstständig, weisungsgebunden Einnahmen aus einem bestehenden oder früheren Dienstverhältnis bezieht, gleichgültig ob es sich um laufende oder einmalige Einnahmen handelt, ob ein Rechtsanspruch auf sie besteht und unter welcher Bezeichnung oder Form sie gewährt werden. Weder die Vereinbarung eines Zeitwertkontos noch die Wertgutschrift auf diesem Zeitwertkonto führen steuerlich zu einem Zufluss von Arbeitslohn. Erst die Auszahlung des Guthabens während der Freistellung löst einen steuerpflichtigen Lohnzufluss beim Arbeitnehmer aus. Dies gilt auch, wenn das Wertguthaben im Falle eines Arbeitgeberwechsels auf einen neuen Arbeitgeber übertragen wird. Auch der von Dritten in Form von Geld oder Sachbezügen einem Arbeitnehmer zugewendete Lohn unterliegt der Lohnsteuer. Der Arbeitnehmer ist verpflichtet, diese Bezüge dem Arbeitgeber für jeden Lohnzahlungszeitraum schriftlich mitzuteilen.

Arbeitszeitkonten

Lohnsteuerfreie Zuwendungen

Lohnsteuerfreie Zuwendungen

Der Arbeitgeber kann dem Arbeitnehmer auch Zuwendungen machen, die beim Arbeitnehmer nicht dem Lohnsteuerabzug unterliegen. Dazu gehören grundsätzlich alle Aufwendungen, die der Arbeitgeber für den Arbeitnehmer im ganz überwiegenden eigenbetrieblichen Interesse macht. Das sind z. B.:

> Aufmerksamkeiten, Sachzuwendungen aus besonderem Anlass bis zu 40,00 EUR Freigrenze, z. B. Blumen, Genussmittel, Bücher, Tonträger zum persönlichen Anlass (Geburtstag, Hochzeit), Haustrunk, nicht Geld
> Aufmerksamkeiten, unabhängig von den besonderen Anlässen bis zu 44,00 EUR Freigrenze, monatlich, z. B. Speisen, Jobtickets, Warengutscheine, Geschenke ohne besonderen Anlass
> Aufwandsentschädigungen, ausnahmsweise, z B. typische Berufskleidung, Kinderbetreuung, Werkzeuggeld
> Auslagenersatz, einzeln abgerechnet
> Auslösungen, z. B. Verpflegungsmehraufwand, Reisekosten
> Bahn-Card
> Benzingutschein (nur Literangabe ohne Preis) bis 44,00 EUR
> betriebliche Weiterbildung

> Betriebskindergarten, Kinderbetreuung
> Betriebssport, betriebliche Gesundheitsförderung, Suchtprävention, Stressbewältigung, Entspannung, Bewegungs- und Ernährungsgewohnheiten bis zu 500,00 EUR, auch extern, nicht Mitgliedsbeiträge
> Betriebsveranstaltungen, pro Arbeitnehmer nicht mehr als 110,00 EUR
> Bewirtung, z. B. Arbeitnehmer bewirtet Kunden im Restaurant, Arbeitgeber ersetzt Aufwand
> Computer, private Nutzungsüberlassung
> Fachzeitschriften
> Jubiläumszuwendungen
> Firmenkreditkarte
> Personalrabatte, Preisnachlässe bis 1.080,00 EUR
> Sachprämien aus Kundenbindungsprogrammen bis zu 1.080,00 EUR
> Sonntags-, Feiertags-, Nachtarbeitszuschläge in bestimmter Höhe
> Tageszeitungen am Arbeitsplatz
> Telefon, Handy im Betrieb, Internet
> Trinkgelder
> Umzugskosten
> Unfallversicherung
> Unterstützungsleistungen, bis 600,00 EUR jährlich, z. B. Unglücksfälle, Todesfälle, Krankheitsfälle, Vermögensverlust, Arbeitslosigkeit, im Notfall auch mehr
> bestimmte Vorsorgeaufwendungen
> Vorteile aus der Überlassung von Vermögensbeteiligungen, bis zu 360,00 EUR im Jahr
> Wäschegeld für Berufskleidung
> Werkzeuggeld
> Zukunftssicherungsleistungen, Direktversicherungen 2.592,00 EUR

Daneben gibt es auch eine Reihe von Zuwendungen, die der Arbeitgeber pauschal versteuern kann, die dann beim Arbeitnehmer nicht mehr der Lohnsteuer unterliegen.
Die Gemeinde stellt dem Arbeitnehmer eine Lohnsteuerkarte aus (letztmals für das Kalenderjahr 2010). Der Arbeitnehmer kann beim Finanzamt die Eintragung bestimmter Freibeträge, wie z. B. den Pauschbetrag für seine Behinderung, beantragen. Der Arbeitnehmer hat die Lohnsteuerkarte seinem Arbeitgeber auszuhändigen. Die Höhe der vom Arbeitgeber einzubehaltenden Lohnsteuer richtet sich nach der auf der Lohnsteuerkarte ausgewiesenen Lohnsteuerklasse. Eingetragene Freibeträge sind zu berücksichtigen. Ab dem Kalenderjahr 2011 wird das Verfahren zur elektronischen Übermittlung der Lohnsteuerabzugsmerkmale eingesetzt. Die bis dahin auf der Lohnsteuerkarte festgehaltenen Besteuerungsgrundlagen werden dann elektronisch zentral verwaltet und beim Bundeszentralamt für Steuern zur Bereitstellung für den automatisierten Abruf durch den Arbeitgeber gespeichert. Die Lohnsteuer wird aus der zutreffenden Lohnsteuertabelle abgelesen. Heute geschieht dies in der Regel per PC.

Pflichten des Arbeitgebers Betriebsstättenfinanzamt

Die Lohnsteuerabführung und Anmeldung der einbehaltenen Lohnsteuer beim Betriebsstättenfinanzamt hat bis zum 10. des Folgemonats zu erfolgen:

> bei nicht mehr als 1.000,00 EUR im Vorjahr jährlich,
> bei mehr als 1.000,00 EUR, aber nicht mehr als 4.000,00 EUR im Vorjahr vierteljährlich,
> bei mehr als 4.000,00 EUR im Vorjahr monatlich.

Abgabeschonfrist
Zahlungsschonfrist

Bei verspäteter Abgabe der Lohnsteueranmeldung wird ein Verspätungszuschlag erhoben.
Die bisher gewährte Schonfrist für Zahlung fälliger Steuern ist von fünf Tagen auf drei Tage verkürzt worden. Bei Scheckzahlungen gibt es keine Schonfrist. Dabei gilt die Zahlung erst drei Tage nach Eingang des Schecks beim Finanzamt als geleistet. Zugleich sind auch der Solidaritätszuschlag und die Kirchensteuer abzuführen. Die pauschale Abgeltungssteuer für betrieblich veranlasste Sachzuwendungen ist als Lohnsteuer und deshalb vom zuwendenden Steuerpflichtigen entsprechend anzumelden und abzuführen. Die Pauschalsteuer ist nur dann als Betriebsausgabe abziehbar, wenn der Empfänger der Zuwendung Arbeitnehmer des Steuerpflichtigen ist. Ansonsten ist die Übernahme der Pauschalsteuer aus der Sicht des Zuwendenden ein Geschenk im Sinne des Einkommensteuergesetzes.

3.5.5.3 Lohnsteuerklassen

Lohnsteuerklassen

Steuerklasse I	Ledige, getrennt Lebende, Geschiedene, Verwitwete nach dem Jahr nach dem Todesjahr des Ehegatten, eventuell mit „Zahlkindern“
Steuerklasse II	Wie Steuerklasse I, wenn dem Steuerpflichtigen der Haushaltsfreibetrag zusteht. Alleinerziehenden-Entlastungsbetrag (1.308,00 EUR jährlich, 109,00 EUR monatlich). Voraussetzungen: Mindestens ein Kind unter 18 Jahren in der gemeinsamen Wohnung und keine Zusammenveranlagung und keine Haushaltsgemeinschaft mit einer anderen Person, für die weder Kinderfreibetrag noch Betreuungsfreibetrag noch Kindergeld zusteht.
Steuerklasse III	Verheiratete, nicht dauernd getrennt Lebende, nur ein Ehepartner Lohnempfänger oder beide Ehepartner Lohnempfänger, davon einer in Steuerklasse V, Verwitwete, die nicht dauernd getrennt lebten, im Todesjahr und im 1. Jahr nach dem Tode des Ehegatten
Steuerklasse IV	Verheiratete, nicht dauernd getrennt Lebende und beide Arbeitnehmer
Steuerklasse V	Verheiratete, nicht dauernd getrennt Lebende und ein Ehepartner in Steuerklasse III
Steuerklasse VI	Arbeitnehmer in einem zweiten und weiteren Arbeitsverhältnis oder bei schuldhafter Nichtvorlage der Lohnsteuerkarte

Ab 1.1.2010 gibt es eine zusätzliche Wahlmöglichkeit für berufstätige Ehepaare, das sogenannte „optionale Faktorverfahren“.
Statt der Steuerklassenkombination III/V bzw. IV/IV kann gemeinsam jeweils die Steuerklasse IV in Verbindung mit einem Faktor gewählt werden. Dies ermöglicht, dass bei dem jeweiligen Ehegatten mindestens die ihm persönlich zustehenden steuerentlastend wirkenden Freibeträge, z. B. Grundfreibetrag, Vorsorgepauschale, berücksichtigt werden.

Der Faktor ergibt sich jeweils daraus, dass die Summe der Gesamtsteuer auf Basis der Steuerklassenkombination IV/IV ins Verhältnis zur Gesamtsteuer nach dem Splittingverfahren gesetzt wird.

3.5.5.4 Beschäftigung ohne Lohnsteuerkarte

Es gilt der Grundsatz, dass ein Arbeitnehmer nicht beschäftigt werden darf, wenn er keine Lohnsteuerkarte vorlegt. Ausnahmsweise dürfen unter bestimmten Voraussetzungen Arbeitnehmer ohne Vorlage einer Lohnsteuerkarte beschäftigt werden, und zwar in folgenden Fällen:

Kurzfristige Beschäftigung

> Bei kurzfristiger Beschäftigung. Eine solche ist gegeben:
  a) wenn der Arbeitnehmer gelegentlich, nicht regelmäßig, nicht berufsmäßig und nicht wiederkehrend beschäftigt wird. Voraussetzungen:
  - Die Dauer der Beschäftigung darf 18 zusammenhängende Arbeitstage nicht übersteigen.
  - Der Lohn darf durchschnittlich 62,00 EUR je Arbeitstag nicht übersteigen.
  - Die Lohnsteuer ist vom Arbeitgeber zu tragen, sie beträgt pauschal 25 % des Arbeitslohns.
  - Während der Beschäftigungsdauer darf der Lohn durchschnittlich 12,00 EUR je Arbeitsstunde nicht übersteigen.

  b) wenn eine Beschäftigung zu einem unvorhersehbaren Zeitpunkt sofort erforderlich ist (Katastropheneinsatz). Voraussetzungen:
  - wie unter a) bis auf die Voraussetzung der durchschnittlichen Lohnhöhe von 62,00 EUR je Arbeitstag.

Mini-Jobs

> Bei geringfügiger Beschäftigung (sogenannte Mini-Jobs). Voraussetzungen:
  - Die Arbeitsentgeltgrenze beträgt 400,00 EUR monatlich, ohne zeitliche Einschränkung.
  - Der Arbeitgeber übernimmt eine Pauschalabgabe von 30 %, und zwar: Rentenversicherung 15 %, Krankenversicherung 13 %, Pauschalsteuer 2 %. Sonderregelung für Haushaltsdienstleistungen.
    Der Arbeitnehmer trägt keine Steuern und Sozialabgaben. Die Übernahme der Lohnsteuer durch den Arbeitnehmer kann vereinbart werden. Auch eine Lohnsteuerkarte kann für die Berechnung der Lohnsteuer vorgelegt werden. Für den Einzug der Abgaben ist die Deutsche Rentenversicherung Knappschaft-Bahn-See zuständig.
  - Mehrere 400,00-EUR-Jobs werden zusammengerechnet und lösen bei Überschreitung der 400,00-EUR-Grenze auch beim Arbeitnehmer normale Besteuerung und in einer Gleitzone von 400,01 bis 800,00 EUR ansteigende Sozialversicherungsbeiträge, ab 800,00 EUR normale Arbeitnehmer-Sozialversicherungsbeiträge aus. Kurzfristige Beschäftigungen werden nicht berücksichtigt.
  - Werden neben einer versicherungspflichtigen Hauptbeschäftigung noch 400,00-EUR-Jobs ausgeübt, bleibt der zuerst aufgenommene Mini-Job versicherungsfrei.

3.5.5.5 Werbungskosten

> Was für den Unternehmer die Betriebsausgaben, das sind für den Arbeitnehmer die Werbungskosten. Darunter versteht man Aufwendungen zur Erwerbung, zur Sicherung und Erhaltung der Einnahmen, also Aufwendungen, die die Ausübung des Dienstes mit sich bringt.

Keine Werbungskosten sind somit Aufwendungen für die Lebensführung, auch wenn diese zur Förderung der Tätigkeit des Arbeitnehmers gemacht werden (zum Beispiel bürgerliche Kleidung auch bei beruflicher Nutzung). Sind die Aufwendungen nur zum Teil beruflich veranlasst, dann kann dieser Teil gegebenenfalls geschätzt werden (zum Beispiel Aufteilung der Kosten eines privaten Telefonanschlusses in einen privaten und einen betrieblichen Teil).
In den Lohnsteuertabellen ist ein Werbungskostenpauschbetrag von jährlich 920,00 EUR bereits eingearbeitet. Für einen übersteigenden Betrag kann sich der Arbeitnehmer einen Freibetrag auf der Lohnsteuerkarte eintragen lassen.

> Erwerbsbedingte Kinderbetreuungskosten sind unter bestimmten Voraussetzungen neben der Pauschale absetzbar (>> auch Kapitel 3.5.4.4 „Betriebsausgaben“).
> Es gibt Werbungskosten, die der Arbeitnehmer allein geltend machen kann, z. B.
  - Beiträge zu Berufsständen und sonstigen Berufsverbänden (zum Beispiel Gewerkschaftsbeitrag)
  - Strafverteidigungskosten, wenn der Schuldvorwurf durch berufliches Verhalten veranlasst war
  - Kontoführungsgebühren für das Gehaltskonto.
> Des Weiteren gibt es Werbungskosten, die der Arbeitnehmer geltend machen oder der Arbeitgeber eventuell lohnsteuerfrei ersetzen (eventuell pauschal-versteuert) und als Betriebsausgabe absetzen kann, z. B. Werkzeuggeld, Kosten für Fort- und Weiterbildung, Berufskleidung, Aufwendungen für Auswärtstätigkeit.

Auswärtstätigkeit

Aufwendungen für die Wege zwischen Wohnung und Arbeitsstätte sowie für Familienheimfahrten gelten als Betriebsausgaben bzw. Werbungskosten.
Die Entfernungspauschale wird mit 0,30 EUR je km einfache Entfernung berücksichtigt, maximal 4.500,00 EUR. Ein höherer Betrag als 4.500,00 EUR ist anzusetzen, soweit der Arbeitnehmer einen eigenen oder ihm zur Nutzung überlassenen Kraftwagen benutzt. Durch die Entfernungspauschale sind sämtliche Aufwendungen abgegolten, die durch die Wege zwischen Wohnung und Arbeitsstätte veranlasst sind. Aufwendungen für die Beseitigung von Unfallschäden auf diesem Weg können zusätzlich geltend gemacht werden. Arbeitgeberzuschüsse können bei gegebenen Voraussetzungen mit 15 % pauschal versteuert werden.
Aufwendungen für die Benutzung öffentlicher Verkehrsmittel können angesetzt werden, soweit sie den als Entfernungspauschale abziehbaren Betrag übersteigen. Für Behinderte gelten besondere Regelungen.
> Unabhängig von den Werbungskosten kann ein Arbeitnehmer eine Vielzahl von Zuwendungen vom Arbeitgeber lohnsteuerfrei erhalten, z. B. Aufmerksamkeiten, Jubiläumszuwendungen in bestimmter Höhe, Sonntags-, Feiertags-, Nachtarbeitszuschläge, unter bestimmten Voraussetzungen Verpflegungsmehraufwand, Leistungen zur betrieblichen Gesundheitsförderung.

3.5.5.6 Antragsveranlagung – Pflichtveranlagung

Ein Arbeitnehmer, der **ausschließlich** Lohn bezogen hat, kann zum Erhalt von Steuervorteilen oder zur Berücksichtigung während des Jahres eingetretener Vergünstigungen für das abgelaufene Kalenderjahr eine Antragsveranlagung (Einkommensteuerveranlagung) anfordern, wenn sich z. B. die Steuerklasse, die Zahl der Kinder im Laufe des Jahres geändert haben.

Nach wie vor kann der Arbeitgeber dem Arbeitnehmer eine Antragsveranlagung ersparen, wenn er für ihn den Lohnsteuerjahresausgleich – zu dem er unter bestimmten Voraussetzungen sogar verpflichtet ist – durchführt. Antrags-veranlagung

Wie oben ausgeführt, können Arbeitnehmer zum Erhalt von Steuervorteilen eine Einkommensteuerveranlagung beantragen. In bestimmten Fällen aber sind die Arbeitnehmer verpflichtet, nach Ablauf des Kalenderjahres unaufgefordert eine Einkommensteuererklärung abzugeben. Pflicht-veranlagung

Die Verpflichtung besteht u. a. dann, wenn

> die Summe der Einkünfte außer den Lohneinkünften mehr als 410,00 EUR beträgt;
> Lohnersatzleistungen (z. B. Arbeitslosengeld, Krankengeld, Insolvenzgeld), die dem Progressionsvorbehalt unterliegen, über 410,00 EUR bezogen werden;
> die Ehegatten die Steuerklassen-Kombination III/V gewählt haben;
> Arbeitslohn nach Steuerklasse VI besteuert wurde;
> auf der Lohnsteuerkarte ein Freibetrag eingetragen worden ist.

Für einfache Steuerfälle genügt bei bestimmten Voraussetzungen eine vereinfachte Steuererklärung. Das Steuerformular besteht nur aus 2 Seiten („Steuererklärung light").

3.5.5.7 Lohnsteuerhaftung

Steuerschuldner ist der Arbeitnehmer, Haftungsschuldner ist der Arbeitgeber. Er haftet für die Einbehaltung und Abführung der Lohnsteuer nach den Angaben auf der Lohnsteuerkarte. Das Finanzamt kann grundsätzlich beide nebeneinander in Anspruch nehmen. Das Finanzamt überprüft die lohnsteuerlichen Verhältnisse eines Betriebes durch spezielle Lohnsteuerprüfungen, unabhängig von Außenprüfungen und Umsatzsteuerprüfungen. Die Lohnsteueranmeldung ist elektronisch an das Finanzamt zu übermitteln. Die elektronische Erstellung ist auch für die Lohnsteuerbescheinigung vorgeschrieben. Auf Antrag kann darauf verzichtet werden.

3.5.6 Körperschaftsteuer

3.5.6.1 Juristische Personen

Natürliche Personen unterliegen der Einkommensteuer, juristische Personen der Körperschaftsteuer. Juristische Personen sind:

> Kapitalgesellschaften wie Aktiengesellschaften, Gesellschaften mit beschränkter Haftung (GmbH)
> Genossenschaften, Vereine u. a. m.

3.5.6.2 Unterschied zur Einkommensteuer

Im Wesentlichen finden in der Körperschaftsteuer die einkommensteuerrechtlichen Vorschriften Anwendung bzw. sind im Körperschaftsteuergesetz die Rechtsgrundlagen der Einkommensteuer übernommen. Dies gilt auch für die Verlustverrechnung.

Entscheidend ist, dass die Körperschaft selbstständiges Steuersubjekt ist. Während in der Einkommensteuer die natürliche Person – so der Gesellschafter einer Personengesellschaft wie der BGB-Gesellschaft, OHG, KG – selbst Unternehmer ist und als Unternehmer nicht gleichzeitig Arbeitnehmer im eigenen Unternehmen sein kann, ist die juristische Person selbstständig Unternehmer, und ihre Gesellschafter können bei dieser juristischen Person Gehaltsempfänger mit allen lohnsteuerrechtlichen Vergünstigungen sein. Alle Personalaufwendungen der juristischen Person an den Gesellschafter sind Betriebsausgaben.

Beispiel:

Eine GmbH hat einen Gewinn von 120.000,00 EUR ohne Geschäftsführergehälter. Sie zahlt an ihren Gesellschafter 70.000,00 EUR Gehalt. Der Gewinn der GmbH von 50.000,00 EUR ist körperschaftsteuerpflichtig; auch die Basis für die Gewerbesteuerberechnung ist nicht 120.000,00 EUR, sondern nur 50.000,00 EUR. Der Gesellschafter muss 70.000,00 EUR Gehalt versteuern, kann aber sämtliche Freibeträge und Vergünstigungen eines Gehaltsempfängers in Anspruch nehmen.

Die im Handwerk am häufigsten vorzufindende juristische Person ist die GmbH. Im Gegensatz zu den Personengesellschaften, zu deren Gründung und Betrieb mindestens zwei Gesellschafter erforderlich sind, kann die GmbH von einem einzigen gegründet und geführt werden (Ein-Mann-GmbH). Er kann zugleich Gesellschafter und Geschäftsführer und damit Gehaltempfänger bei seiner GmbH sein.
Durch das geplante Gesetz zur Modernisierung des GmbH-Rechts und zur Bekämpfung von Missbräuchen wird die Gründung beschleunigt und erleichtert werden.

3.5.6.3 Gewinnverwendung und Körperschaftsteuersatz

Es gibt zwei Möglichkeiten der Gewinnverwendung:

Thesaurierung

- Der Gewinn der GmbH wird im Unternehmen stehen gelassen. Der Gewinn stockt also das Kapital der GmbH auf. Dieses Verfahren nennt man Thesaurierung.
- Der Gewinn wird ganz oder teilweise auf die Anteilseigner übertragen.

Bei der Besteuerung der zufließenden Gewinne beim Anteilseigner sind folgende Möglichkeiten zu beachten:

> Die Ausschüttungen werden für im Privatvermögen gehaltene Beteiligungen nach den Grundsätzen der Abgeltungsteuer mit Veranlagungsoption und Günstigerprüfung behandelt.
> Die Ausschüttungen für im Betriebsvermögen gehaltene Beteiligungen werden nach dem Teileinkünfteverfahren besteuert.
> Bei Ausschüttungen für im Betriebsvermögen von Kapitalgesellschaften gehaltene Kapitalgesellschaftsbeteiligungen gilt die generelle Steuerfreiheit, diese ist allerdings mit der Regelung von 5 % nicht abzugfähigen Betriebsausgaben belastet.

Wenn die Abgeltungsteuer in Höhe von 25 % anzuwenden ist, kommt es zu keiner Veranlagung zur Einkommensteuer. Sollte die Abgeltungsteuer für den Steuerpflichtigen ungünstig sein, bestehen zwei Optionen einer abweichenden Besteuerung:

> Die Veranlagungsoption: Der Steuerpflichtige optiert zur Veranlagung, dann entfällt die Abgeltungswirkung. Der Steuersatz beträgt ebenfalls 25 %, es kann aber der Sparerfreibetrag in Höhe von 801,00 EUR bzw. 1.602,00 EUR in Anspruch genommen werden. Ein weiterer Werbungskostenansatz ist ausgeschlossen.
> Die Günstigerprüfung: Wenn die Gesamtsteuerbelastung des Steuerpflichtigen unter 25 % liegt, kann auf die Abgeltungswirkung und den Steuersatz von 25 % verzichtet werden. Die Kapitaleinkünfte werden der allgemeinen Besteuerung unterworfen.

Wenn sich die Beteiligung im Betriebsvermögen befindet, liegen gewerbliche Einkünfte vor, dann ist die Abgeltungsteuer nicht anzuwenden. Nach dem Teileinkünfteverfahren beschränkt sich die Steuerfreiheit beim Anteilseigner auf 40 %, und deshalb sind mit den Dividenden in unmittelbarem Zusammenhang stehende Betriebsausgaben nur in Höhe von 60 % abzugsfähig. Ein Sparerpauschbetrag wird nicht gewährt.

Die Differenzierung bei der Dividendenbesteuerung ist auch bei der Besteuerung von Gewinnen aus der Veräußerung von Kapitalgesellschaftsbeteiligungen von Bedeutung.
Bei im Privatvermögen gehaltenen Aktien erfolgt die Wertzuwachsbesteuerung d. h., Gewinne sind unabhängig von der Haltedauer steuerpflichtig. Der Kapitalertragsteuerabzug von 25 % entfaltet Abgeltungswirkung, mit der Möglichkeit der Veranlagungsoption.
Bei anderen im Privatvermögen gehaltenen Beteiligungen von mindestens 1 % innerhalb der letzten fünf Jahre gehören die Veräußerungsgewinne zu den Einkünften aus Gewerbebetrieb, so dass die Abgeltungsteuer nicht angewendet werden kann. Es findet das Teileinkünfteverfahren Anwendung, d. h., 40 % des Veräußerungsgewinnes sind steuerfrei.

Teileinkünfteverfahren

Gewinne aus der Veräußerung von im Betriebsvermögen gehaltenen Beteiligungen sind dem Teileinkünfteverfahren zu unterwerfen. Auf die Beteiligungshöhe kommt es nicht an. In unmittelbarem wirtschaftlichem Zusammenhang stehende Betriebsausgaben sind zu 60 % abzugsfähig. Der Kapitalertragsteuerabzug auf den Veräußerungsgewinn entfaltet keine Abgeltungswirkung.
Bei Veräußerungsgewinnen von im Betriebsvermögen von Kapitalgesellschaften gehaltenen Kapitalgesellschaftsbeteiligungen ist die generelle Steuerfreiheit gegeben mit der 5-%-Regelung von nicht abzugsfähigen Betriebsausgaben.
Die Wertzuwachsbesteuerung ist erstmals bei Gewinnen aus der Veräußerung von Kapitalgesellschaftsbeteiligungen anzuwenden, die nach dem 31.12.2008 er-

worben werden. Es ist unerheblich, wann die Beteiligung erworben wurde. Vor dem 01.01.2009 erworbene Kapitalgesellschaftbeteiligungen unter 1 % sind weiterhin nur bei Veräußerung innerhalb der Spekulationsfrist steuerpflichtig nach altem Recht.

Der Körperschaftsteuersatz beträgt sowohl für thesaurierte als auch für ausgeschüttete Gewinne einheitlich 15 %. Zusätzlich ist der Solidaritätszuschlag zu entrichten. Es werden vierteljährliche Vorauszahlungen festgesetzt.

Zinsschranke

Die Gewerbesteuer ist nicht mehr als Betriebsausgabe abzugsfähig. Gegen eine übermäßige Fremdkapitalfinanzierung ist eine Zinsschranke eingeführt worden. Sie orientiert sich am Saldo aus Zinsaufwand und Zinsertrag. Ist der Saldo größer als 1 Million EUR (für die Wirtschaftsjahre 2008 und 2009 beträgt der Wert 3 Millionen EUR), kann nur noch ein Teil des über den Zinserträgen liegenden Zinsaufwands sofort gewinnmindernd geltend gemacht werden (Beschränkung des Zinsabzugs auf 30 % des Gewinns). Abschreibungen können mit in die Bemessungsgrundlage einbezogen werden. Bei einem Zinssatz von 5 % ist zum Beispiel eine Kreditaufnahme in Höhe von 20 (60) Millionen EUR ohne Konsequenz. Es gibt aber die Möglichkeit, nachzuweisen, dass die Finanzierungsstruktur typisch ist (sogenannte Escape-Klausel). Es gelten Einschränkungen beim Verlustabzug.

3.5.6.4 Verdeckte Gewinnausschüttung

Wendet die juristische Person ihrem Gesellschafter über die gesellschaftsrechtliche Gewinnverteilung hinaus einen geldwerten Vorteil zu, dann liegt verdeckte Gewinnausschüttung vor. Die Zuwendung dient also nicht betrieblichen Zwecken und würde unter Fremden so nicht vereinbart; sie hat ihre Ursache im Gesellschaftsverhältnis.

Beispiele:

> Die Gesellschaft gibt dem Gesellschafter ein Darlehen, obwohl bereits bei Darlehenshingabe feststeht, dass das Darlehen nicht zurückgezahlt werden muss.
> Ein Gesellschafter-Geschäftsführer erhält ein unangemessen hohes Gehalt.
> Ein Gesellschafter verkauft seinen Privat-Pkw zu einem überhöhten Kaufpreis an die Gesellschaft.

Liegt verdeckte Gewinnausschüttung vor, erhöhen sich um diesen Betrag sowohl das körperschaftsteuerpflichtige Einkommen der juristischen Person als auch entsprechend die Einkünfte des Gesellschafters.

Seit 2007 können nun auch gegenüber dem Gesellschafter erlassene, bestandskräftige Steuerbescheide aufgehoben oder geändert werden. Es besteht Ablaufhemmung der Festsetzungsverjährung.

Die Rechtsfolgen der verdeckten Gewinnausschüttung können nicht durch Rückgewähr der entsprechenden Leistung an die Gesellschaft rückgängig gemacht werden.

3.5.7 Erbschaft- und Schenkungsteuer

> Der Erwerb von Todes wegen (Erbschaft) sowie Schenkungen unter Lebenden unterliegen der Besteuerung. Bemessungsgrundlage ist die Bereicherung des Empfängers, abzüglich der Nachlassverbindlichkeiten.

Unbeschränkte Steuerpflicht besteht, wenn der Erblasser zur Zeit seines Todes, der Schenker zur Zeit der Ausführung der Schenkung oder der Erwerber Inländer war, d. h. seinen Wohnsitz oder gewöhnlichen Aufenthalt im Inland hat.

3.5.7.1 Wertermittlung

Wertermittlung

Der Wert der Bereicherung richtet sich, soweit diese nicht steuerfrei ist, nach den Bewertungsvorschriften des Erbschaft- und Schenkungsteuergesetzes und des Bewertungsgesetzes. Dies gilt auch für Nachlassverbindlichkeiten, also Erblasserschulden, Erbfallschulden und sonstige Nachlassverbindlichkeiten (nicht Erbschaftsteuer).

Gemeiner Wert

Danach ist im Allgemeinen bei Bewertungen der gemeine Wert zugrunde zu legen. Der gemeine Wert wird durch den Preis bestimmt, der im gewöhnlichen Geschäftsverkehr nach der Beschaffenheit des Wirtschaftsgutes bei einer Veräußerung zu erzielen wäre. Der Wert ist im Allgemeinen mit dem Marktwert identisch.

Teilwert

Wirtschaftsgüter, die einem Unternehmen dienen, sind mit dem Teilwert anzusetzen. Teilwert ist der Betrag, den ein Erwerber des ganzen Unternehmens im Rahmen des Gesamtkaufpreises für das einzelne Wirtschaftsgut ansetzen würde, unter der Voraussetzung, dass er den Betrieb weiterführt.

Nennwert

Kapitalforderungen sind mit dem Nennwert anzusetzen. Unter Nennwert versteht man den tatsächlichen Bestand der Forderungen.

Rückkaufswert

Noch nicht fällige Ansprüche aus Lebens-, Kapital- oder Rentenversicherungen werden mit dem Rückkaufswert bewertet. Rückkaufswert ist der Betrag, den das Versicherungsunternehmen dem Versicherungsnehmer im Falle der vorzeitigen Aufhebung des Vertragsverhältnisses zu erstatten hat.

Der steuerpflichtige Erwerb wird auf volle 100,00 EUR nach unten abgerundet.

Grundbesitzbewertung

Man unterteilt das Grundvermögen in unbebaute und bebaute Grundstücke:

- Unbebaute Grundstücke
  Der steuerliche Wert wird durch Multiplikation der Grundstücksfläche mit dem Bodenrichtwert ermittelt (Vergleichswertverfahren).

  Bodenrichtwerte

  Bodenrichtwerte sind die Bodenpreise, die für Grundstücke in vergleichbaren Gebieten und gleicher Lage bezahlt werden, also die Bodenpreise, wie sie sich aus vergangenen Beurkundungen ergeben. Die Werte werden vom Gutachterausschuss ermittelt, sie werden den Finanzämtern mitgeteilt.
- Bebaute Grundstücke
  Der Wert von bebauten Grundstücken wird nach unterschiedlichen im Bewertungsgesetz geregelten Verfahren bewertet:
  Das Vergleichswertverfahren kommt für Wohnungseigentum, Teileigentum sowie Ein- und Zweifamilienhäuser zur Anwendung. Dabei wird der Marktwert eines Grundstückes aus tatsächlich realisierten Kaufpreisen von anderen Grund-

stücken (Vergleichsgrundstücken) abgeleitet, die mit dem zu bewertenden Grundstück hinsichtlich der ihren Wert beeinflussenden Merkmale hinreichend übereinstimmen. Vorrangig sind die von den Gutachterausschüssen mitgeteilten Vergleichspreise zu verwenden. Wertbeeinflussende Belastungen privatrechtlicher und öffentlich-rechtlicher Art sind nicht zu berücksichtigen.
Der Wert von Mietwohngrundstücken, Geschäftsgrundstücken sowie gemischt genutzten Grundstücken, für die sich auf dem Grundstücksmarkt eine übliche Miete ermitteln lässt, ist nach dem Ertragswertverfahren zu ermitteln. Er setzt sich zusammen aus dem auf Grundlage des Ertrages ermittelten Wert der baulichen Anlagen und aus dem Bodenwert, der sich wie bei unbebauten Grundstücken aus der Fläche und dem Bodenrichtwert ermittelt.
Nach dem Sachwertverfahren werden bewertet:

- Wohnungseigentum, Teileigentum sowie Ein- und Zweifamilienhäuser, soweit ein Vergleichswert nicht vorliegt,
- Geschäftsgrundstücke und gemischt genutzte Grundstücke, für die sich auf dem örtlichen Grundstücksmarkt keine übliche Miete ermitteln lässt, sowie
- sonstige bebaute Grundstücke.

Beim Sachwertverfahren setzt sich der Wert zusammen aus der Summe der Herstellungskosten der auf dem Grundstück vorhandenen Gebäude und aus dem Bodenwert, der sich wie bei unbebauten Grundstücken aus der Fläche und dem Bodenrichtwert ermittelt.
Die Werte werden dann ermittelt, wenn und soweit sie für Besteuerungszwecke notwendig sind (Bedarfsbewertung).

Bewertung von Betriebsvermögen

Die Bewertung erfolgt unabhängig von der Rechtsform. Es kommen folgende Verfahren zur Anwendung:
Der gemeine Wert ist in erster Linie aus Verkäufen unter fremden Dritten abzuleiten, die weniger als 1 Jahr vor dem Besteuerungszeitpunkt liegen.
Liegen keine zeitnahen Verkäufe vor, ist der gemeine Wert zu schätzen. Dabei ist die Methode anzuwenden, die ein Erwerber der Bemessung des Kaufpreises zugrunde legen würde (Ertragswertverfahren). Es können andere Bewertungsverfahren angewendet werden, die für außersteuerliche Zwecke anerkannt sind, z. B. der AWH-Standard der Handwerkskammern für größere und mittlere Handwerksunternehmen.
Als Mindestwert ist die Summe der gemeinen Werte aller Einzelwirtschaftsgüter abzüglich der Schulden anzusetzen (Substanzwert).

Bewertung von Anteilen an Kapitalgesellschaften

Der gemeine Wert von solchen Anteilen ermittelt sich grundsätzlich nach dem Börsenkurswert. Bei nicht notierten Anteilen ist wie bei Betriebsvermögen zu verfahren.
Die Bewertung des übrigen Vermögens, das also unter keine der vorgenannten Vermögensarten fällt, z. B. Anteile an Kapitalgesellschaften, Kapitalforderungen, Versicherungsansprüche, Sachleistungsansprüche, Nießbrauch, Hausrat etc., wird grundsätzlich mit dem Verkehrswert (Kurswert, Nennwert, Rückkaufswert, Kapitalwert, gemeiner Wert) bewertet.

3.5.7.2 Steuerklassen

Je nach dem Grad der Verwandtschaft des Erwerbers zum Erblasser/Schenker unterscheidet man die Steuerklassen I bis III mit unterschiedlichen Freibeträgen. Außerdem wird zwischen Erbschafts- und Schenkungsvorgängen unterschieden.

Steuerklassen I bis III

	Steuerklasse I	Steuerklasse II	Steuerklasse III
bei Erbschaft	Ehegatte Kinder Enkelkinder Urenkelkinder Stiefkinder Eltern Großeltern	Geschwister und Geschwisterkinder Stiefeltern Schwiegerkinder Schwiegereltern geschiedener Ehegatte Nichten und Neffen	alle übrigen Erwerber eingetragene Lebenspartner
bei Schenkung	Ehegatte Kinder Enkelkinder Urenkelkinder Stiefkinder	wie oben, zusätzlich: Eltern Großeltern	alle übrigen Erwerber eingetragene Lebenspartner

3.5.7.3 Steuersätze

Je nach Steuerklasse – also je nach Verwandtschaftsgrad – und je nach Höhe des zufließenden Vermögens sind die zu zahlenden Steuern entsprechend gestaffelt.

Die Höchstbelastung liegt bei 50 % in Steuerklasse II und III bei Erwerben über 6.000.000,00 EUR, bei 30 % in Steuerklasse I über 26.000.000,00 EUR.

Bei steuerpflichtigem Erwerb bis:	Steuerklasse I	Steuerklasse II	Steuerklasse III
75.000,00 EUR	7 %	15 %	30 %
300.000,00 EUR	11 %	20 %	30 %
600.000,00 EUR	15 %	25 %	30 %
6.000.000,00 EUR	19 %	30 %	30 %
über 26.000.000,00 EUR	30 %	43 %	50 %

3.5.7.4 Steuerfreibeträge

Den Personen der Steuerklasse I stehen folgende Freibeträge zu:
Dem Ehegatten ein allgemeiner Freibetrag von 500.000,00 EUR, den Kindern, Stiefkindern und Kindern verstorbener Kinder ein allgemeiner Freibetrag je Elternteil von 400.000,00 EUR, Enkel, Urenkel 200.000,00 EUR, allen anderen Erwerbern der Steuerklasse I ein allgemeiner Freibetrag von 100.000,00 EUR.
Den Personen der Steuerklasse II steht ein Freibetrag von 20.000,00 EUR zu.
Den Personen der Steuerklasse III steht ein Freibetrag von 20.000,00 EUR zu, dem eingetragenen Lebenspartner 500.000,00 EUR.
Neben dem allgemeinen Freibetrag gibt es besondere Freibeträge für Hausrat, Wäsche, bewegliche Gegenstände u. a. m. Für den Ehegatten und den eingetragenen Lebenspartner gibt es den besonderen Versorgungsfreibetrag in Höhe von 256.00,00 EUR.
Für sonstige Nachlassverbindlichkeiten wird ohne Nachweis ein Pauschalfreibetrag von 10.300,00 EUR abgezogen. Durch Erlass ist geregelt, dass auch Schenkungsverbindlichkeiten berücksichtigt werden können.

Begünstigungen

Unternehmensvermögen

Verschonungsabschläge

Begünstigungen

	Regelverschonung	Verschonungsoption
	Grundsatz, kein Antrag nötig	Unwiderruflicher Antrag
Begünstigung	Verschonungsabschlag 85 %	Verschonungsabschlag 100 %
Voraussetzung: Verwaltungsvermögen nicht mehr als	Maximal 50 % Verwaltungsvermögen	Maximal 10 % Verwaltungsvermögen
Lohnsumme	- 400 % der Ausgangslohnsumme über 5 Jahre (also durchschnittlich ca. 80 % pro Jahr) - Überprüfung erst am Ende des 5-Jahres-Zeitraumes - Nur anteiliger Wegfall	- 700 % der Ausgangslohnsumme über 7 Jahre (also durchschnittlich ca. 100 % pro Jahr) - Überprüfung erst am Ende des 7-Jahres-Zeitraumes - Nur anteiliger Wegfall
Keine schädlichen Vorgänge in der Behaltensfrist	- 5 Jahre - Nur anteiliger Wegfall (kein Fallbeileffekt)	- 7 Jahre - Nur anteiliger Wegfall (kein Fallbeileffekt)

Verwaltungsvermögen sind Grundstücke, Grundstücksteile, grundstücksgleiche Rechte und Bauten, die Dritten zur Nutzung überlassen werden, also grundsätzlich vermietete oder verpachtete Grundstücke. Nicht dazu zählen z. B. Grundstücke, die der Gesellschafter einer Gesellschaft an diese vermietet (Sonderbetriebsvermögen), wenn der Verpächter den Pächter als Erben einsetzt, wenn

Hauptzweck der Gesellschaft die Wohnungsvermietung ist oder bei land- und forstwirtschaftlicher Nutzung durch Dritte. Dazu zählen z. B. auch Anteile an Kapitalgesellschaften, wenn die Beteiligung 25 % oder weniger beträgt, Wertpapiere, vergleichbare Forderungen, Kunstgegenstände, Münzen, Bibliotheken etc.
Der Anteil des Verwaltungsvermögens am gemeinen Wert des gesamten Betriebes bestimmt sich nach dem Verhältnis der Summe der gemeinen Werte der einzelnen Wirtschaftsgüter des Verwaltungsvermögens zum gemeinen Wert des Betriebes.
Soweit die Verschonungsprozentsätze nicht überschritten werden, ist grundsätzlich das Betriebsvermögen in vollem Umfang erbschaftsteuerlich begünstigt. Hat Verwaltungsvermögen dem Betrieb weniger als zwei Jahre gehört, wird die Verschonung nicht gewährt.
Die Ausgangslohnsumme ermittelt sich aus der durchschnittlichen Lohnsumme der letzten fünf Jahre vor der Übertragung. Sie beinhaltet sämtliche Vergütungen an Arbeitnehmer.
Die Einhaltung der Mindestlohnsumme gilt nicht für Unternehmen mit maximal 20 Beschäftigten. Diese sind nur an die allgemeinen Behaltensregelungen gebunden.
Verstöße gegen die Behaltensregelungen führen rückwirkend zum Wegfall des Abschlages und zur Nachversteuerung. Die Nachversteuerung erfolgt in dem Umfang, der sich aus dem Verhältnis der verbleibenden Jahre der Behaltensfrist einschließlich des Jahres des schädlichen Vorgangs zur gesamten Behaltensfrist ergibt.
Schädlich sind z. B. die Veräußerung eines Betriebsteiles, eine Betriebsaufgabe, Überentnahmen am Ende der 5- oder 7-Jahres-Frist.
Die Nachversteuerung unterbleibt, wenn ein Veräußerungserlös innerhalb von 6 Monaten in entsprechendes, dem Grunde nach begünstigtes, nicht zum Verwaltungsvermögen gehörendes Vermögen investiert wird (Reinvestitionsklausel).

Abzugsbetrag

Auf den nicht der Regelverschonung von 85 % unterliegenden Teil des begünstigten Betriebsvermögens wird ein Abzugsbetrag gewährt. Soweit dieser Vermögensteil 150.000,00 EUR nicht übersteigt, bleibt er für die Berechnung der Erbschaftsteuer außer Ansatz. Übersteigt der Wert dieses Vermögens 150.000,00 EUR, verringert sich der Abzugsbetrag um 50 % des 150.000,00 EUR übersteigenden Betrages.

Entlastungbetrag

Der Entlastungsbetrag für Steuerpflichtige der Steuerklassen II und III besteht darin, dass für den der Erbschaftsteuer unterliegenden Teil des begünstigten Betriebsvermögens der Steuersatz der Steuerklasse I zur Anwendung kommt.

> Immobilien
Begünstigung fremdvermieteter Immobilien:
Bei der Übertragung von Grundstücken, die zu Wohnzwecken vermietet werden, im Inland oder in einem EU-/EWR-Staat belegen sind und nicht zum begünstigten Betriebsvermögen gehören, wird ein Abschlag von 10 % der Bemessungsgrundlage gewährt.
Begünstigung eigengenutzter Immobilien:
Für von Familien selbst genutzte Wohnimmobilien (Familienheim) ist der Erwerb

von Todes wegen durch den überlebenden Ehegatten oder überlebenden Lebenspartner von der Erbschaftsteuer befreit, soweit er das Familienheim bis 10 Jahre nach dem Erwerb selbst nutzt. Bei Pflegebedürftigkeit gibt es Ausnahmen. Auch Kinder und Stiefkinder sowie Kinder verstorbener Kinder oder Stiefkinder können das vom Erblasser zu eigenen Wohnzwecken genutzte bebaute Grundstück begrenzt steuerfrei erwerben, wenn das Familienheim vom Erwerber unverzüglich zur Selbstnutzung zu eigenen Wohnzwecken bestimmt wird und soweit die Wohnfläche der Wohnung 200 m² nicht übersteigt. Nutzt der Erwerber das Familienheim nicht 10 Jahre lang zu eigenen Wohnzwecken, entfällt die Steuerbefreiung rückwirkend.

> Doppelbelastung durch Erbschaft- und Ertragsteuern
Die Einkommensteuer wird auf Einkünfte, die im Veranlagungszeitraum oder in den vier vorangegangenen Veranlagungszeiträumen als Erwerb von Todes wegen der Erbschaftsteuer unterlegen haben, auf Antrag um einen bestimmten Prozentsatz ermäßigt. Der Ermäßigungssatz ergibt sich aus dem Verhältnis der festgesetzten Erbschaftsteuer zum steuerpflichtigen Erwerb. Der steuerpflichtige Erwerb wird dabei um persönliche Freibeträge erhöht.

3.5.7.5 Zehnjahresfrist

Für die Inanspruchnahme der persönlichen Freibeträge und der Steuerprogression werden Erwerbe von derselben Person innerhalb von zehn Jahren zusammengerechnet.

Beispiel:

Ein Kind erhält vom Vater 150.000,00 EUR steuerfrei geschenkt und erbt von ihm sechs Jahre später 520.000,00 EUR. Nach Abzug des Freibetrags von 400.000,00 EUR sind jetzt 270.000,00 EUR mit 11 % zu versteuern.

3.5.7.6 Verfahrensbestimmungen

Jeder dem Erbschaftsteuergesetz unterliegende Erwerb ist vom Erwerber binnen drei Monaten dem zuständigen Erbschaftsteuer-Finanzamt anzuzeigen. Bei einer Schenkung ist auch der Schenker zur Anzeige verpflichtet.
Im Todesfall sind die Banken, Sparkassen usw. verpflichtet, dem zuständigen Erbschaftsteuer-Finanzamt innerhalb eines Monats nach Bekanntwerden des Todesfalls Mitteilung über die bei ihnen geführten Konten und Depots und entsprechenden Werte zu machen.

3.5.8 Besteuerungsverfahren (Auszug aus der Abgabenordnung)

Die Abgabenordnung enthält alle formellen Bestimmungen zur Abwicklung und Sicherung eines Steueranspruchs. Neben den Bestimmungen über den Aufbau der Finanzverwaltung und ihrer Zuständigkeit sind die Verfahrensvorschriften zur Durchführung der Besteuerung und der Erzwingung des Steueranspruchs in der Abgabenordnung und dem Steuerstrafrecht enthalten.

3.5.8.1 Steuerveranlagung, Rechtsbehelf, Rechtsmittel

> Hat der Steuerpflichtige seine Steuererklärung dem Finanzamt eingereicht, dann erlässt das Finanzamt entweder einen endgültigen Steuerbescheid oder – wenn der Steuerfall noch nicht abschließend geprüft ist – eine Steuerfestsetzung unter dem Vorbehalt der Nachprüfung. Der Steuerpflichtige wird damit zur Steuer veranlagt.

Steuerbescheid

Steuerfestsetzung

Vorbehalt der Nachprüfung

Solange der Vorbehalt wirksam ist, kann die Steuerfestsetzung sowohl vom Steuerpflichtigen als auch vom Finanzamt geändert werden.
Ist der Steuerpflichtige mit dem Veranlagungsbescheid des Finanzamts nicht einverstanden, dann hat er die Möglichkeit,

- den Rechtsbehelf des Einspruchs beim Finanzamt einzureichen. Der Einspruch ist schriftlich oder zur Niederschrift beim zuständigen Finanzamt zu erklären. Der Einspruch ist kostenfrei. Der Einspruch berechtigt aber das Finanzamt zur Überprüfung des gesamten Steuerbescheids.
- Bei negativer Entscheidung über den Einspruch kann der Steuerpflichtige Klage beim Finanzgericht einreichen. Die Klage ist bei negativem Ausgang kostenpflichtig.
- Gegen das Urteil des Finanzgerichts kann bei Zulassung Revision beim Bundesfinanzhof eingereicht werden. Die Revision ist bei negativem Verfahrensausgang kostenpflichtig.
- Es gibt auch die Möglichkeit der sogenannten Sprungklage. Hier wird das Einspruchsverfahren übergangen und sofort Klage beim Finanzgericht eingelegt. Dieses Verfahren ist nur sinnvoll, wenn die Klage Aussicht auf Erfolg hat. Das Finanzamt muss der Sprungklage zustimmen.

Die Frist zur Einlegung der Rechtsbehelfe beträgt einen Monat und beginnt mit dem Tag, an dem der Bescheid oder das Urteil zugestellt ist. Bei einfacher Zustellung durch die Post gilt grundsätzlich der Bescheid am dritten Tag nach Aufgabe zur Post als zugestellt. Durch das Zustellungsreformgesetz sind nun erweiterte Zustellungsformen wie Fax, E-Mail oder Zustellungsurkunde zugelassen.
Mit Einlegung des Rechtsbehelfs oder der Rechtsmittel ist keine Aufschiebung der Steuerzahlung verbunden. Bei Einlegung dieser Rechtsmittel empfiehlt es sich, auch einen Antrag auf Aussetzung der Vollziehung zu stellen.

Identnummer

Bundeseinheitlich wird für natürliche Personen eine Identifikationsnummer sowie für wirtschaftlich Tätige eine Wirtschaftsidentifikationsnummer eingeführt. Die zweckwidrige Verwendung ist eine Ordnungswidrigkeit.
Soweit Erklärungen nach amtlich vorgeschriebenem Datensatz elektronisch zu übermitteln sind, sind diese zur Sicherstellung der Identität des Absenders mit einer qualifizierten elektronischen Signatur zu verstehen. Dazu wird es noch eine Rechtsverordnung geben, die für Besteuerungszeiträume nach dem 31.12.2010 zur Anwendung kommt.
Der Steuerpflichtige kann in Fällen der Unsicherheit über die zukünftige Behandlung eines steuerlichen Sachverhalts durch das Finanzamt von diesem eine verbindliche Auskunft über die Handhabung verlangen. Dafür wird das Finanzamt Kosten festsetzen.

Verbindliche Auskunft

3.5.8.2 Aussetzung der Steuerbeitreibung

Das Finanzamt kann in begründeten Fällen von der Erhebung und Beitreibung der Steuer Abstand nehmen. Es gibt die Möglichkeit der Stundung, der Ermäßigung, des Erlasses einer Steuer, z. B. bei Schäden durch Hochwasser und höhere Gewalt, bei Gefährdung des Lebensunterhalts u. a. m. Eine Stundung schiebt die Fälligkeit von Ansprüchen für den Stundungszeitraum hinaus. Bei der Steuerermäßigung wird die Steuer im Ganzen oder teilweise niedriger festgesetzt. Ein Steuererlass kann ausnahmsweise gewährt werden, wenn die Erhebung der Steuer eine unbillige Härte für den Steuerpflichtigen bedeuten würde.

Verjährung

Eine Beitreibung ist auch ausgeschlossen, wenn bestimmte Fristen – sogenannte Verjährungsfristen – abgelaufen sind.
Es gibt zwei Arten von Verjährung:

> Die Festsetzungsverjährung
  Eine Steuerfestsetzung sowie ihre Aufhebung oder Änderung sind nicht mehr zulässig, wenn die Festsetzungsfrist abgelaufen ist.
  Diese Frist beträgt bei Zöllen und Verbrauchsteuern ein Jahr, bei den übrigen Steuern vier Jahre, bei leichtfertig verkürzten Steuern fünf Jahre, bei hinterzogenen Steuern zehn Jahre.
  Die Verjährung beginnt zu laufen:
  - bei den Steuern vom Einkommen,
  - bei der Gewerbesteuer und Umsatzsteuer
  mit Ablauf des Kalenderjahres, in dem die Steuererklärung für den jeweiligen Veranlagungszeitraum abgegeben wird, spätestens jedoch mit Ablauf des dritten Kalenderjahres, das auf die Entstehung des Steueranspruchs folgt.

> Die Zahlungsverjährung
  Ansprüche aus fälligen und veranlagten Steuerschuldverhältnissen unterliegen der Zahlungsverjährung. Die Verjährungsfrist beträgt fünf Jahre. Sie beginnt mit Ablauf des Kalenderjahres, in dem der Anspruch erstmals fällig geworden ist. Nach Ablauf der Verjährung hat das Finanzamt keine Möglichkeit, die betroffenen Steuern einzufordern.
  Hemmung der Zahlungsverjährung tritt ein bei höherer Gewalt; d. h., die Verjährungsfrist läuft nach Wegfall der Hemmung weiter.
  Unterbrechung der Zahlungsverjährung tritt ein bei Zahlungsaufforderung, bei Vollstreckungsmaßnahmen, bei Entrichtung eines Teilbetrags, bei Stundung.
  Mit Ablauf der Unterbrechung beginnt die Verjährungsfrist neu zu laufen.

3.5.8.3 Zwangs- und Überprüfungsmöglichkeiten der Finanzverwaltung

Zur Durchführung der Steueraufsicht und der Steuerbeitreibung stehen der Finanzverwaltung eine Reihe von Zwangsmitteln zur Verfügung, so z. B.:

> die Strafvorschriften, die primär bei vorsätzlicher Steuerhinterziehung zur Anwendung kommen, wie Freiheitsstrafen, Geldstrafen;
> die Bußgeldvorschriften, die bei Ordnungswidrigkeiten wie leichtfertiger Steuerverkürzung zum Zuge kommen;
> bei der Steuerfestsetzung den Verspätungszuschlag, Verzögerungsgeld, Zwangsgelder, Ersatzzwangshaft;

> auch Zinsen, Säumniszuschläge, Vollstreckungsmaßnahmen können hier eingereiht werden;
> bei unberechtigter Weitergabe von Belegen gegen Entgelt.

Steuerpflichtige, die vor Beginn amtlicher Ermittlungen ihre unrichtigen oder unvollständigen Angaben bei der Finanzbehörde berichtigen oder ergänzen, bleiben in der Regel straffrei (Selbstanzeige). Selbstanzeige
Zur besseren Kontrolle der Steuerpflicht wurde die EU-Zinsrichtlinie umgesetzt. Ferner werden

> Jahresbescheinigung der Banken angefordert
und
> der Zugriff auf elektronische Bankdaten (automatischer Abruf von Kontoinformationen) durchgeführt.

Neben den Zwangsmitteln zur Beitreibung der Steuer hat die Finanzverwaltung aus Gründen der Gleichbehandlung aller Steuerzahler die Pflicht, die Angaben des Steuerpflichtigen auf ihre Richtigkeit hin zu überprüfen. Dies kann durch Anordnung einer Außenprüfung (Betriebsprüfung) erfolgen.
In der Regel werden Außenprüfungen routinemäßig durchgeführt. Dabei sind nach der neuen Betriebsprüfungsordnung folgende Ablaufregelungen festgelegt:

> Großbetriebe werden alle drei bis vier Jahre geprüft, wobei an die vorgehende Betriebsprüfung angeschlossen wird und alle eventuell noch ungeprüften Jahre mit einbezogen werden (Anschlussprüfung). Großbetriebe Anschlussprüfung
> Mittelbetriebe sollen durchschnittlich alle 10–15 Jahre geprüft werden. Mittelbetriebe
> Kleinbetriebe sollen durchschnittlich alle 20 Jahre geprüft werden. Kleinbetriebe
> Der Prüfungszeitraum beträgt für Klein- und Mittelbetriebe wie bisher i.d.R. drei Jahre. Das Finanzamt kann die drei Jahre heraussuchen. Es müssen auch nicht zwingend drei zusammenhängende Jahre sein.

Unternehmen können seit 01.01.2010 die zeitgleiche Durchführung von Außenprüfungen der Finanzverwaltung und der Rentenversicherungsträger beantragen.

Der Finanzbehörde sind alle für die Feststellung eines steuerlichen Tatbestands maßgeblichen Unterlagen zur Verfügung zu stellen und Auskünfte zu geben. Die Finanzbehörde hat bei Außenprüfungen das Recht, Einsicht in gespeicherte Daten zu nehmen und das Datenverarbeitungssystem zu nutzen. Bei Auslandssachverhalten gelten zusätzliche besondere Mitwirkungs- und Nachweispflichten. Es sind Steuererklärungen abzugeben. Mitwirkungspflicht

Das Steuergesetz kann nicht durch Missbrauch von Gestaltungsmöglichkeiten umgangen werden. Ein Missbrauch liegt vor, wenn eine unangemessene rechtliche Gestaltung gewählt wird und dies zu einem gesetzlich nicht vorgesehenen Steuervorteil führt. Der Steuerpflichtige hat den Missbrauchscharakter einer Steuergestaltung zu widerlegen. Dazu muss er beachtliche außersteuerliche Gründe nachweisen (Gegenbeweismöglichkeit).
Die allgemeine Abgabefrist für Steuererklärungen ist jeweils der 31.5. des Folgejahres. Diese Frist verlängert sich, wenn die Erklärungen von Angehörigen der steuerberatenden Berufe erstellt werden, auf den 31.12.
Der sachliche Umfang der Prüfungsanordnung – auch einer routinemäßigen Prüfung – kann sich auch auf nichtbetriebliche Sachverhalte erstrecken.

Die Außenprüfung muss angekündigt werden. Der Finanzverwaltung stehen außerdem spezielle Arten von Prüfungen zu, z. B.:

> die Lohnsteueraußenprüfung
> die Umsatzsteuer-Sonderprüfung
> die Umsatzsteuer-Nachschau.

Bei der Umsatzsteuer-Nachschau bedarf es keiner Ankündigung. Soweit die bei der Nachschau getroffenen Feststellungen Beanstandungsanlässe geben, kann ohne vorherige Prüfungsanordnung zu einer Außenprüfung übergegangen werden. Aufgrund einer Nachschau ergangene Verwaltungsakte können mit dem Rechtsbehelf des Einspruchs angefochten werden.
Seit Jahresbeginn 2010 gibt es eine Aufbewahrungspflicht von sechs Jahren, sofern die Summe der positiven Überschusseinkünfte mehr als 500.000,00 EUR im Kalenderjahr beträgt. Bei Überschreiten dieser Schwelle sind zudem Außenprüfungen ohne Angabe von Gründen möglich.

Steuerfahndung

Bei Vorliegen oder bei Verdacht des Vorliegens von Steuerverfehlungen hat die Finanzverwaltung auch die Möglichkeit der Einleitung eines Steuerfahndungsverfahrens.

Die Steuerfahndung ist mit besonderen Befugnissen ausgestattet. So kann sie zum Beispiel an eine Bank ein persönlich beschränktes Auskunftsersuchen stellen (Grenzen des Bankgeheimnisses).
Die Verfolgung von besonders schweren Steuerstraftaten verjährt in zehn Jahren. Die allgemeine strafrechtliche Verfolgungsverjährungsfrist beträgt lediglich 5 Jahre.

Übungs- und Prüfungsaufgaben

1. Wie funktioniert das Umsatzsteuersystem?

[ ] a Die Einkaufsbeträge dürfen von den Verkaufserlösen abgezogen werden.

[ ] b Die Umsatzsteuer, die dem Kunden in Rechnung gestellt wird, ist an das Finanzamt abzuführen.

[ ] c Der Unternehmer ist berechtigt, die Vorsteuer, die er von seinem Lieferanten (im weitesten Sinne) in Rechnung gestellt bekommt, von der Umsatzsteuer, die er seinem Kunden in Rechnung stellt, abzuziehen. Der Differenzbetrag ist die an das Finanzamt zu zahlende Umsatzsteuerzahllast.

[ ] d Die Vorleistungseinsätze bleiben umsatzsteuerfrei, und die Leistungen an den privaten Endverbraucher werden vom Endlieferanten mit Umsatzsteuer belegt.

[ ] e Der Unternehmer ist verpflichtet, die Vorsteuer dem Finanzamt abzuführen und dem Kunden dafür eine um die Vorsteuer geminderte Rechnung auszustellen.

>> Seite 277 |

2. Ein Handwerksmeister erzielt einen Umsatz von 410.750,00 EUR und führt seine Umsatzsteuer an das Finanzamt ab, sobald er vom Kunden das Entgelt erhalten hat. Im darauf folgenden Jahr schafft er einen Umsatz von 528.960,00 EUR.

   Aufgabe: Erläutern Sie die durch die Umsatzsteigerung eingetretenen Konsequenzen. Gehen Sie anhand der nachfolgenden Leitfragen vor!
   a) Welche Arten der Fälligkeit der Umsatzsteuer kennen Sie?
   b) Worin besteht der Unterschied zwischen den einzelnen Umsatzsteuerfälligkeiten?
   c) Welche Voraussetzungen müssen erfüllt sein?
   d) Wie wirken sich die unterschiedlichen Fälligkeitsmöglichkeiten auf die Sachbehandlung der Vorsteuer aus?

>> Seiten 280 bis 282 |

3. Ein Betriebsinhaber kauft im Großhandel eine Bohrmaschine für brutto 130,00 EUR und einen dazugehörenden Bohrsatz für brutto 25,00 EUR. Er erhält einen Zahlungsbeleg über 155,00 EUR, versehen mit dem Vermerk, dass in dem Betrag 19 % Umsatzsteuer enthalten sind.

Aufgabe: Welche Folgen hat dieser Zahlungsbeleg hinsichtlich der Vorsteuer?

- [ ] a Der Betriebsinhaber darf aus dem Beleg einschließlich Umsatzsteuer die Vorsteuer ohne weitere Hinweise errechnen, weil ein Großhandel immer umsatzsteuerpflichtig ist.
- [ ] b Der Betriebsinhaber darf aus dem Betrag die Vorsteuer errechnen, weil der Steuersatzhinweis angebracht ist.
- [ ] c Der Betriebsinhaber darf aus dem Betrag die Vorsteuer nur dann errechnen, wenn sein Umsatz 50.000,00 EUR nicht übersteigt.
- [ ] d Der Betriebsinhaber kann keine Vorsteuer geltend machen, weil Bohrmaschine und Bohrsatz als Sachgesamtheit die 150,00-EUR-Grenze überschreiten und die Vorsteuer nicht betragsmäßig ausgewiesen ist.
- [ ] e Er darf aus dem Bruttobetrag die Vorsteuer errechnen und geltend machen, weil der Steuersatz vermerkt ist und weder Bohrmaschine noch Bohrsatz die 150,00-EUR-Grenze überschreiten.

>> Seite 284 |

4. Welche Erfordernisse müssen erfüllt sein, damit ein Kleinunternehmer die Vorsteuerpauschalen in Anspruch nehmen kann?

- [ ] a Er muss die Umsätze brutto verbuchen und die Vorsteuern auf einem eigenen Konto erfassen.
- [ ] b Er darf nicht verpflichtet sein, Bücher zu führen und Abschlüsse zu machen.
- [ ] c Wie b), zusätzlich ist die Vorjahresumsatzsteuer maßgebend; diese darf 6.135,00 EUR nicht übersteigen.
- [ ] d Wie c), aber anstelle der Vorjahresumsatzsteuer ist der Vorjahresumsatz entscheidend; dieser darf 61.356,00 EUR nicht übersteigen.
- [ ] e Vorsteuerpauschalen sind nur für selbstständige Tätigkeiten vorgesehen, nicht für Gewerbebetriebe.

>> Seiten 284 bis 285 |

5. Wer muss monatliche Umsatzsteuer-Voranmeldungen und Vorauszahlungen tätigen?

- [ ] a Unternehmer, deren Vorjahresumsatzsteuerschuld 7.500,00 EUR überschritten hat, sowie Existenzgründer im Gründungs- und darauf folgenden Jahr.
- [ ] b Unternehmer, deren Vorjahresumsatz 7.500,00 EUR überschritten hat.
- [ ] c Unternehmer, deren Vorsteuer im Vorjahr 1.500,00 EUR überschritten hat.
- [ ] d Umsatzsteuerfreie Kleingewerbetreibende.
- [ ] e Unternehmer mit Ist-Besteuerung.

>> Seite 285 |

6. Ein Betriebsinhaber erhält einen Gewerbesteuerbescheid zugestellt. Dabei stellt er fest, dass die Gewerbesteuer durch Ansatz eines falschen Hebesatzes zu hoch ausgewiesen ist.

Aufgabe: Was muss der Betriebsinhaber tun, um den überhöhten Gewerbesteuerbescheid zu berichtigen?

- [ ] a Er muss Rechtsmittel bei der Finanzverwaltung gegen den Gewerbesteuerbescheid einlegen.
- [ ] b Er muss Rechtsmittel bei der Gemeinde gegen den Gewerbesteuerbescheid einlegen.
- [ ] c Er muss sowohl bei der Finanzverwaltung, die den einheitlichen Gewerbesteuermessbescheid festgesetzt hat, als auch bei der Gemeinde, die den Hebesatz auf den einheitlichen Gewerbesteuermessbescheid angesetzt hat, Rechtsmittel einlegen.
- [ ] d Für Gewerbesteuerberichtigungen sind ausschließlich die Finanzgerichte zuständig; der Gewerbesteuerbescheid muss durch das Rechtsmittel der Berufung angefochten werden.
- [ ] e Für Gewerbesteuerberichtigungen sind ausschließlich die Zivilgerichte zuständig; der Gewerbesteuerbescheid muss mittels einer zivilrechtlichen Klage angefochten werden.

>> Seite 287 |

7. Ein Betriebsinhaber erzielt einen Jahresgewinn in Höhe von 54.260,00 EUR und macht einen Nettoumsatz von 245.420,00 EUR.

Aufgabe: Welche Gewinnermittlungsmethode muss der Betriebsinhaber anwenden und was sind die steuerrechtlichen Voraussetzungen?

a Da der Gewinn über 50.000,00 EUR liegt, ist er zum Betriebsvermögensvergleich verpflichtet.

b Da der Umsatz unter 500.000,00 EUR liegt, darf er den Gewinn nach der Überschussrechnungsmethode ermitteln.

c Gewinn- und Umsatzgrenzen sind unerheblich. Entscheidend ist, ob das Finanzamt den Handwerksmeister zur Buchführung mit Betriebsvermögensvergleich angewiesen hat.

d Für die Gewinnermittlung nach Betriebsvermögensvergleich muss sowohl der Gewinn 50.000,00 EUR als auch der Umsatz 500.000,000 EUR überschreiten. Nur dann ist der Unternehmer ohne Anweisung durch das Finanzamt zum Betriebsvermögensvergleich verpflichtet. Werden beide Grenzwerte nicht überschritten, darf die Überschussrechnungsmethode angewendet werden.

e Überschreitet der Gewinn die 50.000,00-EUR-Grenze oder der Umsatz die 500.000,00-EUR-Grenze, dann ist der Betriebsinhaber zur Gewinnermittlung nach Betriebsvermögensvergleich verpflichtet. Voraussetzung ist, dass das Finanzamt den Betriebsinhaber zur Buchführung mit Betriebsvermögensvergleich angewiesen hat.

>> Seite 291 |

8. Ein Betriebsinhaber macht einem Architekten, von dem er sich Aufträge erhofft, ein Geschenk. Das Geschenk hat einen Wert von 46,00 EUR; erstanden hat er das Geschenk aufgrund von Beziehungen für 34,00 EUR. Er verbucht das Geschenk als Betriebsausgabe auf ein Sammelkonto „Repräsentationsausgaben“, auf dem er auch seine Bewirtungsaufwendungen und Aufmerksamkeiten festhält. Eine Pauschalierung der Einkommensteuer hat er nicht vorgenommen.

Aufgabe: Wie ist dieses Geschenk einkommensteuerlich zu behandeln?

a Das Geschenk ist als Betriebsausgabe abzugsfähig, weil die 410,00-EUR-Grenze für geringwertige Wirtschaftsgüter nicht überschritten wird.

b Für den Abzug von Geschenken ist nicht die Grenze für geringwertige Wirtschaftsgüter maßgebend; vielmehr sind die Anschaffungs- oder Herstellungskosten, die 35,00 EUR pro Jahr und Empfänger nicht überschreiten dürfen, entscheidend. Somit sind die Anschaffungskosten für das Geschenk in Höhe von 34,00 EUR abzugsfähige Betriebsausgaben.

c Entscheidend sind nicht die Anschaffungs- oder Herstellungskosten, sondern der Teilwert des Geschenks. Da der Teilwert bei 46,00 EUR liegt, sind die Geschenkkosten nicht abzugsfähig.

d Das Geschenk kann nicht als Betriebsausgabe berücksichtigt werden, weil es auf ein Sammelkonto verbucht wurde. Geschenke müssen in der

Buchführung einzeln und getrennt von den sonstigen Betriebsausgaben aufgezeichnet werden.

☐ e Wie d), außerdem fehlt der dauernde, leicht erkennbare Werbeeffekt auf dem Geschenk.

>> Seite 292 |

9. Der Ehegattenarbeitsvertrag setzt zu seiner steuerlichen Wirksamkeit voraus:

☐ a Den Güterstand der Gütertrennung oder der Zugewinngemeinschaft oder der Gütergemeinschaft, wenn der Gewerbebetrieb nicht zum Gesamtgut gehört.

☐ b Den Güterstand der Gütergemeinschaft, wobei der Gewerbebetrieb zum Gesamtgut von Mann und Frau gehören muss.

☐ c Wie bei b), wobei der Ehegattenarbeitsvertrag – wie der Güterstand der Gütergemeinschaft – notariell vereinbart sein muss.

☐ d Der Güterstand spielt keine Rolle.

☐ e Die Begründung einer Personengesellschaft zwischen Mann und Frau.

>> Seite 293 |

10. Der Inhaber eines Betriebes hat für seinen Betrieb mehrere Geräte eingekauft, deren Anschaffungskosten jeweils 1.000,00 EUR einschließlich Nebenkosten übersteigen. Er hat bisher die Geräte technisch abgesetzt und möchte nun auf die lineare AfA wechseln.

Aufgabe: Ist dies zulässig?

☐ a Es darf von der technischen auf die lineare AfA gewechselt werden.

☐ b Einmaliger Wechsel von technisch auf linear ist nach Genehmigung durch das Finanzamt zulässig.

☐ c Es darf wiederholt zwischen linear und technisch nach Genehmigung durch das Finanzamt gewechselt werden.

☐ d Es darf von einer zur anderen Methode gewechselt werden, wenn dies für das betreffende Wirtschaftsgut in der AfA-Tabelle vorgesehen ist.

☐ e Es darf nicht gewechselt werden.

>> Seite 294 |

11. Sonderausgaben sind private Aufwendungen, die der Gesetzgeber insbesondere wegen ihres sozialen Charakters zum Abzug vom Gesamtbetrag der Einkünfte zugelassen hat. Ein verheirateter Betriebsinhaber hat für seinen privaten Bereich Altersvorsorgeaufwendungen, eine Hausrats-, Einbruch-, Haftpflicht-, Glas-, Unfall-, Kranken- und Pflegeversicherung abgeschlossen und möchte wissen, ob die Prämienzahlungen für diese Versicherungen abzugsfähig sind.

- a Alle obigen Versicherungen haben sozialen Charakter und sind als Sonderausgabe unbeschränkt berücksichtigungsfähig.
- b Obige Versicherungen sind nur beschränkt abzugsfähig, und zwar in Höhe des Grundhöchstbetrags.
- c Sozialen Charakter haben nur die Altersvorsorge, Haftpflicht-, Unfall-, Kranken- und Pflegeversicherung. Nur sie sind im Rahmen des Grundhöchstbetrags berücksichtigungsfähig.
- d Wie bei c), doch darf vor Ansatz des Grundhöchstbetrags noch ein Vorwegabzug bei Verheirateten geltend gemacht werden.
- e Altersvorsorgeaufwendungen dürfen bis zu einem Höchstbetrag angesetzt werden. Die Hausrat-, Einbruch- und Glasversicherungen sind nicht absetzbar. Die Kranken- und Pflegeversicherung als Basisversicherung kann voll berücksichtigt werden. Die restlichen Versicherungen dürfen, wenn der Höchstbetrag noch nicht ausgeschöpft ist, bis zu diesem berücksichtigt werden.

>> Seiten 296 bis 297 |

12. Welche Erfordernisse müssen bei den außergewöhnlichen Belastungen gegen Einzelnachweis berücksichtigt werden?

- a Nur Prüfung der Angemessenheit
- b Zwangsläufigkeit der Aufwendungen und Übernahme eines Selbstbeteiligungsbetrages
- c Begrenzung der Aufwendungen entsprechend den Einkünften aus Gewerbebetrieb
- d Keine Kostenbegrenzung, aber Prüfung der Angemessenheit der Aufwendungen
- e Begrenzung der Kosten entsprechend dem Grundhöchstbetrag bei den Sonderausgaben

>> Seite 299 |

13. Ein neuer Arbeitnehmer legt dem Arbeitgeber trotz wiederholter Aufforderung keine Lohnsteuerkarte vor. Der Arbeitgeber weiß, dass der Arbeitnehmer verheiratet ist und seine Frau in einem geregelten Arbeitsverhältnis steht.

Aufgabe: Wie hat er den Lohn des Arbeitnehmers zu versteuern?

- [ ] a Der Lohn ist nach Steuerklasse VI zu versteuern.
- [ ] b Der Lohn ist mit einem durchschnittlichen Lohnsteuersatz von 25 % zu versteuern.
- [ ] c Der Arbeitgeber hat die Lohnsteuerklasse IV zugrunde zu legen, weil diese Steuerklasse für Verheiratete gilt, die beide Arbeitnehmer sind.
- [ ] d Ohne Berücksichtigung des Arbeitsverhältnisses der Ehefrau ist der Arbeitnehmer wie ein Lediger zu behandeln und nach Steuerklasse I zu versteuern.
- [ ] e Der Lohn unterliegt nicht der Lohnsteuer, weil der Arbeitnehmer in einem solchen Fall eine Einkommensteuererklärung abgeben muss.

>> Seite 306 |

14. Der Gesellschafter-Geschäftsführer einer Ein-Mann-GmbH ist sich unschlüssig, ob er den Gewinn der GmbH ausschütten oder nicht ausschütten soll.

Aufgabe: Wie wirken sich diese unterschiedlichen Verfahrensweisen auf die Körperschaftsteuer aus?

- [ ] a Der Körperschaftsteuersatz beträgt für Ausschüttungen und Nichtausschüttungen einheitlich 15 %.
- [ ] b Der Körperschaftsteuersatz beträgt für Ausschüttungen und Nichtausschüttungen einheitlich 30 %.
- [ ] c Der Körperschaftsteuersatz beträgt bei Ausschüttungen 25 %, wenn die Ausschüttung beim Empfänger voll einkommensteuerpflichtig ist. Bei Nichtausschüttungen beträgt der Steuersatz 30 %.
- [ ] d Bei einem Gesellschafter-Geschäftsführer einer Ein-Mann-GmbH sind nur die Ausschüttungen körperschaftsteuerpflichtig, und zwar mit 25 %.
- [ ] e Bei einem Gesellschafter-Geschäftsführer einer Ein-Mann-GmbH spielt die Ausschüttung keine Rolle, weil er wie ein Einzelunternehmer besteuert wird.

>> Seiten 310 bis 312 |

15. Eine juristische Person zahlt an ihren Gesellschafter besondere Umsatzvergütungen neben einem angemessenen Gehalt.

- [ ] a Die Umsatzvergütungen sind immer private Aufwendungen.
- [ ] b Umsatzvergütungen können von juristischen Personen überhaupt nicht zugesagt werden.
- [ ] c Besondere Umsatzvergütungen neben einem angemessenen Gehalt sind verdeckte Gewinnausschüttungen und müssen dem Gewinn der juristischen Person wieder zugerechnet werden.
- [ ] d Umsatzvergütungen sind immer verdeckte Gewinnausschüttungen.
- [ ] e Umsatzvergütungen sind nur für Gesellschafter von Personengesellschaften zugelassen.

>> Seite 312 |

16. Besteht in der Sachbehandlung von Erbschaften und Schenkungen ein Unterschied?

- [ ] a Erbschaften und Schenkungen sind im Gesetz einheitlich geregelt.
- [ ] b Ab einer Wertgrenze von 150.000,00 EUR werden Erbschaften und Schenkungen unterschiedlich behandelt.
- [ ] c Bei Nichtverwandten werden Schenkungen gegenüber Erbschaften höher besteuert.
- [ ] d Bestimmte Personen – wie Eltern und Großeltern – werden bei Schenkungen in eine andere Steuerklasse eingeordnet als bei Erbfällen. Dadurch ergeben sich auch unterschiedliche Freibeträge.
- [ ] e Bei Schenkungen an Kinder ist der allgemeine Freibetrag niedriger als bei Erbschaften.

>> Seite 313 |

17. Ein Betriebsinhaber hat testamentarisch seine Ehefrau zu $^1/_4$, seinen Sohn zu $^1/_4$ und seine zwei Neffen zu je $^1/_4$ als Erben eingesetzt.

Aufgabe: In welche Steuerklasse sind die Erben einzureihen?

- [ ] a Die Ehefrau fällt unter die Steuerklasse I; der Sohn fällt unter Steuerklasse II und die Neffen fallen unter Steuerklasse III.
- [ ] b Ehefrau und Sohn fallen unter Steuerklasse I, die Neffen unter Steuerklasse III.
- [ ] c Alle fallen unter Steuerklasse II.
- [ ] d Alle fallen unter Steuerklasse I.
- [ ] e Ehefrau und Sohn fallen unter Steuerklasse I, die Neffen fallen unter Steuerklasse II.

>> Seite 315 |

18. Innerhalb welcher Frist hat der Beschenkte die Schenkung dem zuständigen Finanzamt anzuzeigen?

a Nur eine Erbschaft ist anzuzeigen.

b Die Anzeige übernimmt die an der Abwicklung beteiligte Bank.

c Innerhalb eines Monats nach Erhalt der Schenkung.

d Innerhalb von zwei Monaten nach der Gutschrift auf dem Bankkonto.

e Binnen drei Monaten nach dem Bekanntwerden der Schenkung; dazu ist auch der Schenker verpflichtet.

>> Seite 318 |

19. Ein Betriebsinhaber erhält einen Einkommensteuerbescheid, bei dem mehrere, nach seiner Ansicht zu Recht geltend gemachte Steuervergünstigungen nicht anerkannt wurden. Er möchte nun diesen Bescheid anfechten, weiß aber nicht, welches Rechtsmittel einzulegen ist.

Aufgabe: Wie muss er vorgehen?

a Er kann auf dem Verwaltungsrechtsweg das Rechtsmittel der Einrede einlegen.

b Er kann beim zuständigen Finanzamt das Rechtsmittel der Revision und bei negativem Verfahrensausgang Einspruch beim Finanzgericht einlegen.

c Gegen einen Einkommensteuerbescheid hat er das Rechtsmittel des Einspruchs beim zuständigen Finanzamt, oder er macht von der Möglichkeit Gebrauch, unter Umgehung des Einspruchsverfahrens beim Finanzamt Klage beim Finanzgericht einzureichen. Das Finanzamt muss aber dem Verfahren zustimmen.

d Steuerverfahren werden vor den Zivilgerichten verhandelt. Es stehen ihm daher die Rechtsmittel der Zivilprozessordnung zu.

e Es kommt auf die Steuerbelastungsgrenze an. Wenn die Steuerveranlagung durch die Nichtanerkennung der geltend gemachten Steuervergünstigung eine Mehrbelastung von unter 2.556,00 EUR erbringt, ist das Rechtsmittel des Einspruchs beim Finanzamt, bei einer Mehrbelastung von 2.556,00 EUR und mehr Klage beim Finanzgericht einzulegen.

>> Seite 319 |

20. Wird bei Einlegung eines Rechtsmittels die Steuerzahlung aufgeschoben?

- [ ] a Ja, bis zum Entscheid über das Rechtsmittel.
- [ ] b Ja, durch Leistung eines Hinterlegungsbetrags.
- [ ] c Das Finanzamt entscheidet von Amts wegen.
- [ ] d Mit Einlegung des Rechtsmittels ist die Steuerschuld automatisch ausgesetzt.
- [ ] e Nein.

>> Seite 319 |

21. Ein Betriebsinhaber erhält vom Finanzamt einen Nachzahlungsbescheid für eine vor vier Jahren veranlagte Einkommensteuer. Er ist der Ansicht, dass dieser Nachzahlungsbescheid wegen Verjährung ungültig ist, und verweigert die Zahlung.

   Aufgabe: Erläutern Sie die Arten der Steuerverjährung, die Folgen der einzelnen Verjährungsarten und den Eintritt der Verjährung!

>> Seite 320 |

Lösungen

zu den Übungs- und Prüfungsaufgaben

3 Handlungsfeld: Rechtliche und steuerliche Grundlagen

3.1 Bürgerliches Recht, Mahn- und Klageverfahren, Zwangsvollstreckung, Insolvenzverfahren

1. –	18. –	35. –	52. b)	69. c)	86. –	103. b)
2. d)	19. b)	36. –	53. a)	70. b)	87. e)	104. –
3. b)	20. –	37. a)	54. –	71. –	88. d)	105. –
4. –	21. –	38. –	55. b)	72. –	89. c)	106. –
5. a)	22. –	39. –	56. a)	73. d)	90. –	107. a)
6. e)	23. a)	40. a)	57. –	74. –	91. –	108. e)
7. b)	24. d)	41. –	58. –	75. –	92. –	109. c)
8. a)	25. –	42. c)	59. c)	76. c)	93. a)	110. a)
9. e)	26. –	43. c)	60. b)	77. –	94. –	111. –
10. b)	27. b)	44. –	61. –	78. d)	95. –	112. b)
11. b)	28. e)	45. b)	62. e)	79. a)	96. b)	113. –
12. –	29. –	46. d)	63. b)	80. –	97. b)	114. –
13. e)	30. b)	47. –	64. c)	81. d)	98. c)	115. b)
14. –	31. d)	48. a)	65. –	82. a)	99. –	116. –
15. –	32. –	49. c)	66. –	83. d)	100. c)	117. d)
16. –	33. –	50. –	67. –	84. d)	101. –	118. –
17. c)	34. d)	51. –	68. –	85. –	102. c)	

3.2 Handwerks- und Gewerberecht, Handels- und Gesellschaftsrecht, Wettbewerbsrecht

1. a)	6. d)	11. c)	16. –	21. d)	26. a)	31. d)
2. c)	7. d)	12. c)	17. –	22. –	27. a)	32. e)
3. –	8. d)	13. –	18. –	23. a)	28. –	33. –
4. –	9. –	14. –	19. –	24. –	29. –	
5. e)	10. –	15. –	20. a)	25. –	30. b)	

3.3 Arbeitsrecht

1. –	9. a)	17. –	25. –	33. –	41. c)	49. a)
2. b)	10. d)	18. –	26. –	34. a)	42. –	50. e)
3. c)	11. –	19. –	27. a)	35. a)	43. –	51. b)
4. b)	12. –	20. –	28. –	36. a)	44. –	52. –
5. –	13. –	21. b)	29. b)	37. e)	45. –	53. d)
6. e)	14. –	22. c)	30. –	38. –	46. d)	
7. d)	15. d)	23. e)	31. d)	39. b)	47. e)	
8. d)	16. –	24. –	32. e)	40. c)	48. –	

3.4 Sozial- und Privatversicherungen

1. –	8. b)	15. –	22. b)	29. e)	36. –	43. –
2. d)	9. e)	16. a)	23. b)	30. –	37. b)	44. d)
3. e)	10. e)	17. –	24. –	31. a)	38. –	45. b)
4. c)	11. –	18. –	25. –	32. b)	39. b)	46. –
5. –	12. d)	19. b)	26. e)	33. a)	40. b)	47. d)
6. –	13. b)	20. –	27. d)	34. b)	41. d)	48. –
7. d)	14. a)	21. d)	28. –	35. d)	42. a)	49. e)

3.5 Steuern

1. c)	4. d)	7. e)	10. a)	13. a)	16. d)	19. c)
2. –	5. a)	8. d)	11. e)	14. a)	17. e)	20. e)
3. d)	6. b)	9. a)	12. b)	15. c)	18. e)	21. –

A

Abfindung 179
Abfindungsanspruch 179
Abgabenordnung 318
Abgabeschonfrist 306
Abgeltungsteuer 290
Abgestimmtes Verhalten 136
Abgrenzung zur Industrie 113
Abmahnung 177
Abmahnung vor Kündigung 177
Abnahme des Werkes 45
Abschlagszahlungen 42
Absetzung 294
Abzug vom Arbeitsentgelt 217
Abzugsbetrag 317
Aktivierungspflichtige Anlagegüter 294
Allgemeiner Kündigungsschutz 176
Allgemeines Gleichbehandlungsgesetz 156, 162, 189
Ältere Arbeitnehmer 160
Alterseinkünftegesetz 302
Altersrente für besonders langjährig Versicherte 241
Altersrente für Frauen 242
Altersrente für langjährig Versicherte 241
Altersrente für Schwerbehinderte, Berufs- oder Erwerbsunfähige bzw. vermindert Erwerbsfähige 241
Altersrente wegen Arbeitslosigkeit oder nach Altersteilzeitarbeit 242
Altersteilzeit 234
Altersversorgung der selbstständigen Handwerker 250
Altersvorsorgeaufwand 247
An- und Abmeldefristen 220
Änderungskündigung 172, 178
Anfangsvermögen 61
Anfechtbarkeit 23
Anfechtungsgründe 25
Angebot 21
Angebot und Annahme 21
Anhörung des Betriebsrats 173, 174
Anlageformen 247
Annahme 21
Anrechnungsverfahren, Gewerbesteuer 301
Anschlussprüfung 321
Antragsveranlagung 309
Anzeigepflichtverletzung 260
Arbeitgeberverbände 183
Arbeitnehmer-Entsendegesetz 163
Arbeitnehmerhaftung 162
Arbeitnehmerrechte nach dem Betriebsverfassungsgesetz 190
Arbeitsbereitschaft 193
Arbeitsbescheinigung 233
Arbeitsentgelt 217
Arbeitsförderung 228, 229
Arbeitsgericht 174, 201
Arbeitsgerichtsbarkeit 201
Arbeitskampf 183
Arbeitsleistung 161
Arbeitslosengeld 231
Arbeitslosengeld II 236
Arbeitslosenversicherung 228
Arbeitspapiere 175
Arbeitspflicht 161
Arbeitsrecht 155
Arbeitsrechtliche Freistellungsansprüche 227
Arbeitsschutz 190
Arbeitsschutzgesetz 191
Arbeitssicherheitsgesetz 192
Arbeitsstättenverordnung 192
Arbeitsunfähigkeit 166
Arbeitsunfähigkeitsbescheinigung 167
Arbeitsunfall 254
Arbeitsvermittlung 230, 257
Arbeitsvertrag 158
Arbeitsvertrag auf bestimmte Zeit 160
Arbeitsvertrag auf unbestimmte Zeit 159
Arbeitsvertrag zur Probe 160
Arbeitszeit 161, 193
Arbeitszeitgesetz 193
Arbeitszeitkonten 304
Arbeitszeugnis 175
Arglistige Täuschung 25

Ärztliche Betreuung bei Schwangerschaft 196
Aufbewahrungspflicht 322
Aufgabe der Sozialversicherung 215
Aufhebungsvereinbarung 172
Auflassung 54
Aufmerksamkeiten 279, 304
Aufrechnung gegen Lohnansprüche 170
Aufwandsentschädigungen 304
Ausbildungsbonus 235
Ausbildungsvermittlung 230
Ausfallbürgschaft 52
Ausgleich des Zugewinns 60
Ausgleichsabgabe 199
Ausgleichskasse 220
Ausgleichsquittung 176
Ausgleichsverfahren 167, 196
Ausgleichszeitraum bei Verlängerung der Arbeitszeit 193
Aushändigung der Arbeitspapiere 175
Auskunftspflicht 121
Auskunftspflicht gegenüber Sozialversicherungsträgern 221
Auslagenersatz 304
Ausnahmebewilligung 115
Ausnahmen vom gesonderten Vorsteuerausweis 283
Ausschlagung 63
Ausschüttungen 311
Außenprüfung 322
Außergerichtlicher Einigungsversuch 79
Außergewöhnliche Belastungen – Pauschalen 299
Außerordentliche Kündigung 174
Ausübungsberechtigung 115
Auswärtstätigkeit 308

B

Basisrente 248
Basistarif 261
Bauhandwerkersicherung 48
Bauleistungen, Steuerabzug 301
Bedarfsgemeinschaft 236
Bedarfsorientierte Grundsicherung 247
Bedürftigkeitsprüfung 237
Beendigung des Arbeitsverhältnisses 172
Beendigung des Mietverhältnisses 49
Beendigungskündigung 178
Beendigungsschutz 180
Beendigungsschutz bei Ausbildungsverhältnissen 180
Befreiung auf Antrag von der Handwerkerversicherungspflicht 251
Beginn der Handwerkerversicherungspflicht 250
Begünstigungen 316
Beiträge 224, 227, 229, 238, 239, 240, 252, 254, 276
Beitragsbemessungsgrenze 217
Beitragsberechnung 217
Beitragsbescheinigung 253
Beitragsentrichtung Handwerkerversicherung 252
Beitragsnachweis 217
Beitragsnachweis Handwerkerversicherung 253
Beitragssatz 224, 227, 238
Beitragssätze für pflichtversicherte Arbeitnehmer 257
Beitragstragung 216
Beitragsvorenthaltung 221
Beitragszahlung 216
Bereitschaftsdienst 193
Berufsberatung 229
Berufskrankheit 255
Berufung 71
Beschäftigung ohne Lohnsteuerkarte 307
Beschäftigungspflicht 171
Beschäftigungsverbote 195
Beschränkte Geschäftsfähigkeit 15
Besitz 53
Besondere Veranlagung 303
Besonderer Kündigungsschutz 179
Besteller 42
Besteuerung bei Bauleistungen 301
Besteuerungsverfahren 318
Bestimmungen für Kaufleute 123
Betreuer 15

Betriebliche Altersversorgung 172, 249
Betriebliche Fahrzeuge 291
Betriebliche Versorgungsleistungen 250
betriebliche Weiterbildung 304
Betrieblicher Arbeitsschutz 191
Betriebsärzte 192, 256
Betriebsärztlicher Dienst 256
Betriebsausgaben 291
Betriebsaushänge 200
Betriebseröffnungsanzeige 256
Betriebsleiterprinzip 116
Betriebsnummer 219
Betriebsrat 173, 174
Betriebsratssitzung 186
Betriebsratswahl 184
Betriebsstättenfinanzamt 305
Betriebsvereinbarungen 187
Betriebsverfassung 184
Betriebsvermögensvergleich 291
Betriebsversammlungen 186
Bewegliche Sachen 53
Beweisaufnahme 70
Bewerbungsunterlagen 157
Bewirtung 292, 305
BGB-Gesellschaften 129
Bringschulden 26
Bruttoanpassung, modifizierte 246
Bundesagentur für Arbeit 228, 237
Bundesarbeitsgericht 201
Bundesknappschaft 222
Bundessozialgericht 258
Bundesurlaubsgesetz 168
Bürgerliches Gesetzbuch (BGB) 12
Bürgschaft 51
Bürgschaftserklärung 52

D

Dauer der Betriebszugehörigkeit 177
Definition von Steuern 276
Degressive AfA 294
Direktversicherung 248
Drohung 25

E

Ehegatten-Arbeitsverhältnis 293
Eheliches Güterrecht 60
Eidesstattliche Versicherung 76
Eigentum 53
Eigentumsvorbehalt 56
Einfaches Zeugnis 175
Eingliederungsgutschein 235
Eingliederungszuschüsse 235
Einigungsstellen 187
Einkommensteuer 288
Einkommensteuerermittlung 289
Einkünfte aus Gewerbebetrieb 290
Einnahmen-Überschuss-Rechnung 290
Einrede der Vorausklage 52
Einseitige Rechtsgeschäfte 18
Einspruch gegen den Vollstreckungsbescheid 73
Einstellungsgespräche 157
Einstellungsuntersuchungen 157
Einvernehmliche Beendigung des Arbeitsverhältnisses 172
Einwilligung 15
Einzelveranlagung 303
Einzugsstelle für den Gesamtsozialversicherungsbeitrag 216
elektronische Rechnungen 284
Elektronischer Geschäftsverkehr (Informationspflichten) 23
Elena 220
ELENA-Verfahren 220
Elternzeit 196
Elternzeitberechtigte 184
Ende der Handwerkerversicherungspflicht 250
Endvermögen 64
Entgelt 279
Entgeltabrechnung 163
Entgeltabtretungsverbot 170
Entgeltanspruch des Arbeitnehmers 163
Entgeltarten 163
Entgeltnachweis in der Unfallversicherung 257
Entgeltpfändungsschutz 170

Entgeltsicherung 170
Entgeltumwandlung 248
Entgeltzahlung 164
Entgeltzahlung an Feiertagen 165
Entgeltzahlung im Krankheitsfall 166
Entgeltzahlung ohne Arbeitsleistung 165
Entgeltzahlungspflicht 163
Entlastungsbetrag 317
Erbfall 62
Erbfolge des Ehegatten 64
Erbordnungen 63
Erbrecht 62
Erbschaft- und Schenkungsteuer 313
Erbschaftsteuerfreibeträge 316
Erbschaftsteuerklassen 315
Erbschaftsteuersätze 315
Erbschein 63
Erbvertrag 65
Erfüllungsgehilfe 25
Erfüllungsgeschäft 34
Erfüllungsort 25, 26
Erfüllungspflichten des Käufers 35
Erfüllungspflichten des Verkäufers 34
Erfüllungszeit 27
Erklärungsirrtum 25
Erwerbsbedingte Kinderbetreuungskosten 292, 308
Erwerbsfähigkeit 236
Erziehungsrente 244
EU 115
Europäische wirtschaftliche Interessengemeinschaft 131
Existenzgründer 160

F

Fachkräfte für Arbeitssicherheit 256
Faktorverfahren 306
Familien- und Erbrecht 59
Familienrecht 59
Familienversicherung 223
Fehlerhafte Rechtsgeschäfte 23
Fernabsatzverträge 41
Firma 126
Firmenbildung 127
Flüchtlinge 116
Förderfähige Anlageformen 247
Förderung der Aufnahme einer selbstständigen Tätigkeit 230
Forderung der ganzjährigen Beschäftigung in der Bauwirtschaft 233
Förderung von Teilzeitarbeit 234
Forderungsabtretung 30
Form des Arbeitsvertrages 158
Formkaufmann 125
Fortsetzungskrankheit 166
Fragerecht 157
Freibeträge (Erbschaftsteuer) 316
Freie Marktwirtschaft 136
Freiwillige Versicherung 224, 228, 239, 251
Friedenspflicht 187
Fürsorgepflicht 171

G

Garantieerklärung 40
Gebrauchsmuster 143
Gebühren 276
Gefahrübergang 29
Geförderte Anlagen 247
Gemeindesteuer 286
Gemeiner Wert 313
Genehmigte Arbeitsverhältnisse 17
Genehmigte Erwerbsgeschäfte 17
Genehmigung 15
Gerätesicherheitsgesetz 192
Gerichte für Arbeitssachen 201
Gerichtlicher Einigungsversuch 80
Gerichtliches Einigungsverfahren 79
Gerichtliches Klageverfahren 70
Gerichtsbarkeiten 67
Gerichtskosten 69
Gerichtsvollzieher 76
Geringfügige Beschäftigungen 217, 228, 239
Geschäftsbriefe 127
Geschäftsfähigkeit 14
Geschäftsräume 50

Geschäftsunfähigkeit 14
Geschäftsversicherung 263
Geschenke 292
Geschiedenen Witwen- und Witwerrente 244
Geschmacksmuster 144
Gesellschaft bürgerlichen Rechts 129
Gesellschaft mit beschränkter Haftung 132
Gesellschaften 129
Gesetzliche Erben 63
Gesetzliche Erbfolge 63
Gesetzliche Erbfolge des Ehegatten 64
Gesetzliche Kündigungsfrist bei Pachtverträgen 51
Gesetzliche Kündigungsfristen bei Mietverträgen 49
Gesetzliche Unfallversicherung 253
Gesetzlicher Güterstand 60
Gesetzlicher Mindesturlaub 168
Gesetzliches Pfandrecht des Vermieters 50
Gesundheitsfonds 216, 224
Gesundheitsreform 226
Gesundheitsschutz 195
Getrennte Veranlagung 303
Gewerbe 111
Gewerbebetrieb 124
Gewerbeertrag 286
Gewerbeordnung 111
Gewerbesteuer 286
Gewerbesteuer – Anrechnungsverfahren 301
Gewerbeuntersagung 119, 122
Gewerblicher Rechtsschutz 142
Gewerbsmäßige Arbeitnehmerüberlassung 161
Gewerkschaften 183
Gewillkürte Erben 63
Gewillkürte Erbfolge 65
Gleichberechtigung 59
Gleichgestellte – Schwerbehinderte 198
Gleichgestellte Lieferungen 279
Gleichgestellte sonstige Leistungen 280
Gleitzone 218
Gliederung der Sozialversicherung 215
Große Witwen-/Witwerrente 243
Grundbesitzbewertung – Erbschaftsteuer 313
Grundbuch 54
Grundbuchblatt 54
Gründe für Unterbrechung 32
Grundlagen der Steuererhebung 276
Grundpfandrechte 57
Grundschuld 58
Grundsicherung 247
Grundsicherung für Arbeitsuchende 235
Grundstück 54
Gründungszuschuss 230
Gruppenversicherung 262
Gruppenversicherungsverträge 262
Günstigerprüfung 297, 311
Gütergemeinschaft 61
Güterstände 60
Gütertrennung 61
Gutgläubiger Erwerb des Eigentums 35

H

Haftpflichtversicherung 263
Haftung des Arbeitgebers in der Sozialversicherung 217
Handelsgesetzbuch 122
Handelsregister 128
Handlungsfähigkeit 12
Handwerkerversicherung 250
Handwerkliche Betriebsformen 116
Handwerkliches Befähigungssystem 114
Handwerksähnliche Gewerbe 112, 120
Handwerksordnung 111, 112
Handwerksrolle 112, 113
Hauptfürsorgestelle 174, 180, 200
Haushaltsnahe Dienstleistungen, Handwerkerleistungen 301
Häusliche Pflege 227
hbUG 133
Hebesatz 287
Hemmung 32
Hemmung der Verjährung 32, 320
Hilfebedürftigkeit 236

Hilfsbetrieb 118
Hinterlegung 29
Höchstarbeitszeit 193, 195
Höhe der Rente 246
Höhe des Arbeitslosengeldes 232
Holschulden 26
Hypothek 57

I

Ident-Nummer 319
Individualarbeitsrecht 156
Inhaberprinzip 116
Inhaberwechsel 159
Inhalt des Tarifvertrages 184
Innungskrankenkasse 222
Insolvenzgeld 170, 233
Insolvenzordnung 77
Interessenausgleich 177
Investitionsabzugsbetrag 295

J

Jahresmeldung 220
Jugend- und Auszubildendenvertretung 185, 186
Jugendarbeitsschutz 194
Juristische Personen 309

K

kapitalgedeckte Altersvorsorge 247
Kapitalgesellschaften 132
Kartellbehörden 137
Kartelle 136
Kartellgesetz 136
Kauf bricht nicht Miete 49
Käufer 33
Kaufmännische Einrichtungen 124
Kaufmännisches Bestätigungsschreiben 22
Kaufvertrag 33
Kaufvertrag-Form 33
Kinderbetreuung 292, 296, 308
Klage 70
Kleinbetragsrechnungen 283
Kleine Witwen-/Witwerrente 243, 244
Kleingewerbe- und Verbraucherinsolvenzverfahren 79
Kleingewerberegelung 284
Koalitionsfreiheit 183
Kollektivarbeitsrecht 156
Kommanditgesellschaft 131
Kommunale Träger 237
Komplementär 131
Konkursausfallgeld 170
Körperschaftsteuer 309
Kostenäußerung 46
Kostenerstattungstarife 226
Kostenvoranschlag 46
Krankengeld 226
Krankenkassen 221
Krankenkassenwahlrecht 222
Krankenversicherung 221
Krankenversicherung der Rentner 244
Kriterien der Lohnsteuerpflicht 304
Kündigung des Werkvertrages 46
Kündigungsfristen 173
Kündigungsfristen für gewerbliche Arbeiter 173
Kündigungsfristen für Schwerbehinderte 174
Kündigungsschutz 176, 182
Kündigungsschutz bei Massenentlassungen 182
Kündigungsschutz für werdende Mütter 181
Kündigungsschutz von Betriebsräten 179
Kündigungsschutz von Jugendvertretern 179
Kündigungsschutzgesetz 176
Kündigungsschutzklage 178
Kurzarbeitergeld 233
Kurzzeitpflege 227

L

Ladenschlussgesetz 142

Ladenschlusszeiten 142
Landesarbeitsgericht 201
Landessozialgericht 258
Lebensalter 177
Lebensversicherung 260, 261
Leiharbeitsvertrag 161
Leistungen der Arbeitsförderung 229
Leistungen der Arbeitslosenversicherung 229
Leistungen der Krankenversicherung 225
Leistungen der Rentenversicherung 240
Leistungen der Rentenversicherung/-Handwerkerversicherung 253
Leistungen der sozialen Pflegeversicherung 227
Leistungen der Unfallversicherung 255
Leistungen zur Sicherung des Lebensunterhalts 236
Leistungsaustausch 278
Leistungshöhe 237
Leistungslohn 163
Leistungsverzug des Schuldners 27
Lieferung 279
Lineare AfA 294
Lohnabtretungserklärungen 170
Lohnabzugsverfahren 217
Lohnpfändungsschutz 170
Lohnsteuer 304
lohnsteuerfreie Zuwendungen 304
Lohnsteuerhaftung 309
Lohnsteuerklassen 306
Lohnzahlungspflicht 163
Lohnzulagen 164

M

Mahnbescheid 73
Mahnverfahren 72
Mängel 35, 43
Mängelansprüche beim Kaufvertrag 36, 37
Mängelansprüche beim Werkvertrag 43, 44
Marken 144
Marktbeherrschung 137
Mehrarbeitszuschläge 164
Mehrfachversicherung 251
Mehrseitige Rechtsgeschäfte 19
Mehrwertsteuer 277
Meisterprüfung 114
Meisterrechte 114
Meldefristen 220
Meldepflichten 118, 220
Meldeverfahren – Sozialversicherung 219
Meldeversäumnis 232
Meldevorschriften 219
Meldevorschriften in der Unfallversicherung 256
Miete 48
Mieterschutz 50
Mietmängel 48
Mietvertrag 48
Mindesturlaubsanspruch 168
Mini-Jobs 307
Minijob-Zentrale 218
Mitbestimmung bei Kündigungen 189
Mitbestimmung bei personellen Einzelmaßnahmen 188
Mitbestimmung in sozialen Angelegenheiten 188
Mitgliedsbescheinigung – Krankenversicherung 222
Mitwirkung in personellen Angelegenheiten 188
Mitwirkung in wirtschaftlichen Angelegenheiten 189
Mitwirkungs- und Mitbestimmungsrechte des Betriebsrates 188
Motivirrtum 25
Mündliche Verhandlung 70
Musterarbeitsverträge 158
Mutterschaftsgeld 196, 197
Mutterschaftsversicherung 196
Mutterschutz 195
Mutterschutzgesetz 195
Mutterschutzlohn 195

N

Nacherfüllung 37, 44
Nachlass 62
Nachlassbetrieb 118
Nachweis der Arbeitsunfähigkeit 166
Nebenbetrieb 117
Neubeginn der Verjährung 32
Nichtigkeit 23
Nichtigkeitsgründe 24
Nichtkaufmann 125
Niederschrift über Arbeitsvertragsbedingungen 158

O

Offene Handelsgesellschaft 131
Öffentliches Recht 11
Ordentliche Gerichte 68
Ordentliche Kündigung 172
Örtliche Zuständigkeit 69

P

Pachtvertrag 51
Pachtzins 51
Patent 143
Patentamt 143
Pauschalabgaben 218
Pauschalen a. g. Belastungen 299
Pensionsfonds 248
Pensionskasse 248
Personalfragebogen 157
personenbedingte Kündigung 177
Personengesellschaften 129
Personenirrtum 25
Personenversicherungen 260
Pfändungsschutz 249
Pflegekassen 226
Pflegekurse 227
Pflegeversicherung 215, 226, 262
Pflegevertretung 227
Pflegezeit 197
Pflegezeitberechtigte 182
Pflichtangaben auf Geschäftsbriefen 127
Pflichtbeitrag Handwerkerversicherung 252
Pflichten der Parteien beim Werkvertrag 42
Pflichtteil 66
Pflichtveranlagung 309
Poolabschreibung 294
Potenzialanalyse 230
Preisangabenverordnung 141
Preisauszeichnung 141
Preisverzeichnis 141
Private Krankenversicherung 261
Private Pflegeversicherung 262
Private und betriebliche Altersvorsorge 247
Private Unfallversicherung 262
Privater Versicherungsschutz 259
Privates Recht 11
Privatversicherungen 259
Privatversicherungsrecht 259
Probearbeitsverhältnis 160
Produkthaftung 39
Produkthaftungsgesetz 39
Produktinformationsblatt 259
Prozessvertretung 69
Prüfungszeitraum 321

Q

Qualifiziertes Zeugnis 175
Quellensteuerabzug 301
Quittung 30

R

Rechnungsausstellung 282
Rechte und Pflichten des Betriebsrats 186
Rechtsbehelf (Steuern) 319
Rechtsfähigkeit 12
Rechtsformzusätze 127
Rechtsgeschäfte 18
Rechtsgeschäfte – einseitige 18
Rechtsgeschäfte – mehrseitig 19

Rechtsgrundlagen – Einkommensteuer 288
Rechtsmittel 71
Rechtsordnung 11
Rechtswidrige Beendigung des Arbeitsverhältnisses 174
Regelaltersrente 241
1%-Regelung 291
Rehabilitation 240, 255
Rente wegen Alters 241
Rente wegen Berufsunfähigkeit 242
Rente wegen Todes 243
Rente wegen verminderter Erwerbsfähigkeit 242
Rentenanpassungen 246
Rentenauskunft 240
Rentenberechnung 246
Rentenfaktoren 246
Rentenformel 246
Renteninformation 240
Rentensplitting 244
Rentenversicherung 238
Repräsentationsaufwendungen 291
Restschuldbefreiung 82
Revision 71
Rücktritt 28, 37, 44
Ruhepausen 193
Rürup-Rente 248

S

Sachen, bewegliche, unbewegliche 53
Sachenrecht 52, 53
Sachirrtum 25
Sachliche Zuständigkeit 69
Sachmangel 36
Sachsicherheiten 55
Sachversicherungen 263
Sachwertverfahren 314
Saison-Kurzarbeitergeld 234
Schadenersatz wegen Nichterfüllung 28
Schadenersatzpflicht des Arbeitnehmers 162
Schadenversicherungen 263
Schema Einkommensteuerermittlung 289
Schenkungsteuer 313
Schönheitsreparaturen 48
Schriftform 158
Schuldnerverzeichnis 77
Schutzfristen vor und nach Entbindung 195
Schwangerschaftsnachweis 196
Schwarzarbeit 121, 122
Schwellenwert 176
Schwerbehinderte 174, 180, 198
Schwerbehindertengesetz 198
Schwerbehindertenpflichtplätze 198
Schwerbehindertenschutz 198
Schwerbehindertenvertretung 185, 199
Schwerbehinderung 177
Selbstbehalttarife 226
Selbstschuldnerische Bürgschaft 52
Selbstverwaltung der Sozialversicherung 215
Selbstverwaltungsorgane 215
Selbstvornahme 44
Sicherheitsbeauftragte 256
Sicherung der Werklohnforderung 47
Sicherungshypothek 47
Sicherungsrechte 54
Sicherungsrechte – gesetzlich 55
Sicherungsrechte – vertraglich 55
Sicherungsübereignung 57
Sofortabschreibung 293
Sofortmeldepflicht 219
Soll-Besteuerung 280
Sonderausgaben 295
Sonderausgabenpauschale 299
Sondervergütungen 164
Sonn- und Feiertagsarbeit 194
Sonstige Leistung 279
Sozial ungerechtfertigte Kündigung 176
Soziale Auswahl bei betriebsbedingter Kündigung 177
Soziale Marktwirtschaft 136
Soziale Pflegeversicherung 226
Soziale Sicherung 237
Sozialer Arbeitsschutz 193

Sozialgericht 258
Sozialgerichtsbarkeit 258
Sozialplan 189
Sozialversicherung – Beiträge 216
Sozialversicherung – Organe 215
Sozialversicherungsausweis 219
Sozialversicherungsdaten 2004 257
Staatliche Zulage 247
Stehendes Gewerbe 111
Stellvertretung 19
Sterbegeld 255
Steuerabzug, Bauleistungen 301
Steuerbefreiungen – Umsatzsteuer 280
Steuerberechnung – Einkommensteuer 289
Steuerbescheid 319
Steuerfahndung 322
Steuerfestsetzung 319
Steuerfinanzierte Grundsicherung 247
Steuerklassen – Lohnsteuer 306
Steuerklassen, allgemeine Freibeträge, Erbschaftsteuer 315
Steuern 276
Steuerpflichtige Umsätze 277
Steuersätze 280, 312, 315
Steuertarif 299
Steuerveranlagung 319
Stille Gesellschaft 130
Streitschlichtung, obligatorische 68

T

Tarifbindung 183
Tarifgebundenheit 183
Tarifliche Ausschlussfristen 170
Tarifliche Versorgungseinrichtungen 250
Tarifliche Zusatzversorgungskassen 250
Tarifvertrag 183
Tarifvertragsparteien 183
Taschengeld 16
Technischer Arbeitsschutz 191
Technischer Gefahrenschutz 192
Teilarbeitslosengeld 231, 232
Teileinkünfteverfahren 311
Teilrente 242, 243, 255
Teilzeitarbeitsvertrag 160
Teilzeitbeschäftigte – Urlaub 168
Testament 65
Thesaurierungsrücklage 300
Todesfallversicherung 261
Trainingsmaßnahmen 235
Treuepflicht 162

U

Übereignung der Kaufsache 35
Übergabe der Kaufsache 34
Übergangsregelungen 157
Umlage zur Ausgleichskasse 168
Umlage zur Unfallversicherung 254
Umlagepflicht zur Insolvenzsicherung 250
Umsatzsteuer 277
Umsatzsteuerbefreiungen 281
Umsatzsteuerfreibetrag 284
Umsatzsteuersätze 280
Umsatzsteuerschuldumkehr 284
Umsatzsteuervoranmeldung 285
Umsatzsteuerzahllast 277
Unabdingbarkeit des Urlaubsanspruchs 168
Unbefristeter Arbeitsvertrag 159
Unberechtigte Handwerksausübung 122
Unbewegliche Sachen 53
Uneheliches Kind 63
Unfallanzeige 257
Unfallverhütung 256
Unfallverhütungsvorschriften 256
Unfallversicherung 253
Unlauterer Wettbewerb 138
Unterbrechung der Verjährung 32
Unterhaltspflichten 177
Unternehmensformen 134
Unternehmensinsolvenz 77
Unternehmer 42
Unternehmergesellschaft, haftungsbeschränkte 132, 133
Unternehmerische Tätigkeit 278
Unverbindlicher Kostenvoranschlag 46
Unverfallbarkeit 248
Unverschuldete Arbeitsunfähigkeit 166

Unzulässige Fragen 157
Unzumutbare Belästigung 140
Urheberrecht 142, 144
Urlaub 168
Urlaub für Erwachsene 168
Urlaub für Jugendliche 168
Urlaub für Schwerbehinderte 168
Urlaub für Teilzeitbeschäftigte 168
Urlaubsbescheinigung 169
Urlaubsdauer 168
Urlaubsentgelt 169
Urlaubsjahr 168
Urlaubskassen 169
Urlaubsrecht 168

V

Veranlagung 319
Veranlagungsoption 311
verbindliche Auskunft 319
Verbotene AGB-Klauseln 21
Verbraucherdarlehensvertrag 40
Verbraucherinsolvenzverfahren 79
Verbraucherschutz 127
Verbrauchsgüterkauf 39
  Beweislastumkehr 40
  Rückgriff des Verkäufers 40
Verdeckte Gewinnausschüttung 312
Vereinfachtes Insolvenzverfahren 80
Verfahren vor dem Arbeitsgericht 202
Verfahrensablauf 77
Verfahrensabschnitte 79
Verfolgungsverjährungsfrist 322
Vergleichswertverfahren 313
Vergünstigung für Kleingewerbe 284
Vergütungsanspruch 198
Verjährung 31, 320
Verjährung der Mängelansprüche beim Kaufvertrag 38
Verjährung der Mängelansprüche beim Werkvertrag 45
Verjährungsfristen für Sozialversicherungsbeiträge 217
Verkäufer 33
Verkaufsstellen 142
Verletztengeld 255
Verletztenrente 255
Vermittlungsbudget 230
Vermögenswirksame Leistungen 164
Verpflichtungsgeschäft 34
Verrichtungsgehilfe 25
Versäumnisurteil 71
Verschonungsabschläge 316
Versendungskauf 26
Versicherungsfreiheit 223, 228, 239, 251
Versicherungskonto 240
Versicherungsnachweis 240
Versicherungsnummer 219, 240
Versicherungspflicht 223, 226, 228, 238, 250, 253
Versicherungspflicht auf Antrag 239
Versicherungsschutz – Unfallversicherung 254
Versicherungsträger 215, 221, 226, 228, 238, 253
Versicherungsvertrag 259
Versicherungszweige – Sozialversicherung 215
Versorgungsausgleich 244
Versorgungswerke 263
Versorgungswerke im Handwerk 263
Vertragsfreiheiten 19
Vertragspflichten des Arbeitnehmers 161
Vertragsrecht 19
Vertretungsmacht der Ehegatten 59
Verwaltungsvermögen 316
Verwandte Handwerke 112, 119
Verzeichnis der handwerksähnlichen Gewerbe 120
Verzeichnis der verwandten Handwerke 119
Verzug 27
Verzugsfolgen bei Geldforderungen 28
Verzugsfolgen bei sonstigen Verpflichtungen 28
Verzugszins 28
VOB 45
Voll abzugsfähige Sonderausgaben 295
Volle Geschäftsfähigkeit 17

Volljährigkeit 17
Vollmacht 19
Vollrente 242, 243, 255
Vollstreckungsbescheid 73
Vollstreckungsgericht 75, 76
Vollstreckungsklausel 75
Vollstreckungsorgane 75
Vollstreckungstitel 74
Vollurlaub 169
Voranmeldung 285
Vorauszahlungen 303
Vorbehalt der Nachprüfung 319
Vorkauf 39
Vorsteuer 282
Vorsteuervergütungsverfahren 282
Vorteilhafte Rechtsgeschäfte 16

W

Wahl der Unternehmensform 134
Wahltarife 226
Wahrung des Besitzstandes 116
Waisenrente 244, 256
Wartezeit 245
Wartezeit für Entgeltfortzahlung im Krankheitsfall 166
Wartezeit in der Rentenversicherung 245
Wegeunfall zwischen Wohnung und Arbeitsstätte 255
Wehrpflichtige 179
Weihnachtsgratifikation 164
Weisungsrecht des Arbeitgebers 162
Weiterleitungsstellen 216
Werbung 135
- Irreführende Werbung 139
- Vergleichende Werbung 140

Werbungskosten 308
Werklohn 42
Werktägliche Arbeitszeit 193
Werkunternehmerpfandrecht 47
Werkunternehmersicherungshypothek 47
Werkvertrag 42
Wertermittlung 313
Wertschöpfung 277
Wertzuwachsbesteuerung 311
Wettbewerb 135
Wettbewerbsbeschränkungen 136
Wettbewerbsrecht 135
Widerspruch gegen den Mahnbescheid 73
Willenserklärungen 18
Winterbauumlage 234
Wirksamkeit der Kündigung 172
Witwen- und Witwerrente 243, 255
Wohlverhaltensperiode 81
Wohnräume 50

Z

Zahlungsschonfrist 285, 306
Zehnjahresfrist – Erbschaftsteuer 318
Zeitlohn 163
Zeitpunkt, Ort und Form der Lohnzahlung 164
Zertifikat 247
Zivilgerichte 69
Zivilgerichtsbarkeit 68
Zugangsrecht der Gewerkschaften 185
Zugesicherte Eigenschaft 36
Zugewinngemeinschaft 60
Zulagen 164
Zulassungsfreie Handwerke 112
Zulassungspflichtige Handwerke 112
Zumutbarkeit 231
Zuordnung von wesentlichen Tätigkeiten 119
Zurückbehaltungsrecht 29
Zusammenveranlagung 303
Zusatzbeitrag 222
Zusätzliches Urlaubsgeld 169
Zusatzurlaub – Schwerbehinderte 168
Zuschläge 164
Zuschuss bei Altersteilzeit 234
Zuschuss zum Mutterschaftsgeld 196
Zuzahlungen – Krankenversicherung 226
Zwangsvollstreckung 74
Zwangsvollstreckung wegen Geldforderungen 75

JÖRG M. FEGERT

Was ist seelische Behinderung?

Anspruchsgrundlage und kooperative Umsetzung von Hilfen nach § 35a KJHG

VOTUM 1994

Studtstraße 20, 48149 Münster
Umschlag: Böwer Jauczius Manitzke, Münster
Druck: Paderborner Druck Centrum, Paderborn

ISBN 3–930405–20–2

Die Deutsche Bibliothek – CIP-Einheitsaufnahme

Fegert, Jörg M.:
Was ist seelische Behinderung? : Anspruchsgrundlage und kooperative Umsetzung von Hilfen nach § 35a KJHG / Jörg M. Fegert. – Münster : Votum, 1994
ISBN 3–930405–20–2

Inhalt

Vorwort 9

1 Hilfeplanung bei drohender seelischer Behinderung – Kooperation jenseits von Verordnung, Kontrolle und Fürsorge 13

1.0 Die Bedeutung unterschiedlicher Konzepte für das Zusammenwirken von Fachkräften und die Beteiligung Betroffener bei der Planung und Realisierung von Hilfen für Kinder und Jugendliche mit seelischen Problemen 13
1.1 Der ärztliche Beitrag zur Hilfeplanung und Umsetzung 13
1.2 Psychotherapie 15
1.3 Jugendhilfe 15
1.4 Sorgeberechtigte Eltern 17
1.5 Kinder und Jugendliche mit seelischen Problemen 18

2 Behinderung – Versuch einer Begriffsbestimmung 21

2.1 Gesellschaftliches Spannungsfeld und historische Dimension 24
2.2 Die im Katalog der Eingliederungshilfeverordnung zu § 47 genannten Behinderungsformen 30
2.2.1 Körperbehinderungen inklusive Sinnesbehinderungen und Sprachbehinderungen 30
2.2.2 Geistige Behinderung 32
2.2.3 Seelische Behinderung und drohende seelische Behinderung 34
2.3 Abgrenzungsprobleme 38

3 Orientierung im "Hilfedschungel". Eingliederungshilfen nach § 35a KJHG im Kontext anderer Maßnahmen 43

3.0 Einleitung 43
3.1 Eigenleistungen 46
3.2 Schule 48
3.3 Leistungen der Krankenkassen (SGB V) 51
3.3.1 Ambulante Versorgung 51
3.3.1.0 Basisversorgung 52
3.3.1.1 Tiefenpsychologisch fundierte oder analytische Kinderpsychotherapie 53

3.3.1.2 Tiefenpsychologisch fundierte oder analytische Psychotherapie von Jugendlichen 54
3.3.1.3 Verhaltenstherapie bei Kindern und Jugendlichen 56
3.3.1.4 Ärztliche verordnete Therapien durch sogenannte "Heilhilfsberufe" 58
Beschäftigungstherapie bzw. Ergotherapie 58 · Krankengymnastische Behandlung, Psychomotorik 58 · Logopädie 58
3.3.2 Teilstationäre und stationäre Behandlung 59
3.3.2.1 Teilstationäre Behandlung 59
3.3.2.2 Stationäre Behandlung 60
3.3.3 Medikamente und Heilhilfsmittel 64

3.4 Ärztliche Leistungen im öffentlichen Gesundheitsdienst 65

3.5 Leistungen der Jugendhilfe 66
3.5.1 Ambulante Maßnahmen 67
3.5.1.1 Maßnahmen nach §§ 17, 28, 29, 30, 35 KJHG 67
Beratung in Scheidungssituationen 67 · Erziehungsberatung gemäß § 28 KJHG 67 · Soziale Gruppenarbeit nach § 29 KJHG 70 · Erziehungsbeistandschaft nach § 30 KJHG 70 · Sozialpädagogische Familienhilfe nach § 31 KJHG 71 · Intensive sozialpädagogische Einzelbetreuung nach § 35 KJHG 72
3.5.1.2 Sonstige ambulante Hilfeformen 72
Familientherapie 73 · Nicht-direktive Verfahren, Spieltherapie und andere humanistische Therapien, z.B. auch Psychodrama, Gestalttherapie, Musiktherapie, bewegungs- und körperorientierte Therapie, Tanz- und Kunsttherapie etc. 73 · Außenseitermethoden 74
3.5.1.4 Wirksamkeit ambulanter Hilfen nach § 35a KJHG bei Patienten mit psychischen Problemen in der Praxis 75
3.5.2 Teilstationäre und stationäre Maßnahmen der Jugendhilfe 76

3.6 Maßnahmen nach BSHG 79

4 Kinder- und jugendpsychiatrische Untersuchung und Mitwirkung bei der Hilfeplanung 80

4.0 Einleitung 80
4.0.1 Klärung der rechtlichen Grundlagen der Hilfe 80
4.0.2 Klärung des Hilfebedarfs 82
4.0.3 Gefährdung des Kindes. Braucht das Kind derzeit Schutz? 86

4.1 Vorstellungsanlaß und die Bedingungen der Vorstellung 88

4.2 Anamnestische Angaben 90
4.2.1 Persönliche Anamnese des Kindes 90
4.2.2 Familienanamnese 91
4.2.3 Fremdanamnestische Angaben 92

4.3 Befunde 92
4.3.1 Körperliche und neurologische Untersuchungsbefunde 92
4.3.2 Zusätzliche Laboruntersuchungen und apparative Diagnostik 93

4.3.3 Testpsychologische Diagnostik 95
4.3.3.1 Intelligenztests 95
4.3.3.2 Entwicklungsdiagnostik und Diagnostik bei Teilleistungsstörungen 96
4.3.3.3 Selbstwertskalen und Persönlichkeitsfragebogen 97
4.3.3.4 Projektive Verfahren 97
4.3.4 Verhaltensbeobachtung, Fragebogen und Beurteilungsskalen 98
4.3.5 Psychopathologischer Eindruck 101
4.3.5.0 Psychopathologie 101
4.3.5.1 Psychopathologischer Eindruck von der Familie 103

4.4 Diagnose 104
4.4.1 Kinder- und jugendpsychiatrische Diagnose 105
4.4.2 Entwicklungsstörungen 106
4.4.3 Intelligenz 106
4.4.4 Somatische Bedingungen – körperliche Grund- bzw. Begleiterkrankungen 106
4.4.5 Abnorme psychosoziale Belastungen 107
4.4.6 Schweregradbeschreibung 108

4.5 Prognose, Maßnahmen 109
4.5.1 Prognosebestimmende Einzelfaktoren 109
4.5.1.1 Genetische Faktoren 109
4.5.1.2 Eigengesetzlichkeit der Erkrankung 110
4.5.1.3 Entwicklungsfaktoren Alter und Geschlecht 111
4.5.1.4 Systematische Einwirkungen (Therapie und andere Hilfen) 114
4.5.1.5 Lebensereignisse, Risikofaktoren, protektive Faktoren 115
4.5.2 Indikationsstellung und Einleitung von Maßnahmen für Kinder mit psychischen Problemen 119
4.5.2.0 Theorie der Indikationsstellungen 119
4.5.2.1 Das Spektrum empfohlener Maßnahmen in unserer Inanspruchnahmepopulation 120
4.5.2.3 Einzelne Schritte der Indikationsstellung (nach Fegert 1992) 124
Informationsselektion 124 · Urteilsbildung 124 · Urteilsformulierung 126
4.5.2.4 Formulierung einer Stellungnahme zur Hilfeplanung nach § 36 126

5 Drohende seelische Behinderung: Kinder- und jugendpsychiatrische Klassifikation und der Katalog seelischer Störungen nach § 3 VO zu § 47 BSHG 128

5.0 Einleitung 128

5.1 Körperlich nicht begründbare Psychosen 128
5.1.0 Einleitung 128

5.1.1 Schizophrenie (ICD-10 F 20) 130
5.1.1.1 Schizophrene Störungen (F 20) 130
5.1.1.2 Schizotype Störungen 133
5.1.1.3 Wahnhafte Störungen 134
5.1.1.4 Vorübergehende akute psychotische Störungen 134
5.1.1.5 "Folie à deux"-ähnliche Zustände 134
5.1.1.6 Schizoaffektive Störungen 135
5.1.1.7 Psychiatrische Versorgung und Nachsorgemaßnahmen bei Jugendlichen mit schizophrenen Erkrankungen 135
5.1.2 Affektive Psychosen 137
5.1.2.1 Manische Episoden 137
5.1.2.2 Bipolare und depressive Episoden 138
5.1.2.3 Dysthymien 139

5.2 Seelische Störungen als Folge von Krankheiten und Verletzungen des Gehirns, von Anfallsleiden oder von anderen Krankheiten oder körperlichen Beeinträchtigungen 140

5.3 Suchtkrankheiten 142

5.4 Neurosen und Persönlichkeitsstörungen 144
5.4.0 Einleitung 144
5.4.1 Emotionale Störungen des Kindesalters (F 93) 146
5.4.2 Frühe Bindungsstörungen 149
5.4.3 Angststörungen und Panikstörungen 152
5.4.4 Zwangserkrankungen 153
5.4.5 Konversionsstörungen, Dissoziative Störungen, Somatisierungsstörungen 155
5.4.5.1 Konversionsstörungen 155
5.4.5.2 Dissoziative Störungen 156
5.4.5.3 Somatisierungsstörungen 158
5.4.6 Persönlichkeitsstörungen 159

5.5 Andere seelische Störungen, bei denen die Betroffenen von einer seelischen Behinderung bedroht sind 161
5.5.1 Eßstörungen 161
5.5.2 Schlafstörungen 163
5.5.3 Sexuelle Funktionsstörung 163
5.5.4 Tiefgreifende Entwicklungsstörungen (F 84) 163
5.5.4.1 Frühkindlicher Autismus 163
5.5.4.2 Autistische Psychopathie 165
5.5.4.3 Rett-Syndrom 166
5.5.4.4 Hyperkinetische Störung mit Intelligenzminderung 166
5.5.5 Hyperkinetische Störungen (F 90) 166
5.5.6 Störungen des Sozialverhaltens (F 91) 169
5.5.7 Ticstörungen (F 95) 170
5.5.8 Enuresis 172

5.5.9 Enkopresis 173

5.6 Andere wesentliche Faktoren, die eine seelische Störung mitbestimmen 174

5.6.0 Einleitung 174

5.6.1 Entwicklungsstörungen 174

5.6.2 Intelligenz 176

5.6.3 Körperliche Grunderkrankungen 176

5.6.4 Psychosoziale Belastungen 176

6 Umsetzung 178

6.1 Mitwirkung von Kinder- und Jugendpsychiatern bei der Versorgung von einzelnen betroffenen Kindern und ihren Familien 179

6.2 Kinder- und jugendpsychiatrische Mitwirkung an (Problemfall-)Konferenzen 179

6.3 Fachliche Entscheidungen in Streitfällen 180

6.4 Mitwirkung bei der Jugendhilfeplanung 180

6.5 Sonderregelungen 181

6.6 Ost-West-Unterschiede in der Umsetzung 182

Anhang

– Wesentliche gesetzliche Bestimmungen 189

– Abschätzung des Hilfebedarfs (Fragenkatalog) 193

– Child Behavior Checklist 197

– Einrichtungen der Kinder- und Jugendpsychiatrie (Deutschland) 198

– Obleute des Berufsverbandes 204

Literatur 205

Stichwortverzeichnis 215

Vorwort

Die durch das neue KJHG realisierte Einbeziehung der sogenannten seelisch behinderten Kinder und Jugendlichen sowie der Kinder, die von einer solchen Behinderung bedroht sind, in den Zuständigkeitsbereich der Jugendhilfe hat zwar wesentliche Probleme gelöst, aber in der Praxis auch zu erheblichen Unsicherheiten bei vielen Berufsgruppen und bei den betroffenen Familien geführt.

In § 35a ist eine direkte Anspruchsträgerschaft der betroffenen Kinder und Jugendlichen formuliert. Ihre uneingeschränkte Einbeziehung in den Bereich, für den die Jugendhilfe federführend zuständig ist, hat die jahrelange, meist völlig unfruchtbare Abgrenzungsdiskussion in bezug auf "Verhaltensstörungen" und Dissozialität (Zuständigkeit der Jugendhilfe) versus seelische Behinderung (Zuständigkeit überörtlicher Sozialhilfeträger) beendet. Diese Abgrenzungen waren immer eher willkürlich und künstlich und waren mehr durch Interessenkonflikte von Berufsgruppen motiviert als durch den Grundsatz der Integration.

Allerdings ist durch die etwas halbherzige Entscheidung des Gesetzgebers, die Zuständigkeit für geistig und körperlich behinderte Kinder und Jugendliche nach wie vor beim Sozialhilfeträger zu belassen, nicht nur dem Integrationsgedanken zuwider gehandelt worden, sondern eine neue, teilweise fachlich unlösbare Aufgabe entstanden. Sehr viele geistig behinderte Kinder und manche körperbehinderte Kinder sind nämlich in vielfacher Weise an der Eingliederung in die Gesellschaft ge(be-)hindert und die psychischen Hindernisse sind hierbei oft nicht die kleinsten. Besonders deutlich wird die Problematik im Hinblick auf den Bereich von Säuglingen und Kleinkindern mit multiplen Entwicklungsdefiziten, wie z.B. auch nach Vernachlässigung. Hier ist es fachlich nicht möglich, frühzeitig eine inhaltlich fundierte Zuordnung zu einem bestimmten Behindertenbegriff zu treffen. § 10.2 hat deshalb ja auch ausdrücklich vorgesehen, daß das Länderrecht hier Ausnahmen einführen kann.

Die Aufregung um den § 35a KJHG ist derzeit aber noch mehr als durch diese fachlichen Abgrenzungsschwierigkeiten durch die persönliche Unsicherheit über die neuen Zuständigkeiten und Verantwortungen charakterisiert. Eins ist klar, durch das KJHG ist den Fachkräften aus den einzelnen Bereichen, Sozialarbeit, Psychologie, Kinder- und Jugendpsychiatrie und Psychotherapie, Pädagogik, Sonderpädagogik etc., klar der Auftrag zum Zusammenwirken gegeben worden. Diese Formeln gilt es nun durch eine sich gegenseitig befruchtende und sinnvoll ergänzende Praxis mit Inhalt zu füllen. Ein erster Schritt zu einer sinnvollen Kooperation ist es, die jeweiligen fachlichen Sichtweisen, die Zuständigkeiten und Unzuständigkeiten herauszuarbeiten. Das vorliegende Buch ist ein kinder- und jugendpsychiatrischer und psychotherapeutischer Beitrag hierzu. Das heißt, dieses Buch erkennt die primäre Zuständigkeit und Federführung der Fachkräfte in der Jugendhilfe für die Hilfeplanung und Koordination uneingeschränkt an. Ich versuche, in diesem Text aus meiner Sicht als Kinder- und Jugendpsychiater und Psychotherapeut unseren gemeinsamen fachlichen Beitrag darzustellen, den wir aufgrund unserer beruflichen Erfahrung zur Hilfeplanung leisten können. Dabei ist es auch nötig, die derzeit gängigen Sichtweisen, wie diagnostische Kategorien und bestimmte Begrifflichkeiten zu erläutern, so daß die einzelnen Fachsprachen oder "Jargons" nicht zum Verständigungshindernis werden. Wenn das vorliegende Buch in dieser Weise zur Verständigung und dann auch zum Zusammenwirken der Professionellen und der Betroffenen beiträgt, hätte es seinen Zweck erfüllt.

Es lag für mich als Kliniker und auch an Versorgungsepidemiologie interessierter Wissenschaftler nahe, die historische Situation zum Anlaß zu nehmen, einzelne Aspekte der Umsetzung des KJHG genauer zu untersuchen. Vor allem die Beunruhigung vieler Familien, die sich Ende 1989 und Anfang 1990 an uns wandten, weil sie gehört hatten, "daß durch ein neues Gesetz die Kinder ihre Helfer oder ihre Hilfen verlieren sollten", veranlaßte mich dazu, mich mit den neuen Regelungen für die Hilfen zur Erziehung (§ 27 ff. KJHG) und zur Inobhutnahme (§ 42 KJHG) auseinanderzusetzen. Aufgrund nicht vorhandener Ausführungsbestimmungen wurde die Umsetzung des KJHG in jedem Berliner Bezirk anders diskutiert und in Angriff genommen. Für eine überbezirklich arbeitende Universitätspoliklinik stellte dies eine sehr schwierige Situation dar, da unsere jeweiligen Beiträge zur Hilfeplanung von Bezirk zu Bezirk völlig unterschiedlich aufgegriffen wurden. Seit langem etablierte Kommunikationsstrukturen wurden durch innerbehördliche Umorganisationen (z.B. Eingliederung der Behindertenhilfe für seelisch Behinderte in die allgemeine Familienfürsorge) plötzlich zerrissen, so daß es verständlich war, daß man sich, zunächst auch aufgrund der zunehmenden ökonomischen Schwierigkeiten, bei der Umsetzung von Hilfen für Kinder mit psychischen Problemen nach dem KJHG vorwiegend auf die Bestandswahrung konzentrierte. Basis für diese defensive Minimalposition der Bestandswahrung bot der ehemalige § 27 Abs. 4 KJHG, der nach der ersten Novellierung vom § 35a KJHG abgelöst wurde. Konnte § 27 Abs. 4 KJHG vor allem als von den Betroffenen-Verbänden durchgesetzte Bestandswahrungsklausel in bezug auf die bisher nach BSHG möglichen Leistungen angesehen werden, stellt der § 35a KJHG nun eine eigene Anspruchsgrundlage dar, allerdings um den Preis einer gewissen Stigmatisierung der Anspruchsträger.

In vielen östlichen Bundesländern ist aufgrund der Fülle allgemeiner Veränderungen und Umstellungen in den entsprechenden Behörden die Umsetzung des KJHG noch nicht so weit gediehen, wie wenigstens teilweise in Berlin. Wenn nun ab Januar 1995 die Übergangsvorschriften für die Alt-Bundesländer enden und ganz allgemein mit dem neuen zur Verfügung stehenden Instrumentarium in Deutschland gearbeitet werden muß, lag es nahe, die Erfahrungen aus fünf Jahren Praxis mit dem KJHG in Berlin in einen praxisorientierten Text für die Zusammenarbeit zwischen Kinderpsychiatern, Eltern, Betroffenen, Verbänden und der Jugendhilfe einmünden zu lassen.

Dieses Buch war mir ein wichtiges Anliegen. Es wäre dennoch nicht ohne Anregungen "von außen" zu diesem Zeitpunkt entstanden, da ich derzeit eigentlich mit den Auswertungen von Daten für eine Prospektivstudie befaßt bin und an der Zusammenfassung dieser Ergebnisse in einer Habilitationsschrift arbeiten sollte. Herr Professor Remschmidt aus Marburg hatte mich im Herbst 1993 als stellvertretender Leiter der wissenschaftlich-medizinischen Redaktion des "Deutschen Ärzteblattes" gebeten, für das Ärzteblatt einen Übersichtsartikel zum KJHG abzufassen. Nachdem dann Anfang 1994 Lempps kurze Schrift "Seelische Behinderung als Aufgabe der Jugendhilfe" vorlag, wurde ich von ganz unterschiedlichen Seiten dazu aufgefordert, aus meiner Sicht zu den neuen Regelungen ausführlich Stellung zu nehmen. Ich teile völlig Lempps dezidierte Einstellungen zur Integration sämtlicher "Behinderungsformen" in den Aufgabenbereich der Jugendhilfe. Auch sein jahrzehntelanges engagiertes Eintreten für eine an den Bedürfnissen der Kinder orientierte Zusammenarbeit zwischen Kinder- und Jugendpsychiatern und der Jugendhilfe wird in seinem Text deutlich. Zu konservativ orientiert sich Lempp (1994) allerdings alleine an den bisherigen Erfahrungen mit dem § 39 BSHG, ohne die vielen neuen Möglichkeiten bei der Umsetzung des KJHG aufzugreifen. Seine Darstellungen verschiedener Formen seelischer Behinderungen anhand von Beispielen (Seiten 23 bis 48 in seinem Text) sind teilweise als "Anspruchskatalog" von manchen Jugendämtern und Landesjugendämtern mißverstanden worden. Hieraus ergibt sich die Notwendigkeit einer umfassenderen Diskussion kinder- und jugendpsychiatrischer Störungsbilder und des Begriffs der sogenannten "seelischen Behinderung" für die praktische Anwendung in der Jugendhilfe. Im Gegensatz zu Lempp habe ich mich bei dieser Darstellung an der gängigen Klassifikation der Weltgesundheitsorganisation, der ICD-10, orientiert, um somit ein **neues zeitgemäßes Gesetz in der Jugendhilfe**, das KJHG, und eine **neue zeitgemäße Klassifikation** psychischer Störungen, die ICD-10, miteinander in Korrespondenz zu bringen, statt primär von den alten Formulierungen im Bundessozialhilfegesetz ausgehend entsprechende bzw. traditionelle psychiatrische Begrifflichkeiten diesen alten Formulierungen zuzuordnen.

Herr Dr. Wiesner, der mich für seine KJHG-Kommentierung um eine solche Diskussion auf der Basis von ICD-10-Diagnosen bat, hat durch diese Anfrage ebenfalls einen wesentlichen Anstoß zu diesem Buch gegeben. Er und andere, denen ich nunmehr, nachdem dieses Projekt abgeschlossen ist, dafür danke, machten mir schnell klar, daß dieses Buch jetzt, d.h. zum Abschluß der Übergangsvorschriften und zur generellen Einführung des KJHG, erscheinen muß, wenn unsere Erfahrungen aus der Berliner Praxis bei den nun anstehenden allgemeinen Umsetzungsversuchen breiter rezipiert und aufgegriffen werden sollen.

Meine Chefin, Frau Professor Ulrike Lehmkuhl, hat meinem Buchprojekt Teile ihrer knappen Freizeit geopfert, indem sie alle Kapitel gründlich durchgearbeitet und mit mir kritisch diskutiert hat. Dafür danke ich ihr recht herzlich.

Ohne unsere jahrelang tätigen Kliniksozialarbeiterinnen, Therese von Arnswaldt und Johanna Reuter, wäre mein berufliches Interesse an der Zusammenarbeit mit der Jugendhilfe und damit letzendlich dieser Text nie entstanden. Sie haben mir zu Anfang meiner Berufstätigkeit, wie Generationen von anderen Kinderpsychiatern, die Augen für die Notwendigkeit der Zusammenarbeit mit den Einrichtungen der

Jugendhilfe geöffnet und uns in der Praxis durch ihren Sachverstand in Elterngesprächen, in Helferkonferenzen etc. immer unterstützt.

Frau Dr. Marianne Kunze-Turmann (Kassel), eine der Kinderpsychiaterinnen, die bei mir als jungem Zivildienstleistenden die Faszination für das Fach Kinderpsychiatrie weckten, hat mich dazu motiviert, die neuen Inhalte aus dem KJHG auch der Diskussion im öffentlichen Gesundheitswesen zugänglich zu machen und hat wesentliche Teile dieses Textes kritisch durchgesehen. Ihr verdanke ich mehrere wichtige Hinweise zur Klassifikation der Beeinträchtigungen und zur Umsetzung von Maßnahmen.

Herr Ullrich Gintzel und Frau Ulrike Poppel vom VOTUM Verlag in Münster haben durch ihr unheimlich schnelles Handeln für das Erscheinen dieses Buches "zum richtigen Zeitpunkt" gesorgt.

Herrn Diplom-Mathematiker Lenz, Herrn Toch, Herrn Ruffing und Herrn Uysal aus unserer Forschungsabteilung danke ich für technische Unterstützung. Ohne die hervorragende Zusammenarbeit mit Frau Rita Börner, die auch dieses Buch schnell und zuverlässig am Textverarbeitungssystem erstellt hat, und wesentlich zu einer Erarbeitung der Indices und des Literaturverzeichnisses beigetragen hat, wäre dieses Buchprojekt, wie viele anderer meiner Veröffentlichungen und Vorträge nicht möglich gewesen. Ihr gilt deshalb mein ganz besonderer Dank.

Während ich dieses Vorwort am frühen Morgen diktierte, war mein Sohn wach geworden und forderte: "Papa, Frühstück machen!". Diese Situation macht wahrscheinlich mehr als viele Dankesworte an die Familie klar, daß ein solches zusätzliches Projekt in einer Familie mit zwei berufstätigen Erwachsenen und zwei Kindern auch einen verschärften Interessenkonflikt bedeutet. Ohne "Hilfen zur Erziehung" (damit keine Mißverständnisse aufkommen, leider nicht vom Jugendamt finanziert!) durch Babysitter, Kindergarten und gelegentlich durch Großeltern etc. wäre es noch weniger möglich, familiäre Bedürfnisse und unsere jeweiligen eigenen Interessen halbwegs "unter einen Hut zu bringen". Meiner Frau, Mirjam Sohar, die diese "Koordination und Hilfeplanung" zusätzlich zu ihrer beruflichen Arbeit und ihrem engagierten Einsatz als Mutter im wesentlichen betreibt, sei dafür ebenso wie für ihre kritischen Anstöße herzlich gedankt.

Berlin, Dezember 1994
Jörg M. Fegert

1 Hilfeplanung bei drohender seelischer Behinderung – Kooperation jenseits von Verordnung, Kontrolle und Fürsorge

1.0 Die Bedeutung unterschiedlicher Konzepte für das Zusammenwirken von Fachkräften und die Beteiligung Betroffener bei der Planung und Realisierung von Hilfen für Kinder und Jugendliche mit seelischen Problemen.

Bei der Hilfeplanung und der Realisierung von Hilfen für Kinder und Jugendliche mit seelischen Problemen sind unterschiedliche Berufsgruppen, die sorgeberechtigten Eltern und – soweit vom Alter und Entwicklungsstand möglich – auch die betroffenen Kinder und Jugendlichen aktiv zu beteiligen. Dieses Zusammenwirken ist nicht immer problemlos, deshalb sollen unterschiedliche traditionelle Begrifflichkeiten, die von den einzelnen Berufsgruppen und Personen gebraucht werden oder mit ihnen in Verbindung gebracht werden, einleitend diskutiert werden. Der Bereich der nicht schriftlich fixierten Konventionen im Sinne eines alltagsweltlichen Denkens und Handelns (Schütz 1971–1972) ist deshalb für unseren Gegenstand von großer Bedeutung, weil solche Begriffe von "Sinnhorizonten", d.h historisch gewachsenen, handlungsleitenden Dimensionen umgeben sind. Hinter jedem Begriff verbirgt sich also auch ein Konzept und eine oft hierarchische Auffassung des Handelns und des Reagierens. Will man durch neue Konzepte oder auch durch neue gesetzliche Bestimmungen die Zusammenarbeit einzelner Berufsgruppen und Personen verändern, muß m.E. gerade auf den die Begriffe umgebenden "Hof emotionaler Werte und irrationaler Implikationen" (Schütz 1971–1972), den kulturell historisch entstandenen "Sinnhorizont" geachtet werden.

1.1 Der ärztliche Beitrag zur Hilfeplanung und Umsetzung

Traditionell ist ärztliches Tun von einem Denkmodell bestimmt, das bei **kranken Menschen** ein gewisses **Leiden** voraussetzt, welches sie veranlaßt, ärztlichen Rat zu suchen. Der Arzt bemüht sich dann um eine möglichst präzise Anamneseerhebung und Untersuchung, faßt die Befunde zusammen und stellt eine Diagnose, welche wiederum zu entsprechenden **Indikationen** für zu **verordnende Maßnahmen** führt.

In einem solchen Modell ist der Patient "Gegenstand ärztlichen Tuns" (*patiens* = geduldig), der sich der Kompetenz eines Experten überläßt und dessen "Verordnungen" mehr oder weniger bereitwillig umsetzt. Viele ärztliche Maßnahmen, z.B. die Medikamentengabe oder die Anwendung von Heilmitteln oder Behandlung durch Heilhilfsberufe, werden durch den Akt der **ärztlichen Verordnung** in die Wege geleitet. Diese Verordnung wird in der Regel mit dem Patienten diskutiert, die Patienten werden auch beraten. Die Entscheidung erfolgt aber aufgrund ärztlicher Fachkompetenz und Autorität, juristisch ist nur der approbierte Arzt berechtigt, diese Verordnungen vorzunehmen. Ähnlich verhält es sich auch bei **Einweisungen** in Fachkliniken, Überweisungen, etc.. Neben Verordnung und Überweisung ist die **Begutachtung** ein weiteres, auf der ärztlichen Expertise beruhendes Handlungskonzept. Aufgrund seines Fachwissens stellt der Arzt bestimmte Fakten fest, die **andere Entscheidungsträger (Behörden, Gerichte, Versicherungen** etc.), die nicht über diese fachliche Kompetenz verfügen, in die Lage versetzen sollen, fundierte Sachentscheidungen zu treffen.

Modernere medizinische Konzepte, wie das der **Prävention** und der **Hilfe zur Selbsthilfe**, versuchen das aus den bisher genannten Konzepten deutlich werdende enorme Machtgefälle zwischen Arzt und Patienten zu relativieren. In traditioneller Sichtweise könnte die **ärztliche Mitwirkung bei der Hilfeplanung** allein als Verordnung von Maßnahmen und als Begutachtung von Anspruchsgrundlagen mißverstanden werden. Tatsächlich erfordert die Anspruchsgrundlage des § 35a KJHG eine fachkompetente Einschätzung einer spezifischen psychischen Problemlage eines Kindes und Jugendlichen, die der Feststellung entspricht, ob dieses Kind oder dieser Jugendliche von einer seelischen Behinderung bedroht ist oder als seelisch behindert anzusehen ist. Auch die **Abgrenzung** unterschiedlicher Behinderungsformen (vgl. Kapitel 2) entspricht in gewisser Weise dem Modell der Begutachtung. Allerdings ist ein Gutachten in der Regel ein behördlicher oder institutioneller bzw. gerichtlicher Auftrag zu einer Überprüfung des Sachverhalts, der wenig die Motivations- und Ausgangslage der Betroffenen berücksichtigt. Viele Eltern von Kindern und Jugendlichen mit seelischen Problemen suchen häufig ärztliche Hilfe wegen der familiären Belastungen, die aus der Symptomatik resultieren. Hier kommt ein aktiver diagnostischer Auftrag von den Eltern, sie suchen Beratung in bezug auf zu ergreifende Maßnahmen oder bestimmte Beschulungsentscheidungen etc. Da das KJHG allgemein Hilfen für spezifische Problemlagen beschreibt und nicht schematisch aus einer "Etikettierung" bestimmte Hilfeformen ableitet, wird klar, daß der Kinder- und Jugendpsychiater beim Zusammenwirken in der Hilfeplanung seine Fachkompetenz dazu nutzen sollte, aus seiner Sicht unterschiedliche, bedingende Faktoren für die Problemsituation eines Kindes und Jugendlichen zu beschreiben und den daraus sich aus seiner Sicht ergebenden Handlungsbedarf zu diskutieren. Der Arzt trifft dabei individuell die für den Kostenträger handlungsleitende **Feststellung**, ob wegen einer drohenden seelischen Behinderung oder einer seelischen Behinderung **Anspruch auf Eingliederungshilfen** oder **kombinierte Eingliederungshilfen und Hilfen zur Erziehung** bestehen.

Ein weiterer medizinisch geprägter Begriff ist der der **Behandlung**. Auch er suggeriert, daß ein Experte sein Fachwissen zur Heilung einsetzt. In der Psychotherapie ist allerdings seit langem die Bedeutung der aktiven Mitwirkung der Betroffenen an ihrer Gesundung bzw. die Bedeutung des Widerstands in Behandlungen thematisiert worden.

1.2 Psychotherapie

Es gibt derzeit zwei generelle Diskursebenen im Umgang mit dem Machtgefälle in Psychotherapien. Auf einer Ebene werden Machtverhältnisse klar benannt und daraus ethische Verhaltensnormen für Therapeuten abgeleitet (vgl. insbesondere die Diskussion über Mißbrauch in der Therapie, z.B. Vogt 1993). Zunächst in der klientenzentrierten Therapie und heute vor allem in unterschiedlichen systemischen und familientherapeutischen Ansätzen gibt es zahlreiche inhaltliche Bemühungen, die sich allerdings auch teilweise in verbalen Euphemismen niederschlagen, dieses Machtgefälle zwischen Behandler und Behandeltem zu relativieren. Sprechen Psychoanalytiker und ärztliche Psychotherapeuten in der Regel von **Patienten**, die sie im Rahmen der kassenärztlichen Versorgung **behandeln**, so bezeichnen viele Psychologen, die nicht-direktive Verfahren anwenden, ihre "Patienten" als **Klienten**, was einerseits den Warencharakter der Hilfeleistung hervorhebt, andererseits den Klienten als aktiven Inanspruchnehmer thematisiert, wie dies auch die Formel der "freien Arztwahl" zu unterstreichen versucht. Einige familientherapeutische Autoren gehen in ihren Formulierungen noch weiter und sprechen von **"Kunden"** oder konnotieren den scheinbar machtbestimmenden Expertenbegriff neu und erklären, daß die **Familienmitglieder** die **eigentlichen Experten** für ihre Probleme seien. Begrüßenswert ist dabei eine **ressourcenorientierte Sichtweise**, die sich zunächst daran ausrichtet, welche Gesundungs- und Heilungspotentiale aus der Familie selbst hervorgehen. Der **Auftrag** der Familie gewinnt dabei für die Behandlung eine zentrale Bedeutung.

1.3 Jugendhilfe

Im Bereich der Jugendhilfe finden sich unterschiedliche traditionelle und neuere Konzepte, die teilweise konkurrieren. Zu nennen wären als historischer Ursprung das alte Prinzip der (Armen-)Fürsorge, ein **beraterischer Ansatz**, aber auch **Kontrollaufgaben** und notwendige Interventionen im Rahmen des Kinderschutzes. Die Jugendamtsmitarbeiter sollen dabei soweit wie möglich kooperativ mit den Betroffenen versuchen, Hilfe zur Selbsthilfe und Unterstützung bei der Suche nach Lösungsmodellen zu leisten. Gleichzeitig sind sie aber gehalten zu erkennen, wo das **Kindeswohl** so weitgehend **gefährdet** ist, daß **Sanktionen** und **Eingriffe** notwendig sind. Diese **Zweischneidigkeit** zwischen Helfen und Einschreiten, wie sie auch in der Psychiatrie bei bestimmten Entscheidungen, zum Beispiel der Einweisung zur geschlossenen Unterbringung etc. anzutreffen ist, bleibt unüberwindbar eine Konstituente jeder Jugendamtsarbeit. Unüberschaubar ferne, "autoritäre" und bürokratische Amtsstrukturen sorgten allerdings häufig für Ohnmachtsgefühle bei den Betroffenen. Lähmend wurde der "Handlungs- und Wissensvorsprung" der Verwaltung und die "Experten- und Verbändeherrschaft" von den Betroffenen wahrgenommen (Deutscher Verein 1986). Der Achte Jugendbericht äußerte deshalb dezidiert, daß Kinder und Jugendliche **nicht primär Adressaten** der Jugendhilfe, sondern **Subjekte** in der Jugendhilfe seien, die in ihrer "Eigentätigkeit und Eigeninitiative unterstützt werden sollen" (1990). Die im Achten Jugendbericht genannten **Strukturmaximen für die Jugendhilfe – Prävention, Dezentralisierung (Regionalisierung), Alltagsorientierung, Integration und Partizipation** – zielen ebenfalls auf die Beteiligung "des mündigen Bürgers" ab.

Der Grundgedanke der **Prävention** unterstreicht, warum im Rahmen des KJHG die Bedrohung von einer seelischen Behinderung besonders beachtet werden muß (vgl. Kapitel 2). Die begrüßenswerte **Regionalisierung**, die zu bürgernahen, niederschwelligen Hilfsangeboten führt, bringt in manchen Bereichen allerdings auch erhebliche Verunsicherungen und neue Probleme mit sich. So ist zum Beispiel für die Betreiber und Träger hochqualifizierter Spezialeinrichtungen mit überregionalem Versorgungscharakter, z.B. für ehemals drogenabhängige Jugendliche oder Kinder und Jugendliche mit schweren psychischen Erkrankungen, nun ein kompetenter Planungs- und Gesprächspartner in den bisher zuständigen überörtlichen Kostenträgern weggefallen, während sich gleichzeitig auf der regionalen Ebene noch niemand zu kostspieligen Entscheidungen und entsprechendem Engagement durchzuringen wagt. Gerade bei eher seltenen spezifischen Problemlagen, die massive hochspezialisierte, meist auch langdauernde Maßnahmen erfordern, müssen neue **überregionale Planungs- und Finanzierungsstrukturen** gefunden werden, wobei die Beratung über solche Hilfsangebote natürlich regionalisiert erfolgen sollte. Das Prinzip der Alltagsorientierung stellt per se teilweise einen Widerspruch zu idealen Vorstellungen von der autonomen Partizipation dar. Das in vielen politischen Diskursen so beliebte Idealkonstrukt eines "mündigen Bürgers" wird auch hier ganz im Widerspruch zu einer Alltagsorientierung bei der Konstruktion und Diskussion der Normen herangezogen. Der "mündige Bürger", der hochkompetent als gleichberechtigter Partner mit den anderen beteiligten Fachkräften über die notwendigen Hilfen für sein Kind verhandelt, wird in der Realität aufgrund seiner sozialen Kompetenzen eher selten Hilfen vom Jugendamt benötigen. Gar nicht selten sind im Alltag aber Situationen, in denen Eltern Erziehungsdefizite und eine drohende psychische Beeinträchtigung nicht oder nur partiell wahrnehmen oder aufgrund von eigenen Problemlagen nicht in der Lage sind, für geeignete Hilfen für ihre Kinder zu sorgen. Im Alltag sind deshalb bisweilen nachgehende und aufsuchende Hilfen für Kinder vordringlich, die von manchen Familien nicht nur als Entlastung, sondern auch als **Aufsicht und Kontrolle** verstanden werden. Der hehre Begriff der Partizipation bewegt sich also zwischen den Extremen der kompletten Fremdbestimmung und Kontrolle bis zur aktiven Beteiligung, Mitbestimmung und Selbsthilfe.

Gernert (1993) nennt sechs Stufen der "aktiven Mitwirkung":

- **Fremdbestimmung**, bei der die Betroffenen dazu angehalten werden, "bestimmte Dinge zu tun oder zu unterlassen". Sie verfügen nicht über die Möglichkeit, sich einem solchen Einfluß aufgrund eigener Entscheidung zu entziehen: Inhalte, Arbeitsformen und Ergebnisse sind fremddefiniert. Die Wahl bleibt auf die Pole von Anpassung und Widerstand begrenzt.
- **Teilnahme:** Hier spricht Gernert von einem "Akzeptieren fremder Angebote", welches mit einer gewissen "Attraktivität, die vom Angebotsinhalt und dessen Präsentation ausgeht" zusammenhängt.
- **Teilhabe**: Die Teilhabe gehe insofern über die reine Teilnahme hinaus, als daß zum Beispiel "durch Nachfragen oder Angebot einer Mithilfe, Aufforderung zur Erweiterung oder Wiederholung des Angebots" ein gewisses Engagement für das Angebot insgesamt erkennbar wird.
- **Mitwirkung** bezeichnet die Möglichkeit, eigene Vorstellungen und Kritik zu äussern.
- **Mitbestimmung** beziehe sich auf den Rahmen "formeller Rechte, die per Nutzungsordnung oder Richtlinien schriftlich zugesichert werden" und "ist auch materiell eine Beteiligung am Zustandekommen von Entscheidungen, bei der inhaltlichen und organisatorischen Planung, Vorberatung und Durchführung von Tätigkeiten...". Nach Gernert vermittele die Mitbestimmung "das Gefühl des Dazugehörens und der Mitverantwortung" und führe so "zur höheren Motivation" bei den Betroffenen.
- **Selbsthilfe, Selbstorganisation** (Selbstverwaltung bei Gernert): Selbstorganisierte Hilfen bedingen eine "völlige Entscheidungsfreiheit der Teilnehmer über das Ob und Wie eines Angebots".

1.4 Sorgeberechtigte Eltern

Im Gegensatz zu solchen Idealvorstellungen von völliger Entscheidungsfreiheit der Teilnehmer über das "Ob und Wie eines Angebots" erleben sich leider auch viele engagierte Eltern, z.B. von mehrfach behinderten Kindern, in den heutigen Zeiten leerer Kassen nicht selten als immer wieder weitergeschobene Bittsteller, die von "Pontius bis Pilatus" zwischen den Behörden und Leistungsträgern und den unterschiedlichen Leistungssystemen hin- und herverwiesen werden. Solche Delegierungsketten wirken sich in der Regel sehr negativ aus. Sowohl die behandelnden Ärzte wie die Fachkräfte der Jugendhilfe sollten deshalb über unterschiedliche Hilfeformen und die subsidiäre Rangfolge der Träger der jeweiligen Hilfen orientiert sein, um die Betroffenen entsprechend beraten zu können (Kapitel 3). Manche Eltern von Kindern mit psychischen Problemen fühlten sich dadurch stigmatisiert, daß nach der ursprünglichen Regelung im KJHG (der weggefallene § 27 Abs. 4 KJHG) der Zugang zu Hilfen nur über die Feststellung eines gewissen Erziehungsdefizits möglich war. Dies betonte bei solchen Eltern ohnehin schon vorhandene

Schuld- und Insuffizienzgefühle. Wiesner (im Druck) hat deshalb versucht, den Begriff des sekundären Erziehungsdefizits einzuführen, wobei er hierunter versteht, daß eine spezifische Ausgangslage beim Kind, wie z.B. ein hyperkinetisches Syndrom auch besondere Anforderungen an die pädagogische Kompetenz der Eltern stellt, so daß das erzieherische Defizit, welches durch Hilfen kompensiert werden soll, nicht aus einer Unfähigkeit der Eltern, sondern aus der schwierigen Ausgangslage resultiere. Allerdings muß hier festgestellt werden, daß der nun eingeführte § 35a KJHG, der den Kindern, die von einer seelischen Behinderung bedroht sind oder seelisch behindert sind, generell einen Anspruch auf Hilfen zugesteht, hier auch in der Beratung und im Umgang mit manchen Eltern eine entlastendere Ausgangsposition mit sich bringt.

1.5 Kinder und Jugendliche mit seelischen Problemen

Obwohl ich generell viele Vorbehalte gegen die tendenziell stigmatisierende Einführung eines Behindertenpersonenkreises in das KJHG und gegen die Ausgrenzung anderer Personengruppen von behinderten Kindern und Jugendlichen formuliert habe (z.B. Fegert 1993), bedeutet die Tatsache, daß psychische Probleme und kinderpsychiatrische Erkrankungen Anspruchsgrundlage für eine Hilfe darstellen können, einen wesentlichen Fortschritt für manche betroffenen Kinder. Wenn im § 27 Abs. 1 KJHG festgelegt wurde, daß die Personensorgeberechtigten Anspruch auf Hilfen zur Erziehung haben, so war es letztendlich davon abhängig, daß diese Sorgeberechtigten auch diesen Anspruch und den Bedarf kennen und für eine Umsetzung sorgen. Wie jahrzehntelange Forschung über psychosoziale Risiken zeigt, haben Eltern, die selbst erhebliche Probleme haben, häufiger Kinder mit psychischen Schwierigkeiten. Deshalb trägt eine Regelung, die "nur den mündigen Bürger" in der Elternrolle voraussetzt, genau den schwierigsten Fällen, sogenannten "Risikofamilien" (vgl. Kapitel 3, Abschnitt "Risikoforschung"), und vernachlässigenden, mißhandelnden Eltern und Familien, in denen sexueller Mißbrauch vorkommt, nicht Rechnung. In solchen extremen Verhältnissen entwickeln Kinder bisweilen hartnäckige **Symptome**. Die meisten neueren Autoren sind sich im Verständnis solcher Krankheitszeichen einig und interpretieren solche Symptome als krankhafte, aber situationsadäquate **Bewältigungsversuche**. In ihrem Bemühen, mit einer unerträglichen Situation umzugehen, machen die Kinder durch auffälliges Verhalten, z.B. durch Einkoten, durch Weglaufen, durch wiederholte Suizidversuche, durch selbstschädigendes Verhalten etc., erst auf sich aufmerksam, wobei sich schnell die in bestimmten Verhältnissen meist altersspezifischen Reaktionsweisen zu massiven Störungen verfestigen, die auch nach einer Änderung der Verhältnisse, nach dem Einsatz von Hilfen, in der Regel persistieren und einer kompetenten, manchmal auch jahrelangen Behandlung bedürfen. Es sind die schwächsten Kinder, die nicht mehr für sich sprechen können, sondern nur noch dadurch, daß sie anders sind, daß sie auffallen, verantwortlichen Erwachsenen den Anlaß bieten, ihnen Hilfe zukommen zu lassen. In Klinik und Praxis ist es wichtig, diese Symptome von Kindern auch als solche **Hilferufe** zu verstehen. Meine Berliner Erfahrung aus unserer großen universitären Poliklinik zeigt, daß viele Eltern aus extrem schwierigen sozialen Verhältnissen bei kaum mehr erträglichen Schwierigkeiten ihrer Kinder lieber eine ärztliche Institution aufsuchen, weil sie vom Jugendamt restriktive Maßnahmen (die übrigens häufig angebracht wären) befürchten. Ärzte für Kinder- und Jugendpsychiatrie und Psychotherapie, aber auch engagierte Kinderärzte, Hausärzte etc., sind hier in der privilegierten Situation, daß sie die als **Vorstellungsanlaß gewählte Symptomatik** des Kindes in der Kommunikation mit den Eltern ernstnehmen können und ihren Auftrag aus dieser Symptomatik und nicht aus dem von den Eltern befürchteten **Nachweis ihres erzieherischen Versagens** herleiten können. Das alleinige Abheben auf sogenanntes "erzieherisches Versagen" trägt auch der komplexen Realität bio-psycho-sozialer Wechselwirkungen bei der Entstehung psychischer Störungen und ihrer Auswirkungen auf die Familie nicht Rechnung. Kinder, die aufgrund bestimmter vorgeburtlicher oder geburtlicher Schäden oder aufgrund anderer biologischer Ursachen in ihrer Entwicklung beeinträchtigt sind, stellen zum Teil von Anfang an ihre Eltern vor eine ungleich schwierigere Erziehungsaufgabe. Wenn Eltern hier auf besonders schwierige Kinder reagieren und normale Entwicklungsziele nicht in den üblichen Zeiträumen erreicht werden können, liegt durchaus kein primäres erzieherisches Versagen vor. Die feststellbaren Defizite bzw. der erforderliche pädagogische Mehrbedarf läßt sich vielmehr als sekundäre Folge der schwierigen Ausgangslage des Kindes ansehen. Der § 35a KJHG bietet hier die Möglichkeit, in enger Zusammenarbeit mit der Jugendhilfe, ausgehend von der Problematik des Kindes, adäquate Lösungsstrategien zu suchen, wobei es hier dem behandelnden Arzt häufig gelingt, die **Schwellenängste der Eltern vor dem Jugendamt** zu mildern. Ich habe zum Beispiel in solchen schwierigen Fällen positive Erfahrungen damit gemacht, daß wir dann in den der Familie schon vertrauten Räumen der Klinik Helferkonferenzen mit allen Beteiligten durchgeführt haben. Allerdings gibt es auch einen gewissen kleinen Prozentsatz von Eltern, der selbst psychisch so auffällig ist, daß er vor allem mit der Situation größerer Helferrunden massiv überfordert ist (vgl. Fegert 1992). Diese Eltern erleben dann **Helferrunden als Tribunale** und verarbeiten die fachliche Diskussion um die geeignete Maßnahme als **Uneinigkeit der Experten**. Es kann deshalb in gut begründeten Einzelfällen wichtig sein, von bestimmten Vorgehensweisen bei der Beteiligung abzuweichen und zum Beispiel eine Runde zur Hilfeplanung ohne Eltern durchzuführen und es dann in Absprache mit dem Jugendamt dem behandelnden Arzt zu überlassen, zu dem die Eltern schon Vertrauen gefaßt haben, das Ergebnis einer solchen Beratung diesen Eltern zu vermitteln, so daß sich die Eltern dann nur noch zur Realisierung einer konkret besprochenen Maßnahme wegen der Umsetzung direkt an das Jugendamt wenden. In den Ausführungsvorschriften zum Berliner AGKJHG sind für ähnliche Fälle Regelungen vorgesehen, bei denen die entsprechenden, zuerst aufgesuchten Beratungsdienste (Erziehungsberatung oder auch Kliniken und Polikliniken) dann in gewisser Weise eine koordinierende Federführung bei der

Hilfeplanung, vor allem in der Kommunikation mit den Eltern, behalten und die zuständige Familienfürsorge im Jugendamt sich koordinierend um die Realisierung der Maßnahmen kümmert. In den meisten Fällen sind bei gutem Willen der Beteiligten auch in schwierigen Situationen überschaubare Hilfekonferenzen durchführbar. Sie sorgen für Transparenz für alle Beteiligten.

Nicht vergessen werden sollte, daß Kinder gerade bei schwerwiegenden Entscheidungen, die sie betreffen, ab einem gewissen Alter, abhängig von ihrer Symptomatik und ihrem Verständnis der Gesamtsituation, an diesen Runden beteiligt werden sollten. Bei Jugendlichen halte ich ihre Beteiligung für obligatorisch. Dieser Grundsatz, Kinder und Jugendliche an solchen Konferenzen zu beteiligen, findet seine Grenzen zum Beispiel bei Entscheidungen, aus Kinderschutzgründen ein Kind in einem Heim unterzubringen. Das Kind könnte in einem massiven Loyalitätskonflikt zwischen Eltern und "Kinderschützern" stehen. In den stationären Bereichen der Kinderschutzarbeit oder in Mädchenhäusern, aber auch bei den in der Klinik stationär behandelten Kindern, findet man recht häufig, daß diese Kinder sich gegenüber ihren Bezugspersonen anvertrauen und auch durch ihre allgemeine Verbesserung ihrer Symptomatik etc. sehr eindeutig klarmachen, daß es ihnen in dieser geschützten Umgebung besser geht. Im Beisein der Eltern werden sie aber im beschriebenen Loyalitätskonflikt teilweise auch aus massiver Angst (manche Kinder wurden erheblich bedroht) sich nicht entsprechend äußern können. Hier bedeutet dieser **Loyalitätskonflikt** zum Teil eine extreme Belastung für die Kinder. Da die Situation manchmal recht offensichtlich ist, gelingt es bisweilen, in einer Helferrunde in Abwesenheit des Kindes mit den Eltern eine "freiwillige" (angesichts der Fülle von vorliegenden belastenden Materialien) Zustimmung zu einer heilpädagogischen Förderung zu erreichen. Es ist dann günstiger, wenn die Kinder nicht an einem solchen **angespannten Aushandlungsprozeß**, der in der Realität kein gleichberechtigtes Überlegen von Maßnahmen, sondern aus guten Kinderschutzgründen eine gewisse, noch außergerichtliche Auseinandersetzung über das Kindeswohl darstellt, teilnehmen. Das positivste Resultat für kleine vernachlässigte oder mißhandelte Kinder läßt sich nach solchen Runden dann erzielen, wenn es gelingt, die Eltern davon zu überzeugen, daß sie ihrem Kind selbst die Entscheidung zur Fremdunterbringung mitteilen, daß sie dem Kind vermitteln, daß sie hinter dieser Maßnahme stehen und daß sie sich für eine weitere Aufrechterhaltung der Beziehung im Rahmen von Besuchskontakten usw. bereithalten, ohne das Einleben des Kindes in seine neue Umgebung aktiv zu durchkreuzen.

In vielen weniger komplizierten Fällen ist für den untersuchenden Kinder- und Jugendpsychiater oder erfahrenen Arzt die routinemäßige Teilnahme an Helferrunden aus ökonomischen Gründen nicht vertretbar. Häufig wird es ausreichen, daß eine ausgewogene ärztliche Stellungnahme über Anspruchsgrundlage und aus ärztlicher Sicht getroffene bzw. angezeigte Maßnahmen den Fachkräften beim Jugendamt für die Hilfeplanung vorliegt.

2 Behinderung – Versuch einer Begriffsbestimmung

Der Begriff "Behinderung" spielte nach dem Zweiten Weltkrieg zunehmend eine Rolle bei der Definition von Personenkreisen, die aufgrund von längerfristigen Beeinträchtigungen ihrer Gesundheit, ihres körperlichen Wohlbefindens, ihrer Sinnesmöglichkeiten und/oder ihres seelischen Wohlbefindens Anspruch auf besondere Hilfen bzw. eine besondere Behandlung haben. Verschiedene Disziplinen haben vor allem für Teilbereiche Behinderungsbegriffe und Definitionen entwickelt, wobei die zugrunde liegende längerfristige Gesundheitsbeeinträchtigung offensichtlich einen Arzt, insbesondere den Facharzt, dazu zu prädestinieren schien, das Vorliegen einer solchen Beeinträchtigung festzustellen oder gegebenenfalls ihren Ausprägungsgrad auch noch zu quantifizieren. Behinderung ist aber m.E. primär kein medizinischer Begriff. In gängigen medizinischen Lehrbüchern und Nachschlagewerken findet man keine **allgemeine** Definition des Behinderungsbegriffs. Das gängigste medizinische Nachschlagwerk, der "Pschyrembel", verweist pragmatisch auf die sogenannte "Einschätzung der Minderung der Erwerbsfähigkeit" und rückt damit den Behinderungsbegriff wiederum in den Bereich der **Kommunikation** zwischen **medizinischer** (und anderer) **Diagnostik** und **Therapie** und den **Behörden** und **anderen Leistungsträgern** (wie z.B. Rentenversicherung, Sozialhilfe etc.) zur Sicherung bestimmter Schutzmaßnahmen und zur Gewährung von Formen der Unterstützung.

In der Pädagogik und vor allem in der Heilpädagogik bauen ganze Konzepte differenzierter Beschulung, z.B. in Sonderschulen, auf den Behinderungsbegriff auf. Jedoch distanzieren sich auch Pädagogen vom Terminus "Behinderung" und begreifen ihn als nicht eigentlich pädagogischen Begriff: "'Behinderung' und 'behindert' sind als solche keine 'einheimischen Begriffe' der Pädagogik. Sie werden aber pädagogisch bedeutsam, wenn der behinderte, der gebrechliche, der kranke oder der nach durchlaufenem Krankheitsprozeß invalide Mensch erzogen werden soll" (Bleidick 1974, S. 75). Auch Bleidick kommt zu der Ansicht, daß der Behinderungsbegriff im deutschen Sprachgebrauch in erster Linie unter gesetzgeberischen Gesichtspunkten z.B. für die Bereiche der Sozialhilfe oder der Arbeitsverwaltung definiert wurde. In diesen Bereichen werden einzelne sogenannte "Behinderungsgruppen" aufgezählt und die jeweiligen Ansprüche auf bestimmte Leistungen, z.B. im Rahmen der Eingliederungshilfe etc., formuliert. Ein allgemeines Konzept von Behinderung oder gar eine Definition des Begriffes findet sich allerdings auch im gesetzgeberischen bzw. im sozialadministrativen Bereich nicht.

Bleidick schlägt eine Differenzierung des Behinderungsbegriffes nach dem gesellschaftlichen Zusammenhang der Behinderung und nach ihrem Schweregrad vor. Er unterscheidet:

- ☐ **Soziale Behinderungen,** die er als Erschwerungen der sozialen Beziehungen in der Familie, der Gleichaltrigengruppe im öffentlichen Leben etc., ansieht;
- ☐ **individuale** (medizinisch auffällige) **Behinderungen**, denen er körperliche und psychische Behinderungen zuordnet, die den Betroffenen selbst in seinen Aktionen und Reaktionen beeinträchtigen;
- ☐ **berufliche Behinderungen**, die eine geeignete Beschäftigung erschweren und
- ☐ **schulische Behinderungen**, welche die Erziehung und Bildung hemmen und deshalb geeignete Erziehungs- und Bildungsmaßnahmen erfordern.

Ein zweites Konzept, das Bleidick in diesem Zusammenhang anspricht, ist die Schweregradeinteilung. Schweregradeinteilungen spielen sowohl in der Subdifferenzierung der Behindertenpädagogik als auch bei der Definition von Anspruchsgrundlagen offensichtlich eine Rolle, wobei die Grenzziehungen zum Teil willkürlich anmuten. In der ursprünglichen Formulierung im Bundessozialhilfegesetz versuchte der Gesetzgeber auch in bezug auf die psychischen Störungen einen erheblichen Schweregrad der Problematik dadurch zu fordern, daß er die Vokabel "wesentlich" mit in den Gesetzestext aufnahm. Nur seelisch wesentliche Behinderungen oder die drohende seelisch wesentliche Behinderung sollten Anspruchsgrundlage für eine Maßnahme der Eingliederungshilfe sein. Da der Begriff "wesentlich" aber völlig unpräzise ist, hat er nicht unwesentlich zur Verwirrung beigetragen, denn es war jeder Zeit möglich zu replizieren, daß jede Behinderung wesentlich sei, die Interventionen und Maßnahmen verlange. Aus pädagogischer Sicht unterscheidet Bleidick schwere Behinderungen, denen er Blindheit, Gehörlosigkeit, die schwere geistige Behinderung und schwere körperliche Behinderung zuordnet, und leichte Behinderungen, denen er Sehbehinderungen, Schwerhörigkeit, Lernbehinderung, leichte Körperbehinderung, Sprachstörungen und sogenannte "Verhaltensstörungen" zuordnet. Wie so häufig, wenn versucht wird, systematische Ordnung in einen Problembereich zu bringen, werden überschneidende Formen nicht erwähnt. Gerade im Bereich der schwersten Behinderungen sind jedoch Mehrfachbehinderungen häufig.

Definition:
Aus kinder- und jugendpsychiatrischer und psychotherapeutischer Sicht verstehe ich Behinderung bei Kindern und Jugendlichen als ein sekundäres Phänomen, als einen Folgezustand, der soziale Beziehungen und Handlungskompetenzen, die schulische und persönliche Entwicklung beeinträchtigt und die spätere berufliche Integration gefährden kann, wobei diese Beeinträchtigungen und das zugrunde liegende Krankheitsbild oder Leiden zu einer mehr oder weniger starken individuellen psychischen Belastung (Leiden) führen.

Der sozialmedizinische Begriff des **Leidens** und das in der Psychotherapie von diesem Begriff abgeleitete, auch als Maß für Therapiemotivation herangezogene Konstrukt des "Leidensdrucks" sind deshalb von Bedeutung, weil Leiden einen von der Norm abweichenden, länger andauernden Zustand bezeichnet, der eine Beeinträchtigung von Lebensfunktionen mit sich bringt. Dadurch wird der Anpassungsspielraum von Individuen verkleinert. Dies unterscheidet ein Leiden von einer akuten Erkrankung, die häufig die Anpassungsbreite noch weit erheblicher reduziert und zu einer mindestens teilweisen Funktionseinbuße wenigstens in einem der genannten Bereiche führt. Der Begriff des Leidens unterstreicht somit einerseits die Chronizität des Vorgangs, betont die Anpassungsversuche des Individuums an die zugrundeliegenden Gegebenheiten und ermöglicht einen Zugang zur Wahrnehmung der subjektiven Beeinträchtigung bei z.B. durch medizinische Diagnosen festgestellten Krankheiten. Diese subjektive Einschätzung (Leidensdruck) kann bei einzelnen Individuen, trotz einer ähnlichen zugrundeliegenden Problematik, erheblich variieren. Bei Kindern und Jugendlichen ist diese Dimension immer in bezug auf das gesamte Familiensystem in Betracht zu ziehen. Abhängig vom Alter des Kindes, von seinem Entwicklungsstand und Art und Ausprägung der Symptomatik können z.B. die Eltern mehr unter der Problematik des Kindes leiden. Auch Geschwisterkinder können durch die besondere Beachtung, die Kindern mit spezifischen Leiden über längere Zeit beanspruchen, in "Mitleidenschaft" gezogen werden. Hackenberg (1992, 1983) fand, daß Geschwister behinderter Kinder im Jugendalter eine Reihe von persönlichen Belastungen, die mit der Behinderung ihres Geschwisterkindes zusammenhängen, beschreiben. Dazu gehörten Einschränkungen der eigenen Entfaltungsmöglichkeiten, Zurücksetzung und Vernachlässigung in der Familie, Diskriminierung im sozialen Umfeld und auch "antizipatorische Befürchtungen hinsichtlich späterer Versorgungspflichten oder möglicher Behinderung bei eigenen Kindern" (Hackenberg 1992, S. 177). Allerdings sahen die meisten jugendlichen Geschwister auch positive Einflüße auf ihre Entwicklung, die sie als "soziale Einstellungen und eine positive, offene Haltung Behinderten gegenüber" bezeichneten. Geschlechts-, Geschwisterkonstellationen, Schwere der Behinderung des betroffenen Kindes und auch Schichtfaktoren zeigten eine gewisse Bedeutung für die Reaktionsformen der Geschwister. So waren z.B. im Jugendalter bei den Schwestern behinderter Kinder mehr Zeichen emotionaler Belastung und ein ausgeprägtere soziale Einstellung als bei Brüdern festzustellen. Für die jüngeren Geschwister von behinderten Kindern stellt die Autorin im Jugendalter stärkere Beeinträchtigungen in der "Identitätsbildung" fest. Deutlich wurde, daß bei Familien mit niedrigem sozioökonomischen Status die Geschwisterkinder mehr durch Betreuungspflichten beansprucht wurden und sich auch häufiger zurückgesetzt fühlten.

2.1 Gesellschaftliches Spannungsfeld und historische Dimension

Behinderte Menschen, d.h. Menschen, die chronisch von einer bestimmten Problematik erheblich betroffen sind, leben in unserer Gesellschaft in einem Spannungsfeld zwischen **Ausgrenzung** und **Integration**. Historisch war es sicherlich eine der Errungenschaften im Umfeld der Umbrüche der Bürgerlichen Revolution, daß einzelne Beeinträchtigungsformen differenziert wahrgenommen wurden. Die zunehmend komplexeren Produktionsprozesse hatten es erforderlich gemacht, voll leistungs- und arbeitsfähige Menschen von beeinträchtigten Individuen zu unterscheiden. Im Sinne einer zunehmenden **Differenzierung** verabschiedete man sich in Europa zu Beginn des 19. Jahrhunderts von einem globalen Konzept der "Schwachsinnigkeit" oder "Idiotie", das sowohl seelische Störungen als auch Sinnesbehinderungen und geistige Behinderung mit einschloß und entwickelte immer differenziertere **Nosologien** (systematische Krankheitslehren) in diesem Bereich. Das aufkeimende **wissenschaftliche Ordnen** und **Klassifizieren**, historisch ebenfalls ein wissenschaftliches Kind der bürgerlichen Revolution, führte neben den ökonomischen Bedingungen zu einer differenzierteren Betrachtung einzelner Problemlagen. Es entstanden so z.B. die **Taubstummenpädagogik**, die **Sehbehindertenpädagogik** und auch erste Einrichtungen für **schwer erziehbare Kinder** etc. Eine weitere zentrale, historisch in dieser Epoche wesentliche Dimension des wissenschaftlichen Denkens ist der **Entwicklungsgedanke**. Das allmähliche Erkennen der Grundlagen der körperlichen und seelischen Entwicklung des Menschen fällt in diese Zeit. Eine Beschäftigung mit Kindern und Jugendlichen, die Suche nach adäquaten Hilfen kann heutzutage den **Entwicklungsaspekt** nicht außer Acht lassen und geschieht vor dem Hintergrund gesicherter Kenntnisse über die körperliche, psychische und psychopathologische Entwicklung. Präventive Ansätze der **Gesundheitsfürsorge**, aber auch **staatliche Gesundheitskontrolle**, und die Separation der Gesunden von Kranken und "Krüppeln" ist ebenfalls eine bürgerliche Entwicklung, die ihre Wurzeln im ausgehenden 18. Jahrhundert hat. Häufig wird Johann Peter Franks "System einer medizinischen Polizey" als Ausgangspunkt von Sozialmedizin oder Sozialpädiatrie genannt. Eine ausführlichere Darstellung dieser historischen Dimensionen, die unseren Umgang mit Kindern und Kindern mit seelischen Schwierigkeiten bestimmt, habe ich an anderer Stelle vorgenommen (Fegert 1986).

Um die Jahrhundertwende entstanden erste spezifische kinderpsychologische Publikationen, die erste deutsche kinderpsychologische Zeitschrift hieß z.B. zu Beginn "Die Kinderfehler". "Der Struwwelpeter" des häufig als einer der Gründungsväter der Kinder- und Jugendpsychiatrie genannten Heinrich Hoffmann (Frankfurter Psychiater, der in der Frankfurter Psychiatrischen Klinik wohl die erste kinderpsychiatrische Station in Deutschland betrieben hat) spiegelt recht gut eine solche eher "vorwurfsvolle", auf Anpassung ausgerichtete Sichtweise wider. Sigmund Freud hat ebenfalls psychologische Wurzeln aus dem ausgehenden 18. Jahrhundert im Bereich der psychologisch-biographischen Introspektion aufgegriffen und hat durch die Begründung der Psychoanalyse den Weg zur psychotherapeutischen Behandlung auch von Kindern geebnet. Von ihm stammen die ersten Beschreibungen von Kinderanalysen. Durch die langjährige Überbetonung der Bedeutung der Mutter-Kind-Beziehung als einseitige Anspruchsformulierung an Mütter hat sie klassische psychoanalytische Literatur allerdings auch nicht unwesentlich zu Gefühlen des Versagens bei den Müttern betroffener Kinder beigetragen. Die neuere psychoanalytische Säuglingsforschung (Stern 1985; Lichtenberg 1983), die herausgestellt hat, daß die Entwicklung nicht allein von einer "gut genugen" Mutter abhängt, sondern daß der Säugling vom ersten Moment an ein kompetenter Interaktionspartner im Zusammenspiel mit seinen Eltern ist, hat die frühere einseitige Sichtweise relativiert und auf die Bedeutung von Bindung und Interaktion für die Entstehung psychischer Gesundheit und Krankheit hingewiesen.

Die sich nach der Jahrhundertwende zunehmend entwickelnde **Heilpädagogik** versuchte spezielle "Erziehung und Heilung" der den normalen gegenüber untergeordneten und von den normalen körperlich und psychisch abweichenden Kindern und Jugendlichen in einem pädagogischen Ansatz zu vereinen. Schon damals wurde die Zuständigkeit der Heilpädagogik ausgehend von einem Normbegriff definiert. Vértes nannte Heilpädagogik eine "Pädagogik der Abnormitäten": "Normal heißt all das, was sich mit den gewohnten, alltäglichen Begriffen, den oft wiederkehrenden Durchschnittswerten, den allgemeinen menschlichen Zielen (Selbsterhaltung, Anpassung an die Gesellschaft) deckt" (Vértes 1918, S. 7).

Ebenfalls um die Jahrhundertwende ist der Beginn der ehrenamtlichen und **staatlichen Sozialarbeit** anzusiedeln. Natürlich kann die Sozialarbeit auf eine jahrhundertlange, meist kirchlich geprägte Vorgeschichte aus der kirchlichen Armenpflege und dem Almosenwesen zurückblicken. 1899 wurden in Deutschland erste einjährige Ausbildungskurse für Sozialarbeit eingerichtet. Die Tatsache, daß es schon vor dem Ersten Weltkrieg neun soziale Frauenschulen gab, macht auch deutlich, daß die Beschäftigung mit Behinderten und Bedürftigen früh in unserer (patriarchalen) Gesellschaft, wie z.B. die Pflege, als Frauendomäne definiert war. Die staatlich organisierte Jugendschutzarbeit, die – übrigens teilweise mit wörtlicher Übernahme von Satzungen aus Tierschutzvereinen – sich erst dem Beispiel des Tierschutzes folgend entwickelte, führte schon in den 20er Jahren dieses Jahrhunderts zur Forderung nach präventiver Arbeit und zu einer Kritik an einer repressiven Fürsorgeerziehung. Der noch heute wirksame Konflikt zwischen einem möglichst **breiten Normalitätsbegriff** verbunden mit dem **Ziel der Integration** und der möglichst hohen **Differenzierung** verbunden mit spezifischer **Förderung** oder auch **Aussonderung** wird von da ab unablässig mit dieser Fragestellung verbunden bleiben. Ab 1933 wird in Deutschland die bis dahin sehr fortschrittliche Entwicklung radikal unterbrochen. Wichtig ist aber zu sehen, daß das Prinzip der Differenzierung gerade in diesen Zeiten seine Janusköpfigkeit voll zeigte. Cogoy et al. (1989) bzw. Bernhard (1992) haben gründlich erforscht, wie einerseits für bestimmte Patientengruppen erhebliche therapeutische Fortschritte erreicht wurden, während andererseits gleichzeitig die geplante "Ausmerzung" der Menschen, die für nicht rehabilitations- bzw. förderfähig erachtet wurden, begann. Auch in diesem Bereich gab es ein Zusammenwirken der sich zu dieser Zeit als Verband organisierenden Kinder- und Jugendpsychiatrie und den staatlichen Fürsorgebehörden, die diese Bezeichnung nicht verdienten zu tragen. Die Aussonderung zur Tötung wurde z.B. im Rahmen der sogenannten "Aktion T4" durch ärztliche Gutachter festgestellt, die Behörden organisierten die Aussonderung, den Abtransport und unter ärztlicher Leitung fand dann in speziellen Tötungsanstalten die Tötung der Betroffenen statt.

Bewegt man sich auf dem sensiblen Gebiet der Zusammenarbeit zwischen Kinderpsychiatrie und Jugendhilfe, ist es auch 50 Jahre nach Ende des Zweiten Weltkriegs nicht fehl am Platze, auf diese historischen Zusammenhänge zu verweisen. Die Tatsache, z.B. daß sich derzeit weder die Jugendhilfe noch die Jugendpsychiatrie und auch nicht die Justiz in der Lage sieht, dissoziale Jugendliche mit ungünstiger Prognose adäquat zu betreuen, und derzeit jede Berufsgruppe dazu tendiert, den "Schwarzen Peter" der anderen Berufsgruppe zuzuschieben, mag, wenigstens zum Teil, aus dieser gemeinsamen historischen Belastung herrühren. Indem man sich von einer bestimmten Klientel distanziert, scheint man sich gleichsam von den gemeinsam begangenen Aussonderungsverbrechen reinwaschen zu wollen.

Dies führt dazu, daß unzureichende, völlig pauschale Debatten über Notwendigkeit und Zuständigkeit geschlossener Unterbringung von schwerst dissozialen Jugendlichen geführt werden, wobei dann wiederum relativ beliebig – dem St. Florians-Prinzip entsprechend – jeweils behauptet wird, daß die andere Seite für eine solche geschlossene Unterbringung bzw. ein Verwahren der Jugendlichen und einen Schutz der Gesellschaft vor diesen Jugendlichen verantwortlich sei. Da wenigstens die Kinder- und Jugendpsychiatrie und auch die Jugendhilfe zentral auf die Rehabilitation abzielen sollten und auch die Justiz im Jugendlichenbereich sich erzieherischem Gedankengut verpflichtet sieht, scheint es unsinnig, die Debatte um die Versorgung schwer dissozialer Jugendlicher allein am Kriterium "geschlossene Unterbringung" festzumachen, es sei denn, man versucht diesen Konflikt durch rhetorisches Ausgrenzen und durch Stigmatisierung der jeweils anderen Berufsgruppe als "Gefängniswärter" und "Verwahrer" anzugehen. Zu adäquaten Hilfen wird man allerdings nur in der Zusammenarbeit und nicht durch die jeweilige Abgrenzung kommen. Ich bin deshalb auch nicht der Ansicht Klees (1993), daß es sich bei der Zusammenarbeit zwischen Kinderpsychiatrie und Jugendhilfe grundsätzlich um eine "unheilige Allianz" handele. Gerade wenn wir die extreme historische Belastung und die Schuld, die beide Professionen in ihrem Zusammenwirken auf sich geladen haben, im Auge haben, können wir unserer historischen und ethischen Verantwortung gerecht werden und uns um einen anderen Umgang mit dem Anderssein bemühen.

Es war wohl auch diese historische Belastung, die **nach dem Krieg** allmählich die sicher teilweise **euphemistische Einführung des Behindertenbegriffs** in unserem Sprachgebrauch mit sich brachte, waren doch die Bezeichnungen "Schwachsinnige, Krüppel" etc. ideologisch so eng mit Begriffen wie "Ballastexistenzen" und der damit verbundenen Forderung nach deren Ausmerzung verbunden.

Der globale Behinderungsbegriff, nicht die im einzelnen für die Jugendhilfe relevanten Formen der Behinderung, gibt sich quasi ahistorisch, seine Entstehungsgeschichte läßt sich in keinem gängigen Lexikon finden, in den meisten Werken finden sich ohnehin nur die Stichwörter Körperbehinderung oder geistige Behinderung und auch ein speziell zur Klärung dieser Begriffsfrage von der "Deutschen Forschungsgemeinschaft" 1976 veranstaltetes Symposium führte nicht zu einer Verständigung über den Behinderungsbegriff. Rauschenbach (1980, S. 446) hat dieses Dilemma, daß sich der Tatbestand Behinderung weder hinreichend bestimmen lasse, noch in seiner Abgrenzung zur Auffälligkeit, zur Nicht-Behinderung, Normalität, zur Krankheit etc., eindeutig definieren lasse, unterstrichen: "Der Mediziner, der Behinderungen auf organische Defekte reduziert, verkennt die Problematik ebenso wie der Pädagoge, der die subjektive Betroffenheit und das Leiden des Einzelnen zwar im Kontext insuffizienter Lebensverhältnisse begreift, gleichwohl diesen subjektiven Faktor in seiner Handlungsrelevanz unterschlägt." Er kritisiert an einer "medizinisch organisch fixierten Betrachtungsweise", daß sie gerade **alltagspraktisch wesentliche Momente**, wie **soziale Isolation, Stigmatisierung und Benachteiligung** der behinderten Kinder und Jugendlichen nicht konstitutiv in ihr Verständnis und ihre Handlungsimplikationen aufnehme.

In § 124 Abs. 4 BSHG finden wir folgende ***Definition*** der Behinderung:

1. Eine nicht nur vorübergehende, erhebliche Beeinträchtigung der Bewegungsfähigkeit, die auf dem Fehlen oder auf Funktionsstörungen von Gliedmaßen oder auch auf anderen Ursachen beruht,
2. Mißbildungen, Entstellungen und Rückgratverkümmungen, wenn die Behinderungen erheblich sind,
3. eine nicht nur vorübergehende, erhebliche Beeinträchtigung der Seh-, Hör- und Sprachfähigkeit,
4. eine erhebliche Beeinträchtigung der geistigen oder seelischen Kräfte oder drohende Behinderungen dieser Art.

Systematisch unterscheiden könnte man also

- ☐ **Sinnesbehinderungen** wie Gehörlosigkeit (Taubheit), Schwerhörigkeit, Blindheit und **Sprachbehinderungen**,
- ☐ **Körperbehinderungen** und
- ☐ **intellektuelle Defizite**, Lernbehinderungen und geistige Behinderungen, und
- ☐ **seelische Behinderungen**.

In bezug auf Kinder und Jugendliche bedeutet "Behinderung" nach Jantzen (1976) und Pfäfflin (1987) "die Verhinderung von Entwicklungsmöglichkeiten (Individuation) und Handlungskompetenzen (Sozialisation). Trotz – und das ist für das Leben des Einzelnen entscheidend – vorhandener gesellschaftlicher Möglichkeiten". Lempp (1994, S. 17 ff.) hat eine kurze historische Einordnung der unterschiedlichen Behinderungsformen gegeben und geht davon aus, daß der Begriff der Behinderung zunächst "an die körperlichen Beeinträchtigungen" gebunden gewesen sei. Rauschenbach (1980) berichtet, daß zunächst in den 50er Jahren der Begriff der Körperbehinderung in den medizinischen und allgemeinen Sprachgebrauch kam. Der Behinderungsbegriff für intellektuelle Defizite habe sich erst später durchgesetzt und erst in den 70er Jahren seien auch psychische Beeinträchtigungen als mögliche relevante Behinderungen diskutiert worden. Während Sonderpädagogen allgemeine Kriterien der schulischen Bildbarkeit und der Integrationsmöglichkeit in einem Klassenverband als Maß der Behinderung nehmen und sich dabei teilweise testpsychologischer Untersuchungsmethoden zur Quantifizierung eines intellektuelles Defizits bedienen, betonen z.B. manche Sozialpädagogen, daß es nicht primär um objektiv richtige Zuordnungen gehen könne, sondern daß aus der Problemlage selbst heraus ein hermeneutisches Verständnis der Situation Behinderter und von Behinderung Bedrohter im Einzelfall entstehen müsse. Schmidt (1990) brach aus kinder- und jugendpsychiatrischer Sicht eine Lanze für die empirische Untersuchung allgemeiner Zusammenhänge für die Entstehung und den Verlauf psychischer Probleme, da eine alleinige hermeneutische Betrachtungsweise zwar ein Verstehen von Krankheit erlaube, aber kein präventives Handeln ermögliche.

Die Weltgesundheitsorganisation (WHO 1980) schlägt die Unterscheidung von *"impairment"* (Schädigung), "disability" (Funktionseinschränkungen) und *"handicap"* (Beeinträchtigungen) vor. Schädigungen sind die beschreibbaren Krankheitssymptome, wie sie im medizinischen und psychopathologischen Befund (siehe Kapitel 4.3.4.) vom untersuchenden Arzt dargestellt werden. Die häufig aus diesen zugrundeliegenden Störungen im sozioemotionalen oder kognitiven Bereich resultierenden funktionellen Einschränkungen (*disability*) beziehen sich auf das Zurechtkommen in der Schule oder in der Ausbildung, das Ausfüllen sozialer Rollen bzw. die soziale Anpassung, die Alltagsbewältigung, die Fähigkeit zum Aufbau und Pflege sozialer Beziehungen und zur Nutzung von Hilfsangeboten (vgl. Arbeitshilfe für die Rehabilitation psychisch Kranker, 1992). Zur sozialen Beeinträchtigung (*handicap*) ist zum Beispiel der Ausschluß vom Schulbesuch, die schulische Ausgrenzung, soziale Isolation, Stigmatisierung und Diskriminierung zu rechnen.

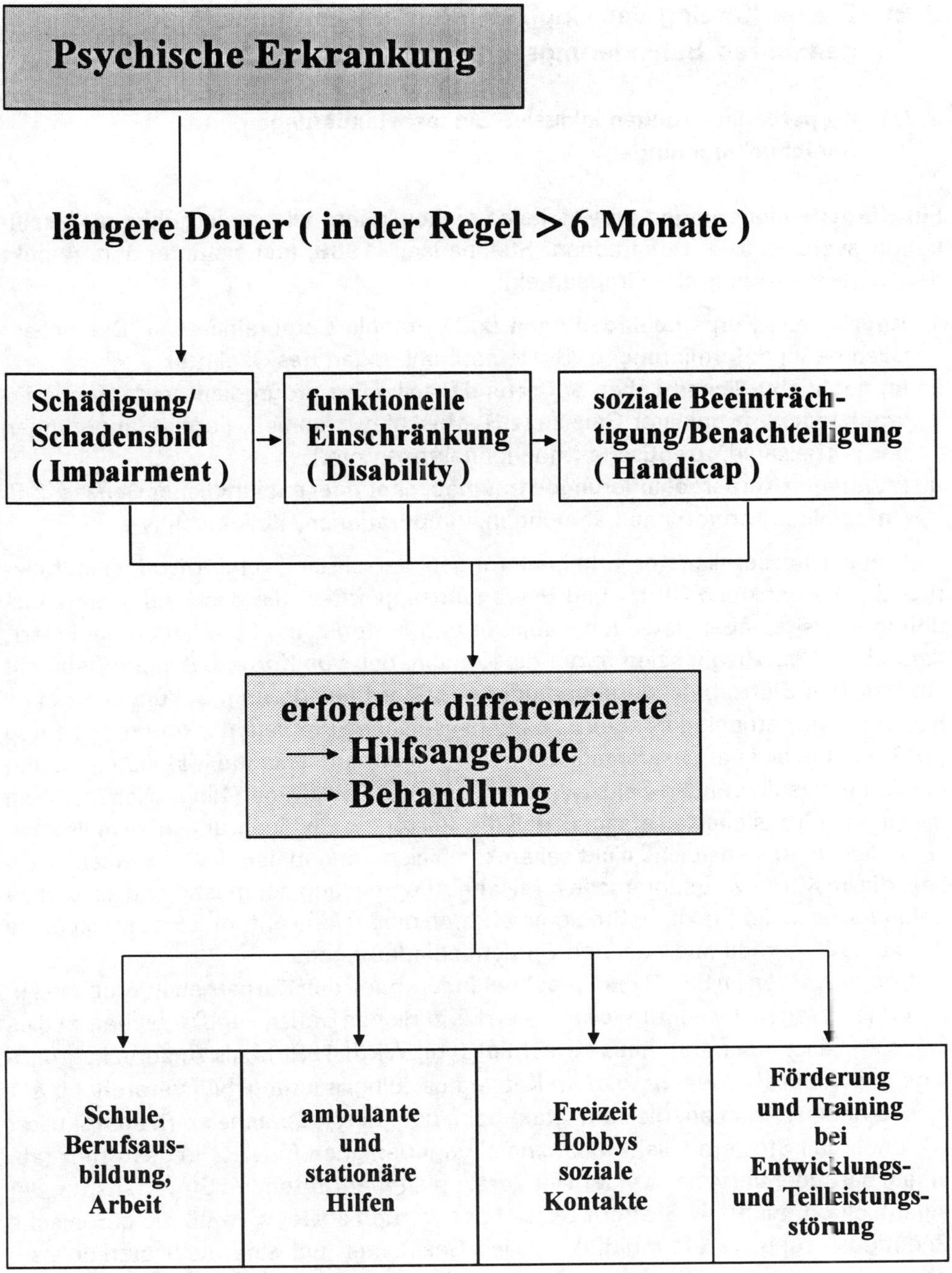

Für den Rehabilitationsbedarf von Kindern und Jugendlichen modifiziert nach: "Psychische Krankheiten und Behinderungen: Auswirkungen und Hilfen, in: Empfehlungen der Expertenkommission der Bundesregierung zur Reform der Versorgung im psychiatrischen und psychotherapeutisch/psychosomatischen Bereich auf der Grundlage des Modellprogramms Psychiatrie der Bundesregierung, Bonn 1988, S. 110.

2.2 Die im Katalog der Eingliederungshilfeverordnung zu § 47 genannten Behinderungsformen

2.2.1 Körperbehinderungen inklusive Sinnesbehinderungen und Sprachbehinderungen

Für **Körperbehinderungen** gibt es keine einheitlichen, allgemein gültigen Klassifikationssysteme bzw. Definitionen. Steinhausen (1988) teilt sie unter dem Aspekt der Genese in drei große Gruppen ein:

1. **Angeborene Körperbehinderungen** (z.B. infantile Cerebralparesen, Dysmelien, Gliedmaßendeformierungen, Systemerkrankungen des Skeletts).
2. Im **nachgeburtlichen Leben auftretende, teilweise progredient verlaufende Erkrankungen** oft unklarer Genese (z.B. Muskeldystrophien, Formveränderungen der Wirbelsäule, aseptische Knochennekrosen etc.).
3. **Erworbene Körperbehinderungen traumatischer oder entzündlicher Genese** (z.B. Unfallfolgen, erworbene Lähmungen, Amputationen, Poliomyelitis etc.).

Gemeinsam sei allen Körperbehinderungen, daß sie eine Fehlform oder Fehlfunktion des körperlichen Stütz- und Bewegungsapparates, die das Kind in der Ausübung altersgemäßer Bewegungsabläufe und motorischen Funktionen behindert, darstellen. Bedeutsam seien ferner die Kombination von Körperbehinderungen mit zusätzlichen Sinnesbehinderungen oder geistiger Behinderung. Sekundär kann es bei vielen Körperbehinderungen zu einer psychischen Problematik kommen. Lempp (1994) hat in diesem Zusammenhang vor allem auf entstellende Mißbildungen und die daraus resultierenden Selbstwertprobleme der Betroffenen hingewiesen. Allein die empirisch gesicherte Tatsache, daß die drei für die Eingliederungshilfe maßgeblichen Behinderungsbereiche nicht selten kombiniert vorkommen, läßt erkennen, weshalb die im KJHG vorgenommene faktische Ausgrenzung der geistig und körperlich Behinderten in der Praxis zu Problemen führen muß (siehe unten). Eklatant ist diese Problematik gerade auch bei den Sprachbehinderungen.

Primär werden im BSHG die **Sprachbehinderungen** den Körperbehinderungen zugeordnet. Wegen der zugrundeliegenden körperlichen Defizite und Ursachen ist dies in vielen Fällen auch durchaus berechtigt (vgl. Wirth 1990). Als Anspruchsgrundlage ausdrücklich erwähnt wird im Katalog der Eingliederungshilfeverordnung § 1 Abs. 6 neben Personen, die stark stammeln, oder deren Sprache stark unartikuliert ist, auch das Stottern. Sieht man einmal vom benignen Entwicklungsstottern ab, einem passager bei vielen Kindern im Vorschulalter auftretenden Stotteransatz, der eigentlich gar nicht als Stottern bezeichnet werden sollte, so muß die chronische Redeflußstörung als ein multifaktorielles Geschehen mit einer sehr starken psychischen Komponente angesehen werden. Andererseits ist Stottern bei Menschen mit geistiger Behinderung am häufigsten anzutreffen (Cooper 1986). Beim Down-Syndrom z.B. werden sehr hohe Auftretenswahrscheinlichkeiten um 40% berichtet. Auch an diesem Problem wird deutlich, daß sich viele multifaktoriell bedingte

Behinderungsformen nicht sinnvoll einer einzigen Behinderungsart zuordnen lassen. Selbst wenn im Katalog der Eingliederungshilfeverordnung das starke Stottern explizit als ein Beispiel für eine körperlich wesentliche Behinderung genannt wird und deshalb diese Zuordnung naheliegend ist, sind häufig psychotherapeutische Hilfen oder kombinierte pädagogische und psychotherapeutische Hilfen, wie sie nach § 27 Abs. 3 oder § 35a KJHG auch möglich sind, angebracht (vgl. Schulze 1989). Die bei entwicklungsverzögerten Kindern sehr häufigen Sprachentwicklungsverzögerungen sind eine Domäne der Frühförderung. Provokativ richtete sich Hellbrügge (1986) gegen Sonderpädagogen, wie z.B. Speck (1990), wenn er aus medizinischer Sicht den Frühförderungsbegriff angreift: "Förderung ist existenziell ein pädagogischer Begriff, der dem Denken der Schullaufbahn entstammt in dem Sinne, daß ein Kind durch pädagogische Maßnahmen schneller vorangebracht wird (gefördert wird)". Seiner Ansicht nach sei eine von Sonderpädagogen durchgeführte Frühförderung trotz ihres Anspruchs, eine ganzheitliche Förderung zu sein, ein "die Sonderschule verstärkendes Modell und das die Sonderschule erhaltende Modell". Er propagierte demgegenüber ein medizinisch orientiertes Konzept der "Entwicklungsrehabilitation", welches für die in der Zwischenzeit zunehmend entstandenen sozialpädiatrischen Zentren, in denen ebenfalls multiprofessionell gearbeitet wird, bestimmend wurde. Lempp (1994) hat darauf hingewiesen, daß im Zusammenhang mit Entwicklungsstörungen von Kindern die Verwendung des Begriffs "Rehabilitation" eigentlich unsinnig sei, vielmehr handele es sich um ein erstes In-die-Lage-versetzen (Habilitation). Da viele Sprachentwicklungsverzögerungen und Artikulationsstörungen sowie die dysgrammatische Sprache vor allem bei Kindern mit Intelligenzdefiziten, gerade auch im Lernbehindertenbereich, gehäuft vorkommen, stellt auch dieser Personenkreis hinsichtlich seiner Zuordnung BSHG versus KJHG ein Problem dar. Angesichts der bestehenden Gesetzeslage könnte pragmatisch für diesen Personenkreis eine generelle, primäre Zuordnung zum Personenkreis der körperlich wesentlich Behinderten vorgenommen werden, wobei wiederum die multifaktorielle Genese außer acht gelassen würde. Da ein nicht zu unterschätzender Teil dieser Kinder aber auch aus Familien kommt, die Hilfen zur Erziehung benötigen, wäre auch für diese Kinder eine Kombination von Eingliederungshilfen und Hilfen zur Erziehung häufig sinnvoll. Durch die artifizielle Trennung zwischen körperlich und geistig behinderten Kindern und den übrigen Kindern (inklusive der von einer seelischen Behinderung bedrohten Kinder) sind hier neue Zuständigkeitsgrenzen entstanden, die unweigerlich zu Abgrenzungen führen und in der Praxis in bedauerlichen Einzelfällen schon die Folge hatten, daß die Eltern betroffener Kinder zwischen den sich nicht zuständig fühlenden Behörden hin- und hergeschickt werden.

Ähnliche Feststellungen kann man für die Sinnesbehinderungen treffen. Der Katalog der Eingliederungshilfeverordnung nennt in § 1 Abs. 4 Blinde oder solche Sehbehinderte, bei denen mit Gläserkorrektion ohne besondere optische Hilfsmittel a) auf dem besseren Auge oder beidäugig im Nahbereich bei einem Abstand von mindestens 30 cm oder im Fernbereich eine Sehschärfe von nicht mehr als 0,3 besteht, oder b) durch den Buchstaben a nicht erfaßte Störungen der Sehfunktion von entsprechendem Schweregrad vorliegen, und 5. Personen, die gehörlos sind oder denen eine sprachliche Verständigung über das Gehör nur mit Hörhilfen möglich ist, 6. Personen, die nicht sprechen können, "Seelentaube" und "Hörstumme".

Auch bei diesen betroffenen Kindern bietet der eben zitierte Katalog zum § 47 BSHG eine klare Zuordnungsmöglichkeit, empirisch ist jedoch der Zusammenhang mit anderen Behinderungen und auch die Häufigkeit psychischer Probleme, z.B. bei schweren Hörschädigungen, gut belegt. Kammerer (1988) untersuchte eine Gesamtstichprobe von 274 zehn- bis dreizehnjährigen schwerhörigen und gehörlosen Kindern und fand eine hohe Rate entwicklungsneurologischer Auffälligkeiten. Auch kinderpsychiatrisch relevante Symptome, z.B. erhoben mit der Achenbach'schen "Child Behavior Checklist", kamen in seiner Stichprobe sehr häufig vor. Er betont besonders die Bedeutung des hyperkinetischen Verhaltens stark hörgeschädigter Kinder, bei dem der Zusammenhang zwischen organischen Belastungsfaktoren und Kommunikationsproblemen besonders deutlich sei.

Die spezifischen Regelungen zur Blindenhilfe finden sich in § 67 BSHG.

2.2.2 Geistige Behinderung

Geistige Behinderung wurde früher in Deutschland als Schwachsinn oder medizinisch häufig als Oligophrenie bezeichnet. Im englischen Sprachraum ist der Begriff "mental retardation" gebräuchlich. Das Retardierungskonzept ist zwar in seiner Anwendung auf Kinder sehr angemessen und für die Eltern betroffener Kinder häufig die akzeptabelste Formulierung. Allerdings muß festgestellt werden, daß es sich bei Oligophrenien nicht um behebbare Entwicklungsverzögerungen handelt, sondern häufig um a priori eingeschränkte Entwicklungsmöglichkeiten. Der deutsche Bildungsrat schlug 1973, u.a. als Reaktion auf die Kritik an einseitig am Intelligenzquotienten orientierten klinisch medizinischen Definitionen folgende ***Begriffsbestimmung*** vor:

> "Als geistig behindert gilt, wer infolge einer genetischen, organischen oder anderweitigen Schädigung in seiner psychischen Gesamtentwicklung und seiner Lernfähigkeit so sehr beeinträchtigt ist, daß er voraussichtlich lebenslang sozialer und pädagogischer Hilfen bedarf. Mit den kognitiven Beeinträchtigungen gehen solche der sprachlich, sozialen, emotionalen und motorischen Entwicklung einher".

In der sogenannten "Psychiatrie-Enquête" (1975) wird geistige Behinderung wie folgt definiert:

"Kinder, Jugendliche und Erwachsene, deren geistige Entwicklung durch angeborene oder erworbene Störung vorübergehend oder auf Dauer hinter der altersgemäßen Norm zurückgeblieben ist, so daß sie für ihre Lebensführung besonderer Hilfen bedürfen... Mit der geistigen Behinderung sind oft Beeinträchtigungen der Sprache, der Motorik, der Sinnesleistungen, des Verhaltens, der emotionalen und Persönlichkeitsentwicklung sowie der sozialen Anpassung verbunden."

Von den Oligrophrenien müssen ätiologisch die Demenzen, d.h. intellektuelle Abbauprozesse, abgegrenzt werden. Im allgemeinen Sprachgebrauch finden sich nach wie vor für die unterschiedlichen Schweregrade der geistigen Behinderung diskriminierende und stigmatisierende Bezeichnungen. Die Weltgesundheitsorganisation hat in der Internationalen Klassifikation psychischer Störungen (ICD-10, Kapitel 5) folgende Einteilung vorgeschlagen:

1. leichte geistige Behinderung (ungefährer IQ-Wert zwischen 50 und 70),
2. mittelgradige Intelligenzminderung (oder mäßige geistige Behinderung DSM-III-R), ungefährer IQ-Wert zwischen 35 und 50,
3. schwere geistige Behinderung und schwerste geistige Behinderung (IQ <35).

Die leichteren geistigen Behinderungsformen sind sehr viel häufiger. Personen mit leichter Intelligenzminderung zeigen zwar eine verzögerte Sprachentwicklung, erwerben jedoch ausreichende kommunikative Fähigkeiten für eine Alltagskonversation und sind zu einer unabhängigen Selbstversorgung (Essen, Waschen, Anziehen, Darm- und Blasenkontrolle, Regelhygiene) in der Lage. Nur ca. 5% aller geistig behinderten Menschen gehören zum Personenkreis der schwer bzw. schwerst geistig Behinderten. Die "Bundesvereinigung Lebenshilfe" (1978) schlug vor:

"Als schwer geistig behindert anzusehen ist,
- ☐ wer ständig für alle täglichen Verrichtungen weitgehend von individueller Hilfe und Pflege abhängig ist,
- ☐ wer erhöhter medizinischer und therapeutischer Betreuung bedarf,
- ☐ wer nicht erkennbar über Gesten und Sprache Kontakt mit der Umwelt aufnehmen kann,
- ☐ wer über kaum feststellbare eigengesteuerte Bewegungsabläufe verfügt,
- ☐ wer ständig sich selbst oder andere gefährdet,
- ☐ wer einer intensiven Einzelförderung bedarf."

Andere Autoren benutzen für diesen Personenkreis die Vokabel "intensiv" behindert (Speck 1980). In der Psychiatrie-Enquête wird der Personenkreis der schwerst Behinderten folgendermaßen umschrieben:

"Schwerst- und mehrfach Behinderte sind zeitlebens oder über längere Zeit hinweg bettlägrig, bewegungsgestört bis zur Bewegungsunfähigkeit, an einem oder mehreren Sinnesorganen geschädigt, nicht ansprechbar, antriebslos und verhaltensgestört".

Allgemein liegt die Prävalenz für geistige Behinderung im Schulalter in Deutschland um 0,8%. Jungen sind häufiger von geistiger Behinderung betroffen als Mädchen. Ätiologisch unklar sind ca. 60% der Oligophrenien. Die restlichen Formen geistiger Behinderung mit bekannter Ursache lassen sich in exogen verursachte (prä-, peri- oder postnatale Hirnschädigung), in metabolisch bedingte Oligophrenien sowie erblich syndromatische Formen und Chromosomenaberrationen einteilen. Geistig Behinderte haben ein um drei- bis viermal **höheres Risiko** für eine **psychiatrische Störung**, d.h. Kombinationen von geistiger Behinderung und seelischer Störung bzw. Behinderung sind nicht selten (vgl. Neuhäuser, Steinhausen 1990).

2.2.3 Seelische Behinderung und drohende seelische Behinderung

Noch unbestimmter ist der Begriff der "**seelischen Behinderung**", welcher offensichtlich erhebliche Schwierigkeiten im Leistungsbereich, in der Bewältigung von Alltagsaufgaben sowie in den sozialen und kommunikativen Beziehungen als Folgezustand oder Begleitumstand einer psychischen Erkrankung beschreibt. Es ist unstrittig, daß auch klassische "neurotische" Erkrankungen zu schwerer Invalidität oder zum Beispiel über selbstschädigendes Verhalten oder Selbstmordversuche bis hin zum Tod führen können. Wurmser (z.B. 1994) hat wiederholt darauf hingewiesen, daß die Psychoanalyse, die gerade im Bereich der sogenannten "Richtlinienpsychotherapie", wie sie in Deutschland von den Krankenkassen (vgl. SGB V) finanziert wird, heute ein eingschränktes Spektrum von zunehmend leichteren Störungsbildern mit guter Prognose behandele, während Freud seine Technik an erwachsenen Patienten entwickelt habe, die "dauernd existenzunfähig" gewesen seien:

> "In Wirklichkeit habe ich meine therapeutische Methode nur an schweren und schwersten Fällen ausarbeiten und versuchen können; mein Material waren zuerst nur Kranke, die alles erfolglos versucht und durch Jahre in Anstalten geweilt hatten" (Freud: Gesammelte Werke V, S. 20).

In einer etwas polemischen Replik auf den Artikel von Thomas und Schmitz (1993) "Zur Effektivität ambulanter Psychotherapien" widersprechen Richter et al. (1994) der Annahme, daß psychoanalytische Therapie eher eine langwierige Behandlungsform mit schwer messbarer Effektivität für weniger schwer gestörte Patienten darstelle. Sie zitieren Thomas und Schmitz aus einem persönlichen Schreiben und machen dies zur Überschrift ihrer Entgegnung: "Die Kränkesten gehen in eine psychoanalytische Behandlung".

Da für die volle Ausprägung einer seelischen Behinderung offensichtlich in den meisten Fällen die Chronizität des Leidens eine große Rolle spielt, muß für das Kindes- und Jugendalter in vielen Fällen die Anwendung dieser Begrifflichkeit problematisch sein. Es versteht sich von selbst, daß die objektive Feststellung eines dermaßen schlecht definierten Behinderungsbegriff kaum möglich ist. Es gibt zwar international gültige Übereinkünfte über Diagnosekriterien für bestimmte Störungsbilder, wie sie in den Manualen der Weltgesundheitsorganisation (ICD-10) oder der "Amerikanischen Psychiatrischen Gesellschaft" (DSM-III-R bzw. DSM-IV) niedergelegt sind, doch intendieren diese Definitionen mit auf fachlichen Vereinbarungen beruhenden Diagnosekriterien nicht eine globale objektive Zuordnung zum Personenkreis der "seelisch Behinderten" (vgl. Lempp 1994, S. 19): "Grundsätzlich ist die objektive Feststellung einer Behinderung eine ziemlich willkürliche Setzung". Lempp schlägt deshalb vor, vor allem die **"intersubjektive"** Seite einer Behinderung, d.h. das Ausmaß der durch die Behinderung bedingten Beziehungsstörungen zwischen den betroffenen Menschen und seinen Mitmenschen, als Kriterium heranzuziehen und auch die **subjektive** Seite der Behinderung (vgl. Rauschenbach 1980) nicht außer acht zu lassen.

Nimmt man die zentrale Bedeutung der Dimension **Entwicklung** für das Kindes- und Jugendalter ernst, muß im Gegensatz zu körperlichen und geistigen Behinderungen im Umgang mit psychischen Schwierigkeiten bei Kindern und Jugendlichen das Hauptaugenmerk auf die sogenannte **"Bedrohung"** von einer Behinderung gelegt werden. Noch im § 123 BSHG wurden die von einer Behinderung Bedrohten den Behinderten gleichgestellt. Während viele Formen der Körperbehinderung und generell die geistige Behinderung nicht vorübergehender Natur sind und die Maßnahmen und unterschiedlichen Hilfen auf eine Minderung der Folgen der spezifischen Beeinträchtigung abzielen, gibt es im Bereich der psychischen Störungen empirisch gesichertes Wissen über die Prognose einzelner, konventionell definierter Krankheitsbilder und deren Chronifizierungstendenz unter bestimmten Bedingungen. Dies bedeutet, daß eine **umfassende Diagnostik**, die neben der Feststellung der jeweiligen psychopathologischen Symptomatik auch eine differenzierte Einschätzung des Entwicklungsstandes, des Intelligenzniveaus, körperlicher Begleiterkrankungen oder Grunderkrankungen, und unterschiedlicher psychosozialer Risiken beinhaltet, eine Feststellung zuläßt, ob die untersuchten Kinder bei Unterbleiben geeigneter Hilfs- und Therapiemaßnahmen von einer Entwicklung bedroht sind, die sie in ihren Beziehungen beeinträchtigt, die ihr Leistungsniveau herabsetzen, die ihre spätere Teilnahme am regulären Arbeitsprozeß infragestellt, und die sie subjektiv mehr oder weniger erheblich beeinträchtigt (je nach Krankheitsbild teilweise schweregradunabhängiger, völlig unterschiedlicher Leidensdruck).

Der § 35a SGB VIII "Eingliederungshilfe für seelisch behinderte Kinder und Jugendliche" sagt im Eingangssatz: "Kinder und Jugendliche, die seelisch behindert oder von einer solchen Behinderung bedroht sind, haben Anspruch auf Eingliederungshilfe". Beachtet man bei der Auslegung des Wortlautes auch die historische Dimension, d.h. die Herkunft dieser Bestimmung aus dem Kontext der Eingliederungshilfe im Bundessozialhilfegesetz, kann der Wegfall des Wortes *"wesentlich"* (wesentliche seelische Behinderung) nicht unbeachtet gelassen werden. Indem der Gesetzgeber offensichtlich auf einen Zusatz verzichten wollte, der einen gewissen erheblichen Schweregrad festlegte, ohne diese arbiträre Festsetzung inhaltlich zu spezifizieren, kann und muß davon ausgegangen werden, daß jede drohende seelische Behinderung als Anspruchsgrundlage nach § 35a Berücksichtigung finden muß. Jeder determinierende Faktor, sei es aufgrund der spezifischen bekannten Krankheitsprognose, sei es aufgrund prognosebeeinflussender agravierender oder belastender Merkmale, ist hier zu berücksichtigen. Rechtssystematisch paßt der jetzige § 35a nur teilweise in den Zusammenhang der Hilfen zur Erziehung (§ 27 ff.). Während im Kontext der Hilfen zur Erziehung Problemlagen beschrieben werden und spezifische Hilfen als Lösung, z.B. im Rahmen einer Hilfeplanung, empfohlen werden, bildet beim § 35a leider wiederum die Zuordnung zu einem Personenkreis die Anspruchsgrundlage für Maßnahmen der Eingliederungshilfe. Ich bin allerdings der Ansicht, daß in der Praxis dieser Widerspruch dadurch aufgelöst werden kann, daß **nicht** primär in stigmatisierender Weise Kinder als seelisch behindert (diese Formulierung dürfte in dieser definitiven Form sehr häufig auch nicht zutreffen) stigmatisiert werden, sondern daß man durch eine Beschreibung der Problemlage, die den Bedrohungstatbestand ausmacht, darlegt, warum das jeweilige betroffene Individuum unter Berücksichtigung seiner eigenen Wünsche und Vorstellungen und wenn möglich mit intensiver Beteiligung der Personensorgeberechtigten Anspruch auf diese oder jene geeignete Maßnahme der Eingliederungshilfe oder kombinierte Maßnahmen hat. Da das Instrument der Hilfeplanung (§ 36 KJHG) ebenfalls für den angesprochenen Personenkreis seine Gültigkeit hat und Anwendung findet, erscheint mir nur dieses Vorgehen dazu zu führen, daß sich Anspruchsgrundlage und Maßnahmen systematisch in den Kontext der anderen Jugendhilfemaßnahmen, insbesondere den der Hilfen zur Erziehung, einfügen. Bezieht man sich auf die im 8. Jugendbericht (1990) formulierten Strukturmaximen, an denen sich praxisnahe Jugendhilfe orientieren sollte,

- ☐ Prävention,
- ☐ Dezentralisierung (Regionalisierung),
- ☐ Alltagsorientierung,
- ☐ Integration,
- ☐ Partizipation,

wird deutlich, daß der vorgeschlagene Umgang mit der Bestimmung im § 35a KJHG dann den gewünschten fortschrittlichen Grundorientierungen der Jugendhilfe entspricht. Der formulierte Präventionsgedanke fordert geradezu, das Hauptaugenmerk auf die drohende seelische Behinderung zu richten und nicht erst zu handeln, "wenn das Kind in den Brunnen gefallen ist". Durch den Zuständigkeitswechsel vom überregionalen Sozialhilfeträger auf die regionalen Jugendämter ist bei den Leistungen nach § 35a KJHG der Gedanke der Dezentralisierung und Regionalisierung auch für die Eingliederungshilfe umgesetzt worden. Der Grundsatz der Alltagsorientierung verlangt die Beschreibung angemessener und vor Ort umsetzbarer Maßnahmen. Der § 35a fördert durch die Klärung der Zuständigkeit der Jugendhilfe, auch für Jugendliche mit seelischen Problemen den Integrationsgedanken. Durch die Bestimmung des § 36 KJHG wird die Partizipation der Betroffenen in vorbildlicher Weise geregelt. Allerdings kann nicht verschwiegen werden, daß die halbherzige Lösung, die geistigbehinderten und körperbehinderten Kinder und Jugendlichen von dieser allgemeinen Entwicklung auszunehmen, einigen wichtigen, oben genannten Prinzipien oder Strukturmaximen zentral widerspricht. Ich stimme mit Lempp (1994, S. 47) völlig überein, daß "gerade für diesen Personenkreis von Kindern und Jugendlichen... die Zusammenfassung der Zuständigkeit für seelisch Behinderte in die Jugendhilfe eine große Hilfe und Erleichterung" ist. Allerdings gibt es wohl keine sachlichen Gründe, warum die Personenkreise der körperbehinderten und geistig behinderten Kinder primär in der Zuständigkeit der überregionalen Sozialhilfeträger bleiben sollen. Hier entsteht unweigerlich der Eindruck, daß die Befürchtung, daß jahrelang bestehende und in der Regel auch sehr gut funktionierende Kooperationsstrukturen zwischen den überregionalen Trägern der Sozialhilfe und freien Trägern von sogenannten "Behinderteneinrichtungen", eine weniger diskriminierende allgemeine Strukturveränderung und eine Verlagerung der Zuständigkeit zu den regionalen Jugendämtern verhindert haben (vgl. Fegert 1993). Der unlogische und integrationsfeindliche Ausschluß der geistig behinderten und körperbehinderten Kinder aus der Jugendhilfe ist von vielen Fachleuten aus pragmatischen und auf den Erhalt der bisherigen Strukturen abzielenden Gründen begrüßt worden. Meines Erachtens sind hier allerdings zwei Ebenen völlig vermischt worden: Die Einführung eines neuen Gesetzes, des KJHG, welches wenigstens "auf dem Papier" (nach dem Wortlaut des Gesetzestextes) erhebliche Versorgungsfortschritte mit sich bringt (wobei die reale Umsetzung derzeit noch erheblich zu wünschen übrig läßt, siehe unten), wurde vermengt mit der ökonomischen Krisensituation, wie sie sich nach der Vereinigung in Deutschland darstellt. Das KJHG ist von seinen Intentionen her kein Spargesetz und es wird sich hoffentlich zeigen, daß es sich in der Praxis auch wenig dazu eignen wird, Einsparungen bei den hilfebedürftigen Kindern und Jugendlichen und ihren Familien voranzutreiben. Allerdings bestehen derzeit überall mehr oder weniger berechtigte Befürchtungen, daß jede Änderung, insbesondere Zuständigkeitsänderungen, gleichzeitig eine Einschränkung von Leistungen bzw. eine Versorgungsverschlechterung bedeuten muß. Insofern wagt kaum ein Repräsentant der Verbände, die die Interessen von behinderten Kindern und Jugendlichen vertreten, weiterreichende Forderungen aufzustellen, sondern **Bestandswahrung** ist zur zentralen Formel in den inhaltlichen Auseinandersetzungen geworden. In diesem Kontext scheinen die Maßnahmen der Eingliederungshilfe und die bei ihrer Einleitung notwendige Mitwirkung eines erfahrenen Arztes, am besten eines kinder- und jugendpsychiatrischen Experten, eine Gewähr dafür zu bieten, daß die Betroffenen nicht Opfer willkürlicher, eventuell nur kostenorientierter Einzelentscheidungen werden. Betrachtet man die jetzige entstandene Norm des § 35a in ihrer Geschichte, so kann man feststellen, daß der nun entfallende § 27 Abs. 4 schon eine "Bestandwahrungsklausel" (vgl. Fegert 1992) war, die den status quo ante in bezug auf die Eingliederungshilfeverordnung "zementieren" sollte und somit sicherstellen sollte, daß kein Kind nach Einführung des KJHG schlechter gestellt sein sollte, als unter den entsprechenden Regelungen des BSHG.

2.3 Abgrenzungsprobleme

Entsprechend den Strukturmaximen für die Jugendhilfe zielt das neue Kinder- und Jugendhilfegesetz auf die "Konzentration aller Hilfeformen auf der örtlichen Ebene" (Wiesner 1992) ab. Neben der intendierten Bürgernähe sollte dadurch vor allem für die Betroffenen nachteiligen Kompetenzgerangel zwischen regionalen und überregionalen Trägern der Jugendhilfe abgeholfen werden. §§ 5 und 6 des alten Jugendwohlfahrtsgesetzes sahen die Hilfen zur Erziehung in der Zuständigkeit des örtlichen Jugendamtes, während die Fürsorgeerziehung, die freiwillige Erziehungshilfe, in der Zuständigkeit des Landesjugendamtes lagen.

"Es verwundert nicht, daß sich seit Jahren Jugendämter und Landesjugendämter vor den Verwaltungsgerichten heftig darum stritten, ob im Einzelfall örtliche Hilfe oder über-örtliche Hilfe zur Erziehung zu leisten ist. Aus sozialpädagogischer Sicht war die Notwendigkeit, Kinder und Jugendliche in verhaltensauffällige, entwicklungsgeschädigte oder verwahrloste zu sortieren, seit langem heftig kritisiert worden. Solange freilich die Möglichkeit bestand, durch 'Umetikettierung' auch die Kostenlast von sich zu schieben, sahen sich Mitarbeiterinnen und Mitarbeiter in den Jugendämtern unter fiskalischen Aspekten immer wieder gezwungen, die Zuständigkeit der jeweils anderen Ebene zu begründen. Dieses böse Spiel führte zu Stigmatisierung und Diskriminierung einzelner Kinder und Jugendlicher – je nachdem, welcher Hilfeart sie letztendlich zugeschoben wurden" (Wiesner 1992, S. 300–301).

Deutlicher kann man eine für die Betroffenen unerfreuliche Situation kaum beschreiben. Die neu erfolgte, **ebenfalls artifizielle Grenzziehung**, die der Gesetzgeber nun zwischen den meisten Kindern und Jugendlichen, inklusive der von einer seelischen Behinderung bedrohten Kinder und Jugendlichen, und den geistig und körperlich behinderten Kindern und Jugendlichen gezogen hat, bietet leider gleichfalls Vorwand und Anlaß für ein entsprechendes, finanziell motiviertes Kompetenzgerangel. Deshalb ist es kaum zu verstehen, daß der Gesetzgeber im Widerspruch zu den "Strukturmaximen" nicht der Forderung nach einer Integration aller Maßnahmen der Eingliederungshilfe für Kinder und Jugendliche in das Kinder- und Jugendhilferecht nachgekommen ist. Lempp, der seit 25 Jahren für ein solches einheitliches Jugendhilfesystem kämpft, ist auch der vorschnell als Realität akzeptierten Besorgnis entgegengetreten, daß die finanziellen Mittel bei einer Aufgabenverschiebung von den überörtlichen Trägern der Sozialhilfe zu den örtlichen Trägern der Jugendhilfe versickern könnten, so daß letztendlich die betroffenen Kinder mit einer Verschlechterung des Hilfeangebots rechnen müßten, indem er formulierte: "Es bleibt allerdings eine Aufgabe des Bundes, der Länder und der Gemeinden, für einen entsprechenden Ausgleich der dazu notwendigen Ressourcen zu sorgen" (1994). Seinen globalen Forderungen im Hinblick auf eine einheitliche Behandlung in der Jugendhilfe bleibt nichts hinzuzufügen:

"Es besteht auch für die Zukunft noch die Aufgabe, eine wohlverstandene umfassende Jugendhilfe für alle Probleme zu schaffen, die aus den verschiedenen sozialen Bereichen während der Entwicklung von Kindern und Jugendlichen entstehen können, durch ein einheitliches Jugendhilfegesetz, in dem nur noch die Frage gestellt zu werden braucht, welcher Hilfen und Maßnahmen zur Wiedereingliederung bedarf ein Kind, ein Jugendlicher oder ein junger Mensch, ohne gleichzeitig nach den Kostenträgern fragen zu müssen. Nur so sind lange zu Lasten der betroffenen Kinder und Jugendlichen gehende und dazu teure Auseinandersetzungen auf die Dauer zu vermeiden" (1994, S. 49).

Tatsächlich bestehen die größten **Abgrenzungsschwierigkeiten** derzeit für **Kinder mit multiplen Behinderungen**. Auf die Problematik sprachbehinderter Kinder mit Verhaltensauffälligkeiten und z.B. einer Lernbehinderung auf die sekundären psychischen Probleme nach Körperbehinderung etc., ist oben schon ausführlich hingewiesen worden. "Zwischen allen Stühlen" finden sich nach der Neuregelung auch die autistischen Kinder wieder. In seiner Stellungnahme zur sozialrechtlichen Zuordnung des autistischen Syndroms hat der Wissenschaftliche Beirat des Bundesverbandes "Hilfe für das Autistische Kind" (Remschmidt 1993) festgestellt, daß autistische Kinder und Jugendliche in der Regel mehrfach behindert sind. Im einzelnen wird bezugnehmend auf die Eingliederungshilfeverordnung auf die schwerwiegende Störung der Sprache bis hin zur Sprachlosigkeit, die bei autistischen Kindern häufig vorkommt, hingewiesen. Massive Wahrnehmungsstörungen seien einer Sinnesbehinderung gleichzusetzen. Die bei Kindern und Jugendlichen mit autistischen Syndromen gehäuft vorkommenden und mit einem angeborenen oder erworbenen Hirnschaden zusammenhängenden cerebralen Bewegungsstörungen und cerebralen Anfallsleiden entsprächen ebenfalls einer Zuordnung zum Personenkreis der körperlich Behinderten. Zusätzlich zum autistischen Syndrom sind ein hoher Prozentsatz der autistischen Kinder von mehr oder weniger ausgeprägten Formen der geistigen Behinderung betroffen. Im Namen des Wissenschaftlichen Beirates betont Remschmidt, daß autistische Kinder und Jugendliche bei fehlender und unzureichender Förderung auf jeden Fall immer von einer geistigen Behinderung bedroht seien. Dies erscheint mir vor allem für junge Kinder mit einem diagnostizierten autistischen Syndrom wesentlich. Selbstverständlich leiden autistische Kinder und Jugendliche auch unter einer seelischen Störung, die sie vor allem in ihren kommunikativen Funktionen und damit im Hinblick auf ihre Eingliederung in die Gesellschaft erheblich beeinträchtigt. Nosologisch ordnet man autistische Syndrome den sogenannten "tiefgreifenen Entwicklungsstörungen" zu. In seiner Stellungnahme betont der Wissenschaftliche Beirat des Bundesverbandes "Hilfe für das autistische Kind", daß der frühkindliche Autismus aus heutiger Sicht nicht mehr als eine "körperlich nicht begründbare Psychose" anzusehen ist. Sehr klar resümiert der Beirat:

"Aus den ... dargelegten Gründen ist es nicht möglich, bei der Einschätzung des autistischen Syndroms von einem Überwiegen einer Behinderungsart (körperlich, geistig oder seelisch) zu sprechen. Daher ist die gängige Praxis, nach dieser überwiegenden Behinderung zu suchen, weder wissenschaftlich haltbar, noch praktikabel."

Das Problem wird allerdings noch nicht dadurch gelöst, daß im Schlußsatz dieser Stellungnahme global von einer Zugehörigkeit autistischer Kinder und Jugendlicher "zu dem Personenkreis, für den der Gesetzgeber das Recht auf Eingliederungshilfe nach dem Bundessozialhilfegesetzt formuliert hat" die Rede ist, wo doch genau dieser Personenkreis durch die unterschiedlichen Zuständigkeiten bei seelischer bzw. körperlicher und geistiger Behinderung auseinandergerissen wurde. Lempp (1994) versucht, diesem Dilemma vorläufig durch einen pragmatischen Vorschlag zu entgehen:

"Die Differenzierung zwischen Zuständigkeit der Jugendhilfe auf der einen Seite und der Sozialhilfeträger auf der anderen Seite richtet sich am besten nach den für das Kind angemessenen und wahrnehmbaren Förderungseinrichtungen. Entsprechen diese im Grunde den Institutionen für geistig Behinderte, ohne daß spezielle Förderungsmaßnahmen für autistische Kinder angeboten werden können, dann ergibt sich daraus zwanglos die Zuständigkeit der Sozialhilfeträger. Finden sich aber therapeutische Möglichkeiten und Einrichtungen, in denen speziell autistische Kinder mit hinreichender Aussicht auf eine gewisse Förderung betreut werden können, dann steht die seelische Behinderung im Vordergrund und die Zuständigkeit bleibt bei der Jugendhilfe."

Specht geht in seiner Stellungnahme (1994, S. 143 f.) ebenfalls davon aus, daß Kinder mit autistischen Entwicklungsstörungen mehrfachbehindert sind. Allerdings meint er, daß es "sehr selten der Fall" sei, "daß die Eingliederung von Kindern und Jugendlichen mit autistischen Entwicklungsstörungen ausschließlich oder überwiegend durch die seelische Störung ... behindert wird".

"Deswegen sind Kinder und Jugendliche mit autistischen Entwicklungsstörungen überwiegend dem in den §§ 1 und 2 der Eingliederungshilfeverordnung genannten Personenkreis zuzurechnen". Specht empfiehlt folgende Formulierung für eine ärztliche Stellungnahme: "NN wird (ist) durch die Auswirkungen einer autistischen Entwicklungsstörung mehrfach behindert. Ihre/seine Fähigkeit zur Eingliederung in die Gesellschaft wird dabei überwiegend durch Störungen und Schwächen beeinträchtigt, die in den §§ 1 und 2 der Eingliederungshilfeverordnung genannt sind."

Das eklatante Beispiel der autistischen Syndrome zeigt eindeutig die Widersprüchlichkeit in den neuen Regelungen auf. Im Kinder- und Jugendhilfegesetz werden prinzipiell in der Kooperation mit den Personensorgeberechtigten für spezifische Problemlagen geeignete Hilfen in einem Beratungsprozeß, der Hilfeplanung, gesucht, eingeleitet und in ihrer Wirksamkeit überprüft. Lediglich bei Kindern und Jugendlichen, die von einer seelischen Behinderung bedroht sind, bildet direkt die Zugehörigkeit zu diesem Personekreis die Anspruchsgrundlage für Leistungen der Eingliederungshilfe bzw. für kombinierte Leistungen der Eingliederungshilfe und der Hilfen zur Erziehung. Dieser Kompromiß bedeutet Fortschritt und Rückschritt in einem (vgl. Fegert 1993). Einen Fortschritt vor allem bei nicht kooperativen oder desinteressierten Personensorgeberechtigten stellt der direkt beim Kind oder Jugendlichen liegende, einklagbare Anspruch auf entsprechende Leistungen dar. Ein weiterer positiver Zug vor allem in der Zusammenarbeit mit Eltern von Kindern mit psychischen Schwierigkeiten liegt darin, daß nicht elterliche Erziehungsprobleme, die ja auch sekundär als Folge einer Schwierigkeit des Kindes auftreten können, Anspruchsgrundlage sind, sondern daß die kindlichen Probleme ohne das notwendige Eingeständnis wenigstens partiellen Scheiterns der Eltern Anlaß für Hilfsmaßnahmen sein können. Der Rückschritt, der im Rahmen der sonstigen Formulierungen im KJHG unverständlich bleibt, ist die Tatsache, daß nun wiederum die Zugehörigkeit zu einem bestimmten Personenkreis, nämlich dem der seelisch Behinderten oder von einer seelischen Behinderung Bedrohten, als Anspruchsgrundlage vorausgesetzt wird. **Die Grenzziehungen zwischen solchen Behindertenpersonenkreisen sind bei vielen Mehrfachbehinderungen völlig arbiträr.** Es ist verständlich, daß die Personen und Institutionen, die sich um die Versorgung von Kindern mit kombinierten körperlichen, geistigen Behinderungen und psychischen Störungen beschäftigen, im Sinne einer Bestandwahrung nun dazu tendieren, generell die Fortsetzung der etablierten Kooperation mit den überregionalen Sozialhilfeträgern fortzusetzen und damit versuchen, bevorzugt die betroffenen Kinder den Personenkreisen der geistig Behinderten bzw. der Körperbehinderten pauschal zuzuordnen. Aus kinder- und jugendpsychiatrischer Sicht (vgl. Warnke 1992) ist der Gesetzgeber aufgerufen, Planung, Koordination und Bewilligung aller Hilfsmaßnahmen für Kinder und Jugendliche, egal ob behindert oder nicht-behindert und unabhängig von der Art der Behinderung, in einer Institution zusammenzulegen. Diese Institution kann nur das regionale Jugendamt sein, das für diese Aufgaben, die ja einklagbare Rechtsansprüche darstellen, wenn deren Notwendigkeit im Rahmen eines Hilfeplanes festgestellt worden ist, ausgestattet werden muß.

Bis hoffentlich irgendwann einmal alle Hilfen, auch die Eingliederungshilfen für Kinder und Jugendliche in einer vernünftigen, einheitlichen Regelung zusammengefaßt sein werden, sollten auf der Ebene der praktischen Umsetzung eventuell durch regionale Bestimmungen Mehrfachzuständigkeiten und Mehrfachbetreuungen unbedingt vermieden werden. Denkbar wäre z.B., daß für den genannten Problembereich multipler Behinderungen, insbesondere Autismus, Sprachbehinderungen etc., eine Federführung für Beratung, Einleitung der Maßnahmen und Finanzierung beim Jugendamt oder beim Sozialhilfeträger generell festgelegt wird, wobei es dann Aufgabe der federführenden Behörde sein müßte, alle in Frage kommenden Hilfemöglichkeiten zu kennen und hinsichtlich der Finanzierung sich dann entsprechend den definierten Zuständigkeiten an die einzelnen Hilfeträger zu wenden. Den Familien mit mehrfach behinderten Kindern, die sich ohnehin im Kampf für eine adäquate Förderung ihrer Kinder mit dem Bereich Schule und dem Bereich Gesundheitswesen auseinandersetzen müssen, ist es nicht zumutbar, daß sie mit jeweils anderen Schwerpunktsetzungen und Akzentsetzungen in der Beratung auch noch zwischen Sozialhilfeträgern und Trägern der Jugendhilfe hin- und hergeschickt werden können. Zwar lassen sich durch solche unklaren Zuständigkeiten finanzielle Einsparungen durchsetzen, da manche Familien auf ihrer Suche nach einer Hilfe irgendwann aufgeben werden, für die häufig am schwersten beeinträchtigten Kinder und Jugendlichen und ihre Familien bedeutet der derzeitige Regelungszustand ohne eine Festschreibung der Federführung bei einer Behörde, die dann genereller Ansprechpartner für diesen Personenkreis ist, eine weitere zusätzliche Belastung.

Da allgemein große Befürchtungen bestehen, daß sich durch die Einführung des KJHG Verschlechterungen für Kinder und Jugendliche, die an multiplen Behinderungen leiden, ergeben werden, sind klare Regelungen, wie zum Beispiel im "Bayerischen Ausführungsgesetz" zum KJHG (Artikel 53 Abs. 1) zu begrüßen. Hier wird festgelegt, daß für sogenannte "mehrfachbehinderte" Kinder und Jugendliche der Sozialhilfeträger wie bisher zuständiger Leistungsträger bleibt. Auch für die Frühförderung wird im selben Gesetz (Artikel 53 Abs. 2) Klarheit dadurch geschaffen, daß die Träger der Sozialhilfe auch für den Bereich der Frühförderung generell zuständig bleiben.

3 Orientierung im "Hilfedschungel": Eingliederungshilfen nach § 35a KJHG im Kontext anderer Maßnahmen

3.0 Einleitung

Die vielleicht provokante Formulierung "Hilfedschungel" greift die häufige Orientierungslosigkeit Betroffener auf der Suche nach Hilfe auf. Eine der zentralen Aufgaben, die dem Jugendamt durch das neue Kinder- und Jugendhilfegesetz federführend zugewachsen ist, ist die **koordinierte Hilfeplanung**. In diesem Planungsprozeß müssen auch Hilfen anderer Träger sowie die eigenen Ressourcen der Familie Berücksichtigung finden. Kompetente Hilfeplanung für Kinder mit psychischen Problemen setzt also eine Kenntnis der Möglichkeiten sozialer Netzwerke voraus. Wichtig ist auch der Aspekt der Machbarkeit vor Ort, wo sich dann an Stelle eines komplexen Netzwerkes oder "Hilfedschungels", um im Bild zu bleiben, "Hilfebrachland" oder eine "Monokultur" – je nach den lokalen Bedingungen – finden lassen wird. Insofern ist eine primäre definitive Zuständigkeitsregelung einzelner Hilfeträger für bestimmte Problembereiche nicht sinnvoll. Vielmehr erscheint es notwendig, soziale Netzwerke so zu beschreiben, daß auch in einer subsidiären Nachrangigkeitsfolge diejenigen Hilfeleistenden und die jeweiligen Träger beschrieben werden, die einspringen können, wenn bestimmte Leistungen vor Ort nicht vorgehalten werden. Strauß (1990) definiert soziale Netzwerke folgendermaßen:

> "Unter einem sozialen Netzwerk versteht man alle Personen, mit denen eine Person zu einem bestimmten Zeitpunkt in Verbindung steht, d.h. zu 'meinem' Netzwerk gehören alle Verwandten, Bekannten, Freunde, Mitglieder des gleichen Vereins, der gleichen Initiative, Nachbarn usw., die ich immer wieder einmal oder regelmäßig treffe (mit denen ich also in Beziehung trete, schriftlich oder telefonische Kontakte mit eingeschlossen). Unter der Perspektive des Netzwerkes versucht man dann, Grad und Verbindlichkeiten eines Netzwerkes unter einem bestimmten Aspekt (beispielsweise 'gegenseitige Hilfe', 'Abhängigkeit', 'emotionale Nähe') darzustellen. Dabei versucht die Netzwerkperspektive nicht nur einen Bereich der sozialen Beziehung herauszuheben (etwa den der eigenen Familie), sondern zielt auf eine ganzheitliche Sicht aller Bezugspersonen."

Wichtig ist nach Strauß die Unterscheidung in künstliche und natürliche Netzwerke, wobei Kontakte zu Beratungsstellen, Beratungseinrichtungen, sogenannten "professionellen" Helfern "künstliche Netzwerke" darstellen. Eine weitere Hierarchisierung von Netzwerkstrukturen kann sich aus ihrer Organisationform ergeben. Unterschieden werden nach einem solchen Modell zunächst die persönlichen Ressourcen von den primären, nicht organisierten Netzwerken (Familie, Verwandte, Freun-

Klassifikation von Hilfen
im Sinne der Vorrangigkeit der Kostenträger

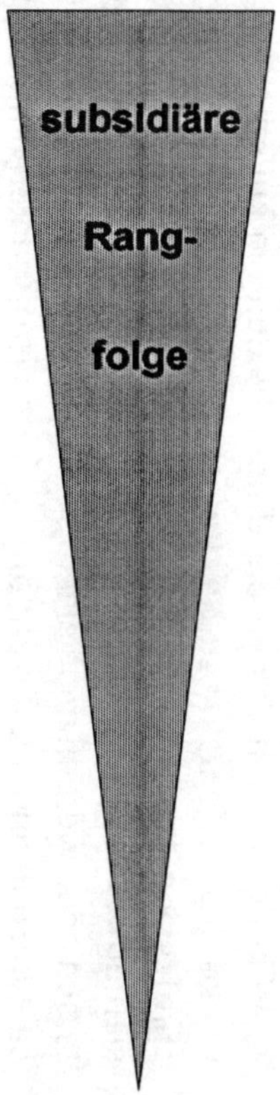

Maßnahmen:	
Eigenleistungen der Familie, Selbsthilfegruppen	Eigene Ressourcen, Selbsthilfe
ärztl. Behandlungen - ambulant - teilstationär - stationär Behandlungen durch Heilhilfsberufe - Logopädie - Krankengymnastik - Ergotherapie	**Kasse** bis zu gewissen Leistungsgrenzen
Hilfen zur Erziehung Eingliederungshilfe für seelisch behinderte Kinder	KJHG
Eingliederungshilfe (für körperlich und geistig behinderte Kinder vorrangig vor KJHG)	BSHG

de, Bekannte, Nachbarschaft, Schule, Ausbildungsstätte etc.), dann den gemeindebezogenen sekundären Netzwerken, die geringgradig oder komplexer organisiert sein können, aber immer noch Unterstützung durch nicht-professionelle Helfer beschreiben, wie z.B. Selbsthilfegruppen, Nachbarschaftsgruppen, Freizeitgruppen, Vereine und Organisationen). Tertiäre Netzwerke im Sinne professioneller Hilfeleistungen beziehen sich auf die Hilfen des Jugendamts, aber auch Leistungen freier Träger, z.B. in Beratungsstellen etc., und mehr oder weniger "marktwirtschaftlich" orientierten Leistungen durch niedergelassene Ärzte und Psychologen, andere Heilberufe, Apotheken, Sanitätshäuser, aber auch z.B. private Hausaufgabenzirkel, Schularbeitszirkel, Ausbildungsinstitute etc.

In der soziologischen Forschung ist zwar eine solche Netzwerkperspektive durchaus üblich, doch werden aus der Sicht einzelner zuständiger Ämter zur klaren Regelung von Kompetenzen und zur Abgrenzung der jeweiligen Zuständigkeiten einzelne soziale Hilfesysteme häufig relativ losgelöst von ihrem Kontext diskutiert und kommentiert. In der Praxis jedoch bietet dann genau diese Abgrenzung und die Behandlung von Grenzfällen Anlaß für Auseinandersetzungen zwischen den einzelnen Leistungsträgern, unter denen am ehesten die Betroffenen leiden. Dies gilt nicht nur für die Psychotherapie-Richtlinien (vgl. Faber/Haarstrick 1991), sondern auch z.B. für die einschlägigen Bestimmungen im Bundessozialhilfegesetz und im Kinder- und Jugendhilfegesetz (s.o.). Des weiteren ist es in der Praxis ein Trugschluß, davon auszugehen, daß Kinder mit psychischen Problemen immer jeweils in einem Hilfesystem allein hinreichend bzw. ausschließlich versorgt werden können. Eine Untersuchung an unserer Berliner poliklinischen Inanspruchnahmepopulation (Fegert 1993) zeigte, daß bei ca. einem Drittel der von uns ambulant diagnostizierten Patienten (N = 555) eine Kombination von kassenfinanzierten therapeutischen und sozialpädagogischen Maßnahmen erforderlich war. Vor allem bei Kindern mit Entwicklungsverzögerungen und Kindern, die in deprivierenden Verhältnissen aufgewachsen sind, sind häufig sich gegenseitig ergänzende Maßnahmen erforderlich. Bei den kleinsten Kindern, bei denen oft noch unklar ist, ob eine festzustellende Entwicklungsverzögerung nur eine vorübergehende Beeinträchtigung darstellt wird oder ob es sich um eine schwerwiegendere Behinderung handeln wird, bieten bestimmte Institutionen der **Frühförderung** (z.B. in sozialpädiatrischen Zentren) kombinierte Leistungen zur Hilfe und Förderung dieser Kinder an. Die multiprofessionelle Frühförderung ist ein sehr gutes Beispiel für ein Hilfeangebot, welches die engen Grenzen einzelner Bestimmungen sprengt und deshalb vor allem nach der Novellierung des KJHG eine spezifische Regelung verlangt. In Bayern z.B. hat man sich deshalb im Bayerischen Ausführungsgesetz zum Kinder- und Jugendhilfegesetz dazu entschlossen, die Zuständigkeit für sämtliche Maßnahmen der Frühförderung im Bereich der Eingliederungshilfe nach dem BSHG zu belassen.

Allerdings wäre es ebenfalls ein Trugschluß anzunehmen, daß Kinder- und Jugendpsychiatrie und Jugendhilfe ausschließlich denselben Personenkreis versorgen. Für die stationären Maßnahmen hat dies die Arbeitsgruppe am "Institut für soziale Arbeit" in Münster (Gintzel und Schone 1989, 1990) für Nordrhein-Westfalen detailliert beschrieben. Die Autoren analysierten auch die Ursachen, warum Jugendliche aus Institutionen der Jugendhilfe in kinder- und jugendpsychiatrische Behandlung gelangten und warum kinder- und jugendpsychiatrische Patienten in Jugendhilfeeinrichtungen z.B. nachbetreut wurden. Bei dieser Stichtagserhebung wurde deutlich, daß ca. ein knappes Viertel der kinder- und jugendpsychiatrisch stationär behandelten Patienten in ihrer Vorgeschichte in Pflegefamilien (10%) oder Heimen (13%) Erfahrungen gemacht hatten (Gesamt-N der Kinder in kinder- und jugendpsychiatrischen Einrichtungen = 334). Im Gegensatz dazu hatten 14% der zum Erhebungszeitpunkt 3.242 Kinder, die in 79 Heimen in Westfalen-Lippe untergebracht waren, Vorerfahrungen mit der Kinder- und Jugendpsychiatrie. Allein aus diesen wenigen Beispielen läßt sich der Schluß ziehen, daß für eine kompetente Hilfeplanung häufig ein multiprofessionelles Zusammenwirken erforderlich sein wird. In jeder Berufsgruppe sollten aber Grundkenntnisse über die möglichen Leistungen unterschiedlicher Träger und über die Rangfolge der Zuständigkeit dieser Träger vorhanden sein. Für eine sinnvolle Hilfeplanung nach § 36 KJHG bei Kindern mit psychischen Problemen reicht es meiner Ansicht nach nicht aus, nur Jugendhilfemaßnahmen allein zu diskutieren und festzulegen, sondern es gilt, ausgehend von der Beschreibung der Gesamtproblemlage des Kindes auf der organmedizinischen, kinderpsychiatrischen, familiären, schulischen und sozialen Ebene in Zusammenarbeit mit den Betroffenen ein möglichst aufeinander abgestimmtes Hilfekonzept zu entwickeln (siehe Kapitel 4: Untersuchung, Indikationsstellung und Hilfeplanung).

Versucht man die einzelnen Maßnahmen zum Wohle der Kinder mit psychischen Problemen in einer Zuständigkeitsreihe zu ordnen, dann kann man eine subsidiäre Abfolge der Zuständigkeiten beschreiben, die von der Eigeninitiative und Eigenverantwortung der Familien bis zu den Maßnahmen nach dem Bundessozialhilfegesetz mit überörtlicher Trägerschaft reicht.

Die im folgenden skizzierte Rangfolge orientiert sich also an einem **Subsidiaritätsgedanken**, der jeweils so viel Hilfe wie nötig durch möglichst nahe Helfer bzw. Helfersysteme vorsieht. Schon 1931 hat Papst Pius XI. in seinem Rundschreiben "Quadragesimo anno" dieses Prinzip beschrieben (zitiert nach Trojahn 1986, S. 289):

> "... wie dasjenige, was der Einzelmensch aus Eigeninitiative und mit seinen eigenen Kräften leisten kann, ihm nicht entzogen und der Gesellschaftstätigkeit zugewiesen werden darf, so verstößt es gegen die Gerechtigkeit das, was die kleineren und untergeordneten Gemeinwesen leisten und zum guten Ende führen können, für die weitere und übergeordnete Gemeinschaft in Anspruch zu nehmen; jedwede Gesellschaftstätigkeit ist ja ihrem Wesen nach subsidiär; sie soll die Glieder des Sozialkörpers unterstützten, darf sie aber niemals zerschlagen oder aufsaugen".

3.1 Eigenleistungen

Primär gilt es, immer die eigenen Ressourcen der Familien zu beachten und zu stärken. Die vorübergehende Mithilfe einer Großmutter oder die Unterstützung durch ein Nachbarkind bei den Hausaufgaben etc. kann bei kleineren Problemen oft schon eine wesentliche und ausreichende Hilfe sein. Allerdings leben zuweilen gerade die Familien von Kindern mit psychischen Problemen sozial relativ isoliert und können kaum noch eigene Ressourcen ohne fremde Hilfe mobilisieren.

Nach Friedrich et al. kann man diese Ressourcen in unterschiedliche Kategorien einteilen:

- ☐ **Überzeugung** (Kontrollüberzeugung): Positiv ist zu werten, wenn die Betroffenen den Eindruck haben, selbst die Lage zu kontrollieren, ungünstig ist es, wenn die Betroffenen sich als hilflose Opfer sehen; Religion und ideologische, stabilisierende Einflüße.
- ☐ **Soziales Netzwerk** (Freunde, familiäre Unterstützung, Qualität der Ehebeziehung).
- ☐ **Materielle Ressourcen und sozioökonomischer Status** inklusive Bildungsstand.
- ☐ **Gesundheit, Energie** (Alter, körperliches und seelisches Wohlbefinden, Zufriedenheit im Alltagsleben etc.).

Ein niederschwelliger Hilfsansatz ist die sogenannte Hilfe zur **Selbsthilfe**. Selbsthilfegruppen, auch z.B. für Eltern von chronisch kranken Kindern, behinderten Kindern, drogenabhängigen Jugendlichen, Kindern mit psychischen Problemen etc., und für Betroffene, wie Selbstmordgefährdete oder Jugendliche mit Eßstörungen usw., haben in den letzten Jahren die psychosoziale Landschaft erheblich bereichert und teilweise mit Unterstützung der Jugendhilfe Teilaufgaben übertragen bekommen und dafür eine entsprechende Projektförderung erhalten. Anfangs teilweise von den Professionellen kritisch beäugt, haben sich diese zum Teil angeleiteten oder behördlich unterstützten Projekte zu einem nicht mehr wegdenkbaren Teil des Versorgungssystems entwickelt (vgl. Huber 1987; Moeller 1978, 1981; Trojahn 1986). Schon 1988 zählte das "Handbuch Selbsthilfe" (Runge und Vilmar 1988) 900 Adressen auf. Dem "Selbsthilfe-Wegweiser" (1990) der Senatsverwaltung für Soziales in Berlin ist zu entnehmen, daß im ersten Jahr nach der Wende allein in Ost-Berlin ca. 100 Selbsthilfegruppen neu entstanden sind. Der Beitrag der Selbsthilfearbeit zur Versorgung von Kindern mit psychischen Problemen liegt sowohl in der Elternarbeit wie in spezifischen Angeboten für Kinder, die an einer gewissen Symptomatik leiden, oder für Kinder in speziellen Problemlagen, insbesondere für Kinder, die Opfer von Mißhandlung und sexueller Gewalt wurden. Für fast alle Problemlagen ist es charakteristisch, daß sich die Betroffenen angesichts ihrer Situation schämen. Die Feststellung, im Rahmen der Selbsthilfearbeit auf eine Gruppe ebenfalls Betroffener zu treffen, hat häufig eine enorm entlastende Wirkung allein deshalb, weil festgestellt werden kann, daß nicht nur die betroffene Familie oder der oder die jeweilige Betroffene an dieser "peinlichen" Problematik leidet, sondern daß andere sich auch mit dem Problem herumschlagen müssen. Die Bedeutung erfahrener Gruppenmitglieder und ehemaliger Betroffener liegt darin, daß sie den neu Hinzukommenden Mut vermitteln können, daß es Wege gibt, mit ihrer Problematik umzugehen, und daß sie aufgrund der eigenen Erfahrungen auch konkret Rat und Hilfe vor dem Hintergrund der örtlichen Realitäten geben können. Häufig sind solche Selbsthilfeeinrichtungen auch Informationsbörsen über die Rechte der Betroffenen und über Stellen, Praxen etc., wo sich Betroffene gut versorgt fühlten. Andererseits ist gerade das "Berliner Modell" der politischen Selbsthilfeförderung (Krotz 1988) heftig kritisiert worden, weil teilweise – wohl nicht ganz zu Unrecht – vermutet wird, daß die Politik an dieser modernen Form subsidiärer Problembewältigung deshalb Gefallen findet, weil durch private Initiative kostensparend soziale Versorgungsleistungen erbracht werden. Manche Kritiker befürchten, daß ein verstärkter Akzent auf der Selbsthilfearbeit sogar zum Abbau von Versorgungsleistungen führen könne, wobei andere Autoren (z.B. Huber 1987) eher betonen, daß der eigentliche Effekt von Selbsthilfegruppen darin liege, drohende Kosten quasi präventiv zu vermeiden, und nicht darin, Kosten z.B. im Gesundheitswesen einzusparen.

3.2 Schule

Die Schule hat gemäß ihres allgemeinen Bildungsauftrages für alle Kinder auch spezifische Angebote für behinderte Kinder und Jugendliche und für solche Schüler mit Lern- und Leistungsproblemen aufgrund von Teilleistungsdefiziten bereit zu halten. Leider ist die Realisierung einzelner Maßnahmen vor Ort bisweilen völlig defizitär, sodaß Anspruch und Wirklichkeit weit auseinanderklaffen. Zentrale Bedeutung für behinderte Kinder, aber auch für verhaltensauffällige und psychisch "schwierige" Kinder, hat der **Integrationsgedanke**. Aufgrund der Länderhoheit im Bildungsbereich kommt es zu regional sehr unterschiedlichen Integrationsansätzen. Häufig sind zur Durchführung solcher Maßnahmen weitere Hilfen, z.B. die Bewilligung von Transportkosten bei körperbehinderten Kindern etc., erforderlich. Steiner (1991) schildert aufgrund eigener Erfahrungen, wie Eltern das Spannungsfeld zwischen Integrationsansätzen und der spezifischen Förderung in Sonderschulen erleben: "Auf der einen Seite ... stehen die Befürworter der Integration, die leidenschaftlich für ein gemeinsames Leben und ein gemeinsames Lernen" eintreten, "die nicht länger akzeptieren mögen, daß behinderte Kinder ausgesondert und ihren Behinderungsarten entsprechend auf verschiedene Schultypen verteilt werden, wo sie nur noch einen verzerrten und reduzierten, weil selektiven, Ausschnitt gesellschaftlicher Realität erleben dürfen. Auf der anderen Seite stehen jene, die dem herkömmlichen Sonderschulsystem (wenn auch manchmal verunsichert) die Treue halten, weil sie mit der Eingliederung ihres Kindes in einen ganz normalen Klassenverband Ängste verbinden wie: Wird mein Kind dann auch seinen Möglichkeiten entsprechend gefördert? Wird es nicht zur Zielscheibe des Spotts und des Mitleids für die nicht behinderten Kinder? Bedarf es zur Entwicklung und Entfaltung seiner psychischen und geistigen Stabilität nicht eines besonderen Schonraumes?" (Steiner 1991, S. 5–6). Die Autorin schildert recht bitter ihre Erfahrungen und die Erlebnisse ihrer Tochter in der Auseinandersetzung mit sogenannten "nicht-behinderten" Kindern und deren Eltern. Bisher ist wohl dem Aspekt, daß nicht nur die Schule und die betroffenen Eltern und ihre Kinder, sondern auch die Familien der nicht-behinderten Kinder Integrationsmodelle wünschen müssen, damit Integration erfolgreich verlaufen kann, zu wenig Beachtung geschenkt worden. Von Neubeck (1993) hat die Fragestellung: "Wie erleben nicht-behinderte Kinder und deren Eltern Integration?" untersucht. Sie stellt fest, daß nicht-behinderte Kinder ebenfalls von integrativer Erziehung profitieren können, sie seien dann später als erwachsene Menschen offener für den Umgang mit behinderten Menschen und begegneten diesen angstfreier. Allerdings betont sie auch, daß Integration nicht erzwungen werden könne. Wichtig sei ein ausgeglichenes Angebot von gemeinsamen Aktionen und freiem Spiel, entsprechend dem jeweiligen Entwicklungsstand und den Fähigkeiten und Fertigkeiten der Kinder. Am resigniertesten äußert sie sich über Integrationsbemühungen zwischen Eltern und Familien behinderter und nicht-behinderter Kinder. Diese finde eher sporadisch statt, da keine institutionalisierte Form (Anleitung – Motivierung – Angebote etc.) bestehen.

Differenzierte Sonderbeschulungen werden für Kinder mit Sinnesbehinderungen (blinde Kinder und Jugendliche, sehbehinderte Kinder und Jugendliche, gehörlose Kinder und Jugendliche, schwerhörige Kinder und Jugendliche) und für sprachbehinderte Kinder und Jugendliche sowie für lern- und geistig behinderte Kinder und Jugendliche angeboten. Regional unterschiedlich ist das Angebot für sogenannte "verhaltensauffällige Kinder". In spezifischen Problemlagen kann z.B. durch Ganztagsbeschulung eine defizitäre häusliche Situation wenigstens teilweise ausgeglichen werden, bei längerdauernden intrafamiliären Konflikten kann eine Internatsunterbringung für den betroffenen Jugendlichen eine hinreichende Maßnahme sein.

Warnke (1994) hat für den Vorstand der "Deutschen Gesellschaft für Kinder- und Jugendpsychiatrie" zur Problematik der Diagnostik und schulischen Förderung und Therapie bei Schülern mit Lese-Rechtschreibstörungen (Legasthenie) Stellung genommen. Nach den Empfehlungen der Kultusministerkonferenz vom 20.4.1978, mit denen sich die "Deutsche Gesellschaft für Kinder- und Jugendpsychiatrie" verschiedentlich auseinandergesetzt hat (vgl. z.B. "Denkschrift – Zur Lage der Kinder- und Jugendpsychiatrie in der Bundesrepublik Deutschland", 1990, S. 31 ff.), soll **allen** lese- und rechtschreibschwachen Schülern, unabhängig von der Begründung ihrer Lese- und Rechtschreibschwäche, eine Diagnostik, besondere schulische Förderung und gegebenenfalls gezielte Behandlung zukommen. Warnke betont, daß das Kultusministerium Mecklenburg/Vorpommern (11.5.1992) in vorbildlicher Weise in einem Erlaß die Rechtschreibstörungen als Entwicklungsstörung explizit benannt hat und damit analog z.B. zu den Sprachentwicklungsstörungen behandelt. Er fordert, mit der Förderung lese- und rechtschreibgestörter Kinder durch innerschulische Fördermaßnahmen bereits im ersten Schuljahr zu beginnen, darüber hinaus setzt er sich für die grundsätzliche Möglichkeit der Befreiung der Schüler mit LRS von der Zensur der Lese- und Rechtschreibleistungen sogar bis zum Abitur ein und dafür, daß die umschriebene Störung des Lesens und Rechtschreibens allein kein hinreichender Grund für eine Nichtversetzung oder Einweisung in eine Sonderschule oder Verweigerung des Übergangs in eine weitere Schule sein dürfe. Das diese letzten wichtigen Forderungen derzeit allerdings in der Regel nur Wunschvorstellungen sind, muß auch festgestellt werden.

Neben den Maßnahmen im Gruppenunterricht inklusive differenzierte Beschulung durch Teilungsunterricht etc. stehen teilweise in Schulen auch spezifische, auf ein einzelnes Kind abzielende Maßnahmen zur Verfügung. In Berlin gelten z.B. seit dem Schuljahr 1993/1994 Regelungen zur Umsetzung der Neukonzeption ergänzender Hilfen und Pflegen von behinderten Kindern und Jugendlichen in der Berliner Schule. Diese Konzepte sehen den Einsatz von Schulhelfern bei besonderem sonderpädagogischen Förderbedarf vor. Ebenfalls eine auf das einzelne Kind bezogene ambulante "behinderungsspezifische" Hilfe ist das sogenannte **"Berliner Ambulanzlehrer-System"** (Senatsrundschreiben III Nr. 123/1993). Solche Ambulanzlehrerinnen und -lehrer sollen in der Regel fachspezifisch ausgebildete Sonderpädagogen, am besten mit langjähriger Berufserfahrung, sein. Ihr Einsatz erfolgt grundsätzlich freiwillig und reicht vom Frühförderbereich über das Vorschulalter bis hin zum Sekundarstufenbereich und den Bereich der Berufsausbildung. Das schulische Gremium der sogenannten **"Förderausschüsse"** beschließt über den Einsatz solcher Ambulanzlehrer oder über andere schulische Hilfsmaßnahmen. Das Vorgehen ist hierbei ähnlich dem bei Hilfekonferenzen, das heißt, die sorgeberechtigten Eltern sollen grundsätzlich einbezogen werden und andere beteiligte Fachkräfte sollen ebenfalls zu Wort kommen. Hier ist ein wichtiger Verzahnungspunkt zur Hilfeplanung nach § 36 KJHG zu sehen, der in der derzeitigen Berliner Praxis zum Beispiel noch zu wenig genutzt wird. In enger Zusammenarbeit mit den Schulpsychologischen Diensten entsteht derzeit in Berlin auch ein Ambulanzlehrerdienst für verhaltensauffällige Kinder. Dabei muß allerdings betont werden, daß in der generellen Schulpflicht und in der Beschulung in der Gruppe für viele Kinder mit psychischen Problemen auch eine große Chance liegt. Einzelbeschulung sollte deshalb in der Regel eine vorübergehende Maßnahme sein. Bei bestimmten Störungsbildern wie bei der sogenannten "Schulphobie" (siehe unten), die in der Regel eine Trennungsangststörung bei Beziehungsproblemen im häuslichen Milieu darstellt, ist eine solche Maßnahme kontraindiziert.

Die Rolle der Lehrer bei der Wahrnehmung psychosozialer Problemlagen darf insgesamt nicht unterschätzt werden. Für mißhandelte oder mißbrauchte Kinder ist oft die vertraute Lehrerin die erste und privilegierte Ansprechpartnerin, d.h. häufig erfolgt in der Schule eine entscheidende Weichenstellung. Insofern muß die Vernetzung der Jugendhilfe mit dem Bereich Schule und auch ein Informationsangebot über die Angebote der Jugendhilfe ein zentrales Anliegen bei der Versorgung dieser Kinder sein. Eine schriftliche Elternbefragung vor dem ambulanten Erstkontakt in der Kinder- und Jugendpsychiatrie (Kruse 1991, zit. nach: Specht 1992) ergab, daß nach den Eltern die Lehrer bzw. Kindergärtnerinnen am häufigsten als "Entdecker" der Problematik des Kindes genannt wurden. Über 80% der befragten Eltern hatten vor der Konsultation der Kinder- und Jugendpsychiatrie schon einmal mit der Lehrerin bzw. Kindergärtnerin über die Problematik des Kindes gesprochen. Eine zentrale Rolle für den Umgang mit Kindern mit psychischen Schwierigkeiten in der

Schule hat häufig die Schulpsychologin oder der Schulpsychologe. Die Schulpsychologischen Dienste testen Kinder auf ihre Leistungsfähigkeit und bieten Beratungsangebote für Eltern und Lehrer an. Teilweise führen sie auch direkt Beratungen und Behandlungen von Kindern und Jugendlichen durch. Im Rahmen von Unterrichtshospitation können sie bei spezifischen Schwierigkeiten wegen Verhaltensauffälligkeiten im Unterricht Hilfestellungen geben. Da die mehrfache Untersuchungen von Kindern für diese immer eine z.T. unverständliche Belastung darstellt, ist es wichtig, daß bei der Hilfeplanung Ergebnisse einer schulpsychologischen Untersuchung mit einbezogen werden. Die Eltern sollten konkret nach solchen Vorergebnissen gefragt werden und die entsprechenden Informationen sollten mit Einverständnis der Eltern an nachfolgende, z.B. ärztliche Untersucher, weitergegeben werden. Bei eindeutigen Befunden sind wiederholte Intelligenztestungen in kurzen Abständen völlig unnötig, ja unsinnig. Erfolgen die Testuntersuchungen mit den gleichen Verfahren treten Übungseffekte auf, was die Zuverlässigkeit der Testergebnisse eher vermindert. Eine erneute Testdiagnostik nach abgeschlossenen schulpsychologischer Untersuchung ist also nur bei spezifischen Fragestellungen oder bei berechtigten Zweifeln an der Testdurchführung zulässig. Ein solcher Fall könnte z.B. vorliegen, wenn ein erst wenige Jahre in Deutschland lebender ausländischer Junge allein mit einem Intelligenztestverfahren untersucht wurde, das erhebliche sprachliche Leistungen und Schulbildungseffekte miterfaßt. In einem solchen Fall wäre eine zusätzliche Diagnostik mit einem sogenannten "sprachfreien" Intelligenztest gerechtfertigt.

Beziehen sich Maßnahmen der Eingliederungshilfe nach § 35a, z.B. Maßnahmen in Verbindung mit § 40 Abs. 1, 3 BSHG (Hilfen zur angemessenen Schulbildung, vor allem im Rahmen der allgemeinen Schulpflicht und durch Hilfe zum Besuch weiterführender Schulen einschließlich der Vorbereitung hierzu) in ihrem rehabilitativen Ziel direkt oder in wesentlichen Teilen auf die Schule, so ist die Planung solcher Maßnahmen mit dem Bereich Schule abzustimmen.

3.3 Leistungen der Krankenkassen (SGB V)

3.3.1 Ambulante Versorgung

Die ambulante kinder- und jugendpsychiatrische Versorgung kann derzeit in der Bundesrepublik durch niedergelassene Kinder- und Jugendpsychiater noch nicht ausreichend gewährleistet werden. Aufgrund von inadäquaten Abrechnungsmodalitäten nach der Gebührenordnung für ärztliche Leistungen gibt es trotz des hohen Bedarfs nur relativ wenige Kinder- und Jugendpsychiater und -psychotherapeuten, die sich bei den zu erwartenden wirtschaftlichen Schwierigkeiten in freien Praxen niederlassen. In ihrer Denkschrift zur Lage der Kinder- und Jugendpsychiatrie in der Bundesrepublik Deutschland stellt die "Deutsche Gesellschaft für Kinder- und Jugendpsychiatrie" 1990 fest, daß nur 65 Ärzte für Kinder- und Jugendpsychiatrie im ganzen Bundesgebiet niedergelassen seien. "Dabei sind sie schwerpunktmäßig oft auf bestimmte Teilaspekte kinder- und jugendpsychiatrischer Arbeit, wie Kinderpsychotherapie, Kinderneurologie oder Epileptologie spezialisiert." Ein nicht unwesentlicher Teil von Kindern wird in spezfischen Institutsambulanzen an Fachkrankenhäusern, Sozialpsychiatrischen und Sozialpädiatrischen Zentren versorgt. Die §§ 118 und 119 SGB V regeln, daß in Abgrenzung zur kassenärztlichen Versorgung diese Zentren ihre Behandlung auf diejenigen Kinder auszurichten haben, "die wegen der Art, Schwere oder Dauer ihrer Krankheit oder einer drohenden Krankheit nicht von geeigneten Ärzten... behandelt werden können". Auch spezifische Ambulanzen und Polikliniken der Universitäten leisten einen wesentlichen Beitrag zur Diagnostik und Versorgung gerade bei komplizierten Störungsbildern und Problemlagen. Allerdings müssen für die Inanspruchnahme der Leistungen solcher Fachambulanzen häufig weite Anfahrtswege der Betroffenen in Kauf genommen werden (im Anhang findet sich eine Liste der Kliniken für Kinder- und Jugendpsychiatrie in der Bundesrepublik Deutschland sowie eine Liste der Landesobleute des Berufsverbandes der Ärzte für Kinder- und Jugendpsychiatrie und Psychotherapie in Deutschland e.V., bei denen aktuelle Auskünfte über möglichst wohnortnahe niedergelassene Kinder- und Jugendpsychiater eingeholt werden können).

3.3.1.0 Basisversorgung

Die meisten Kinder und Jugendlichen mit psychischen Problemen werden derzeit initial nicht von Kinder- und Jugendpsychiatern untersucht und diagnostiziert, sondern die Eltern wenden sich mit ihren Kindern in der Regel zunächst an die Hausärzte und/oder Kinderärzte. Auf dieser primären Ebene der medizinischen Versorgung sieht das Kassenrecht die **ärztliche Beratung** der Betroffenen und ihrer Eltern als abrechenbare Leistungen im Rahmen der Krankenversicherung vor. Weitergehend ist die ärztliche **Erörterung**, die nach Faber/Haarstrick (1991) in einem Dialog zwischen Arzt und Patient oder zwischen Arzt und Bezugsperson besteht. Mit der Einführung der Psychotherapie-Richtlinien im Oktober 1987 wurde ein neuer Bereich zwischen ärztlicher Beratung und ärztlicher Psychotherapie, die sogenannte **"psychosomatische Grundversorgung"** eingeführt. Nach Faber/Haarstrick (a.a.O.) wird die psychosomatische Grundversorgung definiert durch die **Diagnosestellung** (ein komplexes Krankheitsgeschehen soll ätiologisch in Richtung einer Gesamtdiagnose zu klären sein), die **Indikationsstellung** (eine polare Zuordnung von Somatoeinschließlich Pharmakotherapie und seelischer Krankenbehandlung ist nach den Erfordernissen der aktuellen Krankheitssituation anzustreben) und die **begrenzte Zielsetzung** (dies umfaßt eine Symptombeseitigung einer Einsichtsvermittlung in pathogene Zusammenhänge und in die Notwendigkeit einer prophylaktischen Umorientierung des Patienten), die **Therapiemethoden** (verbale Intervention und übende bzw. suggestive Techniken). Auf diese Weise wurde eine gewisse **psychosomatische "Basistherapie"** definiert. Als übende Verfahren kommen häufig autogenes Training, gerade bei Kindern, oder auch die progressive Muskelrelaxation nach Jacobson zur Anwendung. Ärzte, die an einer solchen psychosomatischen "Basisversorgung" teilnehmen wollen, müssen nach den Psychotherapie-Richtlinien und Psychotherapie-Vereinbarungen zwischen der Kassenärztlichen Bundesvereinigung und den Verbänden der Krankenkassen (1991) folgende Kenntnisse und Erfahrungen besitzen:

- ☐ Eine mindestens dreijährige Erfahrung in selbstverantwortlicher ärztlicher Tätigkeit,
- ☐ den Erwerb von Kenntnissen in einer psychosomatisch orientierten Krankheitslehre,
- ☐ reflektierte Erfahrungen über die psychodynamische und therapeutische Bedeutung der Arzt/Patienten-Beziehung. Diese Erfahrung werden in der Regel durch die Teilnahme an einer Balint-Gruppe erworben.

Psychotherapie für Kinder und Jugendliche wird als Kassenleistung von ärztlichen Psychotherapeuten und Psychoanalytikern, von nicht-ärztlichen Psychotherapeuten und Psychoanalytikern im Delegationsverfahren, von Kinder- und Jugendlichenpsychotherapeuten ebenfalls im Delegationsverfahren (ehemals Psychagogen) und von den Kinder- und Jugendpsychiatern, die die Bedingung für den neuen Facharzttitel "Arzt für Kinder- und Jugendpsychiatrie, -psychotherapie" erfüllen, erbracht. Entsprechende Therapien werden nach einer Antragstellung und nach erfolgter positiver Begutachtung von den Kassen in folgendem Umfang und in folgenden Teilschritten bewilligt (vgl. Klußmann 1993):

3.3.1.1 Tiefenpsychologisch fundierte oder analytische Kinderpsychotherapie

Behandlungsdauer:	1 bis 3 Jahre bei in der Regel 1 bis 2 Sitzungen in der Woche
Erster Bewilligungsschritt:	Im Normalfall 50 Einzelsitzungen (mindestens 50 Minuten) oder 40 Doppelstunden Gruppenbehandlung
Zweiter Bewilligungsschritt:	Im Normalfall 40 Einzelsitzungen (mindestens 50 Minuten) oder 20 Doppelstunden Gruppenbehandlung
Dritter Bewilligungsschritt:	Nur in besonders begründeten Fällen 30 Einzelsitzungen (mindestens 50 Minuten) oder 20 Doppelstunden Gruppenbehandlung
Vierter Bewilligungsschritt:	Bis zur Höchstgrenze im Ausnahmefall 30 Einzelsitzungen (mindestens 50 Minuten) oder 10 Doppelstunden Gruppenbehandlung
Maximalleistung:	150 Einzelsitzungen oder 90 Doppelstunden Gruppenbehandlung

Zur tiefenpsychologisch fundierten oder analytischen Kinderpsychotherapie gehört die begleitende Psychotherapie der Bezugspersonen. In der Psychotherapievereinbarung wird maximal eine Relation von 4 Therapiestunden für das Kind zu 1 Therapiestunde für die Eltern vorgesehen. Veränderungen dieser Regel sind in Ausnahmefällen möglich, wobei jedoch eine alleinige begleitende Psychotherapie der Eltern ohne gleichzeitige Behandlung des Kindes bzw. des Jugendlichen nicht zulässig ist (§ 7 Vereinbarung). Die begleitende Behandlung der Bezugsperson ist in dem genannten Stundenkontingent nach dem erwähnten Schlüssel enthalten.

Zentrales Medium der Kinderpsychotherapie ist bis zur Vorpubertät/Pubertät das (Symbol-)Spiel. Nach Anna Freud (1927, Zweite Vorlesung: Die Mittel der Kinderanalyse; S. 24 ff.) sind Zeichnen und Spielen privilegierte Zugänge zum Unbewußten des Kindes, die dessen "Mangel in der Assoziationswilligkeit" kompensieren. Anna Freud nimmt bezug auf Melanie Klein und beschreibt, wie in der Kinderanalyse die "Einfallstechnik der Erwachsenen" durch eine "Spieltechnik beim Kinde" ersetzt wird. "Sie geht von der Voraussetzung aus, daß dem kleinen Kinde das Agieren angemessenener ist als das Reden. Sie stellt ihm darum eine Menge winzigen Spielzeugs, also eine Welt in klein, zur Verfügung und schafft ihm so die Möglichkeit, in dieser Spielwelt zu handeln."

In der tiefenpsychologisch fundierten und analytischen Kinderpsychotherapie wird relativ sparsam mit abstrakten Deutungen umgegangen. Zentrale Elemente sind die Interaktion im Spiel und auch das Verwörtern einzelner Wünsche, Bedürfnisse, im Rahmen einer Spielhandlung auf der symbolisch-anschaulichen Ebene. Auf diese Weise können z.B. in Rollen- oder Puppenspielen auch spezielle Gegenübertragungs- und Übertragungskonstellationen und Konflikte anschaulich thematisiert werden. Zu unterscheiden sind die Verfahren der tiefenpsychologisch fundierten und der analytischen Kinderpsychotherapie von der nicht-direktiven Kinderpsychotherapie nach Axline (1972). Die nicht-direktiven Verfahren gehören nicht zu den kassenärztlichen Leistungen.

3.3.1.2 Tiefenpsychologisch fundierte oder analytische Psychotherapie von Jugendlichen

Behandlungsdauer:	1 bis 3 Jahre bei in der Regel 1 bis 2 Sitzungen in der Woche
Erster Bewilligungsschritt:	Im Normalfall 60 Einzelsitzungen (mindestens 50 Minuten) oder 30 Doppelstunden Gruppenbehandlung
Zweiter Bewilligungsschritt:	In besonders begründeten Fällen 60 Einzelsitzungen (mindestens 50 Minuten) oder 30 Doppelstunden Gruppenbehandlung
Dritter Bewilligungsschritt:	Bis zur Höchstgrenze im Ausnahmefall 60 Einzelsitzungen (mindestens 50 Minuten) oder 30 Doppelstunden Gruppenbehandlung
Maximalleistung:	180 Einzelstunden bzw. 90 Doppelstunden

In der Jugendlichenpsychotherapie hat die verbale Interaktion eine sehr viel größere Bedeutung. Von daher nähert sich die Jugendlichenpsychotherapie der Erwachsenenpsychotherapie an. Allerdings ist die spezifische Ausgangssituation von Adoleszenten zu berücksichtigen. Kernberg (1989) hat darauf hingewiesen, daß Jugendliche zu Identitätskrisen neigen und daß ihre Identifizierung mit unterschiedlichen sozialen Ideologien oder Gruppen innerhalb von wenigen Monaten schnell wechseln können. Charakteristisch sind Ablösungskonflikte mit Eltern, Geschwistern und schulischen Autoritätspersonen bei gleichzeitigen, oft verschämt eingestandenen Abhängigkeitsbedürfnissen. Dissoziales Verhalten kann nach Kernberg (a.a.O.) "neurotische Anpassung an eine antisoziale kulturelle Subgruppe und damit relativ gutartig sein, oder es kann schwere Charakterpathologie und Boderline-Persönlichkeitsorganisation reflektieren, die sich hinter der Anpassung an eine antisoziale Gruppe verbergen". Die spezifischen Übergangsstadien und Konflikte der Sexualentwicklung charakterisieren die Phase der Adoleszenz ebenso wie eine "narzißtische Grandiosität und Entwertung anderer, nicht konformer Jugendlicher im Anschluß an die Pubertät, welche nicht als narzißtische Störung mißgedeutet werden sollen". Dieser spezifische psychodynamische Hintergrund im Jugendlichenalter macht deutlich, daß es teilweise nicht einfach ist, im Rahmen eines klassischen psychotherapeutischen Settings ein Arbeitsbündnis mit einem Jugendlichen einzugehen. Eine Jugendlichenpsychotherapie muß immer auch diese phasenspezifischen Konfliktbereiche in die Behandlung miteinbeziehen, um nicht den Entwicklungsaspekt aus den Augen zu verlieren.

Im Rahmen von tiefenpsychologisch orientierten Behandlungsansätzen kann das **katathyme Bilderleben** nach H. Leuner als spezielle Behandlungsmethode teilweise zum Einsatz kommen (Leuner 1985). Im Rahmen der üblichen Behandlung dauert das katathyme Bilderleben in einer 50-minütigen Sitzung zwischen einer Viertel- und einer halben Stunde, wobei vor Beginn des eigentlichen KB und danach noch allgemeine verbale Interaktionen innerhalb der Therapie erfolgen. Die eigentlich KB-Sitzung wird mit einer Entspannung, z.B. durch autogenes Training, eingeleitet. Dann werden, häufig orientiert an gewissen Standardmotiven, Tagtraumimaginationen provoziert. Manche Jugendliche, die sonst einer Behandlung einen erheblichen Widerstand entgegensetzen, sprechen recht gut auf diese Phantasie- und Traumreisen an.

Zentraler Gegenstand der bewilligten Therapie ist aber nicht das katathyme Bilderleben, sondern eine tiefenpsychologisch fundierte Jugendlichentherapie, die sich teilweise dieser Technik zur Verbesserung der therapeutischen Interaktion bedient. Grawe et al. (1994, S. 214) gestehen dem katathymen Bilderleben nicht den Status eines wissenschaftlich bewährten Therapieverfahrens zu, da dessen Wirksamkeit nicht durch stichhaltige Untersuchungsergebnisse, z.B. im Vergleich mit anderen Behandlungsmethoden, belegt wurde.

Nach Faber/Haarstrick (1991) sind Zielkriterien der Kinderpsychotherapie nach den Psychotherapierichtlinien die Behandlung neurotischer Konflikte und die Aufarbeitung seelischer Entwicklungs- und Entfaltungsdefizite, die Lockerung phasentypischer Fixierungen und die Förderung altersgemäßer Selbständigkeit, sofern eine neurotische Erkrankung des Kindes nachweisbar Ursache dieser Fehlentwicklung ist. "Ungünstige Erziehungsbedingungen und deren Erfolge allein sind daher keine Indikation zur Kinderpsychotherapie im Rahmen der Krankenbehandlung."

Sogenannte "Frühstörungen" im Sinne von Balints "Basic disorder" (vgl. Lempp 1994) begründen nach den Psychotherapierichtlinien in der Regel keine neurotische Erkrankung.

3.3.1.3 Verhaltenstherapie bei Kindern und Jugendlichen

Behandlungsdauer:	In der Regel ½ bis 1 Jahr bei in der Regel 1 Sitzung in der Woche
Erster Bewilligungsschritt:	Im Normalfall 45 Einzelsitzungen (mindestens 50 Minuten) oder 90 Einzelsitzungen (mindestens 25 Minuten)
Zweiter Bewilligungsschritt:	In besonders begründeten Fällen 15 Einzelsitzungen à 50 Minuten oder 30 Einzelsitzungen à 25 Minuten
Maximalleistung:	60 Einzelsitzungen à 50 Minuten oder 120 Einzelsitzungen à 25 Minuten

Gruppenbehandlungen sind auch bei der verhaltenstherapeutischen Behandlung von Jugendlichen möglich, dabei wird eine Doppelstunde Gruppentherapie auf das bewilligte Therapiekontingent wie eine Einzelstunde angerechnet bzw. eine 50-minütige Therapiestunde Gruppenpsychotherapie wird wie eine halbe Einzelstunde berechnet.

Mit Leibing und Rüger (1993) kann festgestellt werden, daß die Bezeichnung Verhaltenstherapie so nicht ganz korrekt ist, "da es nicht eine Verhaltenstherapie gibt, sondern eine Vielzahl zum Teil deutlich unterschiedlicher verhaltenstherapeutischer Methoden und Techniken". Grawe et al. (1994), die in ihrer Übersicht über die Wirksamkeit der gängigen Therapieverfahren den verhaltenstherapeutischen Methoden aufgrund einer Sichtung der Literatur den wohl am besten gesicherten Nachweis einer Wirksamkeit bescheinigen, besprechen ausführlich folgende Teilaspekte kognitiv-behavioraler Therapien: Systematische Desensibilisierung, z.B. in der Behandlung von Ängsten, das Training sozialer Kompetenzen, die Reizkonfrontation, Rückmeldungstechniken, wie das Biofeedback, Aversionstherapie, paradoxe Intervention, die rational-emotive Therapie, Bewältigungstraining, Problemlösungstechniken und spezifische Formen der sogenannten "kognitiven Verhaltenstherapie". Nach Fiedler (1979) strebt die kognitive Verhaltenstherapie kognitiv-soziale Problemlösungen an. Er beschreibt sechs Phasen:

1. Problembeschreibung
2. Problemanalyse (verursachende Bedingungen)
3. Zielanalyse (Veränderungsziele des Klienten)

4. Verhänderungsplanung (explizite Ausformulierung von Plänen und Programmen)
5. Handlungsevokation (Probehandeln, Alternativhandeln)
6. Bewertung (Diskussion der erwarteten und tatsächlichen Reaktionen und Bedingungen als Feedback)

Nach Faber/Haarstrick (1991) erfordert Verhaltenstherapie im Sinne der Psychotherapierichtlinien "die Analyse der ursächlichen und aufrechterhaltenden Bedingungen des Krankheitsgeschehens (Verhaltensanalyse). Sie entwickelt ein entsprechendes Störungsmodell und eine übergeordnete Behandlungsstrategie, aus der heraus die Anwendung spezifischer Interventionen zur Erreichung definierter Therapieziele erfolgt."

Anstelle von primärer verbaler Beziehungsaufnahme und Kommunikation können für Kinder spielerische Interaktionsprozesse oft angemessener sein. Auch die Behandlung eines "ursächlich bedeutsamen Elternteils" durch eine sogenannte "Behandlung des jungen Patienten unter wesentlicher Beteiligung seiner relevanten Bezugspersonen" ist vorgesehen.

In den Psychotherapierichtlinien von 1990 wird die Möglichkeit von **Kurzzeittherapien** mit maximal 25 Terminen Einzel- bzw. Gruppentherapie ausdrücklich vorgesehen. Diese Kurzzeittherapien müssen zwar bei der Kasse beantragt werden, unterliegen aber nicht dem Begutachtungsverfahren. Ziel dieser Regelung war es nach Faber/Haarstrick (1991), das Psychotherapieantragsverfahren zu vereinfachen und es flexibler zu gestalten. Kurzzeittherapie ermögliche jetzt:

☐ Psychotherapeutische Interventionen in einer akuten Krise,
☐ kurz-, fokal- oder dynamische Psychotherapien,
☐ niederfrequente Therapien in einer längerfristigen, haltgewährenden therapeutischen Beziehung.

Da das sogenannte "Psychotherapeutengesetz" zum Zeitpunkt der Abfassung dieses Textes noch nicht verabschiedet war, können hier nur einige vermutliche Entwicklungen skizziert werden. Im Gegensatz zum ursprünglichen Entwurf, der am 21.10.1993 zur ersten Lesung von der Bundesregierung im Bundestag eingebracht wurde und der die Berufe des psychologischen Psychotherapeuten und des Kinder- und Jugendlichenpsychotherapeuten zum Gegenstand hat, soll wohl die Berufsausübungsbefugnis nicht wie geplant "Erlaubnis", sondern in Analogie zum Arztberuf "Approbation" genannt werden werden. Diese Approbation wird im Rahmen gewisser Übergangsvorschriften an Psychologen mit erheblicher klinischer und therapeutischer nachgewiesener Erfahrung erteilt werden. Diese hier vorgesehenen detaillierten Qualifikationsmerkmale sind ähnlich wie die Merkmale zur Erlangung der ärztlichen Zusatzbezeichnungen Psychotherapie und Psychoanalyse bzw. zum Erwerb des neuen Facharztes psychotherapeutische Medizin, eventuell als Orientierung heranzuziehen, wenn es gilt, die Kriterien für die Qualifikation für therapeutische Maßnahmen im Rahmen der Hilfen zur Erziehung oder der Eingliederungshilfe nach dem KJHG festzulegen.

3.3.1.4 *Ärztliche verordnete Therapien durch sogenannte "Heilhilfsberufe"*

– Beschäftigungstherapie bzw. Ergotherapie

Bei entwicklungsverzögerten Kindern oder Kindern mit Teilleistungsstörungen spielen spezielle Wahrnehmungstrainings oder Therapien, die auf eine sogenannte "sensorische Integration" abzielen (vgl. Ayres 1979), eine wesentliche Rolle. Viele Ergotherapeuten können zu Beginn der Behandlung auch eine Wahrnehmungsdiagnostik, z.B. mit Frostigs Test der visuellen Wahrnehmung (FEW), durchführen, der die visuelle Wahrnehmung, die in unserer Gesellschaft für den Schulerfolg von großer Bedeutung ist, in fünf Teilbereiche unterteilt:

- ☐ visuomotorische Koordination,
- ☐ Figur-Grundwahrnehmung,
- ☐ Wahrnehmungskonstanz,
- ☐ Raumlage,
- ☐ räumliche Beziehungen.

Wichtig bei der ergotherapeutischen Behandlung kann es sein, daß spezielle beeinträchtigte Bereiche nicht direkt angegangen werden, sondern über therapeutische "Umwege" zunächst einmal die Lust am Handeln und Wahrnehmen wieder geweckt wird. Dies kann ein zentraler Punkt in der Elternberatung sein, weil Eltern häufig solche therapeutische Unterstützung suchen, wenn sie merken, daß ihr Kind in den ersten Schuljahren erhebliche Schwierigkeiten mit der Wahrnehmung hat.

– Krankengymnastische Behandlung, Psychomotorik

Im Rahmen eines ausführlichen kinderneurologischen Status werden bisweilen bestimmte Koordinationsmängel oder Defizite der motorischen Entwicklung bei Kindern in spezifischen Problemlagen festgestellt. Psychomotorische Übungsbehandlungen können sensomotorische Funktionsdefizite, aber auch milieureaktive motorische Unruhe durch das eigene Körpererleben angehen (Kiphard 1979). Diese Therapieform wird von vielen Eltern gerade bei Klein-, Vorschul- und Grundschulkindern als sehr hilfreich und in gewissem Sinne "ganzheitlich" erlebt.

– Logopädie

Logopädinnen behandeln Sprachentwicklungsstörungen und Sprachstörungen als Folgezustände von Traumata und körperlichen Erkrankungen. Sehr wichtig und häufiger sind logopädische Behandlungen im späten Kleinkindalter bis zum Grundschulalter bei Sprachentwicklungsverzögerungen. In Einzel- und teilweise in Gruppenbehandlungen werden Artikulationsstörungen, expressive und rezeptive Sprachstörungen behandelt.

●● **Keine Regelleistungen der Krankenkassen** sind Musiktherapie, Reittherapie und ähnliche Verfahren, aber auch nicht Familientherapie und die sogenannten "nichtdirektiven" bzw. "humanistischen" Therapieformen.

3.3.2 Teilstationäre und stationäre Behandlung

3.3.2.1 Teilstationäre Behandlung

Teilstationäre Behandlungsansätze in Tageskliniken bzw. Nachtkliniken haben in den letzten Jahren in der Kinder- und Jugendpsychiatrie zunehmend an Bedeutung gewonnen, wobei allerdings in der Bundesrepublik im Vergleich zu anderen europäischen Ländern immer noch ein deutlicher Nachholbedarf in diesem Bereich besteht. Nach Hersov (1994) wurden in den USA erste tagesklinische Behandlungsprogramme für Kinder mit psychiatrischen Erkrankungen 1943 eingeführt. Der zentrale Vorteil der tagesklinischen Behandlung besteht darin, daß sie einem Kind maximale Förderung und Behandlung durch ein multiprofessionelles Team zukommen lassen kann, ohne es gleichzeitig ganz aus seinen sozialen Bezügen "herausreißen" zu müssen. Darüber hinaus ist diese Behandlungsform besonders ökonomisch, weil kostspielige Aufwendungen für Pflege und Betreuung der Kinder außerhalb der eigentlichen Therapiezeiten im wesentlichen wegfallen. Hersov (1994) geht davon aus, daß Tageskliniken eine besonders hilfreiche Behandlungsform darstellen, wenn

- ☐ trotz schwerwiegender kinderpsychiatrischer Probleme wegen des Alters des Kindes oder spezifischer Charakteristika seiner Problematik für das Kind eine Trennung vom Elternhaus eine schwere Belastung darstellen würde;
- ☐ wenn Mißhandlungsfälle oder allgemein unzureichende Versorgung durch die Eltern neben intensiver Förderung auch eine besondere Aufsicht und Kontrolle zum Schutz der Kinder erforderlich machen.

Darüber hinaus nennt Hersov (1994) folgende Indikationsbereiche:

- ☐ Spezielle Tageskliniken für psychotische oder autistische Kinder können in spezifischen Problemlagen die adäquate Hilfe sein, wenn die in den ansonsten betreuenden Tagesstätten gewährten und durchgeführten Hilfen für die Problemlage nicht ausreichend sind.
- ☐ In Situationen, in denen die psychischen Probleme eines Kindes so weit gehen, daß es nicht in seinem alltäglichen Kontext verbleiben kann, aber dennoch die starke Hoffnung besteht, daß sich an den Bedingungen zu Hause durch die Behandlung etwas ändern wird, sollte eine tagesklinische Betreuung angestrebt werden.

Wichtig ist m.E., daß durch die gebündelte und kooperative Intervention eines multiprofessionellen Teams z.B. bei Kindern, die extrem vernachlässigt wurden, ein "Aufholschub" angestoßen werden kann, während gleichzeitig die weitere Perspektive des Kindes und die notwendigen Anschlußmaßnahmen im Rahmen der ambulanten Versorgung im Sinne einer konstruktiven und koordinierten Hilfeplanung, wenn möglich zusammen mit den Eltern oder mit neugewonnenen Pflegeeltern, erarbeitet werden können.

Besonders erwähnenswert ist eine konkrete Evaluierungsstudie zur teilstationären Behandlung in der kinder- und jugendpsychiatrischen Abteilung der Marburger

Universitätsklinik (Quaschner und Riegels 1993), da derzeit noch wenig empirisches Material zur Einschätzung tagesklinischer Arbeit und besonderer Indikationen für tagesklinische Behandlungen vorliegt. Untersucht wurden 53 Patienten (ca. doppelt soviele Jungen wie Mädchen) in einer Altersspanne zwischen fünf Jahren und 18 Jahren mit einer durchschnittlichen Behandlungsdauer von etwa fünf Monaten. Ausgehend von ICD-9-Diagnosen wurden die Patienten in zwei Störungsgruppen mit externalisierten und internalisierten Störungen (Achenbach und Edelbrock 1978) eingeteilt. Sowohl die Eltern als auch die Therapeuten wurden vor Beginn und nach Ablauf der Behandlung hinsichtlich ihrer Einschätzung befragt. Eltern und Therapeuten beobachteten übereinstimmend in 90% der Fälle eine Besserung der Symptomatik. Am häufigsten wurde die Einschätzung "deutlich gebessert" getroffen (64% der Eltern, 41% der Therapeuten). Interessant ist, daß entgegen der ursprünglichen Hypothesenbildung der Autoren internalisierte Störungen ein besseres Behandlungsergebnis als die externalisierten Störungen zeigten. Kritisch eingewandt wird von den Autoren selbst, daß die dort behandelten Jugendlichen mit externalisierten Störungen teilweise an weniger ausgeprägten Frühformen solcher Probleme litten und auch, daß die Gruppenbildung von externalisierten Störungen aus hyperkinetischen Syndromen und Störungen des Sozialverhaltens zu einer sehr heterogenen Untersuchungsgruppe führte. Dennoch bleibt festzuhalten, daß die tagesklinische Behandlung für die Patienten, die in der Marburger Klinik dieser Behandlungsform zugeteilt wurden, im Ergebnis einer vollstationären Behandlung nicht unterlegen war.

In der Verordnung des Bundesarbeitsministeriums über Maßstäbe und Grundsätze für den Personalbedarf in der stationären Kinder- und Jugendpsychiatrie, der sogenannten "Psych-PV" (Psychiatrie-Personalverordnung) wird unter dem Kürzel KJ7 die tagesklinische Behandlung für folgende Zielgruppe vorgesehen (vgl. Rotthaus 1993): Kinder und Jugendliche mit psychischen, psychosomatischen und neuropsychiatrischen Erkrankungen, die keiner vollstationären Behandlung bedürfen. Behandlungsziele seien die Wahrung der Integration in Familie oder Heim, die Verbesserung der psychosozialen Kompetenz, die Befähigung zu Schulbesuch bzw. Fortsetzung der beruflichen Ausbildung. Die angewandten Behandlungsmittel seien Diagnostik und medizinische Grundversorgung, heilpädagogische Behandlung, Elternberatung, Familientherapie, Einzel- und Gruppenpsychotherapie, funktionelle Therapien und Entwicklungstherapie.

3.3.2.2 Stationäre Behandlung

Die "Deutsche Gesellschaft für Kinder- und Jugendpsychiatrie" geht in ihrer Denkschrift (1990) davon aus, daß sich die Platzzahl für das stationäre Versorgungsangebot an einem jeweiligen Versorgungsgebiet orientieren müsse. Notwendig seien 8 bis 10 Plätze auf 100 000 Einwohner, wobei zu beachten sei, daß Einheiten unter 30 Betten wenig funktionsfähig sind, weil sie nicht problemgerecht substrukturiert sein können. Stationäre Einheiten, welche an der Regelversorgung teilnehmen, müssen auch über eine geschlossene Unterbringungsmöglichkeit verfügen.

Hersov (1994) hält die stationäre kinder- und jugendpsychiatrische und psychotherapeutische Behandlung für das Mittel der Wahl, wenn

- Denkstörungen, affektive Störungen oder Verhaltensstörungen so weitgehend ausgeprägt sind, daß eine ambulante Behandlung unmöglich ist oder eine Selbst- oder Fremdgefährdung besteht.
  Darüber hinaus hält er es im Gegensatz zu einer bloßen Verwahrung für erforderlich, daß eine realistische Hoffnung besteht, dem Kind oder Jugendlichen in seiner Problemlage durch die stationäre Behandlung zu helfen.
- Wenn ein Kind ein so weitgehendes, sozial nicht akzeptables Verhalten zeigt, daß es nicht in seiner bisherigen Umgebung, auch nicht mit Unterstützung, belassen werden kann.
- Wenn eine schwierige psychiatrische Problematik fachkundige Beobachtung und integrative spezialisierte Diagnostik etc. notwendig macht.
- Wenn die Familieninteraktion so verzerrt ist, daß ein Verbleiben im elterlichen Haushalt zu fortdauernden, zunehmenden Beeinträchtigungen der kindlichen Entwicklung führt.
- Wenn eine lebensbedrohliche Erkrankung, wie die Magersucht, komplizierte Asthmaverläufe oder Depressionen mit Suizidimpulsen, eine stationäre Behandlung erforderlich machen.
- Wenn es notwendig ist, im Rahmen diagnostischer Probleme eine ausführliche und kontinuierliche Verhaltensbeobachtung mit medizinischer Diagnostik zu kombinieren, z.B. bei der Differentialdiagnose von epileptischen und pseudoepileptischen Anfällen.
- Wenn die Aufgabe darin besteht, herauszufinden, ob eine intellektuelle Beeinträchtigung (Lernbehinderung bzw. geistige Behinderung) bzw. scheinbare intellektuelle Beeinträchtigung im Sinne von "Pseudo-Debilität" als Mißhandlungsfolge oder Vernachlässigungsfolge besteht.

Ein zentrales Problem bei der stationären Behandlung von Kindern ist, daß mit der Aufnahme für die Kinder und Jugendlichen häufig Ängste vor Stigmatisierung und Ausstoßung und teilweise auch reale Beziehungsabbrüche verbunden sind. Für die Eltern scheint die stationäre Aufnahme oft den Punkt zu markieren, an dem ihr elterliches "Versagen" besonders deutlich wird.

Sonnenburg (1994) hat einen differenzierten und hilfreichen Artikel zur inneren Situation der Eltern in der stationären Psychotherapie von Kindern mit dem Titel "Die Kränkung der Eltern durch die Krankheit des Kindes" überschrieben. Bezugnehmend auf das familientherapeutische Konzept der "Allparteilichkeit" fordert er, daß Eltern nicht "wegen ihrer Beteiligung an der das Kind krankmachenden Situation" von den Therapeuten und Betreuern angeklagt werden dürfen, da sich dadurch auch für die Psychotherapie mit den Kindern "unübersteigbare Hürden durch Loyalitätskonflikte" aufbauen. Therapeuten und Bezugspersonen im milieutherapeutischen Realraum der Stationen seien als "Dritte" zu verstehen. Tatsächlich ist es meiner Ansicht nach extrem wichtig für professionelle Helfer, eine Konkurrenz mit den Eltern zu vermeiden. Ziel einer Behandlung muß es sein, Eltern in ihren Elternfunktionen zu stärken und sie zur Übernahme elterlicher Verantwortung bzw. entsprechender Entscheidungen zu motivieren. Sonnenburg beschreibt Abwehrebenen in der Elternarbeit. Zunächst sei das wiederholte Schildern der Symptomatik des Kindes eine Form des Widerstandes. Eine nächste Abwehrstufe sei durch die Frage nach der Schuld an den Problemen des Kindes gekennzeichnet. Sonnenburg beruft sich auf Berger (1976), wenn er feststellt, daß diese Schuldgefühle hemmende Funktionen haben: "Daß die Eltern Schuldgefühle haben, hat ja meist den Sinn, daß sie sich ihre tatsächlichen Einschränkungen und Beschränkungen nicht eingestehen müssen". Sonnenburg hält es für zentral, das Trennungserleben während der stationären Behandlung zu thematisieren und zu bearbeiten und durch die Bearbeitung des Trennungsschocks eine "beiderseitige Individuation von Eltern und Kind" einzuleiten.

Entscheidend für den Erfolg stationärer Behandlung ist die Organisation eines therapeutischen Milieus. Hersov definiert ein therapeutisches Milieu als eine strukturierte Umgebung, die verschiedene menschliche Beziehungen, befriedigende emotionale Kontakte und Möglichkeiten für neues Lernen und neue Erfahrungen sowie das Meistern neuer Situationen und für die Entwicklung persönlicher und sozialer Fähigkeiten und Fertigkeiten bietet. Nach Berlin et al. (1984) soll stationäre Behandlung darauf abzielen, bestehende Kompetenzen der Kinder zu stärken und neue Bewältigungs(Coping)-Strategien wo immer möglich zu vermitteln. In der stationären Behandlung sollten Angst, Schuldgefühle und psychische Konflikte reduziert werden. Gerade in eher unterversorgten Regionen kann aber auch heute noch mit Barker (1974) festgestellt werden, daß die stationäre Behandlung oft das "Eintrittsticket" für weitere Hilfsmaßnahmen darstellt und nicht nur eine Behandlung an sich.

Nach Rotthaus (1993) hat die Psychiatriepersonalverordnung (PsychPV; vgl. Kunze-Kaltenbach 1992) wesentliche Meilensteine für eine Qualitätssicherung der Versorgung in der Kinder- und Jugendpsychiatrie gesetzt. Personalanhaltszahlen sowie die Festlegung der pflegerisch-heilpädagogischen Behandlungsgruppe auf fünf Patienten und eine Stationsgröße von zehn Patienten sichern eine angemessene und individuelle Betreuung und betonen das Prinzip der sogenannten "Bezugspflege" (Bezugsbetreuersysteme). Auch in der "prinzipiellen Verknüpfung von Therapie und Erziehung in der stationären Kinder- und Jugendpsychiatrie" sieht der Autor einen erheblichen Fortschritt. Denn durch diese Festlegung können die in vielen Kinder- und Jugendpsychiatrien üblichen multiprofessionellen Teams auch gegenüber den Trägern inhaltlich vertreten werden. Die Beschreibung von Tätigkeitsprofilen und die inhaltliche Unterstützung der am Behandlungsprozeß beteiligten Personen durch Supervision bzw. Balint-Gruppenarbeit, wie sie die PsychPV fordert, muß als wesentlicher Schritt für eine Qualitätssicherung in der kinder- und jugendpsychiatrischen Behandlung angesehen werden. Einschränkend muß erwähnt werden, daß sich die PsychPV nur auf eine Krankenhausbehandlung im Sinne des § 39 Abs. 1 SGB V, d.h. in der Regel durch krankenkassenfinanzierte Behandlungen, bezieht. Stationäre Behandlungen als Maßnahmen der Eingliederungshilfe nach § 39 BSHG oder § 35a KJHG sollten zwar analog eingestuft werden, Rotthaus (1993) hat aber darauf hingewiesen, daß für diesen Patientenkreis die PsychPV keine gesetzliche Verbindlichkeit hat.

In der PsychPV werden folgende stationäre kinder- und jugendpsychiatrische Behandlungsbereiche (KJ1 bis KJ6) unterschieden und mit entsprechenden Minutenwerten zur Beschreibung des Arbeitsaufwandes unterschiedlicher Berufsgruppen (Ärzte, Krankenpflegepersonal, Erziehungsdienst, Diplompsychologen, Ergotherapeuten, Bewegungstherapeuten, Krankengymnasten, Physiotherapeuten Sozialarbeiter, Sozialpädagogen, Heilpädagogen, Sprachheiltherapeuten, Logopäden) beschrieben:

- ☐ **KJ1: Kinderpsychiatrische Regel- und Intensivbehandlung (bis 14. Lebensjahr).** Hier wird folgender Indikationsbereich angegeben: Vorschul- und Schulkinder mit akuten psychischen, psychosomatischen und/oder neuropsychiatrischen Erkrankungen mit u.a. selbstgefährdendem Verhalten, schweren Verhaltensstörungen, Teilleistungsstörungen sowie Entwicklungsstörungen der kognitiven, emotionalen und psychosozialen Kompetenz.

- ☐ **KJ2: Jugendpsychiatrische Regelbehandlung** soll Jugendlichen in ähnlichen Problemlagen zugutekommen.

- ☐ **KJ3: Jugendpsychiatrische Intensivbehandlung** ist vorgesehen für psychisch kranke Jugendliche und psychosozial retardierte Heranwachsende, die manifest selbstgefährdet sind, vital gefährdet oder hochgradig erregt sind. Für sie ist ein besonders hoher medizinischer und pflegerischer bzw. erzieherischer Aufwand vorgesehen, während der rehabilitative und sozialpädagogische bzw. sozialarbeiterliche Aufwand geringer bemessen wird.

- ☐ **KJ4: Rehabilitative Behandlung** ist vorgesehen für längerfristig psychisch kranke Kinder, Jugendliche und Heranwachsende mit krankheitsbedingten Komplexen, kognitiven, emotionalen und psychosozialen Defiziten.

- ☐ **KJ5:** Die **langdauernde Behandlung Schwer- und Mehrfachkranker** dient der "Verhaltenskorrektur und Vermittlung grundlegender lebenspraktischer und sozialer Fertigkeiten als Voraussetzung für weitere therapeutische Maßnahmen", bei mehrfachbehinderten Kindern, Jugendlichen und Heranwachsenden, die selbstgefährdet, fremdgefährdet, erregt oder desorientiert sind.

- ☐ **KJ6:** Die **Eltern-Kind-Behandlung** (gemeinsame Aufnahme von Kind und Bezugsperson) hat das Behandlungsziel der "Stärkung der elterlichen Erziehungs- und Betreuungskompetenz auf der Basis der Entwicklungsdiagnostik und ist vorgesehen für Kinder mit psychischen, psychosomatischen und neuropsychiatrischen Erkrankungen, Kommunikations- und Interaktionsstörungen sowie selbstverletzendem Verhalten.

3.3.3 Medikamente und Heilhilfsmittel

Psychotherapeutische und pharmakotherapeutische Interventionen sind aus ideologischen Gründen teilweise antagonistisch bzw. kontrovers diskutiert worden. Gerade für manche schweren kinder- und jugendpsychiatrischen Störungsbilder gilt aber das von Martinius (1991) gewählte Motto: "Das Eine tun und das Andere nicht lassen". Zunächst muß allerdings betont werden, daß von ausgebildeten Ärzten für Kinder- und Jugendpsychiatrie und Psychotherapie in der Bundesrepublik bei weitem die wenigsten Psychopharmaka im Kindes- und Jugendalter verschrieben werden. Ein Großteil der Verordnungen in dieser Altersstufe wird von Allgemeinpraktikern vorgenommen. In der Regel ist der Medikamenteneinsatz in der Kinder- und Jugendpsychiatrie auf umgrenzte, schwierige Problemlagen eingeschränkt. In kontrollierten Studien nachgewiesene positive Behandlungseffekte durch medikamentöse Mitbehandlung der Patienten lassen sich nach Taylor (1994) u.a. für folgende Wirkstoffgruppen finden:

- ☐ **Stimulanzien** (bei hyperaktivem Verhalten; Stimulanzien fallen unter das Betäubungsmittelgesetz)
- ☐ **Trizyklische Antidepressiva** (bei Depressionen, Phobien, schweren Zwangsstörungen, teilweise auch bei hyperaktivem Verhalten und bei chronischen Einnässern)
- ☐ **Lithium und Carbamazepin** als Phasenprophylaktika bei Cyclothymien. Lithium auch als Mittel, das eventuell schwere aggressive Problemzustände positiv beeinflussen kann
- ☐ **Neuroleptika** bei Schizophrenien und schwersten Tic-Störungen im Sinne eines Tourette-Syndroms
- ☐ **Antikonvulsiva** in der Epilepsie-Therapie

Voraussetzung für den Einsatz von Medikamenten ist immer eine ausführliche Aufklärung des betroffenen Kindes und seiner Familie über die vermuteten Wirkungen, aber auch über die zu erwartenden Nebenwirkungen des Medikamentes. Häufig sind ärztliche Untersuchungen und Laborkontrollen begleitend zur Medikamentengabe erforderlich, was eine weitere Belastung des Patienten, aber auch eine Möglichkeit zu positiver Interaktion darstellen kann. Klar hat Martinius (1991) darauf hingewiesen, daß die Kombination von Pharmakotherapie und Psychotherapie in manchen Bereichen eine größere Therapiebereitschaft aufgrund symptomatischer Besserungen und Stärkung autonomer Ich-Funktionen bewirken kann. Allerdings kann, wenn nur durch Medikamente Symptome "wegkuriert" werden sollen, die symptomatische Besserung auch eine Auseinandersetzung mit den zugrunde liegenden Konflikten weniger drängend machen. Gefürchtet sind psychische Abhängigkeiten von Medikamenten, letztendlich kann durch jede Medikamentengabe auch das Abhängigkeits- und Krankheitsgefühl des Patienten verstärkt werden. Martinius unterstreicht an anderer Stelle (Martinius 1993), daß die primär integrative kinderpsychiatrische Behandlung etwas anderes sei als das Nebeneinander verschiedener Methoden bzw. Behandlungsansätze. Diese kinder- und jugendpsychiatrische

Therapie habe drei Zielrichtungen:

"Das Symptom, die Ursache und die Entwicklung. Die Pharmakotherapie ist symptomorientiert, sie hat aber mittelbar auch Wirkungen auf die Entwicklung, da eine Besserung des Symptoms vom Individuum selbst und von seiner Umgebung erlebt wird und gestörte Entwicklung aufgrund dieser symptomatischen Hilfe wieder auf einen gesunden Weg gebracht werden kann."

Diesem Prinzip einer integrierten kinder- und jugendpsychiatrischen Behandlung war schon das Handbuch von Nissen et al. (1984) verpflichtet, das eine klar gegliederte Übersicht über Wirkprinzipien von Psychopharmaka, über die einzelnen Substanzgruppen und über die Indikationsbereiche bei den klassischen kinder- und jugendpsychiatrischen Störungsbildern in einer Zusammenschau mit anderen therapeutischen Ansätzen bot. Allerdings wäre dem erfolgreichen Werk zehn Jahre nach seinem ersten Erscheinen eine aktualisierte Neuauflage zu wünschen.

Heilhilfsmittel werden häufig von Apotheken bzw. Sanitätshäusern geführt. Bei der verhaltenstherapeutischen Behandlung des Einnässens hatten bei motivierten chronischen Einnässern z.B. die Anwendung von sogenannten "Klingelhosen" sehr gute Behandlungserfolge gezeigt. Diese Form der apparativen Konditionierung wirkt dadurch, daß das Kind durch einen eher unangenehmen Weckreiz bei den ersten Urintropfen nachts geweckt wird. Ausgelöst wird das Signal durch die Urintropfen auf einem Kontaktläppchen, was im Schlafanzug bzw. in einer Unterhose mit einem Klettverschluß angebracht werden kann. Nach dem Wecksignal soll das Kind so schnell wie möglich aufstehen und die Blase auf der Toilette entleeren. Die angestrebte Wirkung des Gerätes ist, daß auch im Schlaf der Druck der Blasenfüllung wahrgenommen wird und ein Erwachen erfolgt, um das unangenehme Wecksignal zu vermeiden. Verschiedene Studien zur Enuresis-Behandlung haben ergeben, daß mit dieser verhaltenstherapeutischen Methode die besten Ergebnisse hinsichtlich des Behandlungsziels der Symptomfreiheit erreicht werden können.

3.4 Ärztliche Leistungen im öffentlichen Gesundheitsdienst

Im Rahmen des öffentlichen Gesundheitsdienstes leisten zum Teil pädiatrische und kinderpsychiatrische Fachkollegen z.B. im Schulärztlichen Dienst oder im Rahmen spezifischer Jugendpsychiatrischer Dienste einen regional unterschiedlichen Anteil von diagnostischen Leistungen und Beratung und teilweise spezifischer Begutachtung gerade zu Fragen des § 35a KJHG oder des § 39 BSHG. Da das öffentliche Gesundheitswesen in bezug auf Krankenbehandlung nicht in Konkurrenz zur kassenärztlichen Versorgung treten soll, haben diese Ärztinnen und Ärzte in der Regel keine kurativen Aufgaben, d.h. sie dürfen nicht behandeln. Sie können aber im Rahmen der Erstellung eines Hilfeplanes häufig Patienten gründlich untersuchen und die Angehörigen sowie die Fachkräfte vom Jugendamt fundiert über die aus ärztlicher Sicht einzuleitenden Maßnahmen beraten. Ärztinnen und Ärzte im Gesundheitsamt sind in besonderer Weise berechtigt und verpflichtet zu aktiv aufsuchender und nachgehender Hilfe. Das heißt, sie können die Mitarbeiterinnen und

Mitarbeiter des Jugendamtes fachlich unterstützen bei der Arbeit mit Familien, die aufgrund ihrer psychischen Probleme und/oder ihres soziokulturellen Hintergrundes nicht in der Lage sind, helfende Institutionen aktiv aufzuschen.

§ 36 Abs. 3 KJHG, der festlegt, daß, wenn Hilfen nach § 35a erforderlich scheinen, bei der Aufstellung und Änderung des Hilfeplanes sowie bei der Durchführung der Hilfe ein Arzt/eine Ärztin, der/die über besondere Erfahrung in der Hilfe für Behinderte verfügt, beteiligt werden soll. Trotz dieser sehr weichen und offenen Formulierung sollte im öffentlichen Gesundheitsdienst strikt auf eine angemessene fachliche Qualifikation der zu beteiligenden Ärztinnen und Ärzte geachtet werden. Ein Orthopäde (die orthopädischen Kollegen mögen mir dieses relativ willkürlich gewählte Beispiel verzeihen), der seine spezifischen Erfahrungen über Hilfen für Behinderte vorwiegend bei Körperbehinderten erworben hat, erscheint mir primär nicht als der geeignete Berater und Kooperationspartner, wenn es um psychische Problemlagen von Kindern und Jugendlichen geht. Hier sollte in der Zukunft streng darauf geachtet werden, daß nicht nur dem Buchstaben des Gesetzes genüge getan wird, sondern daß im Regelfall ein qualifizierter Arzt für Kinder- und Jugendpsychiatrie, Psychotherapie, oder ein erfahrener Sozialpädiater, am besten mit psychotherapeutischer Zusatzqualifikation etc., hinzugezogen wird. Nur so ist den beteiligten Personen die Miteinbeziehung eines ärztlichen Fachkollegen als inhaltliche Hilfe bei der Entscheidungsfindung und nicht als formaler "behördlicher Bewilligungsakt" zu vermitteln.

3.5 Leistungen der Jugendhilfe

Es kann hier im folgenden nicht darum gehen, das ganze KJHG bzw. das breite Aufgabenspektrum eines Jugendamtes in diesem Zusammenhang umfassend darzustellen. Vielmehr soll versucht werden, die Bedeutung einzelner Hilfearten, z.B. in Form von Eingliederungshilfen oder kombinierten Eingliederungshilfen und Hilfen zur Erziehung, für Kinder mit psychischen Problemen zu unterstreichen. Detaillierte Informationen zu den Rechtsgrundlagen und zur Praxis dieser Maßnahmen finden sich in den Übersichtswerken von Wiesner, Zarbock (1991) und Gernert (1993) sowie in den einschlägigen Kommentaren, z.B. Münder 1993; Krug et al. 1991; Jantz et al. 1991.

Eine komprimierte grundlegende Einführung in die unterschiedlichen Bereiche der Kinder- und Jugendbetreuung wie Krippenerziehung, Kindergarten, Hort, Tagespflege, Adoptiv- und Pflegefamilien sowie Jugendbetreuung, Jugendarbeit, Jugendsozialarbeit, Heimerziehung und Arbeit in Behinderteneinrichtungen, findet sich im Handbuch von Becker-Textor und Textor (1993). Die Autoren geben zu jeder der genannten Betreuungsformen eine historische Übersicht und ausführliche Hinweise zu den Konzeptionen bzw. Arbeitsformen. Auch auf das Handbuch "Hilfen für Familien" von Textor (1990) sei in diesem Zusammenhang noch einmal ausdrücklich verwiesen.

3.5.1 Ambulante Maßnahmen

3.5.1.1 Maßnahmen nach §§ 17, 28, 29, 30, 35 KJHG

– Beratung in Scheidungssituationen

Da in Scheidungssituationen nicht selten psychische Probleme bei Kindern als Anpassungsstörungen vorkommen, seien hier noch die Maßnahmen nach § 17 KJHG "Beratung in Fragen der Partnerschaft, Trennung und Scheidung" erwähnt. Ausdrücklich soll eine Beratung dazu helfen, ein partnerschaftliches Zusammenleben in der Familie aufzubauen, Konflikte und Krisen in der Familie zu bewältigen, und im Falle der Trennung oder Scheidung die Bedingungen für eine dem Wohl des Kindes oder des Jugendlichen förderliche Wahrnehmung der Elternverantwortung zu schaffen. Dies bedeutet, daß Eltern immer wieder auf ihre Elternrolle und die damit verbundene Verantwortung hingewiesen werden sollen, wenn sich Trennungssituationen zu "Kampfscheidungen" entwickeln.

– Erziehungsberatung gemäß § 28 KJHG

Nach Angaben des statistischen Bundesamts in Wiesbaden vom 16. Mai 1994 stieg die Zahl der in Erziehungsberatungsstellen wegen Problemen in Schule und Familie betreuten Kinder und deren Familien von 154 500 (1991) auf 177 500 (1992), d.h. um ca. 15%. Unter den betreuten Kindern, Jugendlichen und Heranwachsenden (bis 27 Jahre) befanden sich deutlich mehr Jungen (59%) als Mädchen (41%). Auch in den Klientelen der Erziehungsberatungsstellen zeigt sich wie in kinder- und jugendpsychiatrischen Einrichtungen eine deutliche Jungenwendigkeit. Am häufigsten sind Schulkinder im Alter von 6 bis 12 Jahren zur Beratung gekommen (43% der Klienten), Vorschulkinder machten 21% aus, 24% waren Jugendliche bis 18 Jahre und 12% waren heranwachsende junge Volljährige bis 27 Jahre. In mehr als einem Drittel der Fälle (37%) waren Beziehungsprobleme der primäre Anlaß, eine Beratungsstelle aufzusuchen. Auch Entwicklungsauffälligkeiten wurden ähnlich häufig als Anlaß für Erziehungsberatung genannt. Bei einem Viertel der Beratungen ging der Impuls der Hilfesuche von Schul- oder Ausbildungsproblemen aus. 16% der Kinder kamen in Trennungs- oder Scheidungssituationen ihrer Eltern in Behandlung oder Beratung in eine Erziehungsberatungsstelle. Mütter waren mit 59% am häufigsten die Personen, die den Kontakt zur Beratungsstelle herstellten. Nur in 7% der Fälle meldeten sich die Väter alleine, in 8% die Eltern gemeinsam. Weitere 11% machten die Jugendlichen und jungen Heranwachsenden aus, die selbst Hilfe bei professionellen Beratern suchten.

Diese Zahlen unterstreichen die Notwendigkeit und belegen die hohe Akzeptanz von Erziehungsberatungsstellen.

Presting (1991) zeigt auf, daß die historischen Quellen der Erziehungsberatung aus den fachlichen Bereichen der Jugendfürsorge, der Sonder- und Heilpädagogik, der Entwicklungsmedizin, der Kinder- und Jugendpsychologie sowie der Psychoanalyse stammen. 1903 wurde von Cimbal eine heilpädagogische Beratungsstelle in

Hamburg gegründet, 1906 von Fürstenheim in Berlin die "medico-pädagogische Poliklinik für Kinderforschung, Erziehungsberatung und ärztlich-erziehliche Behandlung". Der Name "Erziehungsberatungsstelle", wie er heute allgemein gebraucht wird, sei erstmalig in den zwanziger Jahren für die, unter Beteiligung Adlers und Aichhorns, in allen Wiener Stadtbezirken eingerichteten Stellen verwendet worden. In Kerstens Buch "Praxis der Erziehungsberatung" (1941) lassen sich gut die Verhältnisse unter der nationalsozialistischen Diktatur nachvollziehen. Erziehungsberatung galt als Aufgabe zur Förderung sogenannten "erbgesunden, für die Volksgemeinschaft wertvollen Nachwuchses". Zu ihrer Durchführung war nicht unbedingt Fachkompetenz erforderlich, "so erfüllt zum Beispiel ein älterer und verheirateter Mann mit einer Vielzahl Kinder, der in glücklicher Ehe lebt, sein Auskommen und möglichst außer seinem Beruf auch noch einen Garten hat, etwa Lehrer ist oder eine besondere Ausbildung als Volkspfleger genoß, die äußeren Voraussetzungen für einen Erziehungs- und Familienberater und ist verhältnismäßig leicht zu finden" (Kersten 1941, S. 8, zit. nach: Presting 1991). Die aus den USA stammende "Child guidance"-Bewegung, die nach dem Krieg einen erheblichen Einfluß auf die Erziehungsberatung in Deutschland gewinnen sollte, war nach Presting durch ihren hohen Professionalisierungsgrad "die Form der Institutionalisierung ohne einheitliche organisatorische Anbindung" und durch die "multidisziplinäre Besetzung mit Psychiatern, Psychologen und psychiatrisch ausgebildeten Fürsorgerinnen, die auf der Grundlage psychoanalytischer Theorien sozialtherapeutisch arbeiteten" gekennzeichnet. Presting (1991, S. 12–36) hat ausführlich die Entwicklung die Erziehungsberatung, die durch eine Expansion im Bereich der öffentlichen Beratungsstellen wie auch im Bereich der Stellen, die durch freie Träger betrieben werden, dokumentiert. Eine ausführliche Übersicht gibt er auch über die Rolle und Mitwirkung der Ärzte in den Teams von Erziehungsberatungsstellen. Bezugnehmend auf Lempp, der sich 1966 aus ärztlicher Sicht zur Erziehungsberatung äußerte und kategorisch feststellte: "Eine Erziehungsberatungsstelle ohne Jugendpsychiater, der auch über eine neurologische Ausbildung verfügt, ist ein Haus ohne Dach und ein Auto ohne Räder", meint Presting, daß sich hierin bereits ein Aufbäumen gegen eine sich deutlich abzeichnende Tendenz, Ärzte aus dem Arbeitsfeld der Erziehungsberatung zu verdrängen, abzeichnet. Dies belegt er auch statistisch, indem er aufzeigt, daß 1953 der Anteil der Ärzte noch knapp 30% betrug, während er bis Mitte der sechziger Jahre auf unter 20% zurückgegangen war. In seiner eigenen Untersuchung Mitte der achtziger Jahre stellte Presting fest, daß sich von Land zu Land erhebliche Unterschiede hinsichtlich der ärztlichen Beteiligung in Erziehungsberatungsstellen aufzeigen ließ. Gab es in Baden-Württemberg in weniger als 10% aller Stellen keinen mitarbeitenden Arzt, so war es in Berlin die Regel (96%), daß in diesen Stellen kein Arzt mitarbeitete, um hier einmal nur die Extrempositionen darzustellen. Die Empfehlung der "Bundeskonferenz für Erziehungsberatung" (1989), einen Arzt oder nach Presting einen Kinder- und Jugendpsychiater für einen Verbund mehrerer Einrichtungen anzustellen, um auch in der gemeindenahen Versorgung eine kinderneurologische und jugendpsychiatrische Fachdiagnostik zu ermöglichen, kann vor dem Hintergrund der neuen Aufgabenfelder, wie sie durch die Betreuung von Kindern und Jugendlichen, die von einer seelischen Behinderung bedroht sind, entstanden sind, nur noch unterstrichen werden. Höger (1991) hat in demselben Band eine Literaturübersicht und eine eigene Untersuchung zur Versorgungsepidemiologie und insbesondere zum jeweiligen Versorgungsangebot der Erziehungsberatungsstellen und der Abteilungen für Kinder- und Jugendpsychiatrie dargestellt. Während sich die kinder- und jugendpsychiatrische Poliklinik von den Erziehungsberatungsstellen nicht wesentlich in der Geschlechtsverteilung, Sozialschicht, Altersverteilung, noch nicht einmal weitgehend im Diagnosespektrum unterschieden, ließen sich Unterschiede in der Art der Inanspruchnahme feststellen. Erziehungsberatungsstellen waren offensichtlich ein sehr geeignetes niederschwelliges Beratungsangebot für Eltern und Jugendliche, die selbst Hilfe suchten, knapp 30% waren Selbstmelder (versus knapp 14% in der Kinderpsychiatrie). Die vorrangige Zuweisungsart in der Kinder- und Jugendpsychiatrie war die Empfehlung durch behandelnde Hausärzte (37,4%). In bezug auf das durchgeführte Maßnahmenspektrum wird deutlich, daß in der Kinder- und Jugendpsychiatrie noch ein stärkerer Akzent auf Diagnostik und Beratung gelegt wurde, während in den Erziehungsberatungsstellen neben der Beratung, die auch dort die häufigste Maßnahmenkategorie darstellt, vor allem Einzelpsychotherapie und Familientherapie als längerfristige Behandlungen durchgeführt wurden. Hier zeigt sich, daß die gemeindenahen Erziehungsberatungsstellen in der psychosozialen Versorgung intensiver direkt therapeutisch tätig sind, während die häufiger nur über eine weitere Anfahrt zu erreichende Klinikambulanz einen Schwerpunkt in der Diagnostik und Beratung hat und dann für die Durchführung empfohlener Hilfen andere Institutionen oder niedergelassene Fachleute einschalten muß. Die Untersuchungspopulation wurde auch danach befragt, welche andere Stellen vor der infragestehenden Kontaktaufnahme schon in Anspruch genommen wurden. Hierbei wurde deutlich, daß knapp 14% der kinder- und jugendpsychiatrischen Klientel früher vorort schon in einer Erziehungsberatungsstelle behandelt bzw. beraten worden war. Höger betont, daß vor allem in Regionen mit niedriger Versorgungsdichte die regionalen Erziehungsberatungsstellen "oft die einzigen fachlich qualifizierten Institutionen für psychotherapeutische und familientherapeutische Einflußnahmen" (S. 91) darstellen. Niedergelassene Ärzte stellten zwar "relativ häufig psychische Beeinträchtigungen bei den ihnen vorgestellten Kindern und Jugendlichen fest. Überweisungen zu Erziehungsberatungsstellen kamen aber eher selten vor, obgleich im Rückblick der Beratungsstellen Allgemein- und Kinderärzte die häufigsten Ansprechpartner wegen dergleichen psychosozialen Problematik waren" (S. 91–92). Hier scheinen sich offensichtlich eng gefaßte Berufsgruppeninteressen und latente Zuschreibungen hinderlich auf eine kompetente regionale Versorgung auszuwirken, da in der genannten Untersuchung deutlich wurde, daß die Erziehungsberatungsstellen durchaus in einer nicht unwesentlichen Zahl von Fällen, bei denen sie zusätzliche kinderpsychiatrische Diagnostik für nötig hielten, ihre Klienten weiterleiteten, scheinen die behandelnden Haus- und Kinderärzte zu Unrecht primär eher in die entferntere Kinder- und Jugendpsychiatrie zu überweisen. Zuweisungen zu Erziehungsberatungsstellen aus ärztlichen Praxen kamen kaum vor. Auch vor diesem Hintergrund ist noch einmal die Diskussion um direkt im Jugendamt angesiedelte kinder- und jugendpsychiatrische Kompetenz zu führen. Viele Argumente sprechen dafür, daß zur Bewältigung der Betreuung von Kindern und Jugendlichen, die von einer seelischen Behinderung bedroht sind, und ihrer Familien, und auch für entsprechende Betreuung von mehrfach behinderten Kindern und Jugendlichen solche Mitarbeiter im multiprofessionellen Team des Jugendamtes erforderlich sind. Von Seiten der Kinder- und Jugendpsychiater gibt es teilweise auch Tendenzen, einen solchen Arbeitsschwerpunkt zu befürworten, andere betonen vehement die Notwendigkeit der Unabhängigkeit kinderpsychiatrischen Arbeitens, oder fühlen sich im bisherigen Rahmen des öffentlichen Gesundheitsdienstes besser vertreten. Ein zentraler Streitpunkt ist hierbei dann die Fachaufsicht für den einzelnen Kinder- und Jugendpsychiater bzw. auch die inhaltliche Unabhängigkeit seiner Maßnahmenempfehlungen von eventuellen "Sparvorgaben der Jugendamtsleitungen". Da dieser Punkt derzeit sicher nicht in allen seinen Aspekten ausdiskutiert ist und die Weiterentwicklungen auch von konkreten Entscheidungen über den zukünftigen Verwaltungsaufbau abhängen werden (vgl. Fegert 1994), sei dies hier bewußt offen gelassen. Allerdings möchte ich abschließend aus meiner Sicht feststellen, daß kinder- und jugendpsychiatrische Kompetenz (sei es über festangestellt Mitarbeiter im Jugendbereich oder über in kooperative Netze eingebundene Kinder- und Jugendpsychiater) auf unterschiedlichen Ebenen, insbesondere auch bei der Jugendhilfeplanung, einbezogen werden sollte. Dieser Grundsatz, der durch die Zuständigkeit für den Personenkreis des § 35a KJHG nur noch unterstrichen wird, hat bisher zu wenigen Folgen bzw. konkreten Vernetzungen geführt. Auch die Zusammensetzungen der regionalen und überregionalen Jugendhilfeausschüsse, die durch die Ausführungsgesetze und die entsprechenden Bestimmungen letzendlich festgelegt werden, lassen derzeit keinen Trend in diese Richtung erkennen.

– *Soziale Gruppenarbeit nach § 29 KJHG*

Nach Hofacker (1993) ist die soziale Gruppenarbeit in der Praxis der Sozialarbeit seit den 50er Jahren bekannt. Die Autorin unterscheidet zwei unterschiedliche Intentionen solcher Gruppenarbeit:

1. **"Intensive sozialpädagogische Förderung zum sozialen Lernen"** und
2. **"Primäre Förderung im kognitiven Bereich"**.

Ausdrücklich erwähnt sie die soziale Gruppenarbeit für straffällige Jugendliche.

– *Erziehungsbeistandschaft nach § 30 KJHG*

Historisch zielte das Instrument der Erziehungsbeistandschaft ursprünglich auf verwahrloste Jugendliche ab (vgl. Münder et al. 1993). Nach Angaben des statistischen Bundesamtes von 1990 wurden Ende 1988 7 200 Minderjährige im Rahmen einer Erziehungsbeistandschaft betreut, wobei auch hier eine eindeutige Jungenwendigkeit (64% Jungen versus 36% Mädchen) festzustellen war. Münder (a.a.O.) betont, daß Erziehungsbeistandschaften in der Regel längerfristig angelegt sind. Er diskutiert auch den Konflikt zwischen der "Freiwilligkeit" und "Einvernehmlichkeit" und der Tatsache, daß manche Erziehungsbeistandschaften auf Anordnung als Erziehungsmaßregel nach § 12 JGG durchgeführt werden. Noch klarer ist der Sanktionscharakter bei der Betreuungsweisung nach § 10 Abs. 1 Ziff. 5 JGG. Allerdings ist die angeordnete Betreuung durch einen Betreuungshelfer "von vornherein befristet, die zu bearbeitenden Probleme sind konkret vorgegeben, der Familien- und Umfeldbezug kommt nur nachrangig zum Tragen" (Münder 1993, S. 255).

– *Sozialpädagogische Familienhilfe nach § 31 KJHG*

Sozialpädagogische Familienhilfe war ursprünglich eine West-Berliner Kreation (1969), die am Ende der siebziger Jahre (ab 1977) auch im sonstigen Bundesgebiet übernommen wurde. Nach Nielsen und Nielsen (1990) bestand 1984 das Angebot der sozialpädagogischen Familienhilfe bei 52% aller Jugendämter. "Inzwischen gibt es das Angebot der sozialpädagogischen Familiehilfe in fast allen Jugendämtern".

Nielsen und Nielsen unterscheiden die Problemkonstellation, in denen es zum Einsatz sozialpädagogischer Familienhelfer kommt, in **Einzelkrisen** und Strukturkrisen. Familien mit Einzelkrisen sind dadurch charakterisiert, daß sie trotz erschwerter Lebensverhältnisse eine hohe Selbstregulierungsfähigkeit aufweisen und ihren Lebensalltag weitgehend ohne fremde Hilfe selbst bewältigen könnten. "Schwerwiegende und unerwartete Einzelereignisse wie Partnerverlust, Invalidität durch Krankheit, Beginn von Suchtkrankheiten, konfrontieren diese Familien mit einer Krise, die sie ohne fremde Hilfe nicht mehr bewältigen können" (Nielsen und Nielsen, S. 440).

Demgegenüber sind Familien mit **Strukturkrisen** strukturellen Dauerbelastungen ausgesetzt. In solchen Fällen bestehen in der Regel chronische Partner- und/oder Sucht- und/oder Erziehungsprobleme, Gewalt, unregelmäßige Grundbedürfnisbefriedigung, schlechte Wohnverhältnisse, chronische wirtschaftliche Schwierigkeiten. Von dieser Unterteilung leiten die Autoren entsprechende Basiskompetenzen für Familienhelfer in Einzelkrisen und Familienhelfer in Strukturkrisen ab. Familienhelfer in Einzelkrisen "sollten keine Berufsanfänger sein, über Grundkenntnisse in Familiendynamik verfügen und Erfordernisse der Elternarbeit bewältigen können". In Berlin sind z.B. mehr als die Hälfte der Familienhelferinnen oder Familienhelfer (immerhin 44% Männer) qualifizierte Diplompsychologen oder gut ausgebildete Sozialarbeiter und Sozialpädagogen.

In Strukturkrisen gehe es nicht primär darum, die defizienten Einstellungen der Eltern in diesen Familien zu verändern, vielmehr sollen die Eltern befähigt werden, "Versorgungsleistungen kontinuierlicher zu erbringen sowie die Familie vor weiterer Deklassierung zu schützen, drohende Obdachlosigkeit abzuwehren, vermeidbare Fremdunterbringungen zu verhindern und ungerechtfertigte Sonderschulkarrieren abzubrechen". Eine katamnestische Untersuchung von Nielsen et al. (1986) ergab, daß die gute Wirkung von sozialpädagogischen Familienhilfen vor allem auf "Hilfestellungen bei alltäglichen Dingen im konkreten Familienalltag mit dem Ziel der Hilfe zur Selbsthilfe und in einem vertrauensvollen und verständnisvollen Zugang die Familienmitglieder dafür zu gewinnen, ihre Probleme wieder anzupacken und sie bei der Bewältigung dieser Probleme psychisch und zugleich tatkräftig zu unterstützen" bestand.

– *Intensive sozialpädagogische Einzelbetreuung nach § 35 KJHG*

Die Formulierung "intensiv" scheint bei dieser Regelung dafür zu stehen, daß ein sozialpädagogisches Einzelbetreuungsangebot für besonders schwierige Jugendliche gemeint ist. Es bezieht sich also seltsamerweise weniger auf die Form der Betreuung als auf den Betreuungsbedarf. Der Gesetzesbegründung (Bundestagsdrucksache 11/5948, S. 72) kann man entnehmen, daß diese intensive sozialpädagogische Einzelbetreuung als zeitgemäße Alternative für Problemfelder angesehen wird, in denen früher geschlossene Unterbringungen in entsprechenden Heimeinrichtungen durchgeführt wurden. Die Gesetzesbegründung nennt folgende Zielgruppen:

- ☐ Jugendliche aus dem Punker-, Prostituierten-, Drogen- und Nichtseßhaften-Milieu,
- ☐ Jugendliche, die sich Hilfen durch Entweichen entziehen,
- ☐ Jugendliche in besonders gefährdenden Lebenssituationen.

Schrapper (1993) hat sich kritisch mit dieser Hilfeform auseinandergesetzt und auf der Basis von neueren Statistiken festgestellt, daß diese Hilfeform nur von Jugendlichen und jungen Erwachsenen zwischen 15 und 21 Jahren und insgesamt relativ selten in Anspruch genommen wird. Das Geschlechterverhältnis ist hier übrigens gleich groß. Da diese Maßnahmen noch nicht generell verbreitet und eingeführt sind und auch empirische Evaluationen weitgehend fehlen, kann hier eine abschließende Bewertung noch nicht erfolgen, wobei – ähnlich wie für andere erfolgreiche Verläufe – in solchen extrem schwierigen Fällen gesagt werden kann, daß, wenn diesen Kindern und Jugendlichen durch massiven Einsatz zu helfen ist, dies meist am persönlichen Engagement der Betreuer liegt. Dies gilt ebenso für andere Alternativen zur geschlossenen Unterbringung in Heimen, wie z.B. "Schiffsprojekten" etc. (vgl. Brünger 1993).

3.5.1.2 Sonstige ambulante Hilfeformen

Das KJHG bietet neben den genannten Hilfen auch die Möglichkeit spezifischer therapeutischer oder einzelfallbezogener pädagogisch-psychologischer Interventionen. Diese Maßnahmen sind zu verstehen als:

- ☐ Pädagogische und damit verbundene therapeutische Leistungen (§ 27 Abs. 3 KJHG),
- ☐ Maßnahmen nach § 40 BSHG als Eingliederungshilfe:
  - § 40 Abs. 1,2a: heilpädagogische Maßnahmen für Kinder, die noch nicht im

schulfähigen Alter sind,

- § 40 Abs. 1,3: Hilfe zur angemessenen Schulbildung, vor allem im Rahmen der allgemeinen Schulpflicht und durch Hilfe zum Besuche weiterführender Schulen einschließlich der Vorbereitung hierzu,
- § 40 Abs. 1,4: Hilfe zur Ausbildung für einen angemessenen Beruf oder für eine sonstige angemessene Tätigkeit,
- § 40 Abs. 1,6: Hilfe zur Erlangung eines geeigneten Platzes im Arbeitsleben,
- § 40 Abs. 1,8: Hilfe zur Teilnahme am Leben in der Gemeinschaft.

Im KJHG wurden durch die bewußt offen gehaltene Formulierung des § 27 Abs. 3 KJHG eine Fülle von pädagogischen und damit verbundenen therapeutischen Maßnahmen als Hilfen zur Erziehung möglich. Auch nach § 35a in Verbindung mit den Paragraphen der Eingliederungshilfeverordnung oder als kombinierte Eingliederungshilfemaßnahmen und Hilfe zur Erziehung sind eine große Zahl von Therapien für Kinder in psychischen Problemlagen denkbar.

Einige wichtige Methoden, die in diesem Kontext nun zur Anwendung kommen können, sollen hier kurz erläutert werden:

– *Familientherapie*

Ähnlich wie bei der Erörterung von Verhaltenstherapieformen muß auch hier eingangs festgestellt werden, daß es **die** Familientherapie im engeren Sinne nie gegeben hat, vielmehr sind – ausgehend von unterschiedlichen historischen Wurzeln – verschiedene Strömungen bzw. Behandlungsformen zu beschreiben. Man könnte z.B. systemische Ansätze von analytisch-psychodynamischen, familientherapeutischen Ansätzen und von verhaltenstherapeutischen Ansätzen zur Familienbehandlung unterscheiden. Grawe et al. (1994) bescheinigen der Familientherapie "unter der Voraussetzung, daß die Familientherapie ihren Anspruch ... beschränkt" auf die Behandlung von Familieninteraktionen und dem Problemverhalten von Kindern und "sich nicht als umfassende Alternative zu anderen Therapieformen anpreist, wie es vielfach geschehen ist", daß Familientherapie bei den meisten direkten Vergleichen in diesen Anwendungsbereichen bisher eher besser abgeschnitten habe als die jeweiligen Vergleichsmethoden. Familientherapie kann in unterschiedlichen und komplexen Problemlagen von Kindern empfohlen werden. Das Konzept, daß der "identifizierte Patient" oder "Symptomträger" nicht auch zentraler und einziger Ort der Problematik sein muß, sondern daß im einzelnen Symptom des jeweiligen Kindes sich eine familiäre Konfliktsituation ausdrücken kann, erlaubt eine ressourcenorientierte Behandlung auf unterschiedlichen Ebenen.

– *Nicht-direktive Verfahren, Spieltherapie und andere humanistische Therapien, z.B. auch Psychodrama, Gestalttherapie, Musiktherapie, bewegungs- und körperorientierte Therapie, Tanz- und Kunsttherapie etc.*

Diese in Anlehnung an Grawe et al. (1994) gebildete heterogene Gruppe von Therapieformen muß hinsichtlich nachgewiesener Effekte unterteilt werden. Die nicht-direktive, sich an Rogers orientierende Gesprächstherapie und die inhaltlich damit verbundene nicht-direktive Kinderspieltherapie verfügen über eine lange therapeutische Tradition und haben vielfach nachgewiesene Effekte. Dennoch werden diese Therapieformen nicht als Kassenleistungen anerkannt. Andere Ansätze, wie Psychodrama und Gestalttherapie und noch viel mehr die kreativen Therapien, wie Musiktherapie, bewegungs- und körperorientierte Therapie, Tanz- und Kunsttherapie, sind bisher kaum, vor allem nicht mit wissenschaftlichen Methoden, auf ihre Wirksamkeit hin untersucht worden. Dennoch darf ihr Anwendungsbereich im Rahmen der ambulanten Hilfen nicht zu eng gesehen werden, denn gerade im Umgang mit chronischen Beeinträchtigungen berichten viele betroffene Kinder und Jugendliche und auch die Eltern von erheblichen Effekten, z.B. durch kreative Therapien. Wenn Kommunikationsprobleme bei der bestimmten Störung im Vordergrund stehen und sich bei einer verbalen Verarbeitung in den Weg stellen, sollten diese Methoden in Betracht gezogen werden.

– *Außenseitermethoden*

Da das Wörtchen "insbesondere" in der Formulierung des § 27 Abs. 3 KJHG (vgl. Fegert 1992) offensichtlich auch die Gewährung neuentwickelter Hilfen, die sich zum Beispiel in der Zukunft erst herausbilden werden, möglich machen soll, muß hier auch ein Wort zu sogenannten "Außenseitermethoden" gesagt werden. Erfahrungsgemäß tauchen gerade für die schwersten Formen der seelischen, geistigen und körperlichen Behinderung, die nur partiell einer Behandlung bzw. Linderung zugänglich sind, in regelmäßigen Abständen neue Therapieformen oder Behandlungswege auf, die häufig auf dem Weg der Mundpropaganda sehr schnell bei den betroffenen Familien bekannt werden. Es ist völlig verständlich, daß Familien in der extremen Belastungssituation durch eine chronische Erkrankung nach jedem möglichen Rettungsanker für ihr Kind greifen wollen. Heilungshoffnungen richteten sich so zum Beispiel in der Vergangenheit oder auch noch heute auf "Frischzellenkuren", ebenso wie spezifische "phosphatfreie Diäten", die sogenannte "Festhaltetherapie", oder auf die Behandlungsansätze nach Thomatis.

Insofern werden bei der Hilfeplanung gerade von Seiten der Betroffenen immer wieder Vorschläge vorgebracht werden, solche oder andere Therapieformen ohne schulmedizinische Anerkennung oder ohne psychologische empirische Überprüfung im Einzelfall als geeignete Hilfeform anzusehen. Hier muß eine Abwägung zwischen der Einzelfallentscheidung, die letztendlich Grundlage für jede Innovation sein wird, und der unklaren Wirksamkeit einer solchen Maßnahme getroffen werden. Teilweise versuchen die Anwender solche Methoden durch horrende Kosten von ihrer Seriosität oder Wirksamkeit zu überzeugen. Es ist m.E. durchaus berechtigt, die Kosten an dem zu erwartenden Erfolg zu messen. Bei ausnahmsweiser Bewilligung von sogenannten "Außenseitermethoden" rate ich dazu, zunächst nur einige wenige probatorische Einheiten zu bewilligen und eine unabhängige Vor- und Nachuntersuchung und eine damit verbundene fachliche Stellungnahme zum Kriterium für eine weitere Entscheidung zu machen. Es ist sicher nicht sinnvoll, überzeugten Eltern, die eine solche neue Technik ausprobieren wollen, ihre Heilungshoffnungen auszureden. Warnende Hinweise sind dann erforderlich, wenn durch die Anwendung der Methode für das Kind ein psychisches oder körperliches Risiko zu befürchten ist. Bleiben solche Maßnahmen unter den am Prozeß der Hilfeplanung Beteiligten weiterhin strittig, kann zum Beispiel auch eine fachliche Stellungnahme des jeweiligen Landesarztes zur infragestehenden Maßnahme eingeholt werden.

Das wohl aktuellste Beispiel für solche offenen Fragen bietet die derzeitige Diskussion über die sogenannte "facilitated communication" im Bereich der Behandlung der Kommunikationsprobleme autistischer Menschen (vgl. Hocke 1994; Weber 1994; Stork 1994). Jenseits aller Polemik in der Presse und trotz der mangelnden nachprüfbaren wissenschaftlichen Belege auch in den mir vom Berliner Projekt "Hilfe für das autistische Kind" berichteten Einzelfällen, sind hier teilweise erstaunliche Entwicklungen zu beobachten, die dringend genauer erforscht werden sollten. Da die Methode, auch wenn sie ihr Ziel verfehlen würde, nicht primär einen großen Schaden anrichten wird, könnte hier zum Beispiel in begründeten Einzelfällen durchaus ein Behandlungsversuch, auch als Maßnahme der Eingliederungshilfe bzw. als Hilfe zur Erziehung nach § 27 Abs. 3 KJHG, befürwortet werden. Allerdings sollten solche Einzelfallentscheidungen sehr gut dokumentiert werden und besonders häufig im Verlauf überprüft werden. Nur durch eine konsistente Verlaufsdokumentation können spätere weitere Entscheidungen im selben bzw. bei anderen Fällen auf eine breitere Erfahrungsbasis gestellt werden. Am Beispiel der sogenannten "Außenseitermethoden", die hilfesuchende Eltern von behinderten Kindern, die bereit sind jeden Strohhalm aufzugreifen, und behördliche Helfer, die eher traditionellen bewährten Hilfemodellen vertrauen, schnell in Konflikte bringen können, zeigen, wie problematisch eine Entscheidungsfindung bei der Hilfeplanung werden kann.

3.5.1.4 Wirksamkeit ambulanter Hilfen nach § 35a KJHG bei Patienten mit psychischen Problemen in der Praxis

Unter 151 Wiedervorstellungen aus den ersten beiden Quartalen in 1993 von Patienten, die 1992 erstmals in unserer Abteilung untersucht wurden, hatten 37% auf unsere Anregung ambulante Maßnahmen als Eingliederungshilfen nach dem KJHG erhalten, 18% erhielten Eingliederungshilfen nach dem BSHG. Ungefähr dreiviertel dieser Wiedervorstellungen erfolgten routinemäßig, da eine Überprüfung der Maßnahmen nach einem Jahr im **Hilfeplan** vorgesehen worden war. Nur 10% der Wiedervorstellungen mußten aufgrund einer klinischen Verschlechterung erfolgen, die restlichen Wiedervorstellungen erfolgten aus anderen, z.B. familiären Gründen. Über 52 der 56 wiedervorgestellten Patienten, die die neuen Eingliederungshilfen nach dem KJHG erhielten, liegen ausführliche katamnestische Daten vor. Das Diagnosespektrum war über alle kinder- und jugendpsychiatrischen diagnostischen Kategorien der ICD-10 verteilt. Schwerpunktmäßig handelte es sich aber um Störungen des Sozialverhaltens, teilweise kombiniert mit Störungen der Emotionen (29%) und emotionale Störungen (28%).

Von den 52 Patienten mußte ein Patient bei der Wiedervorstellung stationär aufgenommen werden, bei über der Hälfte der Patienten wurde eine ambulante Psychotherapie, bisweilen kombiniert mit pädagogischen Trainingsmaßnahmen bei Teilleistungsstörungen, weiter bewilligt. Fürsorgemaßnahmen, wie Familienhilfe und Einzelfallhilfe, wurden bei 20% der Patienten weiter bewilligt. Knapp 14% benötigten weiterhin eine Kombination von zwei Maßnahmen (z.B. Logopädie und Familienhelfereinsatz). Tendenziell wirkten sich nach Einschätzung der Untersucher die Maßnahmen in bezug auf die **diagnostizierte Symptomatik** besser aus als auf die **psychosozialen Lebensumstände** des Patienten. Eine deutliche oder komplette Besserung der Symptomatik wurde bei knapp 40% der Patienten nach einem Jahr ambulanter Eingliederungshilfe festgestellt, etwas gebessert hatte sich die Symptomatik bei einem weiteren guten Drittel der Patienten. Bei etwas mehr als 10% der Patienten hatte sich nichts geändert, drei Patienten hatten sich real in ihrer Symptomatik und in ihren Lebensverhältnissen verschlechtert, bei fünf Patienten gaben die Untersucher keine Beurteilung über den Erfolg der Maßnahmen, z.B. aufgrund intervenierender anderer Variablen, ab. Bei den psychosozialen Verhältnissen sind graduell weniger deutliche Verbesserungen zu verzeichnen, für mehr als ein Drittel der Patienten änderte sich nichts an ihren Lebensbedingungen durch die Eingliederungshilfemaßnahme.

Diese erste, noch relativ kleine Einjahreskatamnese bei den neuen Eingliederungshilfemaßnahmen nach dem KJHG läßt den Schluß zu, daß diese Maßnahmen tatsächlich in erfreulichem Umfang eine Chronifizierung oder Verschlechterung der kinderpsychiatrischen Symptomatik verhinderen können, das heißt mit anderen Worten, einer drohenden seelischen Behinderung vorbeugen können. Dieser vorbeugende Effekt kann festgestellt werden, obwohl es durch diese Maßnahmen insgesamt weniger gelingt, die z.T. extrem belastenden psychosozialen Lebensverhältnisse der Patienten zu verbessern. Nur drei Maßnahmen von 52 waren im Katamnesezeitraum abgebrochen worden.

3.5.2 Teilstationäre und stationäre Maßnahmen der Jugendhilfe

- ☐ § 32 KJHG: Tagesgruppe/Sozialpädagogische Tagespflege
- ☐ § 33 KJHG: Familienpflege
- ☐ § 34 KJHG: Heimerziehung und sonstige betreute Wohnformen

Die durchschnittliche Fremdplazierungsquote (definiert als Anzahl der in Heimen oder sonstigen betreuten Wohnformen oder Pflegefamilien untergebrachten Minderjährigen, pro 1000 Minderjährige eine Altersgruppe) betrug Ende 1990 für das Altbundesgebiet für die Altersgruppe der 0- bis 21Jährigen 7,4 bis 7,6 ‰, und für die unter 18-Jährigen um 9 ‰. Je nach Bundesland schwanken die Fremdplazierungsquoten zwischen 5,8 ‰ (Bayern) und 15,8 ‰ (Berlin). Auch der jeweilige Anteil der

Heimplazierungen bzw. der Unterbringung in Pflegefamilien unterscheidet sich je nach Bundesland zum Teil erheblich. In diesen Fremdplazierungsquotienten waren auch Unterbringungen nach dem BSHG mit eingeschlossen.

Da die teilstationären und stationären Angebote der Jugendhilfe sowohl den kinder- und jugendpsychiatrischen Praktikern wie den Fachkräften der Jugendhilfe gut bekannt sind (vgl. Gintzel und Schone 1990) wird hier auf eine ausführliche Charakteristik verzichtet. Auf einige spezifische Problembereiche soll allerdings noch kurz eingegangen werden. Ein spezifischer Anlaß für die Inanspruchnahme kinder- und jugendpsychiatrischer Hilfe stellt das Scheitern von Fremdunterbringungen, Pflegeverhältnissen oder auch von Adoptionen dar.

Hilfreich erscheint mir Heinemanns (1994) Darstellung der "Scheiterer-Problematik" und seine Vorschläge für eine von ihm sogenannte "Neuentscheidungstherapie bei Pflege-, Adoptiv- und Heimkindern". Als "Scheiterer-Syndrom" bezeichnet er eine Kombination von Phänomenen, die sich häufig hinter dem extrem provokativen Störverhalten, welches oft Anlaß zur Einschaltung der Kinder- und Jugendpsychiatrie bietet, verbergen. Er beschreibt zunächst das "gekränkte Aussehen" der Kinder und behauptet über Kinder, deren Integration in Pflege- und Adoptivfamilien oder Heim scheiterte, daß sie "typischerweise immer wieder und insgesamt vorherrschend in Mimik, Gestik und Sprache ein gekränkt-beleidigtes-trotziges Verhalten als äußeren Ausdruck einer zu Tage tretenden, entsprechend frühen reaktiven Ich-Haltung" zeigen. Diese Haltung bewirke bei den Kommunikationspartnern, Kindern wie Betreuern, ganz überwiegend negative Gefühle wie Ärger, Resignation, aber auch Schuldgefühle und nicht zuletzt eine Tendenz zur Distanzierung und Ablehnung.

Als zweites beschreibt er das von ihm sogenannte "Wandphänomen". Darunter versteht er, daß Adoptiv- und Pflegeeltern, aber auch Heimerzieher, immer wieder den Eindruck schildern, bei diesen Kindern und Jugendlichen "wie vor eine Wand zu laufen". Dies führe bei den Bezugspersonen und auch bei den Therapeuten, z.B. in einer Klinik, "zu dem Gefühl, versagt zu haben, selbst gescheitert zu sein".

Als dritte Komponente seines "Scheiterer-Syndroms" nennt er das "Bilanzscheitern". Er versteht darunter das "subjektive Gefühl der Beteiligten, trotz aller Bemühungen zu scheitern, welches auch der objektiven Bilanz aus der Vorgeschichte: Trotz gelegentlicher zwischenzeitlicher Verhaltensaufhellungen ist es immer wieder bei voraufgegangenen Aufenthalten in Ersatzfamilien und Heimen letztendlich zum Scheitern gekommen" oder "trotz aller Bemühungen der Familie hat sich das Kind nicht auf das Beziehungsangebot eingelassen". Anhand von ausführlichen Fallbeispielen schildert Heinemann sein Vorgehen in einer Klinik für Kinder- und Jugendpsychiatrie bei der Behandlung dieser Kinder mit "Scheitererverläufen". Er unterstreicht die Bedeutung eines klaren Therapievertrages, der das Erkennen der echten Motivationslagen voraussetzt, negative verdrängte Gefühle müssen z.B. in reaktualisierten Erlebnissituationen erkannt werden. Eine (innere) "Aussöhnung mit der leiblichen Herkunft" wird angestrebt, frühe Entscheidungen im therapeutischen Prozeß aufgedeckt und bearbeitet, so daß eine Chance zu Neuentscheidungen entsteht.

Besonders problematisch, obwohl zahlenmäßig nicht mehr sehr bedeutend, ist die geschlossene Unterbringung im Rahmen der Jugendhilfe. Da eine geschlossene Unterbringung in Grundrechte eingreift, muß eine solche Maßnahme sehr gut begründet werden und auch von einem Vormundschaftsgericht (nach § 1631b BGB) überprüft werden. Den Antrag auf geschlossene Unterbringung können die personensorgeberechtigten Eltern oder ein Vormund oder Pfleger stellen. Das Kind muß vom Gericht vorher persönlich angehört werden. Kinder- und Jugendpsychiater spielen bei diesen Unterbringungen insofern eine wesentliche Rolle, weil das Gericht vor der Unterbringung ein entsprechendes Sachverständigengutachten einholen muß (§ 70 ff.FGG). Eine geschlossene Unterbringung kann auch durch Jugendrichter im Strafverfahren nach den §§ 71 Abs. 2 und 72 Abs. 3 JGG angeordnet werden. Lipka (1993) hat darauf hingewiesen, daß nach verschiedenen Untersuchungen die Verringerung von Entweichungen, die durch eine geschlossene Unterbringung angestrebt wurde, nicht erreicht werden konnte. Er beschreibt drei mögliche Alternativen zur geschlossenen Unterbringung:

- ☐ Erlebnispädagogik,
- ☐ Einzelbetreuung (siehe oben),
- ☐ Gruppenpädagogische Alternativen.

In den letzten Jahren hat sich die Erlebnispädagogik in einem Institut und Trägerverein mit einem Bundesverband und einer entsprechenden Fachzeitschrift organisiert (Information: Bundesgeschäftsstelle, Barckhausenstraße 8, 21335 Lüneburg). Brünger (1993) hat in seiner Dissertation sozialtherapeutische Interventionen an Bord von Segelschiffen als "Sonderform therapeutischen Umgangs mit dissozialem Verhalten bei Jugendlichen" mit qualitativer Methodik (vgl. Fegert und Gerwert 1993) untersucht. Ausführlich stellt er in seiner Arbeit auch Konzept und Rahmenbedingungen der Arbeit des "Heilpädagogischen Jugendheimes zur See 'Anna Catharina'" dar. Anhand von 15 ausführlichen Falldarstellungen läßt sich diese schwierige Arbeit sehr gut nachvollziehen. Kritisch betont der Autor, daß längere Aufenthalte an Bord (über 6 Monate) in der Regel nicht angezeigt sind. Er weist aufgrund seiner Untersuchungen daraufhin, daß er neben der "Verwöhnungsverwahrlosung" vor allem die "Kombination von Dissozialität und psychischer Störung" als eine Kontraindikation solcher Maßnahmen ansieht. Im Rückblick auf die von ihm untersuchten Einzelfälle empfiehlt er dringend eine kinder- und jugendpsychiatrische "Aufnahmeuntersuchung" vor Einleitung einer entsprechenden Maßnahme. Dieser sehr differenzierte Auswertung kann von ihrem methodischen Anspruch auch beispielhaft für noch ausstehende, zunächst hypothesengenerierende Evaluationsversuche, z.B. im Bereich der intensiven sozialpädagogischen Einzelbetreuung, angesehen werden. Ich bin der Ansicht, daß bisher bei der umstrittenen Diskussion um die geschlossene Unterbringung zu wenig die hohe Ambivalenz vieler Jugendlicher in den ersten Tagen bzw. ersten Wochen einer solchen Maßnahme beachtet wird. Flexiblere Systeme zunächst geschlossener (eventuell nur für Tage) Unterbringung mit Übergang in anschließende freiwillige Maßnahmen könnten gerade für "Trebegänger" ein wichtiges Angebot sein. In diesem Zusammenhang soll noch erwähnt werden, daß im Rahmen des § 1631b BGB einstweilige Anordnungen auf vorläufige Unterbringung, für die eine maximale Dauer von sechs Wochen möglich sind, die bei vielen Fällen ausreichend erscheinen.

3.6 Maßnahmen nach BSHG

Für körperbehinderte und geistig behinderte Kinder und Jugendliche gehen Eingliederungshilfen nach dem BSHG Maßnahmen nach dem KJHG vor. Für die anderen Kinder und Jugendlichen bleiben mögliche Leistungen nach dem Bundessozialhilfegesetz die letzte Alternative, wenn alle vorher genannten Leistungsträger spezifische Leistungen verweigert haben. Es kann gerade in einer jetzt anstehenden Übergangsphase durchaus möglich sein, daß im Sinne einer Subsidiarität zunächst einmal bei verweigerten Leistungen durch andere Kostenträger Leistungen nach dem BSHG gewährt werden und dann der Träger der Sozialhilfe sich an die eigentlich zuständigen Leistungsträger wendet und die Erstattung solcher Kosten einfordert.

Bestimmte landesspezifische Regelungen haben die allgemeine Zuständigkeit der Sozialhilfeträger, z.B. für die Frühförderung oder Versorgung mehrfach behinderter Kinder, festgelegt.

4 Kinder- und jugendpsychiatrische Untersuchung und Mitwirkung bei der Hilfeplanung

Ablauf und Bedeutung kinder- und jugendpsychiatrischer Diagnostik im Rahmen der Definition der Anspruchsgrundlage nach § 35a zur Einleitung von Maßnahmen der Eingliederungshilfe bzw. kombinierten Maßnahmen der Hilfen zur Erziehung und der Eingliederungshilfe

4.0 Einleitung

Nach Steinhausen (1993) hat jede **kinder- und jugendpsychiatrische Untersuchung** zum **Ziel**

> "eine Bestandsaufnahme von Problemen im Verhalten, Symptomen und erlebten **Störungen der Befindlichkeit** bei Kindern und Jugendlichen in einem jeweils zu spezifizierenden **sozialen Kontext** sowie vor dem Hintergrund einer jeweiligen **Lebens- und Entwicklungsgeschichte.** Diese Bestandsaufnahme soll in einer **wissenschaftlich begründeten Diagnose** mit dem Ziel einer Angabe von Maßnahmen münden, die geeignet sind, das jeweilige **Problem auf therapeutischem Wege positiv zu beeinflussen.** Um dieses Ziel zu erreichen, sind eine Reihe von **Informationen** unerläßlich, die sich der kinder- und jugendpsychiatrisch tätige Arzt über das **Gespräch** und die **Untersuchung** unter Einbeziehung einer Reihe von Zusatzmaßnahmen erarbeiten muß" (Steinhausen 1993, S. 35).

Im Rahmen der Regelungen nach § 35a KJHG kann eine kinder- und jugendpsychiatrische Untersuchung auf unterschiedlichen Ebenen zur Hilfeplanung beitragen.

4.0.1 Klärung der rechtlichen Grundlagen der Hilfe

Da die Anspruchsgrundlage des § 35a von der Zugehörigkeit des betrofffenen Kindes oder Jugendlichen zum Personenkreis der seelisch Behinderten oder von einer seelisch Behinderung Bedrohten abhängt, soll die kinder- und jugendpsychiatrische Untersuchung in diesem Kontext klären, ob bei der vorliegenden Problematik unbehandelt eine seelische Behinderung droht bzw. derzeit eine solche Behinderung vorliegt.

Cantwell (1988) hat eine Reihe von orientierenden Fragen für den diagnostischen Prozeß in der Kinder- und Jugendpsychiatrie beschrieben. Zuerst ist die Frage zu klären, ob das Kind an irgendeiner psychiatrischen Störung leidet und welcher

Art von definierten klinischen Syndromen oder Störungsbildern die jeweilige individuelle Problematik zuzuordnen sei.

Darüber hinaus ist stets zu klären, welche **intrapsychischen, familiären, soziokulturellen und biologischen (Genetik, Risiken in der Schwangerschaft und während der Geburt** etc.) Faktoren zu dieser Störung beitragen und wie diese einzelnen Faktoren im Einzelfall zu gewichten sind.

Zentral ist die Beschreibung von **Faktoren**, die das **Problem aufrechterhalten**, genauso wie von Ressourcen und Faktoren, die die normale Entwicklung des Kindes oder Jugendlichen unterstützen könnten. Hierzu gehört insbesondere eine Beschreibung der Stärken und Kompetenzen des Kindes und seiner Familie. Schließlich ist eine **Prognose** zu formulieren, die sich zunächst die Frage zu stellen hat, welchen Verlauf die Problematik des Kindes unbehandelt nehmen würde. Davon abzuleiten ist dann die Frage nach den im Einzelfall notwendigen **Interventionen, Maßnahmen** und **Hilfen**, wobei die **vermutete Effektivität** der gewählten Maßnahmen aus fachlicher Sicht begründet und für den Einzelfall gewichtet werden sollte.

Natürlich sind die genannten Fragestellungen zentral für die Klärung des Hilfebedarfs. Sie haben aber auch mit der Klärung der rechtlichen Grundlagen für die Hilfen zu tun, da hier aus kinderpsychiatrischer Sicht zu ermessen ist, ob eine dem Wohl des Kindes oder Jugendlichen entsprechende Erziehung nicht gewährleistet ist und welche Hilfen für seine Entwicklung geeignet und notwendig erscheinen (vgl. § 27 Abs. 1 KJHG). Diese Formulierungen nehmen bezug auf die Anspruchsgrundlage für die Hilfen zur Erziehung, so daß unter zwei Aspekten (Hilfen zur Erziehung § 27, Eingliederungshilfen § 35a KJHG bzw. § 39 BSHG) aus der kinderpsychiatrischen Untersuchung Beiträge zur Klärung der Anspruchsgrundlage auf Hilfen sich ergeben.

Die kinderpsychiatrische Feststellung, daß ein Kind aufgrund seiner spezifischen Problematik Anspruch auf Maßnahmen nach § 35a hat, muß m.E. als Feststellung der Anspruchsgrundlage im Bereich des § 35a ausreichen. Dies ist deshalb wichtig, weil die reine **gutachterlicher Festlegung** der Zugehörigkeit zu einem Personenkreis, d.h. letztendlich die **Etikettierung** als seelisch behindert, einerseits vom Buchstaben des § 35a weitgehend gefördert wird, andererseits aber dem Geist und der Struktur des KJHG (siehe oben) fundamental widerspricht. Versucht man wie bei den Hilfen zur Erziehung primär bestimmte **Problemlagen** zu beschreiben und **verknüpft diese Ausgangsproblemlage mit der Anspruchsbegründung** nach § 35a, läßt sich in der Formulierung der ärztlichen Stellungnahme für die Hilfeplanung eindeutig die Anspruchsgrundlage feststellen, ohne daß das stigmatisierende Label "seelisch behindert" direkt "ausgeteilt" werden müßte. Auf diese gesetzliche Formulierung wird nur durch die Erwähnung des entsprechenden Paragraphen verwiesen. Solche Detailüberlegungen sind nicht relativ belanglose, sprachliche Spitzfindigkeiten, wenn man bedenkt, daß bei der Hilfeplanung die Betroffenen und ihre Familien intensiv einbezogen werden sollen. Ich gehe deshalb davon aus, daß eine ärztliche Stellungnahme zur Hilfeplanung in der Regel von den Eltern und bei älteren Kindern auch von den Kindern bzw. Jugendlichen selbst prinzipiell gelesen werden können sollte. Dies setzt nicht nur eine relative Allgemeinverständlichkeit der Formulierung, sondern vor allem die Vermeidung stigmatisierender Formulierungen voraus, auch wenn sich solche explizit im Gesetzestext finden. Ein solches Vorgehen ist aus kinderpsychiatrischer Sicht nicht unüblich, nicht nur im Bereich der Eingliederungshilfen für Kinder und Jugendliche, sondern vor allem auch im strafrechtlich-forensischen Bereich haben wir es mit juristischen Formulierungen, wie z.B. dem Begriff der "seelischen Abartigkeiten" in den Formulierungen der §§ 20, 21 StGB zu tun, die wohl kaum ein Kinderpsychiater bei der Begutachtung vor einem jugendlichen Angeklagten aussprechen wird. Vielmehr wird in der Regel die Problemlage des Jugendlichen differenziert beschrieben werden, so daß dem Gericht klar wird, warum der entsprechende Jugendliche zum Zeitpunkt der Tat nicht oder nur eingeschränkt steuerungsfähig, einsichtsfähig etc., war. Analog zu diesem Beispiel kann auch im Bereich ärztlicher Stellungnahmen zum § 35a davon ausgegangen werden, daß der Leistungsträger die historisch aus dem Bereich des BSHG kommenden problematischen Formulierungen (vgl. Kapitel 2) kennt. Aus meiner Sicht ist es deshalb für die **Feststellung der rechtlichen Anspruchsgrundlage** für **Eingliederungshilfen** nach dem KJHG **nicht erforderlich**, daß der **untersuchende Arzt wörtlich schreibt**, daß das von ihm untersuchte Kind bzw. der Jugendliche **seelisch behindert** oder von einer solchen Behinderung bedroht ist.

Während für den Bereich des § 35a (vgl. auch die Reglung in § 36) die kinder- und jugendpsychiatrische Stellungnahme zur Begründung der Anspruchsträgerschaft die zentrale, entscheidende Bedeutung hat, ist die ärztliche Stellungnahme in bezug auf die Anspruchsgrundlage, wie sie im § 27 Abs. 1 KJHG formuliert wird, je nach Qualität und Umfang der ärztlichen Untersuchung bzw. auch der Arzt-Patienten-Beziehung, ein unterschiedlich zu **gewichtender Beitrag** (u.a. z.B. sozialpädagogisch etc.) zur Feststellung dieser Anspruchsgrundlage.

4.0.2 Klärung des Hilfebedarfs

In der ärztlichen Stellungnahme soll der untersuchende Kinder- und Jugendpsychiater sich dazu äußern, in welchem Umfang seiner Ansicht nach Hilfe bzw. unterschiedliche Hilfen erforderlich sind und wie sie gestaltet werden sollten. Abzuleiten ist die Angemessenheit der vorgeschlagenen Maßnahmen immer aus den Bedingungen im Einzelfall. Zunächst sollte, wie oben ausgeführt, festgestellt werden, welche Entwicklung dem Jugendlichen ohne entsprechende Hilfen auf der Basis fachlicher Kenntnis droht und welche geeigneten Maßnahmen einen positiven Einfluß haben könnten. Das heißt auch, daß primär das Ziel solcher Maßnahmen als ein **Entwicklungsziel** zu definieren ist. Nach Maaß (1992) ist bei der Hilfeplanung insbesondere zu überprüfen und zu begründen, ob "die Hilfe den Verbleib des jungen Menschen in seiner Familie voraussetzt oder außerhalb der eigenen Familie zu leisten ist". Regt der untersuchende Arzt Hilfen nach dem Katalog des § 27 ff. oder nach der Eingliederungshilfeverordnung an, so werden diese Anregungen im Rahmen von Hilfekonferenzen, an denen er sich auch beteiligen kann, in Teamentscheidungen geprüft werden, wobei dem **Jugendamt die Federführung** und Koordination bei der Umsetzung dieser Maßnahmen zukommt. Eine primäre Aufgabe des Kinderpsychiaters wird es dabei sein, entsprechend seiner Kompetenz auf **mögliche Hilfeleistungen und Therapien durch andere Kostenträger, z.B. die Kassen**, hinzuweisen bzw. diese Hilfen durch Verordnung bzw. Vermittlung bzw. Eröffnung des Antragsverfahrens einzuleiten. Etwas komplexer ist allerdings das Zusammenwirken in bezug auf die nach dem KJHG nun möglichen **kombinierten pädagogischen und (psycho)-therapeutischen Maßnahmen**. Die **Indikationsstellung** zu einer **Therapie** erfordert selbst wenigstens **therapeutische Basiskompetenzen** (vgl. die Regelungen in den Psychotherapierichtlinien, Kap. 3). Im Team des Jugendamtes können solche Fachkompetenzen vorliegen, z.B. bei Mitarbeitern und Mitarbeiterinnen mit Zusatzqualifikationen oder z.B. bei Therapeutinnen und Therapeuten in den spezialisierten "Fachdiensten" der Jugendämter, inbesondere in den Erziehungsberatungsstellen, ansonsten haben Ärzte für Kinder- und Jugendpsychiatrie und -psychotherapie diese Kompetenzen und auch die im Bereich Schule tätigen Schulpsychologen sind hier zu erwähnen.

Für therapeutische Maßnahmen ist m.E. bei der Hilfeplanung wünschenswert, daß nach der Feststellung einer geeigneten Therapieform bei der Hilfeplanung der nun von der Familie ausgewählte oder vom diagnostizierenden Kinder- und Jugendpsychiater und vom Jugendamt empfohlene Therapeut einen Behandlungsplan erstellt, der sich in zwei unabhängige Teile gliedert: einen **Kostenplan** mit Angabe der geplanten Therapiefrequenz und der Kosten für die Therapiestunden, und einen **inhaltlichen Behandlungsplan**, in dem die geplante Therapieform, die Stundenfrequenz und insgesamt das Vorgehen in bezug auf die spezifischen Hilfeziele und basierend auf der vorausgegangenen Diagnostik (Entwicklungsaspekt, intrapsychischer Aspekt, Familiensituation, biologische Faktoren) dargelegt wird. Zum Wohle der Betroffenen sollte eine regelmäßige Überprüfung schon allein dadurch vorgesehen werden, daß nur bestimmte Stundenkontingente, ähnlich wie bei den Regelungen bei Kassentherapien (siehe Kapitel 3), oder für bestimmte Zeiträume bei Psychotherapien und ähnlichen Therapieformen, z.B. ein Jahr, genehmigt werden. Während der **Kostenplan** im Hinblick auf seine Richtigkeit und Umsetzbarkeit vom **Kostenträger überprüft** werden muß, stellt sich die Frage nach der **inhaltlichen Prüfung des Behandlungsplans**. Für eine fachkompetente Überprüfung von Behandlungsplänen und für die notwendige Entscheidungsfreiheit gegenüber den Antragstellern und den den Behandlungsplan formulierenden Therapeuten, sind noch **weitgehendere Kenntnisse, Erfahrungen und Kompetenzen** als zur Indikationsstellung einer solchen Maßnahme erforderlich. Im Prinzip ähnelt die Beurteilung des Behandlungsplans dem Gutachterverfahren im Rahmen der sogenannten "Richtlinienpsychotherapie" der Krankenkassen (siehe Kapitel 3), allerdings nur in bezug auf die Prüfung, ob die geplante Maßnahme bei der beschriebenen Symptomatik stringent begründet wurde und ob sich durch diese, so durchgeführte Maßnahme das geplante Behandlungsziel wohl erreichen lassen wird. Die Analogie zum Kassengutachterverfahren gilt nicht in bezug auf die Einengungen auf bestimmte Therapieverfahren, da z.B. in § 27 Abs. 3 ein komplementärer und bewußt offener Katalog vorgesehen ist. Allerdings muß hier der Fairness halber aus eigener psychotherapeutischer Erfahrung erwähnt werden, daß die Gutachter im sogenannten "Kassenverfahren" durchaus Abweichungen von den Regeln, z.B. Paartherapie etc., in Ausnahmefällen befürworten, wenn diese Maßnahmen hinreichend begründet werden. Solche Anträge werden m.E. viel zu selten aus überzogener "Buchstabentreue" trotz klarer Indikationen nicht gestellt.

Die Stellungnahme zu einem Behandlungsplan erfordert neben den genannten Kompetenzen auch eine **Offenlegung vieler intimer und privater Daten durch die Familie**. Auch dies stellt ein wesentliches Problem dar, das der innerbehördlichen Überprüfung solcher Behandlungspläne enge Grenzen setzt. Zwar gibt es im KJHG (§§ 61 ff.) umfangreiche, sehr detaillierte zusätzliche Bestimmungen zum Sozialdatenschutz, doch wird allgemein m.E. nach auf das **Abhängigkeitsverhältnis der hilfesuchenden Eltern** und der **Betroffenen** von der **maßnahmengewährenden Stelle** zu wenig geachtet. Häufig wird aus einem spezifischen familiären Notstand heraus eine bestimmte Hilfe oder mehrere Hilfen gesucht, deshalb sind auch die sorgeberechtigten Eltern in der Regel bereit, der Verwendung intimster Daten schriftlich zuzustimmen, weil sie sonst denken, daß sie ohne diese Einwilligung nicht in den Genuß der entsprechenden Maßnahme kommen würden.

Deshalb sollte gerade in bezug auf Psychotherapien überlegt werden, ob nicht durch spezifische Regelungen hier noch ein besserer Schutz der Betroffenen vorgesehen werden sollte.

Folgende Vorgehensweisen wären in der Praxis m.E. realistisch umsetzbar:

a) Anonymisiertes Gutachterverfahren

Nach Abschluß der Hilfeplanung wird ein Therapeut gefunden. Dieser leitet den individuellen Kostenplan mit Angabe aller persönlichen Daten und gleichzeitig getrennt in einem verschlossenen Umschlag den anonymisierten Behandlungsplan an das zuständige Jugendamt. Der dortige Mitarbeiter, der mit der Umsetzung der Maßnahme betraut ist, leitet den anonymisierten Behandlungsplan unter Angabe seines Stellenzeichens und der Fallziffer an einen unabhängigen Gutachter mit entsprechender praktischer psychotherapeutischer Qualifikation weiter. Dieser nimmt in einem anonymisierten Gutachten unter Angabe der Fallnummer zum Behandlungsplan Stellung, er kann z.B. weitere diagnostische Abklärung etc. fordern.

Der Behandlungsplan, der zum Teil intimste Daten, z.B. über die sexuelle Partnerbeziehung der Eltern etc., enthalten kann, wenn sie für eine Therapieeinleitung wichtig sind, verbleibt also in einem Exemplar beim Therapeuten und in einem Exemplar beim Gutachter, wird aber nicht Bestandteil der Jugendamtsakte.

Vorteil dieses Verfahrens: Hoher **Datenschutz**. **Nachteil: Umständlichkeit**, vor allem **Probleme bei notwendigen Nachuntersuchungen**. Therapieverlaufsberichte müßten durch denselben Gutachter gesehen werden, um die im § 36 vorgesehene Überprüfung der Hilfe, zu gewährleisten, wobei hier nicht klar ist, ob der notwendigen Kontrolle genug Rechnung getragen wird, wenn dies allein aufgrund von Eltern- bzw. Therapeutenangaben geschieht.

b) Stellungnahme zum Behandlungsplan

Der Diagnostiker, welcher eine therapeutische Maßnahme im Hilfeplanungsprozeß empfohlen hat, überprüft auch den Behandlungsplan und den Behandlungserfolg.

Handelt es sich bei den Therapien um Maßnahmen der Eingliederungshilfe nach § 35a KJHG, wird es sich in der Regel bei diesem Diagnostiker um einen Kinder- und Jugendpsychiater handeln, für die anderen Bereiche kämen neben dem Kinder- und Jugendpsychiater, wie oben schon ausgeführt, auch die Therapeuten der Erziehungsberatungsstellen, eventuell Schulpsychologische Dienste oder auch niedergelassene Ärzte mit psychotherapeutischer Qualifikation, Psychologen mit psychotherapeutischer Qualifikation und Kinder- und Jugendlichenpsychotherapeuten in Frage. Im Rahmen des Berliner AGKJHG hat man sich, wie aus der Begründung zu § 26 AGKJHG hervorgeht, für diese Lösung entschieden:

> "Therapeutische Leistungen erfüllen im Rahmen der Hilfen nach §§ 27 oder 35a SGB VIII die Funktion der Unterstützung, Förderung oder im Extremfall der Wiederermöglichung des pädagogischen Prozesses. Neben psychotherapeutischen Leistungen kommen auch andere therapeutische Leistungen in Betracht, wie Beschäftigungs-, Kunst- und Gestaltungs-, Bewegungs- und Musiktherapie oder körperorientierte Verfahren. Die Feststellung der geeigneten und notwendigen Art der Therapie und ihres Umfangs erfolgt durch **fachdiagnostische Dienste.** Das Merkmal der erforderlichen therapeutischen Qualifikation beinhaltet einen anerkannten Abschluß in dem jeweiligen therapeutischen Verfahren; darüber hinaus muß die persönliche Qualifikation in Beziehung zu den Bedürfnissen des jeweiligen Einzelfalls gebracht werden können. Das Nähere wird durch Verwaltungsvorschriften geregelt."

Diese ebenfalls in ihrer Konzeption fertiggestellten Verwaltungsvorschriften spezifizieren noch die Bedeutung der Fachdiagnostik, z.B. durch Psychologen in den Erziehungsberatungsstellen, Kinder- und Jugendpsychiater und andere Kinder- und Jugendlichenpsychotherapeuten etc. In Berlin werden sehr viele therapeutische Hilfen in Fällen, in denen die Kasse nicht zu Leistungen bereit sein kann, nach KJHG umgesetzt. Dieses Vorgehen halte ich für richtig und wichtig und verhindert erheblich teurere stationäre Maßnahmen. Allerdings ist nicht jede Therapieform in jedem Fall geeignet und unsere tägliche Arbeit zeigt klar, wie wichtig es ist, sowohl die Indikationsstellung wie auch den Therapieverlauf fachkundig zu überprüfen. Teilweise wird z.B. mit Kindern therapeutisch gearbeitet und die inhaltlich dazugehörige Elternarbeit wegen Verständigungsschwierigkeiten nicht fortgeführt, teilweise kommt es zu erheblichen Schwankungen in den Stundenfrequenzen, ohne daß der Träger der Maßnahme informiert wird etc. Allein schon aus ökonomischen Gründen, weil die entsprechende Maßnahme erfolgversprechend sein soll und nicht endlos laufen kann, ist deshalb eine entsprechende fachliche Überprüfung erforderlich.

Dieses Verfahren hat den Vorteil, daß die primär in Anspruch genommene Stelle oder Praxis, welche schon umfangreiche Diagnostik zur Vorbereitung der Hilfeplanung unternommen hat, nun vor dem Hintergrund dieser diagnostischen Ergebnisse dem Behandlungsplan und dessen Realisierung überprüft. Behandlungspläne müßten nicht anonymisiert werden, wenn sie – wie vorgeschlagen – zweigeteilt würden und der Kostenplan direkt an das Jugendamt gehen würde, während der inhaltliche Behandlungsplan an den ursprünglichen Diagnostiker zur Stellungnahme geht. Auch dieses Verfahren gewährt einen hinreichenden Datenschutz, da nicht nur kinder- und jugendpsychiatrische Stellen und Praxen durch die ärztliche Schweigepflicht, sondern auch traditionell die Erziehungsberatungsstellen hohe Standards im professionellen Umgang mit dem Schutz intimer familiärer Daten haben, was sicher mit ein Teil ihres Erfolges und ihrer Akzeptanz in der Bevölkerung ausmacht. Die psychotherapeutisch fachkompetenten Diagnostiker leiten dann ihre Stellungnahme zum Behandlungsplan an das federführende Jugendamt zur Umsetzung der Maßnahmen weiter.

Vorteile: Dieses Verfahren erlaubt eine **direktere Kooperation und Überprüfung** der Maßnahmen und sichert **dennoch genügend den Datenschutz. Nachteile:** Ein solches Verfahren setzt ein gut ausgebautes System von diagnostischer und therapeutischer Fachkompetenz im öffentlichen Sektor voraus oder es bedingt die kooperative Mitarbeit von niedergelassenen oder in Ambulanzen tätigen Ärzten, Psychologen, bei teilweise noch unklarer Finanzierung dieser Mitarbeit.

4.0.3 Gefährdung des Kindes. Braucht das Kind derzeit Schutz?

Neben der Klärung der Frage nach dem Hilfebedarf bzw. nach dem körperlichen und psychotherapeutischen Behandlungsbedarf muß auch immer geklärt werden, ob das Kindeswohl in den derzeitigen Lebensumständen gefährdet ist. Besonders, wenn es um Kindesvernachlässigung, Kindesmißhandlung oder sexuellen Mißbrauch von Kindern geht, kann es hier zu erheblichen Mißverständnissen in bezug auf die jeweilige Berufsrolle kommen. Manche Ärzte sind der Ansicht, daß sie quasi imperativ an ihre Schweigepflicht gebunden sind, oder daß es prinzipiell ärztlichem Tun widerspreche, behördliche Kontrollmaßnahmen bzw. Eingriffe in Familien zu initiieren. Da Kinder- und Jugendpsychiater in der Praxis immer wieder mit den Folgen von Deprivation, Mißhandlung und Mißbrauch zu tun haben, ist bei ihnen eine kategorische "Amtsfeindlichkeit" vielleicht seltener vorzufinden als bei Kinderärzten und Allgemeinpraktikern, die bisweilen im Sinne einer solchen strengen "Arbeitsteilung" plädiert haben. Rechtlich (vgl. Fegert 1993) sind Ärzte in diesem Zusammenhang in einer privilegierten Situation, die sie auch nutzen sollten. Einerseits bietet ihnen die ärztliche Schweigepflicht tatsächlich einen Rahmen, in dem sie sich in der Regel gegen jeglichen amtlichen Offenbarungsdruck wehren können. Der alte, schon im antiken Recht vorhandene Rechtsgrundsatz, daß das Recht des Schwachen bzw. Kranken das höchste Rechtsgut sei, gilt aber auch für Vernachlässigungs-, Mißhandlungs- und Mißbrauchsfälle (*Salus aegroti suprema lex*). Kein Arzt ist meines Wissens in der Bundesrepublik je wegen eines Bruchs der ärztlichen Schweigepflicht verurteilt worden, wenn er sich aus Sorge um das Kindeswohl zu einer Offenbarung gegenüber dem Amt entschlossen hat. Zu betonen ist hier noch, daß es im Rahmen des KJHG auch nicht um repressive Formen der Strafverfolgung elterlicher bzw. familiärer Defizite geht, sondern um den Versuch einer gemeinsamen Hilfeplanung auch unter schwierigen Bedingungen. Gerade das bedeutet, daß der Diagnostiker in diesem Prozeß jenseits aller Prinzipien der **Allparteillichkeit in der Kontaktaufnahme**, die immer geboten sind, **parteilich für das Kind auf die Berücksichtigung des Kindeswohls** achten muß.

Schon 1978 hat Remschmidt Kriterien für die Abschätzung des Kindeswohls bzw. der Gefährdung des Kindeswohls aus kinder- und jugendpsychiatrischer Sicht formuliert. Zu diesen Kriterien zählen die Gesundheit des Kindes, die Entfaltung der Persönlichkeit, die Freiheit von Belastungen, die Entwicklung interpersonaler Beziehungen, die Bindung und Identifikation in einer Familie und die Sicherung der materiellen Situation.

Nicht selten kann eine dezidierte ärztliche Stellungnahme an diesem Punkt dazu beitragen, daß nicht-vormundschaftsgerichtliche Maßnahmen nach § 1666 BGB notwendig werden, sondern daß im Rahmen der Hilfeplanung auf der Basis einer mehr oder weniger gegebenen Kooperation (die hier natürlich oft unter erheblichem Druck zustandekommt) zum Beispiel einer Fremdunterbringung ihres Kindes zustimmen. Äußern Kinder in Notlagen während der kinderpsychiatrischen Untersuchung direkt den Wunsch, geschützt untergebracht zu werden, muß dies auch für den Diagnostiker Anlaß sein, eine Inobhutnahme nach § 42 KJHG durch das zuständige Jugendamt zu ermöglichen.

Die Ergebnisse der kinder- und jugendpsychiatrischen Untersuchung werden in einem Arztbrief oder einer Epikrise zusammengefaßt, die eventuell ganz oder in Teilen Heimen, Pflegefamilien, nachbehandelnden Psychotherapeuten etc., mit Einwilligung der Sorgeberechtigten zugänglich gemacht werden können. Diese detaillierten Berichte sind mit der in ihnen enthaltenen Fülle von intimen Informationen für den Prozeß der Hilfeplanung nicht unbedingt erforderlich. Hier eignen sich wegen des Datenschutzes eher klar gegliederte, knappe ärztliche Stellungnahmen.

Die folgenden Abschnitte des Kapitels orientieren sich dennoch am Aufbau eines solchen Arztbriefes, weil er den Gang der Untersuchung und Diagnostik sehr gut wiederspiegelt. Abschließend wird in einem weiteren Abschnitt besprochen, wie Stellungnahmen zur Hilfeplanung und zur Therapieplanung bzw. Therapiefortsetzung aufgebaut sein sollten. Grundsätzlich lassen sich zunächst fünf Bereiche beschreiben, die bei der epikritischen Zusammenfassung einer kinder- und jugendpsychiatrischen Untersuchung erwähnt werden sollten:

1. Der Vorstellungsanlaß und die Bedingungen der Vorstellung,
2. anamnestische Angaben,
3. Befunde,
4. Diagnose(n),
5. Prognose und Maßnahmen.

Bei längerer Betreuung muß natürlich auch der Verlauf diskutiert werden.

4.1 Vorstellungsanlaß und die Bedingungen der Vorstellung

Vorstellungsanlaß ist in der Regel eine Symptomatik, die Anlaß zur Besorgnis gibt. Nach Cox (1994) ist allerdings die Präsenz einer solchen Symptomatik oder eines solchen Problems zwar eine inhaltlich notwendige Bedingung für die Vorstellung, aber nicht hinreichend als Grund für die Vorstellung. Denn wenn dies so wäre, müßten alle Kinder mit Problemen in entsprechenden Einrichtungen oder Praxen vorgestellt werden, und dies ist ja bei weitem nicht so. Nach Cox (1994) wird die Bereitschaft, ärztliche Hilfe in Anspruch zu nehmen, außer der Symptomatik, die Anlaß zur Vorstellung gibt, noch durch zahlreiche andere Faktoren beeinflußt. Als Beispiel nennt er die bekannte und mehrfach untersuchte Tatsache, daß Jugendliche bisweilen erhebliche emotionale Probleme durchleiden, ohne daß ihre Bezugspersonen davon Notiz nehmen. Bestimmte Probleme werden auch als "Frechheit oder schlechtes Betragen" einseitig oder falsch verstanden. Gerade bei verschleppten Problematiken oder nicht beachteten Symptomen wird das Problem häufig erst in einer **krisenhaften Zuspitzung** erkannt. Cox (a.a.O.) nennt als Beispiele verzweifelte, traurige Mädchen, deren Notlage erst wahrgenommen wird, wenn sie von zu Hause weglaufen oder einen Selbstmordversuch unternehmen etc. Des weiteren setzt die Inanspruchnahme eine **Informiertheit** über mögliche Hilfen und den Zugang zu solchen Hilfen voraus. Die Inanspruchnahme ist auch abhängig von den familiären Überzeugungen, Urteilen und Vorurteilen zum vorliegenden Problem und von den Einstellungen der Familie gegenüber Psychiatrie. Eigene (z.B. negative) Vorerfahrungen mit der Psychiatrie oder Heimerziehung können hier das Elternverhalten beeinflussen. Bei Veränderungen in psychosozialen Versorgungsnetzen, z.B. bei Beendigung einer bestimmten Hilfeform, kann die Problematik für die Familie unerträglicher werden, was zu einer Erst- bzw. Wiedervorstellung führen kann. In unserem Zusammenhang ist es besonders wichtig zu beachten, daß bisweilen die Familien gar keine Motivation zur Vorstellung ihres Kindes zur kinder- und jugendpsychiatrischen Untersuchung haben und der Druck, dies zu tun, durch Helfer, z.B. im Jugendamt, geschaffen wird. Hier ist es meiner Ansicht nach wichtig, daß in solchen Zusammenhängen die kinderpsychiatrische Untersuchung **nicht** als ein **formaler Verwaltungsakt**, der vor der Einleitung von Maßnahmen absolviert werden muß, dargestellt wird. Vielmehr handelt es sich um eine **umfassende Untersuchung mit offenem Ausgang**. Es ist deshalb im Einzelfall wichtig, den Eltern zu vermitteln, warum von fachkompetenter Seite der körperlich-neurologische, intellektuelle und emotionale Entwicklungsstand des Kindes untersucht werden soll, und warum es wichtig ist, das Ausmaß der jeweiligen Problematik und ihre vermutliche Weiterentwicklung zu begreifen. Da der spätere Prozeß der Hilfeplanung auf ein kooperatives Vorgehen zusammen mit den Sorgeberechtigten abzielt, ist auch die Inanspruchnahme einer kinder- und jugendpsychiatrischen Diagnostik in diesem Sinne vorzubereiten. Das heißt, in der Regel sollten die sorgeberechtigten Eltern selbst z.B. in Absprache mit dem Jugendamt die Vorstellung ihres Kindes veranlassen, d.h. ihr Kind zur Untersuchung anmelden und es zu den Untersuchungen begleiten und auch zu entsprechenden Anamnese- und Elterngesprächen und Beratungsgesprächen bereitstehen. Der Auftrag der Untersuchung kommt primär von der sorgeberechtigten Eltern, die sich direkt oder mit der Überweisung vom Haus- bzw. Kinderarzt an den Kinder- und Jugendpsychiater wenden. Eine solche kinder- und jugendpsychiatrische Untersuchung zur Diagnostik bei psychischen Problemen und Verhaltensauffälligkeiten stellt demnach auch eine **ärztliche Leistung** dar, die im Rahmen der **Krankenversicherungen** getragen werden muß. **Anders verhält es sich bei Gutachten**, die auch zur Inanspruchnahme einer kinder- und jugendpsychiatrischen Institution oder Praxis führen können. Hier muß noch nicht einmal eine primär erkennbare Problematik des Kindes vorliegen, denn gerichtliche Fragestellungen können sich auch auf mögliche Folgezustände von Entscheidungen oder gerade auch die Fragestellung, ob eine solche Problematik vorliegt, beziehen. Hier wird der Aufwand bei der Diagnostik durch den Auftraggeber des Gutachtens durch eine Aufwandsentschädigung beglichen.

Derzeit werden Familien noch häufig direkt vom Jugendamt beim Kinder- und Jugendpsychiater angemeldet. Bisweilen spricht in diesem Zusammenhang das Jugendamt einen sogenannten "Gutachtenauftrag" aus und erwartet die Zuordnung oder Nicht-Zuordnung zu einem bestimmten Personenkreis, wobei im Extremfall (auch solche Schreiben liegen mir vor!) dem Untersucher gleich noch mitgeteilt wird, daß er sich bei seiner Tätigkeit auf diese Zuordnung zur Behinderungsform beschränken solle, da die Beratung der Eltern und die Einleitung der entsprechenden Hilfeformen dann beim Jugendamt geschehe. Einmal abgesehen von der formalen Ebene, die ja bedeuten würde, daß der Auftraggeber eines solchen Gutachtens auch die Kosten dieser Begutachtung tragen müßte, bin ich der Ansicht, daß solche eingeschränkten Aufträge deshalb abgelehnt werden müssen, weil sie nicht dem **kooperativen und integrativen Konzept** der Hilfeplanung, wie sie in § 36 KJHG vorgesehen ist, entsprechen. Ohne eine gewisse Kooperation der Eltern bzw. ohne die Klärung, warum diese Kooperation nicht möglich ist, und ohne die Intervention von entsprechenden Helfern in diesen Fällen, ist eine kinder- und jugendpsychiatrische Untersuchung – egal, bei welchem Vorstellungsanlaß – nicht möglich. Ein einmaliges "Vorführen" des Kindes durch einen Sozialarbeiter vom Jugendamt ohne die Kooperation der Familien ermöglicht in der Regel nicht, zur Hilfeplanung differenziert und adäquat Stellung zu nehmen. Dies alles macht deutlich, daß Zeitpunkt der Vorstellung, begleitende Bezugspersonen, einweisender Arzt oder andere die Empfehlung aussprechende Stellen, schon früher aufgesuchte Behandler oder Stellen etc., bei der ersten Kontaktaufnahme durch den Kinder- und Jugendpsychiater Berücksichtigung finden müssen.

Der **konkrete Vorstellungsanlaß**, d.h. die aktuelle Symptomatik, wird so präzise wie möglich beschrieben. Hierzu gehört ihr Beginn, der Kontext, in dem die Symptomatik zuerst aufgetreten ist oder jetzt immer auftritt, und ihre Intensität (Angaben möglichst quantifiziert). Da die Maßstäbe von Eltern völlig unterschiedlich sind, kann sich der Kinder- und Jugendpsychiater also deshalb nicht damit begnügen, wenn Eltern zum Beispiel von schwerem Einnässen sprechen, sondern es gilt, detailliert festzustellen, und – wenn dies im Gespräch nicht möglich ist, z.B. durch Kalenderführung – herauszubekommen, wie häufig und in welchen Situationen das Kind einnäßt (siehe Kapitel 5). Auch das Zusammenwirken unterschiedlicher Problemfelder und Verschlechterung im Verlauf oder Krisen, die zur akuten Vorstellung führten, müssen beschrieben werden.

4.2 Anamnestische Angaben

4.2.1 Persönliche Anamnese des Kindes

Diese Formulierung – die Steinhausen (1993) in seinem Lehrbuch vorschlägt – habe ich dem gebräuchlicheren Terminus "Eigenanamnese" hier vorgezogen, weil bei Kindern und Jugendlichen diese Eigenanamnese in der Regel nur zum Teil auf eigenen Angaben des Kindes und Jugendlichen beruht. Die persönliche Anamnese des vorgestellten Patienten stellt die Entwicklung des Kindes von der Schwangerschaft an bis zum Untersuchungszeitpunkt dar. In der Regel geben die Kindeseltern Auskunft über Schwangerschaftsverlauf, Geburtsverlauf und frühkindliche Entwicklung. Prä- und perinatale Komplikationen, wie erheblicher Alkoholkonsum der Mutter während der Schwangerschaft oder Geburtskomplikationen mit Sauerstoffmangelversorgung für das Kind etc., können erklärend für die organische Mitverursachung späterer Zustandsbilder sein. Andererseits sind bei manchen Kindern und Jugendlichen zum Zeitpunkt der kinderpsychiatrischen Vorstellung die leiblichen Eltern nicht mehr erreichbar. Dies trifft zum Beispiel in der oben erwähnten Situation einer alkoholbedingten Schädigung des Kindes häufig zu. Beim sogenannten "fetalen Alkoholsyndrom" oder der Alkoholembryopathie leben die Kinder später nicht selten in Pflegefamilien, da schon in den ersten Lebensmonaten die Versorgung durch die süchtigen Mütter nicht gewährleistet werden konnte. Hier sind fremdanamnestische Zusatzangaben, z.B. aus Jugendamtakten, häufig für die Untersuchung wesentlich. Viele nachbetreuenden Institutionen oder Pflegefamilien sind leider auch heute noch oft nur spärlich über diese Ausgangsdaten informiert.

In bezug auf die ersten Lebensjahre werden die sogenannten "Meilensteine" der motorischen, sprachlichen Entwicklung und der Sauberkeitserziehung abgefragt. Die beginnende soziale Integration und der Umgang mit Trennungssituationen, eventueller Kindergartenbesuch, die Einschulung etc. sind weitere Eckpunkte der Anamneseerhebung. Schulische Entwicklung, psychosexuelle Entwicklung, aber auch die Integration in einen Freundeskreis und Stärken, Fähigkeiten und Hobbies des Kindes sollten bei der persönlichen Anamnese erfaßt werden. Während die prä- und perinatalen Einflüsse gerade für Entwicklungsstörungen in den ersten Lebensjahren große Bedeutung haben können, nimmt später der Einfluß situativer Faktoren und aktueller Belastungen auf das psychische Wohlbefinden immer mehr zu. Deshalb ist auch die genaue Registrierung von belastenden Lebensereignissen, sogenannten "life events" (wie Tod eines Elternteils, Scheidung, Trennung, Geburt eines Geschwisterkindes, Arbeitslosigkeit eines Elternteiles, Mißhandlung, Mißbrauch etc.) für die persönliche Anamnese wesentlich.

4.2.2 Familienanamnese

In der Familienanamnese versucht der Untersucher, sich einen Überblick über die Stellung des Kindes in seiner aktuellen Lebensumwelt zu verschaffen. Wichtig ist auch die Berücksichtigung der Herkunftsfamilie, familiärer Trennungen, Aufnahme in eine Pflegefamilie etc. Zentral ist hier eine Mehrgenerationenperspektive, in vielen Bereichen hat sich die Arbeit mit Genogrammen, psychosozialen Familienstammbäumen, bewährt. Beschrieben werden soll auch die derzeitige ökonomische Ausgangslage der Familie, ihre Ressourcen (Wohnraum, Arbeit der Eltern, eventuelle Geschwisterrivalität etc.). Teilweise empfiehlt es sich, neben der Schilderung der Erwachsenen die betroffenen Kinder ein Bild oder einen Grundriß ihrer Wohnung zeichnen zu lassen und sich einen üblichen Tagesablauf beschreiben zu lassen. Dies ist besonders in Fällen, in denen die Erziehungskompetenz der Eltern zumindest teilweise in Frage steht und sich elementare Fragen nach der Versorgung des Kindes erheben, sehr empfehlenswert (vgl. Fegert 1989/1992, S. 80–81). Viele, ursprünglich von familientherapeutischen Autoren entwickelten Sichtweisen haben in der Zwischenzeit allgemein die kinder- und jugendpsychiatrische Diagnostik geprägt. Einen Überblick über spezifische Familiendiagnostik bietet das Handbuch von Cierpka (1988). Neben der familiären Entwicklung im Lebenszyklus, d.h. der Mehrgenerationenperspektive, ist vor allem die Beschreibung unterschiedlicher **Grenzen** hilfreich. An der **Grenzlinie zwischen Familie und Gesellschaft** lassen sich "Peer"-Kontakte, Freundschaften, Einbettung in soziale Zusammenhänge, aber auch Abhängigkeit von Ämtern, Sozialhilfe, etc. beschreiben. Innerhalb der Familien sind die **Generationsgrenzen** von Bedeutung. Verwischungen oder Unklarheiten in bezug auf diese Grenzen führen zu Überforderungssituationen, wenn Kinder z.B. elterliche Verantwortung mit übernehmen (**Parentifizierung**), können aber auch charakteristischerweise in Mißbrauchssituationen mit Generationsgrenzen überschreitenden sexuellen Kontakten beobachtet werden. Auch die **interpersonellen Grenzen** zwischen den einzelnen Personen in der Familie, d.h. die jeweiligen **Koalitionen oder Ablehnung**, sind hier von Interesse und bestimmen mit die Problemlösungsmöglichkeiten innerhalb der Familie und die Bedeutung der jeweiligen Symptomatik für die einzelnen Familienmitglieder.

Klassische Elemente der psychiatrischen Familienanamnese, d.h. Behinderungen, psychische Erkrankungen, neurologische Erkrankungen und schwere andere Erkrankungen der Familienmitglieder und insbesondere Alkohol-, Drogen- und Tablettenabhängigkeit bei anderen Familienmitgliedern, komplettieren die kinder- und jugendpsychiatrische Familienanamnese.

4.2.3 Fremdanamnestische Angaben

In manchen Fällen wird es wichtig sein, die von den Betroffenen gemachten Angaben durch Fremdangaben zu relativieren und zu ergänzen. Eine zentrale Informationsquelle für den Kinder- und Jugendpsychiater stellt mit Einwilligung der Eltern die **Schule** dar. Viele Probleme, die im Elternhaus in ihrem ganzen Umfang gar nicht wahrgenommen werden, fallen erstmals im schulischen Rahmen auf. Lehrer sind häufig auch die privilegierten Vertrauenspersonen für Kinder, die zu Hause vernachlässigt, mißhandelt oder mißbraucht werden. Insofern sind gerade in problematischen Verhältnissen Eindrücke aus der Schule für die kinder- und jugendpsychiatrische Anamneseerhebung wesentlich. Oben schon erwähnt wurden Informationen z.B. aus Jugendamtsakten bei in Pflege gegebenen oder adoptierten Kindern oder Kinder in Heimen. Betreuende Sozialarbeiter oder Helfer können ebenso wichtige Informanten sein wie auch entferntere Familienmitglieder, Großeltern oder z.B. Gasteltern von Ferienmaßnahmen etc. Zur Bewertung solcher Angaben ist es wichtig, die Quelle und die Relevanz der Aussagen dieser Quelle (d.h. Vertrautheit mit dem Kind, Länge der Beziehung zum Kind etc.) im Auge zu behalten (vgl. Fegert 1993, S. 117).

4.3 Befunde

4.3.1 Körperliche und neurologische Untersuchungsbefunde

In der Regel gehört eine körperliche und neurologische Untersuchung zur kinderpsychiatrischen Befunderhebung. Dadurch kann der Kinderpsychiater den Reifungs- und Entwicklungszustand des Kindes beurteilen und körperliche Begleit- oder Grunderkrankungen erkennen, gerade in schwierigen sozialen Verhältnissen sind auch Eindrücke über den Pflege- und Ernährungszustand wichtig. Die Verhaltensbeobachtung bei der Untersuchung bietet eine wichtige Gelegenheit, Eindrücke über den Umgang des Kindes mit Scham und Körperlichkeit, aber auch Angst vor Verletzungen etc. zu sammeln (z.B. Fegert 1992, 1993). Manche Kinder ängstigen sich vor der körperlichen Untersuchung. Deshalb ist es wichtig, grundsätzlich dazu bereit zu sein, die Kinder auch im Beisein der erwachsenen Begleitperson zu untersuchen. Vielen Kindern, vor allem Jugendlichen, ist es allerdings sympathischer, bei der Untersuchung alleine mit dem Arzt bzw. der Ärztin zu sein. Elementar ist, daß dem noch angezogenen Kind ausführlich in Präsenz der Begleitperson erklärt wird, welche Untersuchungsschritte folgen werden. Auch die bei der Untersuchung verwandten Gegenstände und Geräte können dem Kind eventuell an einer Puppe oder einem Teddybär gezeigt und erklärt werden. Der Kinderpsychiater braucht nicht viele Instrumente für seine Diagnostik. Stethoskop zum Abhören von Herz und Lunge, Taschenlampe und Augenspiegel, Ohrenspiegel, Reflexhammer, Stimmgabel, Nadel, Wattetupfer und ähnliches zur Sensibilitätsprüfung. Erste wichtige Informationen ergeben sich schon bei der Inspektion: der Pflegezustand der Haut, Allergien, Ekzeme, müssen ebenso beschrieben werden wie Verletzungsspuren, Narben, eventuell auch Mißhandlungsspuren. Insofern ist es wichtig, im Rahmen der Untersuchung in der Regel auch eine Inspektion der Genital- und Analregion mit vorzunehmen.

Somatographische Daten wie Körpergröße, Gewicht und Kopfumfang können wichtige Hinweise für bestimmte Störungsbilder wie die Magersucht, oder auch das fetale Alkoholsyndrom etc. liefern.

Allerdings sollte ein wiederholtes Untersuchen von Kindern ohne klinischen Anlaß und ohne spezifische Fragestellung vermieden werden. Bailey (1994) hat darauf hingewiesen, daß es hier Sache des Kinder- und Jugendpsychiaters ist, eventuell multiple Vorbefunde von Kinderärzten, Kinderkliniken, Gynäkologen etc., die ihm nach der Anamneseerhebung relevant erscheinen, zusammenzufassen. Der Kinderpsychiater muß sich intensiv um die Kommunikation mit anderen Fachkollegen bemühen und sollte sich auch in der Regel auf deren Untersuchungsergebnisse verlassen, das heißt, beim eigenen Untersuchungsgang dann nur noch die für ihn wesentlichen Fragestellungen abklären.

Die Arbeitsgruppe um Touwen und Prechtl hat einen sehr ausführlichen, klar gegliederten **Untersuchungsgang** zur Überprüfung geringer **neurologischer Funktionsstörungen eingeführt** (Touwen 1982). Dieses entwicklungsneurologische Vorgehen setzt neben den üblichen Untersuchungen der Hirnnerven, der Reflextätigkeit und der Sensibilität einen Schwerpunkt auf die Überprüfung der feinmotorischen Koordination und vor allem auf die Entwicklung dieser Funktionen. Muskeltonus, Körperhaltung, Muskelkraft werden ebenso wie die Sinnesfunktionen Hörfähigkeit und Visus überprüft.

4.3.2 Zusätzliche Laboruntersuchungen und apparative Diagnostik

Eine **Blutentnahme**, die von vielen Kindern gefürchtet wird, gehört nicht routinemäßig zur kinderpsychiatrischen Diagnostik, ist aber in vielen Einzelfällen begründet und notwendig. Einige Stoffwechselerkrankungen können erhebliche psychische Folgezustände und/oder massive Entwicklungsverzögerungen hervorrufen und verlangen eine ausführliche Labordiagnostik. Auch bei den Eßstörungen, vor allem bei der sogenannten "Freß-Kotz-Sucht", der Bulimie, sind Verschiebungen der Blutsalze gefürchtete Komplikationen. Blut ist wichtiges Ausgangsmaterial für genetische Untersuchungen bei der Chromosomenanalyse.

Im **Urin** können die meisten Suchtmittel und Medikamente nachgewiesen werden. Ein **Drogenscreening** kann z.B. in Konfliktsituationen zwischen Eltern und Jugendlichen eine objektive Ebene – Hat der Jugendliche nun Drogen konsumiert oder nicht? – zur Grundlage des weiteren Vorgehens machen.

Nur sehr selten, bei spezifischen Fragestellungen, z.B. bei Verdacht auf infektiöse Erkrankungen im Gehirn oder bei bestimmten Tumorerkrankungen, ist für die

Diagnostik eine Untersuchung des Liquors, d.h. der Gehirnflüssigkeit oder des "Nervenwassers", erforderlich.

Apparative Diagnostik hat in der kinder- und jugendpsychiatrischen Diagnostik auch nicht die vorrangigiste Bedeutung.

Am häufigsten, aber auch nicht in jedem Fall, wird die Ableitung eines **Elektroencephalogramms** (EEG) durchgeführt. Das **EEG** ist eine völlig harmlose und schmerzlose Untersuchung, die mit Anlegen der Elektroden und Ableitung weniger als eine Stunde in Anspruch nimmt. In der Regel werden die Elektroden zur Ableitung der "Hirnströme" mit Gumminetzen, die die Positionierung der Elektroden nach einem international festgelegten Schema erlauben, festgehalten. Da manchen Kindern der Stuhl und die Elektroden angst machen und Kinder nicht selten, vielleicht auch unter dem Eindruck von Gewalt- und Horrorvideos, einen Folter- bzw. den "elektrischen" Stuhl assoziieren, ist es empfehlenswert, vor der Untersuchung die Patienten ausführlich über die Untersuchung aufzuklären. Wichtig ist vor allem zu erwähnen, daß kein Strom zum Patienten fließt, sondern daß der EEG-Apparat Spannungsschwankungen zwischen den Elektroden mißt und aufzeichnet. Eine zentrale Bedeutung hat das EEG in der Epilepsie-Diagnostik, aber auch hirnfunktionale Reifungsdefizite lassen sich mit dieser Methode beschreiben und können im Verlauf beobachtet werden. Angesichts der neueren diagnostischen Möglichkeit der sogenannten "bildgebenden" Verfahren ist die Bedeutung des EEG zur Tumordiagnostik zwar zurückgetreten, doch erlaubt es ein erstes Screening (Durchsicht). Belastungsprüfungen wie EEG-Ableitung unter Hyperventilation, d.h. längerdauerndem tiefen Durchatmen, oder bei Fotostimulation, d.h. mit rhythmisch flackernden Lichtreizen, erlaubt zusätzliche Information in der Epilepsie-Diagnostik. Ähnliches gilt für das Schlafentzugs-EEG, bei dem die Kinder in der Regel bis Mitternacht wach bleiben dürfen (was sie gar nicht ungern tun) und am nächsten Morgen wieder sehr früh geweckt werden, so daß sie z.B. gegen Mittag nach Einnahme einer Mahlzeit so müde sind, daß sie unter der EEG-Ableitung in einem ruhigen, abgedunkelten Raum einschlafen.

Neuere, vom EEG ausgehende oder mit dem EEG kombinierte Techniken ermöglichen bei bestimmten Fragestellungen noch eine differenziertere Diagnostik. Die synchrone **Videodoppelbildaufzeichnung** erlaubt es, die Anfallssymptomatik gleichzeitig mit den Hirnströmen aufzuzeichnen und hinterher zu analysieren. Für die Kinderpsychiatrie interessant und teilweise vielversprechend sind neuere Entwicklungen der Untersuchung sogenannter **"evozierter" Potentiale**. Es handelt sich dabei um rechnerische Summationen bestimmter elektrischer Vorgänge im Gehirn, die auf bestimmte, z.B. akustische oder visuelle, Signale aufgezeichnet werden. Hier entwickelt sich derzeit ein Instrumentarium zu Funktionsdiagnostik, insbesondere bei neuropsychologischen Beeinträchtigungen. Solche Methoden werden in der kombinierten Wahrnehmungsdiagnostik wahrscheinlich in der Zukunft häufiger in der Praxis eingesetzt werden.

Bildgebende Verfahren wie die **Computertomographie** und die **Kernspintomographie** haben die neuropädiatrische Diagnostik von Hirnfehlbildungen, von intracerebralen Prozessen und Tumoren revolutioniert. Bei der Computertomographie handelt es sich um ein computergesteuertes Röntgenverfahren, wobei in einem Computer anatomischen Schnitten vergleichbare Bilder errechnet und dargestellt werden. Wichtig ist, daß für diese Untersuchung die Kinder mit dem Kopf ruhig in der Untersuchungsröhre liegen müssen. Bisweilen haben Kinder große Angst vor diesen Geräten, in der Regel lassen sie sich jedoch für solche Untersuchungen gut motivieren. Ein ähnliches Verfahren, allerdings aufbauend auf der Analyse des Echos auf Magnetfeldimpulse, stellt die Magnetresonanztomographie oder Kernspintomographie dar. Ihr Vorteil ist, daß im Gegensatz zur Computertomographie hier keine Strahlenbelastung entsteht.

Traditionelle Röntgendiagnostik, z.B. Darstellung des Schädels oder das Röntgen der Handwurzelknochen zur Bestimmung des Knochenalters, beschränken sich in der Kinder- und Jugendpsychiatrie heute nur noch auf sehr wenige spezifische Indikationen. Bei konkretem Mißhandlungsverdacht ist manchmal eine Röntgenübersicht oder eine Knochenszintigraphie, die multiple Frakturen erkennen lassen kann, indiziert.

Im Gegensatz zu den Röntgenverfahren bringen **Ultraschalluntersuchungen** keine Strahlenbelastung für die Patienten mit sich. Bei unklaren Bauchbeschwerden, aber auch bei der körperlichen Begleitdiagnostik zur Abklärung einer Enuresis oder Enkopresis (eines Einnässens bzw. Einkotens), stellt die unkompliziert durchzuführende Ultraschalluntersuchung einen ersten, wenig belastenden diagnostischen Schritt dar.

In begründeten Einzelfällen kann der Kinder- und Jugendpsychiater Rat und diagnostische Hilfe von fast **allen medizinischen Fachdisziplinen** benötigen. Hier ist seine Aufgabe, die Notwendigkeit solcher **Konsile** zu erkennen und die eingeholten Ergebnisse im Rahmen einer Hilfeplanung den Betroffenen, den Familien und auch den Behörden wie z.B. dem Jugendamt in ihrer Relevanz auf die Gesamtproblematik zu erläutern.

4.3.3 Testpsychologische Diagnostik

Testpsychologische Methoden gehören essentiell bei vielen Fragestellungen zur kinder- und jugendpsychiatrischen Untersuchung.

4.3.3.1 Intelligenztests

Da Schulleistungsprobleme häufig ein Hinweiszeichen auf eine allgemeine Problematik bei einem Kind sind, hat die orientierende Leistungsdiagnostik häufig eine zentrale Bedeutung. Es gibt eine ganze Reihe für Deutschland normierter, allgemeiner Intelligenztests, vor allem ab dem Grundschulalter. Eine wichtige systematische Unterscheidung betrifft den Anteil sprachgebundener Testanforderungen.

Sogenannte "sprachfreie" Intelligenztests haben Aufgaben, die einen hohen visuellen Aufforderungscharakter haben und die weniger förderungsabhängiges Schulwissen und sprachliche Kompetenzen zur Bearbeitung verlangen. Solche Tests sind vor allem bei ausländischen Kindern, die noch nicht lange in Deutschland leben, immer mit zur Beurteilung heranzuziehen. Zu den bekanntesten Intelligenztests gehören die unterschiedlichen Bearbeitungen des Wechsler-Intelligenztests, in Deutschland der sogenannte "HAWIK-R", Hamburg-Wechsler-Intelligenztest für Kinder – Revision von 1983, und als Wechsler analoges Verfahren das "Adaptive Intelligenzdiagnostikum" (AID, von Kubinger und Wurst 1988), beide für den Altersbereich von 6 bis 15 Jahren. Charakteristisch für die Wechsler-Tests ist eine Differenzierungsmöglichkeit zwischen einem sogenannten "Handlungsteil" und einem sogenannten "Verbalteil" des Tests. Grob vereinfachend kann man sagen, daß erhebliche Unterschiede zwischen den Ergebnissen in diesen Teilen auf spezifische Problemlagen hinweisen können. So kann z.B. ein relativ guter Handlungsteil bei besonders schlechten förderungsabhängigen Leistungen auf **Förderungsdefizite** und Vernachlässigung hinweisen. Einzelne Einbrüche im Handlungsbereich bei guten verbalen Fähigkeiten bieten bisweilen einen Hinweis auf spezifische Teilleistungsstörungen.

Die "Kaufmann Assessment Battery for Children" (KABC), die jetzt in einer deutschen Normierung vorliegt, erlaubt eine differenzierte Intelligenzdiagnostik ungefähr ab dem 4. Lebensjahr (die Autoren geben auch noch Normen für jüngere Kinder an, deren Testung jedoch oft sehr situationsabhängig ist, weshalb ich gewisse Einschränkungen formulieren möchte). Der KABC schließt somit die Lücke von der Kindergarten- und Vorschuldiagnostik zum Grundschulalter und wird deshalb in den nächsten Jahren zunehmend an Bedeutung gewinnen, insbesondere bei Entscheidungen für eine adäquate Beschulungsform für Kinder.

Bei Jugendlichen kommt nicht selten das "PSB" (Horn 1969), das Prüfsystem für Schul- und Berufsberatung zur Anwendung. Für lernbehinderte und geistig behinderte Kinder wurden spezielle Testbatterien entwickelt (z.B. TBGB, Bondy et al. 1975).

4.3.3.2 Entwicklungsdiagnostik und Diagnostik bei Teilleistungsstörungen

Entwicklungsdiagnostische Untersuchungsgänge sind von verschiedenen Fachgebieten entwickelt worden. Eine medizinische sozialpädiatrische Entwicklung ist die "Münchner Funktionelle Entwicklungsdiagnostik" nach Hellbrügge und Mitarbeitern (1978). Die Bailey-Skalen, Griffith-Skalen oder die orientierenden Denver-Skalen werden ebenso in der Praxis eingesetzt wie die von Kiphard (1976) entwickelten Anleitungen zur Entwicklungsüberprüfung oder der "Southern California Sensory Integration Test" (SCSIT) nach Ayres (1979), der neben der visuellen Wahrnehmung auch motorische Leistungen, somatosensorische Wahrnehmung und andere Koordinationsprüfungen enthält. Allerdings bestehen zu Recht methodische Vorbehalte gegenüber der Normierung dieses Verfahrens, so daß der Vorteil dieses wie auch vieler anderer Untersuchungsgänge vor allem in der Möglichkeit zu einer standardisierten Beobachtung und Beschreibung der Kinder liegt.

Verbreitet sind noch einfache Verfahren zur Wahrnehmungsdiagnostik wie z.B. Frostigs Test der visuellen Wahrnehmung. Darüber hinaus gibt es noch für spezielle Teilleistungsprobleme im Bereich Sprache, Motorik, Sprachverarbeitung besondere Verfahren.

Die **schulrelevanten Teilleistungsstörungen** lassen sich durch die häufig auch von den Schulpsychologischen Diensten angewandten **Lese- und Rechtschreibtests sowie Rechentests** überprüfen.

4.3.3.3 Selbstwertskalen und Persönlichkeitsfragebogen

Selbstwertskalen und Persönlichkeitsfragebogen ermöglichen die Einschätzung einzelner Persönlichkeits- bzw. psychopathologischer Aspekte.

Das Konzept des Selbstwertes und der Selbstsicherheit hat für viele kinder- und jugendpsychiatrische Problemlagen eine zentrale Bedeutung. Es liegen unterschiedliche psychometrische Verfahren vor, die auch für deutsche Populationen normiert wurden. Allerdings ist sowohl bei den Selbstdarstellungen als auch bei den Angaben auf bestimmten Persönlichkeitsfragebogen immer in Betracht zu ziehen, daß die Probanden im Sinne sozialer Erwünschtheit antworten. Manche Verfahren erfassen diesen Faktor auf einer spezifischen Skala. Hinzu kommen einzelne Verfahren, die bei spezifischen Fragestellungen, z.B. Suizidalität oder Schulangst, zur Anwendung kommen. Allerdings ist der verbreitet eingesetzte Angstfragebogen für Schüler (AfS) ein sehr unspezifisches Instrument, welches bei der Diagnostik der sogenannten "Schulphobie", die in der Regel eine Trennungsangststörung darstellt, nur wenig Hilfe leisten kann. Hier werden derzeit neuere spezifischere Verfahren aus den USA in Deutschland eingeführt (vgl. Greven und Fegert 1994).

4.3.3.4 Projektive Verfahren

Teilweise sehr einfach in der Anwendung und eine hervorragende Explorationsergänzung, die auch Aussagen über bestimmte Möglichkeiten in der Therapie zum Teil erlaubt, sind die sogenannten "projektiven" Verfahren. Das Material oder die Aufgabe wird dabei sozusagen als "Projektionsfläche" angeboten, auf die das untersuchte Kind sein Innerstes abbilden soll. Was bei solcher Interaktion zur Darstellung gelangt und wie dies vom erfahrenen Untersucher interpretiert wird, bleibt natürlich sehr subjektiv. Im Gegensatz zu den psychometrischen Verfahren stellen diese Verfahren Untersuchungsmethoden dar, die einen subjektiv einfühlenden Zugang erfordern und deshalb hinsichtlich ihrer Ergebnisse auch eine entsprechende Vorsicht bei der Interpretation verlangen.

In der Kinderpsychiatrie werden häufig **Satzergänzungstests** eingesetzt. Dabei sollen unvollständige Sätze von den Kindern assoziativ komplettiert werden, ohne daß lange über den Inhalt nachgedacht wird. Wenn sich ein Kind auf dieser Ebene mitteilen kann, ergibt sich häufig ein Bild sowohl über die intrafamiliale Situation wie auch über bestimmte psychische Konflikte und die Sozialbeziehungen.

Ganz einfach ist die **Wunschprobe**, bei der das Kind gefragt wird, was es tun würde, wenn es z.B. drei Wünsche frei hätte.

"Familie-in-Tieren" ist eine weitere projektive Aufgabe, die vielen Kindern große Freude bereitet und die nicht selten auch die Familien direkt zur Interpretation der Darstellung und der Beziehung der gewählten Tiere reizt.

Ausgehend von Bühlers "Welttest" entwickelte von Staabs in den 50er und 60er Jahren den sogenannten **"Sceno-Test"**, dessen Figuren übrigens noch heute wie in der damaligen Zeit aussehen. Aus dem Scenospiel, z.B. aus bestimmten Familienszenen, oder aber auch kargen architektonischen Aufbauten kann auf die emotionale Befindlichkeit des Kindes oder auf eine spezifische Problematik geschlossen werden. Bestimmte Spielmaterialien erlauben es, Bereiche zu benennen, so z.B. das Krokodil Aggressivität, die Schultafel den schulischen Leistungsbereich, Personen verschiedenen Alters vom Baby bis zu den Großeltern das familiäre Umfeld etc.

Zu den projektiven Verfahren zählen auch die unterschiedlichen Abkömmlinge des "Thematischen Aperzeptions-Tests", in Deutschland z.B. der Salzburger Thematische Gestaltungstest (TGT) oder der CAT bzw. TAT. Prinzip dieser Verfahren ist es, bestimmte festgelegte Bilder den Kindern vorzulegen und sie dann aufzufordern, hierzu eine Geschichte zu erzählen. Zu einem Jungen mit einer Geige werden häufig Berichte über Leistungssituationen, über Leistungserwartungen der Eltern etc. dargestellt. Auch Themen der psychosexuellen Entwicklung werden durch unterschiedliche Bildvorlagen evoziert, so daß sich für eine psychodynamische Interpretation sowohl Informationen über Triebkonflikt als auch über Abwehrformen und Objektbeziehungen ergeben. Eine Darstellung der wesentlichen intrafamiliären Beziehungen, Zuneigung und Ablehnung, ermöglicht der Family-Relations-Test, in der deutschen Bearbeitung als Familienbeziehungstest (FBT). Er wird zur Klarifizierung intrafamilialer Konflikte und ihrer Wahrnehmung durch die Kinder, z.B. in einer Scheidungssituation, nach Trennung etc., häufig mit erhellenden Ergebnissen angewandt.

4.3.4 Verhaltensbeobachtung, Fragebogen und Beurteilungsskalen

Die gezielte Verhaltensbeobachtung hat in der kinderpsychiatrischen Befunderhebung einen wichtigen Stellenwert. Bei bestimmten Störungsbildern, z.B. den Tic-Erkrankungen, kann eine videogestützte Beobachtung und Analyse wesentliche Informationen geben. Elternfragebögen, Lehrerfragebogen und Jugendlichenfragebogen haben sich im praktischen Einsatz weltweit bewährt. Am häufigsten werden derzeit die unterschiedlichen Formen der "Child Behavior Checklist" von Achenbach

PGAS (ELTERNEINSCHÄTZUNGSSKALA NACH DER SGKJ; Fegert 1994)

Für die folgenden Beschreibungen können "Noten" von 1 bis 6 gegeben werden, wobei wie in der Schule die Bewertungen 1, 2, 3 sehr gutes Zurechtkommen bis leichtere Probleme bezeichnen und 4, 5 bis 6 Probleme stärkeren Ausmasses erfassen. Wie bei Schulnoten ist eine zutreffende Einteilung nicht immer leicht zu finden. Wählen Sie den Bereich, der insgesamt am besten beschreibt, wie Ihr Sohn/Ihre Tochter in der Familie, in der Schule und mit Gleichaltrigen zurechtkomt! Zutreffendes bitte einkringeln!

Bitte, beurteilen Sie, wie Ihr Sohn/Ihre Tochter in den letzten 4 Wochen im Alltag zurechtgekommen ist!

1. Er/sie **kommt auf allen Gebieten** (Familie, Schule, mit Gleichaltrigen etc.) sehr gut bzw. **gut zurecht.** (Selbstverständlich können gelegentlich Alltagssorgen und -schwierigkeiten vorkommen.)
2. Nicht mehr als leichte Funktionsbeeinträchtigungen entweder zu Hause oder in der Schule oder mit Gleichaltrigen.
   Er/sie zeigt Zeichen gefühlsmäßiger Belastung z.B. als Reaktion auf elterliche Trennung, Tod oder Geburt eines Geschwisters etc. Diese Belastung fällt vor allem innerhalb der Familie und guten Bekannten auf. Fremde würden es ihm/ihr nicht anmerken. Er/sie stört andere nur minimal.
3. Er/sie hat **Schwierigkeiten auf einem Gebiet**, kommt aber ansonsten recht gut zurecht. Fremde, die ihn/sie nicht kennen, würden die Probleme nicht unbedingt wahrnehmen. Diejenigen, die ihn/sie gut kennen, machen sich aber Sorgen.
4. Er/sie hat **unterschiedliche Schwierigkeiten** z.B. **zu Hause und** in der **Schule und/oder** auch mit **Gleichaltrigen**. Es gibt aber auch noch Situationen, in denen er/sie gut klarkommt. Seine/ihre Probleme werden für jeden offensichtlich, der z.B. als Lehrer oder enger Freund sich direkt mit ihm auseinandersetzt. In einer anderen Situation, die für ihn/sie weniger problembelastet ist, z.B. Ferien, Freizeit, könnte er/sie als unauffällig gelten.
5. Er/sie kommt in den meisten sozialen Bereichen **weniger gut zurecht** oder er/sie **zeigt eine schwere Beeinträchtigung in einem Gebiet** (z.B. durch Selbstmordgedanken, Schulverweigerung oder ausgeprägtes Schuleschwänzen, ausgeprägte Ängste, zwanghaftes Handeln oder ausgeprägtes zwanghaftes Grübeln, stark unangemessenes Verhalten im Umgang mit anderen Menschen oder häufige Episoden aggressiver Auseinandersetzungen, massive Regelüberschreitungen, wie Diebstähle, Körperverletzung etc.), wobei jedoch einige wichtige Beziehungen z.B. zu einigen wenigen Freunden oder der Großmutter etc. bestehen.
6. Er/sie ist **noch stärker beeinträchtigt**. Zeigt sehr starke Schwierigkeiten auf mehreren Gebieten (z.B. zu Hause, in der Schule, mit Gleichaltrigen oder in der Gesellschaft allgemein) oder hat eine komplette Unfähigkeit zur Funktion in einem dieser Bereiche. Er/sie braucht deshalb z.B. eine besondere Beschulung oder stationäre Behandlung, hat deshalb z.B. einen Schulverweis erhalten oder braucht sogar Pflege und Betreuung die meiste Zeit des Tages oder rund um die Uhr.

YGAS (JUGENDLICHENSKALA NACH DER SGKJ; Fegert 1994)

Die folgenden Beschreibungen werden "Noten" von 1 bis 6 zugeordnet, wobei wie in der Schule 1, 2, 3 sehr gutes Zurechtkommen bis leichtere Probleme bezeichnen, 4 und 5 bis 6 Probleme stärkeren Ausmasses erfassen. Wie bei Schulnoten ist eine Einteilung nicht immer leicht zu finden. Wähle den Bereich, der insgesamt am besten beschreibt, wie Du in der Familie, in der Schule und mit Gleichaltrigen zurechtkommst!
Zutreffendes bitte einkringeln!

Bitte, beurteile, wie Du in den letzten 4 Wochen zurechtgekommen bist!

1. Ich komme auf allen Gebieten (Familie, Schule, mit Gleichaltrigen etc.) sehr gut bzw. gut zurecht. (Selbstverständlich können gelegentlich Alltagssorgen und -schwierigkeiten vorkommen.)
2. Nicht mehr als leichte Funktionsbeeinträchtigungen entweder zu Hause oder in der Schule oder mit Gleichaltrigen.
   Ich zeige Zeichen gefühlsmäßiger Belastung z.B. als Reaktion auf elterliche Trennung, Tod oder Geburt eines Geschwisters etc. Diese Belastung fällt vor allem innerhalb der Familie und guten Bekannten auf. Fremde würden es mir nicht anmerken. Ich störe andere nur minimal.
3. Ich habe Schwierigkeiten auf einem Gebiet, komme aber ansonsten recht gut zurecht. Fremde, die mich nicht kennen, würden die Probleme nicht unbedingt wahrnehmen. Diejenigen, die mich gut kennen, machen sich aber Sorgen.
4. Ich habe unterschiedliche Schwierigkeiten z.B. zu Hause und in der Schule oder auch mit Gleichaltrigen. Es gibt aber auch noch Situationen, in denen ich gut klarkomme. Meine Probleme werden für jeden offensichtlich, der z.B. als Lehrer oder enger Freund sich direkt mit mir auseinandersetzt. In einer anderen Situation, die für mich weniger problembelastet ist, z.B. Ferien, Freizeit, könnte ich als unauffällig gelten.
5. Ich komme in den meisten sozialen Bereichen weniger gut zurecht oder ich zeige eine schwere Beeinträchtigung in einem Gebiet (z.B. durch Selbstmordgedanken, Schulverweigerung oder ausgeprägtes Schuleschwänzen, ausgeprägte Ängste, zwanghaftes Handeln oder ausgeprägtes zwanghaftes Grübeln, stark unangemessenes Verhalten im Umgang mit anderen Menschen oder häufige Episoden aggressiver Auseinandersetzungen, massive Regelüberschreitungen, wie Diebstähle, Körperverletzung etc.), wobei jedoch einige wichtige Beziehungen z.B. zu einigen wenigen Freunden oder der Großmutter etc. bestehen.
6. Ich bin noch stärker beeinträchtigt. Zeige sehr starke Schwierigkeiten auf mehreren Gebieten (z.B. zu Hause, in der Schule, mit Gleichaltrigen oder in der Gesellschaft allgemein) oder habe eine komplette Unfähigkeit zur Funktion in einem dieser Bereiche. Ich brauche deshalb z.B. eine besondere Beschulung oder stationäre Behandlung, habe deshalb z.B. einen Schulverweis erhalten oder brauche sogar Pflege und Betreuung die meiste Zeit des Tages oder rund um die Uhr

und Edelbrock eingesetzt. Remschmidt und Walter (1990) haben eine deutsche Normierung für die Kinder- und Jugendlichenversion der "Child Behavior Checklist" vorgelegt. 1993 wurde in Zusammenarbeit mit T. Achenbach aus verschiedenen deutschen Versionen eine Konsensversion für die "Child Behavior Checklist" für 4- bis 18jährige Kinder, für den Fragebogen für 2- bis 3jährige Kinder, für den Lehrerfragebogen (Teacher Report Form, TRF) und für den Jugendlichenfragebogen (Youth Self Report, YSR) erarbeitet (genehmigte deutsche Version der Arbeitsgruppe der Kinder- und Jugendpsychiatrischen Universitätskliniken FU Berlin, Frankfurt/Main, Köln, Zürich, 1993).

Steinhausen (1993) hat auf die Bedeutung der Erfassung bestimmter Symptome per Fragebogen hingewiesen. Im praxisnahen Anhang seines Lehrbuchs stellt er einige wesentliche weitere Instrumente zur Diagnostik hyperaktiven Verhaltens, wie die Conners-Fragebogen, Beurteilungsskalen bei Eßstörungen etc., vor. Zur Einschätzung des psychosozialen globalen Funktionsniveaus, d.h. auch der Frage, wieviel Unterstützung bzw. Hilfen ein Kind bei seiner Lebensbewältigung benötigt, hat der Verfasser im Auftrag der Arbeitsgruppe "Kinder-, Jugendlichen-, Familiendiagnostik" aus der CGAS, der "Childrens Global Assessment Scale", einem 10-stufigen Expertenrating, eine jeweils 6-stufige Eltern- und Jugendlichenversion zur Einschätzung der sozialen Kompetenz und des Betreuungsbedarfs entwickelt. Diese einfachen Fragen erlauben es, z.B. auch in der gemeinsamen Besprechung, mit den Eltern eine Einschätzung des Ausmasses der Hilfebedürftigkeit und des Bedarfs nach sozialer Unterstützung zu gewinnen. Auch die Verlaufsevaluation ist damit möglich. Beide Skalen eignen sich deshalb zum Einsatz bei der Hilfeplanung und bei der Überprüfung des Hilfeplans.

4.3.5 Psychopathologischer Eindruck

4.3.5.0 Psychopathologie

Die Psychopathologie, die "Lehre von den Leiden der Seele", verlangt vom Untersucher eine Stellungnahme zum Verhältnis "normal versus abnorm" bzw. "gesund versus krank". Daß diese Grenzen fließend sind, hat Freud (1901, Ges. Werke IV) mit seiner Schrift "Zur Psychopathologie des Alltagslebens" unterstrichen. Scharfetter (1976) definiert Psychopathologie als Erlebnislehre:

> "Der Patient 'hat' nicht Symptome, sondern erlebt bestimmte Erfahrungen und verhält sich daher in beschreibbar von der Gruppenorm abweichender Weise. Nichts von seinem Tun ist schlechthin unsinnig. Das ist keine wissenschaftliche Aussage, sondern ein Bekenntnis zur Psychopathologie als Erlebnislehre und Weg zur Therapie. Nur in dieser Einstellung werden wir dem kranken Menschen gerecht. Sogar 'verrücktes' Verhalten noch plausibel zum therapeutischen Handeln brauchbar einzuordnen, in eine erklärende Ableitung und eine funktionale Interpretation (Aufgrund welcher Erfahrung verhält sich der Patient in der beschriebenen Weise?) ist eine nie abgeschlossene Aufgabe".

Prinzipiell kann man eine allgemeine Psychopathologie, eine klinische, eine experimentelle, eine phänomenologische und eine psychodynamische Psychopathologie unterscheiden. Jaspers (1913, S. 20 ff.) beschrieb Kasuistik, statistische Analyse, Experiment, Phänomenologie, Verstehen und Erklären sowie die Erfassung von Ganzheit als Methoden der Psychopathologie. Einzelne psychopathologische Phänomene lassen sich durch die Einteilung und Gruppierung von Symptomen ordnen. Dies kann empirisch-methodisch durch Faktor- und Clusteranalysen erfolgen oder induktiv durch eine konventionalisierte Festlegung. T.M. Achenbach hat durch faktorenanalytische Untersuchungen aus den Einzelverhaltensweisen seine CBCL-Skalen entwickelt, die Dimensionen des Verhaltens wie Aggressivität, Destruktivität, sozialen Rückzug etc. beschreiben. Die klassische Psychopathologie geht bei der Formulierung des psychopathologischen Befundes bei Kindern und Jugendlichen beschreibend vor. Wichtig ist, daß der psychopathologische Befund die Schilderung eines momentanen Zustandsbildes ist. Beschrieben werden (modifiziert nach Steinhausen 1993)

- ☐ das **äußere Erscheinungsbild**: Attraktivität, Größe, Gewicht, Reife, eventuelle Fehlbildungen, erworbene körperliche Entstellungen, Kleidung, Sauberkeit, Pflegezustand,
- ☐ **Kontakt- und Beziehungsfähigkeit:** Kontaktaufnahme zum Untersucher, Rapport, Selbstsicherheit, Kooperation, Abhängigkeit von der Begleitperson und Trennungsangst,
- ☐ **Emotionen:** Stimmungen, Affekte, Angst, Selbstwert, Selbstvorwürfe,
- ☐ **Zwangshandlungen,** Zwangsgedanken,
- ☐ **Störungen des Eßverhaltens,**
- ☐ **funktionelle und somatoforme Störungen,**
- ☐ **Denkinhalte:** Befürchtungen, Phantasien, Träume, Denkstörungen, Selbstkonzept, Identität,
- ☐ **kognitive Funktionen:** Aufmerksamkeit, Steuerung, Orientierung, Auffassung, Wahrnehmung, Gedächtnis und Merkfähigkeit, allgemeine Intelligenz,
- ☐ **Sprache:** Umfang, Intonation, Artikulation, Vokabular, Komplexität, Sprachverständnis, Gesten,
- ☐ **Motorik:** Antrieb, Aktivität,
- ☐ **qualitative Auffälligkeiten** wie Tics, Stereotypien, Jaktationen,
- ☐ **soziale Interaktion** bzw. Störung des Sozialverhaltens,
- ☐ **Antrieb,**
- ☐ **formale Denkstörungen**, Wahn,
- ☐ **Ich-Störungen,**
- ☐ **Sinnestäuschungen,**
- ☐ **andere Störungen** wie Selbstschädigung, Suizidalität, Alkohol- Drogeneinfluß, sexuelle Auffälligkeiten und abnorme Bindungen an Objekte oder abnorme Interessen wie sie z.B. bei autistischen Kindern vorkommen.

Da die psychopathologische Beschreibung auch Ausgangspunkt für die Indikations- und Prognosestellung sein soll, haben insbesondere die Beschreibung der Rapportfähigkeit und der Introspektionsfähigkeit sowie die Beurteilung intakter

Persönlichkeits- und Ich-Anteile, die ein therapeutisches Arbeitsbündnis und die Realisierung von Hilfen ermöglichen, eine wesentliche Bedeutung. Eine mehr tiefenpsychologisch orientierte psychopathologische Befundung wird neben zentralen (Trieb-)Konflikten und einer Beschreibung der Fähigkeiten zu zwischenmenschlichen Beziehungen (Objektbeziehungsebene) vor allem aus ich-psychologischer Sicht eine Beschreibung bestimmter Abwehrebenen und Themen bei den betreffenden Patienten vornehmen. Beschrieben werden charakteristisch z.B. für Patienten mit sogenannten "frühen Störungen" und einer Borderline-Symptomatik, sogenannte "primitive" Abwehrmechanismen wie Spaltung und Dissoziation bei schizoiden Persönlichkeitsstrukturen, z.B. die Mechanismen der Projektion, Affektisolierung, Rationalisierung und Intellektualisierung, bei depressiven Persönlichkeitsstrukturen Identifikation, Regression und altruistische Abtretung etc. Für eine ausführliche Beschreibung sei auf Anna Freuds Buch "Das Ich und die Abwehrmechanismen" (1936) verwiesen. Gerade für die bisweilen schwierige psychopathologische Einschätzung von Borderline-Persönlichkeitsstörungen in der Adoleszenz empfiehlt Kernberg (1989) die Beachtung der Ebene der Identitätsdiffusion und die **Überprüfung der Fähigkeit zur Realitätsprüfung.**

Im Idealfall gibt ein gelungener psychopathologischer Befund nicht nur eine Verhaltensbeschreibung, sondern auch eine strukturelle Beschreibung der Persönlichkeit mit ihren Entwicklungsgrenzen und Entwicklungsmöglichkeiten wieder.

4.3.5.1 Psychopathologischer Eindruck von der Familie

Jenkins (1994) hat Dimensionen beschrieben, nach denen der Eindruck von einer Familie festgehalten werden sollte. Er empfiehlt zunächst **affektive Muster und Stimmungen** innerhalb der Familie zu beschreiben. Dann sollten die unterschiedlichen **Einstellungen gegenüber der Zielproblematik** beachtet werden. Wichtig sei zu beschreiben, wer sich in der Familie "als **Experte**" für das Problem fühlt, und wer in der Familie sich **am meisten Sorgen** macht. Des weiteren, wie dieser Besorgnis innerhalb der Familie Ausdruck verliehen wird. Auf der Basis einer mindestens **dreigenerationalen Betrachtung** – Ebene der Kindgeneration, Ebene der Elterngeneration, Ebene der Großelterngeneration – sollten die Stellung der einzelnen Familienmitglieder in bestimmten **Stadien des Lebenszyklus** sowie bestimmte Übergangskrisen beschrieben werden. Gerade diesen **Übergangsphasen** sollte besondere Beachtung gewidmet werden, wobei beschrieben werden sollte, wie die Familien mit solchen Übergängen umgeht. Strukturell soll die Familie über die Grenzen ihrer Subsysteme, über Hierarchien und Koalitionen beschrieben werden. Kommunikationsmuster wie "Wer spricht für wen?" oder "Ist die verbale und nonverbale Kommunikation kongruent?" sollten ebenfalls dargestellt werden. Dies mündet ein in die Beschreibung des familiären Konfliktbewältigungsstils. Abschließend solle die Frage beantwortet werden, warum zum jetzigen Zeitpunkt in der Familiengeschichte eine Vorstellung zur Untersuchung erfolgte und für welche Problemsituation oder in welchem Zusammenhang die Symptomatik, die den Anlaß zur Vorstellung bot, eine Problemlösung für die Familie darstellt. Auch abwesende Familienmitglieder und Personen sollten einbezogen werden. Der Untersucher sollte sich deshalb fragen, wen hätte ich gerne noch bei dem Gespräch dabei gehabt? (modifiziert nach Jenkins 1994, S. 69–70).

4.4 Diagnose

Die Information über den Vorstellungsanlaß, die anamnestisch erhobenen Daten und die Untersuchungsbefunde münden in eine Diagnosestellung ein. Der diagnostischen Klassifikation ist vor allem in den 70er Jahren der generelle Vorwurf des "Labeling" gemacht worden. Damit gemeint war die Tatsache, daß diagnostische Begrifflichkeiten latente Botschaften enthalten, welche die Träger dieses "Labels" etikettieren, ja stigmatisieren können. Cantwell und Rutter (1994) haben darauf hingewiesen, daß sich z.B. in diesem Zusammenhang manche Psychologen sorgten, daß die Tatsache, daß die Patienten nach einem psychiatrischen Klassifikationssystem diagnostiziert worden seien, dazu führen würde, daß sie irgendeine Form psychiatrischer Behandlung bräuchten. Oder, daß die Berücksichtigung von Lernbehinderungen in einem solchen System heißen würde, daß intellektuelle Defizite eine psychiatrische Erkrankung darstellten.

Die meisten Autoren befürchten negative Folgen durch ein gewisses "Labeling". Allerdings stellten andere Autoren fest, daß bestimmte Probleme leichter zu ertragen waren, wenn sie als Erkrankung innerhalb der Familie erkannt und beschrieben worden waren.

In dem Bestreben, vergleichbare Diagnosekategorien zu schaffen, beschrieb die "Amerikanische Psychiatrische Gesellschaft" mit ihrem diagnostischn und statistischen Manual DSM I (1952) zum ersten Mal verbindliche Klassifikationskriterien psychischer Störungen für Forschung und Klinik. Allerdings enthielten sowohl DSM I wie das psychiatrische Kapitel der "Internationalen Klassifikation der Erkrankungen", der ICD, ICD-8 1967 nur einige wenige Kategorien, die sich auf Störungen in der Kindheit bezogen. Nach Cantwell und Rutter war es Anna Freuds (1965) Verdienst, mit ihrem Entwicklungsprofil, das auf psychoanalytischen Konzepten basierte, ein erstes System vorgelegt zu haben, was primär auf Störungen im Kindes- und Jugendalter abhob. Trotz ständiger Verbesserungen und weiterer Differenzierung der gängigen Klassifikationsschemata ist die ursprüngliche Forderung, daß Klassifikationen auf der Basis von Fakten und nicht auf der Basis von Theorien beruhen sollten, nicht überall im strengen Sinne erfüllt worden. Rutters (1977) weiterer grundsätzlicher Anspruch an die Klassifikation betraf die Forderung, daß Störungsbilder beschrieben werden sollen, nicht Personen klassifiziert werden. Klassifikationssysteme sollten reliabel sein, d.h. unterschiedliche Untersucher sollten die entsprechenden Begriffe aufgrund operationalisierter Definitionen gleich gebrauchen können, die Klassifikation sollte zwischen unterschiedlichen Störungen differenzieren und sie sollte hinlänglich erschöpfend sein, d.h. wesentliche Störungsbilder sollten erfaßt werden. Neben klinischer Relevanz und Praktikabilität forderte Rutter auch die logische Konsequenz für ein Klassifikationssystem. Weniger optimistisch resümieren Cantwell und Rutter (1994), daß sowohl Validitätsaspekte wie auch Reliabilitätsaspekte nach wie vor nicht so weitgehend erfüllt sind, daß man heutzutage sagen könnte, daß "einfach weil zwei Forschergruppen in ihren Publikationen beide behaupten, daß sie DSM-IV- oder ICD-10-Kriterien angewandt haben, dann tatsächlich angenommen werden kann, daß sie die Diagnose in vergleichbarer Weise gemacht haben". Ein wichtiger Aspekt für die kinder- und jugendpsychiatrische Diagnostik war die Einführung multiaxialer Klassifikation durch Rutter et al. (1969). In Deutschland wurde das "Multiaxiale Klassifikationsschema" nach Rutter und Sturge 1975 durch Remschmidt und Schmidt eingeführt.

Zum neuesten Stand der multiaxialen Klassifikation vergleiche Schmidt (1994). Nach diesem Modell sollten entsprechend bestimmten Definitionen und Regeln kinder- und jugendpsychiatrische Problemlagen auf sechs Ebenen beschrieben werden:

Achse 1: Kinderpsychiatrische Diagnose
Achse 2: Entwicklungsstörungen
Achse 3: Intelligenz
Achse 4: Körperliche Begleit- bzw. Grunderkrankungen
Achse 5: Psychosoziale Belastungen
Achse 6: Schweregrad (z.B. eingeschätzt mit der CGAS nach Shaffer u.a. 1983)

Beide großen Klassifikationssysteme, die aktuelle Klassifikation der Weltgesundheitsorganisation, die sogenannte "ICD-10", und das diagnostische und statistische Manual der Amerikanischen Psychiatrischen Gesellschaft, noch gültig DSM-III-R oder die demnächst eingeführte Version DSM-IV, sehen multiaxialen Klassifikationen vor. Allerdings unterscheiden sie sich leicht in den Regeln zur Kombination von Diagnosen und zur hierarchischen Bedeutung der Achsen.

4.4.1 Kinder- und jugendpsychiatrische Diagnose

Die Zuordnung zu einem bestimmten Störungsbild, wie es z.B. in der ICD-10 operational definiert wurde, hat für die Hilfeplanung deshalb eine gewisse Bedeutung, weil aus der epidemiologischen Forschung Erfahrungswerte für die Prognose im Einzelfall herangezogen werden können.

In Kapitel 5 erfolgt eine ausführliche Diskussion einzelner diagnostischer Kategorien und der Versuch einer Zuordnung solcher aktueller Diagnosebegriffe zu den Begrifflichkeiten, welche im Katalog des § 3 Verordnung zu § 47 BSHG aufgeführt werden.

In Abweichung von dem Vorgehen im DSM-III-R und -IV und auch entgegen den Zuordnungen in der ICD-10 wird derzeit aus kinder- und jugendpsychiatrischer Sicht dazu tendiert, bei einer multiaxialen Klassifikation sogenannte "tiefgreifende Entwicklungsstörungen" wie Autismus als primär psychiatrische Syndrome auf der 1.

Achse zu kodieren, um sie besser von den Entwicklungsstörungen, die unterschiedliche andere psychiatrische Erkrankungen begleiten können, zu unterscheiden.

4.4.2 Entwicklungsstörungen

Auf der 2. Achse werden spezifische Entwicklungsverzögerungen und Entwicklungsstörungen klassifiziert. Dies betrifft umschriebene Entwicklungsstörungen des Sprechens und der Sprache (ICD-10 F 80), umschriebene Entwicklungsstörungen schulischer Fertigkeiten (ICD-10 F 81) und umschriebene Entwicklungsstörungen der motorischen Funktionen (ICD-10 F 82). Häufig sind auch kombinierte umschriebene Entwicklungsstörungen, wobei für die Hilfeplanung eine detaillierte Beschreibung der einzelnen Komponenten wesentlich ist.

4.4.3 Intelligenz

Eine gute intellektuelle Begabung stellt einen protektiven Faktor oder einen den Verlauf psychischer Erkrankungen günstig beeinflussenden Faktor dar. Intellektuelle Beeinträchtigungen müssen als zusätzliches Risiko angesehen werden. Unterscheiden kann man folgende Intelligenzbereiche:

☐ sehr hohe Intelligenz:	IQ höher als 129
☐ hohe Intelligenz:	IQ 115–129
☐ durchschnittliche Intelligenz:	IQ 85–114
☐ niedrige Intelligenz:	IQ 70–84
☐ leichte intellektuelle Behinderung:	IQ 50–69
☐ mäßige intellektuelle Behinderung:	IQ 35–49
☐ schwere intellektuelle Behinderung:	IQ 20–34
☐ schwerste intellektuelle Behinderung:	IQ unter 20

Wobei die letzten Angaben eine Pseudopräzision der Messungen in diesem Bereich vorgeben, wie sie realistischerweise nicht gegeben ist.

4.4.4 Somatische Bedingungen – körperliche Grund- bzw. Begleiterkrankungen

Das Auftreten einer psychischen Problematik als Folge einer körperlichen Grunderkrankung verdient es, differenziert betrachtet zu werden. Die Kombination einer spezifischen psychiatrischen Störung mit einer körperlichen Behinderung oder körperlichen Erkrankung kann zu anders gelagerten Problemsituationen führen, als sie durch eines der beiden Störungsbilder allein zu erwarten wären. Dies kann am Beispiel einer Magersucht bei einem an Typ I Diabetes mellitus erkrankten Mädchen erläutert werden. Aufgrund der Magersucht kann dieses zuckerkranke Mädchen in lebensbedrohliche Unterzuckerungszustände kommen. Körperliche Schäden als Unfallfolgen usw. sind wesentlich bei der Beschreibung eines hirnorganischen Psychosyndroms als Folgezustand solcher körperlichen Erkrankungen.

4.4.5 Abnorme psychosoziale Belastungen

Schon im ersten Entwurf des multiaxialen Klassifikationsschemas war eine Achse zur Erfassung psychosozialer Belastungen vorgesehen worden. Allerdings gab es keine operationalisierten Definitionen für die Beschreibung dieser Kategorien. Frau Van Goor-Lambo (1993) beschreibt die Entwicklung der neuen sogenannten "psychosozialen" Achse der WHO. Diese Achse enthält "eine detailliertere Spezifizierung der Kriterien für die Kodierung jeder einzelnen Kategorie. In Übereinstimmung mit dieser Änderung stellt sie expliziter fest, wie schwerwiegend die Faktoren sein müssen, um in Betracht gezogen zu werden" und im Vergleich zu bisherigen Kategorisierungen hat eine "konzeptuelle Umgruppierung der Kategorie stattgefunden" (van Goor-Lambo 1993, S. 47). In einer multizentrischen Untersuchung zur psychosozialen Achse mit besonderer Berücksichtigung eines West-Ost-Vergleiches stellten Burk und Poustka (1993) fest, daß in bezug auf einige Kategorien erhebliche Unterschiede zwischen West- und Ostdeutschland bestanden. Zum Beispiel wurde eine "mangelnde Wärme" in der Eltern-Kind-Beziehung in 34% der Fälle in Westdeutschland, aber bei 52% in Ostdeutschland kodiert. "Feindliche Ablehnung" oder Sündenbockzuweisung als elterliches Verhalten fanden die Untersucher in Ostdeutschland in 39% der Fälle, in Westdeutschland bei 16% der Kinder. Auch bei den Erziehungsbedingungen fanden sich signifikante Unterschiede zwischen Ost und West. Signifikant häufiger waren im Ostteil Deutschlands die Kinder, die nicht mit beiden Elternteilen zusammen aufwuchsen.

Overmeyer et al. (1993) verglichen die Erfassung psychosozialer Auffälligkeiten im klinischen Routinebetrieb mit der standardisierten Erfassung durch ein Interview. Sie stellten fest, daß vor allem im Ambulanzbetrieb, wenn relativ wenig Zeit zur Verfügung stand, ein strukturiertes Interview teilweise der offenen Befragung überlegen war. Allerdings resümieren sie: "Inwieweit die Benutzung des Interviews im klinischen Gebrauch von Nutzen ist, bleibt fraglich, zumal im stationären Setting der Informationsgewinn des halbstrukturierten Interviews gegenüber der Routineexploration nicht nachweisbar war" (Overmeyer 1993, S. 161).

Die Literaturübersicht, die die Autoren geben, zeigt, daß im Gegensatz zu den ersten Versuchen, eine psychosoziale Achse zu entwickeln, die neuentwickelte Achse 5 durch ihre verständlichen, operationalisierten Definitionen eine gute Übereinstimmung bei der Beurteilung einzelner Kategorien zwischen unterschiedlichen Untersuchern aufweist. Erfaßt werden die einzelnen Bereiche jeweils für das letzte halbe Jahr. Diese zeitliche Beschränkung ist wiederholt auf Kritik gestoßen. In einer eigenen Untersuchung (Fegert 1993) haben wir versucht, die abnormen psychosozialen Umstände auch rückwirkend für einzelne Lebensabschnitte von 0–3 Jahren, 4–6 Jahren, 7–9 Jahren, 10–12 Jahren, 13–15 Jahren und 16-18 Jahren zu erfassen. Hierbei zeigte sich, daß bestimmte "Life events" wie Tod eines Elternteils oder Migration auch retrospektiv recht zuverlässig erfaßt werden können und sie auch häufig für eine kinderpsychiatrische Symptomatik von Bedeutung sein können, wenn sie länger als ein halbes Jahr zurückliegen. Das gleiche gilt für körperliche Mißhandlung und sexuellen Mißbrauch innerhalb und außerhalb der Familie. Es ist bekannt, daß in der Regel der chronische jahrelange Mißbrauch sich aggravierend auf die Folgen auswirkt. Konzepte, die offensichtlich anderen Rahmenbedingungen entstammen, wie z.B. der Bereich inadäquate oder verzerrte intrafamiliäre Kommunikation, der in unserer Population von den Klinikern sehr häufig als auffällig kodiert wird, waren rückwirkend aufgrund mangelnder Überprüfbarkeit nicht einzuordnen. In einem vorsichtigen Resümee könnte man für unsere Fragestellung der drohenden seelischen Behinderung feststellen, daß es wichtig ist, abnorme psychosoziale Umstände zu erfassen und daß es sich lohnt, für bestimmte Schlüsseldaten wie Mißhandlung, Vernachlässigung, Mißbrauch, Trennung, Scheidung, Migration, psychische Störung bzw. abweichendes Verhalten eines Elternteils, Behinderung eines Elternteils, Behinderung der Geschwister, auch rückwirkend Daten zu erheben. Hervorgegangen sind viele dieser nun definierten Belastungen aus der Vulnerabilitäts- und Risikoforschung, z.B. in Großstudien wie der prospektiven longitudinalen Kauai-Studie von E.E. Werner und Mitarbeitern (siehe unten).

4.4.6 Schweregradbeschreibung

Shaffer und Mitarbeiter (1983) haben in Anlehnung an eine Skala zur Gesamteinschätzung der Schwere psychiatrischer Störungen im Erwachsenenalter eine Skala zur Einschätzung des Schweregrades psychischer Störungen bei Kindern und Jugendlichen, gemessen an der psychosozialen Funktionsbeeinträchtigung, entwikkelt. Diese CGAS, Childrens Global Assessment Scale, wurde von Steinhausen für Deutschland überarbeitet und im klinischen Einsatz überprüft (Steinhausen 1987). Da es sich bei neueren Untersuchungen (Steinhausen und Erdin 1992) zeigte, daß das Vorhandensein abnormer psychosozialer Bedingungen die Intelligenz und insbesondere die klinische Symptomatik mit den Einschätzungen auf der CGAS korrelierten, kann man mit Markus (1993) schließen, "daß die Skala eher den Schweregrad der psychiatrischen Störung abbildet, als daß sie unabhängig davon vorhandene Fertigkeiten und Fähigkeiten beurteilt".

Dies muß allerdings nicht als negative Aussage überbewertet werden, denn ein einfaches Einschätzungsmaß für den Schweregrad psychiatrischer Störungen ist in der Praxis auch für die Hilfeplanung hoch willkommen. Die Mannheimer Autorengruppe Markus et al. (1993) versuchte, nun eine 7-stufige, 5-dimensionale Skala zur Funktionsfähigkeit eines Kindes unabhängig von seiner psychiatrischen Störung zu entwickeln. Diese einzelnen Subskalen beziehen sich auf die Bereiche Funktion in der Familie, erbrachte Leistungen, Gleichaltrigenbeziehungen, Interessen und

Freizeitbeschäftigung sowie Autonomie. Ziel der Untersucher war es, "ein mehrdimensionales Instrument zur Erfassung des Funktionsniveaus von Kindern und Jugendlichen zu konzipieren. Dabei galt es, Beziehungen und Leistungsaspekte zu trennen sowie die Beziehungen inner- und außerhalb der Familie getrennt zu erfassen". Solche differenzierten Erfassungssysteme sind heutzutage noch nicht Routine im klinischen Einsatz, doch kann durchaus empfohlen werden, zusätzlich zur globalen Einschätzung einer Funktionsbeeinträchtigung sich Gedanken über die genannten Bereiche zu machen, da sie für die differentielle Indikation (siehe unten) von spezifischen Hilfsmaßnahmen und Therapien durchaus relevant sind.

Für die Einschätzung des Hilfebedarfs erscheint die Elterneinschätzung der psychosozialen Funktionen ihrer Kinder und die Selbsteinschätzung der Jugendlichen von Belang, da im Prozeß der Hilfeplanung ein Konsens über das Ausmaß der notwendigen Hilfen gefunden werden soll. Die nach den Skalen zur Gesamtschätzung für Kinder und Jugendliche (CGAS) entwickelten Elterneinschätzungsskalen und Jugendlichenskalen (Fegert 1994) wurden bewußt 6-stufig abgefaßt, um in der Skalierung Assoziationen an Schulnoten zu wecken. Dies erlaubt den Jugendlichen und ihren Eltern durch die Analogie zu dieser allzu wohlbekannten Skala schnell ein Gefühl für den Skalencharakter des Instruments zu bekommen (Abbildung im Anhang).

4.5 Prognose, Maßnahmen

4.5.1 Prognosebestimmende Einzelfaktoren

Zur Prognoseabschätzung ist es wichtig zu verstehen, daß der Verlauf kinderpsychiatrischer Erkrankungen immer durch unterschiedliche Faktoren verschieden stark determiniert wird. Remschmidt (1986) hat unterschiedliche Einzelfaktoren beschrieben, die sich in ihrer Wirkung teilweise überlappen, d.h. "in sehr verschiedener Weise zusammenwirken (z.B. additiv, kompetetiv, multiplikativ usw.)":

4.5.1.1 Genetische Faktoren

Hier betont Remschmidt, daß der Einfluß genetischer Faktoren heute nicht statisch als ein einmal festgelegtes Risiko, sondern dynamisch gesehen wird, "jede genetische Ausstattung trifft auf jeweils unterschiedliche Umwelt, Belastungsfaktoren und Lebensereignisse beeinflussen die Penetranz einer genetischen Disposition ebenso wie Entwicklungsprozesse, Risikofaktoren und protektive Faktoren".

4.5.1.2 Eigengesetzlichkeit der Erkrankung

Die in der epidemiologischen Forschung gängige Formulierung "natürlicher Verlauf" einer Erkrankung will die Eigengesetzlichkeiten des (unbehandelten) Erkrankungsverlaufs dokumentieren. Um diese Forschungsfragestellungen tatsächlich klären zu können, müßten im Bereich der Kinderpsychiatrie also bewußt erkannte psychische Probleme ohne Behandlung bleiben. Da ein solches Vorgehen ethisch nicht vertretbar ist, kann die Frage nach den Eigengesetzlichkeiten der Erkrankungsverläufe am ehesten durch prospektive Untersuchungen an Bevölkerungsstichproben, bei denen keine spezifischen Interventionen geplant sind, und bei denen die Forscher vor allem nicht diese Interventionen steuern, durchgeführt werden. Diese Studien können zwar kein wirkliches Abbild des "natürlichen Verlaufs" von Erkrankungen zeichnen, sie geben aber Auskunft darüber, wie Erkrankungen derzeit in unserer Gesellschaft bei unseren heutigen Behandlungsmethoden verlaufen. In einer vom "Bundesministerium Forschung und Technologie" (BMFT) geförderten Großstudie zum natürlichen Verlauf atopischer Erkrankungen wie Neurodermitis, Asthma, Nahrungsmittelallergien, Heuschnupfen etc., wird derzeit unter Leitung von Professor Wahn (Kinderallergologe) und Prof. Bergmann (Epidemiologe, Gesundheitsamt) eine Untersuchung über mehr als 1 000 Kinder, die 1990 in verschiedenen Zentren in Deutschland geboren wurden, durchgeführt. Der Autor ist für den kinderpsychiatrischen Teil dieser Untersuchung verantwortlich und kann deshalb aus eigenen Erfahrungen aus dieser Studie berichten, wie komplex einzelne Verlaufscharakteristika durch ganz unterschiedliche Faktoren mitbestimmt werden. Wir stellten z.B. fest, daß Durchschlafstörungen in den ersten drei Lebensjahren relativ häufig sind. Ein für Erklärungsansätze und Gruppenvergleiche sinnvolles, beschreibendes Muster der Entwicklung des Nachtschlafes in den ersten drei Lebensjahren ergibt sich erst, wenn man mindestens auch den Schlafort des Kindes (im Bett der Mutter, im Zimmer der Eltern oder im Kinderzimmer) und die Frage, ob und wie lange das Kind gestillt wurde, mit in Betracht zieht. Natürlich versuchen die Eltern, dieses für sie problematische Schlafverhalten ihrer Kinder zu beeinflussen. Verschiedene Untersuchungen zeigen, daß Schlafstörungen bei kleinen Kindern die Problematik sind, über die am häufigsten beim Kinderarzt geklagt wird. Wir wissen im Einzelfall nicht, wie die Eltern beraten wurden, ob z.B. kurzzeitig Medikamente verschrieben wurden, ob Beruhigungstees oder Verhaltensmaßregeln empfohlen wurden. Wir wissen nur wenig über die "Einmischung" mehr oder weniger willkommener Ratgeber, wie z.B. Nachbarn, Schwiegereltern etc. Dennoch gelingt es, einen Überblick nicht nur über Häufigkeiten, sondern über die Persistenz solcher Probleme zu gewinnen. Kennt man die Persistenz im Verlauf, kann man für jede Entwicklungsstufe ein bestimmtes relatives Risiko formulieren, daß die Problematik weiter bestehen wird. Die Kenntnis solcher Eigengesetzlichkeiten von Erkrankungen ist wichtig für Risikoabwägung und Indikationsentscheidungen.

Frühere Untersuchungen, die teilweise methodisch umstritten waren, zeigten, daß **introversive neurotische Störungen** (Angst, Panikattacken, Kontaktstörungen) einen relativ guten Spontanverlauf nehmen. Sheppard et al. (1973) haben ein Phänomen für Kinder und Jugendliche beschrieben, das man als allgemeine Remissionstendenz beschreiben könnte. Sie fanden, daß jeweils mit zunehmendem Alter bei mehr Fällen (teilweise mehr als die Hälfte der Kinder) eine Rückbildung der Symptomatik zu erwarten war und daß nur bei einer kleineren Gruppe sich die Symptomatik verstärkt und verschlimmert. Dies unterstreicht die Bedeutung des Entwicklungsaspektes. Allerdings haben alle wesentlichen epidemiologischen Studien gezeigt (z.B. klassische Studie von Robins 1966 oder Rutter u. Giller 1983, oder die Ergebnisse der Mannheimer Längsschnittstudie Esser und Schmidt 1987), daß **Störungen des Sozialverhaltens** eine **sehr hohe Persistenz** haben. Die zu erwartenden negativen Verläufe werden noch durch Faktoren wie Heimaufenthalte oder Aufenthalte in einer Pflegefamilie kompliziert. Coccolillo et al. (1992) fanden bei Erwachsenen, die die meiste Zeit ihrer Kindheit in Pflegefamilien verbracht hatten, eine Fülle von sozialen Problemen. Auch die Untersuchung von Robins und Price (1991) zeigt, wie ernst Sozialstörungen in der Kindheit zu nehmen sind, denn die Untersucher fanden, daß Störungen des Sozialverhaltens in der Kindheit prädiktiv für Substanzabhängigkeiten (Alkohol-/Drogenabusus) und für erwachsenes antisoziales Verhalten waren. Ich habe an dieser Stelle deshalb besonders auf den eher günstigeren Verlauf nicht chronifizierter emotionaler Probleme des Kindesalters und auf den zu erwartenden eher negativen Verlauf von Störungen des Sozialverhaltens im Kindesalter hingewiesen, weil in unserem derzeitigen Hilfesystem leichter Hilfen für Kinder mit emotionalen Problemen als für Kinder mit Sozialstörungen zu erhalten sind. Sozialstörungen werden häufig gar nicht als psychische Problematik konnotiert, sondern eher als Erziehungsdefizite angesehen. Die Sozialstörungen, die also nachweislich eine sehr viel höhere Chronifizierungstendenz und das Risiko eines hochproblematischen Ausgangs haben, finden wir auch am wenigsten im Rahmen des Katalogs seelischer Störungen nach § 3 Verordnung zu § 47 BSHG wieder. Daher hat man sehr gute wissenschaftliche Belege, wenn man heutzutage Kinder mit dissozialem Verhalten, wie sie sich auch häufig in Einrichtungen der Jugendhilfe finden, im spezifischen Einzelfall als massiv von einer seelischen Behinderung bedroht ansieht, und deshalb ihren Anspruch auf Maßnahmen der Eingliederungshilfe anerkennt. Ein weiteres wichtiges Argument, eine generelle Abkehr von dem an erwachsenenpsychiatrischen Kategorien orientierten Katalog nach § 3 Verordnung zu § 47 BSHG bildet die für alle kinder- und jugendpsychiatrischen Störungen relevante Entwicklungsdimension.

4.5.1.3 Entwicklungsfaktoren Alter und Geschlecht

Sehr viele kinder- und jugendpsychiatrische Erkrankungen haben eine bestimmte Altersspanne, in der sie zum ersten Mal auftreten bzw. bestimmte Inhalte oder Ausprägungsmuster von Problemen verändern sich mit dem Alter der Kinder. Dies wurde sehr gut für die Angststörungen beschrieben (siehe Abb.).

	18	
Existenzangst		
	17	Depression, Suizidalität
	16	
	15	
	14	
Reifungsangst	**13**	*Pubertätskrisen*
		Anorexia Nervosa
	12	Angst- und Zwangsneurosen
Realangst	**11**	*Hypochondrie*
	10	
	9	Todesfurcht
	8	
Sozialisationsangst		*Schulverweigerung*
	7	Schulangst
		Schulphobie
	6	Schulschwänzen
Umweltangst	**5**	*Dunkel-, Gewitter-, Gespenster-, Tierphobien*
	4	
		Pavor Nocturnus
	3	
Trennungsangst	**2**	
Achtmonatsangst	**1**	*"Fremdeln"*

Remschmidt (1986) versucht drei Verlaufstypen kinder- und jugendpsychiatrischer Erkrankungen zu beschreiben:

Typ A – charakterisiert durch einen kontinuierlichen bzw. zweigipfligen Verlauf, welcher sich auf Probleme bezieht, "die bereits in der frühen Kindheit auftraten und sich entweder kontinuierlich in die Adoleszenz fortsetzen oder nach einer mehr oder weniger ausgedehnten stummen Phase in der Adoleszenz wieder aktualisiert werden". Solche Verläufe findet man z.B. bei Trennungsangststörungen, dissozialen Störungen und andere kinderpsychiatrische Probleme, die primär eine deutliche Tendenz zur Persistenz zeigen.

Typ B – ist gekennzeichnet durch den Rückgang von Problemen, die in der Kindheit als behandlungsbedürftig angesehen wurden. Hierzu rechnet Remschmidt die "geläufigen" Verhaltensstörungen (Enuresis, Enkopresis, Hyperaktivität, Tics) und einen Teil der Kinder mit Teilleistungsstörungen sowie "manche neurotische Reaktionen (insbesondere Angstzustände und Tierphobien)".

Typ C – beschreibt Verhaltensprobleme, die in der Adoleszenz deutlich zunehmen oder bei weitgehender psychischer Unauffälligkeit im Kindesalter erst in der Adoleszenz beginnen. Remschmidt (1986) erwähnt als Beispiel "Störungen, deren ... Erstmanifestation in der Adoleszenz liegt, entweder weil in dieser Phase erstmalig die typischen psychischen Ausdrucksmittel zur Verfügung stehen oder aber weil sich zu diesem Zeitpunkt (unter Umständen begünstigt durch exogene Einflüsse) genetische Dispositionen manifestieren. Dies ist der Fall bei depressiven Syndromen verschiedener Genese, Zwangssyndromen, der Anorexia nervosa sowie bei den schizophrenen und manisch-depressiven Psychosen."

Dieser dritte von Remschmidt so beschriebene Verlaufstyp entspricht am ehesten in den einzelnen Krankheitsausprägungen den bekannten Verläufen bei Erwachsenen. Deshalb ist für diese Krankheitsbilder in der Regel eine Zuordnung zum erwachsenenpsychiatrisch geprägten Katalog der Eingliederungshilfeverordnung unproblematisch. Seit der "Isle of Wight-Studie" (Rutter et al. 1970) weiß man, daß diese Störungen weniger mit einem Reifungsrückstand oder Erziehungsproblemen assoziiert sind, daß sie häufiger mit einer belasteten bzw. pathologischen Familiensituation assoziiert waren, und daß mit dem Alter der Pubertät die für das Kleinkind- und Grundschulalter typische Jungenwendigkeit, d.h. das Überwiegen von Problemen bei Jungen, sich in der Adoleszenz ausgleicht bzw. teilweise sogar umdreht. Dieses Phänomen ist mitbedingt durch Störungen nach Remschmidts Verlaufstyp C wie die Eßstörungen, die eine sehr starke Mädchenwendigkeit aufzeigen, aber auch depressive Symptomatiken etc. Für unsere Fragestellung, welche Kinder im Einzelfall von einer seelischen Behinderung bedroht sind, bedeutet Remschmidts Ansatz einer entwicklungsabhängigen und geschlechtsspezifischen Verlaufskategorisierung eine wertvolle Orientierung. Kinder mit kontinuierlichen bzw. zweigipflig verlaufenden psychischen Störungen im Kindesalter sind schon aufgrund ihrer Problematik deutlich von einer späteren seelischen Behinderung bedroht (Verlaufstyp A). Kinder mit Problemen vom Verlaufstyp B sind nur unter bestimmten Voraussetzungen, d.h. beim Zusammentreffen unterschiedlicher agravierender Faktoren, von einer solchen negativen Entwicklung bedroht. Ausgehend von Remschmidts Beispielen sollte man vor allem bei Kindern mit Teilleistungsstörungen wie Legasthenie und mit hyperaktivem Verhalten nicht übersehen, daß als Konsequenz des schulischen Verhaltens sehr häufig eine massive dissoziale Problematik mit negativer Prognose droht. Die in der ICD-10 getroffene Unterscheidung zwischen einfachen Aktivitäts- und Aufmerksamkeitsstörungen (F 90.0) und hyperkinetischen Störungen des Sozialverhaltens (F 90.1) mit einer deutlich schlechteren Prognose erlaubt die Differenzierung. Ein weiteres Beispiel für völlig unterschiedliche Verlaufscharakteristika ist bei den in der Regel häufig spontan remittierenden Tic-Erkrankungen die schwere, häufig ungünstig verlaufende Tic-Erkrankung: das Gilles-de-la-Tourette-Syndrom (siehe Kap. 5). Daß wiederum einzelne Untergruppierungen von Störungsbildern anderen Verlaufstypen zuzuordnen sind, ändert nichts an der Praktikabilität von Remschmidts Typologie für die Abschätzung des Ausmaßes der Bedrohung von einer seelischen Behinderung aufgrund einer jeweiligen psychischen Störung des Kindes- und Jugendalters.

4.5.1.4 Systematische Einwirkungen (Therapie und andere Hilfen)

Bei der Besprechung der einzelnen zur Verfügung stehenden Therapiemethoden ist schon wiederholt auf Grawes et al. (1994) umfassende Übersicht zu den empirischen Ergebnissen über Therapieverläufe bezuggenommen worden. Ganz allgemein kann festgestellt werden, daß abgesehen vor allem von verhaltenstherapeutischen Studien derzeit im Kindes- und Jugendalter wenig spezifische Ergebnisse über die Beeinflussung von Krankheitsverläufen durch Therapie vorliegen, die wissenschaftlichen methodischen Kriterien entsprechen. Auf ein weiteres Problem in der Evaluierung von Therapieerfolgen haben in bezug auf die Kinderspieltherapie Bell et al. (1989) hingewiesen. Ganz allgemein wird als **"Sleeper-Effekt"** ein Phänomen bezeichnet, das die Tatsache charakterisiert, daß die durch die Therapie angestoßsenen Umstrukturierungsprozesse Zeit brauchen und daß deshalb manche Therapieeffekte erst wesentlich später, z.T. lange nach Abschluß der Therapie, auftreten. Unsere eigenen oben kurz referierten Ergebnisse zu Hilfen nach § 35a zeigten, daß im Zeitraum eines Jahres, in dem die entsprechende Maßnahme durchgeführt worden war, durch den Kinder- und Jugendpsychiater Verbesserungen der Symptomatik festgestellt wurden. Allerdings ließ sich auch zeigen, daß diese Hilfen eher familiäre Defizite kompensieren und daß häufig implizit mitangenommene Ziel den Familien selbst zu einer besseren "Funktion" zu verhelfen, nicht erreicht wurde. An den belastenden familiären Verhältnissen änderte sich häufig, wenigstens in diesem kurzfristigen Zeitraum, nichts wesentliches.

4.5.1.5 *Lebensereignisse, Risikofaktoren, protektive Faktoren*

Eine der bedeutendsten Untersuchung zu Risikofaktoren zum Langzeitverlauf, aber auch dazu, an welchen Kindern trotz multipler Belastungen diese negativen Einflüsse einfach "abprallen" (das Konzept der Resilience), ist die berühmte *Kauai*-Studie von Emmy E. Werner, bei der 1955 auf dieser hawaiianischen Insel geborene Kinder im Alter von 1, 2, 10, 18 und jetzt 32 Jahren nachuntersucht wurden (Werner 1993; Werner u. Smith 1992). Ziel dieser Studie war es einerseits, das Schicksal aller 698 in diesem Jahr auf der Insel geborenen Kinder bis ins Erwachsenenalter zu dokumentieren. Ein zweites wesentliches Ziel bestand darin, die langfristigen Konsequenzen perinataler Komplikationen und psychosozialer Belastungsfaktoren auf die Entwicklung und auf das spätere Erwachsenenleben zu untersuchen. Mehr als die Hälfte der Untersuchungskohorte (54%) wuchs in ärmlichen Verhältnissen auf. Ihre Väter waren angelernte oder ungelernte Arbeiter auf den örtlichen Zucker- oder Ananasplantagen und die Mütter waren meist ohne Schulabschluß. Zunächst wurden Faktoren für die Vulnerabilität der Kinder beschrieben. Hierzu zählten Risikofaktoren zum Zeitpunkt der Geburt wie perinatale Komplikationen, genetische Anomalien, aber auch psychopathologische Auffälligkeiten der Eltern, geringer Bildungsgrad der Mutter und chronische Armut. Als weitere Risikofaktoren für die Entwicklung wurden Trennungen, wiederholte Krankheiten, Entwicklungsverzögerungen, Erkrankungen der Eltern, Vaterabwesenheit, Fremderziehung, das Vorhandensein eines behinderten Geschwisterkindes und bei Mädchen frühe Schwangerschaften in der Adoleszenz identifiziert. Ungefähr ein Drittel der inzwischen erwachsen gewordenen Kinder in der Studie kamen aus der Hochrisikogruppe, d.h. sie waren in Armut geboren, sie hatten mittlere bis schwere perinatale Belastungen und sie lebten in einer familiären Umgebung, die durch chronische Disharmonie zwischen den Erwachsenen, Alkoholismus der Eltern oder psychische Störungen der Eltern belastet war. Zwei Drittel dieser Probanden entwickelten tatsächlich schwere Lern- und Verhaltensprobleme im Alter von 10 Jahren und hatten psychische Störungen, Konflikte mit dem Gesetz und/oder Jugendlichenschwangerschaften hinter sich, als sie 18 Jahre alt waren. Allerdings entwickelten sich auch 72 Personen (= ein Drittel der ehemaligen Hochrisikogruppe) zu gut ausgebildeten jungen Erwachsenen, die auch ein gutes Selbstvertrauen zeigten. Das besondere Interesse galt also der Frage, warum an diesen Kindern, die den gleichen Belastungen ausgesetzt waren, diese Risiken "einfach abprallten". Mit einem Jahr sind diese Kinder häufig schon als sehr aktiv beschrieben worden. Die Mädchen wirkten auf ihre Umgebung eher "knuddelig", die Jungen waren "pflegeleicht". Auch Eß- und Schlafprobleme waren bei diesen Kindern seltener. Bei der Untersuchung mit 20 Monaten stellten die Pädiater und Psychologen, die sie untersuchten, schon ihre Wachheit und ihre Offenheit für neue Erfahrungen fest. Sie waren weit entwickelt in ihrem kommunikativen Verhalten und in ihrer Motorik und hatten mehr Möglichkeiten, sich selbst zu helfen, als die anderen Hochrisikokinder. In der Grundschule gaben die Lehrer an, daß diese Kinder gut mit

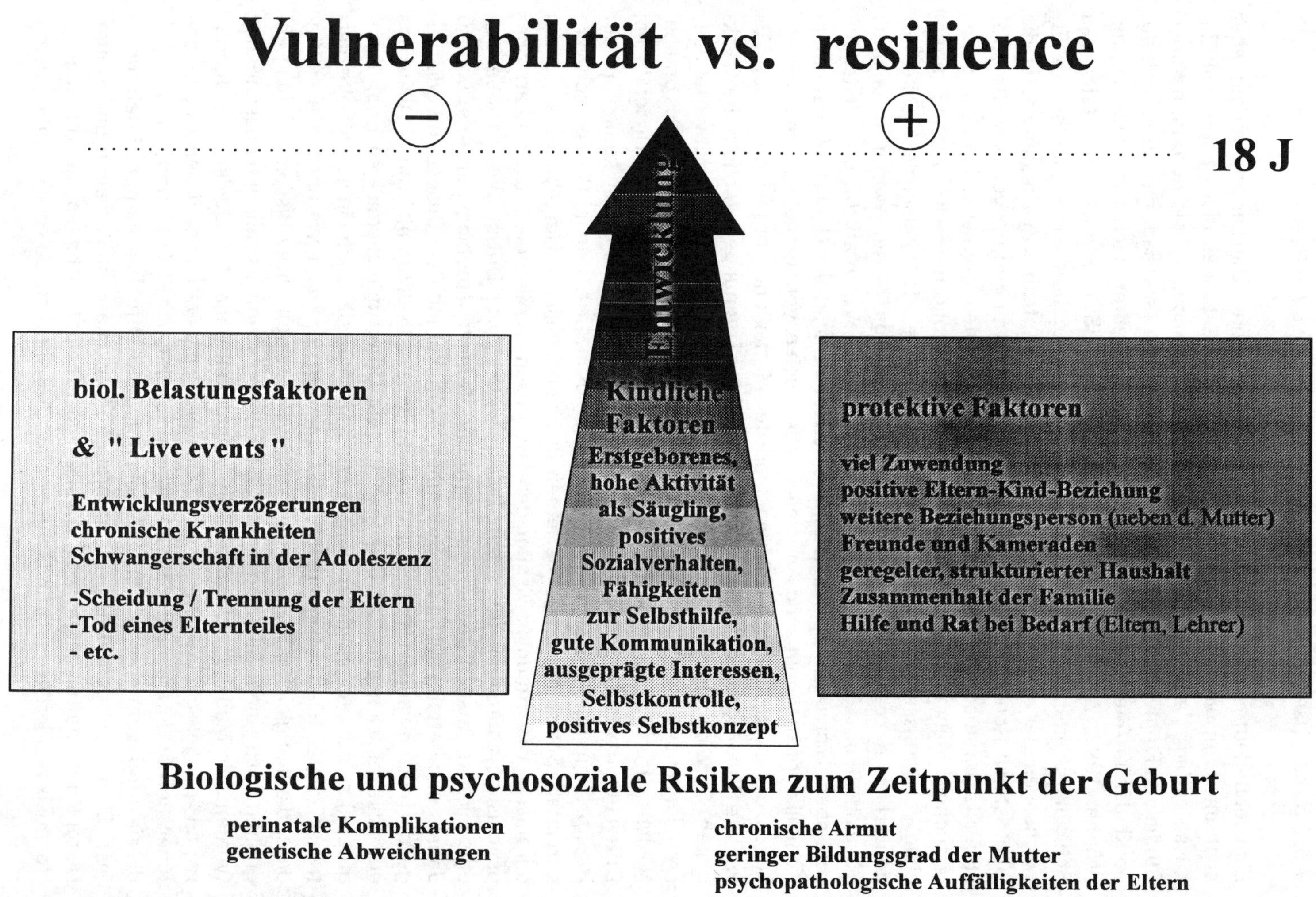
Vulnerabilität vs. resilience
18 J
Entwicklung
biol. Belastungsfaktoren
& " Live events "
Entwicklungsverzögerungen
chronische Krankheiten
Schwangerschaft in der Adoleszenz
-Scheidung / Trennung der Eltern
-Tod eines Elternteiles
- etc.
Kindliche Faktoren
Erstgeborenes, hohe Aktivität als Säugling, positives Sozialverhalten, Fähigkeiten zur Selbsthilfe, gute Kommunikation, ausgeprägte Interessen, Selbstkontrolle, positives Selbstkonzept
protektive Faktoren
viel Zuwendung
positive Eltern-Kind-Beziehung
weitere Beziehungsperson (neben d. Mutter)
Freunde und Kameraden
geregelter, strukturierter Haushalt
Zusammenhalt der Familie
Hilfe und Rat bei Bedarf (Eltern, Lehrer)
Biologische und psychosoziale Risiken zum Zeitpunkt der Geburt
perinatale Komplikationen
genetische Abweichungen
chronische Armut
geringer Bildungsgrad der Mutter
psychopathologische Auffälligkeiten der Eltern

ihren Klassenkameraden zurechtkamen, sie hatten auch bessere Schulleistungen als die Kinder, die später Probleme entwickelten. Eltern und Lehrer stellten fest, daß sie viele Interessen hatten und eine Menge Aktivitäten und Hobbys, die nicht nur den engen geschlechtlichen Stereotypen, wie Fußballspielen für Jungen etc. entsprachen. Zum Zeitpunkt des Schulabschlusses konnte man bei diesen Kindern ein positives Selbstkonzept feststellen und die Überzeugung, daß sie selbst kontrollieren, was geschieht (internal locus of control). Sie zeigten sich leistungsorientiert, aber auch verantwortungsvoll und fürsorglich. Vor allem die Mädchen, die sich trotz negativer Startbedingungen so positiv entwickelt hatten, waren deutlich selbstsicherer und unabhängiger als die anderen Frauen in der Untersuchungskohorte. Zentral scheint den Autoren die Tatsache zu sein, daß nur wenige dieser resilianten Personen längere Trennungen von ihrer primären Bezugsperson im ersten Lebensjahr erlebt hatten, und daß alle es geschafft hatten, eine enge Bindung zu wenigstens einer Bezugsperson zu entwickeln, von der sie im Kleinkindalter reichlich positive Zuwendung bekamen. Diese Bezugspersonen mußten nicht unbedingt leibliche Eltern sein, sondern auch Großeltern, ältere Geschwister oder Babysitter konnten hinreichende Bindungsangebote bieten und sich auch als ein positives Identifikationsmodell anbieten. Diese widerstandsfähigen Jungen und Mädchen hatten viele positive emotionale Beziehungen außerhalb ihrer Familie, Hobbies und Aktivitäten spielten eine große Rolle in ihrer Freizeit. Auch die Erwachsenennachuntersuchungen konnten einen hohen Prozentsatz der ursprünglichen Hochrisikogruppe wieder erfassen. So gibt es z.B. Informationen über 88% der resilienten Hochrisikopersonen, über 90% der Frauen, die schon im Jugendlichenalter schwanger geworden waren, und über 80% derjenigen Hochrisikopersonen, die erhebliche psychische Probleme und/oder delinquentes Verhalten gezeigt hatten. Die widerstandsfähigen Personen aus der Hochrisikogruppe waren zum großen Teil (76% der Frauen, 60% der Männer) verheiratet und lebten in einem Kontext, der ziemlich unterschiedlich zu dem traumatischen häuslichen Rahmen war, dem sie entstammten. Dennoch stellte dieser familiäre Hintergrund ein Problem dar, da ihre Eltern und Geschwister mit ihren häuslichen und emotionalen Problemen ihr "familiäres Glück" immer wieder bedrohten.

Von den 103 delinquenten Jugendlichen in der Kohorte wurde ein sehr großer Teil (drei Viertel der Männer, 90% der Frauen) im Erwachsenenalter nicht wieder straffällig. Ein Ergebnis, das die Bedeutung eines spezifischen Jugendstrafrechts und multiple Anstrengungen für straffällig gewordene Jugendliche unterstützt. Es stellte sich allerdings eine kleine Kerngruppe von jugendlichen Straftätern heraus, die auch im Erwachsenenalter eine Reihe von Verbrechen verübt hatten. Ihre delinquenten Karrieren hatten früh in der Pubertät begonnen und sie waren im Alter von 10 Jahren von ihren Eltern und Lehrern als Sorgenkinder eingeschätzt worden. Werner schließ daraus, daß der frühe Beginn delinquenter Karrieren zu den negativsten Verläufen führe und sieht ihre Ergebnisse gestützt durch die Kohorten von schwarzen und weißen Kindern aus Philadelphia (Wolfgang et al. 1987). Von den 70 Kindern, die im Alter von 10 Jahren erhebliche psychische Probleme hatten, hatten nur wenige mit 30 Jahren noch behandlungsbedürftige psychische Störungen. Allerdings hatte ein größerer Teil der Männer, die aus dieser Gruppe hervorgegangen war, Schwierigkeiten, einen Arbeitsplatz zu finden, Scheidungen waren in dieser Gruppe häufiger, Übergriffe auf Familienmitglieder und kriminelle Handlungen waren ebenfalls häufiger. Nur ein Drittel der in der Studie als behandlungsbedürftig eingeschätzten Kinder hatten tatsächlich im Jugendlichenalter psychologische oder psychiatrische Behandlungen erhalten. Ein Fünftel der Männer und ein Drittel der Frauen mit psychischen Problemen im Alter von 10 Jahren bekannten sich als Erwachsene zu "fundamentalistischen Religionspraktiken", die ihnen Sicherheit gaben, wie z.B. die Zeugen Jehovas etc. 18% der ursprünglich mit 10 Jahren psychisch belasteten Kinder hatten behandlungsbedürftige schwere Probleme im Erwachsenenalter. In unserem Kontext könnte dies heißen: Ca. ein Sechstel der mit 10 Jahren psychisch auffälligen Kinder wird als Erwachsener seelisch behindert sein. Unter Bezugnahme auf die schwedische Untersuchung von Magnusson (1988) stellt Werner fest, daß Kinder, die in mehreren Bereichen Probleme zeigen, wenn sie noch relativ jung sind, stabiler in ihrer negativen Entwicklung bis ins Erwachsenenalter bleiben, als Personen, die nur in einem Bereich ein umschriebenes Problem hatten. Dies ist der empirische Beleg, warum es wichtig ist, bei der Einschätzung der individuellen Bedrohung von einer seelischen Behinderung nicht nur eine spezifische psychiatrische Diagnose als Grundlage zu nehmen, sondern das Zusammenwirken unterschiedlicher Problemfelder, wie es z.B. bei einer multiaxialen Diagnostik beschrieben wird, zu berücksichtigen.

Für die Bewertung und Durchführung von Hilfen zur Erziehung und Eingliederungshilfen sind Rutters (1987) Interpretationen protektiver Prozesse interessant. Er geht davon aus, daß durch protektive Faktoren die Bedeutung eines Risikos reduziert wird, z.B. auch durch eine geringere Exposition in bezug auf das Risiko. Wie unsere kleine Erhebung über Maßnahmen nach § 35a zeigen konnte, wurden offensichtlich durch Einsätze von Familienhelfern, Einzelfallhelfern und Therapeuten die weiterbestehenden psychosozialen Risiken in ihrer Wirkung reduziert.

Nach Rutter können des weiteren durch protektive Faktoren negative Kettenreaktionen verändert werden, können die Chancen von Entwicklungsschritten und Übergängen in andere Entwicklungsphasen, z.B. Ablösung bei Jugendlichen, positiv genutzt werden, was zu einer Steigerung des Selbstwertgefühls und Erweiterung der Selbständigkeit und Kompetenz führen kann. Eine zentrale Funktion protektiver Prozesse ist auch, daß sie der Vereinzelung und der Abkapselung entgegenwirken, indem sie für eine Integration in Sozialbeziehungen und einen Ausbau der persönlichen Erfahrungen ermöglicht. Diese protektiven Prozesse und Ressourcen des einzelnen durch kompetente Hilfe zu unterstützen, entspricht bei Kindern und Jugendlichen mit seelischen Problemen der Aufgabe der Hilfen zur Erziehung und den Eingliederungshilfen.

4.5.2 Indikationsstellung und Einleitung von Maßnahmen für Kinder mit psychischen Problemen

4.5.2.0 Theorie der Indikationsstellungen

Sieht man einmal von Franz Heigls Buch zur "Indikation und Prognose in Psychoanalyse und Psychotherapie" ab, so fällt auf, daß der Bereich der Indikationsstellung lange Zeit unabhängig von den jeweiligen Therapieorientierungen eher marginal behandelt wird. Betrachtet man die Entwicklung und Verbreitung unterschiedlicher Therapieverfahren, so läßt sich als gemeinsames Kriterium feststellen, daß gerade in den Anfangsphasen fast unkritisch die Wirksamkeit der neuen Methode für alle Problemfelder proklamiert wird. Einschränkungen werden eher in bezug auf die Motivation der Patienten bzw. Familien etc. als in bezug auf die Wirksamkeit der Verfahren formuliert. Grob verallgemeinernd hat man bei der Lektüre solcher Schriften häufig den Eindruck, die Patienten hätten sich bestimmten "Idealtechniken" anzupassen und nicht die therapeutische Vorgehensweise an die spezifischen Realitäten und Bedürfnisse der Patienten. Karl König (1994) hat für die psychoanalytische Therapie nicht nur die Zusammenhänge zwischen Prognose und Indikationsstellung ausführlich dargestellt, sondern er geht auch explizit auf Eigenschaften der Therapeuten auf bestimmte Kompetenzen und Risiken ein. Sein Buch enthält technische Hinweise zu verschiedenen Vorgehensweisen beim Erstinterview und geht neben den klassischen Patientencharakteristiken auch auf praktische Realitäten wie Wohnort oder Angehörige und andere wichtige Bezugspersonen im Zusammenhang mit den Entscheidungen für bzw. gegen eine Behandlung ein. Neben dem klassischen analytischen Setting bespricht er auch Entscheidungen im Zusammenhang mit Gruppenpsychotherapien, Indikationen zur Paartherapie sowie die Indikation zur stationären Psychotherapie. Schneider (1992) hat in einer Übersichtsarbeit darauf hingewiesen, daß das Forschungsparadigma des "Therapievergleichs" sich in einer Vielzahl von Metaanalysen in bezug auf die differentielle Indikationsfrage als wenig aussagekräftig erwiesen hat. Er nennt als Hauptgründe die "Unterschiedlichkeit der Begriffs- und Theoriebildung der verschiedenen Therapieschulen, die eine an empirischen Wissenschaftsstandards orientierte Überprüfung der differentiellen Effektivität zwischen den Behandlungsmethoden erschwert". Er empfiehlt deshalb, zunächst die differentielle Indikationsentscheidung zwischen unterschiedlichen Therapiemethoden mit einem gemeinsamen theoretischen Bezugssystem zu untersuchen.

Anna Freud führte schon 1945 in ihrem Aufsatz über "Indications for child analysis" **Entwicklung** als einen für das Kindes- und Jugendalter besonders wichtigen Parameter bei der Indikationsstellung ein. Der Grad der Beeinträchtigung der Entwicklung ist für sie ausschlaggebend bei der Indikation einer Kindertherapie, nicht die jeweiligen auffallenden Verhaltensweisen oder eine Einschränkung der Aktivität oder bestimmte auslösende Situationen etc.

Während verhaltenstherapeutische Verfahren häufig symptombezogen indiziert und in ihrer Wirksamkeit im Sinne einer Symptomreduktion evaluiert wurden, geben auch die sogenannten nicht-direktiven klientenzentrierten Methoden und in jüngerer Zeit vor allem die Familientherapie ein fast unbegrenztes Indikationsspektrum an. Textor (1985) zeigt in seiner systematischen Darstellung über familientherapeutische Konzepte, daß viele, vor allem amerikanische Familientherapeuten überhaupt keine Indikationen oder Kontraindikationen für die Behandlung ganzer Familien erwähnen, sondern systemische Therapien bei allen Klienten meinen anwenden zu können. Andere Autoren führen wiederum "lange Listen von Indikationen und Gegenindikationen an", wobei sich jedoch je nach Autor die Angaben über Indikation und Kontraindikation z.T. erheblich voneinander unterscheiden.

Wenn deshalb schon schulimmanent häufig eine unklare Darstellung und konzeptuelle Fundierung von Indikationsbereichen vorliegt, muß insbesondere schulübergreifend auf die fast fehlende metatheoretische Beschäftigung mit der Indikationsfrage hingewiesen werden. Im Bereich der Behandlung und Hilfsmaßnahmen für Kinder und Jugendliche verfügen wir nach wie vor nicht über ausreichend aussagekräftige, vergleichende Therapieverlaufsstudien, um fundierte spezifische, zwischen den einzelnen Verfahren differenzierende, prognostisch begründete Indikationsstellungen vornehmen zu können.

Nach Remschmidt (1988, 1991) stellt der Aspekt der Indikationsstellung und auch die Kenntnis der Grenzen von Psychotherapie ein wichtiges Ziel der kinder- und jugendpsychiatrischen Weiterbildung dar.

4.5.2.1 Das Spektrum empfohlener Maßnahmen in unserer Inanspruchnahmepopulation

Anhand unserer Praxis der Indikationsstellung in der Poliklinik der Abteilung für Psychiatrie und Neurologie des Kindes- und Jugendalters der FU läßt sich sehr gut der Übergang vom BSHG zum KJHG durch Fakten beschreiben. In Berlin waren auch zu Zeiten der BSHG-Regelungen schon umfangreiche ambulante Eingliederungshilfen, darunter auch psychotherapeutische Maßnahmen, möglich. Im folgenden werden eine poliklinische Stichprobe aus der ersten Hälfte der 80er Jahre und eine Stichprobe aus der ersten Hälfte der 90er Jahre aus derselben Poliklinik gegenübergestellt, um Feststellungen über die Veränderungen nach der Einführung des KJHG zu treffen. Ganz allgemein sei schon die Bewertung vorausgeschickt, daß in Berlin, wo auch schon in den 80er Jahren nach BSHG eine Fülle von ambulanten Eingliederungshilfen, auch Psychotherapien, durchgeführt wurden, durch die Einführung des KJHG der Bestand an Hilfen nicht gefährdet wurde und es auch nicht zu wesentlichen Veränderungen im Maßnahmespektrum gekommen ist.

In der ersten Stichprobe von N = 2425 Patienten, die wir im Zeitraum zwischen 1981 bis 1985 in unserer Berliner Klinik untersuchten, die damals unter der kommissarischen Leitung von Prof. Steinhausen stand, wurden bei 1516 Jungen und 911 Mädchen insgesamt über 3000 Hilfsmaßnahmen indiziert.

Die Kombination von verschiedenen Hilfsmaßnahmen mit Kindertherapien ist bei unserer Klientel also eher die Regel denn die Ausnahme. In knapp 10% der Fälle war keine Maßnahme notwendig. Über die Probleme, eine professionelle (Nichteinmischung) dem Hilfesuchenden plausibel zu machen, vergleiche Specht (1991). Bei 222 Kindern, entsprechend 9,1% der Fälle, wurden Fremdunterbringungen (hauptsächlich in therapeutischen Heimen) durchgeführt. In 7% der Fälle empfahlen die Untersucher eine Umschulung oder Versorgung im Kindergarten, im Hort oder in Einrichtungen der Lebenshilfe für geistig Behinderte.

Intensive **nachgehende und aufsuchende Sozialarbeit** war in 2,6% der Fälle erforderlich.

Gerade bei den **kleineren Kindern spielten durch Heilmittelverordnung** leicht zu realisierende Übungsbehandlungen im Rahmen von Krankengymnastik, Beschäftigungstherapie und Logopädie eine große Rolle. Insgesamt 15,5% der Patienten bekamen eine derartige Übungsbehandlung.

Ein Berliner Spezifikum stellt in diesem Umfang noch der Einsatz von sogenannten sozialpädagogischen Einzelfallhelfern dar. 24,4% aller Patienten bekamen einen solchen Helfer verordnet. Diese Maßnahmen werden nicht über die Krankenkassen finanziert, sondern wurden bisher als Eingliederungshilfe nach dem Bundessozialhilfegesetz gewährt und sind nunmehr im Rahmen des neuen Kinder- und Jugendhilfegesetzes möglich.

Erziehungsberatung wurde in 17,7% der Fälle empfohlen. Eine analytische Kindertherapie bei niedergelassenen Psychagoginnen wurde in 12,2% der Fälle, eine Verhaltenstherapie in 8,5% der Fälle empfohlen. Neben diesen beiden heute durch die Krankenkassen finanzierten Therapieformen wurden vor allem sehr häufig klientzentrierte Spieltherapien mit Elternberatung (23%) eingeleitet. In 7,5% wurde eine Familientherapie durchgeführt. Auch diese beiden letztgenannten Therapieformen wurden als Maßnahmen der Eingliederungshilfe finanziert. Gruppentherapien spielten mit 1,6% nur eine nachgeordnete Rolle. Stationäre Behandlungen waren bei 3,7% aller Fälle erforderlich.

Während die Verteilung der Maßnahmen keine überraschenden Geschlechtseffekte aufwies, sind einige **schichtabhängige Phänomene** auffällig. Erwartungsgemäß waren Fremdunterbringungen und Sozialarbeitereinsätze sowie der Einsatz von sozialpädagogischen Einzelfallhelfern in den unteren Sozialschichten häufiger empfohlen worden als in der Mittel- und Oberschicht. Verblüffend deutlich ausgeprägt war der hochsignifikante Unterschied bei der Verordnung analytischer Kindertherapie für Kinder aus den oberen Schichten und die dazu korrespondierende Mehrverordnung von verhaltenstherapeutischen Maßnahmen bei Kindern aus den unteren Schichten. Ob die dahinterliegenden Entscheidungsprozesse einzig und allein realistische Einschätzungen oder auch gewisse stereotype Annahmen unserer Klinikmitarbeiter über Therapieerfolg, Verbalisationsfähigkeit und Schichtzugehörigkeit wiederspiegeln, kann auf dieser Datenbasis nicht gesagt werden.

Ausgehend von der Diagnose lassen sich unterschiedliche Maßnahmenmuster erkennen. So erweisen sich die neurotischen Störungen (nach ICD-9) als Domäne der analytischen Therapie. Bei den Störungen des Sozialverhaltens wurden in 30,5% der Fälle Einzelfallhelfer als einzige Maßnahme oder in Kombination mit anderen Maßnahmen eingesetzt, in 22,8% der Fälle wurde ein klientzentrierte Therapie durchgeführt, in 10,23% der Fälle eine Verhaltenstherapie, in 8,9% der Fälle eine Familientherapie und in 8,6% der Fälle eine analytische Therapie. Immerhin in fast 20% der Fälle (19,6%) war eine Fremdunterbringung erforderlich. Bei den emotionalen Störungen war der Prozentsatz der Fremdunterbringungen sehr viel geringer – 5,4%. Klientzentrierte Therapie mit 34,2%, Erziehungsberatung mit 18,7% und analytische Kindertherapie mit 15,5% waren die am häufigsten verordneten Maßnahmen. Gefolgt von Familientherapie mit 7%, Verhaltenstherapie mit 6,4% und in 24,8% als alleinige Maßnahme oder in Kombination mit anderen Maßnahmen Einzelfallhilfe. Bei den hyperkinetischen Syndromen bekam weit über ein Drittel aller Patienten (37,8%) einen Einzelfallhelfer. In 43,7% wurden Übungsbehandlungen, insbesondere Beschäftigungstherapie und Psychomotorik, verordnet. Erziehungsberatung und klientzentrierte Therapie mit 27,4% und 15,6% spielten als Maßnahme eine Rolle ebenso wie die Verhaltenstherapie mit 14,1%. Familientherapie mit 5,2% bleibt noch zu erwähnen, während die analytische Therapie bei diesem Störungsbild kaum verordnet wurde.

Nun zum Vergleich die 2. Stichprobe (N = 555, Jahrgang 1992): Diese Untersuchung (vgl. Fegert 1993) zeigte, daß auch **nach der Einführung des KJHG** häufig kombinierte Maßnahmen von uns Kinder- und Jugendpsychiatern vorgeschlagen wurden, die in der Regel durch einen Hilfeplan gemäß § 36 KJHG koordiniert worden sind.

Bei 13% der Patienten waren aus unserer Sicht keine bzw. nur unspezifische Maßnahmen notwendig. Bei 25% der Patienten empfahlen wir eine ambulante Psychotherapie als einzige Maßnahme, wobei nur ein kleiner Teil der in Kliniknähe wohnenden Patienten in der Klinik selbst versorgt werden konnte. Bei 10% der Patienten wurde eine Beschäftigungstherapie, Logopädie oder Krankengymnastik (KG) verschrieben.

Abgesehen von den ambulanten Psychotherapien, die zu ungefähr 60% als einzige Hilfeart eingesetzt wurden, wurden andere Maßnahmen sehr viel häufiger in Kombination verordnet. Betrachtet man die Finanzierung der empfohlenen Maßnahmen, so fällt auf, daß in unserer Berliner Poliklinikklientel das Jugendamt für die Finanzierung von notwendigen Hilfsmaßnahmen nach dem KJHG erheblich beansprucht wird. Vernachlässigt man andere Finanzierungen (9% der gesamten Hilfen, die im Bereich der Schule umgesetzt wurden), kann man feststellen, daß nach der Einführung des KJHG Krankenkassen und Jugendamt als Kostenträger ungefähr gleich stark bei der Realisierung und Finanzierung von Maßnahmen belastet werden. Eine Analyse der vom Jugendamt gewählten einzelnen Hilfen zeigt, daß ambulante Psychotherapien mehr als ein Drittel der vom Jugendamt zu tragenden Maßnahmen darstellen. In Berlin sind hierfür an die GOÄ angelehnte Sätze bei der Honorierung der Psychotherapeuten üblich. Wenn das KJHG 1995 schließlich in allen Bundesländeren voll gelten wird, ist auch nach der Einführung des § 35a da

Ermittlung des individuellen Hilfebedarfs bei Kindern und Jugendlichen, die von einer seelischen Behinderung bedroht sind

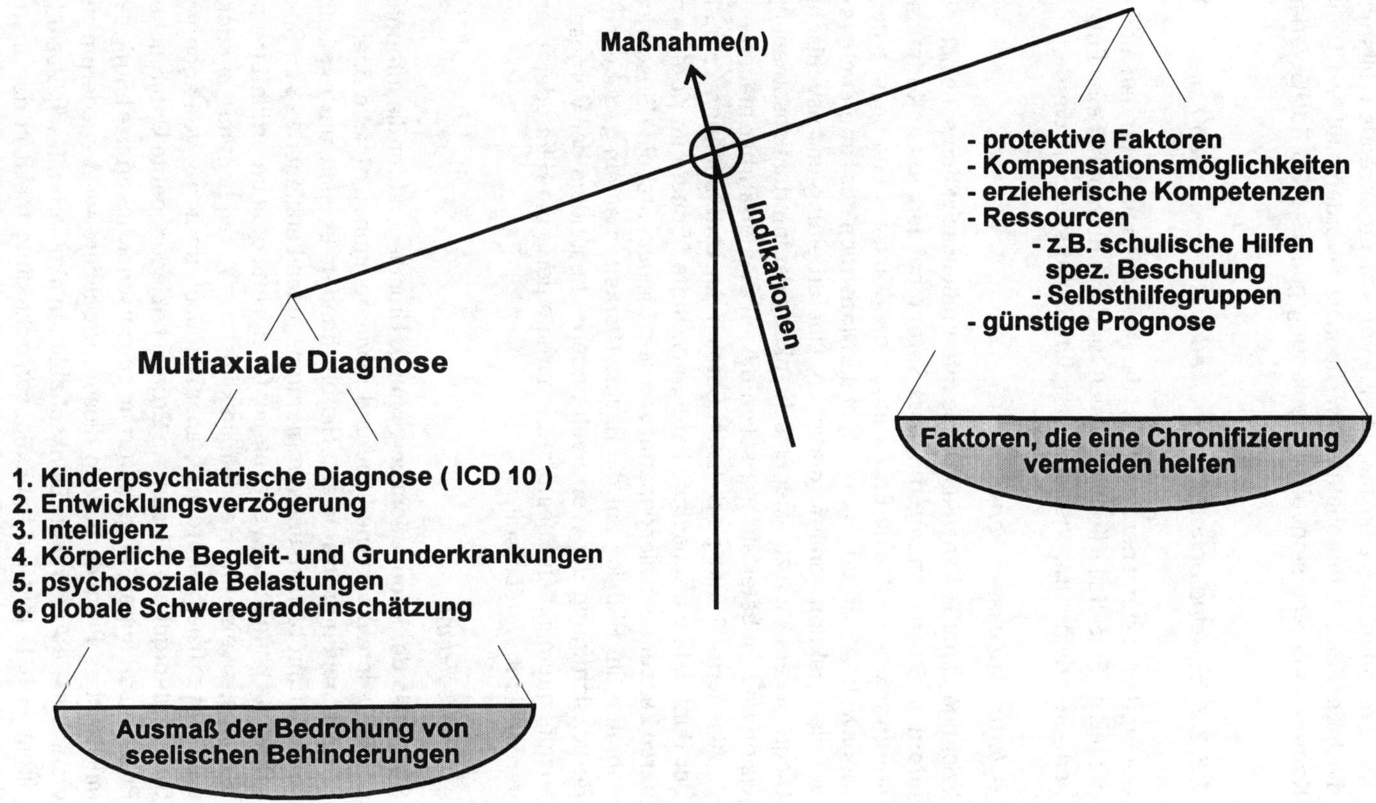

mit zu rechnen, daß eine ganze Reihe von sich ergänzenden Hilfsmaßnahmen durch die Jugendämter vorgehalten bzw. finanziert werden muß und daß ihre Planung und Koordination eine sinnvolle Hilfeplanung gemäß § 36 KJHG verlangen wird.

4.5.2.3 Einzelne Schritte der Indikationsstellung (nach Fegert 1992)

Der Erstkontakt mit der Familie ist der Ausgangspunkt für den Indikationsstellungsprozeß im Einzelfall. Hier bieten sich für den Untersucher eine Fülle von Informationen, die primär zunächst einmal gefiltert und selegiert werden.

– *Informationsselektion*

Wichtige Einflußkriterien auf diese **Informationsselektion** scheinen die **Strategien zur Informationsgewinnung**, d.h., das **Setting** bei den ersten Kontakten; die **Berufserfahrung** sowie einzelne Erfahrungen des Klinikers und seine eigene innere Erfahrungswelt. Als dritter Faktor spielt die **Motivation** des Untersuchers eine große Rolle auf die Selektion von Informationen. Überarbeitung und psychische Belastung des Diagnostikers kann zu einer Einschränkung der Informationserhebung führen. Supervision und Selbsterfahrung sollen diesen Bias erfahrbar machen.

Als vierter Punkt muß die im Bereich der Untersuchung kognitiver Prozesse in der Publizistikwissenschaft häufig erwähnte "Schere im Kopf" als Instanz der **inneren Zensur** auch hier genannt werden. Sie bedeutet eine Einschränkung der Wahrnehmung im Hinblick auf die Realisierbarkeit in einem gegebenen Kontext, durch Berücksichtigung der Wertewelt anderer, besonders der Vorgesetzten, sowie der sozioökonomischen Realitäten, innerhalb derer die Hilfe oder Therapiemaßnahme verwirklicht werden soll.

– *Urteilsbildung*

Strategien der Informationsgewinnung: Grundlegend für die Informationsgewinnung ist eine adäquate körperliche und Psychodiagnostik (siehe oben).

Entscheidungsstrategien: Hierbei handelt es sich um explizite oder implizite "Standardproblemlösungsprogramme" (nach Leuzinger 1981). Solche Vorgehensschemata können entweder als ausformulierte oder unterrichtete Empfehlungen zur Vorgehensweise das Handeln im klinischen Alltag bestimmen oder es handelt sich um nicht offiziell verordnete, aber mündlich tradierte, von anderen übernommene Standardvorgehensweisen. Im Grunde hat jeder geübte Untersucher für bestimmte Problemstellungen, die er aufgrund spezifischer **Ankerreize** häufig sehr früh erkennt, ein **übliches Procedere**. Von diesem Procedere wird wiederum nur abgewichen, wenn andere Anker neue Denkschablonen aktivieren. Nach Blaser (1977) und Leuzinger (1981) fällt die Indikationsentscheidung meist in den ersten Minuten des Kontaktes (vgl. auch die Ergebnisse zur Diagnosestellung in den ersten Minuten von Hordern und Green (1970) und Gauron und Dickinson (1969)). Die weitere Zeit im Erstkontakt dient nur der Aufnahme zusätzlicher Informationen, die die primäre

Hypothese stützen soll. Es sei denn, die Wahrnehmung neuer wesentlicher Ankerreize erfordere die Umorientierung.

Beispiel: Ein Kind wirkt zunächst emotional deutlich belastet. Die neurologische Untersuchung und Psychodiagnostik lassen erhebliche Koordinationsdefizite und Wahrnehmungsstörungen erkennen. Von seinem ursprünglichen Handlungsschema emotionale Belastung – Kinderspieltherapie weicht Untersucher X nun ab. Er denkt sich, es handele sich um eine sekundäre emotionale Belastung und hält zunächst eine beschäftigungstherapeutische Behandlung des 7jährigen Jungen für indiziert, wobei er sich durch die Anregung zur regelmäßigen Wiedervorstellung die Möglichkeit zur adaptiven Indikationsstellung im weiteren Verlauf offenlassen möchte.

Konkretisierung der Urteilsbildung durch:
- ☐ Diagnoseformulierungen
- ☐ Prognoseabschätzung
- ☐ Einschätzung der Ressourcen des Patienten/der Familie
- ☐ Sozioökonomische Realitäten des Versorgungsnetzes vor Ort

Beeinflußt durch die therapeutische Orientierung, die Wertewelt und die praktischen Erfahrungen des Untersuchers erfolgt nun auf der Basis einer psychodynamischen oder systemischen Hypothesenformulierung oder einer Verhaltensanalyse z.B. die Auswahl der im spezifischen Fall geeigneten Therapieform und/oder flankierender Hilfsmaßnahmen.

Therapieform und flankierende Hilfsmaßnahmen
Zu unterscheiden sind individuumorientierte Maßnahmen, familienorientierte Maßnahmen und gruppenorientierte Maßnahmen (vgl. Remschmidt 1991). (Zur Indikation von gruppentherapeutischen Verfahren bei kinder- und jugendpsychiatrischen Erkrankungen siehe Lehmkuhl u. Lehmkuhl 1991.)

- ☐ *Individuumorientierte Maßnahmen für Kinder und Jugendliche mit einer psychischen Problematik*
  Hierzu zählen nach Remschmidt (1991) die medikamentöse Behandlung mit Psychopharmaka, psychotherapeutische Behandlungsmethoden, Verhaltenstherapie und kognitive Therapieansätze, funktionelle Übungsbehandlungen (wie Wahrnehmungstraining, Psychomotorik und kreative Methoden). Hilfen und Eingliederungshilfen wie Einzelfallhelfereinsätze, klienzentrierte Kinderpsychotherapie, aber auch Erziehungsbeistandschaft, Vollzeitpflege und Heimerziehung sowie die intensive sozialpädagogische Einzelbetreuung (§ 35 KJHG) zielen auf das Individuum ab.
- ☐ *Familienorientierte Therapieformen und Hilfsmaßnahmen*
  Nach Remschmidt (a.a.O.) gehört hierzu die Familienberatung, verschiedene Formen der Familientherapie und die Behandlung im häuslichen Milieu (Home treatment). Auch die wichtigen Familienhelfereinsätze nach dem KJHG sind primär familienorientierte Maßnahmen. An sehr vielen Erziehungsberatungsstellen gibt es familienorientierte Angebote.

☐ *Gruppenzentrierte Behandlungsmethoden*

Remschmidt rechnet hierzu offene Gruppenpsychotherapien, zielgerichtete Gruppenpsychotherapien, aber auch Elterngruppen. Hinzuzufügen wären in unserem Kontext Selbsthilfegruppen und die allgemeine Jugendarbeit (§ 11 KJHG), die mit ihrer Anregung zu Sport, Spiel und Geselligkeit, aber auch durch Maßnahmen der Kinder- und Jugenderholung und durch die offene Jugendarbeit niederschwellige, altersadäquate Angebote macht, die sich (siehe oben) protektiv, d.h. eine positive Entwicklung begünstigend, auch auf Kinder auswirken, die erheblichen Entwicklungsrisiken ausgesetzt sind.

– *Urteilsformulierung*

Die mehr oder weniger rasch in einem komplexen Prozeß abgelaufenen Wahrnehmungs- und Entscheidungsprozesse, die in dem vorgeschlagenen Schema sicher nur grob simplifiziert zur Darstellung kommen konnten, müssen nun in eine schriftliche Form gebracht werden. Ziel ist eine sprachliche Gestaltung, durch deren Formulierung der Indikationsprozeß für Außenstehende, nicht Beteiligte, transparent und nachvollziehbar wird. Ein typisches Beispiel wäre hierfür das Ausformulieren von Kassenanträgen bzw. Stellungnahmen für die Hilfeplanung nach § 36 KJHG.

4.5.2.4 Formulierung einer Stellungnahme zur Hilfeplanung nach § 36

Ziel einer solchen Stellungnahme muß es sein, die Sichtweise des Diagnostikers, basierend auf den gemeinsam mit dem Betroffenen gewonnenen Informationen, möglichst effektiv in den Hilfeplanungsprozeß einfließen zu lassen, teilweise persönlich am Prozeß der Hilfeplanung bei einer Hilfekonferenz teilzuhaben. In der Regel können aber klar formulierte Stellungnahmen ausreichen. Eine solche Stellungnahme sollte Angaben darüber enthalten, wann das Kind zum ersten bzw. wiederholten Male untersucht wurde, ob das Kind aufgrund der diagnostizierten Problematik Anspruch auf Maßnahmen der Eingliederungshilfe nach § 35a KJHG hat, oder ob aus ärztlicher Sicht erzieherische Defizite bestehen, die durch Hilfen zur Erziehung oder kombinierte Maßnahmen der Eingliederungshilfe und Hilfen zur Erziehung gebessert werden könnten. Abschließend soll auf ärztliche bzw. ärztlich verordnete Maßnahmen eingegangen werden und eine Empfehlung für die im Prozeß der Hilfeplanung zu treffenden Entscheidungen über Maßnahmen der Eingliederungshilfe bzw. Hilfen zur Erziehung formuliert werden. Da davon ausgegangen werden kann, daß durch die Einbeziehung der Personensorgeberechtigten beim Prozeß der Hilfeplanung die Problematik des Kindes und Problemsituation der Familie in den Worten der Familie dargelegt werden, erübrigt sich in manchen Fällen auch die spezifische Nennung einer Diagnose.

Eine ärztliche Stellungnahme zur Frage der drohenden seelischen Behinderung und zu entsprechenden Maßnahmen könnte also folgendermaßen aussehen:

Stellungnahme zur Hilfeplanung gemäß § 36 KJHG

Peter Mustermann, geb...., wohnhaft...., wurde im Zeitraum von...bis... kinderpsychiatrisch, testpsychologisch, beschäftigungstherapeutisch, logopädisch etc. (Zutreffendes anführen!) untersucht. Aufgrund der diagnostizierten Problematik besteht Anspruch auf Maßnahmen der Eingliederungshilfe nach § 35a KJHG. Ärztlicherseits empfehlen wir in der derzeitigen Situation die Durchführung .... (z.B. einer Familientherapie) sowie ... (z.B. den Einsatz eines Familienhelfers). Eine ... (z.B. logopädische Behandlung) haben wir bereits durch ärztliche Verordnung am ... eingeleitet.

Empfiehlt der ärztliche Untersucher eine psychotherapeutische Maßnahme, die nicht über die Krankenkassen finanziert werden kann, weil die Kassen solche Leistungen nicht vorsehen oder weil das Maximalkontingent einer Kassenbehandlung ausgeschöpft wurde, aber aufgrund massiver psychosozialer Beeinträchtigungen eine zeitliche umschriebene Fortführung notwendig erscheint, dann sollte der Untersucher gleich dazu Stellung nehmen, daß die empfohlene Maßnahme keiner Krankenbehandlung nach SGB V entspricht, sondern es sich vielmehr um eine Maßnahme der Eingliederungshilfe bzw. kombinierte Maßnahme der Eingliederungshilfe und Hilfe zur Erziehung handele.

Abschließend sollte darauf hingewiesen werden, daß man bei Unklarheiten im Hilfeplanungsprozeß zu Rückfragen zur Verfügung steht und daß mit schriftlichem Einverständnis der Eltern eventuell für die Hilfeplanung, vor allem aber für die die Hilfe umsetzenden Personen die ausführlichen Ergebnisse der Untersuchung zugänglich gemacht werden können.

Einen Sonderfall stellt die Stellungnahme zu einem psychotherapeutischen Behandlungsplan dar.

Hier sollte unter Bezugnahme auf den Behandlungsplan zunächst dazu Stellung genommen werden, ob das Verfahren und die empfohlene Frequenz bei der bestehenden Problemlage angemessen erscheint. Bei positiver Stellungnahme sollte ein Zeitraum für die notwendige Überprüfung der Maßnahme durch Wiedervorstellung benannt werden. Bei negativer Stellungnahme müssen die entsprechenden Passagen aus dem Behandlungsplan kommentiert und entsprechende Empfehlungen ausgesprochen werden.

Es ist selbstverständlich, daß die Personensorgeberechtigten ihr schriftliches Einverständnis zur Abgabe einer solchen Stellungnahme und zur Übermittlung der entsprechenden Daten ausdrücklich geben müssen. Specht (persönliche Mitteilung) empfiehlt, auf diese Einwilligungserklärung direkt in der Stellungnahme bezugzunehmen.

5 Drohende seelische Behinderung: Kinder- und Jugendpsychiatrische Klassifikation und der Katalog seelischer Störungen nach § 3 VO zu § 47 BSHG

5.0 Einleitung

Die in der Verordnung zu § 47 BSHG angegebene Aufzählung von Störungsbildern umfaßt ein sehr breites Spektrum von Erkrankungen aus dem Bereich der Erwachsenenpsychiatrie, die nach Ansicht des Gesetzgebers zu einer wesentlichen seelischen Behinderung führen können. Die hier aufgeführten Begriffe sind an psychiatrische Klassifikationen der 50er und 60er Jahre angelehnt und aus fachlicher Sicht überholt. Für die praktische Anwendung im Bereich des § 35a KJHG muß deshalb unter Bezugnahme auf den Katalog im § 3 VO zu § 47 BSHG ein **zeitgemäßer Katalog** formuliert werden, der sowohl den vom Gesetzgeber bewußt gewählten Wegfall des Zusatzes **wesentlich** wie den für das Kindes- und Jugendalter so wichtigen Begriff der **drohenden** seelischen Behinderung besonders berücksichtigt. Die folgende Darstellung geht dementsprechend vor und orientiert sich an der derzeit gültigen neuesten Form der Internationalen Klassifikation psychischer Störungen, d.h. dem Kapitel V (F) der ICD-10 der Weltgesundheitsorganisation. An besonders wichtigen Stellen oder bei abweichenden Konzeptualisierungen wird ebenfalls auf das diagnostische und statistische Manual psychischer Störungen der "Amerikanischen Psychiatrischen Gesellschaft", DSM-III-R bzw. die neueste, noch nicht endgültig eingeführte Revision DSM-IV, bezuggenommen.

5.1 Körperlich nicht begründbare Psychosen

5.1.0 Einleitung

Zu diesen Erkrankungen gehören **Schizophrenien, schizotype** und **wahnhafte Störungen** (Kapitel F 2) sowie **einige der affektiven Störungen** (Kapitel F 3 der ICD-10). Schizophrenien und affektive Störungen sind hinsichtlich ihres Verlaufes wesentlich zu unterscheiden. In der Akutphase benötigen sowohl die früher sogenannten "en-

Droht eine "seelische Behinderung"?

nach § 3 VO zu § 47 BSHG

1. *Körperlich nicht begründbare Psychosen*	2. *Folge von Krankheiten und Verletzungen des Gehirns, von Anfallsleiden oder von anderen Krankheiten oder körperlichen Beeinträchtigungen*	3. *Suchtkrankheiten*	4. *Neurosen und Persönlichkeitsstörungen*	5. *Andere seelische Störungen*
F2 Schizophrenie, schizotype und wahnhafte Störungen F3 affektive Störungen	F0 organische einschl. symptomatischer psychischer Störungen F06 andere psychische Störungen aufgrund einer Schädigung oder Funktionsstörung des Gehirns oder einer körperlichen Erkrankung F07 Persönlichkeits- und Verhaltensstörungen aufgrund einer Erkrankung, Schädigung oder Funktionsstörung des Gehirns F80.3 Landau-Kleffner-Syndrom (Sprachstörung aufgrund zentralnervöser Störungen)	F1 psychische und Verhaltensstörungen durch psychotrope Substanzen	Teile F3 (nicht psychotische, affektive Störungen) F4 neurotische, Belastungs- und somatoforme Störungen F6 Persönlichkeits- und Verhaltensstörungen Teile F9 Verhaltens- und emotionale Störungen mit Beginn in der Kindheit und Jugend	F5 Verhaltensauffälligkeiten mit körperlichen Störungen und Faktoren F84 tiefgreifende Entwicklungsstörungen F90 hyperkinetische Störungen F91 Störungen des Sozialverhaltens F95 Ticstörungen F98 andere Verhaltens- und emotionale Störungen mit Beginn in der Kindheit und Jugend
		nach ICD 10		

Entwicklungsstörung	F80 umschriebene Entwicklungsstörungen des Sprechens und der Sprache F81 umschriebene Entwicklungsstörungen schulischer Fertigkeiten F82 umschriebene Entwicklungsstörungen der motorischen Funktionen F83 kombinierte umschriebene Entwicklungsstörungen
Intelligenz	
Körperliche Symptomatik	
Abnorme Belastungen	1. Abnorme intrafamiliäre Beziehungen 2. Psychische Störungen, abweichendes Verhalten o. Behinderung in der Familie 3. Inadäquate oder verzerrte intrafamiliäre Kommunikation 4. Abnorme Erziehungsbedingungen 5. Abnorme unmittelbare Umgebung 6. Akute, belastende Lebensereignisse 7. Gesellschaftliche Belastungsfaktoren 8. Chronische Belastungen im Zusammenhang mit Schule und Arbeit 9. Belastende Lebensereignisse infolge von Verhaltensstörungen oder Behinderungen des Kindes
Schweregrad	

dogenen Psychosen" wie die "endogenen Depressionen" bzw. manisch-depressiven Zustandsbilder ärztliche, d.h. meist stationär psychiatrischen Behandlung. Bei den Erkrankungen des **schizophrenen Formenkreises** folgt der floriden Phase jedoch häufig eine Residualphase. Im DSM-III-R werden als Charakteristika der **Residualphase** "affektive Abstumpfung, Verflachung, Beeinträchtigung der Rollenerfüllung" genannt. Einige der psychotischen Symptome wie Wahn, Halluzinationen, können bei Residualzuständen weiterbestehen. "Eine Rückkehr zur vollen prämorbiden Leistungsfähigkeit ist bei dieser Störung nicht üblich. Vollständige Remissionen kommen vor, jedoch ist ihre Häufigkeit Gegenstand kontroverser Diskussionen." Am häufigsten ist ein Verlauf mit akuten Exazerbationen und residualen Beeinträchtigungen zwischen den Episoden.

Demgegenüber ist für die **affektiven Störungen** typisch, daß die Symptome nach Ablauf einer Phase vollständig verschwinden können und die Leistungsfähigkeit wieder den prämorbiden Zustand erreicht. Jugendliche Patienten mit schizophrenen Erkrankungen sind deshalb allein schon aufgrund des üblichen Verlaufes dieses Krankheitsbildes häufiger von einer seelischen Behinderung bedroht als Jugendliche mit affektiven Störungen.

5.1.1 Schizophrenie (ICD-10 F 20)

5.1.1.1 Schizophrene Störungen (F 20)

Schizophrene Erkrankungen im Kindesalter sind eine absolute Rarität. Unter 1% der schizophrenen Erkrankungen beginnt vor dem 10. Lebensjahr. Die Erkrankungswahrscheinlichkeit für die Gesamtbevölkerung bezogen auf das gesamte Leben für eine Schizophrenie liegt bei knapp 1%, jedoch sind im Gegensatz zur Erwachsenenpsychiatrie die schizophrenen Psychosen auch im Bereich der stationären jugendpsychiatrischen Behandlung bei weitem nicht das häufigste Krankheitsbild. Nach der ICD-10 sind schizophrene Störungen im allgemeinen durch grundlegende charakteristische Störungen von Denken und Wahrnehmung sowie inadäquate verflachte Affektivität gekennzeichnet. Man unterscheidet **paranoide Schizophrenien** mit Verfolgungswahn, Beziehungswahn, Stimmen, die den Betroffenen bedrohen oder ihm Befehle geben, oder auch Geruchs- oder Geschmackshalluzinationen etc., **hebephrene Schizophrenien**, die meist zwischen dem 15. und 25. Lebensjahr beginnen und häufig mit einer Affektverflachung oder einem häufig situationsinadäquaten, selbstversunkenen Lächeln einhergehen. Diese schizophrene Störung mit Beginn im Jugendalter hat generell wohl eine ungünstige Prognose. Des weiteren gibt es **katatone Schizophrenien** mit charakteristischen stuporösen (Stupor: Erstarrung gleich abnormer Zustand mit Fehlen jeglicher erkennbarer körperlicher und psychischer Aktivität) mutistischen (sprachliche Äußerungen bleiben aus, werden vermieden) Zuständen, Erregungszuständen und undifferenzierte Schizophrenieformen.

Die in der ICD-10 besonders hevorgehobenen postschizophrenen Depressionen und schizophrenen Residualzustände haben für Maßnahmen nach § 35a KJHG eine besondere Bedeutung. Schizophrene **Residualzustände** (F 20.5) sind gekennzeichnet durch das Vorherrschen sogenannter "Negativ-Symptomatik" wie psychomotorischer Verlangsamung, verminderter Aktivität, Affektverflachung, Passivität und Initiativemangel, geringer verbaler und nonverbaler Kommunikation, Vernachlässigung der Körperpflege und sozialer Leistungsfähigkeit. Im Jugendlichenalter führen solche Residualzustände zu Abbrüchen von Beschulungs- bzw. Lehrverhältnissen, häufig zu einem kompletten Interessenverlust und Verlust von Gleichaltrigenkontakten, so daß Maßnahmen der Eingliederungshilfe im Sinne von Hilfen zur angemessenen Schulbildung, oder bei Berufsausbildung im Sinne von Hilfen zur Ausbildung für einen Beruf, oder eine sonstige angemessene Tätigkeit, wie auch Hilfen bei der Wohnungsbeschaffung und Erhaltung, und Hilfen zur Teilnahme am Leben in der Gemeinschaft eine Rolle spielen. Auch angemessene Betreuungen in Tageseinrichtungen oder spezialisierten Heimeinrichtungen können wichtige Hilfen sein.

Anton A.*, ein 18½-jähriger ehemaliger Berufsschüler, wurde von seiner Mutter und seinem Stiefvater vorgestellt, weil er nach dem Schulabschluß in mehreren Lehrverhältnissen scheiterte und sich auch sozial zunehmend zurückgezogen hatte. Familienanamnestisch ist zu erwähnen, daß ein Onkel mütterlicherseits an einer Schizophrenie erkrankt sein soll. Seine Eltern trennten sich, als er acht Jahre alt war, er blieb bei seiner Mutter, die, als er 13 Jahre alt war, mit einem neuen Partner zusammenzog. Kurz darauf verschlechterten sich seine Schulleistungen, er zog sich auch von seinen Freunden zurück, wirkte häufig sehr verschlossen, wie abwesend, manchmal aber auch kleinkindhaft-läppisch.

Bei der Aufnahmeuntersuchung war er körperlich völlig gesund, auffällig war jedoch seine schlaffe, hypotone Körperhaltung, wobei allerdings keine neurologischen Auffälligkeiten diagnostiziert wurden. Ein erster Versuch einer psychologischen Testung mußte wegen massiver Konzentrationsschwierigkeiten abgebrochen werden, später erzielte er einen Gesamt-IQ im unteren Bereich der Lernbehinderung. Psychopathologisch war er in der Kontaktaufnahme eher gehemmt, manchmal verlegen lächelnd, wobei er aber dem Untersucher bereitwillig Auskunft

* Es sei festgestellt, daß es sich hier um fiktive Krankengeschichten bzw. nach Tölle (1987) um "kontermінierte Darstellungen" handelt. Es wird also keine individuelle Biographie in identifizierbarer Weise wiedergegeben, sondern die Krankengeschichten werden aus verschiedenen biographischen Details zusammengesetzt, so daß den "rechtlichen Anforderungen der Nichtidentifizierbarkeit hierdurch genüge getan" wird. Natürlich ist diese Methode "künstlich", dennoch können auch solche konstruierten Krankengeschichten das theoretisch Gesagte an einem Beispiel verdeutlichen und erfüllen somit ihren didaktischen Zweck. Aus denselben Gründen der Nichtidentifizierbarkeit tragen die einzelnen Krankengeschichten konstuierte Namen in alphabetischer Reihenfolge. Frau Clifft (1986) hat ausgehend von Stellungnahmen der "Ethik-Kommitees der Amerikanischen Psychologischen Gesellschaft" (1985) und der "Weltgesellschaft für Psychiatrie" (1977) detaillierte Richtlinien für die Verfremdung von klinischem "Fallmaterial" in Publikation erstellt. Der Autor hat sich bei der Darstellung seiner Fallbeispiel hier weitgehend nach ihren Vorschlägen gerichtet.

gab. Hierbei stellte es sich heraus, daß er seit Jahren kommentierende, ihn herabwürdigende Stimmen hört. Wenn es ihm besonders schlecht geht, befehlen ihm diese Stimmen auch bestimmte Handlungen (imperative Stimmen).

Wir diagnostizierten eine hebephrene Schizophrenie und stellten seine derzeit eingeschränkten intellektuellen Leistungsmöglichkeiten fest. Abgesehen von der nunmehr vier Jahre zurückliegenden Ehescheidung bestanden derzeit keine weiteren psychosozialen Belastungen. Die Globaleinschätzung seiner sozialen Funktionen ergab, daß er zu einem eigenständigen Leben derzeit nicht in der Lage war, sondern völlig in Abhängigkeit im Haushalt seiner Mutter lebte.

Anton A. wurde mehrere Monate stationär jugendpsychiatrisch behandelt und auf ein entsprechendes Neuroleptikum eingestellt. Sein Zustand verbesserte sich unter dieser Behandlung deutlich, jedoch war trotz dieser Besserung nicht an die Wiederaufnahme einer Lehre zu denken.

In Zusammenarbeit mit dem Jugendamt konnte eine geeignete rehabilitative Einrichtung gefunden werden. Folgende Stellungnahme zur Hilfeplanung ging an das Jugendamt:
Der heranwachsende Anton A. wurde in unserer Abteilung seit dem... wegen einer hebephrenen Schizophrenie stationär behandelt. Aufgrund dieser Erkrankung ist er derzeit nicht in der Lage, erneut eine Berufsausbildung aufzunehmen. Zur Verselbständigung und zur Bewältigung von Alltagsanforderungen benötigt er noch strukturierte Hilfen, wie sie ihm nur eine entsprechende Heimeinrichtung gewähren kann. Bei der geplanten Heimunterbringung handelt es sich um eine Maßnahme der Eingliederungshilfe. Anton A. hat Anspruch auf diese Maßnahme nach § 35a KJHG in Verbindung mit § 40 BSHG. Aufgrund seiner Erkrankung benötigt er auch in seiner neuen Umgebung regelmäßige psychiatrische Untersuchungen, auch zur Überwachung der medikamentösen Behandlung.

Bettina B., eine 15-jährige Gymnasiastin, wurde direkt im Anschluß an eine Klassenfahrt ins Ausland von ihrer Lehrerin und den Kindeseltern akut zur Aufnahme gebracht, weil sie sich während der Fahrt zunehmend verfolgt fühlte und wiederholt Beziehungsideen geäußert hatte. Sie war z.B. der Überzeugung, daß der englische Fernsehsprecher ihr verschlüsselte Botschaften zukommen ließ. Schließlich sei sie einen Tag völlig verschwunden und sei in einiger Entfernung vom Aufenthaltsort der Gruppe völlig desorientiert aufgefunden worden. Die letzten Nächte vor der Rückkehr habe sie kaum mehr geschlafen, sie habe permanent getrieben gewirkt. Teilweise habe sie völlig verzweifelt Ängste geäußert, daß sie nie mehr zurückkehren würde.

Bettina ist das zweite von insgesamt fünf Kindern in ihrer Herkunftsfamilie. Ihre Geburt erfolgte nach unkomplizierter

Schwangerschaft nach längerem Geburtsstillstand mit Kaiserschnitt. Keine Entwicklungsauffälligkeiten, unauffällige psychosoziale und schulische Entwicklung bis zu den geschilderten Ereignissen keine familiären Belastungen.
Zum Zeitpunkt der stationären Aufnahme hatte das Mädchen schon mehrere Tage kaum mehr Flüssigkeit und gar kein Essen mehr zu sich genommen und auch kaum mehr geschlafen und befand sich dementsprechend in einem reduzierten körperlichen Zustand. Psychopathologisch war sie massiv geängstigt, reagierte teilweise gereizt-dysphorisch. Sie war zur Person, aber nicht zu Zeit und Ort orientiert. Ihre offenbar andrängenden Gedanken stellte sie in einem sehr zerfahrenen, von Ideenflucht und Gedankenabreißen gekennzeichneten, dauernden Redefluß dar (formale Denkstörungen). Sie war der festen Überzeugung, daß ein bestimmter englischer Fernsehsprecher sich in sie verliebt habe, während dessen Kollege gleichzeitig ihr und ihrer Familie schaden wolle (Liebeswahn und Beeinträchtigungswahn). Deutlich wurden akustische, optische und Geruchshalluzinationen und am Aufnahmetag auch zunehmend Körperhalluzinationen.

Wir diagnostizierten eine akute paranoide Schizophrenie. Nach mehrmonatiger medikamentöser Behandlung klang die Erkrankung quasi komplett ab. Das Mädchen äußerte jedoch große Angst und Scham vor der Wiedereingliederung in die Schule. Sie befürchtete einerseits aufgrund der Erkrankung weniger belastbar zu sein, sich nicht mehr konzentrieren zu können und erhebliche Lücken durch den Klinikaufenthalt zu haben, andererseits äußerte sie massive Ängste vor der Reaktion ihrer Klassenkameraden.

Folgende ärztliche Stellungnahme ging an das Jugendamt:
Bettina B. wurde seit dem ... in unserer Abteilung wegen einer paranoiden schizophrenen Erkrankung stationär behandelt. Zur Wiedereingliederung in ihre alte Schule benötigt sie direkte pädagogische und psychologische Unterstützung. Aus ärztlicher Sicht empfehlenswert ist der Einsatz einer Einzelfallhelferin mit einem Stundenkontingent von zunächst 10 Wochenstunden inklusive Zusammenhangsarbeit, das nach einem halben Jahr auf 5 Stunden reduziert werden kann, zur Unterstützung beim Wiedereinstieg in das Alltagsleben. Bettina B. hat Anspruch auf diese Maßnahme nach § 35a KJHG. Wir befürworten diese Maßnahme als Maßnahme der Eingliederungshilfe in Verbindung mit § 40 Abs. 1,3 BSHG.

5.1.1.2 Schizotype Störungen

Die sogenannten **schizotypen Störungsbilder** (F 21) werden bisweilen bei Jugendlichen diagnostiziert, die über Jahre durch ihr seltsames, exzentrisches, eigentümliches Verhalten, ihre soziale Isolierung und Tendenz zum sozialen Rückzug aufgefallen sind, wenn darüber hinaus Beziehungsideen, autistisches (auf sich selbst bezogen, ohne Kontakt zu anderen) Versunkensein oder andere psychotische Symptome wenigstens bisweilen aufgetreten sind. Auch hier ist neben der medizinischen Behandlung ein gezielte multiprofessionelle Rehabilitation und Hilfe zur Wiedereingliederung erforderlich.

5.1.1.3 Wahnhafte Störungen

Die **wahnhaften Störungen** (F 22) sind psychische Störungen, bei denen der Wahn allein das zentrale Symptom darstellt. Je nach Wahninhalt bzw. Ausprägung des Wahnsystems ist die psychosoziale Beeinträchtigung im Alltagsleben völlig unterschiedlich. Es gibt Kranke mit ausgeprägten Wahnsystemen, die dennoch auch beruflich leistungsfähig sind, wie es wiederum andere gibt, die aufgrund von wahnhaften Ideen überhaupt nicht mehr ihr Zimmer verlassen können. Das Ausmaß der sogenannten "seelischen Behinderung" bzw. die "drohende seelische Behinderung" muß also im Einzelfall konkret abgeklärt werden.

5.1.1.4 Vorübergehende akute psychotische Störungen

Vorübergehende akute psychotische Störungen (F 23) bedürfen einer fachärztlichen Abklärung und stellen in der Regel aufgrund ihres passageren Charakters kein primäres Behinderungsrisiko dar.

5.1.1.5 "Folie à deux"-ähnliche Zustände

Sogenannte "folie à deux"-ähnliche Zustände (gemeinsamer Wahn, wörtlich: Wahnsinn zu zweit) induzierter wahnhafter Störungen (F 24) treten zwar relativ selten auf, können aber im Kindes- und Jugendalter zu massivsten psychosozialen Folgen und zu entsprechend hohen rehabilitativen Anstrengungen führen. Zu denken ist dabei an Kinder, die mit psychosekranken Eltern bzw. einem psychosekranken Elternteil allein aufwachsen und in das elterliche Wahnsystem einbezogen werden bzw. Teile dieses Wahns mit übernehmen. Den psychotischen Elternteil und das Kind verbindet dann meist eine außergewöhnlich enge Beziehung und beide Teile bestärken sich in ihren wahnhaften Überzeugungen. Dies kann zu jahrelangen Schulversäumnissen, zu kompletter Isolation etc. führen, so daß Eingliederungshilfen in den o.g. Bereichen dringend und über längere Zeit erforderlich werden. Häufig ist eine Trennung beider im Wahn verbundener Partner unausweichlich. Dies bedeutet, daß auch stationäre Maßnahmen bzw. längerfristige Jugendhilfemaßnahmen wie Heimunterbringung in geeigneten heilpädagogischen Einrichtungen häufig erforderlich werden.

Claus C. wurde, nachdem die Schule eine Schulversäumnisklage erhoben hatte und ein Zwangsgeld gegen die sorgeberechtigte Mutter angedroht worden war, recht widerwillig dem Druck folgend zur Untersuchung vorgestellt. Er zeigte ein äußerst bizarres Verhalten und ausgeprägte Zwangshandlungen. Am auffallendsten war, daß seine Mutter und er offensichtlich ein gemeinsames Wahnsystem hatten, in dem vor allem auch die Schule als verfolgende und bedrohende Angst eine wesentliche Bedeutung hatte. Vor allem, seit der Junge die Schule nicht mehr besuchte, hatte er sich viele wahnhafte Überzeugungen seiner Mutter zu Eigen gemacht und hatte auch z.B. das Kontrollieren der Haustür etc. aktiv mitübernommen. Andererseits kam es wiederholt zu heftigen Auseinandersetzungen zwischen ihm und seiner Mutter, bei denen die Mutter auch mehrmals Polizei oder Krankenwagen um Hilfe gebeten hatte.
Wir empfahlen eine stationäre Aufnahme von Claus, da uns unklar war, inwieweit ein folie à deux-artiger Zustand vorlag oder ob eine eigene Wahnsymptomatik bei dem Jungen zu behandeln war. Nach der Trennung, die unter erheblichen Schwierigkeiten zu bewerkstelligen war, zeigte sich bald, daß bei dem Jungen die Zwangserkrankung im Vordergrund stand, während die paranoiden Inhalte sehr bald ohne medikamentöse Behandlung verschwanden. Mehrmals versuchte die Kindesmutter nach Besuchen, den Jungen gegen ärztlichen Rat aus der stationären Behandlung zu nehmen, so daß schließlich vormundschaftsgerichtliche Maßnahmen ergriffen werden mußten. Trotz dieses erheblichen Konfliktes gelang es, Klaus Mutter in die Betreuung des Sozialpsychiatrischen Dienstes zu bringen und für ihre Behandlung zu sorgen. Wir befürworteten mit einer ärztlichen Stellungnahme die Unterbringung des Jungen in einem heilpädagogischen Heim, das spezifisch auf seine über Jahre angewachsenen schulischen Lücken eingehen konnte und auch Besuchskontakte der nach wie vor massiv auffälligen Kindesmutter tolerierte.

5.1.1.6 Schizoaffektive Störungen

Die **schizoaffektiven Störungen** (F 25) haben Symptomanteile schizophrener Störungen genauso wie Anteile affektiver Störungen. Vor allem die Patienten, die unter manisch getönten schizoaffektiven Episoden leiden, haben häufig vollständige Remissionen und entwickeln seltener Residualzustände.

5.1.1.7 Psychiatrische Versorgung und Nachsorgemaßnahmen bei Jugendlichen mit schizophrenen Erkrankungen

In der Akutphase aller schizophrener Erkrankungen und wahnhafter Erkrankungen kann eine erhebliche Selbstgefährdung mit auftreten. Teilweise muß deshalb auch gegen den Willen der Betroffenen eine Heilbehandlung vorgenommen werden. Wenn nötig, muß eine entsprechende Heilbehandlung über eine Zwangseinweisung nach PsychKG realisiert werden.

Ob das Instrument der Inobhutnahme (§ 42 KJHG) aufgrund einer geringeren Stigmatisierung der Betroffenen und der anschließend möglichen vormundschaftsrichterlichen Anordnung einer Unterbringung nach § 1631a BGB auch in diesem Bereich in Zukunft größere Bedeutung gewinnen wird, ist noch offen. Gerade für die Gruppe jugendlicher schizophrener Erkrankter besteht ein dringender Bedarf spezialisierter Einrichtungen, die z.B. eine Ausbildung unterstützen wie auch unterschiedlicher Formen betreuten Wohnens (§ 34 KJHG).

Vor allem nach einer zweiten oder weiteren Phasen von schizophrenen Erkrankungen (Werry et al. 1991; Werry 1992) stellt sich in ca. 80% der Fälle ein Residualzustand mit psychosozialen Beeinträchtigungen, vor allem Negativsymptomen und einzelnen produktiven Symptomen, ein, die als Gesamtbild nach Werry und Taylor (1994) in einer seelischen Behinderung unterschiedlichen Ausmaßes resultieren. Dieselben Autoren heben hervor, daß ein kleiner Teil jugendlicher Patienten schon nach der ersten oder zweiten Episode chronisch an einer weiterhin produktiven Psychose erkrankt bleibt. Solche fluktuierenden schlechten Verläufe, wie sie auch Eggers (1978) und Brenner (1990) beschrieben haben, sind zwar selten, stellen aber das maximale Ausmaß seelischer Behinderung dar und erfordern kombinierte psychiatrische und heilpädagogische Anstrengungen in speziellen Einrichtungen für jugendliche und heranwachsende Menschen. Lehmkuhl (1986) hat in einer kritischen Literarturübersicht darauf hingewiesen, daß vor allem nach den Untersuchungen von Weiner (1982) im Vergleich zu erwachsenen Schizophrenen mehr Jugendlichen primär ein chronischer Verlauf (52% der Adoleszentenpsychosen versus 25% der Erwachsenen) drohe. Vollremissionen seien bei einem Viertel und Teilremissionen bei einem weiteren Viertel der jugendlichen Patienten zu erwarten. Allgemein gelten als prognostisch ungünstige Faktoren der frühe Beginn der psychotischen Erkrankung, ein langsamer schleichender Beginn ohne auslösende psychosoziale Belastung, die prämorbide schlechte schulische und soziale Integration, d.h. auch Verhaltensauffälligkeit und multiple Kontaktproblem im Vorfeld der psychotischen Erkrankung, eine familiäre Belastung durch schizophrene Verwandte und im Behandlungsverlauf die geringe Kooperationsbereitschaft sowie primär ungünstige Behandlungsverläufe ohne rasche Symptombeseitigung unter neuroleptischer Behandlung.

Für den beschriebenen Personenkreis fehlen in der Nachsorge und für den Übergang ins Erwachsenenleben geeignete pädagogisch-therapeutische Einrichtungen mit kompetenter jugendpsychiatrischer Beratung und intensiver Zusammenarbeit zwischen Klinik und Heimeinrichtung. Die Einrichtung "Leppermühle" in der Nähe von Gießen mit 15 Wohngruppen, heimeigener Martin-Luther-Schule, berufsvorbereitendem Werkstattbereich sowie verschiedenen heilpädagogischen und therapeutischen Funktionsbereichen ist ein solches Modell, welches in den Jahren seit der Gründung bewiesen hat, wie sinnvoll und notwendig eine solche Einrichtung ist. Getragen wird sie von dem "Verein für Jugendfürsorge und Jugendpflege". In der Gesamtheimeinrichtung gibt es sieben Jugendwohngruppen für Jugendliche und junge Erwachsene mit schwerwiegenden psychiatrischen Erkrankungen. Hinzu kommen Außenwohngruppen und betreutes Einzelwohnen. Ähnliche Einrichtungen werden z.B. vom Verein "Heilpädagogisches Kinderheim Oberotterbach" und in Zusammenarbeit mit dem Tübinger "Verein für psychoanalytische Sozialarbeit" in Süddeutschland geführt, wobei insgesamt festzustellen ist, daß es massiv an geeigneten Betreuungseinrichtungen, die eine solche Nachbetreuung als Maßnahme nach § 35a KJHG durchführen können, fehlt.

5.1.2 Affektive Psychosen

Affektive Psychosen mit depressiven, manischen oder bipolaren Ausprägungsformen sind auch im Kindesalter relativ selten. Knapp ein Fünftel aller affektiven Störungen treten in den ersten beiden Lebensjahrzehnten, dann vor allem aber im Jugendalter, auf. Rothenberger (1992) geht davon aus, daß bezogen auf das Gesamtkollektiv jugendlicher psychotischer Patienten etwa 30% an einer affektiven Psychose leiden. "Niedergeschlagenheit, Nachlassen der kognitiven Leistungen und Selbstmordrisiko auf der einen Seite sowie Ratlosigkeit, Schlaflosigkeit, Enthemmtheit, Selbstüberschätzung, Ausgelassenheit, Flegelhaftigkeit und Einreißen von Tabuschranken auf der anderen Seite stellen bei den betroffenen Jugendlichen akute Gefahren in dieser ohnehin schwierigen Entwicklungsphase dar" (Rothenberger 1992, S. 1). Lehmkuhl (1992) betont, daß bei manischen bzw. depressiven Phasen die Behandlung zunächst in der Regel im stationären Rahmen beginnen sollte, da Selbstgefährdung und zumeist nicht vorhandene bzw. geringe Motivation eine ambulante Behandlung eher verunmöglichen. Die stationäre Akutbehandlung (vgl. Blanz 1992) affektiver Psychosen kommt in der Regel nicht ohne eine Psychopharmakotherapie aus. Für die psychosoziale Reintegration ist es wesentlich, die Jugendlichen von der Notwendigkeit einer Rezidivprophylaxe zu überzeugen. Neben dem seit Jahren bewährten Lithium, das allerdings auch erhebliche beeinträchtigende Nebenwirkungen und einen engen Wirkspiegelbereich hat, hat in den letzten Jahren das Antiepileptikum Carbamazepin auch als Phasenprophylaktikum zunehmend an Bedeutung gewonnen (vgl. Poustka 1992).

5.1.2.1 Manische Episoden

In **manischen Episoden** (F 30) können erkrankte Jugendliche in ihrer Euphorie im entsprechenden Leichtsinn bei vermindertem Schlafbedürfnis teilweise erhebliche Schulden anhäufen oder auch aufgrund der erhöhten Reizbarkeit beträchtlichen Schaden bei aggressiven Auseinandersetzungen anrichten. Während sie im Akutzustand dringend klinischer stationärer und medikamentöser Behandlung bedürfen, können sie, wenn sie nach der Klinikentlassung vor einem "psychosozialen Scherbenhaufen" stehen, den sie in der akuten Manie verursacht haben, einer Eingliederungshilfe bedürfen.

Dieter D. ist ein 17-jähriger, ehemaliger Gymnasiast, der nach eigenen Angaben seit einiger Zeit als freischaffender Bildhauer zusammen mit seinem Vater (ebenfalls Künstler) ein Atelier betreibt. Zur stationären Aufnahme hatten Bestellungen von teueren Materialien (Marmor etc.) in völlig unangemessenem Umfang und auch sonstige Verhaltensauffälligkeiten geführt, die seinem Vater, der seit längerer Zeit Veränderungen bei Dieter festgestellt hatte, dazu veranlaßten, nun seinen Sohn zu zwingen, sich in Behandlung zu begeben. Dieter hatte in den letzten Tagen vor der Aufnahme kaum noch geschlafen, war nachts durch verschiedene Bars gezogen, weil er als Künstler das Leben und die Sexualität studieren müsse etc. Familienanamnestisch gab es mehrere Hinweise auf affektive Erkrankungen in beiden Herkunftsfamilien, ein Bruder der Mutter hatte sich suizidiert. Zu Dieters Anamnese berichteten die Eltern, daß er mit 14 Jahren einen ähnlichen Zustand durchlebt habe, der durch einen längeren Italien-Aufenthalt im Sommeratelier "abgefangen" werden konnte.
Die akute Manie wurde neuroleptisch behandelt. Es gelang dann, Daniel von der Notwendigkeit einer Phasenprophylaxe zu überzeugen, die schließlich mit Carbamazepin erfolgte, da er dieses Medikament bei weitem besser als Lithium tolerierte. Dieter hatte keinen Schulabschluß. Realistisch betrachtet waren seine künstlerischen Ambitionen zu hoch gegriffen. Nach der Klinikentlassung empfahlen wir eine intensive Betreuung durch einen Einzelfallhelfer, der Dieter einerseits beim Wiedereintritt in die Schule unterstützen sollte und es ihm ermöglichen sollte, so zu einem Schulabschluß zu gelangen, andererseits mit ihm altersgemäße Sozialkontakte anbahnen sollte.

5.1.2.2 Bipolare und depressive Episoden

Auch bei **bipolaren** (F 31) und **depressiven** (F 32) **Episoden** kann trotz der in der Regel zu erwartenden kompletten Remission eine sozialpädagogische Unterstützung, z.B. durch einen Einzelfallhelfer, eine wichtige Eingliederungshilfemaßnahme sein, damit die entsprechenden Jugendlichen nach einer Krankenhausbehandlung wieder schulisch und in Gleichaltrigenkontakten Tritt fassen können.

Harrington (1994) gibt die Häufigkeit depressiver Störungen bei Präadoleszenz aufgrund neuerer Untersuchungen mit ICD-10 bzw. DSM-III-R- oder DSM-IV-Kriterien zwischen 0,5 und 2,5% und bei Jugendlichen zwischen 2 und 8% an. Betrachtet man die Geschlechtsverteilung und die Altersentwicklung, sei auffällig, daß Depressionen bei Kindern ungefähr gleich häufig über die Geschlechter verteilt seien, ab der Adoleszenz sich aber das Überwiegen weiblicher Betroffener wie im Erwachsenenalter einstelle. Die Bedeutung genetischer Einflüsse für affektive Störungen ist unumstritten. Am deutlichsten sind diese Einflüsse wohl bei Bipolarerkrankungen bei Erwachsenen nachzuweisen (McGaffin und Katz 1986), während sie bei unipolar depressiven Verläufen eine geringere prädiktive Bedeutung haben (McGaffin 1991).

5.1.2.3 Dysthymien

In der späten Adoleszenz finden sich auch primär chronische depressive Verstimmungen, sogenannte **Dysthymien** (F 34.1), die häufig von sozialem Rückzug gekennzeichnet sind und nicht selten bei massiver psychosozialer Belastung in der Herkunftsfamilie auftreten. Hier sind ganz unterschiedliche Maßnahmen der Eingliederungshilfe und der Hilfe zur Erziehung, die von der Fremdunterbringung bis zu unterstützenden Einzelfallhelfer- bzw. Familienhelfereinsätzen reichen, erforderlich.

Generell zu beachten ist, daß die früher traditionelle psychiatrische Trennung zwischen sogenannten "neurotischen" Depressionen und den depressiven Psychosen in der ICD-10 aufgegeben wurde. Zwar werden die Episoden nach Schweregrad und nach dem Hinzutreten psychotischer Symptome noch subdifferenziert, doch wurde generell von der prinzipiellen nosologischen (systematische, klassifikatorische Einordnung und Beschreibung von Krankheiten) Unterscheidung abgegangen. Aufgrund dieser wechselnden Zuordnung von Depressionssymptomen im Kindes- und Jugendalter, die im Bereich der ICD-9 noch teilweise als emotionale Störungen, teilweise als neurotische Depressionen erfaßt wurden, gibt es kaum verläßliche statistische Häufigkeitsschätzungen. Dennoch kann festgestellt werden, daß Zustandsbilder, in denen depressive Symptome eine herausragende Rolle spielen, sowohl im Kindes- als auch im Jugendalter auftreten. Die Behandlung dieser Störung der Emotionalität ohne psychotische Begleitsymptome erfolgen in der Regel primär im Bereich der Leistungen nach dem SGB V, wobei vor allem an die psychoanalytische Kinderspieltherapie und an andere Psychotherapien durch Kinder- und Jugendlichentherapeuten zu denken ist. Teilweise kann es aufgrund der mit der Problematik einhergehenden Schwierigkeiten in der Alltagsbewältigung angezeigt sein, zusätzlich zur Psychotherapie weitere Maßnahmen der Eingliederungshilfe für diese Kinder einzuleiten. Diese letztgenannten affektiven Störungen ohne psychotische Symptome müßten dem 4. Abschnitt des § 3 der Verordnung zugeordnet werden: "Neurosen und Persönlichkeitsstörungen".

5.2 Seelische Störungen als Folge von Krankheiten und Verletzungen des Gehirns, von Anfallsleiden oder von anderen Krankheiten oder körperlichen Beeinträchtigungen

Das Kapitel F 0 "Organische, einschließlich symptomatischer psychischer Störungen" der ICD-10 beschreibt ein Großteil der hier infragekommenden Störungsbilder, während die unterschiedlichen Formen dementiellen Abbaus, die in der Regel Alterskrankheiten sind, hier kurz eine Rolle spielen, sind die **organischen Funktionsstörungen** des Gehirns bzw. psychische Störungen aufgrund einer körperlichen Grunderkrankung in Kapitel F 06 sowie die Persönlichkeits- und Verhaltensstörung aufgrund einer Erkrankung, Schädigung oder Funktionsstörung des Gehirns in Kapitel F 07, auch im Kindes- und Jugendalter vorkommende Probleme. Während die akuten, organisch erklärbaren, psychischen Ausnahmezustände sehr häufig mit der Beseitigung ihrer exogenen Ursache wenigstens teilweise vorübergehend sind, sind organische Persönlichkeitsstörungen, wie insbesondere das postencephalizische Syndrom (F 07.1) oder Psychosyndrome nach Schädel-Hirn-Traumen, zum Teil Störungsbilder, die bleibende neurologische Funktionsstörungen mit beinhalten können. Sie entsprechen deshalb auch teilweise Körperbehinderungen, so daß es zur Konkurrenz von Maßnahmen nach § 39 BSHG bzw. nach § 35a KJHG kommt.

Erica E., ein 4-jähriges Mädchen, wurde im Rahmen eines Versicherungsgutachtens vorgestellt. In ihren ersten Lebensmonaten hatte sie einen Autounfall mit schwerem Schädel-Hirn-Trauma überlebt, der jedoch einen mehrmonatigen Krankenhausaufenthalt und diverse neurochirurgische und traumatologische Interventionen erforderlich machte. Ihre Sprachentwicklung und ihre motorische Entwicklung waren zum Untersuchungszeitpunkt recht auffällig. Sie konnte nur wenige Worte klar artikulieren und sprach insgesamt ein unverständliches Kauderwelsch, wobei sie quasi permanent vor sich hin plapperte, ohne Sprache zur Kommunikation einzusetzen. Hierfür benutzte sie vielmehr Gesten. Während der ausführlichen Anamneseerhebung wurde deutlich, daß die extrem junge Kindesmutter keine der vom Kinderarzt empfohlenen Rehabilitationsmaßnahmen eingeleitet hatte und daß sie nicht wußte, wie mit ihrer schwierigen Tochter umzugehen ist. Die Versicherungsfragestellung, die schnell und einfach zu beantworten war, trat sehr schnell in den Hintergrund und es begann eine mühsame Überzeugungsarbeit, die zum Ziel hatte, daß Erica in eine Sonderkindertagesstätte kommen sollte, in der sie kombinierte logopädische, psychomotorische Förderung erhalten sollte. Da sich schnell herausstellte, daß die Mutter, die in der Zwischenzeit noch zwei weitere Kinder hatte, mit ihrer familiären Situation völlig überfordert war, empfahlen wir in unserer Stellungnahme zur Hilfeplanung den Einsatz eines Familienhelfers, rieten der Kindesmutter zur Erziehungsberatung und sorgten zusammen mit dem zuständigen Jugendamt für die Aufnahme des Mädchens in einer entsprechenden Sonderkindertagesstätte. Regelmäßige Wiedervorstellungen zur Evaluierung ihres Entwicklungsstandes und zur Bewertung der getroffenen Maßnahmen wurden zunächst in halbjährigem Abstand empfohlen.

Während die epileptischen Psychosen im Kapitel F 06.8 mit erfaßt werden, ist für das Kindes- und Jugendalter noch das Landau-Kleffner-Syndrom eine erworbene Aphasie (Sprachstörung aufgrund zentralnervöser Störungen) mit Epilepsie (ICD-10 F 80.3) zu erwähnen. Es handelt sich dabei um eine Störung, bei der Kinder mit zuvor normaler Sprachentwicklung sowohl ihre rezeptiven wie auch ihre expressiven Sprachfertigkeiten verlieren, wobei jedoch ihr allgemeine Intelligenz erhalten bleibt. Im EEG finden sich paroxysmale Auffälligkeiten fast immer im Temporallappenbereich und klinisch häufig sind auch epileptische Anfälle. Die wirklichen Ursachen der Störung sind noch unbekannt, teilweise wird ein Entzündung des Gehirns, eine Encephalitis, als Ursache vermutet. Der Verlauf der Erkrankung kann sehr unterschiedlich sein, ca. ein Drittel der Kinder wird wieder vollständig gesund, während andere einen mehr oder weniger starken Defekt des Sprachverständnisses und ihrer sprachlichen Fertigkeiten behalten. Besonders für diese schwergeschädigten Kinder sind dringend Maßnahmen der Eingliederungshilfe, häufig auch kombinierte Maßnahmen der Eingliederungshilfe und Maßnahmen nach SGB V, wie z.B. Logopädie, Ergotherapie, neben der medizinischen Behandlung des Krampfleidens erforderlich.

Unklar ist es, ob man sekundäre Neurotisierungen nach Körperbehinderungen und körperlichen Beeinträchtigungen eher hier oder bei den Neurosen und Persönlichkeitsstörungen (4.) einordnen sollte. Lempp (1994) erklärt den Begriff der sekundären Neurotisierung als eine neurotische Störung, bei der eine zunächst (primär) überwiegend organisch bedingte Funktionsschwäche später (sekundär) durch eine psychische Beziehungsstörung zwischen dem Kind und den das Kind umgebenden Mitmenschen eine dann überwiegend psychoreaktive Störung hervorgerufen hat.

Fritz F. ist ein 17-jähriger Jugendlicher, bei dem im Alter von 8 Jahren nach einer schweren Infektionskrankheit ein juveniler (Typ 1) Diabetes mellitus diagnostiziert worden war. Sehr schnell hat er es nach einer stationären Einstellung gelernt, mit seiner Zuckererkrankung und der entsprechenden Diät und der Dosierung seiner Insulinspritzen zurechtzukommen. Er bestimmte sich lange Zeit selbst seinen Blutzuckerspiegel und war sehr kooperativ. Als er 14 Jahre alt war, trennten sich seine Eltern und er reagierte darauf mit mehreren bedrohlichen diabetischen Entgleisungen. Es kam zu immer mehr stationären Aufenthalten, in immer kürzeren Abständen. Schließlich holten die behandelnden Diabetologen ein jugendpsychiatrisches Konsil für diesen Jungen ein. Hierbei stellte sich heraus, daß der Junge seit längerer Zeit depressiv war, Suizidgedanken hatte und im Rahmen dieser psychischen Problematik seine diabetischen Entgleisungen quasi als selbstschädigendes Verhalten zu sehen waren. Im Krankenhaus, wo sich viele Schwestern und auch vertraute Ärzte liebevoll um ihn kümmerten, ging es ihm jedes Mal recht schnell wieder gut. Immer, wenn er im Krankenhaus lag, tauchten auch beide Eltern vereint auf, während sie ansonsten vehement um viele Details stritten. In unserer ärztlichen Stellungnahme befürworteten wir eine niederfrequente Familientherapie zur Klärung des für den Jungen belastenden Trennungsprozesses, sowie den Einsatz eines Einzelfallhelfers, der für ihn eine weitere stabilisierende Kontaktperson darstellen sollte.

5.3 Suchtkrankheiten

Suchtkrankheiten durch Opioide, Cannabinoide, Sedativa, Hypnotika, Kokain, Stimulanzien, Halluzinogene, Lösungsmittel und andere psychotrope Substanzen werden im Kapitel F 1 "Psychische und Verhaltensstörungen durch psychotrope Substanzen" der ICD-10 benannt. Obwohl wir nicht mit Lempp (a.a.O.) übereinstimmen, wenn er Drogenabhängigkeit und Alkoholismus von Jugendlichen unter dem Oberbegriff der Neurosen dem Katalog der "Seelische Störungen" nach § 3 VO zuordnet, gehen wir mit ihm überein, daß stets "psychische und psychosoziale Probleme eine wesentliche Voraussetzung für Drogenabhängigkeit und Alkoholmißbrauch sind". Während Entzug und Entgiftung in der Regel als Krankenbehandlung nach SGB V in dafür geeigneten Kliniken bzw. Spezialeinrichtungen durchgeführt werden, ist die Rehabilitation und Wiedereingliederung solcher Jugendlicher, z.B. durch ländliche Wohnprojekte, durch Einzelbetreuung etc., ein wichtiger Bereich für Eingliederungshilfe und Jugendhilfe. Aufgrund der Bedeutung gerade bei den sozial Schwächsten, häufig auch bei Heimkindern etc., soll hier noch das sogenannte "Schnüffeln" (ICD-10 F 18 "Störung durch flüchtige Lösungsmittel") besonders erwähnt werden. Diese Lösungsmittel (wie z.B. in Fleckenmitteln, Verdünnern von Klebstoffen etc.) können zum Teil bleibende neurologische Störungen auslösen. Kinder und Jugendliche, die schnüffeln, finden sich gehäuft unter sogenannten "Trebegängern". Um ihnen zu helfen, sind bisweilen niederschwellige Maßnahmen, z.B. durch Streetworker, Schlafplätze etc., ebenso erforderlich wie Maßnahmen zum Schutz der Kinder, z.B. durch eine Inobhutnahme.

Gabi G. war 15 Jahre alt, als ich sie (nach ihren Angaben) nach ihrem achten Selbstmordversuch auf der Intensivstation unseres Klinikums kennenlernte. Sie war zunächst sehr abweisend, beschimpfte den Untersucher teilweise mit obszönen Ausdrücken. Ihre Arme waren übersät mit Narben vom "Ritzen", an Armen und Beinen hatte sie Narben von ausgedrückten Zigaretten. Ein Drogenscreening im Urin wies verschiedene Substanzen nach.

Nachdem wir uns ca. eine halbe Stunde teilweise angeschwiegen bzw. "angetrotzt" hatten, veränderte sich ihr Verhalten plötzlich, als ich sie nach Mißhandlungs- und Mißbrauchserlebnissen befragte. Sie äußerte, darüber nicht reden zu wollen. Dies habe ohnhin keinen Zweck. Zu ihren Eltern wolle sie nicht zurück, von dort sei sie schon vor Jahren immer wieder weggelaufen, sie habe dann mit 11 Jahren begonnen, heftig Alkohol zu trinken. Kurzzeitig sei sie im Heim untergebracht worden, dort habe sie sich dann, "weil es billiger war", auch das "Schnüffeln" angewöhnt. Nach der Rückkehr in die Familie war sie häufig für längere Zeit auf "Trebe" und kam in den Kreislauf von Drogenabhängigkeit und Beschaffungsprostitution. Schließlich berichtete sie, daß sie seit ihrem 5. Lebensjahr von ihrem Stiefvater mißbraucht worden war und daß dieser sie zumindest auch für pornographische Aufnahmen an andere Männer "weiterverkauft" hatte. Sie weigerte sich, ihre Eltern zu sehen und wollte sich in stationäre Behandlung begeben. Deshalb führten wir mit dem zuständigen Jugendamt eine Inobhutnahme nach § 42 KJHG durch. Kurze Zeit darauf wollte sie die Station wieder verlassen, sie gab an, daß es sie "zu ihren Kumpels am Zoo" ziehe. Sie war zu diesem Zeitpunkt weiterhin suizidal und wir hielten sie gegen ihren Willen auf Station fest und klärten die Unterbringung vormundschaftsgerichtlich. Regelmäßige Urinkontrollen auf Drogen ergaben, daß sie es im Rahmen der stationären Behandlung schaffte, "clean" zu bleiben. Dafür nahm sehr schnell ihr selbstschädigendes Verhalten teilweise ein extrem belastendes Ausmaß an. Mehrmals entwich sie unerlaubt aus der stationären Behandlung, ging auch zu ihren "alten Kumpels", jedoch ohne Drogen zu nehmen, fast wie um sich von deren "Verläufen" abschrecken zu lassen. Sie kehrte jedes Mal freiwillig auf die Station zurück. Bei einer Hilfekonferenz in ihrem Beisein befürworteten wir ihre Unterbringung in einer betreuten Jugendlichenwohngemeinschaft. Kurze Zeit nach der Entlassung signalisierten die Mitarbeiter der Wohngemeinschaft, daß sie mit ihren permanenten Suiziddrohungen und selbstschädigenden Handlungen überfordert seien. Schließlich wurde Gabi in eine Einrichtung für Langzeitpsychotherapie vermittelt. Diagnostisch handelte es sich bei ihr um eine posttraumatische Belastungsstörung.

Verschiedene Studien haben gezeigt, daß Drogenabhängigkeit und Sucht vor allem bei Mädchen sehr häufig mit einem vorangegangenen, jahrelangem Mißhandlungs- oder Mißbrauchstrauma verbunden sind. Die Weltgesundheitsorganisation (1981) hat vier Formen des Substanzmißbrauches beschrieben:

1. Unsanktionierter **Gebrauch**.
2. **Risikoreicher Gebrauch** einer Substanz.
   Hier wird eine Substanz eingenommen, die eventuell zu schädlichen Konsequenzen für den Konsumenten führen wird.

3. **Dysfunktioneller Gebrauch.**
   Hier führt der Drogenkonsum zu einer Beeinträchtigung der psychosozialen Integration (z.B. Arbeitsplatzverlust, Eheprobleme, etc.).
4. **Schädlicher Drogenmißbrauch**, wobei Drogenabhängigkeit als Unterform des schädlichen Gebrauchs definiert wird.

Die breite öffentliche Diskussion über Legalisierung sogenannter "weicher" Drogen etc. und die allgemeine Beachtung, die Themen, die mit Rauschgiftkonsum in Verbindung stehen, z.B. in der Presse finden, dürfen nicht vergessen lassen, daß Alkohol als akzeptierte Droge in unserer Gesellschaft auch bei Jugendlichen quantitativ das Hauptproblem darstellt. In ihrer aktuellen Übersicht berichten Farrell und Taylor (1994) von Raten zwischen 10 und 30% der Jugendlichen zwischen 11 und 16 Jahren, die regelmäßig mindestens einmal in der Woche Alkohol trinken.

Schwieriger ist es, Zahlen über unerlaubten Drogenkonsum oder das "Schnüffeln" anzugeben. In einer Befragung von 3000 Londoner Schulkindern (Swadi 1988) gaben mit 11 Jahren 13% aller Kinder, mit 16 Jahren 26% aller befragten Kinder an, schon einmal solche Substanzen ausprobiert zu haben. Regelmäßiger Drogenmißbrauch rangierte zwischen 2 und 16% und Schätzungen für das "Schnüffeln" lagen zwischen 3 und 11%. Noch verschärft wird die Problematik durch den Medikamentenmißbrauch, über den die Eltern der Kinder oft kaum einen Überblick haben, obwohl teilweise auch Medikamente aus dem Elternhaus "abgezweigt" werden.

5.4 Neurosen und Persönlichkeitsstörungen

5.4.0 Einleitung

Versucht man diesen Oberbegriffen Diagnosekategorien aus der ICD-10 zuzuordnen, wird man teilweise auf nicht einfach zu lösende Probleme, vor allem bei typischen Krankheitsbildern des Kindes- und Jugendalters, stoßen. Man kann z.B. mit Lempp einen relativ weiten Neurosebegriff anwenden und dann Schlafstörungen, Ernährungsstörungen im Säuglings- und Kleinkindalter, das Einnässen bei Tag oder bei Nacht, genauso wie psychosomatische Beschwerden, Tics etc., dem neurotischen Spektrum zuordnen (Lempp 1994, S. 24 ff.). Lempp führt für diese Störungsbilder aus, daß sie zwar nach seiner Ansicht neurotische Störungen seien, aber nicht primär zur seelischen Behinderung führten, und er unterscheidet davon schwere neurotische Störungen, die er im Rahmen des § 35a für relevant hält. Der Systematik der ICD-10 folgend, haben wir uns hier entschlossen, Verhaltensauffälligkeiten mit körperlichen Störungen und Faktoren wie die Eßstörung, Schlafstörung, Sexualstörung etc., sowie manche Störungen mit Beginn in Kindheit und Jugend, ebenso wie die Entwicklungsstörungen, einer weiteren Kategorie zuzuordnen, die eine drohende seelische Behinderung als Folge anderer seelischer Störungen benennt. Natürlich lassen sich diese Störungsbilder teilweise mit Rekurs auf andere, leider z.T. sehr veraltete Konzepte in die Nähe der unter den Nummern 1 bis 4 genannten Störungsbilder bringen. Dies wurde z.B. in bezug auf den Autismus, in dem früher häufig eine infantile Psychose gesehen wurde, wiederholt versucht. Wir werden uns daran halten, übereinstimmend mit der neueren Klassifikation und vielen wissenschaftlichen Befunden, Autismus als tiefgreifende Entwicklungsstörung aufzufassen und systematisch in diesem Rahmen zu besprechen. Dennoch erscheint es wichtig, diese älteren Denktraditionen zu erwähnen, um zu verdeutlichen, **daß hier nicht neue Ansprüche konstruiert werden**, sondern daß dadurch, daß die Forschung in den letzten 25 Jahren sehr viel mehr Spezial- und Einzelwissen über kinder- und jugendpsychiatrische Problematiken hervorgebracht hat, nun auch eine differenziertere Nosologie der Störungen des Kindes- und Jugendalters vorliegt, die sich nur noch da mit der Erwachsenennosologie überschneidet und deckt, wo diese Überschneidungen inhaltlich sinnvoll sind, weil die beschriebenen Störungen sowohl im Kindes-, Jugendlichen- und Erwachsenenalter auftreten, bzw. die im Erwachsenenalter voll ausgeprägten Störungen ihren Beginn in Kindheit und Jugend haben. Der Katalog des § 3 VO zu § 47 BSHG war zum Zeitpunkt seiner Entstehung vom erwachsenenpsychiatrischen Diagnosespektrum her ein extrem weit gefaßter, der nur eine gewisse Einschränkung durch die begrenzende Wortwahl "wesentliche" Behinderung erhielt.

Aus der Systematik der ICD-10 lassen sich dem damals gängigen Begriff der Neurosen und Persönlichkeitsstörungen folgende Problemkreise zuordnen:

- ☐ **Emotionale Störungen** des Kindesalters (F 93)
- ☐ **Affektive Störungen** ohne psychotische Symptome (Kapitel F 3, siehe oben)
- ☐ **Neurotische-, Belastungs- und somatoforme Störungen** (Kapitel F4) wie phobische Störungen, andere Angststörungen, Zwangsstörungen, Belastungs- und Anpassungsstörungen, dissoziative Störungen und somatoforme Störungen.
- ☐ Zu den **Persönlichkeitsstörungen**, die per Definition im Gegensatz zum weiten psychiatrischen Gebrauch (im Rahmen des Psychopathiekonzeptes) dieser Kategorie heutzutage nur bei chronischen Persönlichkeitsauffälligkeiten, d.h. also frühestens in der späten Adoleszenz diagnostiziert werden sollen, auch wenn der Beginn solcher Persönlichkeitszüge sicher in der Kindheit anzusiedeln ist, zählen paranoide Persönlichkeitsstrukturen ebenso wie schizoide Persönlichkeitsstörungen, dissoziale Persönlichkeitsstörungen, emotional instabile Persönlichkeitsstörungen vom impulsiven und Borderline-Typus, histrionische Persönlichkeitsstörungen, anankastische (zwanghafte) Persönlichkeitsstörungen, ängstlich-vermeidende Persönlichkeitsstörungen, abhängige Persönlichkeitsstörungen und abnorme Auffälligkeiten der Impulskontrolle, wie pathologisches Spielen, pathologische Brandstiftung oder Pyromanie, pathologisches Stehlen (Kleptomanie) und die Störungen der Geschlechtsidentität und der Sexualpräferenz, wie z.B. Fetischismus, Transvestismus, Exhibitionismus, Voyeurismus, Pädophilie (Kapitel F 6 der ICD-10).

□ **Einzelne Störungen des Sozialverhaltens** (ICD-10 F 91), z.B., die auf den familiären Rahmen beschränkten Störungen des Sozialverhaltens (F 91.0) oder die kombinierten Störungen des Sozialverhaltens und der Emotionen (F 92) sind z.T. auch klassischen Vorstellungen neurotischer Erkrankungen zuzuordnen. Der Begriff "neurotische Delinquenz" bezeichnete z.B. Störungen des Sozialverhaltens, die quasi einem unbewußten Motiv folgend zur Entdeckung bei Regelüberschreitungen führten und damit einen Hilferuf der emotional leidenden Betroffenen darstellen sollten.

5.4.1 **Emotionale Störungen des Kindesalters** (F 93)

Die **emotionale Störung mit Trennungsangst des Kindesalters** (F 93.0) ist klassischerweise häufig unter der zwar verbreiteten, aber irreführenden Bezeichnung **"Schulphobie"** bekannt. Im Schulalter handelt es sich um Kinder, die z.T. erhebliche Schulfehlzeiten (Monate und Jahre) akkumulieren, so daß zunächst durch die Schulen bzw. durch eine Schulversäumnisklage oder schulärztliche und schulpsychologische Untersuchungen erste Maßnahmen eingeleitet bzw. veranlaßt werden. Typischerweise haben diese Kinder keine schulischen Leistungsprobleme, waren oft gute Schüler, und fallen deshalb so spät mit ihren erheblichen Schulversäumnissen auf, da häufig viele ärztliche Atteste vorliegen und die Eltern im Kontakt mit der Schule auch bemüht wirken. Im Gegensatz zum Schuleschwänzen, bei dem die genannten Phänomene nicht zutreffen, wissen die Eltern in der Regel über das Fehlen ihrer Kinder Bescheid oder dulden es zumindest, wenn sie es nicht gar (un)bewußt fördern. Charakteristisch für diese Störungen ist die unrealistische Furcht, daß den engsten Bezugspersonen etwas passieren könnte, die massive Furcht vor Trennung und damit verbunden die Schulverweigerung, häufig eine Verschiebung im Tag- und Nachtschlafrhythmus und die Notwendigkeit, die Bezugspersonen in der Nähe zu wissen, um einschlafen zu können etc. Hinzu kommen oft somatische Symptome, die dann, wie oben erwähnt, zu verschiedenen ärztlichen Untersuchungen, teilweise auch zu stationärer Diagnostik führen, wegen Übelkeit, Bauchschmerzen, Kopfschmerzen, Erbrechen etc. ohne organische Ursache. Diese Störungen treten vor allem werktags am Vormittag auf, sind "eigenartigerweise" nachmittags oder an den Wochenenden und in Ferienzeiten fast gänzlich verschwunden, wenn nicht aus anderem Grund eine Trennung von den Eltern droht.

Eine eigene Untersuchung zeigte, daß vor Einführung dieser spezifischen Diagnosekategorien der ICD-10 dasselbe Störungsbild phänomenologisch erfaßt werden konnte und bei den jüngeren Kindern bis zum Pubertätsalter eher den emotionalen Störungen und ab der Pubertät bei Jugendlichen eher diagnostisch den schweren neurotischen Störungen bis hin zu Persönlichkeitsstörungen zugeordnet wurde. Dieses Störungsbild ist deshalb wichtig, weil es unbehandelt primär zu einer extremen Beeinträchtigung bzw. Unfähigkeit zur Teilnahme am Leben in der Gesellschaft führen kann. Kinder und Jugendliche mit einer Trennungsangststörung sind also massiv von einer seelischen Behinderung bedroht und bedürfen deshalb therapeutischer Maßnahmen, Maßnahmen der Eingliederungshilfe und teilweise auch unterschiedlicher Hilfen zur Erziehung. Diese Bedürfnislage wird häufig verkannt, da es sich aus der Fremdsicht eher um wohlbehütete bis überbehütete Kinder handelt und die Eltern nicht den Anschein erwecken, diese Kinder zu vernachlässigen. Daß die Problematik genau in der Dynamik der überengen Eltern-Kind-Beziehung liegen kann, wird manchmal bei der Überbetonung anderer psychosozialer Risiken, wie sie z.B. bei Unterschichtsfamilien vorkommen, vergessen. Die überengen Beziehungen, oft zwischen Mutter und Kind, können so weit gehen, daß primär eine stationäre psychotherapeutische Behandlung erforderlich wird. Hier ist oft schon die nicht ohne Druck (teilweise mit vormundschaftsgerichtlicher Anordnung) durchzuführende Trennung und das Überstehen derselben kurativ für die Kinder und Jugendlichen. Nach solchen stationären psychotherapeutischen Interventionen oder als Begleitmaßnahme für ambulante Therapien sind teilweise unterstützende Hilfen zur Sicherung des Schulbesuches und zum Aufbau sozialer Kompetenzen unbedingt erforderlich. Längere Zeit unbehandelte Schulphobiker haben vor allem im Jugendlichenalter eine ungünstige Prognose und können oft primär keinen Eingang in das Berufsleben finden, sondern leben als "völlig abhängige Tyrannen" im Elternhaus weiter, wo sie teilweise nur noch für die notwendigsten Verrichtungen überhaupt das Bett verlassen.

Herbert H., ein 15-jähriger, ehemaliger Gesamtschüler von einem Gymnasialzweig, wurde wegen mehr als einjährigem Schulversäumnis zu einem Zeitpunkt vorgestellt, als er das Haus seit Wochen kaum mehr verlassen hatte. Der Hausarzt der Familie hatte ihn für den Vorstellungstermin in der Jugendpsychiatrie medikamentös mit Tranquilizern (Beruhigungsmitteln) behandelt. Zur Familie: Herbert hat noch eine kleine Schwester, 7 Jahre alt. Sein Vater starb vor zwei Jahren nach einem Verkehrsunfall, während Herbert im Schullandheim war. Seit dieser Zeit verstärkten sich seine Trennungsängste, die schon ab dem Kindergartenalter auffällig waren, zunehmend. Er bekam an Wochentagen häufig Bauchschmerzen und unerklärliches Fieber, wurde deshalb auch von verschiedenen Ärzten teilweise für längere Zeit krankgeschrieben. Da Herbert immer ein guter Schüler gewesen war, reagierte die Schule, die prompt alle Entschuldigungen erhielt, zunächst nicht. Herbert kümmerte sich zu Hause um seine kleine Schwester, machte mit ihr Hausaufgaben.

Er konnte das Haus nicht mehr verlassen, seit seine Mutter wieder einen Partner gefunden hatte.

Wir diagnostizierten eine massive Trennungsangststörung mit zunehmenden generalisierten Ängsten und agoraphobischen Tendenzen.

Herbert zeigte in der testpsychologischen Untersuchung überdurchschnittliche intellektuelle Fähigkeiten, er war körperlich völlig gesund, obwohl er tatsächlich an Schultagen morgens häufig einen sehr schnellen Puls und bisweilen sogar Fieber und Schweißausbrüche vor Angst hatte.

Im Rahmen der stationären Behandlung besuchte er zunächst die Klinikschule und konnte dann nach einem gescheiterten Schulversuch auf seiner bisherigen Schule noch von der Klinik aus auf ein sehr viel strengeres, aber auch geordneteres und überschaubares Gymnasium wechseln. Erstaunlich war der Verlauf der Elternarbeit. Der Junge, der bei Aufnahme meinte, die Trennung von seiner Mutter körperlich nicht überleben zu können und deshalb auch vom Arzt unter beruhigende Medikamente gesetzt worden war, lebte sich ohne Medikamente auf Station recht schnell ein und war bei den ersten Besuchen seiner Mutter eher reserviert. Sehr kühl entschied er sich von seinem klaren Intellekt geleitet sehr schnell dafür, nicht mehr nach Hause zurückzukehren, weil er der Ansicht war, daß dann das Risiko, daß seine Symptomatik wiederkehren würde, zu groß sei. Er suchte selbst Kontakt zum Jugendamt, das schließlich für ihn einen Platz in einer betreuten Wohngemeinschaft fand. Wir befürworteten diese Hilfe mit einer ärztlichen Stellungnahme. Ohne darüber hinausgehende Hilfen gelang ihm trotz knapp zweijähriger Schulversäumnisse der Wiedereinstieg in ein Gymnasium ohne wesentlichen Zeitverlust. Er hat inzwischen seine Schullaufbahn mit dem Abitur abgeschlossen. Er benötigt aber auch noch als Heranwachsender die Betreuung in der therapeutischen WG.

Auch die Störungen mit **sozialer Überempfindlichkeit** des Kindesalters (ICD-10 F 93.2) sind häufig Anlaß für ambulante Hilfsmaßnahmen, da diese Störungen unbehandelt in zu Chronifizierung neigende soziale Phobien übergehen können. Dasselbe gilt für die phobischen Störungen des Kindesalters (F 93.1), die ebenfalls als **phobische Störungen** zu chronifizieren drohen (vgl. F 40 bzw. F 41). Eine typische Kategorie des Kindes- und Jugendalters stellt die emotionale Störung mit **Geschwisterrivalität** (F 93.3) dar. Sie bezeichnet eine Rivalität und Eifersucht, die über die ganz normal Rivalität zwischen Geschwistern weit hinausgeht. Bei solchen, häufig auf einer Identitätsstörung beruhenden, mit einer massiven Selbstwertproblematik verbundenen emotionalen Beeinträchtigung kann z.B. durch einen Familienhelfereinsatz oder durch die konzentrierten Bemühungen eines Einzelfallhelfers oder durch eine Spieltherapie den Betroffenen ambulant geholfen werden und damit der Übergang in eine chronische depressive Störung vermieden werden. Unbehandelt ebenfalls im Vorfeld einer sozialen Phobie anzusiedeln, ist der teilweise posttraumatisch im Kleinkind- und Vorschulalter am häufigsten auftretende **elektive Mutismus**. Der Zusatz elektiv bezeichnet, daß die Kinder nicht gänzlich verbale Kommunikation verweigern, sondern sich bestimmte Gesprächspartner erwählen. In der Regel sprechen diese Kinder mit engen Bezugspersonen, meistens der Mutter, aber nicht im Kindergarten oder mit fremden Personen. Voraussetzung für diese Diagnose ist ein normales Niveau des Sprachverständnisses und der kommunikativen Kompetenzen sowie der Beleg dafür, daß die Kinder mit einer Vertrauensperson tatsächlich sprechen. Häufig ist dies in Videobeobachtungen sehr gut zu dokumentieren. Es handelt sich hier also nicht um eine Sprachentwicklungsverzögerung oder eine primäre Sprachstörung, sondern um eine im alten Wortsinn neurotische Kommunikationsstörung. Solche Kinder sind durch ihren Rückzug aus der Alltagskommunikation von einer erheblichen Beeinträchtigung bedroht, nicht selten ist das Störungsbild auch Ausdruck einer massiven psychosozialen Belastung, wie z.B. bei sexuellem Mißbrauch in der Familie, so daß therapeutische und sozialpädagogische Bemühungen um eine Wiederherstellung der Kommunikation mit der Außenwelt teilweise auch Voraussetzung für ein Erfassen der Gesamtsituation und das Einleiten entsprechender Jugendhilfemaßnahmen darstellt.

5.4.2 Frühe Bindungsstörungen

Während die Diagnose der Persönlichkeitsstörungen erst ab dem späten Jugendlichenalter gestellt werden sollte, gibt es zwei Störungen mit Beginn in der Kindheit, die mit massiven Beeinträchtigungen in der frühesten Kindheit verbunden sind und die selbst bei hohem persönlichen helferischen Einsatz jahrelange problematische Verläufe, die einer seelischen Behinderung gleichkommen, erwarten lassen. Lempp (a.a.O.) hat solche Problemfälle, die teilweise dann als "schwer erziehbar", später als "verhaltensgestört, psychopathisch, verwahrlost" gekennzeichnet wurden dem psychoanalytischen Begriff Balints von der "basic disorder" oder Grundstörung zugeordnet. Er sieht darin eine schwere frühkindliche psychische Fehlentwicklung, die schon im Kindesalter durch "nicht unerhebliche Erziehungsschwierigkeiten durch Widersetzlichkeit und Aggressivität bei ausgeprägter Kontaktunfähigkeit mit gleichzeitig bestehendem Kontakthunger charakterisiert sind". Er hat auf die nachgewiesenen Zusammenhänge mit frühkindlicher Deprivation ebenfalls hingewiesen. Ausdrücklich warnt er davor, diese Kinder einfach als "erziehungsschwierig" zu bezeichnen und sie allein repressiven Maßnahmen, z.B. den üblichen Maßregeln der Justiz bis hin zur Jugendstrafe, zu unterwerfen. Er hat völlig recht, daß diese Kinder sehr häufig im Laufe ihres Lebens mit dem "ganzen Repertoire des 4. Abschnitts der Leistungen der Jugendhilfe nach dem SGB VIII" in Kontakt kommen, indem sie z.B. sozialpädagogische Familienhilfe oder auch Erziehung in Tagesgruppen oder Vollzeitpflege, Heimerziehung, betreute Wohnformen etc., benötigen. Gerade bei früh in Heimen untergebrachten Kindern oder früh in Pflege bzw. zur Adoption gegebenen Kindern werden nicht selten diese Störungsbilder diagnostiziert. Lempp (a.a.O.) hat diese schweren Beeinträchtigungen in seiner Systematik wohl aufgrund einer gewissen Nähe zu späteren sogenannten "Borderline-Störungen", die er ebenfalls in diesem Kapitel bespricht, den Psychosen zugeordnet. Dies ist aus unserer Sicht kaum nachvollziehbar, ich ordne sie hier ebenso wie die Persönlichkeitsstörungen den "Neurosen und Persönlichkeitsstörungen" des Katalogs nach § 3 VO zu. Die ICD-10 beschreibt sie als **reaktive Bindungsstörung des Kin-**

desalters (F 94.1) und **Bindungsstörung des Kindesalters mit Enthemmung** (F 94.2). Die **reaktive Bindungsstörung** ist "wahrscheinlich direkte Folge ausgeprägter elterlicher Vernachlässigung, Mißbrauch oder schwerer Mißhandlung". Kinder mit einer frühen Bindungsstörung finden sich deshalb gehäuft in Pflegefamilien, Kinderheimen oder Tageseinrichtungen, waren also oft ab frühester Kindheit über Hilfs- und Kinderschutzmaßnahmen dem Jugendamt bekannt. Diese schwerwiegende Diagnose bedingt allerdings auch die wichtige Festellung, daß die Erwartungen an Einrichtungen und Familien, die sich um solche Kinder kümmern und die sich dieser Kinder annehmen, nicht überzogen sein dürfen. Teilweise leiden diese Kinder noch jahrelang unter ihrer massiven Kontaktstörung mit Distanzlosigkeit, aber auch mißtrauischer Ablehnung, aggressiven Durchbrüchen etc. Oft reicht es deshalb nicht aus, eine geeignete Einrichtung oder Familie für ein solches Kind zu finden, sondern diese Kinder haben aufgrund ihrer diagnostizierten psychischen Problematik Anspruch auf Eingliederungshilfen, die ihnen einen Schulbesuch häufig in Kleingruppen, und andere Schritte zu einer Teilnahme am sozialen Leben erst ermöglichen können. Psychotherapeutische und heilpädagogische Maßnahmen, insbesondere auch die Beratung von Pflegeeltern, Adoptiveltern und entsprechenden Kleinsteinrichtungen sind ebenfalls dringend erforderlich.

Die sogenannte **"Bindungsstörung des Kindesalters mit Enthemmung"** (F 94.2) bezeichnet Störungsbilder bei Kindern, die häufig in den ersten fünf Lebensjahren einen extremen Mangel an Kontinuität der Betreuungspersonen, z.B. mehrfachen Wechsel der Pflegefamilien oder Betreuungseinrichtungen, erlebt haben. Sie haben oft ein wahllos freundliches, Aufmerksamkeit suchendes Verhalten bis hin zur Distanzlosigkeit, häufig Schwierigkeiten beim Aufbau vertrauensvoller Beziehungen zu Gleichaltrigen und zu Erwachsenen. Dazu nicht selten eine Fülle emotionaler oder Verhaltensstörungen, die klassischen Deprivationsfolgen, wie sie von den Pionieren der Bindungsforschung (Spitz, Bowlby) als Hospitalismus beschrieben wurden, gehören hierher, und sind Störungen, bei denen die Betroffenen massiv von einer seelischen Behinderung bedroht sind.

Zu beachten ist auch, daß bei diesen reaktiven Bindungsstörungen sehr häufig aufgrund z.B. einer vorausgegangenen Deprivation erhebliche **Entwicklungsdefizite** in unterschiedlichen Bereichen festzustellen sind. Deshalb benötigen diese Kinder häufig eine abgestufte Hilfeplanung, die unterschiedliche Therapiemaßnahmen, wie Sprachbehandlung, Krankengymnastik, Beschäftigungstherapie, Psychotherapie und weitere Hilfen, in eine vernünftige Rangfolge und in einen realisierbaren Zeitplan bringt. Hier ist eine multiprofessionelle Zusammenarbeit bei der Hilfeplanung und eine kompetente Beratung der primären Versorgungspersonen in Institutionen oder Pflege- bzw. Adoptivfamilien unbedingt erforderlich.

Ingrid I. ist ein 7 Jahre altes Mädchen, das von seinen Pflegeeltern vorgestellt wurde, weil es ein Jahr nach Aufnahme in dieser Pflegefamilie immer noch massive Auffälligkeiten und multiple Entwicklungsrückstände zeigt.

Ingrid wurde von ihrer polytoxikomanen Mutter ohne vorausgegangene Vorsorge in einer Klinik mit relativ niederem Geburtsgewicht geboren. Trotz massiver Unterstützung gelang es der Mutter nicht, sich um ihre Tochter zu kümmern. Das Mädchen soll teilweise den ganzen Tag von der Kindesmutter, die sich erneut prostituierte, in der Wohnung allein gelassen worden sein. Daraufhin wurde das Kind bei der Mutter herausgenommen und kam zunächst in eine Kurzpflegestelle, die jedoch wegen einer plötzlichen Erkrankung der Pflegemutter geschlossen werden mußte. Ingrid kam dann in ein Kinderheim. Als sie zwei Jahre alt war, hatte ihre Mutter eine Entziehungskur gemacht und sich offenbar deutlich stabilisiert, so daß ihr das Mädchen zurückgegeben wurde. Aufgrund von verschiedenen Hinweisen aus der Nachbarschaft, die neben einer massiven Vernachlässigung auch eine Mißhandlung des Mädchens befürchten ließen, wurde Ingrid im Alter von drei Jahren erneut von ihrer Mutter getrennt und kam in ein Kinderheim. Dort zeigte sie, wie sich aus den Heimberichten entnehmen ließ, ein massiv auffälliges Verhalten. Sie jaktierte den ganzen Tag über, wenn sie dabei nicht unterbrochen wurde, vor allem aber abends vor dem Einschlafen. In der Gegenwart von Erwachsenen war sie distanzlos. Sie sprach nur wenige Worte und artikulierte diese recht undeutlich.

Vom Heim wurde schnell erkannt, daß diese undifferenzierte Einrichtung mit großen Gruppen für dieses kleine Mädchen nicht geeignet war. Eine Pflegefamilie wurde gesucht, aber erst nach längerer Zeit gefunden. In dieser Familie wurde die Betreuung des Kindes sehr bald zu einer erheblichen Belastung aufgrund von Ingrids nach wie vor stark ausgeprägten Jaktationen, ihres massiven Entwicklungsrückstandes in der Motorik, in der Wahrnehmung und im sprachlichen Bereich und vor allem aufgrund ihres distanzlosen und teilweise auch ungesteuert aggressiven Verhaltens, das auch die leiblichen Kinder der Pflegefamilie einer erheblichen Belastung aussetzte.

Wir diagnostizierten eine frühe Bindungsstörung mit Enthemmung und empfahlen nach einer ausführlichen Entwicklungsdiagnostik eine Reihe von Fördermaßnahmen. Diese Maßnahmen konnten auf dem Wege der ärztlichen Verordnung schnell eingeleitet werden. Darüber hinaus benötigten die Pflegeeltern intensive Beratung, welche von einer Erziehungsberatungsstelle in Wohnnähe der Familie übernommen wurde. Als Ingrid zwei Jahre später erneut in der Kinderpsychiatrie vorgestellt wurde, hatte sie in der Entwicklung sehr gut aufgeholt. Sie hatte jedoch im schulischen Bereich leistungsmäßig erhebliche Schwierigkeiten und war auch in ihrer Kontaktaufnahme und durch ihre Aggressionen weiterhin massiv auffällig. Bei einer Hilfekonferenz empfahlen wir den Einsatz eines Einzelfallhelfers zur Unterstützung ihrer Bewältigung der schulischen Anforderungen und eine Kinderpsychotherapie mit begleitender Beratung der Pflegeeltern.

5.4.3 Angststörungen und Panikstörungen

Zu den früher sogenannten "Angstneurosen" gehören die phobischen Störungen. Sie werden unterteilt in soziale Phobien, welche häufig in Kindheit und Jugend beginnen (F 40.1), die Agoraphobie (F 40.0), die durch Ängste und Schwierigkeiten, offene Plätze zu betreten, sich in Menschenmengen zu bewegen etc., gekennzeichnet ist, und andere spezifische Phobien, die sich z.B. auf Tiere, auf das Eingeschlossensein (Claustrophobie), die Höhenangst, spezielle Examensängste etc., beziehen können. Im Gegensatz zu diesen situativen Ängsten sind allgemeine Angststörungen nicht auf bestimmte Auslöser oder Umgebungssituationen beschränkt. ICD-10 nennt hier Panikstörungen (F 41.0) mit schweren Angstattacken, mit plötzlichem Beginn mit Herzklopfen, Brustschmerzen, Erstickungsgefühlen, Schwindel, Entfremdungsgefühlen, Furcht zu sterben etc., und die generalisierte Angststörung (F 41.1) mit sogenannter "frei flottierender Angst", die anhält. Solche Jugendliche haben meist über mehrere Wochen fast permanent Befürchtungen, die zu Konzentrationsschwierigkeiten, Nervosität etc. führen, sie stehen unter extremer motorischer Spannung, körperlicher Unruhe etc. und zeigen deutliche Zeichen vegetativer Übererregbarkeit, Benommenheit, Schwitzen, Tachykardie (schneller Herzschlag), Tachypnoe (schnelle Atmung), Oberbauchbeschwerden, Schwindelgefühle etc. Auch gemischte Störungen, z.B. aus Angst und Depression (F 41.2) oder andere, werden aufgezählt. Die Prävalenz der Phobien liegt im Schulalter unter 1%. Bei Phobien muß vor allem die soziale Einschränkung, die aus der jeweiligen Phobie resultiert, betrachtet werden. Tierphobien, die bei Mädchen häufiger sind (in unseren Breiten vor allem die Spinnenphobie), sind oft kaum behandlungsbedürftig und schränken eine Teilnahme am Alltagsleben quasi nicht ein. Soziale Phobien oder die Agoraphobie können eine das Leben in der Gesellschaft erheblich beeinträchtigende, die einzelne Person behindernde Erkrankung sein, wobei gezielte Maßnahmen zur Therapie und zur Begleitung, d.h. zur Wiedereingliederung in das soziale Leben, erforderlich werden können. Generalisierte Angststörungen, die früher sogenannten "klassischen Angstneurosen" können die Patienten teilweise so in ihren Bann ziehen, daß sie kaum mehr am Leben in einer Gemeinschaft teilnehmen können. Häufig ist nach bisweilen jahrelangen Vorläufen initial eine stationäre Behandlung erforderlich. Nach der Klinikentlassung können neben ambulanter Psychotherapie therapeutisch-pädagogische Maßnahmen und gezielte verhaltenstherapeutische Maßnahmen in Realsituationen erforderlich sein.

Juliane J. ist eine 17-jährige Jugendliche, die nach dem Realschulabschluß und nach dem Scheitern eines ersten Lehrverhältnisses zunächst Höhenängste entwickelte und dann schnell zunehmend in allen sozialen Situationen massive Ängste hatte, so daß sie nicht mehr in der Lage war, ihre Wohnung zu verlassen. Zur Vorstellung wurde sie von ihrer Mutter begleitet, mit der sie sich aber seit ca. zwei Jahren heftig zerstritten hatte. Sie war nach dem Schulabschluß von zu Hause ausgezogen und war nun durch ihre Symptomatik wieder völlig von der Hilfe der Mutter abhängig. In dieser Situation befürworteten wir durch unsere ärztliche Stellungnahme den kurzfristigen Einsatz einer Einzelfallhelferin, die durch ihre Unterstützung bei Gängen zum Arbeitsamt, bei den notwendigen Schritten zur Einleitung einer über die Kasse finanzierten Psychotherapie und bei der alltäglichen Lebensführung in ihrer eigenen Wohnung unterstützte. Im Sinne eines verhaltenstherapeuten Trainings übte diese Einzelfallhelferin, wie mit uns besprochen, mit dem Mädchen das Verlassen der Wohnung, was ihr relativ schnell wieder einen zunehmenden Bewegungsradius ermöglichte.

Hier gelang es durch den schnellen Einsatz eines Einzelfallhelfers, die Wiederaufnahme einer Berufsausbildung zu unterstützen und einer seelischen Behinderung im Rahmen einer chronifizierten Angsterkrankung vorzubeugen. Der beschriebene Einzelfallhelfereinsatz war, wie das Beispiel zeigt, neben der durch die Kasse finanzierten Psychotherapie dringend erforderlich.

Rachel G. Klein (1994) gibt eine Übersicht über die Häufigkeit von Angststörungen im Kindes- und Jugendalter. Es liegen Informationen aus unterschiedlichen Studien über die Altersspanne von 7 bis 16 Jahren vor. Nach diesen Angaben kann man von einer Häufigkeit zwischen 5 und 8% Angststörungen bei allen Kindern ausgehen. Basis der Erhebungen war in den meisten Fällen das standardisierte Instrument DISC (Diagnostic interview schedule for children). Ungefähr die Hälfte der genannten Angststörungen waren einfache oder komplizierte Trennungsangststörungen. Sowohl aus klinischen wie aus epidemiologischen Studien wird sehr schnell deutlich, daß Angststörungen eine Generalisierungstendenz haben, d.h., das unterschiedliche Angststörungen häufig kombiniert auftreten.

5.4.4 Zwangserkrankungen

Zum Bereich der früher klassisch sogenannten "Zwangsneurosen" sind die Zwangsstörungen (ICD-10 F 42) zuzuordnen. Zwangskranke Patienten haben Zwangsgedanken, Zwangshandlungen, d.h. Vorstellungen oder Impulse, die sie permanent beschäftigen und von denen sie wissen, daß sie real "unsinnig" sind. Gerade weil sie diese Inhalte als unsinnig oder obszön etc. erleben, versuchen sie sich ohnmächtig und hilflos gegen diese stereotypen Gedanken und Handlungen zu wehren. Bei schwer ausgeprägten Zwangsstörungen nimmt die Ausführung bestimmter Zwangsrituale oder auch der Grübelzwang so breiten Raum ein, daß die Patienten nicht mehr in der Lage sind, am Alltagsleben teilzunehmen. Sie brauchen dann oft Stunden, um einfache Verrichtungen auszuführen, weil sie enorme Mengen an Zwangsritualen, z.B. beim Waschen, Duschen etc., verrichten müssen. Teilweise kommen sie auch überhaupt nicht mehr zum Handeln, weil sie im Grübeln verharren. Schwerste Zwangserkrankungen im Kindes- und Jugendalter bedürfen nicht selten primär einer stationären Behandlung, bei der bisweilen eine medikamentöse Mitbehandlung neben der Psychotherapie erforderlich werden kann. Um wieder einfache Alltagshandlungen, z.B. im Rahmen des Schulbesuchs oder beim Erledigen der Hausaufgaben, durchführen zu können, brauchen die Kinder häufig ein psychologisch und pädagogisch geschulte Hilfsperson, die erkennt, wenn sie sich im Grübeln oder in Zwangshandlungen verlieren, und diese gezielt unterbricht. Zu Recht hat Lempp (a.a.O.) darauf hingewiesen, daß bei Kindern und Jugendlichen häufig in die Zwangshandlungen und Rituale die ganze Familie, insbesondere die Mütter, mit einbezogen werden.

"Um ihrem Kind vermeintlich zu helfen oder auch nur drohenden, fruchtlosen, aber heftigen Auseinandersetzungen aus dem Wege zu gehen, fügen sich die Eltern und oft die ganze Familie in die Tyrannei, die ein Zwangskranker in der Familie ausüben kann, wodurch die ganze Familie in ihrem Zusammenleben beeinträchtigt wird und manchmal auch daran zerbricht, die Geschwister aus dem Haus gehen, der Vater sich scheiden läßt und am Schluß die Mutter mit dem zwangskranken Kind eine verhängnisvolle Symbiose eingeht.Deshalb müssen die Hilfsmaßnahmen in diesen Fällen Unterstützung und Beratung auch für die gesamte Familie umfassen können".

Kurt K., 15-jähriges Einzelkind einer recht religiösen Familie, wird vorgestellt, weil er kaum mehr zum Schulbesuch in der Lage ist, da er morgens unendlich viel Zeit beim Waschen, Sichanziehen und beim Frühstücken dadurch verliert, daß er immer wieder bestimmte Handlungen wiederholen muß. Wie sich bei den ersten Gesprächen herausstellt, hat er schon seit geraumer Zeit einen erheblichen Waschzwang, er kann Türklinken nicht mehr berühren und muß auf bestimmten Wegen bestimmte Schrittfolgen einhalten bzw. den Atem anhalten. Auf seine Schwierigkeiten beim Anziehen angesprochen sagt er, daß dies alles problematisch sei, da er nicht irgendein Kleidungsstück bevorzugen oder benachteiligen wolle. Dies sei ungerecht. Deshalb könne er sich nicht entscheiden, ob er zunächst mit dem Unterhemd oder der Unterhose anfangen solle etc. Er stünde dann quasi reglos da, "in seinem Inneren tobe aber eine heftige Auseinandersetzung um die richtige Lösung". Seine relativ alten Eltern beschäftigten sich sehr mit dieser Problematik. Die Mutter war fast den ganzen Tag mit dem Jungen zusammen und versuchte in permanenten Diskussionen, ihn von der Unsinnigkeit seines Tuns zu überzeugen. Ebenso eloquent debattierte der Junge darüber, daß er ja wisse, daß sein Handeln und seine Gedanken unsinnig seien, daß er diese aber nicht unterbrechen könne etc. Die Eltern hatten sich an die Schulbehörde gewandt und dort mit Hinweis auf die Symptomatik ihres Kindes einen Hauslehrer beantragt. Dieser Antrag war abgelehnt worden. Daraufhin wandten sie sich an das zuständige Jugendamt mit der Bitte um den Einsatz eines Einzelfallhelfers, der mit dem Jungen schulische Übungen machen sollte. Von Jugendamt und Schule waren die Eltern auf die Notwendigkeit einer jugendpsychiatrischen Untersuchung und Behandlung hingewiesen worden. Erst als sie von der Schule durch die Androhung von

Zwangsgeld massiv unter Druck gesetzt wurden, wandten sie sich an eine Klinik, lehnten aber die vorgeschlagene stationäre Behandlung, die aufgrund der Schwere der Symptomatik und der massiven neurotischen Familienbeziehungen dringend angezeigt war, ab. Ihren Auftrag an den untersuchenden Arzt verstanden sie vielmehr als Wunsch nach der Befürwortung ihres Konzeptes Hauslehrer. In unserer ärztlichen Stellungnahme, die wir den Eltern auch persönlich erklärten und aushändigten, teilten wir sowohl der Schulbehörde als auch dem Jugendamt mit, daß wir bei Kurt dringend eine stationäre Behandlung für vordringlich halten, da halbherzige Versuche, eine ambulante Therapie aufzunehmen, im Vorfeld gescheitert waren. Wir stellten zwar fest, daß der Junge aufgrund seiner Symptomatik von einer seelischen Behinderung bedroht war, empfahlen aber keine Maßnahmen der Eingliederungshilfe, da wir die stationäre Behandlung für den angemessenen Schritt hielten. Jugendamt und Schule forderten wir auf, weiterhin konsequent ihre bisherige Haltung zu vertreten.

5.4.5 Konversionsstörungen, Dissoziative Störungen, Somatisierungsstörungen

Zum klassischen Neurosekonzept gehören auch die Störungen, an denen Freud hauptsächlich die ersten wesentlichen Schritte bei der Entdeckung seiner Theorie gemacht hat, die von ihm sogenannten "Konversionsneurosen" oder Hysterien. Sie haben in unseren Breiten, im Vergleich zum Fin de siècle des letzten Jahrhunderts, erheblich an Häufigkeit nachgelassen, kommen aber nach wie vor noch bei Mädchen häufiger als bei Jungen vor. Scheinbar haben die Eßstörungen heutzutage in den hochentwickelten, industrialisierten Gesellschaften den Platz der charakteristischen "Jungmädchen-Erkrankungen" eingenommen. In unsere Klientel sind Konversionsstörungen bei Patientinnen aus dem Mittelmeerraum deutlich häufiger.

5.4.5.1 Konversionsstörungen

In der ICD-10 werden sie unter der Gruppe F 44 "Dissoziative Störungen" zusammengefaßt. Die klassischen "hysterischen" Lähmungs-, Blindheitssymptome etc. fallen unter die Kategorien F 44.4 bis F 44.7, als sogenannte "Dissoziative Störungen der Bewegung und der Sinnesempfindung". Es handelt sich dabei um Störungsbilder, die eine körperlich Erkrankung vermuten lassen, bei denen jedoch ein körperliche Verursachung **ausgeschlossen** werden kann. Psychogene Bewegungsstörungen oder Lähmungen kommen ebenso vor wie Störungen der Sinneswahrnehmung oder psychogene Krampfanfälle, sogenannte "Pseudo-Epilepsien". Auffällig ist häufig, daß die Patienten durch ihre massiv beeinträchtigende Erkrankung kaum beunruhigt wirken. Schon Charcot sprach von der sogenannten "Belle indifference" der "Hysterikerinnen" und meinte damit die scheinbar "gepflegte Gleichgültigkeit" ohne merklichen Leidensdruck, mit der noch die kompliziertesten Zustände und die wegen dieser Zustände verursachte Diagnostik ertragen werden. Wichtig ist zu wissen, daß diese Störungsbilder für die Patienten unbewußt entstehen, diese Patienten sind **keine Simulanten**. Sehr häufig besteht bei Betreuungspersonen der Versuch, "den Schwindel nachzuweisen" und die Betroffenen wegen ihrer Störungen massiv zu beschämen. Soll eine Heilung ermöglicht werden, ist oft die Bahnung eines **ehrenvollen Rückzugs**, häufig auch über suggestive Maßnahmen, erforderlich. Konversionsstörungen können auf diese Weise sich z.T. ebenso schnell und überraschend auflösen, wie sie gekommen waren. Selbstverständlich bedürfen jedoch die körperlichen Folgezustände, z.B. nach einer hysterischen Lähmung, die entsprechende Muskelatrophie eines krankengymnastischen Trainings und der entsprechenden Nachversorgung. Da die Konfliktlagen, die zum Ausbruch der Störungsbilder führen, klassischerweise verdrängt sind, bietet sich eine tiefenpsychologisch fundierte oder analytische Behandlung der Patientinnen und Patienten an. Solche Behandlungen sind in der Regel Kassenleistungen, ebenso wie die häufig stationäre Diagnostik und Behandlung während der akuten Erkrankungsphase. Maßnahmen nach § 35a KJHG bzw. Hilfen zur Erziehung werden hierbei seltener erforderlich. Sie sind dann angezeigt, wenn die Konversionsstörung vor dem Hintergrund einer massiven familiären Problematik, sozialen Problematik etc., zu verstehen ist und diese Problematik durch eine entsprechende Hilfe gemildert werden kann.

5.4.5.2 Dissoziative Störungen

Die anderen in diesem Kapitel der ICD-10 aufgeführten Störungen sind die dissoziative Amnesie (d.h. ein psychogener Erinnerungsverlust oder dissoziative Fugue, bei der die Betroffenen sich plötzlich anderenorts wiederfinden, ohne zu wissen, wie sie dorthin gelangt sind, wobei Alltagsfunktionen erhalten bleiben) und der dissoziative Stupor, bei dem die Patienten bewegungslos liegen oder sitzen, Sprache und spontane oder gezielte Bewegungen fehlen völlig oder sind kaum wahrzunehmen. Dennoch kann man an der Atmung, an gelegentlichem Augenöffnen etc. feststellen, daß der Patient weder schläft noch bewußtlos ist (F 44.2). Des weiteren Trance- und Besessenheitszustände (F 44.3) sind relativ selten und werden vor allem im Zusammenhang nach schweren traumatischen Erlebnissen, die von den Betroffenen durchgestanden wurden, beschrieben. Gerade in der Literatur über sexuellen Mißbrauch und schwere Mißhandlungen in der frühen Kindheit hat eine weitere dissoziative Störung, die multiple Persönlichkeitsstörung (F 44.81), in den letzten Jahren eine herausragende Bedeutung gewonnen. Dissoziative Störungen waren von allen herausragenden Psychiatern um 1900 beschrieben worden und sind dann in der Folge fast völlig in Vergessenheit geraten. Schwere Mißhandlungen und sexueller Mißbrauch über lange Zeit, vor allem in der Kleinkindzeit, scheint die Entstehung solcher Störungsbilder mit zu bedingen. Tatsächlich ist z.B. beim sexuellen Mißbrauch verständlich, daß, wenn ein tagsüber freundlich zugewandter Vater das Mädchen in einer völlig veränderten emotionalen Situation nachts mißbraucht, um sich dann am nächsten Tag wiederum überhaupt nichts anmerken zu lassen, die Vorstellung schon recht naheliegt, daß nur durch ein Auseinanderhalten dieser Erlebnisebenen diese völlig verwirrende Lebenssituation überlebt werden kann. Gerade amerikanische Autorinnen und Autoren haben sich in den letzten Jahren intensiv mit der Extremform der **multiplen Persönlichkeitsstörung**, aber auch mit leichteren Formen **dissoziativer Störungen**, der **Depersonalisationsstörung** etc., befaßt. Aus der Arbeitsgruppe, die die entsprechenden Kriterien für das DSM-III-R bzw. DSM-IV erarbeitet hat, hat Marlene Steinberg ein standardisiertes Interview für dissoziative Symptome entwickelt, das bei Folgezuständen bei schwer mißhandelten Personen eingesetzt werden kann. Das DSM-IV hat hier, meiner Meinung nach, eine sinnvollere Einteilung als die ICD-10 gefunden. Konversionsstörungen und dissoziative Störungen werden hier nicht vermischt, sondern die Konversionsstörungen werden mit den Somatisierungsstörungen zum Kapitel der somatoformen Störungen zusammengefaßt. Die dissoziativen Störungen gliedern sich im DSM-IV wie folgt: 300.12 – dissoziative Amnesie, 300.13 – dissoziative Fugue, 300.14 – dissoziative Identitätsstörung (multiple Persönlichkeitsstörung), 300.6 – Depersonalisationsstörung, 300.15 – nicht näher bezeichnete dissoziative Störung.

Während dissoziative Amnesien, Fugue und auch stuporöse Zustände häufig kurzfristige und schnell vorübergehende Reaktionen darstellen, die nach einer direkten Intervention bisweilen keine weiteren Maßnahmen verlangen, haben Personen mit dissoziativen Identitäts- oder Depersonalisationsstörungen häufig eine dramatische Kindheitsvorgeschichte und sind faktisch seelisch behindert im Sinne des § 3 VO. Nicht selten befinden sich solche Jugendliche in Heimerziehung, wobei die betreuenden Institutionen mit der Problematik massiv überfordert sind. Neben einer psychotherapeutischen Behandlung ist deshalb oft eine Klärung des Umfeldes und eine Beratung der betreuenden Institution dringend erforderlich. Konkrete Hilfen zur Bewältigung des Alltags können ebenso notwendig sein wie spezifische Fördermaßnahmen zur schulischen Wiedereingliederung.

Lisa L., eine 14-jährige Jugendliche, wird stationär aufgenommen, weil sie in dem Heim, in dem sie in den letzten zwei Jahren lebte, in eine völlige Außenseiterposition geraten war. Auf ihren Wunsch und angeblich zu ihrem Schutz hatten die Erzieher ihr in einer ehemaligen Besenkammer außerhalb der Gruppe eine Schlafnische eingerichtet. Immer wieder kam es vor, daß sie stundenlang wegblieb, ohne sich zu erinnern, wo sie gewesen war. Sie hatte heftige Auseinandersetzungen vor allem mit zwei Jungen in ihrer Heimgruppe. Während der stationären Behandlung gab sie so viele Hinweise auf Mißhandlungen in der frühen Kindheit, daß die behandelnde Therapeutin aus unterschiedlichen Jugendamtsakten und anderen Aufzeichnungen versuchte, die Vorgeschichte des Mädchens zu recherchieren. Schließlich ergab sich folgendes Bild: Ihre mindestens deutlich lernbehinderte, alkoholabhängige Mutter war in einer ländlichen Gaststätte Barfrau und eventuell auch Prostituierte gewesen. Lisa hatte mehrere Geschwister von unterschiedlichen Vätern. Die Mutter lebte zwei Jahre vor Lisas Geburt mit dem Wirt der Gaststätte zusammen, Lisa war aber nicht sein Kind. Deshalb habe dieser Mann von Anfang an Lisa gehaßt, körperlich mißhandelt und ab dem Vorschulalter darauf bestanden, daß sie in einer Kammer am Stall und nicht im Haus schlafe. Dort wurde sie "völlig verwildert, wie ein Wolfskind" vom Jugendamt angetroffen und aus diesen Verhältnissen herausgenommen. Sie kam dann zunächst in ein Heim, später in eine Pflegefamilie, in der sie wiederum geschlagen wurde, so daß sie erneut im Heim landete. Dort wurde sie von einem Erzieher sexuell mißbraucht und wurde in das Heim, aus dem sie aufgenommen wurde, verlegt. Hier war sie sehr schnell zum Opfer einer "Jungsclique" geworden, die sie teilweise schlug, erpreßte und sexuell nötigte.

Das Mädchen lebte die meiste Zeit in einer "Phantasiewelt", befand sich ständig im Dialog mit mehreren sie beschützenden, engen Begleitern, ohne die sie sich verloren fühlte. Sie hatte mindestens zwei völlig unterschiedliche "Charakterqualitäten" und war in einem dieser Zustände sehr aggressiv und aufbrausend. Erst nach monatelanger Behandlung gewannen reale Beziehungen ähnliches Gewicht wie ihre imaginären Beschützer. Schließlich hatte sich ihr Verhalten soweit gebessert, daß sie in eine heilpädagogische Langzeiteinrichtung mit Kleinstgruppen verlegt werden konnte. In Zusammenarbeit mit der zuständigen Heimpflege des Jugendamtes hatten wir diese Lösung angebahnt und durch unsere ärztliche Stellungnahme befürwortet.

Die ICD-10 faßt die somatoformen Störungen, die den psychogenen Störungen, die neurologische Probleme imitieren, d.h. den Konversionsstörungen nahestehen, im Kapitel F 45 zusammen. Die Depersonalisationsphänomene, die entsprechend der Einteilungslogik der DSM-IV zu dem dissoziativen Bereich gehören, erscheinen in der ICD-10 in einer letzten Sammelkategorie unter F 48.1 als Depersonalisations- oder Derealisationssyndrom.

5.4.5.3 Somatisierungsstörungen

Somatisierungsstörungen (F 45.0) können im Jugendalter oft deshalb nicht diagnostiziert werden, obwohl sich eine entsprechende Entwicklung massiv andeutet, weil für diese Diagnose eine seit Jahren bestehende, häufig wechselnde körperliche Symptomatik erwartet wird. Bei diesen Patienten wird nicht selten ein teilweise medizinisch unterstützter Medikamentenmißbrauch beobachtet. Häufiger werden im Kindes- und Jugendalter einzelne sogenannte "somatoforme autonome Funktionsstörungen" (F 45.3) diagnostiziert. Dazu gehören z.B. psychogene Probleme z.B. des kardiovasculären Systems wie die klassische Herzneurose, die allerdings mehr erwachsene Männer (z.B. in der Midlife-crisis) betrifft. Bei Kindern häufig sind psychogene Störungen des oberen und unteren Gastrointestinaltraktes, d.h. Probleme, die mit Aufstoßen, Magenbeschwerden, Bauchschmerzen, scheinbarer Verstopfung, Blähungen etc., zu tun haben. Auch unklare Atemstörungen, z.B. das recht häufige Hyperventilationssyndrom, gehören in diesen Bereich. Solche Patienten bedürfen teilweise einer oder mehrerer Hilfen. Typisch für die Kinder und Jugendlichen, die von diesen Krankheitsbildern betroffen sind, ist jedoch, daß sie von der organischen Verursachung ihrer Problematik überzeugt sind, und primär psychotherapeutische Hilfe oder andere psychosoziale und pädagogische Hilfen ablehnen. Vielmehr sind sie damit beschäftigt, immer wieder "noch bessere" Ärzte zu konsultieren, um schließlich hinter die Ursache ihres Leidens zu kommen. Solche psychosomatischen Störungen können eine Chronifizierungstendenz von erheblichem Schweregrad und Ausmaß haben. Sie führen dann zu einer ausgeprägten seelischen Behinderung. Das heißt, daß bei vielen dieser Störungen der Bedrohungstatbestand gegeben ist, die Betroffenen jedoch ihren Anspruch auf Hilfe selten geltend machen werden.

5.4.6 Persönlichkeitsstörungen

Wie eingangs zu diesem Bereich ausgeführt, sind Persönlichkeitsstörungsdiagnosen (ICD-10 Kapitel F 60) vor dem Alter von ca. 16 Jahren eher unangemessen. Vorläufer treten zwar häufig als Folge extrem psychosozial belastender Umstände schon in der Kindheit und im früheren Jugendalter auf, doch kann im Zeitraum, in dem sich die Persönlichkeit noch entwickelt, logischerweise nicht von einem Endzustand, einer Persönlichkeitsstörung, gesprochen werden. Alle Persönlichkeitsstörungen sind mit erheblichen Beeinträchtigungen psychosozialer Funktionen verbunden und damit sind diese Patienten logischerweise von einer seelischen Behinderung bedroht. Die ICD-10 beschreibt folgende Persönlichkeitsstörungen:

Paranoide Persönlichkeitsstörung (F 60.0), schizoide Persönlichkeitsstörung (F 60.1), dissoziale Persönlichkeitsstörung (F 60.2), emotional instabile Persönlichkeitsstörung (F 60.3), histrionische Persönlichkeitsstörung (F 60.4), zwanghafte Persönlichkeitsstörung (F 60.5), ängstlich vermeidende Persönlichkeitsstörung (F 60.6), abhängige Persönlichkeitsstörung (F 60.7) und andere und kombinierte Persönlichkeitsstörung.

Für den Bereich der Jugendhilfe sind vor allem die dissozialen Persönlichkeitsstörungen sowie die emotional instabilen Persönlichkeitsstörungen vom impulsiven und vom Borderline-Typus von größter Bedeutung. Personen mit dissozialer Persönlichkeitsstörung sind aufgrund ihrer andauernden Mißachtung sozialer Normen und Regeln und Verpflichtungen häufig in Einrichtungen der Jugendhilfe untragbar und haben früh Kontakte mit der Justiz. Gerade in der Betreuung durch die Jugendgerichtshilfe muß mit solchen Persönlichkeitsproblemen umgegangen werden können, wobei dazu auch noch eine realistische Einschätzung ihrer relativen Unerreichbarkeit gehört. Häufig wirken diese Jugendlichen dickfällig und scheinen kaum zur Empathie für die von ihren Taten Betroffenen in der Lage zu sein. Auf Bestrafung reagieren sie selten in der von den Pädagogen gewünschten Art und Weise, häufig sind sie recht geschickt im Vertuschen oder auch im Verschieben der Schuldbezichtungen von anderen etc. Ihr psychisches Leid wird dabei am ehesten deutlich, wenn ihre ständige Reizbarkeit, ihre geringe Frustrationstoleranz und letztendlich ihre Unfähigkeit, enge Beziehungen und Freundschaften einzugehen, deutlich.

Aggressive, ausagierende Jugendliche mit einer Persönlichkeitsstörung vom impulsiven Typus stellen ebenso für viele Einrichtungen der Jugendhilfe ein erhebliches Problem dar. Da diese Jugendlichen eher in der Lage sind, nach einem Impulsdurchbruch verzweifelt zu sehen, was sie angerichtet haben, steht hier pädagogisch wie psychotherapeutisch die Bearbeitung der Impulskontrollstörung im Vordergrund. Das Konzept der Borderline-Störung ging ursprünglich davon aus, daß es sich bei den Betroffenen um Personen handelt, die auf der "Grenzlinie" zwischen Psychosen und Neurosen liegen. Kernberg, einer der "Väter dieses Konzeptes" hat die Fähigkeit zur Realitätsprüfung bei diesen Personen als wichtiges Unterscheidungsmerkmal unterstrichen. Borderline-Persönlichkeitsstörungen manifestieren sich klassischerweise in erheblichen Konflikten im frühen Jugendlichenalter. Häufig nehmen diese Jugendlichen ihre soziale Umwelt gespalten in Gute und Böse wahr, nicht selten lösen diese heftigen innerpsychischen Vorgänge sogar massive Konflikte unter den, mit diesen Jugendlichen zusammenlebenden, anderen Jugendlichen und den Betreuern aus. Charakteristisch sind heftige emotionale Krisen, selbstschädigendes Verhalten, Suiziddrohungen und wiederholte Suizidversuche. Emotional instabile Persönlichkeitsstörungen werden ebenfalls nicht selten bei mißhandelten, vernachlässigten und mißbrauchten Kindern und Jugendlichen gefunden. Diese Jugendlichen neigen auch zu Alkohol-, Medikamenten- oder Drogenabusus, so daß auch unter den Jugendlichen mit Suchtkrankheiten ein erheblicher Anteil von Jugendlichen mit Störungen vom Borderline-Typ zu finden sind. Unlösbar ist für diese Jugendlichen häufig ihr Wunsch nach Autonomie, der von heftigen Schuldgefühlen begleitet ist, und ihre Abhängigkeitsbedürfnisse, Wünsche und Gefühle, die sie sich selbst häufig als unfähig erleben lassen und tief beschämen. Diese Patienten können klinisch ein sehr schillerndes Symptombild mit Angstinhalten, Zwangssymptomen, depressiven Symptomen, unterschiedlichen Formen der Impulskontrolle (siehe oben) und aggressiven Konflikten bieten. Die Menschen in ihrer Lebensumgebung brauchen Beratung, da diese Störungsbilder häufig bei den verantwortlichen Personen Ohnmacht und Hilflosigkeit auslösen und diese wiederum zu Strafimpulsen und aggressiven Regungen gegen den Patienten führen, weil Kontrolle wiedererlangt werden soll. Vorrangiges Ziel aller Maßnahmen der Eingliederungshilfe muß der Aufbau stabiler Beziehungen im Alltag sein. Ziel dabei ist es, daß diese Patienten zunehmend zwischen ihrer inneren Realität und äußeren Realität zu unterscheiden lernen. Schwellensituationen mit Trennung oder vermeintliche bzw. reale Kränkungen können akute Problemzustände auslösen, in denen eine Krisenintervention erforderlich ist. Neben den unterschiedlichen pädagogischen Hilfen sind oft jahrelange psychotherapeutische Bemühungen angezeigt.

Martin M., ein 15-jähriger Jugendlicher, wurde uns in einer verzweifelten Situation vom Heimleiter vorgestellt. Das Erzieherteam war über Martin völlig zerstritten, einige forderten seine sofortige Verlegung, andere wollten ihn davor beschützen, daß man ihn immer zum Sündenbock für alle Probleme der Gruppe mache. Martin hatte vor ca. drei Jahren, bei Aufnahme im Heim, "geschnüffelt", hatte im Heim immer wieder andere massiv körperlich angegriffen, hatte sich selbst auch häufig verletzt, "geritzt" und hatte zwei Suizidversuche unternommen. Er hatte ein ganz besonderes Vertrauensverhältnis zu zwei Erziehern und war auch beim Heimleiter wegen seiner vielen kreativen und prosozialen Charakteranteile trotz aller Schwierigkeiten recht beliebt. Sehr schnell wurde deutlich, wie der Junge aufgrund seiner Persönlichkeitsstörung das Betreuerteam spaltete. Im Rahmen der Krisenintervention kamen wir zusammen mit den Erziehern und den Vertretern des zuständigen Jugendamtes zu der Empfehlung, daß ein externer Psychotherapeut Martin zweimal wöchentlich behandeln solle und gleichzeitig zunächst einmal wöchentlich, dann 14-tägig (im Verhältnis 1:4), eine Teamberatung bezogen auf den Fall Martin durchführen solle. Wir befürworteten diese Therapie als Eingliederungshilfe nach § 35a KJHG in Verbindung mit § 40 BSHG mit einer ärztlichen Stellungnahme und entschlossen uns bei zwei Nachuntersuchungen, die Maßnahme, die gute Erfolge zeigte, wegen der weiterhin bestehenden Grundproblematik zu verlängern. Dem Jugendlichen gelang es in diesem Zeitraum, nicht aus der Gruppe ausgestossen zu werden, seinen Schulabschluß zu machen und seinen Auszug mit einigen anderen Jugendlichen in eine Außenwohngruppe vorzubereiten.

5.5 Andere seelische Störungen, bei denen die Betroffenen von einer seelischen Behinderung bedroht sind

5.5.1 Eßstörungen

Die Eßstörungen (ICD-10 F 50.0), Magersucht – Anorexia nervosa (F 50), die "Freß-Kotz-Sucht" – Bulimia nervosa (F 50.2) und andere bzw. kombinierte Eßstörungen sind Erkrankungen, die vorwiegend jugendliche Mädchen betreffen und die zu lebensbedrohlichen Zustandsbildern aufgrund des Gewichtsverlustes oder aufgrund von Entgleisungen im Haushalt der Blutsalze führen können. Im DSM-IV wird die Anorexie als Eßstörung beschrieben, die durch die Weigerung gekennzeichnet ist, das Körpergewicht über einem minimalen, auf Alter und Körpergröße bezogenes Normgewicht zu halten. Charakteristisch sind intensive Furcht vor Gewichtszunahme, die Patientinnen fühlen sich dick und fett, obwohl sie untergewichtig sind. Sie haben eine Körperschemastörung, bei Mädchen nach der Menarche besteht eine Amenorrhoe. Unterschieden wird ein rein asketischer Typ (restricting type), bei dem die Gewichtsreduktion allein durch das Hungern erzielt wird, und ein Störungsbild mit Freßattacken und Laxantien- oder Diuretikamißbrauch (binge eating/purging type).

Im Gegensatz zu Lempp (a.a.O., S. 28 ff.), der aufgrund der sozial äußerlich guten Anpassung der betroffenen Mädchen davon ausgeht, daß eine Intervention der Jugendhilfe eher selten erforderlich sein wird, sind wir der Ansicht, daß diese schweren Störungsbilder mit teilweise vitaler Bedrohung – manche klinischen Katamnesestudien berichten von Sterberaten bis zu einem Fünftel der schwer erkrankten Patientinnen – bei längerem Verlauf dazu führen, daß die Betroffenen von einer seelischen Behinderung bedroht sind. Früher Behandlungsbeginn bedingt offensichtlich eine günstigere Prognose. Gerade für die frühe Behandlung leichterer Formen gibt es eine Fülle von familientherapeutischen Ansätzen. Im gegenwärtigen Leistungssystem der Krankenkassen gibt es kaum direkte Finanzierungsmöglichkeiten für Familientherapie. Die bewußt offene Form des § 27.3 und auch die Eingliederungshilfemaßnahmen nach § 35a lassen solche Behandlungen zu, die eine massive Erkrankung und damit eine drohende seelische Behinderung vermeiden können. Bei schwereren Verläufen ist eine stationäre Behandlung unumgänglich. Häufig stellt sich bei diesen schwer betroffenen Mädchen heraus, daß gerade mit der Rückkehr in das Herkunftsmilieu erneut Rückfälle verbunden sind, so daß sich manche Mädchen häufig nicht nach der ersten Behandlung, jedoch im weiteren Verlauf der Erkrankung unter erheblichen Mühen zu einer Verselbständigung, z.B. zum Wohnen in einer betreuten Wohngemeinschaft etc., entschließen. Bei diesen Verselbständigungsprozessen sind Eingliederungshilfsmaßnahmen oft dringend erforderlich. Tatsächlich sind die meisten anorektischen Patientinnen extrem leistungsorientiert, so daß Maßnahmen, die eine adäquate Beschulung ermöglichen sollen, fast nie notwendig werden.

Nina N., ein 15½-jähriges Mädchen, wurde gegen ihren Willen von den Eltern vorgestellt, weil sie bei einer Größe von 178 cm noch 31 kg wog. Sie hat sehr früh, mit 8½ Jahren, ihre erste Regelblutung gehabt, hatte aber nunmehr seit 1½ Jahren im Rahmen ihrer Eßstörung eine Amenorrhoe (Ausbleiben der Regelblutung). Beide Eltern waren Lehrer. Ninas acht Jahre ältere Schwester studierte an einer Fachhochschule für Sozialarbeit. Während der längerdauernden stationären Behandlung zeigte es sich, daß Nina zwar im stationären Milieu relativ zuverlässig zunehmen konnte und auch schließlich frei essen konnte, daß sie aber bei jedem längeren Belastungsurlaub nach Hause wieder deutlich abnahm. Schließlich thematisierte sie dies auch aktiv in den Elterngesprächen und gab ihren größten Wunsch an, zur älteren Schwester in eine WG ziehen zu können.

In den Familiengesprächen wurde schnell deutlich, daß die junge Erwachsene mit dieser Aufgabe überfordert wäre, allerdings konnten sich das Mädchen und seine Eltern schließlich auch wegen mangelnder anderer Alternativen mit der Aufnahme in eine engmaschig betreute therapeutiche Wohngemeinschaft anfreunden. Zusammen mit der zuständigen Heimpflegeabteilung machten unsere Kliniksozialarbeiterinnen einen geeigneten WG-Platz ausfindig. Nina stellte sich dort vor und wir empfahlen mit einer ärztlichen Stellungnahme zur Hilfeplanung die Kostenübernahme für diese aus unserer Sicht geeignete Jugendhilfemaßnahme.

5.5.2 Schlafstörungen

Nicht organische Schlafstörungen (F 51), darunter der im Kindesalter auftretende Pavor nocturnus und das Schlafwandeln, führen selten zu einer psychosozialen Beeinträchtigung. Sie bieten Anlaß zu medizinisch-neurologischer Diagnostik, sie stellen in der Regel keinen Anlaß für Maßnahmen der Eingliederungshilfe dar.

5.5.3 Sexuelle Funktionsstörung

Sexuelle Funktionsstörung werden seltener von Jugendlichen geklagt, die häufig noch keine Maßstäbe für das Sexualverhalten haben und sich noch in der Exploration eigener Vorlieben und bei ihren ersten Erfahrungen befinden.

5.5.4 Tiefgreifende Entwicklungsstörungen (F 84)

5.5.4.1 Frühkindlicher Autismus

Als bedeutendste Form der tiefgreifenden Entwicklungsstörung ist der von Leo Kanner (1943) beschriebene frühkindliche Autismus (F 84.0) zu nennen. Nach den Kriterien des DSM-IV sind bei autistischen Störungen die soziale Interaktion und die Kommunikation massiv gestört und es finden sich repetitive und stereotype Verhaltensmuster, Interessen und Aktivitäten. Charakteristisch ist eine Entwicklungsverzögerung, die vor dem 3. Lebensjahr beginnt und die dissoziale Interaktion, die Sprachentwicklung und das Symbolspiel betrifft. Als Beispiel für die Störungen der sozialen Interaktion werden u.a. eine merkliche Störung im Einsatz von Blickkontakt und Gesichtsausdruck zur Regulierung der nonverbalen Kommunikation beschrieben. Deutlich ist eine Störung der Empathiefähigkeit. Die Sprachentwicklung ist häufig verzögert oder fehlt. Ca. drei Viertel aller Patienten mit autistischen Störungen haben eine deutliche Intelligenzminderung. Gesichert ist eine deutliche Knabenwendigkeit. Prognostisch wichtig ist der Spracherwerb und die meßbare nicht-sprachliche Intelligenz. Günstigere Verläufe sind mit einem höheren IQ und einer relativ früh einsetzenden Sprachentwicklung noch vor dem 5. Lebensjahr statistisch korreliert. Nach Lord und Rutter (1994) ist mit einer Häufigkeit zwischen zwei und fünf Fällen pro 10 000 bei engen Definitionen und für den weiteren Begriff der tiefgreifenden Entwicklungsstörungen zwischen 1 und 2 ‰ zu rechnen. Der frühkindliche Autismus ist eine tiefgreifende Störung, die primär einer seelischen Behinderung gleichkommt. Ein erheblicher Anteil der am Vollbild des frühkindlichen Autismus erkrankten Patienten wird auf Dauer nicht zu einem selbständigen Leben in Gemeinschaft in der Lage sein und ständig einer Betreuung bedürfen. Die Ätiologie ist nach wie vor unklar, nachdem die älteren Theorien im Autismus eine massive Mutter-Kind-Beziehungsstörung gesehen haben, dominieren derzeit biologisch-biochemische und genetische Hypothesen, wobei nach wie vor die letzte Klärung noch aussteht, man aber davon ausgehen kann, daß biologische Prädispositionen durch Umwelteinflüsse moduliert werden. Ein hoher Prozentsatz der Kinder mit autistischen Syndromen ist geistig behindert, es gibt aber auch autistische Kinder mit normaler Intelligenz oder vor allem ausgestanzten Hochbegabungen. Diesen Kindern wird eine generelle Zuordnung autistischer Kinder zum Personenkreis der geistig Behinderten nicht gerecht. Neben Eingliederungshilfemaßnahmen wie der Betreuung in geschützten Werkstätten und spezifischen Einrichtungen zielen manche Maßnahmen direkt auf die Milderung der Folgen der seelischen, sozial interaktiven Behinderung ab. Gerade weil durch Behandlungsmaßnahmen bei Autismus oft nur Teilerfolge und nicht etwa eine Heilung zu erzielen ist, sind z.T. langdauernde, oft multiple und kostspielige Maßnahmen der Eingliederungshilfe erforderlich. Gerade bei diesem Personenkreis zeigt sich das Dilemma, das durch die Unterteilung der Zuständigkeit zwischen Sozialhilfe und Jugendhilfe nun an der Grenzlinie zwischen geistiger Behinderung und seelischer Behinderung entstanden ist.

Otto O. ist ein 7-jähriger, nun schulpflichtiger Knabe, bei dem im Alter von 4 Jahren die Diagnose eines frühkindlichen Autismus gestellt wurde. Anlaß zur Wiedervorstellung war die Klärung der Frage, wie er adäquat beschult und tagsüber betreut werden könne. Obwohl er deutliche Fortschritte in der Sprachentwicklung und in seiner Gruppenfähigkeit nach zweijähriger Betreuung in einer Kindergruppe des Vereins "Hilfe für das autistische Kind" gezeigt hatte, war es ausgeschlossen, daß er als Integrationskind eine normale Schule besuchen könnte. Auch der Besuch einer Kleinklasse in einer Lernbehindertenschule war derzeit nicht denkbar. Wir befürworteten seine Beschulung und Förderung in einem integrierten Schul- und Hortprojekt des Vereins "Hilfe für das autistische Kind", welches jedoch relativ weit entfert von seiner Wohnung lag. Aufgrund der häuslichen Verhältnisse war es darüber hinaus notwendig, einen Taxitransport zu organisieren, da er nicht mit öffentlichen Verkehrsmitteln ohne Schwierigkeiten zum Hort gelangen konnte. In der entsprechenden ärztlichen Stellungnahme stellten wir fest, daß Otto aufgrund seiner Erkrankung seelisch behindert ist und er zur Gewährleistung der bestmöglichsten schulischen und Entwicklungsförderung dringend der genannten Maßnahmen der Eingliederungshilfe bedarf.

5.5.4.2 Autistische Psychopathie

Die früher sogenannte "autistische Psychopathie", die also eventuell auch nach der Logik der Verordnung den Persönlichkeitsstörungen zugeordnet werden kann, das sogenannte "Asperger-Syndrom" (F 84.5) gehört ebenfalls zu den tiefgreifenden Entwicklungsstörungen. Bei dieser seltenen Krankheit fällt eine extreme Knabenwendigkeit auf. Diese Patienten sind mindestens normal intelligent, häufig jedoch motorisch relativ ungeschickt. Sie fallen durch ihre z.T. extrem seltsamen Sonderinteressen, z.B. für Bahnfahrpläne, technische Baupläne und Funktionen etc., auf. Einschränkungen dieser Interessen tolerieren sie kaum, reagieren häufig darauf mit heftigen emotionalen Ausbrüchen. Aufgrund ihrer mindestens normalen Intelligenz ist hier eine Zuordnung zum Personenkreis der geistig Behinderten unsinnig. Jugendliche mit Asperger-Syndrom haben häufig große Schwierigkeiten, in der Gleichaltrigengruppe zurecht zu kommen und haben erhebliche Probleme in der Ablösung aus dem familiären Kontext und mit dem Eintritt ins Berufsleben. Bei diesen schweren Schritten benötigen sie diverse Eingliederungshilfemaßnahmen, die auch auf ihre Kontaktstörung Rücksicht nehmen. Sie gehören aufgrund ihrer Problematik zum Personenkreis, der von einer seelischen Behinderung bedroht ist.

Peter P., ein 14-jähriger Gymnasiast, war nach Angaben seiner Eltern schon immer relativ kontaktscheu. Er hatte nie enge Freunde und galt in seiner Klasse als "Eisenbahnfreak und Fahrplanspezialist", insgesamt als skurriler Sonderling. Es fehlte ihm in vielen sozialen Bereichen deutlich an Empathie, doch brachte er vor allem in einigen naturwissenschaftlichen Fächern hervorragende Schulleistungen. Sein Lieblingsspielzeug war ein Computer, auf dem er mit CD-ROM Zugriff auf den gesamten Fahrplan der Bahn hatte. Er sammelte Eisenbahnmodelle und Fahrpläne und wurde, nachdem er zunächst eher scheu Kontakt zum Untersucher aufnahm, fast kleinkindhaft zutraulich, als er im Untersuchungszimmer ein Eisenbahnmodell entdeckte, was er sofort herbeiholte.

Aufgrund seiner Problematik verließ er immer weniger die Wohnung zur Freizeitgestaltung. Er fürchtete, von anderen Jugendlichen lächerlich gemacht zu werden. Die ausführliche testpsychologische Untersuchung ergab einen überdurchschnittlichen Intelligenzquotienten und zeigte auch die vehementen Empathie- und Beziehungsstörungen auf. Wir diagnostizierten ein Asperger-Syndrom. In unserer ärztlichen Stellungnahme zur Hilfeplanung erklärten wir, weshalb dieser Junge aufgrund seiner Symptomatik von einer sozial betonten seelischen Behinderung bedroht ist und empfahlen den Einsatz eines Einzelfallhelfers, der ihn zunächst dazu veranlassen sollte, am Nachmittag nach der Schule Freizeitaktivitäten zu entwickeln und nicht nur die ganze Zeit vor dem Computer zu verbringen. Tatsächlich gelang dies dem Einzelfallhelfer, der zunächst Peter über gemeinsame Bahnfahrten und Besuche des Technikmuseums motivierte, partiell.

5.5.4.3 Rett-Syndrom

Die desintegrativen Störungen des Kindesalters, vor allem das Rett-Syndrom (F 84.2), das bisher nur bei Mädchen beschrieben wurde, ist charakterisiert durch massive Rückschritte in der Entwicklung nach vorausgegangener normaler Entwicklung. Der Krankheitsbeginn liegt zwischen dem 7. und 24. Lebensmonat. Am typischsten sind stereotype Händewaschbewegungen und der Verlust zielgerichteter Handbewegungen. Teilweise können diese Kinder wie autistische Kinder wirken. Allerdings zeigen sie keine komplexen Stereotypien und nur selten selbstbeschädigendes Verhalten. Häufig treten zusätzlich noch epileptische Anfälle auf. Je nach Schweregrad des Zustandsbildes rechtfertigt das Rett-Syndrom sowohl die Zuordnung zum Personenkreis der Körperbehinderten als auch zum Personenkreis der von einer seelischen Behinderung Bedrohten und manchmal auch zum Personenkreis der geistig behinderten Kinder. Da eine Fülle von medizinischen Maßnahmen notwendig ist, scheint die komplette Zuordnung zum § 39 BSHG generell eher sinnvoll.

5.5.4.4 Hyperkinetische Störung mit Intelligenzminderung

Die hyperkinetischen Störungen mit Intelligenzminderung und Bewegungsstereotypien, d.h. Verhaltensauffälligkeiten mit getriebener Unruhe, Hyperaktivität, bei geistig behinderten Jugendlichen (F 84.4) sind klar im Zusammenhang mit der geistigen Behinderung zu sehen und entsprechen so dem Bereich des § 39 BSHG.

5.5.5 Hyperkinetische Störungen (F 90)

Im Rahmen des früher häufig gebrauchten Konzepts der minimalen cerebralen Dysfunktion (MCD) der Eingliederungshilfe nach oder "frühkindlichen Hirnschädigung" wurden hyperkinetische Störungen häufig als Folgezustände einer cerebralen Dysfunktion angesehen. Insofern wäre ihre Zuordnung zu den seelischen Störungen als Folge von Krankheit oder Verletzung des Gehirns stimmig gewesen. Nach wie vor ist die Ätiologie dieser Problematik allerdings unklar. Phänomenologisch imponiert meist ein **Aufmerksamkeitsdefizit** und die **motorische Hyperaktivität**. Völger (1992) hat in ihren Nachuntersuchungen von Kindern, bei denen fünf Jahre zuvor bei der neurologischen Untersuchung eine leichte Hirnfunktionsstörung festgestellt worden war, gefunden, daß 88% der Patienten Aufmerksamkeitsstörungen in Alltagssituationen zeigten, 79% Irritierbarkeit und 81% Hyperaktivität. 81% der nachuntersuchten Patienten hatten während des Katamnesezeitraumes von ca. fünf Jahren therapeutische oder sozialpädagogische Maßnahmen erhalten.

"Der Elternfragebogen nach Rutter ergab im Verlauf einen statistisch signifikanten Rückgang von Verhaltensauffälligkeiten im Gesamtscore und in der Subskala für emotionale Störungen, jedoch nicht in der Skala für dissoziale Störungen..." (Völger 1992, S. 106). Frau Völger stellte fest, daß leichte motorische Funktionsstörungen für die Sozialentwicklung der Patienten nur eine vergleichsweise geringe Relevanz hatten. Eine entsprechend hohe Relevanz mißt sie visuellen Funktionsstörungen, Lernstörungen und Teilleistungsstörungen bei.

Die ICD-10 unterscheidet einfache Aktivitäts- und Aufmerksamkeitsstörungen von **hyperkinetischen Störungen des Sozialverhaltens,** die zusätzlich zur Aufmerksamkeitsstörung auch massive Regelverstöße und dissoziales Verhalten beinhalten. Kinder mit hyperaktivem Verhalten sind häufig in ihrer schulischen Entwicklung massiv bedroht. Für einen Teil besteht neben pädagogischen und psychologischen Interventionen eine sinnvolle adjuvante (unterstützende, nicht teilende) Behandlung in der Gabe von unter das Betäubungsmittelgesetz fallenden Aufputschmitteln (Stimulanzien, z.B. Methylphenidat "Ritalin®"), die diese Kinder paradoxerweise ruhiger und konzentrationsfähiger werden lassen. Große kinderpsychiatrische Prospektivuntersuchungen, wie z.B. die Mannheimer Studie, haben gezeigt, daß diese Störungen, vor allem wenn sie mit einer Störung des Sozialverhaltens kombiniert sind, eine deutlich ungünstigere Prognose als die emotionalen Probleme im Kindesalter haben. Zur Beratung der Eltern ist es wichtig zu verstehen, daß diese Kinder, die häufig von Lehrern oder Außenstehenden als schlecht erzogene, ungezogene Kinder betrachtet werden, unter einer bekannten Erkrankung leiden und es sich bei diesem Störungsbild nicht primär um ein elterliches Versagen handelt. Diese Kinder bedürfen unterschiedlicher Maßnahmen der Eingliederungshilfe, wobei in der Anwendung des § 35a oder kombinierter Maßnahmen nach § 35a oder § 27 auch argumentativ in der Beratung den Eltern gegenüber ein Vorteil liegt, da hier klar von immanenten Schuldzuweisungen abgesehen wird. Immer wieder ist es wichtig, den betroffenen Familien klar zu machen, daß die im Zusammenleben mit einem hyperkinetischen Kind unvermeidlichen Problem häufig sekundäre Schwierigkeiten sind, die nicht primär im Versagen oder in der Erziehungsunfähigkeit der Eltern begründet sind. Die hyperkinetischen Störungen sind im Schulalter relativ zahlreich und kommen bei Jungen ca. fünfmal häufiger als bei Mädchen vor. Bei ziemlich ähnlicher Phänomenologie finden sich in einem Fall mehr Anhaltspunkte für eine organische Mitbeteiligung, z.B. durch hirnorganische Reifungsverzögerungen, in anderen Fällen deutliche Hinweise auf eine Sozio- bzw. Psychogenie durch das familiäre Umfeld. Insofern wäre es systematisch etwas unredlich, diesen für die Jugendhilfe wichtigen Problembereich einfach pauschal den seelischen Störungen als Folge von

Krankheiten des Gehirns zuzuordnen. Die hyperkinetischen Syndrome sind eines der Beispiele, weshalb mit dem Übergang der Zuständigkeit für die von seelischer Behinderung bedrohten Kinder generell von den Beispielen für wesentliche seelische Behinderung im Katalog des § 3 VO abgegangen werden sollte.

Ralf R., ein knapp 9-jähriger Junge, der in seinen ersten beiden Schulbesuchsjahren schon dreimal die Schule gewechselt hatte, wurde von seinen Eltern vorgestellt, weil er nach einer Auseinandersetzung mit der Lehrerin in der Pause das Klassenzimmer unter Wasser gesetzt und damit einen erheblichen, glücklicherweise von seiner Versicherung getragenen Wasserschaden verursacht hatte. Die Eltern schilderten Ralf als "Irrwisch", der ständig in Bewegung sei. Ralf könne sich kein Glas Milch eingießen, ohne daß ein Malheur geschehe. Zu Kindergeburtstagen werde er schon lange nicht mehr eingeladen, weil jeder wisse, daß alles in einer Katastrophe ende, wenn er dort auftritt. Seine Lehrer beurteilten auf den von uns ausgegebenen Verhaltenseinschätzungsfragebogen nach Connors sein Verhalten als extrem unkonzentriert und auffällig. Ralf war ein sehr phantasievoller Junge, der aufgrund seiner Hypermotorik zwar nicht gut zeichnen konnte, seinen farbenfrohen zeichnerischen Produkten aber so phantasievolle, treffende Bezeichnungen gab, daß ihn die Kunstlehrerin für relativ geschickt hielt. Eine ausführliche beschäftigungstherapeutische Untersuchung objektivierte, ähnlich wie testpsychologische Untersuchungen, eindeutige Wahrnehmungsdefizite. Wir diagnostizierten ein hyperkinetisches Syndrom und empfahlen den Kindeseltern neben einer beschäftigungstherapeutischen Behandlung den Versuch einer Therapie mit Stimulanzien. Die Eltern lehnten dies zunächst ab und versuchten eine phosphatfreie Diät, die ihnen von einer Bekannten empfohlen wurde. Tatsächlich zeigte der Junge in den ersten Diätwochen nach Ansicht der Eltern, weniger nach Ansicht der Lehrer, eine leichte Verhaltensverbesserung. Schließlich eskalierten aber zu Hause erhebliche Konflikte wegen nachgewiesener oder vermuteter "Diätverstöße". In der Schule sank sein Leistungsniveau weiter ab, so daß die Lehrer trotz Ralfs guter intellektueller Ausgangslage, die wir testpsychologisch festgestellt hatten, eine Umschulung auf eine Lernbehindertenschule vorschlugen. Zu diesem Zeitpunkt entschlossen sich die Eltern, einem Behandlungsversuch mit Methylphenidat zuzustimmen. Die Schule erklärte sich bereit, über einen mehrwöchigen Zeitraum über das Verhalten des Jungen Buch zu führen. Auslaßversuche zeigten eindeutig, daß er sehr positiv auf die Behandlung reagierte. Auch in der beschäftigungstherapeutischen Behandlung machte er nun große Fortschritte. Seine Stellung in der Familie thematisierte er bei seiner Beschäftigungstherapeutin zunehmend als Problem, so daß nach Abschluß der beschäftigungstherapeutischen Übungsbehandlung wir bei einer Hilfekonferenz einige familientherapeutische Sitzungen empfahlen. Wir befürworteten diese Maßnahme als kombinierte Maßnahme der Eingliederungshilfe und Hilfe zur Erziehung.

5.5.6 Störungen des Sozialverhaltens (F 91)

Ein weiteres Beispiel sind die Störungen des Sozialverhaltens (F 91), die ebenfalls eine heterogene Gruppe darstellen und die nur zu einem kleinen Teil im Rahmen der sogenannten "neurotischen Delinquenz" oder im Rahmen späterer dissozialer Persönlichkeitsstörungen von den Beispielen im § 3 VO direkt abgedeckt werden. Störungen des Sozialverhaltens treten ebenfalls bei Jungen deutlich häufiger als bei Mädchen auf, bei ca. 5% aller Jungen liegt zum Ende der Grundschulzeit eine Störung des Sozialverhaltens vor. Auch in bezug auf diese Störung haben prospektive kinderpsychiatrische Untersuchungen gezeigt, daß sie generell eine ungünstigere Prognose haben als die emotionalen Probleme des Kindesalters, die teilweise auch unbehandelt nach der Pubertät wieder zurückgehen. Insofern ist es wenig verständlich, daß die ausagierenden Sozialstörungen, die traditionell die Mitarbeiter der Jugendhilfe immer beschäftigt haben, aufgrund von Einordnungsschwierigkeiten wenig Berücksichtigung finden. Lempp erwähnt sie in seiner Schrift zum § 35a SGB VIII nur am Rande. Die ICD-10 unterscheidet im Kapitel F 91 Störungen des Sozialverhaltens, die auf den familialen Rahmen beschränkt sind, und Störungen des Sozialverhaltens bei fehlenden sozialen Bindungen, d.h. Dissozialität, aggressives Verhalten und Delinquenz als Einzelgänger, während bei der Störungen des Sozialverhaltens bei vorhandenen sozialen Bindungen (F 91.2) die dissozialen Handlungen häufig in einer Bande, "Gang", einer ebenfalls dissozialen Gleichaltrigengruppe ausgeführt werden. Die Jugendlichen haben dann nicht eine völlige Orientierungslosigkeit in bezug auf soziale Normen, sondern orientieren sich in der Regel an den Normen und Ehrenkodices ihrer zum Teil delinquenten Subkultur. Schuleschwänzen, gemeinsames Stehlen, Gruppendelinquenz etc. gehören in diesen Bereich. Der eingangs angesprochene historische Zuständigkeitskonflikt zwischen Kinderpsychiatrie und Jugendhilfe zeigt sich bei dieser schwer zu behandelnden und auch schwer pädagogisch zu führenden Gruppe von Jugendlichen mit umgekehrten Vorzeichen. In der Regel sind Jugendpsychiater gerade bei schweren Störungen des Sozialverhaltens der Ansicht, daß es sich primär um langfristige Aufgaben der Jugendhilfe handelt, während in der Jugendhilfe teilweise die Tendenz besteht, solche Patienten zu psychiatrisieren und zu hospitalisieren oder die Problematik als alterstypische "Verhaltensstörung" zu bagatellisieren, ohne daß dadurch das Problem gelöst werden könnte. Tatsächlich fehlt es an kooperativen multiprofessionellen spezifischen Einrichtungen für diese gefährdeten Jugendlichen. Die Tatsache, daß ihre multiplen Probleme auch als seelische Störung mit dem Risiko der drohenden seelischen Behinderung zu sehen sind, mag bei der Realisierung mancher aufwendiger Maßnahmen auch angesichts der Kosten im Bereich der stationären Heilbehandlung hilfreich sein.

Sebastian S. ist ein 11-jähriger Junge, der von seinen Eltern auf Druck des Jugendamtes poliklinisch vorgestellt wird. Seine zwei älteren Geschwister sind seit mehreren Jahren im Heim, er hat noch vier jüngere Geschwister. Sebastian war schon seit Jahren teilweise in heftige aggressive Auseinandersetzungen verwickelt. Zusammen mit seinen "Kumpels" hatte er längere Zeit kleinere Mitschüler auf dem Schulweg überfallen und ihnen das Taschengeld und teilweise die Schulbrote abgenommen. Wer sich weigerte, wurde zum Teil sehr heftig gedemütigt. Einem Jungen soll Sebastian die Jacke ausgezogen haben und zusammen mit seinen Freunden darauf uriniert haben. Im letzten Schulhalbjahr schwänzte Sebastian zunehmend und hielt sich vor allem in einem verlassenen Bauwagen, den er zusammen mit seinen "Kumpels" zum "Hauptquartier" erklärt hatte, auf. Er kam teilweise sehr spät nach Hause, was den Eltern wegen ihrer erheblichen Alkoholprobleme nicht besonders aufgefallen war. Sebastian rauchte und gab an, gelegentlich Alkohol zu trinken. Wiederholt hatte er Ladendiebstähle verübt, zweimal war er dabei "erwischt" worden. Nachdem in der Nähe des Bauwagens mehrere PKW beschädigt und diverse Autoradios und andere Gegenstände gestohlen worden waren, wurde das Jugendamt durch die herbeigerufene Polizei auf Sebastian und seine Freunde aufmerksam gemacht. Die Probleme in Sebastians Herkunftsfamilie waren dem Jugendamt auch aufgrund seiner älteren Geschwister seit Jahren bekannt. Das Jugendamt empfahl auch für Sebastian eine Heimunterbringung. Die Eltern handelten bei der Besprechung der Hilfeplanung noch eine "Schonfrist" aus, in der der Junge in unserer Abteilung untersucht werden sollte, damit ein adäquater Vorschlag gefunden werden könne. Auch wir kamen nach Abschluß der Diagnostik zu keinem anderen Lösungsvorschlag für Sebastian, allerdings konnten wir die Anforderungscharakteristika der empfohlenen Einrichtung detaillierter spezifizieren. Ein wichtiges Resultat der Untersuchung war es aber, daß die Kindeseltern Vertrauen faßten und auch die jüngeren Geschwister in der Abteilung vorstellten. Hierbei diagnostizierten wir erhebliche Entwicklungsdefizite und leiteten diverse ambulante Hilfsmaßnahmen ein.

5.5.7 Ticstörungen (F 95)

Ticstörungen (ICD-10 F 95) treten vor allem im Vorschulalter als häufig vorübergehende Blinzeltics, Grimmassieren im Gesicht oder Kopfschütteln auf. Charakteristisch ist ein wellenförmiger Verlauf. Von einer vorübergehenden Ticstörung wird bei einer Dauer nicht über einem Jahr gesprochen. Schwerwiegender sind chronische motorische oder vokale Tics. Vokale Tics sind Grunzlaute, Räuspern oder andere unartikulierte ticartige Geräusche, aber auch der Gebrauch obszöner Wörter oder Schimpfwörter im Sinne einer Koprolalie. Die Extremform dieses Störungsbildes wurde im letzten Jahrhundert von dem französischen Neurologen

Gilles de la Tourette beschrieben. Leckman und Cohen (1994) geben an, daß bei über 10% aller Jungen und bei bis zu 10% aller Mädchen vorübergehend Tics auftreten. Umstrittener sind die Daten für die massivste Tic-Erkrankung, das Tourette-Syndrom. Nach einer neueren Studie aus Israel, die Leckman und Cohen zitieren (Apter et al., noch unveröffentlicht), gehen sie von einer Häufigkeit von ca. 0,4 ‰ aus. Deutlich ist, daß Jungen sehr viel häufiger am Tourette-Syndrom erkranken als Mädchen. Das Tourette-Syndrom, die kombinierte vokale und multiple motorische Ticstörung (F 95.2) ist eine schwere kinderpsychiatrische Erkrankung, die häufig zu einer Ablehnung und sozialen Isolation der Patienten führt. Durch ihre multiplen motorischen Tics (Aufwerfen der Arme, Rucken der Schultern etc.) und durch ihre vokalen Tics werden die betroffenen Kinder häufig in Gruppen, insbesondere in der Schule, scheinbar untragbar. Sie werden vor allem von ihren Klassenkameraden, die dieses seltsame Verhalten nicht verstehen können, oft massiv gehänselt. Dieses schwere Störungsbild, bei dem neben einer (stationären) psychotherapeutischen Behandlung auch eine medikamentöse Behandlung angesagt ist, führt dazu, daß die betroffenen Kinder und Jugendlichen unter einer massiven Beeinträchtigung ihrer sozialen Funktionen leiden, sie sind deshalb massiv von einer seelischen Behinderung bedroht. Maßnahmen der Eingliederungshilfe sollen ihr Verbleiben in einem sozialen Kontext oder ihre Wiedereingliederung, z.B. in die Schule, aber auch im Freizeitbereich, unterstützen.

Timo T., ein 11-jähriger, zarter, für sein Alter recht großer Junge, der seit dem 5. Lebensjahr an einem Blinzeltic leidet. Seit ca. einem Jahr hat seine allein mit ihm lebende Mutter auch ruckartige Bewegungen der Schulter und der Arme und zunächst tiefe, gutturale Geräusche und Grunzlaute bemerkt. Der überall als schüchtern und brav bekannte Timo hatte in den letzten Wochen in der Schule erhebliche Schwierigkeiten, weil er von einigen Lehrern vom Unterricht ausgeschlossen worden war, da er den Unterricht durch unflätige Bemerkungen gestört haben sollte. Auch der Mutter war aufgefallen, daß er stereotyp obszöne Wörter und Wörter aus der Fäkalsprache gebrauchte. Diagnostisch handelte es sich offensichtlich um ein Gilles de la Tourette-Syndrom. Timo, der schon früher eher ein Einzelgänger gewesen war, wurde nun in seiner Klasse lächerlich gemacht und verspottet, zum Teil auch von Mitschülern imitiert. Er wollte die Schule wechseln, war aber, noch bevor Maßnahmen ergriffen werden konnten, so verzweifelt, daß die Mutter befürchtete, daß er sich etwas antun könne. Wir empfahlen deshalb initial eine stationäre Behandlung, während derer der Junge auch medikamentös eingestellt wurde, wodurch die Tic-Symptomatik deutlich zurückging, jedoch nicht ganz verschwand. Während der Abschlußphase der stationären Behandlung bereiteten wir seine Umschulung und seine Integration in eine neue Schule vor. Timo sollte noch eine über die Kasse finanzierte Psychotherapie bekommen. Seine Mutter, die im Rahmen der Beratungsgespräche während der stationären Behandlung beschlossen hatte, wieder arbeiten zu gehen, beantragte, nachdem sie glücklicherweise schnell eine geeignete Stelle gefunden hatte, beim Jugendamt den Einsatz eines Familienhelfers für Timo. Wir befürworteten diese Maßnahme.

5.5.8 Enuresis

Eines der meistgenannten und bekanntesten kinderpsychiatrischen Krankheitsbilder, das Einnässen oder die Enuresis (F 98.0), ist keine einheitliche Symptomatik. Man unterscheidet nächtliches Einnässen vom Einnässen tagsüber und man spezifiziert, ob ein Einnässen primär oder sekundär aufgetreten ist. Die Kinder, bei denen die Sauberkeitserziehung noch nie abgeschlossen wurde, leiden unter einer primären Enuresis, die Kinder, die z.B. nach einem Konflikt oder gar nicht so selten nach der Geburt eines Geschwisterkindes etc., passager wieder einnässen, leiden an einer sekundären Enuresis.

Shaffer (1994) beschreibt auf der Basis einer Übersicht über mehrere Studien zur Verhaltensentwicklung, daß zwischen dem Alter von 2 und 4 Jahren bei zunehmend mehr Kindern die Sauberkeitserziehung abgeschlossen wird, während eine gewisse Restgruppe von Kindern bleibt, die einen verzögerten Abschluß der Sauberkeitserziehung aufweist. Nach unseren eigenen Untersuchungen mit der deutschen Version der Achenbachschen "Child Behavior Checklist" für 2- bis 3-Jährige (Fegert, Gütschow, Wolf, noch unveröffentlicht) kooperierten im Alter von 2½ Jahren ein Viertel der Kinder noch nicht bei der Sauberkeitserziehung. Unsere Daten zeigen auch, daß Mädchen eher etwas früher sauber werden als Jungen. Dennoch sind nach Scheffer bis zum Alter von 5 Jahren die Häufigkeiten für das Einnässen zwischen den Geschlechtern gleich verteilt. Später, z.B. mit 11 Jahren, gibt es doppelt so viel Jungen als Einnässer wie Mädchen. Rutter und Mitarbeiter (1973) gaben an, daß im Alter von 7 Jahren 7% aller Jungen noch mehr als einmal pro Nacht einnässen. Tatsächlich gibt es aber auch einige wenige Einnässer, die trotz unterschiedlichster Behandlungsversuche bis ins Erwachsenenalter nicht trocken werden.

Die primäre Enuresis ist eine Form der Reifungsverzögerung und wird am besten mit Kalenderführung und unspezifischen Beobachtungsmaßnahmen, Verstärkerprogrammen, oder bei guter Kooperation der Kinder auch mit verhaltenstherapeutischen apparativen Konditionierungsmethoden wie Klingelapparaten behandelt, wobei natürlich eine ausführliche Beratung der Familie und kinderpsychiatrische bzw. psychotherapeutische Betreuung des Kindes gewährleistet sein muß.

Die sekundäre Enuresis ist als im bisherigen Verständnis "neurotisches Symptom des Kindesalters" zu verstehen und könnte deshalb dem Punkt 4 des § 3 VO eventuell zugeordnet werden. Wir stimmen voll mit Lempp (a.a.O.) überein, daß diese Störungsbilder jedoch selten zu einer langdauernden erheblichen Einschränkung führen, so daß diese Kinder in der Regel nicht von einer erheblichen seelischen Behinderung bedroht sind, wenn nicht andere depressive Symptome,

Selbstwertstörungen oder andere psychosoziale Belastungen mit auftreten.

5.5.9 Enkopresis

Das Einkoten (Enkopresis, F 98.1) ist im Gegensatz dazu eine massive Erkrankung, die in vielen Familien Ausdruck erheblicher Konflikte ist und auch in den Reaktionen der Erwachsenen häufig erhebliche Aggressionen mobilisiert. Nicht selten muß bei längerdauernden Verläufen an eine stationäre Behandlung gedacht werden. Viele dieser Patienten und ihre Familien brauchen im Anschluß an die Behandlung noch Maßnahmen wie z.B. eine Familienhilfe oder auch eine ambulante Psychotherapie. Bei der Enkopresis ist es ernsthaft begründet zu diskutieren, ob die betroffenen Kinder von einer seelischen Behinderung bedroht sind. Dies wird vor allem so sein, wenn noch andere ungünstige familiäre und psychosoziale Faktoren hinzutreten.

Ulla U., ein 10-jähriges Mädchen, wurde von ihrer Mutter bei einem Notfalltermin vorgestellt, weil diese befürchtete, "auszurasten" und das Kind heftig zu mißhandeln. Ulla, die seit ihrem Alter von 7 Jahren, nachdem sie früh sauber geworden war, wieder einkotete, hatte in den letzten Wochen wiederholt verschmierte Unterhosen in der Wohnung versteckt. Nun hatte die Mutter hinter der Heizung verklebt mehrere Unterhosen gefunden und war vor Wut völlig fassungslos. Der Stiefvater des Mädchens, der auch angab, daß die Eltern es im guten wie im bösen auf jede Art versucht hätten, dem Mädchen das Einkoten abzugewöhnen, schlug eine stationäre Behandlung vor, und wir boten dem Mädchen den nächsten, auf unserer Kinderstation freiwerdenden Behandlungsplatz an.

Ulla war bei Aufnahme sehr traurig und kotete ein- bis zweimal am Tag ein. Durch ein Belohnerprogramm, zunächst für Toilettenbesuch, später für "erfolgreichen" Toilettenbesuch, konnte die Einkotfrequenz erheblich reduziert werden, schließlich verschwand das Symptom völlig. Gleichzeitig war das Mädchen zunehmend verbal und auch körperlich aggressiver geworden. Die Eltern schienen diese Entwicklung zu bedauern, weil ihr "wohlerzogenes Kind" durch den "schlechten Umgang" auf der Station "frech" geworden sei. Ulla war sehr eifersüchtig auf ein Geschwisterchen, das während ihres stationären Aufenthaltes geboren wurde. Bei der Entlassung empfahlen wir, unter anderem auch deshalb, den Einsatz einer sozialpädagogischen Einzelfallhelferin, die ihr einerseits helfen sollte, ihre schulischen Lücken aufzuarbeiten und ihr auch ein spezifisches Beziehungsangebot machen sollte.

5.6 Andere wesentliche Faktoren, die eine seelische Störung mitbestimmen

5.6.0 Einleitung

Remschmidt und Schmidt haben 1977, orientiert an Rutter, Shaffer und Sturge, deren multiaxiales Klassifikationsschema für psychiatrische Erkrankungen im Kindes- und Jugendalter in Deutschland eingeführt. Zentrales Ziel multiaxialer kinderpsychiatrischer Diagnostik ist es, nicht nur eine nosologisch Zuordnung durch psychiatrische Diagnosen zu schaffen, sondern Problemlagen von Kindern auch in bezug auf ihr Entwicklungsniveau, ein für die Kindheit herausragender Faktor, und in bezug auf ihre Intelligenz, auf körperliche Grunderkrankungen und die psychosozialen Lebensbedingungen zu beschreiben. Nach dem neuesten Stand (vgl. Schmidt 1994) zählt auch eine Einschätzung des globalen Schweregrades der psychosozialen Beeinträchtigung der Kinder mit zur fachgerechten kinder- und jugendpsychiatrischen Diagnostik. Deshalb ist es wichtig, im folgenden noch kurz auf die im Zusammenhang mit den genannten Störungen auf der sogenannten 1. Achse der psychiatrischen Diagnosen auftretenden Entwicklungsstörungen einzugehen.

5.6.1 Entwicklungsstörungen

Sprachentwicklungsstörungen (ICD F 80) sind gerade bei deprivierten, vernachlässigten Kindern häufig. Diese Kinder bekommen aus Gründen des Kinderschutzes häufig Maßnahmen wie die Erziehung in einer Pflegefamilie oder Heimunterbringung und bedürfen gleichzeitig einzelner oder kombinierter heilpädagogischer Behandlung. Sie können deshalb aufgrund einer drohenden seelischen Behinderung Anspruch auf heilpädagogische Maßnahmen der Eingliederungshilfe haben, andererseits können viele dieser Maßnahmen auch als Kassenleistungen erbracht werden.

Ähnliches gilt für die umschriebenen Entwicklungsstörungen motorischer Funktionen (F 82) und auch für die kombinierten Entwicklungsstörungen in verschiedenen Bereichen. Häufig ist es bei multipel entwicklungsverzögerten Kindern wichtig, im Rahmen eines Hilfeplans einen koordinierten Therapieplan bzw. ein Behandlungskonzept zu erstellen, daß das Ineinandergreifen unterschiedlicher Maßnahmen, wie Ergotherapie, Krankengymnastik und Logopädie sowie anderer heilpädagogischer Maßnahmen, die Unterbringung in einer geeigneten Einrichtung etc., koordiniert. Teilweise ist es erforderlich, auch entsprechende Einrichtungen bzw. Pflegefamilien oder Adoptivfamilien danach zu wählen, ob in ihrer Nähe für das Kind wesentliche Maßnahmen realisiert werden können.

Juristisch umstrittener sind die umschriebenen Entwicklungsstörungen schulischer Fertigkeiten, zu denen neben den Rechenstörungen oder Dyskalkulie vor allem die bekanntere Lese-Rechtschreibstörung und kombinierte Lernstörungen gehören. Die primäre Zuständigkeit für die Kompensation spezifischer Lernschwierigkeiten liegt bei der Schule. Erfolgen die notwendigen Förderungsmaßnahmen dort nicht oder zu spät, oder reichen die dort ergriffenen Maßnahmen nicht aus, sind Kinder mit einer schweren Legasthenie von einer seelischen Behinderung bedroht. Deshalb können auch therapeutische Maßnahmen angezeigt sein. Prospektive kinderpsychiatrische Untersuchungen zeigten, daß Legasthenie nicht selten im Verlauf mit Störungen des Sozialverhaltens verbunden sind, wobei diese Kinder dann sozial eine sehr schlechte Prognose haben. Gelingt es, durch rechtzeitige spezifische Maßnahmen das Abgleiten in eine dissoziale Entwicklung zu verhindern, eine sogenannte "sekundäre Neurotisierung" mit entsprechendem schlechten Selbstbild etc. zu bearbeiten, so sind solche Maßnahmen als Maßnahmen der Eingliederungshilfe zu verstehen, da sie einer drohenden seelischen Behinderung vorbeugen. Andererseits besteht auch die Auffassung, daß Teilleistungsschwächen wie Legasthenie, Dyslexie oder Dyskalkulie in die Leistungspflicht der Krankenkassen nach SGB V fallen, da ein "organbezogener" Störungszustand bestehe, der vor allem durch neuropsychologische, aber auch neurologische Befunde gesichert werden könne. Martinius und Amorosa (1994) haben anhand von Einzelentscheidungen diese konkurrierenden Auffassungen dargestellt und aus kinder- und jugendpsychiatrischer und psychotherapeutischer Sicht auch zur Qualifikation von Lern- und Legasthenietherapeuten Stellung genommen. Insbesondere betonten sie bezugnehmend auf ein Verfahren vor dem Arbeitsgericht München (AZ.: 12 Ca 3653/92), "daß bloße Erfahrungen ohne fachbezogene Grundausbildung und die Aneignung von mehr oder weniger speziellen Fertigkeiten mittels Teilnahme an Kursen nicht ausreicht, um für die Durchführung von Eingliederungshilfe im Sinne der Behandlung einer krankhaften Störungen bei Kindern mit Lese-Rechtschreibschwäche" qualifiziert zu sein. Die beiden Autoren schlagen vor, eine spezifische Qualifikation zum Lerntherapeuten durch curriculare Weiterbildung einzuführen. Als Ausgangsfächer diskutieren sie: Klinische Psychologie, Kinder- und Jugendpsychiatrie, Heilpädagogik/Sonderpädagogik, Psycholinguistik, Logopädie, Kenntnisse in einem psychotherapeutischen Verfahren halten sie für erforderlich. Sie schlagen vor, ein Curriculum zu konstruieren mit insgesamt 40 Stunden Unterricht in den Bereichen

- ☐ Teilleistungsstörungen (Klassifikation, Theorie, Befunden),
- ☐ Krankheitsbilder, die in Kombination mit Teilleistungsschwächen auftreten,
- ☐ Psychopathologie,
- ☐ spezielle Diagnostik von Teilleistungsstörungen,
- ☐ Behandlung.

Auffallend ist, daß die Autoren vor der nach wie vor bestehenden Zuständigkeit des Bereichs Schule auch für die Förderung schwieriger Kinder wohl primär resigniert haben. Leider zeigt die Realität tatsächlich, daß vielerorts für die spezifische Förderung von Kindern mit Teilleistungsschwächen im Rahmen der Schule wenig Ressourcen vorgehalten werden. Neuere Verlaufsuntersuchungen zum Langzeitverlauf der Legasthenie (z.B. Strehlow et al. 1992) zeigen jedoch, daß, je länger man wartet, umso mehr eine Verfestigung und Chronifizierung von primär leichter angehbaren Teilleistungsschwächen eintritt. Die ab dem mittleren Schulalter zu beobachtenden komplexeren Zustandsbilder, die häufig eine allgemeine Mißerfolgsängstlichkeit mit beinhalten, sind spätestens dann (aufgrund von Versäumnissen anderer Leistungsträger, Schule bzw. Krankenkasse, hier ist insbesondere an Wahrnehmungstraining zu denken) zu einer Aufgabe der Eingliederungshilfe wegen einer drohenden seelischen Behinderung geworden.

5.6.2 Intelligenz

Trotz aller theoretischen Diskussionen um das Intelligenzkonzept und die verschiedenen Verfahren der Intelligenzmessung kann festgehalten werden, daß eine eher niedrige Intelligenz für den Verlauf vieler psychischer Störungen und vor allem für die Wirkung therapeutischer Maßnahmen ein ungünstiger Faktor ist, während eine eher höhere Intelligenz sich protektiv auswirken kann, da dieses Intelligenzniveau gewisse Kompensationsmechanismen erschließt. Niedere Intelligenz ordnet per Defintionen Kinder und Jugendliche dem Personenkreis der geistig Behinderten zu und bringt sie damit in den Zuständigkeitsbereich des § 39 BSHG.

5.6.3 Körperliche Grunderkrankungen

Manche psychischen Erkrankungen können als sekundäre Folge im Umgang bzw. in der Auseinandersetzung mit einer körperlichen Grunderkrankung entstehen. Z.B. bei chronischen Erkrankungen wie Diabetes mellitus etc. Die spezifischen Problemlagen solcher mehrfach erkrankter Kinder sind zu berücksichtigen, auch hier ist die Konkurrenz der Hilfesysteme von Nachteil und zu bedauern, daß im Widerspruch zum Integrationsgedanken letztendlich auf die einheitliche Zuordnung aller Kinder und Jugendlichen zum Bereich der Jugendhilfe verzichtet wurde.

5.6.4 Psychosoziale Belastungen

Die Weltgesundheitsorganisation hat sich international verbindlich auf eine Klassifikation der psychosozial relevanten Belastungen geeinigt. Auf dieser 5. Ebene spielen auffällige intrafamiliäre Beziehungen (z.B. Mangel an Wärme in der Eltern-Kind-Beziehung, Disharmonie in der Familie, Sündenbockzuweisung, Kindesmißhandlung, sexueller Mißbrauch, aber auch psychische Störungen oder Behinderungen eines Elternteils, abnorme Erziehungsbedingungen wie elterliche Überfürsorge oder unzureichende elterliche Aufsicht und Förderung, Erziehung im Heim, belastende Lebensereignisse, gesellschaftliche Belastungsfaktoren, wie Verfolgung und Diskriminierung, eine Rolle. Alle diese Faktoren modulieren den Verlauf psychischer Erkrankung im dem Sinne, daß in der Regel das zusätzliche Auftreten solcher Belastungen zu einer ungünstigeren Prognose und zu einem höheren Hilfebedarf führt.

An dieser Stelle muß ein letzter diagnostischer Bereich angesprochen werden, die **posttraumatischen Belastungsstörungen** und **Anpassungsstörungen.** Diese Reaktionen auf schwere Belastungen und Anpassungsstörungen (ICD-10 F 43) spielen gerade im Zusammenhang mit ungünstigen psychosozialen Umständen und Traumen, wie **Mißhandlung** und **Mißbrauch**, eine große Rolle. In unserer eigenen Klientel ist die Diagnose "posttraumatische Belastungsstörung" bei von sexuellem Mißbrauch betroffenen Kindern hochsignifikant häufiger. Dies deckt sich mit der internationalen Literatur, die in diesen Syndromen mit Alpträumen, sich aufdrängenden Erinnerungen (Nachhallerinnerungen, Flashbacks), Angst- oder Panikausbrüchen, teilweise kombiniert mit Alkoholkonsum etc., eine typische Reaktionsform der menschlichen Psyche auf schwerste Belastungen sehen. Der ältere Begriff der "traumatischen Neurose" stellt die Zuordnungsmöglichkeit zum Katalog des § 3 VO klar. Gerade die posttraumatische Belastungsstörung, die oft über Jahre und Jahrzehnte anhalten kann, kann zu einer massiven seelischen Behinderung führen und ist deshalb Anlaß für multiple Maßnahmen der Eingliederungshilfe.

Demgegenüber sind die akuten Belastungsreaktionen sowie die Anpassungsstörungen **passagere** Erscheinungen, die häufig einer Krisenintervention und einer prompten Beratung bedürfen und bisweilen auch akute Hilfen vom Jugendamt, z.B. kurzfristigen Familienhelfereinsatz etc., notwendig machen, die jedoch in der Regel kurzfristig und vorübergehend sein sollen. Allerdings muß hier an dieser Stelle darauf hingewiesen werden, daß diese Diagnosekategorie nicht selten mißverstanden wird und für sozusagen verständliche psychische Störungen bei ungünstigen sozialen Verhältnissen angewandt wird. Dies entspricht jedoch nicht der Logik der ICD-10 und suggeriert eine milde und vorübergehende Problematik in Fällen, bei denen ein langfristiger, komplizierter und prognostisch oft ungünstiger Verlauf zu erwarten ist.

6. Umsetzung

Durch die Neuregelungen im KJHG sind für die Jugendhilfe wesentliche Arbeitsbereiche hinzugekommen. Die regionale Jugendhilfebehörde trägt nun die Mitverantwortung für die Betreuung von Kindern und jungen Menschen, die "federführend" und koordinierend einer seelischen Behinderung bedroht oder seelisch behindert sind.

Wiederholt ist deshalb der Vorschlag gemacht worden, kinder- und jugendpsychiatrische Kompetenz in das Jugendamt zu integrieren. Der Vorschlag liegt rein praktisch nahe, wie unsere Umfrage (vgl. Fegert 1994) zeigte, da Kinder- und Jugendpsychiater im Öffentlichen Gesundheitsdienst am engsten und am häufigsten mit Stellen des Jugendamtes kooperieren. Allerdings äußerten Kinder- und Jugendpsychiater im Öffentlichen Gesundheitsdienst wiederholt erhebliche Bedenken gegen eine solche Integration, da sie befürchten, noch direkter dem ressortpolitischen Spardruck unterworfen zu sein, wenn sie Angehörige derselben Behörde wären. Immer wieder wurde die Notwendigkeit einer unabhängigen fachlichen ärztlichen bzw. psychologischen Stellungnahme zur Hilfeplanung in diesem Zusammenhang erwähnt. Tatsächlich ist es seit vielen Jahren so, daß in der institutionalisierten Kinder- und Jugendpsychiatrie, in Kliniken, Polikliniken, aber auch in den meisten Stellen des Öffentlichen Gesundheitswesens, die kinderpsychiatrische Versorgung ohnehin in einem multiprofessionellen Team erfolgt. In der Regel gehören Sozialarbeiter und Sozialpädagogen als fester integraler Bestandteil zu dieser pluridisziplinären Versorgung. Da Kinder- und Jugendpsychiater wissen, wie wichtig die Vertretung unterschiedlicher fachlicher und beruflicher Standpunkte in Teamdiskussionen ist, kann schnell nachvollzogen werden, daß auch in der Jugendhilfe Strukturen entstehen müssen, bei denen die Mitwirkung von Kinder- und Jugendpsychiatern institutionalisiert wird. Dies wäre sowohl durch die Beschäftigung von Kinder- und Jugendpsychiatern im Jugendamt (mit den oben angegebenen Bedenken bzw. Nachteilen) oder durch fest institutionalisierte Kooperationen möglich. Tatsächlich wird in Zukunft ein Arbeitsschwerpunkt der Kinder- und Jugendpsychiater im Öffentlichen Gesundheitsdienst, die keinen kurativen Auftrag haben, neben der Diagnostik die inhaltliche Beratung der Jugendhilfebehörden in Einzelfällen aber auch bei der Planung der Hilfen nach § 35a KJHG sein. Welche Strukturen der Zusammenarbeit sind hierbei vorgesehen bzw. denkbar?

6.1 Mitwirkung von Kinder- und Jugendpsychiatern bei der Versorgung von einzelnen betroffenen Kindern und ihren Familien

Die Mitwirkung der Kinder- und Jugendpsychiater durch Diagnosestellung und begründete Maßnahmenempfehlung wurde in den vorangegangenen Kapiteln ausführlich erläutert. Prinzipiell ist es denkbar, daß diese Mitwirkung durch eine ärztliche Stellungnahme sowohl durch niedergelassene Kinder- und Jugendpsychiater, durch Fachkollegen in Kliniken und Polikliniken, als auch durch spezialisierte Pädiater, z.B. in sozialpädiatrischen Zentren, vor allem im Rahmen der Frühförderung, und durch Kinder- und Jugendpsychiater im Öffentlichen Gesundheitsdienst oder im Jugendamt erfolgt. Die Arbeitsweise wird sich dabei zwar institutionell bedingt von den Abläufen her jeweils etwas unterscheiden, maßgeblich ist jedoch, daß die ärztliche Stellungnahme eine fachlich unabhängige Äußerung bleiben muß, die sich jeweils auf den Einzelfall bezieht und von pauschalen Mechanismen der Maßnahmenzuteilung absieht.

Kinder- und Jugendpsychiater, Sozialpädiater, klinisch tätige Psychologen, Kliniksozialarbeiter, Beschäftigungstherapeuten, Logopäden etc., d.h. alle Fachgruppen, die ein kinderpsychiatrisches Team konstituieren, müssen darüber hinaus in Zukunft verstärkt an der Fort- und Weiterbildung von Jugendamtsmitarbeitern mitwirken, damit ihre Stellungnahmen auf ein entsprechend vorbereitetes Verständnis bei den Mitarbeitern im Jugendamt stoßen, die die Beratung der Familien durchführen.

6.2 Kinder- und jugendpsychiatrische Mitwirkung an (Problemfall-)Konferenzen

Das KJHG sieht im Prozeß der Hilfeplanung ausdrücklich die Teamentscheidung vor. Gehört dem Team des Jugendamtes kein Kinder- und Jugendpsychiater an und steht vor allem auch kein therapeutisch erfahrener Psychologe zur Teilnahme an solchen Teamberatungen zur Verfügung, empfiehlt es sich, regelmäßige regionale Fallkonferenzen vorzusehen, bei denen problematisch Einzelfälle und die Realisierung von Hilfen in der Praxis diskutiert werden können. Die exemplarische Behandlung solcher Fälle in diesen multiprofessionellen Konferenzen stellt auch eine Form der Fort- und Weiterbildung dar. Steht kein Kinder- und Jugendpsychiater aus dem Bereich des Öffentlichen Gesundheitswesens zur Verfügung, sondern muß ein niedergelassener Kinder- und Jugendpsychiater oder ärztlicher bzw. psychologischer Psychotherapeut zu dieser Mitwirkung genommen werden, kann überlegt werden, ob diese Mitarbeit nicht als Fortbildung bzw. Fallsupervision honoriert und damit sichergestellt werden kann.

6.3 Fachliche Entscheidungen in Streitfällen

Sowohl die Ansprüche der Personensorgeberechtigten auf Hilfe zur Erziehung (§ 27 ff. KJHG) wie auch die Ansprüche der Betroffenen bei kinder- und jugendpsychiatrischen Erkrankungen nach § 35a KJHG sind dem Wesen nach einklagbare Rechtstitel. Die Entscheidung über die angemessene Hilfeform soll zwar, wenn nicht unverhältnismäßige Mehrkosten entstehen, den Wünschen der Eltern entsprechen, wird aber letztendlich im Zusammenwirken mehrerer Fachkräfte vom Jugendamt getroffen. In Zeiten immer knapper werdender finanzieller Ressourcen, vor allem aber aufgrund der Psychodynamik bestimmter Einzelfälle, wird es in der Praxis immer wieder zu heftigen Auseinandersetzungen über die angebotene Hilfeart kommen. Der Gang zum Verwaltungsgericht mit entsprechender anwaltlicher Vertretung ist für viele Familien, die dringend adäquater Hilfe bedürften, kaum vorstellbar. Die langen gerichtlichen Bearbeitungszeiten werden des weiteren dazu führen, daß, bis eine gerichtliche Entscheidung über die entsprechende Hilfeart getroffen ist, "das Kind ohnehin schon in den Brunnen gefallen ist". Dies gilt insbesondere bei ambulanten Maßnahmen, die auch einen präventiven Charakter im Hinblick auf eine sonst drohende Heimunterbringung etc. haben. Strunk hat deshalb in einem Editorial der "Zeitschrift für Kinder- und Jugendpsychiatrie" (1994, S. 85, 86) die Einführung einer "Beschwerdeinstanz" bei den Landesjugendämtern empfohlen.

> "Diese Beschwerdeinstanz könnte aus einem kleinen Kreis kompetenter Praktiker der Jugendhilfe, einem Jugendamtsleiter oder Ressortleiter des Landesjugendamtes, einem Klinischen Psychologen, Kinder- und Jugendpsychiater, Sozialpädagogen und einem Verwaltungsjuristen sowie einem Vertreter der freien Träger in der Jugendhilfe bestehen, deren Empfehlung entsprechendes Gewicht haben sollte".

Wegen strittiger Abgrenzungsprobleme zwischen dem Träger der Sozialhilfe und der Jugendhilfe sollte meiner Meinung nach auch ein Repräsentant der Sozialhilfeträger einem solchen Gremium angehören. Meiner Ansicht nach sollte ein solcher Beschwerdeausschuß regelmäßig tagen, seine Existenz müßte in Ausführungsbestimmungen geregelt werden, seine Empfehlungen als bindend angesehen werden. Wichtig ist es, die Zahl der Teilnehmer an einem solchen Ausschuß sehr begrenzt zu halten, um das Gremium arbeitsfähig zu machen. In der Regel sollte nach Aktenlage entschieden werden. Wenn dies bei einer Ausschußsitzung nicht möglich ist, sollte ein Ausschußmitglied entsprechend seiner fachlichen Kompetenz mit der persönlichen Überprüfung der Fragestellung beauftragt werden. Dieses Ausschußmitglied könnte seine Befunde in der nächsten Sitzung referieren. Eilentscheidungen sollten im schriftlichen Umlaufverfahren möglich sein.

6.4 Mitwirkung bei der Jugendhilfeplanung

Die zuständigen Beratungsgremien bei der Jugendhilfeplanung sind die regionalen und die Landesjugendhilfeausschüsse. Ihre Zusammensetzung wird in den Landesausführungsgesetzen näher geregelt. Es gibt deshalb regionale Unterschiede in ihrer Zusammensetzung. Allerdings muß bis jetzt festgestellt werden, daß der veränderte Kompetenzbereich der Jugendhilfe und das Hinzukommen der Zuständigkeit für die von einer seelischen Behinderung bedrohten und seelisch behinderten jungen Menschen in der Regel keinen Niederschlag in der Zusammensetzung dieser Gremien gefunden hat. Wie die in diesem Buch dargelegten epidemiologischen Zahlen verdeutlichen, sind Kinder mit psychischen Problemen keine "*quantité négligeable*" (vernachlässigbare Größe). Es ist deshalb kaum zu verstehen, daß alle möglichen freien und weltanschaulichen Gruppen einen festen Sitz mit Stimme im Landesjugendhilfeausschuß haben, ärztliche Experten, die sich mit psychischen Problemen bei Kindern befassen, mit ihrem Fachverstand dort aber häufig nicht fest eingeplant sind. Da in Zukunft viele wichtige Versorgungsentscheidungen auf der regionalen Ebene getroffen werden müssen, wird die Kompetenz der vor Ort in Frühförderung und Kinder- und Jugendpsychiatrie tätigen Ärzte notwendig sein, um spezielle Akzente bei Planungen wie bei der Begründung der Verwendung bestimmter Haushaltsmittel oder der Begründung von Mehrbedarf zu leisten. Diesen Experten wird es auch obliegen, die regionalen Gremien darauf hinzuweisen, warum für spezielle Gruppen von Betroffenen überregionale Lösungen notwendig sind und welchen Beitrag die Kommunen zu solchen überregionalen Lösungen leisten sollten. Beim Landesjugendhilfeausschuß wäre ein Expertengremium nötig, das ähnlich wie der oben genannte Beschwerdeausschuß auch aus einem erfahrenen Praktiker der Jugendhilfe, einem Ressortleiter des Landesjugendamtes, einem Klinischen Psychologen, einem Kinder- und Jugendpsychiater, einem Sozialpädagogen, einem Juristen und einem Finanzexperten sowie einem Vertreter der freien Träger in der Jugendhilfe bestehen sollte, um teure, spezifische, überregionale Angebote für bestimmte Problemfelder vorzubereiten und umzusetzen.

Abschließend bleibt allerdings einzuräumen, daß die Nichtbeteiligung von Kinder- und Jugendpsychiatern in der Jugendhilfeplanung nicht zuletzt am mangelnden öffentlichen Engagement der Kinder- und Jugendpsychiater selbst gelegen hat. Das KJHG hat die Federführung für die Planung und Umsetzung von Hilfen eindeutig in der Kompetenz der Jugendhilfe festgeschrieben. Es liegt nun an den Kinder- und Jugendpsychiatern, dies zu respektieren und einen engagierten Beitrag innerhalb der Jugendhilfe auch bei der im Vergleich zur drängenden Klinikarbeit bisweilen zähen Gremienarbeit zu leisten.

6.5 Sonderregelungen

Die ausführliche Darstellung von möglichen psychischen Problemen von Kindern und Jugendlichen hat aufgezeigt, daß es einen relativ gut beschreibbaren Personenkreis von Anspruchsträgern für Maßnahmen nach dem § 35a KJHG gibt. Während die früher problematisch Grenzziehung zwischen Eingliederungshilfen für seelisch Behinderte oder von einer solchen Behinderung Bedrohte und "reinen

Erziehungshilfemaßnahmen" durch die Integration der Eingliederungshilfe für seelisch Behinderte in das Kinder- und Jugendhilfegesetz kein Problem mehr darstellt, verlaufen die problematischen Abgrenzungen zwischen den einzelnen Behinderungsformen. Wiederholt habe ich darauf hingewiesen, daß vor allem bei sehr jungen Kindern, d.h. in der Regel im Bereich der sogenannten "Frühförderung" (bis zum 6. Lebensjahr oder bis zum Schul-eintritt) und bei sogenannten "mehrfachbehinderten" Kindern pragmatische Sonderregelungen bei der Umsetzung notwendig sind.

Aus entwicklungspsychologischer und medizinischer Sicht ist es bei Kleinkindern selten möglich, eine klare Zuordnung zu einem spezifischen Behindertenpersonenkreis zu treffen. § 10 Abs. 2 KJHG hat deshalb ausdrücklich vorgesehen, daß das Landesrecht regeln könne, "daß Maßnahmen der Frühförderung für Kinder unabhängig von der Art der Behinderung vorrangig von anderen Leistungsträgern gewährt werden". Von dieser Möglichkeit zur praxisnahen Globalregelung für die Frühförderung sollte m.E. unbedingt Gebrauch gemacht werden, um den Eltern betroffener Kinder unnötige Wege und Kompetenzsstreitigkeiten der Behörden zu ersparen. Schwieriger sind solche globale Regelungen für die von multiplen Einschränkungen und Behinderungen betroffenen Kinder. Dies zeigt z.B. die ausführlich dargelegte Debatte um die sozialrechtliche Zuordnung autistischer Syndrome, wobei sowohl die Stellungnahme des Wissenschaftlichen Beirats des Bundesverbandes "Hilfe für das autistische Kind" (Remschmidt 1994) als auch die fachliche Stellungnahme von Specht (1994) es nahelegt, in der Regel, d.h. beim Vorliegen einer gleichzeitigen geistigen Behinderung und körperlicher Beeinträchtigung, die Kostenträgerschaft beim Sozialhilfeträger anzusiedeln. Wichtig ist es, daß, ähnlich wie bei Streitigkeiten um die örtliche Zuständigkeit (§ 86d KJHG – Verpflichtung zum vorläufigen Tätigwerden), Zuständigkeitsstreitigkeiten nicht zu Ungunsten der Betroffenen ausgetragen werden. Vielmehr sollten angesprochene Stellen bei notwendigen Maßnahmen, die stets auch einen präventiven Charakter haben und weitere Verschlimmerungen des Zustandsbildes verhindern sollen, in Vorleistung gehen, bis entsprechende definitive Regelungen zwischen den Kostenträgern im Einzelfall gefunden wurden. Generell wird eine solche primäre Leistungsverpflichtung in § 43 SGB I angesprochen. § 43 Abs. 1 SGB I unterstreicht, daß, wenn ein Anspruch auf Sozialleistungen besteht und zwischen mehreren Leistungsträgern streitig ist, wer zur Leistung verpflichtet ist, der Leistungsträger, der als erster "angegangen" wurde, zunächst vorläufig Leistungen erbringen kann.

6.6 Ost-West-Unterschiede in der Umsetzung

Im Gegensatz zu vielen westlichen Bundesländern, die von der maximalen Dauer der möglichen Übergangsregelungen Gebrauch gemacht hatten und die darüber hinaus auf etablierte Strukturen und Erfahrungen (vor allem aus dem Bereich der Sozialhilfeträger) zurückgreifen können, galt es für die östlichen Bundesländer in der

Regel direkt nach der "Wende" an die Umsetzung des KJHG zu gehen. Für Kinder und Jugendliche, die von einer seelischen Behinderung bedroht sind, bedeutete die "Wende" institutionell einen erheblichen Einschnitt. Durch die völlig unterschiedliche Organisation im Gesundheitswesen brach nach 1989 ein relativ gut organisierter Versorgungsbereich in staatlichen Polikliniken und Fachambulanzen zusammen. Diese Fachdienststellen des Öffentlichen Gesundheitswesens, die in der ehemaligen DDR einen konkreten Behandlungsauftrag hatten und ambulante Behandlungen, auch medikamentöse Einstellungen bei Epilepsie, rehabilitative Maßnahmen etc., durchführten, waren entsprechend unterschiedlicher Übergangsregelungen nur noch für kurze Zeit zur Ausübung kurativer Funktionen berechtigt. Zahlreiche Ärztinnen und Ärzte ließen sich nieder. Wegen der zu erwartenden finanziellen Schwierigkeiten wagten sie nicht das Überleben als Kinder- und Jugendpsychiater in freier Praxis, sondern gründeten eine Praxis nach Vorqualifikation als Nervenärzte, Pädiater oder Allgemeinpraktiker.

Auch im Bereich der stationären Maßnahmen der Jugendhilfe gibt es erhebliche Probleme, teilweise mit der Trägerschaft. Für sehr schwierige sogenannte "verhaltensauffällige" Kinder und Jugendliche gab es in der ehemaligen DDR an manchen kinder- und jugendpsychiatrischen Fachkliniken angegliederte, spezielle, internatsähnliche Schulen und Einrichtungen, die dem Krankenhausträger zugeordnet waren. Die Übernahme dieser Einrichtungen in die Jugendhilfe erfolgte nicht überall reibungslos, so daß auch hier zum Teil erhebliche Versorgungsprobleme entstanden. Allgemein erscheint der Heimsektor auf dem Gebiet der ehemaligen DDR auch heute noch relativ undifferenziert, es fehlt vor allem an heilpädagogischen Einrichtungen, an familiengegliederten Kleinsteinrichtungen und an spezifischen Angeboten für Jugendliche, wie Wohngemeinschaften etc.. Besonders angesichts des Fehlens solcher differenzierter Angebote wäre das Entstehen eines ambulanten Hilfesektors nachhaltig zu fördern. Bis heute sind allerdings in dieser Richtung keine klaren Ansätze zur Realisierung festzustellen. Vielmehr wird die Nichtbewilligung solcher Maßnahmen, z.B. Eingliederungshilfe als Einzelfallhelfereinsatz oder ambulante Psychotherapie, häufig damit begründet, daß vor Ort diese Hilfeleistungen nicht verfügbar seien. Es mangelt zwar nicht an gut ausgebildeten Psychologen, Sozialpädagogen etc., diese können sich allerdings nicht auf das Wagnis einlassen, eine therapeutische Praxis oder einen Trägerverein für Einzelfallhilfe o.ä. zu gründen, weil wiederum die Anlaufzeiten bis zur Bewilligung von Maßnahmen enorm lang sind, da die Behörden im Umgang mit diesen Maßnahmen noch keine Routine entwickeln konnten. Berlin bietet aufgrund seiner spezifischen Situation die Ausgangslage eines "natürlichen Experiments" im regionalen Vergleich. 1993 führten wir eine Erhebung bei den Ost- und West-Berliner Jugendpsychiatrischen Diensten durch. Wir erfragten konkrete Daten aus der Patientenstatistik 1992 (vgl. Fegert 1994).

Nach Zensusdaten von 1989 leben in Ost-Berlin 289 948 Kinder bis zum Alter von 18 Jahren, dies entspricht 22,6% der Gesamtbevölkerung von 1 279 212 Einwohnern. Die in die Auswertung einbezogenen Dienste haben einen Einzugsbereich von 244 693 Kindern. In West-Berlin leben 337 509 Kinder, entsprechend einem Anteil von 15,8% der Gesamtbevölkerung von 2 134 051 Einwohnern. Die in die Auswertung einbezogenen Bezirke haben 272 608 Einwohner unter 18 Jahren.

Die in die Untersuchung einbezogenen westlichen Dienste hatten 1992 insgesamt 4906 Patienten, dies entspricht 1,8% der Kinder in ihrem Einzugsbereich. Bei 2 037 Patienten handelte es sich um Neuvorstellungen, bei 2 869 um Wiedervorstellungen. In 2652 Fällen wurden Maßnahmen nach dem Kinder- und Jugendhilfegesetz auf Anregung des Jugendpsychiatrischen Dienstes umgesetzt; dies bedeutet, ungefähr 1% aller Kinder in den westlichen Bezirken kamen auf diesem Wege in den Genuß einer Maßnahme nach dem KJHG, die Hälfte dieser Maßnahmen waren Psychotherapien, d.h., 0,55% der Kinder bis zu 18 Jahren bekommen eine Psychotherapie finanziert als Eingliederungshilfemaßnahme über das Kinder- und Jugendhilfegesetz. Bezogen auf die Inanspruchnahmepopulation der westlichen Kinder- und Jugendpsychiatrischen Dienste heißt das: 54% der Fälle kommen in den Genuß von KJHG-Maßnahmen, 30,6% aller Fälle bekommen eine Psychotherapie.

Nun zum Vergleich die Realitäten in Ost-Berlin. Die ausgewählten Kinder- und Jugendpsychiatrischen Dienste sahen ingesamt 6603 Patienten, dies entspricht 2,7% der Kinder bis zum Alter von 18 Jahren in ihrem Einzugsbereich. Vergleicht man beide Inanspruchnahmezahlen, die westlichen und die östlichen, die um ca. 1% höher liegt, kann man feststellen, daß beide um ca. 10% unter den in epidemiologischen Untersuchungen angenommenen Zahlen an behandlungsbedürftigen Jugendlichen liegen. Legt man zum Vergleich noch Großstadtkollektive, wie z.B. die von Rutter untersuchten, zugrunde, wird der Unterschied noch deutlicher. Offensichtlich wird ein maßgeblicher Anteil psychisch kranker Kinder und Jugendlicher gar nicht durch die Jugendpsychiatrischen Dienste diagnostiziert und versorgt.

In den östlichen Diensten wurden 1563 Fälle neuvorgestellt, Wiedervorstellungen waren 5040 Fälle. Der Anteil der Wiedervorstellungen war also in Ost-Berlin höher, dennoch sind die wesentlichen Verhältnisse weitgehend vergleichbar. Nun kommt jedoch der unser Thema berührende schockierende Unterschied: Während im Westen über die Hälfte der im JPD vorgestellten Kinder eine Maßnahme nach KJHG bekam, wurden in Ost-Berlin in 24 Fällen KJHG-Maßnahmen umgesetzt. Hinzu kamen noch 134 BSHG-Maßnahmen bei geistig Behinderten oder körperlich Behinderten, d.h., in 0,36% der Fälle wurde in Ost-Berlin eine Maßnahme der Eingliederungshilfe eingeleitet. Bezogen auf die Kinder und Jugendlichen bis 18 Jahre bedeutet dies, 0,009% bekamen eine entsprechende Maßnahme der Eingliederungshilfe.

Vergleicht man die personelle Ausstattung der westlichen und östlichen Dienste, so arbeiten in Ost-Berlin durchschnittlich pro Dienst 1 Arzt, in West-Berlin 1,16 Ärzte; in Ost-Berlin 1,75 Psychologen, in West-Berlin 1,16; in Ost-Berlin 1 Sozialarbeiter, in West-Berlin 0,36; in Ost-Berlin 1,1 Arzthelferinnen oder Verwaltungskraft, in West-Berlin 0,55 Arzthelferin oder Verwaltungskraft. Durchschnittlich also 3,75 akademische Mitarbeiter in Ost-Berlin und 2,68 akademische Mitarbeiter in West-Berlin pro Dienst. Berechnet man nun die Fallzahlen pro Akademiker West und Ost und vergleicht diese, sieht man, daß von der Zahl der Fälle sehr vergleichbar gearbeitet wird. Pro Akademiker werden in West-Berlin 203,3 Fälle, in Ost-Berlin 220 Fälle im Jahr gesehen. Im Westen sind davon 84,3 Neuvorstellungen und 119 Wiedervorstellungen, im Osten sind es nur 52 Neuvorstellungen und 168 Wiedervorstellungen. Eklatant ist, daß jeder Mitarbeiter West 110 Maßnahmen nach KJHG im Jahr eingeleitet hat, die Mitarbeiter Ost 0,8 Maßnahmen im Jahr. Auch dies verdeutlicht noch einmal den krassen Unterschied, für den Bezeichnungen wie statistisch hochsignifikant zwar wissenschaftlich korrekt, aber versorgungspolitisch inadäquat erscheinen. Der Unterschied ist nicht signifikant, sondern provokant. In der gleichen Stadt bei gleicher Gesetzgebung gibt es für Kinder und Jugendliche mit gleichen Problemen eine völlig ungleiche Versorgung, obwohl sie aufgrund vergleichbarer Diagnosen die entsprechenden Anspruchsgrundlagen erfüllen. Die Schlußfolgerung aus dem Gesagten ist, daß es für die östlichen Bundesländer (vgl. KJHG § 82 Abs. 2) zu den zentralen Länderaufgaben gehören muß, eventuell durch bestimmte Modellprojekte auf einen gleichmäßigen Ausbau geeigneter Einrichtungen und vor allem spezifischer ambulanter Angebote hinzuwirken. Es muß erreicht werden, daß auch in Ostdeutschland fachlich indizierte Therapien und die ärztlichen Maßnahmenvorschläge vor Ort umgesetzt werden können. Familien dürfen sich nicht als hoffnungslose Bittsteller beim Jugendamt fühlen und auf die allgemeinen Aufbauschwierigkeiten verwiesen werden (Wohlgemerkt, es handelt sich bei den Hilfen zur Erziehung um einen Anspruch der Personensorgerechtigten und bei den Hilfen nach § 35a KJHG um einen direkten Anspruch der Betroffenen!). Ohne entsprechende unterstützende und vorbereitende Maßnahmen wird im Osten Deutschlands kein vom Staat unabhängiger freier therapeutischer Sektor von nennenswertem Ausmaß durch Niederlassungen und Praxisgemeinschaften bzw. Therapieeinrichtungen freier Träger entstehen können. Vielleicht ist es deshalb symptomatisch, daß derzeit mehr über Auslegungsaspekte und Abgrenzungsprobleme des § 35a KJHG geredet wird als über die konkrete Umsetzung. Ziel dieses Buches sollte es sein, eine schnellstmögliche örtliche Umsetzung dadurch zu fördern, daß ein relativ umfassender Überblick über die Notwendigkeiten der Versorgung von Kindern und jungen Menschen, die von einer seelischen Behinderung bedroht sind oder die an ihrer Eingliederung in unsere Gesellschaft durch seelische Vorgänge behindert sind, gegeben wurde. Bedenkt man noch einmal die fast utopisch anmutenden Bestimmungen des § 80 KJHG zur Jugendhilfeplanung, die festlegen, daß die Träger der Öffentlichen Jugendhilfe im Rahmen ihrer Planungsverantwortung den Bedarf unter Berücksichtigung der Wünsche, Bedürfnisse und Interessen der jungen Menschen und der Personensorgeberechtigten zu ermitteln und die zur Befriedigung des Bedarfs notwendigen Vorhaben rechtzeitig und ausreichend zu planen haben (dabei ist Vorsorge zu treffen, daß auch ein unvorhergesehener Bedarf befriedigt werden kann), bleibt auf der Basis dieser Regelung keine Legitimation für ein resigniertes Schulterzucken oder den ständigen

Verweis auf leere Kassen als Rechtfertigung, von der Umsetzung erfolgreicher Maßnahmen abzusehen.

Kritische Versorgungsforschung zum § 35a KJHG in Ost und West scheint geboten, damit auch den staatlichen Planungsgremien eine Kontrolle über die Umsetzung einer an sich begrüßenswerten Bestimmung gegeben wird.

Anhang 1: Wesentliche gesetzliche Bestimmungen

SGB I:

§ 10
Eingliederung Behinderter

Wer körperlich, geistig oder seelisch behindert ist oder wem eine solche Behinderung droht, hat unabhängig von der Ursache der Behinderung ein Recht auf die Hilfe, die notwendig ist, um

1. die Behinderung abzuwenden, zu beseitigen, zu bessern, ihre Verschlimmerung zu verhüten oder ihre Folgen zu mindern,
2. ihm einen seinen Neigungen und Fähigkeiten entsprechenden Platz in der Gemeinschaft, insbesondere im Arbeitsleben, zu sichern.

§ 29
Leistungen zur Eingliederung Behinderter

(1) Nach dem Recht der Eingliederung Behinderter können in Anspruch genommen werden:

1. medizinische Leistungen, insbesondere
   a) ärztliche und zahnärztliche Behandlung,
   b) Arznei- und Verbandmittel,
   c) Heilmittel einschließlich Krankengymnastik, Bewegungs-, Sprach- und Beschäftigungstherapie,
   d) Körperersatzstücke, orthopädische und andere Hilfsmittel,
   e) Belastungserprobung und Arbeitstherapie,
   auch in Krankenhäusern und Vorsorge- und Rehabilitationseinrichtungen,
2. berufsfördernde Leistungen, insbesondere
   a) Hilfen zur Erhaltung oder Erlangung eines Arbeitsplatzes,
   b) Berufsvorbereitung,
   c) berufliche Anpassung, Ausbildung, Fortbildung und Umschulung,
   d) sonstige Hilfen zur Förderung einer Erwerbs- oder Berufstätigkeit auf dem allgemeinen Arbeitsmarkt oder in einer Werkstatt für Behinderte,
3. Leistungen zur allgemeinen sozialen Eingliederung, insbesondere Hilfen
   a) zur Entwicklung der geistigen und körperlichen Fähigkeiten vor Beginn der Schulpflicht,
   b) zur angemessenen Schulbildung einschließlich der Vorbereitung hierzu,
   c) für Behinderte, die nur praktisch bildbar sind, zur Ermöglichung einer Teilnahme am Leben in der Gemeinschaft,
   d) zur Ausbildung einer angemessenen Tätigkeit, soweit berufsfördernde Leistungen nicht möglich sind,
   e) zur Ermöglichung und Erleichterung der Verständigung mit der Umwelt,
   f) zur Erhaltung, Besserung und Wiederherstellung der körperlichen und geistigen Beweglichkeit sowie des seelischen Gleichgewichts,
   g) zur Ermöglichung und Erleichterung der Besorgung des Haushalts,
   h) zur Verbesserung der wohnungsmäßigen Unterbringung,
   i) zur Freizeitgestaltung und zur sonstigen Teilnahme am gesellschaftlichen und kulturellen Leben,
4. ergänzende Leistungen, insbesondere
   a) Übergangs- oder Krankengeld,
   b) sonstige Hilfen zum Lebensunterhalt,
   c) Beiträge zur gesetzlichen Kranken-, Unfall- und Rentenversicherung sowie zur Bundesanstalt für Arbeit,
   d) Übernahme der mit einer berufsfördernden Leistung zusammenhängenden Kosten,

e) Übernahme der Reisekosten,
f) Behindertensport in Gruppen unter ärztlicher Betreuung,
g) Haushaltshilfe.

(2) Zuständig sind die in den §§ 19 bis 24 und 28 genannten Leistungsträger.

§ 43
Vorläufige Leistungen

(1) Besteht ein Anspruch auf Sozialleistungen und ist zwischen mehreren Leistungsträgern streitig, wer zur Leistung verpflichtet ist, kann der unter ihnen zuerst angegangene Leistungsträger vorläufig Leistungen erbringen, deren Umfang er nach pflichtgemäßem Ermessen bestimmt. Er hat Leistungen nach Satz 1 zu erbringen, wenn der Berechtigte es beantragt; die vorläufigen Leistungen beginnen spätestens nach Ablauf eines Kalendermonats nach Eingang des Antrags.

(2) Für die Leistungen nach Absatz 1 gilt § 42 Abs. 2 und 3 entsprechend. Ein Erstattungsantrag gegen den Empfänger steht nur dem zur Leistung verpflichteten Leistungsträger zu.

SGB V:

Nach § 27 SGB V haben Versicherte einen Anspruch auf Krankenbehandlung, wenn sie notwendig ist, um eine Krankheit zu erkennen, zu heilen, ihre Verschlimmerung zu verhüten oder Krankheitsbeschwerden zu lindern. Die Krankenbehandlung umfaßt:
1. ärztliche Behandlung,
2. zahnärztliche Behandlung,
3. Versorgung mit Arznei-, Verband-, Heil- und Hilfsmitteln,
4. häusliche Krankenpflege und Haushaltshilfe,
5. Krankenhausbehandlung,
6. medizinische und ergänzende Leistungen zur Rehabilitation sowie Belastungserprobung und Arbeitstherapie.

SGB VIII = KJHG:

§ 10
Verhältnis zu anderen Leistungen und Verpflichtungen

(1) Verpflichtungen anderer, insbesondere Unterhaltspflichtiger oder der Träger anderer Sozialleistungen, werden durch dieses Buch nicht berührt. Leistungen anderer dürfen nicht deshalb versagt werden, weil nach diesem Buch entsprechende Leistungen vorgesehen sind.

(2) Die Leistungen nach diesem Buch gehen Leistungen nach dem Bundessozialhilfegesetz vor. Maßnahmen der Eingliederungshilfe nach dem Bundessozialhilfegesetz für junge Menschen, die körperlich oder geistig behindert oder von einer solchen Behinderung bedroht sind, gehen Leistungen nach diesem Buch vor. Landesrecht kann regeln, daß Maßnahmen der Frühförderung für Kinder unabhängig von der Art der Behinderung vorrangig von anderen Leistungsträgern gewährt werden.

§ 35a
Eingliederungshilfe für seelisch behinderte Kinder und Jugendliche

(1) Kinder und Jugendliche, die seelisch behindert oder von einer solchen Behinderung bedroht sind, haben Anspruch auf Eingliederungshilfe. Die Hilfe wird nach dem Bedarf im Einzelfall

1. in ambulanter Form,
2. in Tageseinrichtungen für Kinder oder in anderen teilstationären Einrichtungen,
3. durch geeignete Pflegepersonen und
4. in Einrichtungen über Tag und Nacht sowie sonstigen Wohnformen geleistet.

Für Aufgabe und Ziel der Hilfe, die Bestimmung des Personenkreises sowie die Art der Maßnahmen gelten § 39 Abs. 1 und § 40 des Bundessozialhilfegesetzes, soweit die einzelnen Vorschriften auf seelisch Behinderte Anwendung finden.

(2) Ist gleichzeitig Hilfe zur Erziehung zu leisten, so sollen Einrichtungen, Dienste und Personen in Anspruch genommen werden, die geeignet sind, sowohl die Aufgaben der Eingliederungshilfe zu erfüllen als auch den erzieherischen Bedarf zu decken. Sind heilpädagogische Maßnahmen für Kinder, die noch nicht im schulpflichtigen Alter sind, in Tageseinrichtungen für Kinder zu gewähren und läßt der Hilfebedarf es zu, so sollen Einrichtungen in Anspruch genommen werden, in denen behinderte und nichtbehinderte Kinder gemeinsam betreut werden.

§ 36
Mitwirkung, Hilfeplan

(1) Der Personensorgeberechtigte und das Kind oder der Jugendliche sind vor ihrer Entscheidung über die Inanspruchnahme einer Hilfe und vor einer notwendigen Änderung von Art und Umfang der Hilfe zu beraten und auf die möglichen Folgen für die Entwicklung des Kindes oder des Jugendlichen hinzuweisen. Vor und während einer langfristig zu leistenden Hilfe außerhalb der eigenen Familie ist zu prüfen, ob die Annahme des Kindes in Betracht kommt. Ist Hilfe außerhalb der eigenen Familie erforderlich, so sind die in Satz 1 genannten Personen bei der Auswahl der Einrichtung oder der Pflegestelle zu beteiligen. Der Wahl und den Wünschen ist zu entsprechen, sofern sie nicht mit unverhältnismäßigen Mehrkosten verbunden sind.

(2) Die Entscheidung über die im Einzelfall angezeigte Hilfeart soll, wenn Hilfe voraussichtlich für längere Zeit zu leisten ist, im Zusammenwirken mehrerer Fachkräfte getroffen werden. Als Grundlage für die Ausgestaltung der Hilfe sollen sie zusammen mit dem Personensorgeberechtigten und dem Kind oder dem Jugendlichen einen Hilfeplan aufstellen, der Feststellungen über den Bedarf, die zu gewährende Art der Hilfe sowie die notwendigen Leistungen enthält; sie sollen regelmäßig prüfen, ob die gewählte Hilfeart weiterhin geeignet und notwendig ist. Werden bei der Durchführung der Hilfe andere Personen, Dienste oder Einrichtungen tätig, so sind sie oder deren Mitarbeiter an der Aufstellung des Hilfeplans und seiner Überprüfung zu beteiligen.

(3) Erscheinen Hilfen nach § 35a erforderlich, so soll bei der Aufstellung und Änderung des Hilfeplans sowie bei der Durchführung der Hilfe ein Arzt, der über besondere Erfahrungen in der Hilfe für Behinderte verfügt, beteiligt werden. Erscheinen Maßnahmen der beruflichen Eingliederung erforderlich, so sollen auch die Stellen der Bundesanstalt für Arbeit beteiligt werden.

BSHG:

§ 40
Maßnahmen der Hilfe

(1) Maßnahmen der Eingliederungshilfe sind vor allem
1. ambulante oder stationäre Behandlung oder sonstige ärztliche oder ärztlich verordnete Maßnahmen zur Verhütung, Beseitigung oder Milderung der Behinderung,
2. Versorgung mit Körperersatzstücken sowie mit orthopädischen oder anderen Hilfsmitteln,
2a. heilpädagogische Maßnahmen für Kinder, die noch nicht im schulpflichtigen Alter sind,
3. Hilfe zu einer angemessenen Schulbildung, vor allem im Rahmen der allgemeinen Schulpflicht und durch Hilfe zum Besuch weiterführender Schulen einschließlich der Vorbereitung hierzu;

die Bestimmungen über die Ermöglichung der Schulbildung im Rahmen der allgemeinen Schulpflicht bleiben unberührt,

4. Hilfe zur Ausbildung für einen angemessenen Beruf oder für eine sonstige angemessene Tätigkeit,
5. Hilfe zur Fortbildung im früheren oder einem diesem verwandten Beruf oder zur Umschulung für einen angemessenen Beruf oder eine sonstige angemessene Tätigkeit; Hilfe kann auch zum Aufstieg im Berufsleben gewährt werden, wenn die Besonderheit des Einzelfallers dies rechtfertigt,
6. Hilfe zur Erlangung eines geeigneten Platzes im Arbeitsleben,

6a. Hilfe bei der Beschaffung und der Erhaltung einer Wohnung, die den besonderen Bedürfnissen des Behinderten entspricht,

7. nachgehende Hilfe zur Sicherung der Wirksamkeit der ärztlichen oder ärztlich verordneten Maßnahmen und zur Sicherung der Eingliederung des Behinderten in das Arbeitsleben,
8. Hilfe zur Teilhabe am Leben in der Gesellschaft.

(2) Behinderten, bei denen wegen Art oder Schwere ihrer Behinderung arbeits- und berufsfördernde Maßnahmen nach Absatz 1 mit dem Ziel der Eingliederung auf dem allgemeinen Arbeitsmarkt nicht in Betracht kommen, soll nach Möglichkeit Gelegenheit zur Ausübungg einer der Behinderung entsprechenden Beschäftigung, insbesondere in einer Werkstatt für Behinderte, gegeben werden.

(3) Der Begriff der Werkstatt für Behinderte und ihre fachlichen Anforderungen richten sich nach den Vorschriften des Schwerbehindertengesetzes.

(4) Soweit es im Einzelfall gerechtfertigt ist, können Beihilfen an den Behinderten oder seine Angehörigen zum Besuch während der Durchführung der Maßnahmen der Eingliederungshilfe in einer Anstalt, einem Heim oder einer gleichartigen Einrichtung gewährt werden.

Anhang 2: Abschätzung des Hilfebedarfs

2.1 Fragenkatalog (nach der Arbeitshilfe für die Rehabilitation psychisch Kranker und Behinderter der Bundesarbeitsgemeinschaft für Rehabilitation, modifiziert für Kinder und Jugendliche mit seelischen Behinderungen bzw. die von einer seelischen Behinderung bedroht sind)

Themen des Fragenkataloges sind:
- ☐ Art und Ausmaß der Behinderung
- ☐ Die Bedürfnisse nach Förderung und Hilfe
- ☐ Die vorhandenen bzw. verbliebenen Fähigkeiten und Fertigkeiten
- ☐ Die zu berücksichtigenden sozialen Bezüge

2.1.1 Welche Symptome/Schädigungen liegen vor?

- ☐ Aus fachlicher Sicht
- ☐ Aus der Sicht des betroffenen Kindes oder Jugendlichen
- ☐ Aus der Sicht der Bezugsperson
- ☐ Aus der Sicht der Lehrer
- ☐ Aus der Sicht des Jugendamtes

2.1.2 Bereich der alltagspraktischen Fertigkeiten

Ist das betroffene Kind oder der/die betroffene Jugendliche hinsichtlich seiner/ihrer möglichst selbständigen Lebensführung in der Lage,
- ☐ persönliche Interessen auszudrücken und zu verwirklichen?
- ☐ in altersentsprechender Weise sein Zimmer in Ordnung zu halten und für sich zu sorgen?
- ☐ sich selbst zu waschen, zu pflegen und auch seine Kleidung zu achten?
- ☐ altersangemessen mit Geldbeträgen (Taschengeld, Ausbildungsvergütungen etc.) umzugehen?
- ☐ öffentliche Angebote (z.B. im kulturellen, psychosozialen Bereich) in Anspruch zu nehmen?
- ☐ notwendige Informationen mit Hilfe seiner Eltern oder auch ohne Unterstützung (z.B. bei Behörden) einzuholen?
- ☐ eigenverantwortlich oder unter Aufsicht ärztlich verordnete Medikamente einzunehmen?

2.1.3 Bereich der Entfaltung der Persönlichkeit

- ☐ Ist die Fähigkeit zur Selbstwerteinschätzung realistisch oder eingeschränkt (vgl. Anhang 2.2.)?
- ☐ Besteht eine Neigung zu psychischen Fehlhaltungen oder Fehlreaktionen?
- ☐ Liegt eine gehemmte oder gesteigerte Aggressivität vor?
- ☐ Besteht eine labile Stimmung?
- ☐ Liegen Störungen im Bereich der Sexualität vor?
- ☐ In welchem Umfang verfügt das Kind oder der/die Jugendliche über Fähigkeiten, sein Zimmer, seinen persönlichen Lebensraum zu gestalten?
- ☐ Hat das Kind Hobbys oder andere Interessen, die es pflegt?
- ☐ Kann sich das Kind altersentsprechend in andere einfühlen?
- ☐ Gibt es bei dem Kind schon Ansätze zur Verarbeitung seiner seelischen Probleme? Wie wirken sich diese Ansätze auf die Lebensplanung aus?

2.1.4 Bereich der biologisch-psychologischen Veränderungen (sofern somatische Krankheitsanteile vorliegen)

☐ Wie werden diese körperlichen Krankheitsanteile verarbeitet?
☐ Erfolgt eine Fixierung auf organische Krankheitsbilder?
☐ Welchen Stellenwert hat der somatische Krankheitsfaktor im sozialen Zusammenhang?
☐ Liegen wechselnde organische Beschwerden vor?
☐ Handelt es sich um psychosomatische Störungen?
☐ Haben Medikamente Anteil an den somatischen Beschwerden?

2.1.5 Zusätzliche andere Erkrankungen

Bestehen zusätzlich andere organische Erkrankungen:
☐ Welche Beziehungen bzw. Wechselwirkungen bestehen zwischen organischer Erkrankung und den psychischen Problemen des Kindes oder Jugendlichen?

2.1.6 Süchtiges Verhalten

☐ Gibt es Hinweise auf Alkoholkonsum bzw. Alkoholabhängigkeit des Kindes oder Jugendlichen?
☐ Gibt es Hinweise auf Drogen- oder Medikamentenmißbrauch oder -abhängigkeit?
☐ Gibt es Hinweise auf das "Schnüffeln" von Inhalationsstoffen?
☐ Raucht das Kind oder der Jugendliche? Seit welchem Alter?

2.1.7 Bereich der schulischen/beruflichen Leistungsfähigkeit

☐ Ist das Kind oder der/die Jugendliche in der Lage, seine/ihre erworbenen schulischen Fertigkeiten und Qualifikationen ein- bzw. umzusetzen?
☐ Ist das Kind oder der/die Jugendliche in der gegenwärtigen Beschulungssituation oder in seinem gegenwärtigen Ausbildungsverhältnis über- bzw. unterfordert; ggf. worin besteht die Über- bzw. Unterforderung?
☐ Liegen infolge der psychischen Störungen/organischen Störungen Medikamenten- oder Drogeneinflüsse, Beeinträchtigungen in der schulischen bzw. beruflichen Belastbarkeit oder Leistungsfähigkeit vor?

2.1.8 Bereich der sozialen Integration in der Schule bzw. am Ausbildungsplatz bzw. Arbeitsplatz:

☐ Wie ist das Verhältnis zu Lehrern, Mitschülern oder Kollegen?
☐ Sind die Leistungsanforderungen zu hoch/zu niedrig?
☐ Hat das Kind in der Schule regelmäßig Kontakt zu anderen Kindern? Ist es Außenseiter in seiner Gruppe? Gehört er bestimmten Gruppierungen an?
☐ Entzieht er/sie sich dem Kontakt zu Mitschülern?
☐ Kann er/sie Konflikte in der Schule von sich aus ansprechen und zu ihrer Lösung beitragen?
☐ Kann er/sie seine/ihre Interessen zum Ausdruck bringen?
☐ Hat er/sie in der Pause eine feste Bezugsgruppe oder wird er an Pausengesprächen nicht beteiligt?

2.1.9 Bereich der familiären Integration

☐ Unterhält er Kontakt zu seinen Eltern und Geschwistern?
☐ Bei Jugendlichen: Bestehen Ablösungsschwierigkeiten von den Eltern? Bei Kindern: Besteht eine übergroße Abhängigkeit von den Eltern, z.B. mit Trennungsangst? Bei

Heranwachsenden: Wohnt er/sie als junger Erwachsener immer noch bei den Eltern?

- ☐ Verhält sich die Familie überbehütend, vernachlässigend? Gibt es Kontakte zu anderen Verwandten oder Nachbarn etc.?
- ☐ Wie ist die familiäre Wohnsituation? Wer schläft wo mit wem? Welche Konflikte gibt es?

2.1.10 Bereich der außerfamiliären sozialen Integraton

- ☐ Besteht ein fester Freundeskreis?
- ☐ Nimmt das Kind bzw. der Jugendliche am öffentlichen Leben teil (Vereine, Besuch von kulturellen, sportlichen, politischen Veranstaltungen etc.)?

2.2 Einschätzungsbogen

2.2.1 PGAS (ELTERNEINSCHÄTZUNGSSKALA NACH DER SGKJ; Fegert, 1994)

Die folgenden Beschreibungen können "Noten" von 1 bis 6 gegeben werden, wobei wie in der Schule die Bewertungen 1, 2, 3 sehr gutes Zurechtkommen bis leichtere Probleme bezeichnen, und 4, 5 bis 6 Probleme stärkeren Ausmasses erfassen. Wie bei Schulnoten ist eine zutreffende Einteilung nicht immer leicht zu finden. Wählen Sie den Bereich, der insgesamt am besten beschreibt, wie Ihr Sohn/Ihre Tochter in der Familie, in der Schule und mit Gleichaltrigen zurechtkomt!

Bitte beurteilen Sie, wie Ihr Sohn/Ihre Tochter in den letzten 4 Wochen im Alltag zurechtgekommen ist!

1. Er/sie **kommt auf allen Gebieten** (Familie, Schule, mit Gleichaltrigen etc.) sehr gut bzw. **gut zurecht**. (Selbstverständlich können gelegentlich Alltagssorgen und -schwierigkeiten vorkommen.)
2. Nicht mehr als leichte Funktionsbeeinträchtigungen entweder zu Hause oder in der Schule oder mit Gleichaltrigen
   Er/sie zeigt Zeichen gefühlsmäßiger Belastung z.B. als Reaktion auf elterliche Trennung, Tod oder Geburt eines Geschwisters etc. Diese Belastung fällt vor allem innerhalb der Familie und guten Bekannten auf. Fremde würden es ihm/ihr nicht anmerken. Er/sie stört andere nur minimal.
3. Er/sie hat **Schwierigkeiten auf einem Gebiet**, kommt aber ansonsten recht gut zurecht. Fremde, die ihn/sie nicht kennen, würden die Probleme nicht unbedingt wahrnehmen. Diejenigen, die ihn/sie gut kennen, machen sich aber Sorgen
4. Er/sie hat **unterschiedliche Schwierigkeiten** z.B. **zu Hause und** in der **Schule und/oder** auch mit **Gleichaltrigen**. Es gibt aber auch noch Situationen, in denen er/sie gut klarkommt. Seine/ihre Probleme werden für jeden offensichtlich, der z.B. als Lehrer oder enger Freund sich direkt mit ihm auseinandersetzt. In einer anderen Situation, die für ihn/sie weniger problembelastet ist, z.B. Ferien, Freizeit, könnte er/sie als unauffällig gelten.
5. Er/sie kommt in den meisten sozialen Bereichen **weniger gut zurecht** oder er/sie **zeigt eine schwere Beeinträchtigung in einem Gebiet** (z.B. durch Selbstmordgedanken, Schulverweigerung oder ausgeprägtes Schuleschwänzen, ausgeprägte Ängste, zwanghaftes Handeln oder ausgeprägtes zwanghaftes Grübeln, stark unangemessenes Verhalten im Umgang mit anderen Menschen oder häufige Episoden aggressiver Auseinandersetzungen, massive Regelüberschreitungen, wie Diebstähle, Körperverletzung etc.), wobei jedoch einige wichtige Beziehungen z.B. zu einigen wenigen Freunden oder der Großmutter etc. bestehen.
6. Er/sie ist **noch stärker beeinträchtigt**. Zeigt sehr starke Schwierigkeiten auf mehreren Gebieten (z.B. zu Hause, in der Schule, mit Gleichaltrigen oder in der Gesellschaft allgemein) oder hat eine komplette Unfähigkeit zur Funktion in einem dieser Bereiche.

Er/sie braucht deshalb z.B. eine besondere Beschulung oder stationäre Behandlung, hat deshalb z.B. einen Schulverweis erhalten oder braucht sogar Pflege und Betreuung die meiste Zeit des Tages oder rund um die Uhr.

Zutreffendes bitte einkringeln!

2.2.2 YGAS (JUGENDLICHENSKALA NACH DER SGKJ; Fegert 1994)

Die folgenden Beschreibungen werden "Noten" von 1 bis 6 zugeordnet, wobei wie in der Schule 1, 2, 3 sehr gutes Zurechtkommen bis leichtere Probleme bezeichnen, 4 und 5 bis 6 Probleme stärkeren Ausmasses erfassen. Wie bei Schulnoten ist eine Einteilung nicht immer leicht zu finden. Wähle den Bereich, der insgesamt am besten beschreibt, wie Du in der Familie, in der Schule und mit Gleichaltrigen zurechtkommst!

Bitte beurteile, wie Du in den letzten 4 Wochen zurechtgekommen bist!

1. Ich komme auf allen Gebieten (Familie, Schule, mit Gleichaltrigen etc.) sehr gut bzw. gut zurecht. (Selbstverständlich können gelegentlich Alltagssorgen und -schwierigkeiten vorkommen.)
2. Nicht mehr als leichte Funktionsbeeinträchtigungen entweder zu Hause oder in der Schule oder mit Gleichaltrigen.
   Ich zeige Zeichen gefühlsmäßiger Belastung z.B. als Reaktion auf elterliche Trennung, Tod oder Geburt eines Geschwisters etc. Diese Belastung fällt vor allem innerhalb der Familie und guten Bekannten auf. Fremde würden es mir nicht anmerken. Ich störe andere nur minimal.
3. Ich habe Schwierigkeiten auf einem Gebiet, komme aber ansonsten recht gut zurecht. Fremde, die mich nicht kennen, würden die Probleme nicht unbedingt wahrnehmen. Diejenigen, die mich gut kennen, machen sich aber Sorgen
4. Ich habe unterschiedliche Schwierigkeiten z.B. zu Hause und in der Schule oder auch mit Gleichaltrigen. Es gibt aber auch noch Situationen, in denen ich gut klarkomme. Meine Probleme werden für jeden offensichtlich, der z.B. als Lehrer oder enger Freund sich direkt mit mir auseinandersetzt. In einer anderen Situation, die für mich weniger problembelastet ist, z.B. Ferien, Freizeit, könnte ich als unauffällig gelten.
5. Ich komme in den meisten sozialen Bereichen weniger gut zurecht oder ich zeige eine schwere Beeinträchtigung in einem Gebiet (z.B. durch Selbstmordgedanken, Schulverweigerung oder ausgeprägtes Schuleschwänzen, ausgeprägte Ängste, zwanghaftes Handeln oder ausgeprägtes zwanghaftes Grübeln, stark unangemessenes Verhalten im Umgang mit anderen Menschen oder häufige Episoden aggressiver Auseinandersetzungen, massive Regelüberschreitungen, wie Diebstähle, Körperverletzung etc.), wobei jedoch einige wichtige Beziehungen z.B. zu einigen wenigen Freunden oder der Großmutter etc. bestehen.
6. Ich bin noch stärker beeinträchtigt. Zeige sehr starke Schwierigkeiten auf mehreren Gebieten (z.B. zu Hause, in der Schule, mit Gleichaltrigen oder in der Gesellschaft allgemein) oder habe eine komplette Unfähigkeit zur Funktion in einem dieser Bereiche. Ich brauche deshalb z.B. eine besondere Beschulung oder stationäre Behandlung, habe deshalb z.B. einen Schulverweis erhalten oder brauche sogar Pflege und Betreuung die meiste Zeit des Tages oder rund um die Uhr

Zutreffendes bitte einkringeln!

Anhang 3: Child Behavior Checklist

Eine deutschsprachige Arbeitsgruppe hat das aus dem Amerikanischen stammende und weltweit eingesetzte Instrument zusammen mit dem Urheber, Thomas Achenbach, bearbeitet und angesichts des Vorliegens verschiedener Versionen eine deutsche Konsensusversion für den Elternfragebogen über das Verhalten von Kindern und Jugendlichen (CBCL 4–18), den Elternfragebogen über das Verhalten von Kleinkindern (CBCL 2–3), den Lehrerfragebogen über das Verhalten von Kindern und Jugendlichen (TRF) und den Fragebogen für Jugendliche (YSR) erstellt (vgl. Döpfner et al. 1994). Diese Fragebogen können und sollen keine ausführliche kinder- und jugendpsychiatrische Diagnostik ersetzen und sie können auch nicht ohne einen fachlichen Hintergrund interpretiert werden. Sie eignen sich hervorragend dazu, zunächst einmal eine Einschätzung des Umfangs der vorliegenden Problematik zu gewinnen und dabei auch seltenere Einzelsypmtome nicht zu vergessen. Die Auswertung kann mit einem Handauswertebogen oder mit einem Computerprogramm erfolgen. Sie bietet einen Überblick über das "Verhaltensprofil" des Kindes bzw. Jugendlichen.

Am Elternfragebogen über das Verhalten von Kindern und Jugendlichen (CBCL 4-18) wird dieses Verfahren hier erläutert. Der Fragebogen erfaßt das Urteil von Eltern über Kompetenzen, Verhaltensauffälligkeiten und emotionale Auffälligkeiten von Kindern und Jugendlichen im Alter von 4 bis 18 Jahren. Im ersten Teil des Fragebogens werden Kompetenzen des Kindes/Jugendlichen erfragt, der zweite Teil besteht aus 120 Items, in denen Verhaltensauffälligkeiten, emotioanle Auffälligkeiten und körperliche Beschwerden beschrieben werden. Die Frageformulierung ist möglichst einfach gehalten, der Fragebogen kann daher auch von Eltern mit einfacherem Bildungsniveau gut beantwortet werden.

Zur Beantwortung der Fragen werden ca. 15 bis 20 Minuten benötigt. Die Eltern sollten die Möglichkeit haben, bei Unklarheiten nachfragen zu können. Aus den einzelnen Antworten wurden rechnerisch einzelne Skalen für ein Auswertungsprofil entwickelt. Der Kompetenzteil des Fragebogens wird so in eine Aktivitätenskala, in eine Skala für soziale Kompetenzen und eine dritte Unterskala, die sich auf die Schule bezieht, eingeteilt. Beispiel Auswertungsbogen. Die einzelnen Auffälligkeiten lassen sich nach Achenbach in zwei übergeordnete Gruppen, die sogenannten **"internalisierenden"** Störungen und die mehr **"externalisierenden"** Störungen einteilen. Zu den internalisierenden Störungen gehören die Skalen **"Sozialer Rückzug"**, **"Angst/Depressivität"** und **"Körperliche Beschwerden"**. Zu den externalisierenden Störungen gehören die Skalen **"Delinquentes Verhalten"** und **"Aggressives Verhalten"**. Darüber hinaus gibt es drei weitere Skalen, die u.a. soziale Probleme und Aufmerksamkeitsstörungen erfassen, die nicht dem externalisierenden oder internalisierenden Bereich zugeordnet wurden.

Bezogen werden kann dieses praxisnahe Instrument über die Arbeitsgruppe "Kinder-, Jugend- und Familiendiagnostik" (KJFD), eine universitäre, nicht profitorientierte Vertriebsorganisation (Geschäftsstelle des KJFD: % Klinik für Psychiatrie und Psychotherapie des Kindes- und Jugendalters der Universität Köln, Robert-Koch-Str. 10, 50931 Köln, Fax: 0221/478 6104).

• • Die praktische Anwendung dieser Verhaltensliste wird auf den nächsten Seiten an einem fiktiven Beispiel illustriert.

Elternfragebogen über das Verhalten von Kindern und Jugendlichen - CBCL/4-18

Name (des Kindes): Thomas

Geschlecht: ☐ Mädchen ☒ Junge

Alter: 9

Geburtsdatum: (des Kindes) 1 4 0 2 8 5 (Tag Monat Jahr)

Datum heute: 1 5 0 3 9 4 (Tag Monat Jahr)

Tätigkeit der Eltern: (auch wenn zur Zeit nicht ausgeübt) bitte genaue Bezeichnung, z.B. Autoschlosser, Realschullehrer, Hausfrau, Dreher, Arbeiter, Schuhverkäufer, Bundeswehrhauptmann:

Tätigkeit des Vaters: Elektromeister

Tätigkeit der Mutter: Bankangestellte

Fragebogen ausgefüllt von: ☒ Mutter ☐ Vater ☐ Anderen (z.B. Oma, Erzieher):

Bitte füllen Sie diesen Fragebogen danach aus, wie Sie das Verhalten Ihres Kindes einschätzen, auch wenn andere Menschen vielleicht nicht damit übereinstimmen. Sie können zusätzliche Bemerkungen dazu schreiben, wenn es Ihnen erforderlich erscheint.

I. Nennen Sie bitte die Sportarten, die Ihr Kind am liebsten ausübt, z.B. Fußball, Radfahren, Schwimmen, Tischtennis usw..

☐ keine

	Wieviel Zeit verbringt Ihr Kind mit dieser Sportart, verglichen mit Gleichaltrigen?				Wie gut beherrscht Ihr Kind diese Sportart, verglichen mit Gleichaltrigen?			
	Ich weiß es nicht	weniger	gleich viel	mehr	Ich weiß es nicht	weniger gut	gleich gut	besser
a. Fußball	☐	☐	☒	☐	☐	☐	☐	☒
b.	☐	☐	☐	☐	☐	☐	☐	☐
c.	☐	☐	☐	☐	☐	☐	☐	☐

II. Nennen Sie bitte die Lieblingsaktivitäten, Hobbies oder Spiele Ihres Kindes, z.B. Klavierspielen, Briefmarkensammeln, Singen, Lesen, mit Puppen oder Autos spielen usw. (außer Sport, Radiohören, Fernsehen).

☐ keine

	Wieviel Zeit verbringt Ihr Kind damit, verglichen mit Gleichaltrigen?				Wie gut beherrscht Ihr Kind diese Aktivität, verglichen mit Gleichaltrigen?			
	Ich weiß es nicht	weniger	gleich viel	mehr	Ich weiß es nicht	weniger gut	gleich gut	besser
a. Game boy spielen	☐	☒	☐	☐	☐	☐	☒	☐
b. Lego spielen	☐	☐	☒	☐	☐	☐	☒	☐
c.	☐	☐	☐	☐	☐	☐	☐	☐

III. Gehört Ihr Kind irgendwelchen Organisationen, Vereinen oder Gruppen an?

☐ keine

	Wie aktiv ist Ihr Kind dort, verglichen mit Gleichaltrigen?			
	Ich weiß es nicht	weniger aktiv	gleich aktiv	aktiver
a. Fußballverein	☐	☐	☒	☐
b.	☐	☐	☐	☐
c.	☐	☐	☐	☐

IV. Welche Arbeiten oder Pflichten übernimmt Ihr Kind innerhalb oder außerhalb des Haushalts, z.B. Spülen, Kinderhüten, Zeitungen austragen usw.?

☐ keine

	Wie gut verrichtet Ihr Kind diese Arbeiten oder Pflichten, verglichen mit Gleichaltrigen?			
	Ich weiß es nicht	weniger gut	gleich gut	besser
a. Spülen (sonntags)	☐	☒	☐	☐
b.	☐	☐	☐	☐
c.	☐	☐	☐	☐

Bezug: Arbeitsgruppe Kinder-, Jugendlichen- und Familiendiagnostik (KJFD).
Geschäftsstelle KJFD: c/o Klinik für Kinder- und Jugendpsychiatrie der Universität Köln, Robert-Koch-Str. 10, 50931 Köln

| | | | | | | | | | | 1

V. 1. Wieviele Freunde hat Ihr Kind? ☐ Keine ☒ einen ☐ zwei bis drei ☐ vier oder mehr
(bitte Geschwister nicht mitzählen)

2. Wie oft pro Woche unternimmt Ihr Kind etwas mit seinen Freunden außerhalb der Schulstunden?
(bitte Geschwister nicht mitzählen)
☒ weniger als einmal ☐ ein- bis zweimal ☐ dreimal oder häufiger

---

VI. Verglichen mit Gleichaltrigen:	schlechter	etwa gleich	besser	
a. Wie verträgt sich Ihr Kind mit den Geschwistern?	☒	☐	☐	☐ Einzelkind
b. Wie verträgt sich Ihr Kind mit anderen Kindern/Jugendlichen?	☒	☐	☐	
c. Wie verhält sich Ihr Kind gegenüber den Eltern?	☒	☐	☐	
d. Wie spielt oder arbeitet Ihr Kind alleine?	☒	☐	☐	

VII. 1. Gegenwärtige Schulleistungen (für Kinder ab 6 Jahren):

☐ **besucht keine Schule**

	ungenügend	unterdurchschnittlich	durchschnittlich	überdurchschnittlich
a. Lesen, Deutsch	☒	☐	☐	☐
b. Sachkunde, Geschichte oder Sozialkunde	☐	☐	☒	☐
c. Rechnen oder Mathematik	☐	☐	☒	☐
d. Naturwissenschaften (falls zutreffend)	☐	☐	☐	☐
andere Fächer (wie Erdkunde, Fremdsprachen; <u>nicht</u> Fächer wie Kunst, Musik, Sport usw.) e._____	☐	☐	☐	☐
f._____	☐	☐	☐	☐
g._____	☐	☐	☐	☐

---

2. Besucht Ihr Kind eine Sonderschule bzw. hat es eine besondere Art der Beschulung (z.B. Integrationskind)?
☒ nein ☐ ja, bitte genaue Beschreibung:

---

3. Hat Ihr Kind eine Klasse wiederholt? ☒ nein ☐ ja, welche und warum:

---

4. Sind bei Ihrem Kind schon einmal Lernschwierigkeiten oder andere Probleme in der Schule aufgetreten?
☐ nein ☒ ja, bitte beschreiben: Schreiben lernen, unruhig und unaufmerksam
kommt mit Kindern nicht zurecht

Wann fingen die Probleme an? seit 1. Schuljahr

Haben diese Probleme aufgehört? ☒ nein ☐ ja, wann:

Hat Ihr Kind eine Krankheit, körperliche oder geistige Beeinträchtigung oder Behinderung? ☒ nein ☐ ja

wenn ja, bitte beschreiben:

Worüber machen Sie sich bei Ihrem Kind die meisten Sorgen?

Über seine Unruhe u. schlechten Leistungen in Deutsch.

(evtl. bitte weiteres Blatt beifügen)

Was gefällt Ihnen an Ihrem Kind am besten?

Thomas ist manchmal sehr anhänglich und versucht mir trotz aller Probleme immer wieder eine Freude zu machen.

(evtl. bitte weiteres Blatt beifügen)

Es folgt eine Liste von Eigenschaften und Verhaltensweisen, die bei Kindern und Jugendlichen auftreten können. Nach jeder Eigenschaft finden Sie die Ziffern 0, 1, 2. Beantworten Sie bitte für jede Eigenschaft, ob sie *jetzt oder innerhalb der letzten 6 Monate* bei Ihrem Kind zu beobachten war. Wenn diese Eigenschaft *genau so oder häufig* zu beobachten war, kreuzen Sie die Ziffer 2 an, wenn die Eigenschaft *etwas oder manchmal* auftrat, die Ziffer 1, wenn sie für Ihr Kind *nicht zutrifft*, die Ziffer 0. Beantworten Sie bitte alle Fragen so gut Sie können, auch wenn Ihnen einige für Ihr Kind unpassend erscheinen.

0 = nicht zutreffend (soweit bekannt)	**1 = etwas oder manchmal zutreffend**	**2 = genau oder häufig zutreffend**

1. Verhält sich zu jung für sein/ihr Alter 0 1 2
2. Leidet unter Heuschnupfen oder anderen Allergien; bitte beschreiben: ______________ . 0 1 2
3. Streitet oder widerspricht viel 0 1 2
4. Hat Asthma 0 1 2
5. Bei Jungen: verhält sich wie ein Mädchen Bei Mädchen: verhält sich wie ein Junge 0 1 2
6. Entleert den Darm außerhalb der Toilette, kotet ein 0 1 2
7. Gibt an, schneidet auf 0 1 2
8. Kann sich nicht konzentrieren, kann nicht lange aufpassen 0 1 2
9. Kommt von bestimmten Gedanken nicht los; bitte beschreiben: ______________ . 0 1 2
10. Kann nicht stillsitzen, ist unruhig oder überaktiv 0 1 2
11. Klammert sich an Erwachsene oder ist zu abhängig 0 1 2
12. Klagt über Einsamkeit 0 1 2
13. Ist verwirrt oder zerstreut 0 1 2
14. Weint viel 0 1 2
15. Ist roh zu Tieren oder quält sie 0 1 2
16. Ist roh oder gemein zu anderen oder schüchtert sie ein 0 1 2
17. Hat Tagträume oder ist gedankenverloren 0 1 2
18. Verletzt sich absichtlich oder versucht Selbstmord 0 1 2
19. Verlangt viel Beachtung 0 1 2
20. Macht seine/ihre eigenen Sachen kaputt 0 1 2
21. Macht Sachen kaputt, die den Eltern, Geschwistern oder anderen gehören 0 1 2
22. Gehorcht nicht zu Hause 0 1 2
23. Gehorcht nicht in der Schule 0 1 2
24. Ißt schlecht 0 1 2
25. Kommt mit anderen Kindern/Jugendlichen nicht aus 0 1 2
26. Scheint sich nicht schuldig zu fühlen, wenn er/sie sich schlecht benommen hat 0 1 2
27. Ist leicht eifersüchtig 0 1 2
28. Ißt oder trinkt Dinge, die nicht zum Essen oder Trinken geeignet sind; bitte beschreiben: (keine Süßigkeiten angeben) ______________ . 0 1 2
29. Fürchtet sich vor bestimmten Tieren, Situationen oder Plätzen (Schule ausgenommen); bitte beschreiben: ______________ . 0 1 2
30. Hat Angst, in die Schule zu gehen 0 1 2
31. Hat Angst, etwas Schlimmes zu denken oder zu tun 0 1 2
32. Glaubt, perfekt sein zu müssen 0 1 2
33. Fühlt oder beklagt sich, daß niemand ihn/sie liebt 0 1 2
34. Glaubt, andere wollen ihm/ihr etwas antun 0 1 2
35. Fühlt sich wertlos oder unterlegen 0 1 2
36. Verletzt sich häufig ungewollt, neigt zu Unfällen 0 1 2
37. Gerät leicht in Raufereien, Schlägereien 0 1 2
38. Wird viel gehänselt 0 1 2
39. Hat Umgang mit anderen, die in Schwierigkeiten geraten 0 1 2
40. Hört Geräusche oder Stimmen, die nicht da sind; bitte beschreiben: ______________ . 0 1 2
41. Ist impulsiv oder handelt, ohne zu überlegen 0 1 2
42. Ist lieber allein als mit anderen zusammen 0 1 2
43. Lügt, betrügt oder schwindelt 0 1 2
44. Kaut Fingernägel 0 1 2
45. Ist nervös oder angespannt 0 1 2
46. Hat nervöse Bewegungen oder Zuckungen (betrifft nicht die unter 10 erwähnte Zappeligkeit); bitte beschreiben: ______________ . 0 1 2
47. Hat Alpträume 0 1 2
48. Ist bei anderen Kindern/Jugendlichen nicht beliebt 0 1 2
49. Leidet an Verstopfung 0 1 2
50. Ist zu furchtsam oder ängstlich 0 1 2
51. Fühlt sich schwindelig 0 1 2
52. Hat zu starke Schuldgefühle 0 1 2
53. Ißt zu viel 0 1 2
54. Ist immer müde 0 1 2
55. Hat Übergewicht 0 1 2
56. Hat folgende Beschwerden ohne bekannte körperliche Ursachen:
    a) Schmerzen (außer Kopf- oder Bauchschmerzen) 0 1 2
    b) Kopfschmerzen 0 1 2
    c) Übelkeit 0 1 2
    d) Augenbeschwerden (ausgenommen solche, die durch Brille korrigiert sind); bitte beschreiben: ______________ . 0 1 2
    e) Hautausschläge oder andere Hautprobleme 0 1 2
    f) Bauchschmerzen oder Magenkrämpfe 0 1 2
    g) Erbrechen 0 1 2
    h) andere Beschwerden; bitte beschreiben ______ . 0 1 2

0 = nicht zutreffend (soweit bekannt)	1 = etwas oder manchmal zutreffend	2 = genau oder häufig zutreffend

57. Greift andere körperlich an 0 1 2
58. Bohrt in der Nase, zupft oder kratzt sich an Körperstellen; bitte beschreiben:________________..0 1 2
59. Spielt in der Öffentlichkeit an den eigenen Geschlechtsteilen..0 1 2
60. Spielt zu viel an den eigenen Geschlechtsteilen..0 1 2
61. Ist schlecht in der Schule (Schreiben)..................0 1 2
62. Ist körperlich unbeholfen oder ungeschickt...........0 1 2
63. Ist lieber mit älteren Kindern oder Jugendlichen als mit Gleichaltrigen zusammen...........0 1 2
64. Ist lieber mit Jüngeren als mit Gleichaltrigen zusammen...........................0 1 2
65. Weigert sich zu sprechen 0 1 2
66. Tut bestimmte Dinge immer und immer wieder, wie unter einem Zwang; bitte beschreiben:________________..0 1 2
67. Läuft von zu Hause weg 0 1 2
68. Schreit viel 0 1 2
69. Ist verschlossen, behält Dinge für sich...................0 1 2
70. Sieht Dinge, die nicht da sind; bitte beschreiben:________________..0 1 2
71. Ist befangen oder wird leicht verlegen 0 1 2
72. Zündelt gerne oder hat schon Feuer gelegt..........0 1 2
73. Hat sexuelle Probleme; bitte beschreiben:______..0 1 2
74. Produziert sich gern oder spielt den Clown..........0 1 2
75. Ist schüchtern oder zaghaft 0 1 2
76. Schläft weniger als die meisten Gleichaltrigen.......0 1 2
77. Schläft tagsüber und/oder nachts mehr als die meisten Gleichaltrigen; bitte beschreiben:____..0 1 2
78. Schmiert oder spielt mit Kot 0 1 2
79. Hat Schwierigkeiten beim Sprechen; bitte beschreiben:________________..0 1 2
80. Starrt ins Leere 0 1 2
81. Stiehlt zu Hause 0 1 2
82. Stiehlt anderswo 0 1 2
83. Hortet Dinge, die er/sie nicht braucht; bitte beschreiben:________________..0 1 2
84. Verhält sich seltsam oder eigenartig; bitte beschreiben:________________..0 1 2
85. Hat seltsame Gedanken oder Ideen; bitte beschreiben:________________..0 1 2
86. Ist störrisch, mürrisch oder reizbar 0 1 2
87. Zeigt plötzliche Stimmungs- oder Gefühlswechsel 0 1 2
88. Schmollt viel oder ist leicht eingeschnappt..........0 1 2
89. Ist mißtrauisch 0 1 2
90. Flucht oder gebraucht obszöne (schmutzige) Wörter 0 1 2
91. Spricht davon, sich umzubringen.............................0 1 2
92. Redet oder wandelt im Schlaf; bitte beschreiben:________________..0 1 2
93. Redet zuviel 0 1 2
94. Hänselt andere gern..0 1 2
95. Hat Wutausbrüche oder hitziges Temperament..0 1 2
96. Denkt zuviel an Sex 0 1 2
97. Bedroht andere..0 1 2
98. Lutscht am Daumen 0 1 2
99. Ist zu sehr auf Ordentlichkeit oder Sauberkeit bedacht 0 1 2
100. Hat Schwierigkeiten mit dem Schlafen; bitte beschreiben:________________..0 1 2
101. Schwänzt die Schule (auch einzelne Schulstunden) 0 1 2
102. Zeigt zu wenig Aktivität, ist zu langsam oder träge..0 1 2
103. Ist unglücklich, traurig oder niedergeschlagen..0 1 2
104. Ist ungewöhnlich laut..0 1 2
105. Trinkt Alkohol, nimmt Drogen oder mißbraucht Medikamente; bitte beschreiben______..0 1 2
106. Richtet mutwillig Zerstörungen an.........................0 1 2
107. Näßt bei Tag ein..0 1 2
108. Näßt im Schlaf ein..0 1 2
109. Quengelt oder jammert 0 1 2
110. Bei Jungen: Möchte lieber ein Mädchen sein
Bei Mädchen: Möchte lieber ein Junge sein..........0 1 2
111. Zieht sich zurück, nimmt keinen Kontakt zu anderen auf 0 1 2
112. Macht sich zuviel Sorgen 0 1 2
113. Bitte beschreiben Sie hier Probleme Ihres Kindes, die bisher noch nicht erwähnt wurden:

________________..0 1 2

________________..0 1 2

________________..0 1 2

________________..0 1 2

---> Bitte überprüfen Sie, ob Sie alle Fragen beantwortet haben.

---> Unterstreichen Sie bitte diejenigen Probleme, die Ihnen Sorgen machen.

Vielen Dank !

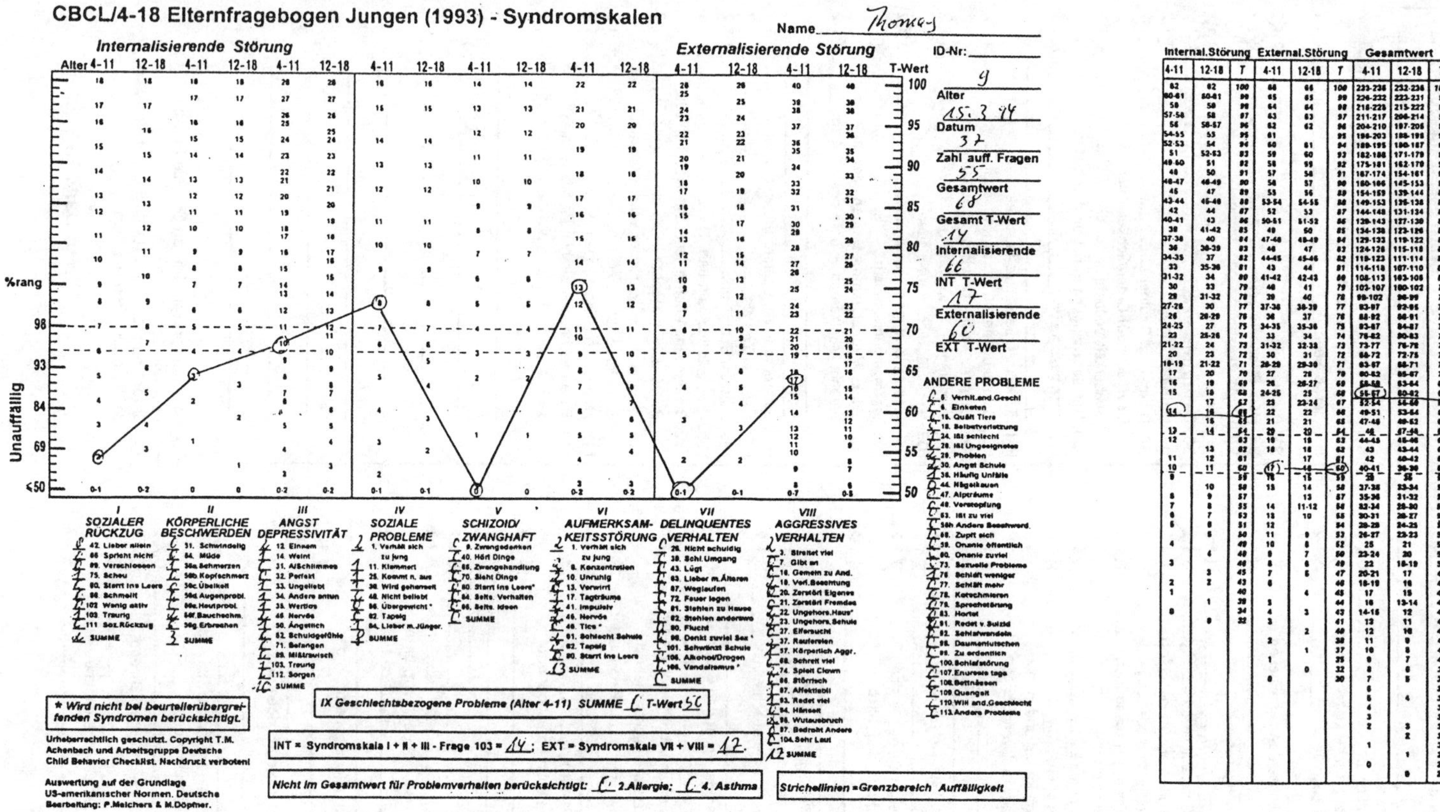

Abbildung : Profil Syndromskalen, Beispiel Thomas

Einrichtungen der Kinder- und Jugendpsychiatrie

DEUTSCHLAND

• Baden-Württemberg

Kinder- und Jugendpsychiatrische Abteilung
am Psychiatrischen Landeskrankenhaus
Nordschwarzwald
75355 Calw-Hirsau

Abteilung für Kinder- und Jugendpsychiatrie
der Psychiatrischen und Neurologischen
Universitätsklinik
Hauptstraße 5
79104 Freiburg

Abteilung für Kinder- und Jugendpsychiatrie
der Psychiatrischen Klinik am Klinikum der
Universität Heidelberg
Blumenstraße 8
69115 Heidelberg

Abteilung für Kinder- und Jugendpsychiatrie
der Städtischen Kinderkliniken
Karl-Wilhelm-Straße 1
76131 Karlsruhe

Kinder- und jugendpsychiatrische Klinik am
Zentralinstitut für seelische Gesundheit
J 5
68159 Mannheim

Kinder- und jugendpsychiatrische Abteilung
am Fachkrankenhaus für Behinderte der
Stiftung Libenau Segenberg
88074 Meckenbeuren

Abteilung für Kinder- und Jugendpsychiatrie
der Universität Ulm am Landeskrankenhaus
88214 Ravensburg-Weißenau

Kinder- und jugendpsychiatrische Abteilung
der Johannesanstalten Schwarzacherhof
77836 Schwarzach

Kinder- und jugendpsychiatrische Abteilung
am Olgahospital
Mörikestraße 9
70178 Stuttgart

Klinik für Kinder- und Jugendpsychiatrie
Haus Vogt
Dennenbergstraße 5
79822 Titisee-Neustadt

Abteilung für Kinder- und Jugendpsychiatrie
der Universität Tübingen
Osianderstraße 14
72076 Tübingen

Abteilung für Kinder- und Jugendpsychiatrie
am Psychiatrischen Landeskrankenhaus
74189 Weinsberg

• Bayern

Abteilung für Kinder- und Jugendpsychiatrie
der Kinderklinik "Josephinum"
Kapellenstraße 30
86154 Augsburg

Kinder- und Jugendpsychiatrische Klinik
Nervenkrankenhaus des Bezirks Oberfranken
Cottenbachstraße 23
95447 Bayreuth

Kinder- und Jugendpsychiatrische Abteilung
der Universität Erlangen-Nürnberg
Schwabachanlage 6 und 10
91054 Erlangen

Abteilung für Kinder- und Jugendpsychiatrie
der Universität München und Heckscher Klinik
des Bezirks Oberbayern
Heckscher Straße 4 + 9
80804 München

Abteilung für Kinder- und Jugendpsychiatrie
am Klinikum Nord der Stadt Augsburg
Flurstraße 17
90419 Nürnberg

Klinik für Kinder- und Jugendpsychiatrie
am Bezirkskrankenhaus
Universitätsstraße 84
93053 Regensburg

Klinik und Poliklinik für Kinder- und
Jugendpsychiatrie der Universität Würzburg
Füchsleinstraße 15
97080 Würzburg

• **Berlin**

Klinik für Kinder- und Jugendpsychiatrie am
Humboldt-Krankenhaus
Frohnauer Straße 74-80
13467 Berlin

Abteilung für Psychiatrie und Neurologie
des Kindes- und Jugendalters am
Universitätsklinikum Rudolf Virchow
der Freien Universität Berlin
Platanenallee 23
14050 Berlin

Abteilung für Kinder- und Jugendpsychiatrie
der Nervenklinik Spandau
Griesinger Straße 27-33
13589 Berlin

Max-Bürger-Krankenhaus
Pädagogisch-psychiatrisches Rehabilitations-
zentrum für Kinder und jugendpsychiatrische
Tagesklinik
Rudolf-Mosse-Straße 9
14197 Berlin

Klinik und Poliklinik für Psychiatrie und
Neurologie des Kindes- und Jugendalters
Medizinische Fakultät (Charité) der
Humboldt Universität zu Berlin
Schumannstraße 20/21
10117 Berlin

Abteilung für Kinder- und Jugendpsychiatrie
im Wilhelm-Griesinger-Krankenhaus
Brebacher Weg 15
12683 Berlin

Kinder- und Jugendpsychiatrische Abteilung
des Evangelischen Krankenhauses
Königin Elisabeth Herzberge
Herzbergstraße 79
10365 Berlin

• **Brandenburg**

Klinik für Kinder- und Jugendneuropsychiatrie
Anton-Saefkow-Allee 2
14772 Brandenburg

Landesklinik Eberswalde
Oderberger Straße 8
16225 Eberswalde-Finow

Klinik für Kinder- und Jugendpsychiatrie
Landesklinik
Lückauer Straße 17
15907 Lübben

• **Bremen**

Klinik für Kinder- und Jugendpsychiatrie
Zentralkrankenhaus Bremen-Ost
Züricher Straße 40
28325 Bremen

• **Hamburg**

Abteilung für Kinder- und Jugendpsychiatrie
der Psychiatrischen Klinik
der Universität Hamburg
Martinistraße 52
20251 Hamburg

Psychosomatische Abteilung der
Universitätskinderklinik
Martinistraße 52
20251 Hamburg

Kinder- und jugendpsychiatrische Abteilung
am Kinderkrankenhaus Wilhelmstift
Liliencronstraße 130
22149 Hamburg

• **Hessen**

Klinik für Kinder- und Jugendpsychiatrie
des LWW "Rheinhöhe"
Klosterstraße 4
65346 Eltville

Abteilung für Kinder- und Jugendpsychiatrie
der Johann-Wolfgang-Goethe-Universität
Deutschordenstraße 50
60528 Frankfurt

Klinik für Kinder- und Jugendpsychiatrie
des LWW "Rehberg"
Austraße 40
35745 Herborn

Klinik und Poliklinik für
Kinder- und Jugendpsychiatrie
Herkulesstraße 111
34119 Kassel

Klinik und Poliklinik für Kinder- und Jugendpsychiatrie der Philipps-Universität
Hans-Sachs-Straße 6
35039 Marburg

Klinik für Kinder- und Jugendpsychiatrie des LWW "Lahnhöhe"
Cappeler Straße 98
35039 Marburg

Klinik für Kinder- und Jugendpsychiatrie des LWW "Hofheim"
64560 Riedstadt

- **Mecklenburg-Vorpommern**

Fachbereich Kinder- und Jugendpsychiatrie der Universitätsklinik für Neurologie und Psychiatrie der Ernst-Moritz-Arndt-Universität Greifswald
Ellernholzstraße 1-2
17489 Greifswald

Abteilung für Psychiatrie und Neurologie des Kindes- und Jugendalters der Nervenklinik und Poliklinik der Universität Rostock
Gehlsheimer Straße 20
18147 Rostock

Klinik für Kinder- und Jugendneuropsychiatrie
Wismarsche Straße 393/395
19055 Schwerin

Kinderneuropsychiatrische Klinik am Klinikum der Hansestadt Stralsund
Rostocker Chaussee 50
18437 Stralsund

Klinik für Kinder- und Jugendpsychiatrie am Landeskrankenhaus für Neurologie und Psychiatrie
Ravensteinstraße 23
17373 Ueckermünde

- **Niedersachsen**

Klinik für Kinder- und Jugendpsychiatrie
Alte Oldenburger Landstraße
27777 Ganderkesee

Abteilung für Kinder- und Jugendpsychiatrie der Georg-August-Universität
Von-Siebold-Straße 5
37075 Göttingen

Psychosomatische Abteilung der Kinderklinik der Universität
Humboldtallee 38
37073 Göttingen

Abteilung für Kinder- und Jugendpsychiatrie am Kinderkrankenhaus auf der Bult
Janusz-Korczak-Allee 10
30173 Hannover

Niedersächsische Fachklinik für Kinder- und Jugendpsychiatrie Hildesheim
Goslarsche Landstraße 60
31135 Hildesheim

Albert-Schweitzer-Therapeutikum
Fachklinik für Kinder und Jugendliche
Pipping 5
37603 Holzminden

Klinik für Kinder- und Jugendpsychiatrie
Königslutter am Landeskrankenhaus
Vor dem Kaiserdom 1
38154 Königslutter

Niedersächsische Fachklinik für Kinder- und Jugendpsychiatrie Lüneburg
Am Wienebütteler Weg 1
21339 Lüneburg

Clemens-August-Jugendklinik
Fachkrankenhaus für Kinder- und Jugendpsychiatrie
Bergstraße
Postfach 1260
49434 Neuenkirchen

Kinder- und Jugendpsychiatrische Abteilung am Kinderhospital Osnabrück
Iburger Straße 187
49082 Osnabrück

FB Klinische Psychotherapie von Kindern und Jugendlichen am Tiefenbrunn-Krankenhaus
37124 Rosdorf

Kinder- und Jugendpsychiatrische Klinik Wunstorf am Landeskrankenhaus
Gustav-Grone-Straße 21
31515 Wunstorf

• Nordrhein-Westfalen

Psychosomatische Fachklinik für Kinder und Jugendliche
Lindenstraße 4
53474 Bad Neuenahr-Ahrweiler

Kinder- und Jugendpsychiatrische Abteilung der Rheinischen Landesklinik Bedburg-Hau
Schmehlenheide 1
47551 Bedburg-Hau

Kinder- und Jugendpsychiatrische Klinik St.-Josefs-Hospital Bochum-Linden
Axstraße 35
44879 Bochum

Kinder- und Jugendpsychiatrische Abteilung der Vestischen Kinderklinik
Lloydstraße 5
45711 Datteln

Kinder- und Jugendpsychiatrische Klinik des Kreiskrankenhauses Detmold
Röntgenstraße 18
32756 Detomold

Abteilung für Kinder- und Jugendpsychiatrie der Elisabeth-Klinik
Schwerter Straße 240
44287 Dortmund

Kinder- und Jugendpsychiatriscche Abteilung der Rheinischen Landesklinik Düsseldorf
Bergische Landstraße 2
40629 Düsseldorf

Kindertagesklinik für Psychosomatik
Fürstenwall 91
40217 Düsseldorf

Klinik für Kinder und Jugendliche der Städtischen Kliniken Duisburg
Zu den Rehwiesen 9
47055 Duisburg

Klinik für Kinder- und Jugendpsychiatrie der Rheinischen Landes- und Hochschulklinik Essen
Virchowstraße 174
45147 Essen

Jugendpsychiatrische Abteilung des Evangelischen Krankenhauses Essen-Werden
Pattbergstraße 1-3
45239 Essen

Westfälisches Institut für Jugendpsychiatrie und Heilpädagogik
Heithofer Allee 64
59071 Hamm

Kinder- und Jugendpsychiatrische Abteilung am Gemeinschaftskrankenhaus
58313 Herdecke

Kinder- und Jugendpsychiatrische Klinik der Universität zu Köln
Josef-Stelzmann-Straße 9
50937 Köln

Tagesklinik für Kinder- und Jugendpsychiatrie
Pionierstraße 19
50735 Köln

Klinik für Kinder- und Jugendpsychiatrie
Hohfuhrstraße 25
58509 Lüdenscheid

Westfälische Klinik für Kinder- und Jugendpsychiatrie in der Haard
Halterner Straße 525
45770 Marl

Westfälische Klinik für Kinder- und Jugendpsychiatrie
Bredelarer Straße 33
34431 Marsberg

Funktionsbereich Psychosomatik der Universitätskinderklinik
Robert-Koch-Straße 31
48149 Münster

Klinik und Poliklinik für Kinder- und Jugendpsychiatrie der Westfälischen Wilhelms-Universität
Schmeddinger Straße 50
481409 Münster

Kinder- und Jugendpsychiatrische Tagesklinik Johanniter-Kinderklinik
Arnold-Janssen-Straße 29
53757 Sankt Augustin

Rheinische Landesklinik für Kinder- und Jugendpsychiatrie
Horionstraße 14
41749 Viersen

St.-Laurentius-Heim mit Klinik für Kinder- und Jugendpsychiatrie
Stiepenweg 70
34414 Warburg

Fachklinik für Kinder- und Jugendpsychiatrie
Heilpädagogik-Psychotherapeutisches Zentrum
Otto-Ohl-Weg 10
42489 Wülfrath

Kinder- und Jugendpsychiatrische Abteilung der städtischen Kinderklinik Wuppertal
Heusnerstraße 40
42283 Wuppertal

- **Rheinland-Pfalz**

Pfalzinstitut für Kinder- und Jugendpsychiatrie
Weinstraße 100
76889 Klingenmünster

- **Saarland**

Abteilung für Kinder- und Jugendpsychiatrie der Universitäts-Nervenklinik
66424 Homburg

Klinik für Kinder- und Jugendpsychiatrie/ Psychotherapie
Waldstraße 40
66271 Kleinblittersdorf

- **Sachsen**

Klinik für Kinder- und Jugendpsychiatrie am Fachkrankenhaus für Psychiatrie und Neurologie
Hufelandstraße 15
01477 Arnsdorf

Klinik für Kinder- und Jugendneuropsychiatrie
Waldhofstraße 3
08209 Bad Reiboldsgrün

Abteilung für Kinder- und Jugendpsychiatrie
Städtische Kliniken Chemnitz
Dresdner Straße 178
09131 Chemnitz

Abteilung für Kinder- und Jugendpsychiatrie
Fachkrankenhaus für Psychiatrie und Neurologie
02708 Großschweidnitz

Klinik für Psychiatrie, Neurologie, Kinderpsychiatrie und Pädiatrie
Westewitz-Hochweitzschen
04720 Hochweitzschen

Fachkrankenhaus für Kinderneuropsychiatrie
Chopinstraße 2
08349 Johanngeorgenstadt

Neuropsychiatrische Klinik für Kinder und Jugendliche der Universität Leipzig
Riemannstraße 34
04107 Leipzig

Klinik für Kinder- und Jugendpsychiatrie
Park-Krankenhaus Leipzig-Dösen
Chemnitzer Straße 50
04289 Leipzig

Kinder- und Jugendneuropsychiatrische Klinik
Leipziger Straße 59
04435 Schkeuditz

Fachabteilung für Kinder- und Jugendneuropsychiatrie des Kreiskrankenhauses Roschlitz
Markt 11
09306 Wechselburg

Kliniken Hubertusburg
– Fachkrankenhaus –
04779 Wermsdorf

- **Sachsen-Anhalt**

Klinik für Kinder- und Jugendneuropsychiatrie am Bezirksfachkrankenhaus für Psychiatrie und Neurologie
Solbadstraße 2c
06406 Bernburg

Klinik für Kinderneuropsychiatrie
Kiefholzstraße 4
39340 Haldensleben

Abteilung für Kinder- und Jugendpsychiatrie der Nervenklinik der Martin-Luther-Universität
Julius-Kühn-Straße 7
06112 Halle

Klinik für Kinderpsychiatrie
am Stadtkrankenhaus Halle
Händelstraße 16
06114 Halle

Abteilung für Kinder- und Jugendpsychiatrie
der Medizinischen Akademie Magdeburg
Leipziger Straße 44
39120 Magdeburg

Abteilung für Kinder- und Jugendpsychiatrie
Kreiskrankenhaus, Kinderklinik
Weisse Mauer/Poststraße 7
06217 Merseburg

Klinik für Kinder- und Jugendpsychiatrie
Landeskrankenhaus Uchtspringe
39599 Uchtspringe

Fachkrankenhaus für Kinder- und
Jugendpsychiatrie
Parkstraße 5
06268 Vitzenburg

- **Schleswig-Holstein**

Klinik für Kinder- und Jugendpsychiatrie
am Klinikum der Universität Kiel
Niemannsweg 147
24105 Kiel

Kinder- und Jugendpsychiatrische Poli-Klinik
Medizinische Universität Lübeck
Ratzeburger Allee 160
23554 Lübeck

Fachklinik für Kinder- und Jugendpsychiatrie
Schleswig
Friedrich-Ebert-Straße 5
24837 Schleswig

- **Thüringen**

Abteilung für Neuropsychiatrie des Kindes- und Jugendalters der Medzinischen Akademie
Nordhäuserstraße 74
99089 Erfurt

Klinik für Kinder- und Jugendpsychiatrie
der Landesnervenklinik Hildburghausen
Eisfelder Straße 41
98646 Hildburghausen

Abteilung Neuropsychiatrie des Kindes- und Jugendalters (Arbeitsbereich Kinder-/Jugendpsychiatrie) Universitäts-Kinderklinik Jena
Kochstraße 2
07745 Jena

Abteilung für Kinder- und Jugendpsychiatrie
Landesfachkrankenhaus für Psychiatrie und
Neurologie Mühlhausen
99974 Mühlhausen

Fachkrankenhaus für Kinderneuropsychiatrie
Alexander-Puschkin-Straße 17
99734 Nordhausen

Kinder- und Jugendpsychiatrische Abteilung
des Landesfachkrankenhauses für Psychiatrie
und Neurologie Stadtroda
Bahnhofstraße 1a
07646 Stadtroda

Obleute des Berufsverbandes sind:

LÄK Baden-Württemberg
Dr. med. Helga Epple
Bismarckstr. 6a
74072 Heilbronn
Tel. (0731) 879 21, Fax (0731) 7 89 30

LÄK Bayern
Dr. med. Peter Nölkel
Jakob-Fuchs-Str. 5E
95445 Bayreuth
Tel: (0921) 4 35 79

LÄK Berlin
Dr. med. Wolfang Droll
Westfälische Str. 34
10709 Berlin
Tel. (030) 891 55 14

LÄK Brandenburg
Dr. med. Roswitha Perlwitz
Walter-Rathenau-Str. 23
14513 Teltow
Tel. (03328) 47 27 67

LÄK Bremen
Dr. med. Stefan Kette
Am Dobben 14/16
28203 Bremen 1
Tel. (0421) 32 30 21

LÄK Hamburg
Dr. med. Elmar Müller
Hohenzollernring 29
22763 Hamburg 50
Tel. (040) 8 80 50 55

LÄK Hessen
Dr. med. Klaus-Jürgen Erhardt
Seckbacher Landstr. 24
60389 Frankfurt-Bornheim
Tel. (069) 46 60 93

LÄK Mecklenburg-Vorpommern
Dr. med. Christel Beuther
Elisabethstr. 18
17235 Neustrelitz
Tel. (03981) 37 39

LÄK Niedersachsen
Dr. med. Dipl.-Psych. Gert Schacher-Gums
Dahlmannstr. 5
37073 Göttingen
Tel. (0551) 48 40 88

LÄK Nordrhein-Westfalen
Dr. med. Reinhard Schydlo
Herzogstr. 89-91
40215 Düsseldorf
Tel. (0211) 37 81 91
Fax (0211) 3 85 03 30

LÄK Rheinland-Pfalz
Dr. med. Hans-Jakob Schröder
Julius-Wilde-Str. 8
..... Neustadt a.d. Weinstr.
Tel. (0 63 21) 8 20 79

LÄK Saarland
Dr. med. R. Grenner
Klinik für Kinder- und Jugend-psychiatrie/Psychotherapie
Waldstr. 40
66271 Kleinbittersdorf
Tel. (06805) 9 28 20
Fax (06805) 92 82 40

LÄK Sachsen
Dr. med. Ulrich Schumann
Rottwerndorfer Str. 9
01796 Pirna
Tel. (03501) 6 13 60

LÄK Sachsen-Anhalt
Dr. med. W. Geißler
Wilhelm-von-Klewitz-Str. 11
06132 Halle

LÄK Schleswig-Holstein
Dr. med. Ingrid Johannsen
Parkallee 10c
24782 Büdelsdorf
Tel. (04331) 33 63

LÄK Thüringen
Dr. med. Ina-Maria Schairer
Goetheweg 7
07646 Stadtroda
Tel. (036428) 2 10 51

LÄK Westfalen-Lippe
Dr. med. Christiane Hüther
Amtsstr. 17
58239 Schwerte-Westhofen
Tel. (02304) 6 14 99

Literatur

Achenbach, T.M., Edelbrock, C.: Manual for the Child Behavior Checklist and revised Child Behavior Profile. University Associates in Psychiatry, 1. South Prospect St. Burlington, VT 05401, 1983

Apter, A., Zohar, A., Pauls, D.L., Bleich, A., Kron, S., Cohen, D.J.: A population-based epidemiological study of Gilles de la Tourrette's syndrome among adolescents in Israel. Archives of General Psychiatry, in press.

Arbeitsgemeinschaft für Methodik und Dokumentation in der Psychiatrie (AMDP): Das AMP-System. Manual zur Dokumentation psychiatrischer Befunde. 2. Auflage. Zus.gest.u.red.v.Ch.Scharfetter. Springer Verlag, Berlin 1972, 4. Aufl. 1981

Arbeitsgruppe Deutsche Child Behavior Checklist: Elternfragebogen über das Verhalten von Kindern und Jugendlichen; deutsche Bearbeitung der Child Behavior Checklist (CBCL 418). Einführung und Anleitung zur Handauswertung. Bearbeitet von P. Melchers und M. Döpfner. Arbeitsgruppe Kinder-, Jugend- und Familiendiagnostik (KJFD), Köln 1993a

Arbeitsgruppe Deutsche Child Behavior Checklist: Lehrerfragebogen über das Verhalten von Kindern und Jugendlichen; deutsche Bearbeitung der Teacher's Report Form der Child Behavior Checklist (TRF). Einführung und Anleitung zur Handauswertung. Bearbeitet von P. Melchers und M. Döpfner. Arbeitsgruppe Kinder-, Jugend- und Familiendiagnostik (KJFD), Köln 1993b

Arbeitsgruppe Deutsche Child Behavior Checklist: Fragebogen für Jugendliche; deutsche Bearbeitung der Youth Self Report Form der Child Behavior Checklist (YSR). Einführung und Anleitung zur Handauswertung. Bearbeitet von P. Melchers und M. Döpfner. Arbeitsgruppe Kinder-, Jugend- und Familiendiagnostik (KJFD), Köln 1993c

Arbeitsgruppe Deutsche Child Behavior Checklist: Elternfragebogen über das Verhalten von Kleinkindern (CBCL 2-3). Arbeitsgruppe Kinder-, Jugend- und Familiendiagnostik (KJFD), Köln 1993d

Axline, V.M.: Kinderspieltherapie in nicht-direkten Verfahren. Reinhardt, München-Basel 1972

Ayres, J.: Lernstörungen und sensorisch-integrative Dysfunktionen. Springer, Berlin-Heidelberg New York 1979

Bailey, A.: Physical examination and medical investigations. In: M.Rutter, E.Taylor, Hersov, L. (Eds.), Child and Adolescent Psychiatry. Modern Approaches. Third Edition, 79-93, Blackwell Scientific Publications, Oxford 1994

Barker, P.: History. In: P. Barker (Ed.), The Residential Psychiatric Treatment of Children, 1-26, Crosby Lockwood Staples, London 1974

Barker, P.: The results of in-patient care. In: P. Barker (Ed.), The Residential Psychiatric Treatment of Children, 294-309, 1974

Becker-Textor/Textor, M. (Hrsg.): Handbuch der Kinder- und Jugendbetreuung. Luchterhand Verlag, Berlin 1993

Bell, V., Lynne, S., Kolvin, L.: Play group therapy: Processes and patterns and delayed effects. In: M.H. Schmidt, H. Remschmidt (eds): Needs and prospects of child and adolescent psychiatry. Hogrefe, Göttingen und Huber, Bern 1989

Bericht über die Lage der Psychiatrie: Zur psychiatrischen und psychotherapeutisch/psychosomatischen Versorgung der Bevölkerung. Bonn: (Bundesdrucksache 7/4200) 1975

Bericht über ein Colloquium des Instituts für Entwicklungsplanung und Strukturforschung: Früherkennung und Frühförderung behinderter Kinder. Ferdinand Enke Verlag, Stuttgart 1986

Berlin, I., Critchley, D.L., Rassman, P.G.: Current concepts in milieu treatment of severely disturbed children and adolescents. Psychotherapy, 21, 118-131, 1984

Bernhardt, H.: Die Anstaltspsychiatrie in Pommern 1939 bis 1946. Ein Beitrag zur Aufhellung nationalsozialistischer Tötungsaktionen unter besonderer Berücksichtigung der Landesheilanstalt Ueckermünde. Dissertation. Leipzig 1992

Bleidick, U.: Pädagogik der Behinderten. Grundzüge einer Theorie der Erziehung behinderter Kinder und Jugendlicher. Carl Marhold Verlagsbuchhandlung, Berlin 1974

Bowlby, J.: Trennung. Kindler Verlag, München 1976

Brandt, I.: Griffith Entwicklungsskalen. Beltz Verlag, Weinheim 1983

Brenner, H.D., Dencker, S.J., Goldstein, M.J.: Defining treatment refractoriness in schizophrenia. Schizophrenia Bulletin, 4, 551-565, 1990

Brünger, M.: Dissoziale Jugendliche nach sozialtherapeutischer Intervention. Verlag edition erlebnispädagogik, Lüneburg 1993

Buchholz, M.B.: Die unbewußte Familie. Psychoanalytische Studien zur Familie in der Moderne. Springer Verlag, Berlin Heidelberg 1990

Bundeskonferenz für Erziehungsberatung e.V.: Erziehungs- und Familienberatung. Untersuchungen zu Entwicklung, Inanspruchnahme und Perspektiven. G. Presting (Hrsg.), Juventa Verlag, Weinheim und München, 1991

Bundesminister für Jugend, Familie, Frauen und Gesundheit: Achter Jugendbericht. Bericht über Bestrebungen und Leistungen der Jugendhilfe. Bonn 1990

Burk, B., Poustka, F.: Multizentrische Untersuchung zur psychosozialen Achse der WHO unter besonderer Berücksichtigung des West-Ost-Vergleiches in Deutschland. In: F. Poustka, U. Lehmkuhl (Hg.): Gefährdung der kindlichen Entwicklung. 57-65, Quintessenz, München 1993

Campbell, M., Cohen, I.L., Perry, R., Small, A.M.: Psychopharmakological treatment. In: T.H. Ollendick, M. Hersen (Eds.): Handbook of Child Psychopathology. Plenum Press, New York 1989

Cantwell, D.P.: DSM-III studies. In: Rutter, M., Tuma, A.H., Lann, L.S. (Eds.): Assessment and diagnosis in child psychopathology. 3-36, Guilford Press, New York 1988

Cantwell, D.P., Rutter, M.: Classification: Conceptual issues and substantive findings. In: M. Rutter, E. Taylor, Hersov, L. (Eds.), Child and Adolescent Psychiatry. Modern Approaches. Third Edition, 3-21, Blackwell Scientific Publications, Oxford 1994

Cox, A.D.: Diagnostic Appraisal. In: M. Rutter, E. Taylor, Hersov, L. (Eds.), Child and Adolescent Psychiatry. Modern Approaches. Third Edition, 22-33, Blackwell Scientific Publications, Oxford 1994

Cierpka, M. (Hrsg.): Familiendiagnostik. Springer Verlag, Berlin 1988

Clifft, M.A.: Writing about psychiatric patients. Bulletin of the Menninger Clinic, 50 (6), 511-524, 1986

Cogoy, R., Kluge, I., Meckler, B. (Hrsg.): Erinnerung einer Profession. Erziehungsberatung, Jugendhilfe und Nationalsozialismus. Votum Verlag, 1989.

Conners, C.: Nutritional therapy in children. In: Galler, J.R. (Ed.) Nutrition and behavior. New York, Plenum Press, 1984

Cooper, E.B.: The mentally retarded stutterer. In: St. Louis, K.O. (Ed.). The atypical stutterer. Principles and practices of rehabilitation. Academic Press, Orlando 1986

Deegener, G.: Anamnese und Biographie im Kindes- und Jugendalter. Beltz Verlag, Weinheim und Basel 1984

Denkschrift zur Lage der Kinder- und Jugendpsychiatrie in der Bundesrepublik Deutschland, herausgegeben vom Vorstand der Deutschen Gesellschaft für Kinder- und Jugendpsychiatrie. Marburg/Mannheim 1984

Deutsche Gesellschaft für Kinder- und Jugendpsychiatrie: Stellungnahme des Vorstandes zur personellen Ausstattung Kinder- und Jugendpsychiatrischer Krankenhausabteilungen vom 25.09.1979. Z. Kinder- und Jugendpsychiat., 8, 119-121, 1980

Deutsche Gesellschaft für Kinder- und Jugendpsychiatrie: Denkschrift – Zur Lage der Kinder- und Jugendpsychiatrie in der Bundesrepublik Deutschland. Neuauflage, Marburg 1990

Deutscher Verein für öffentliche und private Fürsorge (Hrsg.): Familie-Pflegefamilie-Heim. Überlegungen für situationsgerechte Hilfe zur Erziehung. Frankfurt am Main 1986a

Deutscher Verein für öffentliche und private Fürsorge (Hrsg.): Grundsatzthesen: Schutz der Sozialdaten. Sozialgeheimnis und Schweigepflicht. In: NDV 1986, 227 ff. (1986b)

Deutscher Verein für öffentliche und private Fürsorge (Hrsg.): Handbuch der öffentlichen Sozialplanung. Stuttgart 1986 (1986c)

Deutscher Verein für öffentliche und private Fürsorge (Hrsg.): Bundessozialhilfegesetz. Textausgabe. Verlag W. Kohlhammer, Stuttgart Berlin Köln 1992

Deutscher Bildungsrat (Hrsg.): Zur pädagogischen Förderung behinderter und von Behinderung bedrohter Kinder und Jugendlicher. Stuttgart, 1973

Deutsches Institut für Fernstudien an der Universität Tübingen: Funkkolleg: Umwelt und Gesundheit. Aspekte einer sozialen Medizin. Studienbegleitbrief. Beltz Verlag, Weinheim und Basel 1978

Döpfner, M., Melchers, P., Fegert, J., Lehmkuhl, G., Lehmkuhl, U., Schmeck, K., Steinhausen, H.C., Poustka, F.: Deutschsprachige Konsensus-Versionen der Child Behavior Checklist (CBCL 4-18), der Teacher Report Form (TRF) und der Youth Self Report Form (YSR). Kindheit und Entwicklung 3, 54-59, 1994

DSM-III-R: Diagnostisches und statistisches Manual psychischer Störungen. Beltz Verlag, Weinheim und Basel 1989

DSM-IV: DSM-IV Draft Criteria. Task Force on DSM-IV. American Psychiatric Association. Washington D.C. 1993

Eggers, C.: Course and prognosis of childhood schizophrenia. Journal of Autism and Childhood Schizophrenia, 8, 21-35, 1978

Esser, G., Schmidt, M.H.: Minimale cerebrale Dysfunktion – Leerformel oder Syndrom? Enke, Stuttgart 1987

Faber, F.R., Haarstrick, R.: Kommentar – Psychotherapierichtlinien. 2. Auflage. Jungjohann Verlagsgesellschaft, Neckarsulm-Stuttgart 1991

Farrell, M., Taylor, E.: Drug and alcohohl use and misuse. In: M. Rutter, E. Taylor, Hersov, L. (Eds.), Child and Adolescent Psychiatry. Modern Approaches. Third Edition, 529-545, Blackwell Scientific Publications, Oxford 1994

Fegert, J.M.: Zur Vorgeschichte der Kinder- und Jugendpsychiatrie. Zeitschrift für Kinder- und Jugendpsychiatrie, 14, 126-144, 1986

Fegert, J.M.: Diagnostik und klinisches Vorgehen bei Verdacht auf sexuellen Mißbrauch. In: J. Walter (Hrsg.), Sexueller Mißbrauch im Kindesalter. HVA/Edition Schindele, 68-101, 1989

Fegert, J.M.: Auslandsaufenthalt und psychosoziale Adaptation. Migrationsfolgen bei französischen Kindern und ihren Familien. Deutscher Studien Verlag, Weinheim 1990

Fegert, J.M.: Die Hilfen zur Erziehung nach dem KJHG aus kinder- und jugendpsychiatrischer Sicht. Z.f. Kinder- u. Jugendpsychiatrie 20, 280-288, 1992

Fegert, J.M.: "In Zweifelsfällen entscheidet man sich für das Richtige" (Karl Kraus) – Indikationsstellung von Therapie und Hilfsmaßnahmen in der Kinder- und Jugendpsychiatrie als curricularer Bestandteil einer Psychotherapie. Fortschr.Neurol.Psychiat. 60, 120, 1992

Fegert, J.M.: Therapeutische und pädagogische Hilfen für seelisch behinderte Kinder und Jugendliche nach der KJHG-Novellierung. Z. Kinder-Jugendpsychiat. 21, 260-265, 1993

Fegert, J.M.: Sexueller Mißbrauch und das Recht. Band II. Ein Handbuch zu Fragen der kinder- und jugendpsychiatrischen und psychologischen Untersuchung und Begutachtung. Volksblatt Verlag, Köln 1993

Fegert, J.M., Gerwert, U.: Qualitative Forschungsansätze im praxisnahen Einsatz in der Kinder- und Jugendpsychiatrie. Praxis der Kinderpsychologie und Kinderpsychiatrie, Vandenhoeck & Ruprecht, 42, 293-298, 1993

Fegert, J.M.: Aktuelle und langfristige psychosoziale Belastungen. Eine Untersuchung zur Achse V der WHO. Vortrag, Malmö 1993

Fegert, J.M.: Therapeutische und pädagogische Hilfen für seelisch behinderte Kinder und Jugendliche nach der KJHG-Novellierung. Zeitschrift für Kinder- und Jugendpsychiatrie 21, 260-265, 1993

Fegert, J.M.: Kinderpsychiatrische Versorgung seit dem Fall der Mauer und der Einführung des KJHG. Das Gesundheitswesen 56, 187-192, Thieme Verlag, Stuttgart 1994

Fiedler, P.A.: Diagnostische und therapeutische Verwertbarkeit kognitiver Verhaltensanteile. In: N. Hoffmann (Hrsg.): Grundlagen kognitiver Therapie. 205-251, Huber Verlag, Bern 1979

Freud, A.: Einführung in die Technik der Kinderanalyse. Internationaler Psychoanalytischer Verlag, Leipzig Wien Zürich 1927

Freud, A.: Normality and Pathology in Childhood. Hogarth Press, London 1966

Freud, S.: Psychopathologie des Alltagslebens. GW Bd. 4, Fischer, Frankfurt am Main 1904

Freud, S.: Über Psychotherapie. Gesammelte Werke 5, 11-26, 1905

Gemeinschaftswerk Aufschwung Ost: Beratungsdienste in den neuen Ländern. Presse- und Informationsamt der Bundesregierung, Bonn 1991

Gernert, W. (Hrsg.): Das Kinder- und Jugendhilfegesetz 1993. Anspruch und praktische Umsetzung. Boorberg Verlag, Stuttgart 1993

Gintzel, U., Schone, R.: Erziehungshilfen im Grenzbereich von Jugendhilfe und Jugendpsychiatrie – Problemlagen junger Menschen, Entscheidungsprozesse, Konflikte und Kooperation (Abschlußbericht). Institut für soziale Arbeit e.V., Münster 1989

Gintzel, U., Schone, R. (Hg.): Zwischen Jugendhilfe und Jugendpsychiatrie-Konzepte. Methoden, Rechtsgrundlagen. Votum Verlag, Münster 1990

Goldstein, J., Freud, A., Solnit A.J.: Diesseits des Kindeswohls. Suhrkamp taschenbuch wissenschaft, Frankfurt am Main 1982

Grawe, K., Donati, R., Bernauer, F.: Psychotherapie im Wandel. Von der Konfession zur Profession. Hogrefe Verlag für Psychologie, Göttingen Bern Toronto Seattle 1994

Hackenberg, W.: Die psychosoziale Situation von Geschwistern behinderter Kinder. Schindele, Heidelberg 1983

Hackenberg, W.: Geschwister behinderter Kinder im Jugendalter – Probleme und Verarbeitungsformen. Längsschnittstudie zur psychosozialen Situation und zum Entwicklungsverlauf bei Geschwistern behinderter Kinder. Edition Marhold, 1992

Hamburger Pflegekinderkongreß: "Mut zur Vielfalt" – Dokumentation. Votum Verlag, Münster 1990

Harbauer, H.: Kinder- und Jugendpsychiatrie. Leitfaden für die Praxis. Deutscher Ärzte-Verlag GmbH, Köln-Lövenich 1979

Harrington, R.: Affective Disorders. In: M. Rutter, E. Taylor, Hersov, L. (Eds.), Child and Adolescent Psychiatry. Modern Approaches. Third Edition, 330-350, Blackwell Scientific Publications, Oxford 1994

Heese, G. (Hrsg.): Frühförderung behinderter und von Behinderung bedrohter Kinder. Carl Marhold Verlagsbuchhandlung, Berlin 1978

Heigl-Evers, A., Heigl, F., Ott, F. (Hrsg.): Lehrbuch der Psychotherapie. Gustav Fischer Verlag, Stuttgart Jena 1993

Heinemann, C.: Neuentscheidungstherapie bei Pflege-, Adoptiv- und Heimkindern mit Scheiterer-Verläufen. Prax.Kinderpsychol.Kinderpsychiat. 43, 130-137, 1994

Hellbrügge, T.: Münchner funktionelle Entwicklungsdiagnostik. Urban & Schwarzenberg, München 1978

Hellbrügge, T.: Entwicklungs-Rehabilitation und Konzepte der Früherkennung und Frühförderung behinderter oder von Behinderung bedrohter Kinder. In: Institut f. Entwicklungsplanung und Strukturforschung Hannover (Hrsg.), Früherkennung und Frühförderung behinderter Kinder. 36-55, Ferdinand Enke Verlag, Stuttgart 1986

Hersov, L.: Inpatient and Day-Hospital units. In: M. Rutter, E. Taylor, Hersov, L. (Eds.), Child and Adolescent Psychiatry. Modern Approaches. Third Edition, 983-995, Blackwell Scientific Publications, Oxford 1994

Hocke, R.: Birger Sellin – Eine leere Festung?. In: J. Stork (Hrg.), Kinderanalyse. Zeitschrift für die Anwendung der Psychoanalyse in Psychotherapie und Psychiatrie des Kindes- und Jugendalters. Heft 2, Klett-Cotta, Stuttgart 1994

Höger, Ch.: Erziehungsberatungsstellen im Kontext ambulanter psychosozialer Hilfen für Kinder und Jugendliche. In: G. Presting (Hrsg.), Erziehungs- und Familienberatung. 49-92, Juventa Verlag, Weinheim und München 1991

Hofacker, S.: Soziale Gruppenarbeit. Begriff, Ziele, Inhalt. In: W. Gernert (Hrsg.), Das Kinder- und Jugendhilfegesetz 1993. 143-147, 1993

Huber, J.: Die neuen Helfer. Das "Berliner Modell" und die Zukunft der Selbsthilfebewegung. Piper, München 1987

Institut für Entwicklungsplanung und Strukturforschung (Hrsg.): Früherkennung und Frühförderung behinderter Kinder. Regionale Versorgungskonzepte in der Diskussion. Ferdinand Enke Verlag, Stuttgart 1986

Jans, K., Happe, G., Saurbier, H.: Kinder- und Jugendhilferecht. Kommentar. 3 , neubearb. Auflage. Deutscher Gemeindeverlag und Kohlhammer, Köln 1991

Jantzen, W.: Vorwort zu: Beiträge zur Schule für Geistigbehinderte. In: A. Wagner, K. Bätcke (Hg:): Beiträge zur Schule für Geistigbehinderte. 9-11, Hans Huber, Bern Stuttgart Wien 1976

Jaspers, K.: Die Begriffe Gesundheit und Krankheit. In: K. Jaspers: Allgemeine Psychopathologie. 651-661, 1965, Heidelberg 1913

Jenkins, H.: Family Interviewing: Issues of theory and practice. In: M. Rutter, E. Taylor, Hersov, L. (Eds.), Child and Adolescent Psychiatry. Modern Approaches. Third Edition, 64-78, Blackwell Scientific Publications, Oxford 1994

Kammerer, E.: Kinderpsychiatrische Aspekte der schweren Hörschädigung. Ferdinand Enke Verlag, Stuttgart 1988

Kernberg, O.F.: Schwere Persönlichkeitsstörungen. Theorie, Diagnose, Behandlungsstrategien. Klett-Cotta Verlag, 1989

Kersten, O.: Praxis der Erziehungsberatung. Stuttgart, 1941

Kiphard, E.J.: Psychomotorische Entwicklungsförderung, Bd. 1, Motopädagogik. Modernes Lernen, Dortmund 1979

Klee, E.: Irrsinn Ost – Irrsinn West. Psychiatrie in Deutschland. S. Fischer Verlag, Frankfurt 1993

Klein, R.G.: Anxiety disorders. In: M. Rutter, E. Taylor, Hersov, L. (Eds.), Child and Adolescent Psychiatry. Modern Approaches. Third Edition, 351-374, Blackwell Scientific Publications, Oxford 1994

Klußmann, R.: Psychotherapie. Psychoanalytische Entwicklungspsychologie, Neurosenlehre, Behandlungsverfahren, Aus- und Weiterbildung. 2. Auflage, Springer-Verlag, Berlin 1993

König, K.: Indikation. Entscheidungen vor und während einer psychoanalytischen Therapie. Vandenhoeck & Ruprecht, Göttingen Zürich 1994

Krotz, F.: Die Instrumentalisierung der Selbsthilfe. Erfahrungen mit dem "Berliner Modell". In: P. Grottian u.a. (Hrsg.), Die Wohlfahrts-Wende. Der Zauber konservativer Sozialpolitik. C.H. Beck, 82 ff., 1988

Krug, H., Grüner, H., Dalichau, G.: Kinder- und Jugendhilfe. Sozialgesetzbuch (SGB). Achtes Buch (VIII). Kommentar. Verlag R.S. Schulz, Starnberg 1991

Kubinger, D., Wurst, E.: Adaptives Intelligenz Diagnostikum (AID). Beltz, Weinheim 1988

Kunze, H., Kaltenbach: Die Psychiatrie-Personalverordnung (zusammen mit Auerbach, Banaski, Graf und Rotthaus). Kohlhammer Verlag, Stuttgart 1992

Lebenshilfe Bundesvereinigung: Hilfen für schwer geistig Behinderte – Eingliederung statt Isolation. Schriftenreihe der Lebenshilfe, Bd. 3, Marburg 1978

Leckman, J.F., Cohen, D.J.: Tic disorders. In: M. Rutter, E. Taylor, Hersov, L. (Eds.), Child and Adolescent Psychiatry. Modern Approaches. Third Edition, 455-466, Blackwell Scientific Publications, Oxford 1994

Lehmkuhl, G.: Kognitive, neuropsychologische, psychopathologische und klinische Befunde bei 12- bis 14jährigen Kindern nach unterschiedlich schweren und lang zurückliegenden Schädel-Hirn-Traumen. Habilitationsschrift, Mannheim 1986

Lehmkuhl, G.: Langzeitverlauf bei autistischen Syndromen und Psychosen. In: M.H. Schmidt, S. Drömann (Hrsg.), Langzeitverlauf kinder- und jugendpsychiatrischer Erkrankungen. 46-61, Ferdinand Enke Verlag, Stuttgart 1986

Lehmkuhl, G.: Diagnostik und Behandlungsindikation affektiver Psychosen bei Jugendlichen. In: A. Rothenberger (Hrsg.), Behandlung von affektiven Psychosen bei Jugendlichen. W. Zuckschwerdt Verlag, 16-36, 1992

Lehmkuhl, G., Lehmkuhl, U.: Indikation und Durchführung gruppentherapeutischer Verfahren bei kinder- und jugendpsychiatrischen Erkrankungen. In: U.Lehmkuhl (Hrsg.), Therapeutische Aspekte und Möglichkeiten in der Kinder- und Jugendpsychiatrie. Springer-Verlag, Berlin Heidelberg 1991

Leibing, E., Rüger, U.: Verhaltenstherapie/Verhaltensmodifikation. In: A. Heigl-Evers, F. Heigl, J. Ott (Hrsg.): Lehrbuch der Psychotherapie. 313-330, Gustav Fischer Verlag, Stuttgart Jena 1993

Lempp, R.: Die seelische Behinderung bei Kindern und Jugendlichen als Aufgabe der Jugendhilfe. § 35a SGB VIII. Boorberg Verlag, 1994

Leuner, H.: Lehrbuch des Katathymen Bilderlebens. Huber Verlag, Bern Stuttgart Toronto 1985

Lichtenberg, J.D.: Psychoanalysis and infant research. Analytic Press, Hillsdale 1983

Liepmann, M.C.: Geistig behinderte Kinder und Jugendliche. Verlag Hans Huber, Bern Stuttgart Wien 1979

Lipka, D.: Geschlossene Unterbringung. In: W.Gernert (Hrsg.), Das Kinder- und Jugendhilfegesetz 1993. 198-203, 1993

Maas, U.: Der Hilfeplan nach § 36 KJHG. ZfJ. 79 (2), 60-63, 1992

Magnusson, D., Bergman, L.R.: Individual and variable-based approaches to longitudinal research on early risk factors. In: M. Rutter (Ed.), Studies of Psychosocial Risk: The Power of Longitudinal Data, 45-61, Cambridge University Press, Cambridge 1988

Marcus, A.: Klassifikation von Verhaltensauffälligkeiten im Kindesalter. Kindheit und Entwicklung 2, 141, 150-154, 1993

Marcus, A., Blanz, B., Esser, G., Niemeyer, J.: Beurteilung des Funktionsniveaus bei Kindern und Jugendlichen mit psychischen Störungen. Kindheit und Entwicklung 2, 141, 166-172, 1993

Martinius, J.: Verbindung von Pharmakotherapie und Psychotherapie: Das eine tun und das andere nicht lassen. In: U. Lehmkuhl (Hrsg.), Therapeutische Aspekte und Möglichkeiten in der Kinder- und Jugendpsychiatrie. 136-143, Springer-Verlag, Berlin Heidelberg 1991

Martinius, J.: Fragen, Probleme und Möglichkeiten der kombinierten Pharmaka- und Psychotherapie. In: F. Poustka, U. Lehmkuhl (Hg.), Gefährdung der kindlichen Entwicklung. 214-219, Quintessenz Verlag, München 1993

Martinius, J., Amorosa, H.: Die Versorgung von Kindern mit Teilleistungsschwächen. Rechtliche Voraussetzungen, Defizite, Perspektiven. Z. Kinder-Jugendpsychiat. 22, 61-65, 1994

McGuffin, P., Katz, R.: Nature, nurture and affective disorder. In: J.F.W. Deakin (Eds.), The Biology of Depression. Gaskell Press, London 1986

McGuffin, P., Katz, R., Rutherford, J., Watkins, S., Farmer, A.E., Gottesman, I.I.: What are the mechanisms mediating the genetic and environmental determinants of behavior? Twins as tool of behavioral genetics. In: T.J. Bouchard, P. Propping (Eds.), Twins as a Tool of Behavior Genetics. Wiley, Chichester 1991

Moeller, M.L.: Selbsthilfegruppen. Rowohlt Verlag, Reinbek 1978

Moeller, M.L.: Anders helfen. Selbsthilfegruppen und Fachleute arbeiten zusammen. Klett Verlag, Stuttgart 1981

Münder, J., Greese, D., Jordan, E., Kreft, D., Lakies, Th., Lauer, H., Proksch, R., Schäfer, K.: Franfurter Lehr- und Praxiskommentar zum Kinder- und Jugendhilfegesetz. 2. überarb. Auflage. Votum Verlag, Münster 1993

Neue Gesellschaft für Bildende Kunst: Die gesellschaftliche Wirklichkeit der Kinder in der Bildenden Kunst. Elefanten Press Verlag, Berlin 1986

Neuhäuser, G., Steinhausen, H.-Ch. (Hrsg.): Geistige Behinderung. Grundlagen, klinische Syndrome, Behandlung und Rehabilitation. Kohlhammer, Stuttgart 1990

Nielsen, H., Nielsen, K., Müller, C.W.: Sozialpädagogische Familienhilfe – Probleme, Prozesse und Langzeitwirkungen. Weinheim/Basel 1986

Nielsen, H., Nielsen, K.: Sozialpädagogische Familienhilfe. In: M. Textor (Hrsg.), Hilfen für Familien, 438-448, Fischer Verlag, Frankfurt am Main 1990

Nissen, G., Specht, F. (Hrsg.): Psychische Gesundheit und Schule. Arbeitsmittel für Studium und Unterricht. Luchterhand, Neuwied und Darmstadt 1976

Nissen, G., Eggers, Ch., Martinius, J.: Kinder- und jugendpsychiatrische Pharmakotherapie in Klinik und Praxis. Springer Verlag, Berlin Heidelberg New York Tokyo 1984

Nissen, G.: Emotionale Störungen mit vorwiegend psychischer Symptomatik. In: C. Eggers, R. Lempp, G. Nissen & P. Strunk: Kinder- und Jugendpsychiatrie. 5. Auflage, Springer-Verlag, Berlin 1989

Overmeyer, S., Schmidt, M.H., Blanz, B.: Die Bedeutung und Erfaßbarkeit psychosozialer Belastungen bei psychischen Störungen von Kindern und Jugendlichen. Kindheit und Entwicklung 2, 141, 155-162, 1993

Passet, P.: Gedanken zur Narzißmuskritik: Die Gefahr, das Kind mit dem Bade auszuschütten. In: Psychoanalyt. Seminar Zürich (Hrsg.), Die neuen Narzißmustheorien: zurück ins Paradies? Syndikat, Frankfurt am Main 1981

Pfäfflin, M.: Adoleszentenprobleme Behinderter. In: H. Müller (HG.), Adoleszentenmedizin. Urban & Schwarzenberg, 343-356, 1987

Poustka, F.: Langzeitbehandlung und Verlauf affektiver Psychosen bei Jugendlichen. In: A. Rothenberger (Hrsg.), Behandlung von affektiven Psychosen bei Jugendlichen. W. Zuckschwerdt Verlag, 82-93, 1992

Psychiatrie-Enquête: Bericht über die Lage der Psychiatrie in der Bundesrepublik Deutschland – zur psychiatrischen und psychotherapeutisch/psychosomatischen Versorgung der Bevölkerung. Deutscher Bundestag, Drucksache 7/4200, 1975

Quaschner, K., Riegels, M.: Die Evaluierung teilstationärer Behandlung in der Kinder- und Jugendpsychiatrie. In: F. Poustka, U. Lehmkuhl (Hg.), Gefährdung der kindlichen Entwicklung. 188-192, Quintessenz Verlag, München 1993

Rauschenbach, Th., Steinhilber, H., Späth, B.: Verhaltensauffällige und behinderte Kinder und Jugendliche. Verl. Dt. Jugendinst., München 1980

Remschmidt, H., Schmidt, M.H. (Hrsg.): Multiaxiales Klassifikationsschema für psychiatrische Erkrankungen im Kindes- und Jugendalter nach Rutter, Shaffer und Sturge. Huber, Bern Stuttgart Wien 1977

Remschmidt, H.: Neuere Ergebnisse der Kinderdelinquenzforschung. Prax. Kinderpsychol. Kinderpsychiat. 27, 1978

Remschmidt, H.: Was wird aus kinderpsychiatrischen Patienten? Methodische Überlegungen und Ergebnisse. In: M.H. Schmidt, S. Drömann (Hrsg.), Langzeitverlauf kinder- und jugendpsychiatrischer Erkrankungen. 1-14, Ferdinand Enke Verlag, Stuttgart 1986

Remschmidt, H., Walter, R.: Psychische Auffälligkeiten bei Schulkindern. Mit deutschen Normen für die Child Behavior Checklist. Verlag für Psychologie, Dr. C.J. Hogrefe, Göttingen Toronto Zürich 1990

Remschmidt, H.: Therapie und Therapieforschung in der Kinder- und Jugendpsychiatrie. In: U. Lehmkuhl (Hrsg.): Therapeutische Aspekte und Möglichkeiten in der Kinder- und Jugendpsychiatrie. 1-32, Springer Verlag, Berlin Heidelberg New York 1991

Remschmidt, H.: Adoleszenz. Entwicklung und Entwicklungskrisen im Jugendalter. Georg Thieme Verlag, Stuttgart New York 1992

Remschmidt, H.: Die sozialrechtliche Zuordnung des autistischen Syndroms. Zeitschrift d. Bundesverbandes "Hilfe für das autistische Kind" , Autismus 37, 18-19, Hamburg 1994

Remschmidt, H., Schmidt, M.H. (Hrsg.): Multiaxiales Klassifikationssystem für psychiatrische Erkrankungen im Kindes- und Jugendalter nach ICD-10 der WHO. Mit einem synoptischen Vergleich von ICD-10 mit ICD-9 und DSM-Ili-R. 3. revidierte Auflage. Verlag Hans Huber, Bern Göttingen Toronto Seattle 1994

Richter, R., Hartmann, A., Meyer, A.E., Rüger, U.: "Die Kränkesten gehen in eine psychoanalytische Behandlung"? – Kritische Anmerkungen zu einem Artikel in Report Psychologie. Zeitschr. für Psychosomatische Medizin u. Psychoanalyse, 40, 41-51, 1994

Ried, S., Schüler, G.: Epilepsie – Vom Anfall bis zur Zusammenarbeit. Blackwell Wissenschaft, Berlin 1994

Robins, L.N.: Deviant children grown up. Williams & Wilkins, Baltimore 1966

Robins, L.N., Price, R.K.: Adult disorders predicted by childhood conduct problems: results from the NIMH Epidemiologic Catchment Area project. Psychiatry, 54, 116-132, 1991

Rothenberger, A. (Hrsg.): Behandlung von affektiven Psychosen bei Jugendlichen. W. Zuckschwerdt Verlag, 1992

Rotthaus, W.: Orientierung am Patienten: Die Verordnung des Bundesarbeitsministeriums über Maßstäbe und Grundsätze für den Personalbedarf in der stationären Kinder- und Jugendpsychiatrie. In: F. Poustka, U. Lehmkuhl (Hg.), Gefährdung der kindlichen Entwicklung. 193-200, Quintessenz Verlag, München 1993

Runge, B., Vilmar, F.: Handbuch Selbsthilfe. Gruppenberichte – 900 Adressen – Gesellschaftliche Perspektiven. 2001, Frankfurt 1988

Rutter, M., Lebovici, S., Eisenberg, L., Sneznevskij, A.V., Sadoun, R., Brooke, E., Lin, T.-Y.: A tri-axial classification of mental disorders in childhood: an international study. Journal of Child Psychology and Psychiatry, 10, 41-61, 1969

Rutter, M., Tizard, J., Whitemore, K.: Education, health and behaviour. Longman, London 1970

Rutter, M., Yule, W.: Specific reading retardation. In: L.Mann, D.Sabatino (Eds.), The First Review of Special Education, 1-50, Buttonwood Farms, Philadelphia PA 1973

Rutter, M., Quinton, D.: Psychiatric disorder – ecological factors and concepts of causation. In: McGurke, M. (Hrsg.) Ecological factors in human development. Amsterdam 1977

Rutter, M., Giller, H.: Juvenile delinquency. Trends and perspectives. Penguin Books, Harmondsworth 1983

Rutter, M., Taylor, E., Hersov, L. (Eds.): Child and Adolescent Psychiatry. Modern Approaches. Third Edition, Blackwell Scientific Publications, Oxford 1994

Scharfetter, Ch.: Allgemeine Psychopathologie. Eine Einführung. 3., überarb. Auflage, Thieme Verlag, Stuttgart New York 1991

Schneider, W.: Differentielle Indikationsforschung. Zeitschr. für Psychosomatische Medizin u. Psychoanalyse, 38, 182-193, Vandenhoeck & Ruprecht, 1992

Schmidt, M.H.: Zum Stand der Klassifikation psychischer Störungen im Kindes- und Jugendalter. Kindheit und Entwicklung 2, 139-140, 1993

Schrapper, Ch.: Intensive sozialpädagogische Einzelbetreuung. Inhalt und Absicht des § 35 KJHG. In: W.Gernert (Hrsg.), Das Kinder- und Jugendhilfegesetz 1993. 164-169, 1993

Schulze, H.: Redeflußstörungen und Stottern aus psychologischer Sicht. Report Psychologie, 25, 1989

Schütz, A.: Der Fremde. In: Gesammelte Aufsätze 2, 54-69, Nijhoff, Den Haag 1971-72

Scobel, W.A.: Was ist Supervision? Verlag für Medizinische Psychologie im Verlag Vandenhoeck & Ruprecht, Göttingen 1989

Senatsverwaltung für Soziales: Selbsthilfe Wegweiser. Selbsthilfegruppen, Selbsthilfeprojekte in eigener Darstellung. 6., überarbeitete Auflage, 1990

Shaffer, D., Gould, M.S., Brasic, J., Ambrosini, P., Fisher, P., Bird, H., Aluwahlia, S.: A children's global assessment scale (C-GAS). Archives of General Psychiatry, 40, 1228-1231, 1983

Shaffer, D.: Enuresis. In: M. Rutter, E. Taylor, Hersov, L. (Eds.), Child and Adolescent Psychiatry. Modern Approaches. Third Edition, 505-519, Blackwell Scientific Publications, Oxford 1994

Shepherd, M., Oppenheim, B., Mitchel, S.: Auffälliges Verhalten bei Kindern. Verlag f. med. Psychologie (Vandenhoeck & Ruprecht), 1973

Solarova, S.: Mehrfach behinderte Kinder und Jugendliche. Aktuelle und grundlegende Beiträge zur Mehrfachbehinderung. Carl Marhold Verlagsbuchhandlung, Berlin 1976

Sonnenburg, M.: Die Kränkung der Eltern durch die Krankheit des Kindes – Zur inneren Situation der Eltern in der stationären Psychotherapie von Kindern. Prax. Kinderpsychol. Kinderpsychiat. 43: 138-143, Vandenhoeck & Ruprecht, 1994

Spandauer Verhältnisse: für Kinder und Jugendliche mit/ohne Behinderungen; Integration durch gemeinsames Leben und Lernen. Verlag Klaus Guhl, Berlin 1989

Specht, F.: Kinder- und Jugendpsychiatrie – wie, wo, für wen? Fragen der Versorgung und Versorgungsforschung. Prax. Kinderpsychol. Kinderpsychiat. 41: 83-90, 1992

Speck, O.: Geistige Behinderung und Erziehung. Reinhardt Verlag, München 1980

Speck, O.: Menschen mit geistiger Behinderung und ihre Erziehung. Reinhardt Verlag, München 1990

Steiner, M.: Integration. Mittendrin 1, S. 5 ff., 1991

Steinhausen, H.-Ch., Wefers, D.: Körperbehinderte Kinder und Jugendliche. Empirische Untersuchung zur Psychologie der Körperbehinderung. Beltz Verlag, Weinheim und Basel 1977

Steinhausen, H.-Ch.: Global assessment of child psychopathology. Journal of the American Academy of Child and Adolescent Psychiatry, 26, 203-206, 1987

Steinhausen, H.-Ch.: Chronische Krankheiten und Behinderungen bei Kindern. In: Koch, U., Lucius-Hoene, G., Stegie, R. (Hrsg.): Handbuch der Rehabilitationspsychologie, 499-517, 1988

Steinhausen, H.-Ch.: Psychische Störungen bei Kindern und Jugendlichen. Lehrbuch der Kinder- und Jugendpsychiatrie. Urban & Schwarzenberg, München Wien Baltimore 1988

Steinhausen, H.-Ch.: Sex differences in developmental psychopathology. In: H.Remschmidt, M.H. Schmidt (Hrsg.): Child and Youth Psychiatry: European Perspectives, Vol. 2, Hogrefe & Huber, Toronto 1992

Steinhausen, H.-Ch.: Psychische Störungen bei Kindern und Jugendlichen. Lehrbuch der Kinder- und Jugendpsychiatrie. Zweite, erweiterte u. überarbeitete Auflage. Urban & Schwarzenberg, 1993

Stern, D.: The interpersonal world of the infant. Basic Books, New York 1985

Stork, J. (Hrg.): Kinderanalyse. Zeitschrift für die Anwendung der Psychoanalyse in Psychotherapie und Psychiatrie des Kindes- und Jugendalters. Klett-Cotta, Stuttgart 1994

Stork, J.: Das Phänomen des gestützten Schreibens bei autistischen Kindern (Facilitated Communication). In: J.Stork (Hrg.): Kinderanalyse. Zeitschrift für die Anwendung der Psychoanalyse in Psychotherapie und Psychiatrie des Kindes- und Jugendalters. 138, Klett-Cotta, Stuttgart 1994

Stork, J.: Über autistische und psychotische Kinder – Versuch einer Einführung in das Thema. In: J. Stork (Hrsg.): Kinderanalyse. Zeitschrift für die Anwendung der Psychoanalyse in Psychotherapie und Psychiatrie des Kindes- und Jugendalters. 125-137, Klett-Cotta Stuttgart 1994

Straßmeier, W., Speck, O., Homann, G.: Förderung von Kindern mit schweren geistigen Behinderungen in der Schule. Selbstverlag Dr. W. Straßmeier, München 1990

Strehlow, U., Kluge, R., Müller, H., Haffner, J.: Der langfristige Verlauf der Legasthenie über die Schulzeit hinaus: Katamnese über die Schulzeit hinaus. Z. Kinder-Jugendpsychiat. 20, 254-265, 1992

Strotzka, H.: Psychotherapie und Tiefenpsychologie. Ein Kurzlehrbuch. Springer Verlag, Wien New York 1984

Strunk, P.: Editorial – Hilfe zur Erziehung. In: H. Remschmidt, M.H. Schmidt, P.Strunk (Hrsg.), Zeitschrift für Kinder- und Jugendpsychiatrie, 22, 85-86, Verlag Hans Huber, Bern 1994

Stutte, H.: Erziehungsberatung in kinder- und jugendpsychiatrischer Sicht. Nachrichtendienst des Deutschen Vereins für öffentliche und private Fürsorge 43, 213-215, 1963

Swadi, H.: Drug and substance use among 3333 London adolescents. British Journal of Addiction, 83, 935-942, 1988

Taylor, E.: Syndromes of attention deficit and overactivity. In: M. Rutter, E. Taylor, Hersov, L. (Eds.), Child and Adolescent Psychiatry. Modern Approaches. Third Edition, 285-307, Blackwell Scientific Publications, Oxford 1994

Textor, M.: Hilfen für Familien. Ein Handbuch für psychosoziale Berufe. Fischer Verlag, Frankfurt am Main 1990

Thomä, H., Kächele, H.: Lehrbuch der psychoanalytischen Therapie. Sringer Verlag, Berlin Heidelberg New York 1988

Touwen, B.C.L.: Die Untersuchung von Kindern mit geringen neurologischen Funktionsstörungen. Georg Thieme Verlag, Stuttgart New York 1982

Trojahn, A. (Hrsg.): Wissen ist Macht. Eigenständig durch Selbsthilfe in Gruppen. Fischer, Frankfurt 1986

van Goor-Lambo, G.: Die Entwicklung der sogenannten psychosozialen Achse der WHO. Die Erfassung abnormer psychosozialer Belastungen. In: F. Poustka, U. Lehmkuhl (Hg.): Gefährdung der kindlichen Entwicklung. 44-56, Quintessenz, München 1993

Vertés, J.O.: Begriffsbestimmung der Heilpädagogik auf psychologischer Grundlage. Beiheft 150 der Z.f.Kinderforschung: Beiträge zur Kinderforschung und Heilerziehung. Langensalza 1918

Völger, M.: Katamnestische Untersuchungen zum Verlauf leichter Hirnfunktionsstörungen in einer kinder- und jugendpsychiatrischen Inanspruchnahmepopulation. Dissertation, 1992

von Neubeck, S.: Wie erleben nicht-behinderte Kinder und deren Eltern Integration?" Schriftliche Hausarbeit, Fachhochschule für Sozialarbeit und Sozialpädagogik Berlin, 1993

Warnke, A.: Stellungnahme des Vorstandes der Deutschen Gesellschaft für Kinder- und Jugendpsychiatrie zur Diagnostik, schulischen Förderung und Therapie bei Schülern mit Lese- und Rechtschreibstörung (Legasthenie). In: Mitgliederrundbrief des BKJPP I, Forum der Kinder- und Jugendpsychiatrie und Psychotherapie, 13-15, 1994

Weber, R.: Meine Erfahrungen mit der Methode des gestützten Schreibens (FC). In: J. Stork (Hrsg.): Kinderanalyse. Zeitschrift für die Anwendung der Psychoanalyse in Psychotherapie und Psychiatrie des Kindes- und Jugendalters. 158-184, Klett-Cotta, Stuttgart 1994

Weiner, I.B.: Child and adolescent psychopathology. Wiley, New York 1982

Weltgesundheitsorganisation (WHO): International classification of Impairments, Disabilities and Handicaps. WHO, Geneva 1980

Weltgesundheitsorganisation (WHO): Documents on Nomenclature and Classification. WHO, Geneva 1981

Weltgesundheitsorganisation (WHO): Internationale Klassifikation psychischer Störungen – ICD-10. H. Dilling, W. Mombour, M.H. Schmidt (Hg.). Hans Huber, Bern Göttingen Toronto 1991

Werner, E.E., Smith, R.S.: Overcoming the odds: High risk children from birth to adulthood. Cornell University Press, Ithaca, NY, 1992

Werner, E.E.: Risk, resilience, and recovery: Perspectives from the Kauai longitudinal study. In: D. Cicchetti, B. Nurcombe (Hrsg.), Development and Psychopathology, 503-515, Cambridge University Press 1993

Werry, J.S., McClellan, J.M., Chard, L.: Childhood and adolescent schizophrenia, bipolar and schizoaffective disorders: a clinical and outcome study. Journal of the American Academy of Child and Adolescent Psychiatry, 30, 457-465, 1991

Werry, J.S.: Child and adolescent (early-onset) schizophrenia: a review in the light of DSM-III-R. Journal of Autism and Developmental Disorders, 22, 601-624, 1992

Werry, J.S., Taylor, E.: Schizophrenic and allied disorders. In: M. Rutter, E. Taylor, Hersov, L. (Eds.), Child and Adolescent Psychiatry. Modern Approaches. Third Edition, 594-615, Blackwell Scientific Publications, Oxford 1994

Wiesner, R., Zarbock, W.H.: Das neue Kinder- und Jugendhilfegesetz und seine Umsetzung die Praxis. Carl Heymanns Verlag KG. Köln-Berlin-Bonn-München 1991

Wiesner, R.: Schwerpunkte des neuen Kinder- und Jugendhilfegesetzes. In: F.J. Freisleder, Linder, M. (Hrsg.): Aktuelle Entwicklungen in der Kinder- und Jugendpsychiatrie. MMW Medizin Verlag, 299-308, München 1992

Wirth, G.: Sprachstörungen, Sprechstörungen, kindliche Hörstörungen. Lehrbuch für Ärzte, Logopäden und Sprachheilpädagogen. Deutscher Ärzte-Verlag, Köln 1990

Wurmser, L.: Das Rätsel des Masochismus. Psychoanalytische Untersuchungen von Über-Ich-Konflikten und Masochismus. Springer Verlag, 1993

Zoccolillo, M., Pickles, A., Quinton, D., Rutter, M.: The outcome of conduct disorder: implications for defining adult personality disorder and conduct disorder. Psychological Medicine, 22, 971-986, 1992

Stichwortverzeichnis

Abgrenzung 39
Adoptivkind 77
Affektive Psychose 130, 137, 145
Aggressive Durchbrüche 150
Alkoholabusus 160
Alkoholembryopathie 90
Allparteilichkeit 61
Alltagsorientierung 16, 36
Alter 111
Ambulanzlehrer 50
Analytische Kinderpsychotherapie 53
Anamnese 90
Angststörung 145, 152
Anorexia nervosa 161
Anpassungsstörung 145, 177
Anspruchsgrundlage 10, 18
Anspruchsträger 10
Antidepressivum 64
Antikonvulsivum 64
Ärztliche Stellungnahme
Asperger-Syndrom 165
Asthma 61
Aufmerksamkeitsdefizit 166
Ausgrenzung 24
Außenseitermethode 74
Autismus 105, 163
Autistische Kinder 39, 59, 75
Autistische Psychopathie 165
Autogenes Training 52

Basic disorder 149
Bedrohung von einer Behinderung 35
Beeinträchtigung 28
Begleiterkrankung 106
Begutachtung 14
Behandlung 15
– krankengymnastische 58
– stationäre 60
– teilstationäre 59
Behandlungsplan 83
Behinderung 21
– geistige 32, 164
– multiple 39
– seelische 34
Belastungsstörung 145
Beratung 14, 52
Beschäftigungstherapie 58, 121
Bestandswahrung 37
Bewegungstherapie 73
Bildgebendes Verfahren 94
Bipolar 137
Blutentnahme 93

Borderline 145, 159

Cannabis 142
Carbamazepin 64, 137
Child Behavior Checklist 98
Computertomographie 94
Coping 62

Delinquenz 117
– neurotische 169
Denkstörung 61
Depersonalisationsstörung 157
Depressiv 137
Deprivation 149, 174
Derealisationssyndrom 158
Dezentralisierung 16, 36
Diabetes mellitus 106
Diagnose 104, 105, 125
Diagnosestellung 52
Diagnostik 35
Diät 168
– phosphatfreie 74
Differenzierung 24, 25
Disability 28
Dissoziative Amnesie 157
Dissoziative Fugue 157
Dissoziative Identitätsstörung 157
Distanzlosigkeit 150
Diuretikamißbrauch 162
Drogenabusus 160
Drogenscreening 93
DSM-I 104
DSM-III-R 35
DSM-IV 35
Dyskalkulie 175
Dyslexie 175
Dysthymie 139

EEG 94
Effektivität 81
Einkoten 173
Einnässen 65, 172
Einzelfallhelfer 121
Elektiver Mutismus 148
Elektroencephalogramm 94
Enkopresis 173
Entscheidungsstrategie 123
Entwicklung 35, 119
Entwicklungsdiagnostik 96
Entwicklungsstörung 106, 174
– motorischer Funktionen 174
– tiefgreifende 39, 163

Entwicklungsverzögerung 106, 163, 174
Entwicklungsziel 82
Enuresis 172
Epilepsie 64
Ergotherapie 58
Erlebnispädagogik 78
Erziehungsbeistandschaft 70
Erziehungsberatung 67
Eßstörung 161
Evozierte Potentiale 94
Exhibitionismus 145

Facilitated Communication 75
Familie-in-Tieren 98
Familienbeziehungstest 98
Familientherapie 69, 73
Federführung 83
Festhaltetherapie 74
Fetischismus 145
Flashback 177
Förderausschuß 50
Förderung 25
Förderungsdefizit 76
Fremdplazierungsquote 76
Freßattacke 162
Frühe Bindungsstörung 149
Frühförderung 31, 42, 45
Funktionseinschränkung 28

Geburt 81
Genetik 81, 109
Geschlecht 111
Geschlossene Unterbringung 61, 72, 78
Geschwisterrivalität 148
Gestalttherapie 73
Grübelzwang 153
Grunzlaute 170

Halluzinogene 142
Handicap 28
Handlungskompetenz 27
Heilhilfsberufe 58
Heilhilfsmittel 64
Heilmittelverordnung
Heim 46
Heimkind 77
Helferrunde 19
Hilfe zur Selbsthilfe 14
Hilfeplan 122
Hilfeplanung 13, 36
Home treatment 125
Hyperaktivität 166
Hypnotikum 141
Hysterie 155

ICD- 11, 33, 35, 75, 104
Impairment 28
Indikation 119
Indikationsstellung 52
Individuation 27
Informationsgewinnung 124
Informationsselektion 124
Inobhutnahme 87, 135
Integration 16, 24, 25, 36
– sensorische 58
Integrationsgedanke 48
Intelligenz 106, 176
Intelligenztest 51, 95
Intervention 81
Isolation, soziale 27

Jugendamt 10
Jugendhilfeplanung 179
Jugendliche Straftäter 117
Jugendlichenpsychotherapie 54

Katathymes Bilderleben 55
Kernspintomographie 94
Kinder- und jugendpsychiatrische
Untersuchung 80
Kindertherapie 119
Kindesmißhandlung 86
Kindesvernachlässigung 86
Kindeswohl 20
Klassifikation 104
Klingelhose 65
Kokain 142
Kompetenz 81
Kontaktstörung 150
Konversionsneurose 155
Konversionsstörung 155
Körperbehinderung 30
Kostenplan 83
Krankengymnastik 121
Kunsttherapie 73
Kurzzeittherapie 73

Labeling 104
Landau-Kleffner-Syndrom 141
Landesjugendamt 10
Landesjugendhilfeausschuß 180
Laxantienmißbrauch 162
Lebensereignisse 115
Legasthenie 175
Leiden 23
Lithium 64, 137
Logopädie 58, 121
Lösungsmittel 142

Magersucht 61, 161

Manisch 135
Maßnahme 109
Maßnahmen und Hilfen 81
Medikament 64
Medikamentenabusus 160
Mehrfachbehinderung 41
Mehrfachbetreuung 41
Mehrfachzuständigkeit 41
Mißbrauch 150, 177
Mißhandlung 47, 59, 150, 156, 177
Mitwirkung 179
Motivation 124
Multiaxiale Klassifikation 105
Multipel entwicklungsverzögert 174
Musiktherapie 73
Muskelrelaxation 52

Nachhallerinnerung 177
Nachtklinik 59
Neuroleptikum 64
Neurose 144

Opioid 142
Organische Funktionsstörung
des Gehirns 140

Pädophilie 145
Panikstörung 152
Partizipation 16, 36
Persönlichkeitsfragebogen 97
Persönlichkeitsstörung 144, 159
– abhängige 145, 159
– ängstlich-vermeidende 145, 159
– dissoziale 145
– emotional instabile 159
– emotional instabile, impulsiv 145
– emotional instabile, Borderline-Typus 145
– histrionische 145, 159
– multiple 157
– paranoide 145, 159
– paranoid schizoide 159
– schizoide 159
– zwanghafte 159
Pflegekind 77
Postencephalizisches Syndrom 140
Posttraumatische
Belastungsstörung 142, 177
Prävention 14, 16, 36
Prognose 81, 109, 119, 125
Projektives Verfahren 97
Protektiver Faktor 115
Protektiver Prozeß 118
Pseudo-Epilepsie 155
Psych-PV 60, 62
PsychKG 136

Psychoanalyse 24
Psychodrama 73
Psychologische Stellungnahme 178
Psychomotorik 58
Psychopathologie 101
Psychose 128
Psychosomatische Grundversorgung 52
Psychosoziale Belastung 107
Psychosyndrom 140
Psychotherapie 15, 53
Psychotische Kinder 59

Räuspern 170
Regionalisierung 16, 36
Residualzustand 131, 136
Ressourcen 46, 81, 125
Rett-Syndrom 166
Risiko in der Schwangerschaft 81
Risikofaktor 115
Ritalin 167
Röntgendiagnostik 95

Satzergänzungstest 98
Sceno-Test 98
Schädel-Hirn-Trauma 140
Schädigung 28
Scheidung 67
Schizophrenie 128
Schlafstörung 163
Schnüffeln 142
Schule 48, 92
Schulleistungsproblem 95
Schulphobie 50, 146
Schweregrad 22, 108
Sedativum 142
Sekundäre Neurotisierung 141
Selbstgefährdung 135
Selbsthilfe 47
Selbstmordrisiko 137
Selbstwertskala 97
Setting 124
Sexuelle Funktionsstörung 163
Sexuelle Gewalt 47
Sexueller Mißbrauch 86, 156
Simulant 156
Sinnesbehinderung 31, 49
Sleeper-Effekt 114
Somatisierungsstörung 155, 158
Sozialarbeit 25, 121
Sozialarbeiter 178
Sozialdatenschutz 84
Soziale Gruppenarbeit 70
Soziale Überempfindlichkeit 148
Soziales Netzwerk 43
Sozialisation 27

Sozialpädagoge 178
Sozialpädagogische Einzelbetreuung 72
Sozialpädagogische Familienhilfe 71
Spieltherapie 73
Sprachentwicklung 163
Sprachentwicklungsstörung 174
Stellungnahme 82, 126, 178
Stigmatisierung 10, 27
Stimulanz 64, 142, 167
Störung
- affektive 128, 145
- des Sozialverhaltens 75, 111, 146, 169
- dissoziative 145, 155, 156
- emotionale 76, 145, 146
- hyperkinetische 166
- neurotische 145
- phobische 148
- schizoaffektive 135
- schizotype Störung 133
- somatoforme 145
- wahnhafte 134
Stottern 30
Stupor 130
Substanzabhängigkeit 111
Suchtkrankheit 142
Suiziddrohung 160
Suizidversuch 160
Symbolspiel 163
Syndrom 140

Tagesklinik 59
Tanztherapie 73
Team 179
Teilleistungsstörung 58, 96
Thematischer Aperzeptions-Test 98
Therapie 114
- körperorientierte 73
Tic-Erkrankung 114, 170
Ticstörung, motorisch vokal 160
Transvestismus 145
Trennung 67
Trennungsangst 146
Tourette-Syndrom 64, 114, 171

Ultraschalluntersuchung 95
Urin 93

Verhaltensbeobachtung 98
Verhaltenstherapeutisch 119
Verhaltenstherapie 56
Vernachlässigung 150, 174
Verordnung 14
Versorgungsnetz 125
Vorstellungsanlaß 88
Voyeurismus 145

Wende 183
Wiedervorstellung 76
Wunschprobe 98

Zuständigkeitsstreitigkeit 182
Zwangseinweisung 136
Zwangserkrankung 153
Zwangsritual 153
Zwangsstörung 145